Schimpfende Weiber und patriotische Jungfrauen

Frauen im Vormärz und in der Revolution 1848/49

Herausgegeben von Carola Lipp

Beate Bechtold-Comforty · Beate Binder · Tamara Citovics
Steffi Cornelius · Sabine Kienitz · Eva Kuby
Dr. Carola Lipp · Alexandra Lotz · Andrea Pollig
Sabine Rumpel-Nienstedt · Gertrud Schubert
Margit Stephan · Elisabeth Sterr

ELSTER VERLAG
MOOS & BADEN-BADEN

Lektorat: Doris Demant

© 1986 by Elster Verlag GmbH
D-7580 Bühl-Moos, Engelstraße 6

Satz und Herstellung: Reinhard Amann, Leutkirch
Druck und Bindung: Kösel, Kempten
Umschlaggestaltung: Lore Roth, Leutkirch
Fotoarbeiten: Peter Päßler, Tübingen

ISBN 3-89151-013-6

Inhaltsverzeichnis

Vorwort 7

Teil I   Kultur und Lebensweise von Unterschichtsfrauen im Vormärz und zur Zeit der Revolution

    I.1   *Carola Lipp:*
        Frauen auf der Straße. Strukturen weiblicher Öffentlichkeit im Unterschichtsmilieu 16

    I.2   *Carola Lipp:*
        „Fleißige Weibsleut" und „liederliche Dirnen". Arbeits- und Lebensperspektiven von Unterschichtsfrauen 25

    I.3   *Margit Stephan:*
        Die unbotmäßige Dienstbotin 56

    I.4   *Sabine Kienitz:*
        „Da war die Weibsperson nun eine der Ärgsten mit Schreien und Lärmen". Der Stuttgarter Brotkrawall 1847 76

    I.5   *Beate Binder:*
        „Dort sah ich, daß nicht Mehl verschenkt, sondern rebellt wird". Struktur und Ablauf des Ulmer Brotkrawalls 88

Teil II   Frauenaktionen und Klassenkonflikte 1848/1849

    II.1   *Carola Lipp:*
        Katzenmusiken, Krawalle und „Weiberrevolution". Frauen im politischen Protest der Revolutionsjahre 112

    II.2   *Beate Bechtold-Comforty:*
        „... doch was die Männer unterließen, das sollte jetzt durch Weiber geschehen". Revolution auf dem Dorf (September 1848) 131

    II.3   *Gertrud Schubert:*
        Passiver Widerstand – „Verführung zum Treubruch". Die Heilbronnerinnen während der Besetzung ihrer Stadt 1848/49 144

    II.4   *Beate Binder:*
        „Die Farbe der Milch hat sich... ins Himmelblaue verstiegen". Der Milchboykott 1849 in Stuttgart 159

Teil III   Bürgerliches Frauenleben und Frauensozialisation

    III.1   *Elisabeth Sterr:*
        „Hat nicht Gott... euch eure Stellung zum Manne angewiesen?" Das Frauenbild in der württembergischen Presse 166

III.2 Steffi Cornelius:
„... ihr werdet nicht nur Hausfrauen, sondern auch edle
Bürgerinnen erziehen"
Schulbildung und Mädchenerziehung in Württemberg 189

Teil IV Frauenvereine und bürgerliche Politik

IV.1 Sabine Rumpel:
„Thäterinnen der Liebe". Frauen in Wohltätigkeitsvereinen 206

IV.2 Alexandra Lotz:
„Die Erlösung des weiblichen Geschlechts".
Frauen in deutschkatholischen Gemeinden 232

IV.3 Eva Kuby:
Politische Frauenvereine und ihre Aktivitäten 1848 bis 1850 248

IV.4 Carola Lipp:
Frauen und Öffentlichkeit.
Möglichkeiten und Grenzen politischer Partizipation im
Vormärz und in der Revolution 1848 270

Teil V Weiblichkeitssymbolik und Frauenallegorien in der Revolution

V.1 Sabine Kienitz:
„Aecht deutsche Weiblichkeit". Mode und Konsum als
bürgerliche Frauenpolitik 1848 310

V.2 Tamara Citovics:
Bräute der Revolution und ihre Helden. Zur politischen
Funktion des Fahnenstickens 339

V.3 Carola Lipp:
Liebe, Krieg und Revolution. Geschlechterbeziehung
und Nationalismus 353

V.4 Andrea Pollig:
„Germania ist es, – bleich und kalt...".
Allegorische Frauendarstellungen in der politischen Karikatur
des „Eulenspiegel" 1848–1850 385

Zeittafel 404

Abkürzungen 410

Quellen 411

Literaturverzeichnis 414

Autorinnen 432

Vorwort

Unter dem optimistischen Titel „Freiheit, Gleichheit, Schwesterlichkeit" hatte sich im Wintersemester 1983/84 ein Frauenforschungsseminar am Ludwig-Uhland-Institut mit dem politischen Verhalten von Frauen in der Revolution 1848/49 beschäftigt. Daraus entstand eine Projektgruppe[1] von 13 Frauen, die diese Arbeiten fortsetzte und die Forschungen auch auf den Zeitraum des Vormärz ausdehnte. Im Verlauf der Untersuchungen ergab sich eine wesentliche Veränderung der Fragestellung, die sich programmatisch in dem (inzwischen wieder gekürzten) Arbeitstitel „Schimpfende Weiber, patriotische Jungfrauen und Mütter der Nation" niederschlug.

Bei unseren Forschungen klammerten wir bewußt die Protagonistinnen der damaligen Frauenbewegung aus; wir schreiben also nicht über Louise Otto oder Mathilde Anneke, die die ersten Frauenzeitungen[2] in Deutschland herausgegeben haben, oder jene Heroinen, die auf den Barrikaden in Berlin, Leipzig, Wien oder Baden gekämpft hatten[3]. Als Kulturwissenschaftlerinnen interessierte uns vielmehr das politische Verhalten und die Einstellungen von ‚Durchschnittsfrauen' und der Zusammenhang von Politik und Alltag. Wir wollten wissen, wie Alltagserfahrungen und die Lebenssituation von Frauen politisches Handeln strukturierten und wie umgekehrt Politik in den Alltag eingriff.

Dieser komplexe Ansatz, der weibliche Lebensweise, politische Handlungsmuster wie auch das ganze Geflecht von Ideologie und Einstellung umfaßt und diese in Bezug zur politischen Bewegung 1848/49 setzt, ließ sich allerdings nur in detaillierten Mikrostudien realisieren, Mikrostudien, die für das politische Engagement der Frauen 1848/49 exemplarischen Charakter besitzen. Wir beschränkten unsere Untersuchungen von vornherein auf einen geschlossenen sozialen und kulturellen Raum. Wir untersuchten Frauen in Württemberg, einem Land, in dem es keine spektakulären politischen Kämpfe gab, in dem sich aber das Profil der politischen Bewegung 1848/49 deutlich abzeichnete[4]. Arbeiten über die politische Kultur 1848/49, die seit einigen Jahren in einem von der Deutschen Forschungsgemeinschaft geförderten Projekt am Ludwig-Uhland-Institut durchgeführt werden, schufen entsprechend günstige Voraussetzungen für unser Vorhaben[5].

Bereits die ersten Recherchen ließen erkennen, daß Fraueninteressen in die demokratischen Forderungen der bürgerlichen Revolution 1848/49 nicht miteinbezogen waren. Forderungen nach Gleichberechtigung, wie sie z.B. Louise Otto formuliert hatte[6], waren zwar bis nach Württemberg gedrungen, doch stand die Gleichstellung der Frau hier nicht auf der Tagesordnung der Revolution, zumindest gibt es keine öffentliche Erklärung von württembergischen Frauen, in denen solche Ansprüche formuliert worden wären. Dennoch waren württembergische

Vorwort

Frauen in vielfältiger Weise ins Revolutionsgeschehen eingebunden und politisch tätig. Welchen Leitbildern und Strukturen weibliche Politik 1848 folgte, und wo möglicherweise die Blockierungen eines eigenständigen Emanzipationsanspruches lagen, rückte als Frage in den Vordergrund unserer Untersuchungen. Wo fanden Frauen ihren Platz in einem politischen Ereignis, das fraglos männerdominiert war?

Mit den gängigen Vorstellungen von Politik und Revolution kamen wir dabei nicht weiter. Solange Politik entlang der Geschichte institutioneller Entscheidungsprozesse oder entlang von Bewegungen und Organisationen definiert wird, bleiben Frauen in der politischen Geschichte des 19. Jahrhunderts marginal. Frauen besaßen 1848 kein Wahlrecht und konnten keine politischen Ämter übernehmen. Frauenverhalten am politischen Handlungs- und Entscheidungsspielraum der Männer zu messen, hätte zwangsläufig in eine Sackgasse geführt. Über Frauen in der Revolution zu arbeiten, erforderte einen radikalen Perspektivwechsel, eine andere Auffassung von Politik und politischem Handeln und eine Umkehrung der „Relevanzhierarchie" der historischen Forschung[7].

Hermeneutisch-interpretative Verfahren sollten dabei die historisch-kritische Methoden ergänzen. Uns ging es zuerst einmal darum, sehr genau hinzusehen, wo Frauen überhaupt auftraten und genannt wurden. Dies bedeutete, auf Nebensätze zu achten und über den Weg der ergänzenden Umfeldbeschreibungen und der Analyse sozialer Beziehungen und kultureller Sinnzusammenhänge zu einem Bild der Frauenaktivitäten zu gelangen[8]. Uns war daran gelegen, die Perspektive und die Erfahrung der Frauen zu rekonstruieren, zu verstehen, was sie taten und wollten und in welchen Kontext sie selbst ihr Handeln stellten. Geleitet von einer gewissen „Andacht zum Detail"[9] ist unsere Arbeit materialbezogen, bewußt oft deskriptiv und in der Sprache quellennah. Als feministische Forscherinnen versuchten wir, die kulturellen Definitionen des Weiblichen der damaligen Zeit zu interpretieren und nicht, den Frauen unsere Verbitterung über jahrhundertealte patriarchale Strukturen überzustülpen und damit eigentlich das Ergebnis schon vorzuformulieren: Frauen waren unterdrückt und blieben es auch nach der Revolution.

Auch wenn manche der Frauenaktivitäten aus heutiger Sicht peripher oder in ihren ritualisierten Formen bizarr erscheinen, haben wir uns bemüht, die Frauen und ihre Tätigkeit ernst zu nehmen und zu fragen, was Revolution in ihrem Lebenszusammenhang und ihrem „Erwartungshorizont"[10] bedeutete. Geschrieben aus der Perspektive der Frauen, tritt der Verlauf der ‚offiziellen' Revolution in diesem Buch manchmal in den Hintergrund[11]; die Revolution wird dort aktuell, wo sie das Leben der Frauen beeinflußte und diese aktiv waren. Obwohl wir den männlichen Part in der Regel mitreflektieren, wirkt unsere Darstellung vielleicht so „einseitig", wie es die ‚Geschichte der Männer' oft ist. Es war nicht unser Ziel,

Vorwort

die Geschichte total umzuwerten und nun zu behaupten, daß allein Frauen Revolution gemacht haben. Wir wollten jedoch herausarbeiten, daß Revolutionen bestimmte Formen der Kooperation zwischen Männern und Frauen voraussetzen. Verglichen mit der gängigen Revolutionsforschung[12] führt unser Vorgehen manchmal zu einer fast befremdenden und fremden Perspektive auf das revolutionäre Geschehen, wobei diese Fremdheit ein Teil der Methode ist[13]. „Der andere Blick"[14] verändert die Prämissen der politischen Bewertung und manche Aktion gewinnt, mit den Augen der Frauen betrachtet, ganz neue politische Dimensionen: Wer erwartet in einem Buch über die Revolution Artikel über Liebe, Mädchenerziehung, Mode und Haushaltsführung? Diese Themen haben indessen eminent viel mit dem revolutionären Geschehen zu tun. Revolution besteht eben nicht nur aus Haupt- und Staatsaktionen auf der Bühne der großen Politik. Jede revolutionäre Bewegung ist eingebettet in die bestehenden Strukturen des Alltags. Wir suchten Frauen deshalb dort, wo sie lebten und Politik machten. Auf der Straße oder auf dem Markt, in der Schule und am Nähtisch, auf der Ehrentribüne bei Festen und im Ballsaal, im Liederkranz und beim Frauenverein.

Uns ging es um die Möglichkeiten und Inhalte der politischen Partizipation von Frauen, und zwar nicht nur im Hinblick auf politische Entscheidungsprozesse, sondern auch mit Blick auf die sich in der Revolution verändernden sozialen Räume[15], eine Entwicklung, die auch für Frauen von politischer Bedeutung war. Immerhin erhielten bürgerliche Frauen 1848 erstmals Zutritt zu einer bisher männlich definierten politischen Öffentlichkeit; sie konnten (wenn auch nur) als Zuhörerinnen an Parlamentssitzungen und Gerichtsverhandlungen teilnehmen, Vereins- und Volksversammlungen besuchen (Lipp IV. 4). Frauen forderten ihren Teil „an der grossen Welterlösung, welche der ganzen Menschheit, deren eine Hälfte (sie waren), Glück, Einheit, Freiheit und Gleichheit bringen" (ESP 19.10.1850) sollte. 1848/1849 entstanden eigenständige Frauenvereine, die einen neuen Kommunikationszusammenhang zwischen Frauen schufen (Kuby IV. 3). Frauen trugen damit wesentlich zum politischen Formierungsprozeß des damaligen Bürgertums bei, nicht zuletzt dadurch, daß die Frauenvereine in Zeiten schwerer politischer Auseinandersetzungen das soziale Netzwerk der revolutionären bzw. demokratischen Bewegung stabilisierten und politische Flüchtlinge und Inhaftierte unterstützten.

Revolutionäre Aktionen dürfen nicht als isoliertes politisches Handeln von Männern gesehen werden; wie die Untersuchung lokaler Aufstandsbewegungen in einem württembergischen Dorf (Bechtold-Comforty II. 2) und der Widerstand der Frauen in Heilbronn (Schubert II. 3) zeigt, bestand eine intensive Wechselwirkung zwischen Familieninteressen und politischem Handeln. Frauen beeinflußten und trugen revolutionäre Politik mit.

Obwohl in den Quellen oft nur am Rande erwähnt, prägten Frauen das äußere

Vorwort

und innere Erscheinungsbild der revolutionären Bewegung. Wenn die „deutschen Jungfrauen" auf groß inszenierten Fahnenweihen (Citovics V. 2) den „deutschen Kriegern" die „Ehrenbanner" überreichten, wurde nicht nur die nationale Größe, sondern auch die Beziehung der Geschlechter inszeniert. In den Ideen und Denkmustern der Revolution war die Geschlechtersymbolik (Lipp V. 3) allgegenwärtig, wie zahlreiche Reden und Aufrufe illustrieren. Kulturanthropologische Interpretationen einer scheinbar unpolitischen, typisch weiblichen Tätigkeit wie Fahnensticken (Citovics V. 2) machten deutlich, daß bürgerliche Frauen eng verwoben waren mit dem nationalen Diskurs und den nationalen Zielen der Revolution. Mit ihrer Begeisterung für Bürgerwehr und deutsche Flotte (Kuby IV. 3) trugen die Frauen zur militärischen Rüstung der deutschen Nation bei.

Ein wesentlicher Zugang zur Frauenpolitik 1848 liegt deshalb in der Analyse der symbolischen Interaktionen zwischen den Geschlechtern und in der Interpretation der Revolutionsmetaphorik. Aber auch als Sinn- und Leitbilder politischer Ideen und Bewegungen kam Frauen eine große Bedeutung zu. Germania verkörperte das Schicksal der Nation, und demokratische Errungenschaften wie z.B. das Parlament oder die Freiheit wurden immer als Frau gedacht. Allegorische Frauenfiguren, deren politische Funktion und die in ihrer Darstellung zum Ausdruck kommende Vorstellung von Weiblichkeit sind so ein wichtiger Teil unserer Untersuchungen (Pollig V. 4).

Die Revolution trug mit dazu bei, bestimmte bürgerliche Weiblichkeitsbilder zu verbreiten und zu verfestigen. Dies illustriert eine Analyse der Weiblichkeitsstereotypen in der damaligen Presse (Sterr III. 1) und die Reaktionen auf die politische Tätigkeit von Frauen 1848/49. Die Revolution wirkte hinein ins Privatleben der Frauen und Mädchen. „Erziehung zur Bürgerin" war das Ziel der ‚modernen' Mädchenbildung (Cornelius III. 2). Selbst so vordergründig politikferne Bereiche wie die Mode waren 1848/1849 Gegenstand des politischen Diskurses. Mit einer „deutschen Nationaltracht" wollten deutsche Bürgerinnen ihre Gesinnung demonstrieren. Der Entschluß, deutschnational zu kaufen und die sich daran anknüpfende Diskussion um Luxus und Einfachheit mündeten schließlich in das Konstrukt einer „ächt deutschen Weiblichkeit" (Kienitz V. 1).

Um bestimmte Strukturen des politischen Verhaltens von Frauen 1848 herauszuarbeiten, war es unerläßlich, die Vorgeschichte der Revolution in die Forschungen miteinzubeziehen, vor allem die Bedingungen der damaligen Mädchenbildung (Cornelius III. 2) sowie die Möglichkeiten der politischen Partizipation im Vereinswesen des Vormärz. Denn schon in den ersten weiblichen Wohltätigkeitsvereinen (Rumpel IV. 1) bildeten sich mit der Übernahme der „sozialen Mutterschaft" Verhaltensmuster und Formen der öffentlichen Tätigkeit von Frauen heraus, die später in der Revolution zum Tragen kamen. Die politischen Lernprozesse von Frauen begannen bereits im Umfeld der liberalen Bewegung, in den Bürgergesellschaften und Gesangvereinen (Lipp IV.4). Auch freireligiöse Erneuerungsbewegungen wie der Deutschkatholizismus (Lotz IV.2) boten den Frauen im Vormärz ein Übungsfeld für politische Mitbestimmung.

Grundsätzlich gingen wir bei unseren Untersuchungen davon aus, daß es unterschiedliche Verhaltensräume und Verhaltensmuster von Bürgerinnen und Unterschichtsfrauen gab, und daß sich soziale Herkunft und bestimmte Strukturen des Frauenalltags auch auf politische Handlungsmuster und die Haltung gegenüber Staat und Obrigkeit auswirkten. Die Mehrdimensionalität sozialer Räume[16] und die Schichtspezifik bestimmter Erfahrungen führen auch zu unterschiedlichen Perspektiven in den einzelnen Texten. Dies läßt sich an zwei Kapiteln zeigen, in denen jeweils von Armenpflege die Rede ist: Für bürgerliche Frauen war Armenpflege „Wohltätigkeit" (Rumpel IV.1) und damit ein wichtiges politisches Handlungsfeld, in dem sie sich positiv erleben konnten, – die Frauen der Unterschichten dagegen erfuhren die damals üblichen Formen der Armenpflege als Zwangssystem (Lipp I.2).

Diese sozialen Unterschiede zeigen sich auch beim politischen Verhalten. Unterschichtsfrauen finden wir nicht auf den Feiern der Revolution, sondern z.B. bei den Katzenmusiken im März 1848, als unbeliebte Beamte und Vertreter der städtischen Obrigkeit mit Protestdemonstrationen bedacht wurden (Lipp II.1). Das politische Handeln von Unterschichtsfrauen spielte sich dort ab, wo sie lebten, auf der Straße (Lipp I.1). „Schimpfende Weiber" waren dabei ein konstitutives Moment jeder Rügeaktion und sind so nicht nur im politischen Protest des Jahres 1848 zu beobachten, sondern auch bereits bei den Brotunruhen 1847 (Kienitz I.4). Die politische Auflehnung der Unterschichten begann bereits in der Krise 1847, als die Teuerung in Württemberg Brotkrawalle auslöste. Der Ärger über Getreidespekulationen wie auch die Kritik am Versagen der städtischen Fürsorgepolitik schlug sich in handgreiflichem Protest nieder. Wie die Analyse des Ulmer Brotkrawalls (Binder I.5) zeigt, gab es trotz des gemeinsamen Protestziels erhebliche Unterschiede im Verhalten von Frauen und Männern. Viele Frauenaktionen der damaligen Zeit beziehen sich auf die jeweilige aktuelle Marktlage, sei es nun, daß die Frauen sich der Kampagne „deutsche Waren zu kaufen" anschlossen oder wie die Stuttgarterinnen 1849 zum „Milchboykott" aufriefen (Binder II.4).

Da das Leben von Unterschichtsfrauen schlecht dokumentiert ist, und es im Unterschied zu den Bürgerlichen kaum schriftliche Selbstzeugnisse gibt, ist die Rekonstruktion von Biographien oder familiären Verhältnissen ein wesentliches methodisches Mittel, Einblick in die Lebensverhältnisse von Unterschichtsfrauen zu gewinnen (Kienitz I.4, Binder I.5). Die Formen der politischen Widerständigkeit hingen eng zusammen mit den spezifischen Alltags-, Arbeits- und Noterfahrungen dieser Schicht. Frauen stellten damals einen großen Teil der registrierten „Armen" und die gewaltsame Formung der weiblichen Arbeitskraft war eine wesentliche Erfahrung proletaroider Unterschichten. Widerstand dagegen drückte sich in zahlreichen Verstößen gegen alltägliche Normen aus, sei es nun im sexuellen Bereich oder in Delikten wie Bettel und Felddiebstahl (Lipp I.2). Die „unbotmäßige Dienstbotin" (Stephan I.3) konnte so zur Metapher für bürgerliche Revolutions- und Umsturzängste werden.

Die Untersuchungen in diesem Buch beschäftigen sich mit Denk- und Verhaltensmustern, mit Mentalitäten[17] und Motiven, die zu bestimmten Formen und Inhalten politischen Handelns von Frauen führten. Die Fragestellungen orientieren sich dabei nicht am Ereignisablauf der Revolution, sondern am Lebenszusammenhang der Frauen. Uns interessierten sozial- und alltagsgeschichtliche Strukturen politischer Partizipation und nicht politische Entscheidungsprozesse. Die Darstellung der revolutionären Ereignisse beschränkt sich so auf Ausschnitte und Facetten, wobei sich die zentralen Themen der Revolution in den Frauenaktivitäten widerspiegeln, sei es nun die Bürgerbewaffnung oder die Sitzungen des Rumpfparlaments in Stuttgart, seien es die Konflikte um die Reichsverfassung oder Fragen nationaler Politik: Auch die Spaltung der politischen Vereinsbewegung in Konstitutionelle und Demokraten wirkte sich auf die Frauenaktivitäten aus. Einzelne Frauenvereine bekannten sich zu Republik und Demokratie, andere zum konstitutionellen Liberalismus. Gemeinsam war ihnen allen die ‚nationale Gesinnung'.

Die jeweiligen politischen Lager an ihren Aussagen zu Frauenfragen zu identifizieren, war nicht immer leicht. Wenn es um Frauen ging, wurde mancher, der politisch als Liberaler einzuschätzen war, zum Konservativen und mancher Demokrat verlor seine Liberalität. Unsere Einordnungen stehen so manchmal im Widerspruch mit den parteipolitischen Fraktionen. Wir haben uns allerdings bemüht, der Aufgeschlossenheit der demokratischen Bewegung in Frauenfragen Gerechtigkeit widerfahren zu lassen.

Über die Problematik von Quellen wird in der Frauenforschung immer geklagt. Um aus den Nebensätzen der Geschichte Frauengeschichte zu schreiben, haben wir eine Menge Zeitungen, Gerichts- und Straf-, Ministerial- und Oberamtsakten gewälzt, haben Gemeinderatsprotokolle, Pfarrberichte und Vereinsakten durchgearbeitet und auch Kirchenregister und andere Quellen herangezogen, um Lebensläufe zu rekonstruieren. Unser arbeitstechnisches Vorgehen kennzeichnet zugleich bestimmte Phasen der Gruppen- und Einzelarbeit. Gemeinsam haben wir die meisten Daten erhoben und Quellenbestände ausgewertet. Auch die Konzeption des Buches ist im wesentlichen in Gruppendiskussionen entstanden. Nach der Explorationsphase setzte dann ein individueller Prozeß der Vertiefung und Spezialisierung ein. Die Einzelarbeit war dabei immer von Gruppenarbeit begleitet. Arbeitsskizzen und später die Texte, auch das Vorwort, wurden mehrfach in gemeinsamen Redaktionssitzungen besprochen. Dieser Prozeß war aufreibend und nicht immer konfliktfrei[18], erlaubte aber eine produktive Diskussion, von der letztlich alle profitiert haben. Mühselige Klein- und Koordinationsarbeit in der Phase der Endredaktion leistete schließlich Sabine Kienitz, der wir hier danken.

Carola Lipp, im Namen der Projektgruppe

Anmerkungen:

1) Im Studienplan unseres Faches wird ein mehrsemestriges empirisches Projektseminar verlangt, an dessen Ende ein praktisches Studienergebnis in einem der zukünftigen Berufsfelder stehen sollte. Dies kann wie hier ein Buch sein, eine Ausstellung oder eine sonstige mediengerechte Verarbeitung von Forschungsergebnissen.
2) Ute Gerhard/Elisabeth Hannover-Drücker/Romina Schmitter (Hg.): „Dem Reich der Freiheit werb' ich Bürgerinnen". Die Frauenzeitung von Louise Otto. Frankfurt 1980. Martin Henkel/Rolf Taubert: Das Weib im Conflict mit den socialen Verhältnissen. Mathilde Franziska Anneke und die erste deutsche Frauenzeitung. Bochum 1976. Zu den Personen vgl. Cordula Köpcke: Louise Otto-Peters. Freiburg 1981. Und Maria Wagner: Mathilde Franziska Anneke in Selbstzeugnissen und Dokumenten. Hg. von Gisela Brinker-Gabler. Frankfurt 1980.
3) Gedacht ist hier u.a. an Mathilde Franziska Anneke: Memoiren einer Frau aus dem badisch-pfälzischen Feldzuge 1848/1849. Erschienen unter dem Titel „Mutterland", Münster 1982. An Gesamtdarstellungen zur Rolle der Frauen in der Revolution gibt es bisher nur die sehr unübersichtliche Dokumentensammlung von Gerlinde Hummel-Haasis (Schwestern zerreißt Eure Ketten. Zeugnisse zur Geschichte der Frauen in der Revolution 1848/49. München 1982) sowie einen Aufsatz von Ute Gerhard, der sich vor allem mit Louise Otto beschäftigt und die Frauenaktivitäten 1848/49 im Hinblick auf die Konstituierung der Frauenbewegung sieht, weniger im Kontext der Revolution. Ute Gerhard: Über die Anfänge der deutschen Frauenbewegung um 1848. Frauenpresse, Frauenpolitik und Frauenvereine. In: Karin Hausen (Hg.): Frauen suchen ihre Geschichte. München 1983, S. 196–221. Die Sammlung von Hummel-Haasis enthält 3 Dokumente aus Württemberg.
4) Über die politische Bewegung 1848/49 in Württemberg gibt es einige ausführliche Studien wie z.B. Dieter Langewiesche: Liberalismus und Demokratie in Württemberg zwischen Revolution und Reichsgründung. Düsseldorf 1974. Werner Boldt: Die württembergischen Volksvereine von 1848–1852. Stuttgart 1970. Vgl. auch die Publikationen von Wolfgang Kaschuba und Carola Lipp im Anhang.
5) Frauenforschung braucht einen gewissen institutionellen Rückhalt. Dieses studentische Projekt wäre zweifellos nicht möglich gewesen ohne das von Wolfgang Kaschuba und Carola Lipp durchgeführte DFG-Projekt zur Revolutionskultur 1848/49, in dessen Forschungsprogramm „Frauen" einen von neun Schwerpunkten bilden. Vgl. Wolfgang Kaschuba/Carola Lipp: Revolutionskultur 1848/49. Zur Geschichte der Politischen Kultur in den deutschen Vormärz- und Revolutionsjahren. In: Helmut Reinalter (Hg.): Aufklärung – Vormärz – Revolution. Mitteilungen der internationalen Forschungsgruppe „Demokratische Bewegungen in Mitteleuropa". Bd. 4, Innsbruck 1984, S. 20–24. Vgl. auch die andern Projektpublikationen im Literaturverzeichnis. Wolfgang

Vorwort

Kaschuba danken wir für die Überlassung von Materialien, für praktische Unterstützung und Toleranz im Alltag.

6) Ein Abdruck von Louise Ottos Forderungen findet sich in „Das Kränzchen" Nr. 47, der Frauenbeilage der damals in Stuttgart erschienenen „Kreuzerblätter" Nr. 56, 1849, S. 223f.
7) Gisela Bock: Historische Frauenforschung: Fragestellung und Perspektiven. In: Karin Hausen (Hg.): Frauen suchen... S. 22–61.
8) Clifford Geertz: Dichte Beschreibung. Beiträge zum Verstehen kultureller Systeme. Frankfurt 1983, S. 20. Hans Medick: „Missionare im Ruderboot"? Ethnologische Erkenntnisweisen als Herausforderung an die Sozialgeschichte. In: Geschichte und Gesellschaft H. 3, 10. Jg., 1984, S. 295–319. Vgl. auch die Kritik an diesem Ansatz von Jürgen Kocka: Historisch-anthropologische Fragestellungen – ein Defizit der Historischen Sozialwissenschaften. In: Hans Süssmuth (Hg.): Historische Anthropologie. Göttingen 1984, S. 73–84, hier S. 75.
9) Dieser Ausdruck wird von Carl Schmitt auf die ästhetische Perspektive der Romantik angewendet. Er trifft sich mit den Historismus Vorwürfen, denen sich die neuere Alltagsgeschichte ausgesetzt sieht. Carl Schmitt: Politische Romantik. 2. Auflage München 1925. Vgl. Detlev Peukert: Neuere Alltagsgeschichte und Historische Anthropologie. In: Hans Süssmuth (Hg.): Historische Anthropologie. Göttingen 1984, S. 57–72, hier S. 59f.
10) Reinhart Koselleck: „Erfahrungsraum" und „Erwartungshorizont" – zwei historische Kategorien. In: Ulrich Engelhardt/Volker Sellin/Horst Stuke (Hg.): Soziale Bewegung und politische Verfassung. Stuttgart 1976, S. 13–33.
11) Siehe die Zeittafel im Anhang.
12) Einen Überblick über den Forschungsstand zur Revolution 1848/49 gibt die Sammelrezension von Dieter Langewiesche: Die deutsche Revolution von 1848/49 und die vorrevolutionäre Gesellschaft: Forschungsstand und Forschungsperspektiven. In: Archiv für Sozialgeschichte. Bd. 21, 1981, S. 458–497. Siehe auch die demnächst erscheinende Fortsetzung dieses Artikels.
13) Hans Medick: Vom Interesse der Sozialhistoriker an der Ethnologie. Bemerkungen zu einigen Motiven der Begegnung von Geschichtswissenschaft und Sozialanthropologie. In: Hans Süssmuth (Hg): Historische Anthropologie. Göttingen 1984, S. 49–56, hier S. 52.
14) Der „andere Blick" – feministische Wissenschaft. alternative Heft 120/121, 1978. Vgl. auch Claudia Opitz: Der „andere Blick" der Frauen in der Geschichte. In: Beiträge zur feministischen Theorie und Praxis 11, 1984, S. 7–25.
15) Karin Hausen: Frauenräume. In: Journal für Geschichte, H. 2, 1985 S. 13–15.
16) Pierre Bourdieu: Sozialer Raum und „Klassen". Frankfurt 1985, S. 32.
17) Reichardt, Rolf: Histoires des Mentalité. In: Internationales Archiv für Sozialgeschichte der deutschen Literatur, 3, 1978, S. 130–166. Vgl. auch den methodischen Ansatz von Michel Vovelle: Die französische Revolution. Soziale Bewegung und Umbruch der Mentalitäten. München/Wien 1982.
18) Verglichen mit der Euphorie zu Beginn des Projekts war der Lernprozeß als Gruppe mühselig. Die Erwartungen an Frauensolidarität, Verständnis und Harmonie waren groß, ebenso die Ernüchterung. Wir haben gestritten, rivalisiert, haben hinter dem Rükken der andern getratscht und geschimpft, wir waren immer wieder miteinander beleidigt und eigentlich ist es uns selten gelungen, eine befriedigende Gruppenkonstellation herzustellen. Wir haben darunter gelitten, bis uns die Frage kam, warum es in Frauengruppen anders sein sollte als in anderen Gruppen.

Teil I:

Kultur und Lebensweise von Unterschichtsfrauen im Vormärz und zur Zeit der Revolution

Carola Lipp

Frauen auf der Straße. Strukturen weiblicher Öffentlichkeit im Unterschichtsmilieu

Im Jahr 1847 kam es in der Reutlinger Zeitung zu einem publizistischen Streit, der ein interessantes Licht auf die Lebens- und Umgangsformen württembergischer Unterschichtsfrauen im Vormärz wirft. Stein des Anstoßes war das in Reutlingen übliche „Gassensitzen"[1] strickender Frauen, durch das sich ein junger Bürgersohn der Stadt belästigt fühlte. Er griff daraufhin zur Feder und brachte die Sache in die Zeitung.

„Mit dem schönen Wetter kommt hier in der Regel Etwas, das nicht schön ist, man nennt es – Gassensitze. Diese findet man in der ganzen Welt nirgends sonst als in der ehemaligen Reichsstadt, nunmehr königlichen Oberamtstadt Reutlingen und auf den Dörfern, wo die liebe einfache Natur noch waltet. Hier ist's aber nicht die Natur allein, was viele Frauenzimmer herauslockt, sondern eine ganz ungewöhnlich große Dohsis Neugierde, gepaart mit Klatschsucht und andern Suchten. Wir begreifen nicht, wie man sich dazu entschließen kann, in förmlicher Parade auf der Straße herumzusitzen...".(RMC 8.5.47)

Der Autor des Artikels befürchtete, daß die einzelnen Gewerbetreibenden durch die Gassensitze Schaden nähmen, „denn man geht ungern in die Straßen, welche durch Gassensitze verunziert sind." (RMC 8.5.47)

Das Bild des vormärzlichen Reutlingen unterscheidet sich damit wesentlich von heutigen Städten. Nicht stumm vorübereilende Passanten bestimmten das Straßenleben, sondern Frauen und Mädchen, Heimarbeiterinnen, die es sich mit ihrem Strickzeug in der Sonne gemütlich gemacht hatten, die mit ihren Nachbarinnen vor der Haustür auf einer Bank oder auf der Treppe saßen, arbeiteten und redeten.

„Bekanntlich sitzen die Frauenzimmer den ganzen Tag auf der Straße herum, wie die Spatzen, und jeder Gang in's Haus hinein, in die Räume, in welchen das Weib schalten und walten soll, ist ihnen zuwider, weil ja indessen eine Frau Klatschbase oder irgend ein Anderes vorbeigehen könnte." (RMC 8.5.47)

Die Straße war eine Welt für sich, Kommen und Gehen wurde beobachtet und kommentiert, es wurde erzählt und gelacht. Wer die Straße entlang ging, konnte mit einem Gruß oder Schwätzchen, einem Scherzwort oder einer Boshaftigkeit rechnen. Klatschsucht und Neugierde erschienen dem bürgerlichen Beobachter als wesentliches Motiv der Gassensitze. „Sperberaugen" für „fremde Mängel,

I.1. Frauen auf der Straße

seyen es nun körperliche oder geistige", bescheinigt der Verfasser des Artikels den Strickerinnen. Und in der Tat blieb den Frauen wenig verborgen, von dem was um sie herum geschah. Auf Außenstehende mochte diese dichte Kommunikationssituation bedrohlich wirken, für die Bewohnerinnen und Bewohner der Gasse schuf sie einen besonderen Zusammenhalt. In den Unterschichtsvierteln spielte sich das Leben vor den Augen der Nachbarinnen ab. Neugierde bedeutete immer auch Anteilnahme, der Klatsch war ein Korrektiv, in dem das Verhalten einer jeden Einzelnen, ihre Beziehungen und Einstellungen ihre Bestätigung oder ihr Urteil fanden. Das „Klatschen und Ausrichten" (MSP 3.3.49) der Frauen war ein lebendiger Prozeß der Auseinandersetzung mit dieser lokalen Öffentlichkeit und ihren Werten; es strukturierte das Zusammenleben in der Nachbarschaft, gab den Menschen und Dingen ihren Platz im Alltag[2]. Natürlich bedeutete dies auch Überwachung und soziale Kontrolle. Dennoch war die Gassensitze in erster Linie ein Kristallisationspunkt für das Leben im Viertel, und sie war für die Unterschichtsfrauen als Kommunikationsort ebenso wichtig wie die Brunnen und Waschhäuser, an denen sich die Dienstbotinnen, Wäscherinnen und Wasserträgerinnen trafen, oder die Wirtshäuser für die Männer.

Dem Bürgertum des 19. Jahrhunderts war diese direkte Form der Straßenöffentlichkeit fremd. Privater und öffentlicher Raum wurden im bürgerlichen Leben strikt getrennt, und gerade die „Privatheit" bürgerlichen Lebens war ein wesentliches Mittel der sozialen Abgrenzung gegenüber dem Adel wie auch den Unterschichten[3]. Im konservativen Bürgertum lebten Frauen eher zurückgezogen im Haus (Kap. IV.4) und mieden die Straße. Ihre Kommunikation mit der Außenwelt beschränkte sich auf Kaffeekränzchen mit Freundinnen oder auf die Informationen, die sie über die Dienstboten, die Kinder oder den Mann erhielten.

Daß die Gassensitze Ausdruck eines bestimmten Lebens- und Kommunikationsstils war und in Reutlingen eine lange Tradition hatte, war das gewichtigste Gegenargument eines Verteidigers der Gassensitze.

„In Nro 90 des Reutlinger und Mezinger Couriers lesen wir eine derbe Rüge über die Gassensitze. Schreiber dieses aber ist mit der Ansicht desselben nicht einverstanden. Daß es eine alte Sitte, vielleicht schon mehr als 100 Jahre her ist, daß Gassensitze geübt werden, darf nicht so besonders auffallen, indem es in vielen Städten ebenso stattfindet... Daß der eine oder andere Geschäftsmann deßwegen durch Absatz in Nachtheil komme, weil ein Gassensitz vor seinem Hause stattfindet, ist sehr zu bezweifeln, denn es wäre wahrhaft traurig, wenn die Gassensitzenden so moralisch verdorben wären, daß jedem Vorübergehenden sein gut Theil Schletter zu Theil würde. Ebenso wird es recht gerne gesehen, daß sich Bürger nach dem Feierabend zusammensetzen und über ihre Angelegenheiten sprechen, statt im Wirthshaus zu sitzen." (RMC 15.5.47)

I.1. Frauen auf der Straße

Die Tradition des Gassensitzen hat sich in Reutlingen noch bis nach der Jahrhundertwende gehalten. Dieses Bild der nähenden und klöppelnden Frauen ist im Jahr 1909 aufgenommen worden. (STA Reutlingen)

Obwohl bei der Reutlinger Gassensitze die Strickerinnen dominierten, waren Männer von dieser Kommunikation nicht gänzlich ausgeschlossen. Der Schuster am offenen Fenster seiner Werkstatt hatte nicht weniger Teil am Straßengeschehen als die Weiß- oder Handschuhnäherin, die für ihre Arbeit das Licht des Stubenfensters brauchte. Am Abend schließlich saßen Frauen wie Männer nachbarlich beisammen.

Bedingt durch die Wohnverhältnisse[4] gab es im Alltag der Unterschichten kein Privatleben. Bei den kleinräumigen Häusern und den schwarzverrauchten dunklen Stuben war es üblich, daß Arbeiten, die viel Platz und Licht brauchten, vor der Haustüre oder im offenen Hof erledigt wurden; dies galt für Handwerker ebenso wie für Hausfrauen oder Heimarbeiterinnen. Die Türen der Häuser waren offen, Wohnplatz und öffentlicher Raum gingen bruchlos ineinander über[5] und erlaubten den Frauen einen fließenden Wechsel zwischen den Arbeiten drinnen und draußen. Das dichte Nebeneinander von Familie, Arbeit und Alltagsleben führte zu einer nachbarschaftlichen Vertrautheit, die zugleich auf einer sensiblen Wahrnehmung der gegenseitigen wirtschaftlichen und familiären Verhältnisse beruhte. Kleinbürgertum und Unterschichten hatten damit eine Lebensform bewahrt, die

I.1. Frauen auf der Straße

in ihrer Geschlossenheit an ländliche Gemeinden erinnert. Die einzelnen Viertel der damals noch recht kleinen württembergischen Städte – Reutlingen z.B. hatte 1846 12 660 Einwohner – waren sozial noch weitgehend einheitlich strukturiert und überschaubar. Wer wissen wollte, was in der Stadt vor sich ging, war nicht auf die Presse angewiesen, – obwohl auch in den Unterschichten Zeitung gelesen wurde. Informationen wurden direkt ausgetauscht, die Meinungsäußerung erfolgte ohne Umwege. Im Viertel kannte man/frau sich und wußte um seine/ihre Wege und Tätigkeiten. Die Verständigung lief von Haus zu Haus, von Mund zu Mund. Die Reutlinger hatten, wie Hermann Kurz[6] beschreibt, ein allgemein übliches Verständigungssystem, das genau auf dieser Vertrautheit mit den Verhältnissen einzelner Familien aufbaute. Wenn z.b. ein Familienangehöriger gerufen werden sollte, wurde einfach mit der Hausglocke geläutet. Die Nachbarn kannten die Signale und den Ton einer jeden Glocke und gaben die Information weiter. Mit Hilfe dieses doppelten Nachrichtensystems konnte jedes Familienmitglied relativ rasch erreicht und „heimgeläutet" werden.

Diese nachbarschaftliche Nähe und das Wissen um Streit und Spannungen erlaubten es, Konflikte öffentlich, auf der Straße auszutragen. Eine Reutlinger Wirtin, die sich über ihre Nachbarschaft geärgert hatte, konnte so wütend über die Straße schreien, daß „diejenigen Nachbarn, welche ihr etwas schuldig seyen, ... sie bezahlen und diejenigen, welche ihr Nichts schuldig seyen, ... zu ihr auf die Kirchweih kommen" sollten. (RMC 2.5.48) Gerade diese Intimität der Straße war es, die bürgerlich erzogene Menschen abstieß. Das Befremden betraf nicht nur den Kommunikationsstil, sondern auch die Formen, in denen Privates öffentlich wurde, z.B. im Umgang mit Unterwäsche.

> „...allein eben so abscheulich ist der namentlich hier vielfach stattfindende Brauch, die Wäsche vor den Fenstern an Stangen zu trocknen. In manchen Städten ist dieß polizeilich verboten; in den meisten aber verbietet es den Einwohnern das Schicklichkeitsgefühl, eine Garnitur mitunter sehr zerrissener Strümpfe und Hemden und anderer Wäsche am Hause anzubringen. Wie stolz nimmt sich dann oft noch ein Paar Hosen unter den fliegenden Fahnen aus!" (RMC 22.1.48)

Der Mangel an Schicklichkeit war eines der Hauptargumente gegen die „Gassensitze". Daß die Frauen beim Arbeiten ihre Röcke schürzten, vielleicht sogar Bein zeigten, erregte Anstoß und Ärger. „Nichts weniger als reizend" fand der bürgerliche Sittenwächter den „Aufzug" der Strickerinnen und konnte sich nicht enthalten, noch einige bösartige Bemerkungen über deren „zerfetzte Unterröcke" zu machen, die sonntags unter „schönen Oberröckchen" versteckt würden. Die Freizügigkeit und Unbekümmertheit der Frauen wirkten auf ein bürgerlich-männliches Gemüt bedrohlich, nicht zuletzt weil die Strickerinnen bei ihren Zurufen auf derbe sexuelle Anspielungen nicht verzichteten. Nach dem Artikel im „Reutlinger und Mezinger Courier" zumindest konnten sie „ebenso fertig schimpfen

I.1. Frauen auf der Straße

und gemeine Redensarten führen, wenn's darauf ankommt, als stricken, und um sich hievon zu überzeugen, darf man nur auf dem Graben, wenn die Schönen (am Sonntag; d. V.) lustwandeln, aufhorchen – da kann man Reden hören, vor denen Männer erröthen, die doch in der Regel eine zähere Natur haben." (RMC 8.5.47) Die Kritik an der „Gassensitze" mündete schließlich in eine grundsätzliche bürgerliche Kritik an den Lebensverhältnissen und der Haushaltsführung von Unterschichtsfrauen.

„Dies hängt aber ganz genau mit den Gassensitzen zusammen... Dadurch wird der Sinn von aller Häuslichkeit abgezogen, und das Weib seinem eigentlichen Wirkungskreis entrückt; es sieht wohl alles scharf, was auf der Straße vorgeht, und die Fehler alle der Vorübergehenden, aber den Schmutz an sich, in seinem Haus sieht es nicht." (RMC 8.5.47)

Daß die Frauen auf der Straße arbeiteten und meist mit Stricken ihren Lebensunterhalt verdienten, wurde von diesem „Feind der Gassensitze" übersehen. Und dies, obwohl die Reutlinger Wollsocken landesweit bekannt waren, und im September 1847 sogar der spätere Abgeordnete Moriz Mohl in der Zeitung ein Lobrede auf „lez und recht" gestrickte Socken aus Reutlingen hielt (RMC 23.9.47). Der Gegner der Gassensitze entwarf schließlich das Bild von faulen, auf der Straße herumlungernden Unterschichtsfrauen, das in ähnlichen Varianten damals auch in der bürgerlichen Pauperismusliteratur (Kap. II.1) kursierte.

„Wir sprechen hier von Mädchen, die nichts, gar nichts können, als nur stricken, die nicht im Stande sind, außer einer Wassersuppe dem Manne auch nur ein einziges ordentliches Gericht aufzutischen, die nicht im Stande sind, ein Loch zu flicken, die oft nicht einmal ihr Haar ordentlich flechten können... Solche Mädchen werden dann diejenigen Mütter, welche ihre Kinder ungekämmt und ungewaschen mit zahllosen Löchern im Anzug herumlaufen lassen und ihre Männer durch rohes Benehmen in's Wirthshaus jagen." (RMC 8.5.47)

Trotz dieser massiven Angriffe ließen sich die gassensitzenden Frauen 1847 nicht einschüchtern, wie der Zeitungsschreiber pikiert feststellte. Der Zusammenhalt der Straße war stärker als die Macht der Presse. Dem Druck der bürgerlichen Kultur- und Erziehungsansprüche setzten die Strickerinnen hartnäckigen Widerstand entgegen, und so schreibt der „Reutlinger und Mezinger Courier" am 15.5.1847 bitter: „Die Frechheit einiger Strickerinnen geht übrigens so weit, daß sie, um mit ihren eigenen schönen Worten zu reden ‚itzt airscht reacht na sitzet'. Diese beweisen damit klar und bündig, daß sie Mädchen ohne alle Scham und Sitte sind." (RMC 15.5.47) Als 1848 die Debatte erneut aufflammte, bemerkte die Redaktion resigniert: „Wir nehmen gegen die Gassensitze höchst ungern etwas auf, denn an der Gleichgültigkeit der betreffenden Frauen und Mädchen gegen das Schicklichkeitsgefühl prallt alles ab." (RMC 7.4.48)

Was schicklich war und wie weibliches Benehmen auszusehen hatte, wurde in

I.1. Frauen auf der Straße

diesem Artikel am Beispiel des viktorianischen England vor Augen geführt, wo der Prozeß der Verbürgerlichung und der Einschließung der Frauen ins Haus am weitesten fortgeschritten war.

> „Wenn in England ein Frauenzimmer zum Fenster hinausschaut, so versammelt sich vor demselben eine Masse Volks, und weicht nicht eher als bis die Neugierige das Fenster verläßt. Bei uns zwar wird das Sittlichkeitsgefühl nicht so weit ausgedehnt, wir wollen den Reutlinger Jungfrauen auch nicht verbieten, zum Fenster hinauszuschauen, aber die Straßen durch die leidige Gassensitze auf eine Weise zu verblockiren und barrikadiren, wie es jetzt wieder zu geschehen anfängt, möchte bald eine ähnliche Maßregel hervorrufen." (RMC 7.4.48)

Wie die Diskussionen um die Reutlinger „Gassensitze" enthüllten, war die Straße ein für die weibliche Sittlichkeit gefährliches oder zumindest ambivalentes Terrain. Dies illustriert ein ganz anderer Vorfall aus Tuttlingen, der sich in ähnlicher Weise auch in einer anderen württembergischen Stadt hätte zutragen können. Der Tuttlinger Korrespondent des „Beobachter" berichtete:

> „Tuttlingen, den 9.5.1846. Nachdem vor 14 Tagen das Einsperren der Gänse und Enten bei Gefahr des Todtschießens befohlen wurde, wird so eben mit der Schelle öffentlich bekannt gemacht: ‚Das Spazierengehen und Herumziehen der ledigen Weibsleute in und außerhalb der Stadt, Abends nach der Betglocke, mit oder ohne Laterne, wird hiemit wiederholt bei Thurmstrafe verboten,...,‘". (Beob 19.5.46)

Die Freiheit der Straße war nicht unbegrenzt, junge ledige Frauen waren in ihrer Bewegungsfreiheit erheblich eingeschränkt. Die entscheidende Grenze setzte hier die Dunkelheit und die mit dieser assoziierten sittlichen Gefahren. Eine anständige bürgerliche Frau begab sich deshalb nie ohne Begleitung nachts auf die Straße. Genau dies unterschied sie von Unterschichtsfrauen, die von Berufswegen nachts oft unterwegs waren: Wasserträgerinnen gingen zum Brunnen[7], Dienstbotinnen erledigten abends Besorgungen oder holten ihre Herrschaft mit der Laterne ab, Arbeiterinnen konnten die Fabrik oft erst nach Einbruch der Dunkelheit verlassen. Trotz dieser Vertrautheit mit der Nacht gab es auch für Unterschichtsfrauen Grenzen des Schicklichen; diese begannen dort, wo die Arbeit endete und der „Müßiggang" anfing. Wer nachts unterwegs war, um sich zu amüsieren oder gar mit Freunden zu treffen, machte sich der „Nachtschwärmerei" verdächtig, und diese war strafbar. Auch eine Laterne, als Zeichen, daß ihre Trägerin das Licht nicht scheute, konnte sie kaum vor ehrenrührigen Verdächtigungen bewahren. So empfindet der Tuttlinger Korrespondent die harsche Form der stadträtlichen Verfügung für „ordentliche Mädchen" beleidigend, wenn auch angesichts der sonntäglichen Vergnügungen der städtischen Jugend angebracht:

> „Wenn es gewiß nur am Platze ist, etwaigen Unordnungen auf der Straße namentlich an Sonntagabenden zu steuern (obgleich dadurch auch die Straßenbeleuchtung bei uns aufhört, da jedes Mädchen mit einer Laterne versehen war), so ist es auch gewiß,

I.1. Frauen auf der Straße

daß obige Bekanntmachung in einer Weise gegeben ist, die jedes ordentliche Mädchen verletzt, namentlich diejenigen, welche nicht spazieren gingen…". (Beob 19. 5. 46)

Die lokalen „Gassen- und Straßenpolizeiordnungen", die von den einzelnen Ortsbehörden erlassen wurden, beschäftigten sich vor allem mit dem „Benehmen in der Stadt und ihrer nächsten Umgebung". Die Heilbronner Verordnung von 1842 zum Beispiel verbot „das Herumstehen in geschlossenen Gruppen, wie es junge Leute, namentlich zur Abendzeit im Gebrauch haben. Ebenso das Durchziehen der Straßen, Brücken und öffentliche Spaziergänge in geschlossenen Reihen."[8] Solche Nachtschwärmverbote hatten in Württemberg fast eine dreihundertjährige Tradition. Schon in der 4. Landesordnung vom 1. 6. 1536 hieß es: „Item niemand soll nachts im sommer nach der neunden uhr auff der gassen geen, noch in den wirtshäusern, und im winter um acht uhr, on ein liecht sitzen". 1790 schrieb die „Policei-Verordnung der Residenzstadt Stuttgart" vor, daß „niemand des Nachts nach 10 Uhr ohne Laterne auf der Straße betreten lassen, oder gewärttig seyn, daß er von den Patrouillen auf die Wache geführt, allda um seinen Namen und Charakter befragt."[9] Den Gemeinden war daran gelegen, junge Leute – d.h. alle unverheirateten unter 25 Jahren – von den Straßen fern zu halten und dadurch zu zwingen, die legitimen Unterhaltungsangebote und Treffpunkte wie die Lichtkärzen wahrzunehmen, und damit im Kontrollbereich der Erwachsenen zu bleiben. Im Winter, in der Zeit der langen Abende, trafen sich Mädchen und junge Frauen gewöhnlich bei einer Familie der Nachbarschaft um gemeinsam „zu Licht zu sitzen", zu arbeiten und sich zu unterhalten. Die Lichtkärzen, die auf dem Land nach der ausgeübten Haupttätigkeit auch Spinnstuben hießen, waren regelrechte Jugendtreffs, bei denen gesungen, gespielt, mitunter auch getanzt wurde, wenn die Anstandspersonen großzügig waren. Dementsprechend lockten die Lichtkärzen auch die männliche Jugend an und waren Ausgangspunkt für ausgiebige Nachtschwärmereien beider Geschlechter. Um „sittenverderbenden Zusammenkünften mit aller Macht" zu steuern, wurden die Lichtkärzen meist auch obrigkeitlich überwacht[10].

Rein rechtlich gesehen galt das Nachtschwärmverbot für junge Frauen wie Männer. Der Kirchenkonvent von Kiebingen stellte z.B. im Juli 1846, der sommerlichen Hoch-Zeit des Nachtschwärmens fest, „daß junge Leute, ja selbst Kinder noch Abends nach dem Gebetläuten im Freien sich aufhalten. Da solches nächtliche Umherschwärmen von Leuten beiderlei Geschlechts sittengefährlich und unstatthaft ist, so beschließt der Kirchenkonvent, daß nach vorangegangener Warnung auf der Kanzel, von dem Polizeidiener Abends strenge Aufsicht geführt werden solle."[11] In der Regel wurden aber die Nachtschwärmverordnungen vor allem in den Städten gegen ledige Frauen und Mädchen angewandt. Nur für Frauen war

I.1. Frauen auf der Straße

die Betglocke das entscheidende Zeichen, während bei den jungen Männern eher die Sperrstunde der Gaststätten das Ende nächtlicher Ausflüge markierte. In Reutlingen z.B. erscheint in der Polizeistatistik die Nachtschwärmerei als rein weibliches Delikt, wobei die Strafe für Nachtschwärmen 5 bis 10kr oder mehrstündigen Arrest betrug. Die Männer dagegen wurden wegen „nächtlicher Ruhestörung" bestraft[12]. Bei den männlichen Adoleszenten gehörte es nach der Schulentlassung geradezu zum Ehrenkodex ihrer jungen Männlichkeit, allein oder in Gruppen nachts herumzuziehen, den Mädchen bei der Lichtkärze aufzulauern oder zu randalieren. In den Dörfern war dies in den sogenannten Burschenschaften und Jahrgangsgruppen teilweise noch rituell organisiert[13].

Wie aus zeitgenössischen Quellen hervorgeht, war bereits der Vorwurf der Nachtschwärmerei für ‚anständige' Frauen rufschädigend. Im Prozeß um den Ulmer Brotkrawall (Kap. I. 5) sagt z.B. Rosina Jehle über den Leumund der Angeklagten Henrike Saile: „Es weiß jedermann, daß sie liederlich ist, weil sie nachts so ausläuft... Vorgestern sah ich sie allein in der Neuen Straße und sie sagte mir nicht, was sie treibt."[14] Das Problem solcher ehrenrühriger Verdächtigungen beschäftigte auch den Tuttlinger Korrespondenten des „Beobachter":

> „Eine Frage, die wohl einer Erörterung im Stadtrathe werth ist,... erlaube ich mir noch zu stellen: Muß ein geordnetes Mädchen, das Abends nach der Glocke noch gern Verwandte oder eine Freundin besuchen will oder die noch verschickt werden sollte, zu hause bleiben, oder sich von einem Polizeidiener antasten und als Herumzieherin behandeln lassen?" (Beob 19.5.46)

Daß sich viele Frauen der Unterschichten durch Bestrafungen keineswegs davon abhalten ließen, abends ihren ‚Abend-teuern' nachzugehen, läßt sich an der Reutlinger Strafstatistik ablesen. Allein im August 1847 wurden 10 „ledige Weibspersonen" nachts aufgegriffen und wegen Nachtschwärmerei belangt. (RMC 10.8.47) Obwohl Frauen, die am Sonntag zum Tanz gingen oder einen gemeinsamen Abendspaziergang mit Freundinnen unternahmen, damit rechnen mußten, in den Ruf von Nachtschwärmerinnen zu geraten, konnte dies den Frauen die Freude an amüsanten Ausflügen nicht nehmen. Der „Beobachter" bemerkte 1846, daß „an allen öffentlichen Vergnügungs-Orten das weibliche Geschlecht vorzuherrschen scheint" (Beob 29.12.46).

Anmerkungen:

1) Für die Überlassung der Zeitungsartikel zur Gassensitze danke ich Elisabeth Sterr.
2) Zur sozialen Funktion des Geredes vgl. Regina Schulte: Bevor das Gerede zum Tratsch wird. Das Sagen der Frauen in der bäuerlichen dörflichen Welt Bayerns im 19. Jahrhundert. In: Journal für Geschichte 2, 1985, S. 16–21, hier S. 20.

I.1. Frauen auf der Straße

3) vgl. Jürgen Habermas: Strukturwandel der Öffentlichkeit. Neuwied/ Berlin, 4.Auflage 1962, sowie Lucian Hölscher: „Öffentlichkeit". Artikel in: Otto Brunner/ Werner Conze/ Reinhart Kosselleck (Hg.): Geschichtliche Grundbegriffe. Historisches Lexikon zur politisch-sozialen Sprache in Deutschland. Bd. 4. Stuttgart 1972, S. 413–467.
4) „Die bisherigen Wohnungen der ärmeren Classen bestehen gewöhnlich aus einem niedrigen, nicht selten schlecht verwahrten Zimmer, wozu manchmal noch eine Kammer kommt. Außerdem ist damit die Benützung eines zugleich als Küche dienenden Vorplatzes verbunden, worein sich oft mehrere Familien zu theilen haben..." Karl Riecke: Die Arbeiterwohnungen in Heilbronn. In: Württembergische Jahrbücher für Statistik und Landeskunde (WJB) Jg. 1856, S. 82–90, hier S. 84.
5) vgl. Arlette Farge: Vivre dans la rue a Paris au XVIIIe siècle. Paris 1979, S. 20.
6) Hermann Kurz: Das Witwenstüblein. In: Innerhalb Etters. Erzählungen von Hermann Kurz, hg. von Isolde Kurz. Tübingen 1926, S. 15–35, hier S. 17f.
7) Das „Neue Tagblatt für Stuttgart und Umgegend" berichtete von „umherschwärmenden Knaben, darunter Lehrjungen", die nachts um halb 10 Uhr am Brunnen Mägde ärgerten und sie so schubsten, daß ihnen die „Wassergölten" vom Kopf fielen. (NT 19.6.1847)
8) Gassen- und Polizeiordnung für den Oberamtsbezirk Heilbronn. Heilbronn 1842, Paragraph 3, S. 12.
9) 4. Landesordnung vom 1.6.1536. In: August Ludwig Reyscher, Regierungsgesetze, Bd. 1. 1, Tübingen 1841, S. 120; und Policei-Verordnungen für die herzogliche Residenz-Stadt Stuttgart. Stuttgart 1790, S. 7.
10) Mit den ersten Unzuchts- und Ehegesetzen in Württemberg im 16. Jahrhundert wurden auch die Lichtkärzen oder -stuben obrigkeitlich überwacht und zeitweise sogar verboten. So alt wie diese Erlasse waren auch die Klagen über den dort getriebenen „Unfug und über den Besuch von Männern" (RMC Nr. 12, 1848). Der „Reutlinger und Mezinger Courier" berichtete 1848, daß in manchen Lichtkärzen die Mädchen „jedes Restes von Schamgefühl verlustig gehen" und die „roheste Ausgelassenheit herrsche", während die Alten statt über die Jugend zu wachen, schliefen. Ebd. Vgl. Hans Medick: Spinnstuben auf dem Dorf. Jugendliche Sexualkultur und Feierabendbrauch in der ländlichen Gesellschaft der Neuzeit. In: Günter Huck (Hg.): Sozialgeschichte der Freizeit. Wuppertal 1980, S. 19–50.
11) Kirchenkonventsprotokoll Kiebingen vom 12.7.1846. Diözesanarchiv Rottenburg B 21, f117.
12) Vgl. die regelmäßige Polizeistatistik im „Reutlinger und Mezinger Courier".
13) Die Schulentlassung und die Konfirmation bzw. Firmung bezeichneten im Leben der Jungen einen wesentlichen sozialen Übergang, der oft entsprechend rituell begangen wurde. In Franken zahlten nach Kramer die jungen Burschen nach der Schule ihren „Bockschilling" und durften nun mit der Gruppe nachts draußen auf der Straße sein und mit den Mädchen „Spiel haben". Karl-Sigismund Kramer: Grundriß einer rechtlichen Volkskunde. Göttingen 1974, S. 93.
14) Akten Schwurgericht Ulm E 350, Bü 10, A 65. Für die Überlassung danke ich Beate Binder. Vgl. auch die Diskussion im „Reutlinger und Mezinger Courier" über zwei nachtschwärmende Mädchen, RMC 27.4.1848, 29.4.1848 und folgende Nummern.

Carola Lipp

Fleißige „Weibsleut" und „liederliche Dirnen".
Arbeits- und Lebensperspektiven von Unterschichtsfrauen um die Mitte des 19. Jahrhunderts

„Du wirst dich nähren von deiner Hände Arbeit, wohl dir, denn du hast es gut."[1]

Wer waren die Frauen der Unterschichten, von denen hier die Rede ist, wie lebten sie und wovon? Der Begriff „Unterschichtsfrauen", der in diesem Buch verwendet wird, umfaßt eine Vielzahl höchst unterschiedlicher weiblicher Existenzformen, die mit komprimierten ökonomischen Daten nur in Umrissen sichtbar gemacht werden können. Dennoch ist es unumgänglich sich mit der wirtschaftlichen Seite des Frauenalltags zu befassen, denn diese bestimmte wesentlich die Lebensperspektiven der Frauen in den damals sogenannten „arbeitenden Klassen". Da die meisten Berufs- und Gewerbezählungen erst in den 1850er Jahren beginnen, ist es nicht möglich, exakte Daten für die Jahre 1848/49 zu erheben. Die folgende statistische Skizze muß sich zwangsläufig mit exemplarischen Zahlen, Annäherungs- und Vergleichswerten vor allem des Jahres 1852 begnügen, um eine ungefähre Vorstellung von der Frauenarbeit um die Jahrhundertmitte zu gewinnen. Die Mehrzahl der württembergischen Frauen war damals in der Landwirtschaft tätig, ein Bereich der Frauenarbeit, der in sich sehr heterogen war. Er umfaßte ebenso die eigenständig wirtschaftenden Bäuerinnen wie auch die Taglöhner- und Handwerkerehefrauen, deren Familien vom Anbau kleiner Landstücke oder von Allmendteilen lebten, die die württembergischen Gemeinden ihren Bürgern zur Verfügung stellten. Nach einer Berufsstatistik von 1852 zählten zu dieser Gruppe[2] die Ehefrauen der 117 108 ausschließlich Landwirtschaft treibenden Bauern wie auch die Frauen der rund 99 838 Nebenerwerbsbauern, bei denen gewöhnlich der Hauptteil der landwirtschaftlichen Arbeit von den Frauen verrichtet wurde. Von den 227 774 Personen, die in der Gewerbestatistik von 1852 erfaßt wurden, betrieben 43% neben der Landwirtschaft noch ein Gewerbe bzw. neben dem Gewerbe noch Landwirtschaft[3]. Diese Mischstruktur war typisch für Württemberg, vor allem für die Realteilungsgebiete (z.B. im frühindustrialisierten Neckarkreis und im Schwarzwaldkreis), in denen die durchschnittliche Grundbesitzgröße wesentlich niedriger war als in den Anerbengebieten (im Donaukreis und Teilen des Jagstkreises)[4]. Zu den in der Landwirtschaft Beschäftigten ist schließlich noch das Gesinde hinzuzurechnen; insgesamt wurden 1852 72 047 Mägde und 61 241 Knechte und Jungen gezählt. Bei einer Bevölkerung von 1 809 404 Personen (1852)[5] lebten um die Jahrhundermitte knapp 60% der württembergischen Bevölkerung noch vom Landbau[6], nur rund 40% ernährten sich von Handel und Gewerbe[7].

I.2. *„Fleißige Weibsleut", „liederliche Dirnen"*.

Die weibliche Arbeitskraft war zur Zeit der Revolution ein wichtiger ökonomischer Faktor. Von den Mitarbeitern des Königlichen statistisch-topographischen Bureaus wurde angenommen, daß Frauen und Kinder zum Einkommen eines Haushaltes die Hälfte des notwendigen Existenzminimums beisteuerten[8]. In der Bauernwirtschaft wie im Handwerkerbetrieb arbeiteten Frauen und Kinder vielfach mit oder besserten durch landwirtschaftlichen Zuerwerb das Familienbudget auf, auch die Arbeiter- und Taglöhnerehefrauen sicherten mit ihrer Erwerbstätigkeit das Überleben ihrer Familien. Diese Mitarbeit der Frauen war bereits bei der Lohnhöhe der Männer eingeplant, und auch die Berechnungen der Armenfürsorge bezogen die Frauenarbeit als ökonomische Größe mit ein.

Die meisten der weiblichen Erwerbs- und Nebentätigkeiten im nichtlandwirtschaftlichen Bereich waren noch eng gebunden an hauswirtschaftliche Arbeit. Fegen, Putzen, Wassertragen und Waschen waren häufige Taglohnarbeiten verheirateter Frauen. Viele dieser Arbeiten fielen allerdings nicht nur im Haushalt, sondern auch in Gewerbebetrieben an. Ein Teilbereich der häuslichen Tätigkeiten erfuhr gerade in den 1840er Jahren eine entscheidende technische Veränderung. Das Waschen z.B. verlagerte sich zunehmend vom Haus und den öffentlichen

Straßenszene aus Heilbronn, links Dienstbotinnen und Wasserträgerinnen am Brunnen, im Vordergrund einkaufende Frauen rechts vor einem „Specerei- und Farbengeschäft", links vor einer „WaarenHandlung". (Aus „Erinnerungen an Heilbronn". Lithographie Gebr. Wolff Heilbronn 1823. Landesbibliothek Stuttgart)

I.2. „Fleißige Weibsleut", „liederliche Dirnen".

Waschplätzen in moderne Dampfwaschanstalten, in denen die Wäscherinnen als Taglöhnerinnen arbeiteten. Im Unterschied zu heute war harte körperliche Arbeit von Frauen, sei es nun beim Waschen, beim Wassertragen, Steineschleppen oder bei Tätigkeiten im landwirtschaftlichen Bereich, keine Seltenheit. Frauen arbeiteten so z.B. im Taglohn bei den Gemeinden, machten Erd-, Wald- und Straßenarbeiten.

Ein zentraler Bereich weiblicher Erwerbstätigkeit war Mitte des 19. Jahrhunderts die Textil- und Lederwarenproduktion. Von 90 Beschäftigten der Eßlinger Handschuhfabrik Bodmer (1843) waren 80 Näherinnen[9]. Das Nähen, sei es nun von Leder, Weißzeug oder anderen textilen Produkten, wurde von den Frauen entweder als Heimarbeit im Stücklohn, d.h. in Abhängigkeit von einem kaufmännischen Verleger oder Fabrikanten betrieben oder beschränkte sich auf Gelegenheitsarbeiten wie Flicken und Änderungsschneiderei. Die Anfertigung von neuen Kleidungsstücken blieb den zünftigen männlichen Schneidern vorbehalten und war den nicht zunftberechtigten Frauen bis zur Einführung einer neuen Gewerbeordnung 1868 strikt untersagt. Eine Annonce im „Reutlinger und Mezinger Courier" wirft ein Licht auf die Arbeitssituation der Näherinnen.

> „Ein hiesiges Frauenzimmer, welches das Tuch- und Kleiderstoppen sehr gut versteht, bietet dem hiesigen Publikum seine Dienste in diesem Geschäft unter Zusicherung pünktlichster und billigster Ausführung der zu Theil werdenden Aufträge höflichst an. Näheres ist zu erfragen bei Georg Reicherter." (RMC 10.3.48)

Die Schneiderzunft, die damals ohnehin unter industrieller Konkurrenz und personeller Überbesetzung zu leiden hatte, beobachtete mit Mißtrauen, ob die billiger arbeitenden Frauen[10] bei ihren Flickarbeiten blieben oder ihnen ins „Handwerk pfuschten". In Eßlingen gab es laut Einwohnerverzeichnis 1847 bei 2235 selbständigen Haushalten 39 Wäscherinnen, 51 Näherinnen, 3 Weißnäherinnen und 2 Strickerinnen, wobei diese Zahl nur einen Bruchteil der wirklich in diesem Bereich arbeitenden Frauen erfaßt, da diese Einwohnerliste nur alleinstehende Frauen (Ledige oder Witwen) mit selbständigem Haushalt berücksichtigte. Im Reutlinger Oberamt hatte sich die bei der „Gassensitze" angesprochene Strickindustrie so ausgedehnt, daß 1858, also zehn Jahre später, die Zahl der Strickerinnen immerhin 4 193 Frauen betrug, wozu noch einmal 5 771 Kinder und 1 824 strikkende Männer kamen. Fast die Hälfte der Reutlinger Bevölkerung verdiente mit Stricken Geld bzw. stand im Dienst von 24 Kaufleuten und 229 Meistern und Kleinunternehmern[11]. Da in vielen von der staatlichen Armenfürsorge organisierten Industrieschulen Stricken oder auch feinere Stickarbeiten (s.u.) gelehrt wurden, war diese Form der Heimarbeit auch in andern Oberämtern verbreitet. Heimarbeit war hauptsächlich Frauen- und Kinderarbeit, wobei vor allem halbmanufakturelle Tätigkeiten wie Strohflechten (für die Hutproduktion), Besenbinden,

I.2. „Fleißige Weibsleut", „liederliche Dirnen".

die Herstellung künstlicher Blumen gerne in die Haushalte verlagert wurden, nachdem die Frauen und Kinder angelernt worden waren.

Ein wesentlicher und mit den Jahren ständig wachsender Erwerbszweig für Unterschichtsfrauen war die Fabrikarbeit. In der Textilindustrie, vor allem in den Baumwoll-, Kammgarn- und Wollspinnereien waren mehr als die Hälfte der Beschäftigten Frauen[12]. Frauen arbeiteten an den Spinnmaschinen als Spulerinnen, beim Wollereißen oder machten Hilfsarbeiten. Auch in der Metallindustrie war Frauenarbeit verbreitet, vor allem in der Silberwaren- und Emailleproduktion. Die Blechwarenfabrik Deffner in Eßlingen beschäftigte 1843 neben 105 Flaschnern, Schlossern und Lackierern auch 10 Handschleiferinnen und 20 Mädchen zum Polieren und Schleifen[13]. Im Jahr 1846 lebten in Eßlingen 249 Fabrikarbeiterinnen, damit waren 3,9% der weiblichen Bevölkerung im Bereich der Industrie tätig. Die Zahl der männlichen Arbeiter lag damals bei 315 (gleich 4,93% der männlichen Bevölkerung). Bei 9616 ortsangehörigen und 12763 ortsanwesenden Einwohnern[14] lag der Fabrikarbeiteranteil in Eßlingen insgesamt bei 6,8%. Zwischen 1846 und 1855 vervierfachte sich die Arbeiter/innenzahl[15]. Die meisten Arbeiterinnen in Eßlingen waren entweder verheiratet oder lebten bei Kostfamilien und Verwandten. Das Adreßbuch von 1847 führt nur 17 Fabrikarbeiterinnen, 3 Spinnerinnen und 3 Spulerinnen mit selbständigen Haushalten an, wobei diese Frauen häufig wie auch die Näherinnen in einer Art Wohn- oder Hausgemeinschaft lebten. Im Unterschied zu Eßlingen, wo die Industrialisierung sich vor allem im Ausbau der Metallfabrikation niederschlug, lag die Zahl der Fabrikbeschäftigten in Heilbronn etwas höher. 1846 wurden hier 371 Arbeiterinnen gezählt (= 4,76% der weiblichen Bevölkerung, bei den Männern 4,6%)[16]. In diesen beiden früh industrialisierten Städten dominierte bereits die gewerbliche Erwerbsarbeit gegenüber anderen Bereichen weiblicher Lohnarbeit. Schon 1841 standen in Heilbronn 282 Taglöhnerinnen und Handarbeiterinnen (einschließlich der Fabrikbeschäftigten) 104 Mägden und 18 weiblichen Bediensteten gegenüber. 1852 gab es in der Heilbronner Industrie 422 Arbeitsplätze, wobei die Papierindustrie mit über 300 die meisten Frauen beschäftigte[17].

Die Zahl der weiblichen Fabrikarbeiterinnen hatte sich in Württemberg zwischen 1841 und 1852 rapide vermehrt. 1841 registrierte die zeitgenössische Statistik erst „1000 weibliche Gehülfen" in den Fabriketablissements[18]. Mit der Ausdehnung der industriellen Produktion war die Zahl der Fabrikarbeiterinnen 1852 in ganz Württemberg auf 13586 angewachsen (Männer 31238)[19]. Von „Taglohn- und Handarbeiten" lebten 1852 in Württemberg bereits 20020 Frauen (gegenüber 45491 Männern). Sieht frau von den rund 70000 ländlichen Dienstbotinnen ab, überstieg diese Zahl bei weitem die der 5565 „weiblichen Dienstboten zur persönlichen Bequemlichkeit"[20]. Für die meisten Frauen war das Dienstbotinnendasein

I.2. „Fleißige Weibsleut", „liederliche Dirnen".

ohnehin nur ein Zwischenstadium bis zur Ehe, an die sich dann andere Erwerbsarbeiten anschlossen.

Aber nicht nur im Bereich der Dienstleistungen und der Produktion, auch im Handel spielten Frauen eine wichtige Rolle. Mit Ausnahme des zünftig organisierten Detailhandels lag ein großer Teil des Hausierhandels und fast der ganze Milch- und Eierhandel in den Händen der Frauen. Auch dort, wo es um weiblichen Schmuck und Mode ging, wie z.B. beim Putzmachergewerbe, dominierten die Frauen. Vor allem das Aufkommen der künstlichen Blumen aus Stoff und anderen Materialien bot Frauen die Möglichkeit, sich mit einem Geschäft selbständig zu machen, ohne in Konflikt zu geraten mit den von Männern dominierten zünftigen Gewerben. „Hochzeitskränze, Ballbouquets, Hauben und Hutbouquets und Todtenkränze" stellte Theresia Bauer in Reutlingen her (RMC 1.1.48), und Lisette Benz am Stuttgarter Tor verkaufte neben „Braut- Ball- und Todtenkränzen" auch „gestickte Chemisette von 15fl bis 1fl 48" (RMC 23.1.48).

Zu den im Erwerbsleben stehenden Frauen sind schließlich auch die Handwerkerwitwen zu zählen, die nach dem Tod ihrer Männer das Geschäft übernahmen. „Schneider Schäfers Witwe" z.B. gab ihren Entschluß in der Presse bekannt:

> „Empfehlung. Unterzeichnete bringt dem verehrlichen Publikum zur Kenntnis, daß sie ihr Geschäft durch seitherigen Geschäftsführer Luz fortsetzt und bittet um geneigtes Vertrauen." (RMC 19.3.48)

Im Vordergrund dieser Geschäftstätigkeit der Witwen stand einerseits die ökonomische Notwendigkeit, sich und die Familie zu ernähren, andererseits geschah diese Fortführung des Betriebs im Interesse der Familie und dauerte so lange, bis minderjährige oder in der Ausbildung befindliche Söhne in der Lage waren, die Verantwortung zu übernehmen. Da die Handwerker 1848/1849 sich ihrem eigenen Selbstverständnis nach dem „Mittelstand" zuordneten, ist es problematisch, ihre Witwen einfach zur Unterschicht zu rechnen. Angesichts der Gefahr der Verarmung, der alte und alleinstehende Frauen ausgesetzt waren, erscheint dies jedoch legitim. Auch im Handwerk gab es krasse wirtschaftliche und soziale Unterschiede.

Waren die Frauen vermögend, war der ökonomische Handlungsspielraum entsprechend größer, d.h. die Frauen konnten sorgenfrei wirtschaften. Dies wurde dadurch erleichtert, daß seit 1828 die Geschlechtsvormundschaft aufgehoben und Frauen geschäftsfähig geworden waren[21]. Auch das württembergische Erbrecht, das Frauen wie Männern die gleichen Ansprüche am elterlichen Vermögen sicherte, begünstigte im Prinzip die ökonomische Selbständigkeit von Frauen. Für geschiedene Frauen – wie die im folgenden zitierte Susanne Bleßing aus Gmünd – ermöglichte dies auch nach der Scheidung vom Ehemann mit dem eigenen, in die Ehe gebrachten Vermögen weiter zu wirtschaften.

> „Die Unterzeichnete macht hiermit die Anzeige, daß sich ihr Ehemann Johann Georg

I.2. „Fleißige Weibsleut", „liederliche Dirnen".

Bleßing von ihr getrennt hat, da er beabsichtigt, von hier wegzuziehen, und daß sie ihr Geschäft auf eigene Rechnung fortbetreibt. Zugleich muß sie zur Anzeige bringen, daß sie nach einem Vertrage für keine Verbindlichkeit, die ihr Mann eingeht, in Anspruch genommen werden kann. Unter Zusicherung billiger und reeller Bedienung empfiehlt sie ihre Wirtschaft und Metzgerei Jedermann bestens. Susanne Bleßing, Pächterin zum Hecht." (BvR 23. 2. 48)

Von den Zünften wie auch von den Ortsvorständen allerdings wurden von Frauen geführte Gaststätten ungern gesehen. Der Eßlinger Stadtrat verweigerte z.B. „der Bäckers Witwe Klein die Konzession zu einem Wein- und Mostausschank"[22], weil er es für „unpassend" hielt, „daß Wittfrauen Wirthshäuser betreiben, da dieselbe nicht imstande seyen, bey Unordnung,... kräftig einzuschreiten". Bäckersfrauen versuchten mit speziellen Angeboten im Geschäft zu bleiben: „Mittwochs von Morgens 9 Uhr" bot Elisabeth Schauwecker „Pasteten, Rosinentorten und Apfelkuchen" an (RMC 19. 3. 48). „Kraut- und Zwiebelkuchen" verkaufte die Bäckers Witwe Johannes Sautter in Eningen (RMC 5. 1. 48). Andere Witwen schlugen sich mühselig mit Vermietungen, dem Verleihen ihrer Allmendteile oder Kraut- und Kartoffeläcker durch. Witwen sahen sich im Alter gezwungen, einen Teil ihres Hausrats oder Grundbesitzes zu verkaufen, um leben zu können.

Alleinstehende Frauen der Unterschicht, seien es nun Ledige oder Witwen, hatten es schwer, ihren Lebensunterhalt zu finanzieren. Die Frauenlöhne waren so niedrig, daß ein selbständiges Leben nur unter Entbehrungen möglich war. Hinzu kam, daß sich das Lohnniveau in den 1840er Jahren verändert hatte, während gleichzeitig die Preise gestiegen waren[23]. Bei einer Arbeitszeit von 12–14 Stunden betrug zum Beispiel der Frauenlohn in einer Heilbronner Baumwollspinnerei 1848/1849 16–20kr am Tag, während ein Mann immerhin 20–40kr verdiente[24]. In der Baumwollspinnerei Merkel & Wolf in Eßlingen verdiente ein Arbeiter 3fl 36kr (3 Gulden, 36 Kreuzer) in der Woche (= 36kr pro Tag), eine Arbeiterin nur 2fl 12kr (= 22kr pro Tag)[25]. Auch der Verdienst der Strickerinnen lag kaum höher und hing zudem von der Geschicklichkeit der Frauen ab. „Eine Strickerin darf recht wohl", schreibt 1847 der „Reutlinger und Mezinger Courier", „20–24 kr Strickerlohn an einem Paar solcher Socken verdienen. Fertige Strickerinnen hier, welche von frühen Morgen bis späten Abend sich halb todt stricken, thun es nicht unter diesem Preiß." (RMC 3. 9. 47)

Wie gering diese Löhne waren, zeigt ein Vergleich mit den Preisen der wichtigsten Lebensmittel. Ein Sechspfundlaib Schwarzbrot, der für die Ernährung von 4 Personen am Tag reichte, kostete in Normalzeiten zwischen 18 und 21kr, in den Krisenjahren 1846 und 1847 25 bis 28kr. Kartoffeln kosteten das Simri normalerweise 20 bis 30kr, in der Krise 50 bis 70kr. Der Preis von Hülsenfrüchten verdoppelte oder verdreifachte sich sogar[26]. Der Eßlinger Stadtrat veranschlagte bereits 1843 für den Bedarf einer dreiköpfigen Taglöhnerfamilie pro Tag 40kr. Die Aufstel-

I.2. „Fleißige Weibsleut", „liederliche Dirnen".

Frauen am Webstuhl und am Spulrad. Webstube aus der ersten Hälfte des 19. Jahrhunderts. (Lithographie von G.M. Kirn „30 Werkstätten von Handwerkern". Stuttgart, Eßlingen 1843. Sammlung des Deutschen Museums München.)

lung der Nahrungsmittel gibt einen interessanten Einblick in das Lebenshaltungsniveau städtischer Unterschichten, vor allem solcher Familien, die am Arbeitsort kein Bürgerrecht und damit auch kein Gemeindeland zum Anbau von Kartoffeln oder Gemüse besaßen.

„Wenn diese nun nichts als Brod, Milch und Kartoffeln genießen", rechnete der Eßlinger Stadtrat, „also so wohlfeil leben als es nur immer möglich ist, so haben sie täglich nothwendig: 1 1/2 Pfund Brod p. Kopf bei 3 Personen in Geld 16kr, 1 Maas Milch p. Kopf in Geld 18kr, Kartoffeln für die Person 2kr, also bei 3 Personen 6 kr. Gesamtsumme 40kr. Der Verdienst des Hemminger ist wöchentlich 3fl 30kr, es kommen also, die Feyertage nicht einmal gerechnet auf einen Tag 30kr und reicht somit der Verdienst nicht einmal zum Ankaufe der nöthigsten Lebensmittel."[27]

Mit einem jährlichen Verdienst von 182fl erreichte der Taglöhner Hemminger nicht einmal die Hälfte des (für 1847 geschätzten) durchschnittlichen Familieneinkommens einer 4,7 köpfigen Familie, das 387fl betrug[28], ja er verdiente noch nicht einmal das veranschlagte Existenzminimum von 200fl. Schließlich mußte Miete

I.2. „Fleißige Weibsleut", „liederliche Dirnen".

bezahlt werden – in Eßlingen für zwei Kammern jährlich 40 bis 60fl – dazu kamen Kosten für Kleidung, Licht und Heizmaterial. Bei 12–14kr für das Pfund Schweinefleisch (1843) konnte eine Arbeiterfamilie an Fleischnahrung nicht denken, und es brauchte keine großen Kochkünste, Erdäpfel oder Milchsuppen zu sieden. In dieser Ökonomie des Notstands wurde von der Frau wie auch den Kindern erwartet, daß sie auf jede erdenkliche Weise zum Verdienst der Familie beitrugen. Die Arbeitsorganisation und das Familienbudget der Familie Löw, die 1843 8 Köpfe umfaßte, kann hier als typisch gelten. Als Fabrikarbeiter hatte der Vater einen Taglohn von 30kr, der älteste Sohn verdiente 36kr, die Tochter 18kr und die Ehefrau, die noch vier kleine Kinder zu versorgen hatte, brachte immerhin noch einen Lohn von 15kr nach Hause. Insgesamt kam die Familie auf 1fl 39kr am Tag bzw. bei 300 Arbeitstagen (ohne Ausfallzeiten) auf 495fl. Dieses Einkommen reichte allerdings offenbar nicht für den Bedarf von 8 Personen. Frau Löw und ihre Kinder wurden mehrmals beim Betteln ertappt, und die Familie schließlich vom Eßlinger Stadtrat wegen „mangelnden Nahrungsstands" ausgewiesen[29]. Nach Schätzungen lebten Anfang der 1840er Jahre rund 120 000 Familien unter dem Existenzminimum, eine Situation, die sich in der Krise 1847 dann noch wesentlich verschärfte[30].

„...um mich nicht unglücklich, sondern glücklich zu machen". Lebensperspektiven

Zu den wirtschaftlichen Sorgen und dem ständigen Existenzkampf, der das Leben der Unterschichtsfrauen begleitete, kamen soziale und rechtliche Restriktionen, die sich entscheidend auf die Lebensperspektive der Frauen auswirkten. Seit der Einführung des Bürgerrechtsgesetzes vom 4.12.1833 bestanden in Württemberg Verehelichungsbeschränkungen, die die behördliche Genehmigung einer Heirat vom „Nahrungsstand" der Heiratswilligen abhängig machten[31]. Damit war den Gemeinden ein direktes Eingriffsrecht in das Leben ihrer Bürger gegeben. Jedes Paar mußte den Nachweis bringen, daß es in der Lage war, sich und seine späteren Kinder zu ernähren. Für die Mittellosen bedeutete dies oft Jahre des Ansparens, bis sie ihr Heiratsgesuch einreichen konnten. Als Folge davon war das Heiratsalter in Württemberg relativ hoch. Zwischen 1838 und 1857 heirateten nur 33% der Frauen im Alter zwischen 20 und 25 Jahren, 31% schlossen ihre Ehe erst im Alter von 25 bis 30 Jahren und 23% konnten erst nach ihrem 30. Lebensjahr zum Traualtar gehen[32]. Bei den Männern, bei denen ein gesetzliches Mindestalter von 25 Jahren vorgeschrieben war, heiratete fast die Hälfte erst nach Erreichen des 30. Lebensjahres[33]. Das Durchschnittsalter lag bei den Männern zwischen 30 und 31 Jahren, bei den Frauen bei 28 bis 29 Jahren. Besonders in den Regionen mit geschlossenen großen Hofgütern und einem ausgeprägten Gegensatz von Besit-

I.2. „Fleißige Weibsleut", „liederliche Dirnen"

zenden und Besitzlosen überwog die Zahl der späten Ehen[34]. Schichtspezifische Untersuchungen des Heiratsalters – wie sie exemplarisch bisher nur für einzelne Dörfer im Realteilungsgebiet vorliegen – zeigen interessante soziale Unterschiede. Spät heirateten vor allem die Unterschichten, Taglöhner und Handwerker, während in den begüterten Familien auf frühe Eheschließung geachtet wurde[35].

Die Gemeinden hatten aber nicht nur das Recht, Eheschließungen zu verhindern, wenn ein Paar vermögenslos war, auch der Leumund der Brautleute wurde überprüft. Wer wenig gespart und damit sein „mangelndes haushälterisches Talent" bewiesen hatte, wer einen „liederlichen Lebenswandel" führte, zu Verschwendung oder „Leichtsinn" neigte, dem „Müßiggang" oder „Trunk ergeben" oder wegen Bettelns oder Diebstahl vorbestraft war, dem konnte vom Gemeinderat jederzeit die Heiratserlaubnis verweigert werden[36]. Heiratsverbote trafen vor allem pauperisierte Schichten und Gruppen, die von Lohnarbeit lebten. Da sich das Gesetz trotz des längst begonnenen industriellen Wandels an den subsistenzökonomischen Normen der alten Ständegesellschaft orientierte, sah es einen entsprechenden „Nahrungsstand" nur dann als gegeben, wenn ein selbständiger Gewerbebetrieb oder eine eigene Landwirtschaft vorhanden war. Lohnarbeit galt nicht als ausreichende Grundlage zur Gründung einer Familie. Der Eßlinger Stadtrat lehnte 1848 z.B. das Heiratsgesuch des Fabrikarbeiters Jetter ab,

> „weil Jetter nicht das geringste Vermögen besitzt, früher und noch bis vor wenige Jahre einen höchst leichtsinnigen Lebenswandel führte, der ihm mehrere Freiheitsstrafen zuzog, und wenn er auch jetzt etwas geordneter geworden zu sein scheint, doch keinen den Nahrungsstand sichernden bleibenden Erwerb hat, da er nur Fabrikarbeiter ist und täglich von seinem Fabrikherrn entlassen werden kann, in welchem Falle er voraussichtlich mit Beiträgen zu seinem und seiner Familie Unterhalt aus öffentlichen Nothkassen unterstützt werden müßte."[37]

Die Ansicht, daß Fabrikarbeit ein unsicheres Gewerbe war, hielt sich in der Rechtsauffassung bis zur Aufhebung der Verehelichungsbeschränkungen am 30.12.1870.[38]

Auch wenn bis 1852 in Württemberg nur rund 11000 Heiratsverbote durchgesetzt werden konnten – die Betroffenen hatten Rekursrecht, und staatliche Behörden waren oft großzügiger als die Gemeinden – schlug sich die abschreckende Wirkung des Gesetzes doch in einem Rückgang der Eheschließungen nieder. Von 8,3 Eheschließungen pro 1000 Einwohner 1831 sank die Heiratsziffer in Württemberg auf 7,7 im Jahr 1841 und 6,5 1849[39]. Die Heiratsverbote verurteilten viele Frauen zur Unehelichkeit. Seit ihrer Einführung war die Zahl der unehlichen Geburten ständig gestiegen, zwischen 1833 und 1849 von 8,46% aller Geborenen auf 13,19% im Jahr 1849[40]. Die Unehelichenzahlen in Württemberg lagen so weit

I.2. „Fleißige Weibsleut", „liederliche Dirnen".

über den Ziffern, die in Ländern ohne Verehelichungsbeschränkungen bestanden[41].

Treibende Kraft der württembergischen Heiratspolitik waren die Gemeinden, die daran interessiert waren, den Zuzug ortsfremder Armer zu unterbinden und die Zahl der unterstützungsbedürftigen Ortsarmen so klein wie möglich zu halten. In der Handhabung der Gesetze gab es dabei regionale Unterschiede. Kleine Landgemeinden waren z.b. rigider als die Städte, die einen größeren Arbeitskräftebedarf hatten. Rein statistisch gesehen wurden in den industrialisierten Städten wie Stuttgart, Heilbronn oder Eßlingen weniger Verbote ausgesprochen als in andern Orten Württembergs[42]. Diese Städte kannten allerdings andere Mittel, sich unliebsamer Verbindungen zu entledigen. Eine wirksame Barriere gegen Einheirat waren z.B. die hohen Bürgerannahmegebühren, eine andere die Ausweisung ortsfremder Personen. Da uneheliche Schwangerschaft bzw. vorehelicher Verkehr als „Unzuchtvergehen" bestraft wurde, lieferte dieser Rechtsverstoß einen Vorwand, Paare frühzeitig zu trennen. Der Eßlinger Stadtrat schickte zum Beispiel ortsfremde schwangere Frauen kurzerhand in ihren Heimatort zurück und senkte auf diese Weise die Unehelichenziffer in der Stadt. Die ausgewiesenen Frauen verloren damit meist Arbeit und Beziehung; und wenn sie dadurch auf Armenfürsorge angewiesen war, mußte die Heimatgemeinde die arbeitslose Mutter unterstützen. 1846 registrierte die Eßlinger Behörde 77 Unzuchtsfälle, 1856, nachdem die Ausweisungen inzwischen rigider gehandhabt wurden, noch 58[43]. Eine „liederliche Dirne" zu sein, wie es im Verzeichnis der aus Stuttgart ausgewiesenen Personen heißt, genügte als Grund für den Ortsverweis[44].

Viele Paare, die keine Aussicht auf den obrigkeitlichen Segen hatten, gingen den Weg des geringeren Widerstands. Sie lebten ohne Trauschein zusammen im „Konkubinat", – ein Vergehen, das, wenn es entdeckt wurde, damals mit zwei bis drei Wochen Arrest bestraft wurde. In wilder Ehe lebende Paare wie die „vermögenslose" Pauline Maier aus Eßlingen, die mit dem Maurer Jacob Grabis aus dem Oberamt Herrenberg zusammenlebte, sahen sich allerdings ständigen polizeilichen Kontrollen ausgesetzt. Obwohl Grabis seit 21 Jahren in Eßlingen wohnte und arbeitete, war dem Paar mehrfach die Heirat untersagt worden. In einer Bittschrift an den Stadtrat schilderte Grabis die groteske Situation:

> „Ich zeugte mit der Maier drei Kinder, die ich seit 18 Jahren nach Vaterpflicht und Treue versorgte und wollte man mich nach oberamtlicher Erkenntnis von der Maier und meinen drei verlassenen Waisen trennen, welches mir aber von der hochpreislichen Kreisregierung in Ludwigsburg genehmigt, hier in Eßlingen bleiben zu dürfen. Nun ist es aber so, daß ich ein über das andere Mal von dem Polizeiamt dahier abgeholt werde, wenn ich nur in dem Hause da die Maier wohnt in einem abgesonderten Zimmer schlafe, und so komme ich von einem Unglück in das andere und so werde ich ohn Ende genöthigt, meine drei Kinder, die so liebreich an dem Vater hängen,

I.2. „Fleißige Weibsleut", „liederliche Dirnen".

hungernd zu verlassen, welche denn Niemand als einer städtischen Behörde zur Last fallen würden. Daher flehe ich Einen Wohllöblichen Stadtrath um die Erlaubnis an, die Pauline Maier heiraten zu dürfen um mich nicht unglücklich, sondern glücklich zu machen."[45]

Es gab Fälle, in denen ein Paar 15 Jahre lang versuchte, eine Heiratserlaubnis zu erhalten, und die ihre Beziehung nach jedem Kind mit Arreststrafen büßten[46]. Jedes der im Jahr 1849 unehelich geborenen 9 827 Kinder zog eine Unzuchtsstrafe für die Mutter nach sich. Mehr als die Hälfte der aus württembergischen Orten ausgewiesenen Personen hatte sich entweder der „geschlechtlichen Unsittlichkeit" oder des „Concubinats" schuldig gemacht oder hatte wegen ihres Lebenswandels ein „schlechtes Prädikat"[47].

Welche Perspektive hatte unter diesen Bedingungen eine vermögenslose Dienstmagd und Taglöhnerstochter, die in einem württembergischen Dorf aufgewachsen war? Ihr standen genau besehen zwei Möglichkeiten offen, die beide in eine höchst unsichere Zukunft führten. Sie konnte sich entweder für den Magddienst in der Landwirtschaft entscheiden, also z.B. von ihrem verarmten Dorf im Schwarzwaldkreis zu den reichen Bauern in den Donaukreis zur Arbeit gehen und hoffen, daß ihr Arbeitsvermögen einmal ausreichte, selbst zu einem kleinen Gütchen oder durch Einheirat zu einem Bauernhof zu kommen. Sie konnte aber auch den Weg in die Stadt nehmen[48] und dort als Taglöhnerin oder Magd arbeiten, möglicherweise auch als Dienstmädchen oder Haushälterin, wenn der Anpassungsprozeß an städtische Umgangsformen erfolgreich war. Ihr Traum vielleicht: eine Handwerkerehe, ein eigenes Geschäft, der soziale Aufstieg. Die Realität sah dann häufig anders aus. Ging sie in der Fremde eine Beziehung ein, und hatte diese Folgen, hing die Legitimation des Kindes und ihre soziale Zukunft vom Vermögen und dem sozialen Status des Bräutigams bzw. von der Gnade der Gemeinderäte ab. Ließ die Heimatgemeinde des Mannes sie nicht heiraten, war die Aussicht, daß er in ihrer Gemeinde als Bürger angenommen wurde, noch geringer. In den meisten Fällen kehrte eine solche Frau allein mit einem ledigen Kind in ihr Dorf zurück, wo sie dieses nach wenigen Wochen in der Obhut der Großeltern zurückließ, um wieder nach auswärts arbeiten zu gehen.

Die Chance, uneheliche Kinder nachträglich zu legitimieren, war in Kiebingen, einem Dorf bei Tübingen, sehr gering. In den Jahren 1830 bis 1839 gelang es 39% der unehelichen Mütter, im Zeitraum 1840 bis 1849 noch 15,8% ihrem Kind einen Vater zu geben[49]. Für die von Heiratsverboten betroffenen Personen bestanden kaum andere Verhaltensalternativen, als es immer wieder zu probieren. Erst nachdem sie von ihrem Bräutigam 1833 und 1835 zwei Kinder geboren hatte, erhielt Rosina Walter aus Kiebingen 1836 die Erlaubnis, den Vater, einen Maurer aus dem Nachbarort, zu heiraten. Rosina Hummel aus Weiler kämpfte 5 Jahre lang um ihre

I.2. „Fleißige Weibsleut", „liederliche Dirnen".

Württemberg um die Mitte des 19. Jahrhunderts mit 64 Oberämtern und den 4 Regierungsbezirken Donaukreis, Schwarzwaldkreis, Neckarkreis und Jagstkreis. (Aus Karl Weller / Arnold Weller: Württembergische Geschichte im südwestdeutschen Raum. Stuttgart 1975)

I.2. „Fleißige Weibsleut", „liederliche Dirnen".

Ehe mit Johannes Zahn, von dem sie bereits 1833 ein Kind bekommen hatte. Frauen mit 2 bis 8 unehelichen Kindern waren in der Geltungszeit der Verehelichungsbeschränkungen keine Seltenheit. Im Kiebinger Taufbuch sind zwischen 1840 und 1849 19 uneheliche Mütter erfaßt, die mit insgesamt 33 unehelichen Geburten niederkamen[50]. Der Zwang zur Unehelichkeit konnte zum Schicksal ganzer Familien werden, denn bei den Ärmsten der Gemeinde traf es oft mehrere Geschwister oder gar zwei aufeinanderfolgende Generationen. Die einzige Möglichkeit den Restriktionen zu entkommen, war die Auswanderung. „Weil ihr das Heurathen hier nicht gestattet werden wolle"[51], verließ Antonia Wittel 1850 ihr Heimatdorf zusammen mit ihrem Liebhaber und ihrem jüngsten Kind: Sie suchte ihr Glück in Amerika, nachdem sie bereits nach der Geburt ihrer ersten Kinder 1832 und 1839 und später wieder 1842 versucht hatte, eine Heiratserlaubnis zu erhalten.

Eine Verzweiflungstat wie die der Marie Scheuing, die 1848 vor den „Criminalsenat" kam, hatte so meist eine lange Vorgeschichte[52].

„Die gestrige öffentliche Schlußverhandlung betraf einen von Marie Scheuing, Tochter des Waldschützen zu Lorch verübten Kindsmord. Diesselbe hatte schon 4 uneheliche Kinder geboren und erstickte das fünfte, das sie in Stuttgart am 25. Dec. 1847 heimlich gebar, durch Zuhalten von Nase und Mund... Der Gerichtshof erkannte auf 12 Jahre Zuchthaus." (Beob 18.5.48)

Zwischen 1836 und 1846 wurden von den württembergischen „Criminalsenaten" 60 Frauen wegen Kindsmord und 92 Frauen wegen Verheimlichung der Geburt verurteilt[53]. Obwohl uneheliche Mutterschaft bei vermögenslosen Frauen fast unvermeidlich war, bedeutete es für die Betroffenen eine große Schande. Aus Eßlingen berichtete das „Neue Tagblatt":

„Ein schaudererregendes Ereigniß bildet heute den Gegenstand des Tagesgesprächs. Letzten Dienstag... wurde beim Leeren eines Abtritts, ein neugebornes todtes Kind in demselben gefunden;... Gestern nun wurde eine Näherin die in demselben Hause wohnte und die stark gravirt war, verhaftet. Am Abend wurde dieselbe von der Magd des Gefangenenwärters, welche ihr das Nachtessen bringen wollte, erhängt gefunden." (NT 20.10.49)

Der Zusammenhang zwischen Verehelichungsbeschränkungen und den wachsenden Unehelichenziffern wurde allerdings nur von wenigen aufgeklärten Politikern gesehen[54]. Von den Konservativen wurde 1848/49 die Revolution und die damit einhergehende „Sittenlosigkeit" verantwortlich gemacht. Unter der Rubrik „Vom Lande" schrieb ein Pfarrer 1848 im Schorndorfer „Amts- und Intelligenzblatt":

„In den letzten Tagen habe ich nicht weniger als 8 uneheliche Kinder ins hiesige Taufbuch eingetragen, in einer Reihenfolge, die durch kein eheliches Kind unterbrochen ist. So etwas ist noch nicht erhört worden, und es sind lauter *Märzerrungenschaften*, wie jedem der Kalender ausweisen wird."[55]

I.2. „Fleißige Weibsleut", „liederliche Dirnen".

1850, als die Restauration in Württemberg auf dem Vormarsch war, wandte sich ein „Stuttgarter Bürgerverein" mit einem „Hülferuf" an die neue Regierung und beklagte sich über „den falschen Liberalismus" des Bürgerrechtsgesetzes von 1833, das „die Gemeinden mit liederlichen Bürgern anfüllt" (NZ 24.12.50). Schon im Mai 1850 hatte der konservative Abgeordnete Kapff einen Antrag „zur sittlichen Bildung des Volkes" eingebracht, in dem er eine Verschärfung der „Sittenpolizeigesetze" und des Bürgerrechts und u.a. Maßnahmen gegen „sittlich Verwahrloste", die „Einhaltung der zehnten Abenstunde als nothwendige Polizeistunde", „Fernhaltung der Schuljugend von den Tanzböden" und eine „strengere Bestrafung der Hurerei" verlangte. Denn, so seine Begründung, „der echte Geist der Freiheit und Ordnung (ist) kein anderer als der sittliche Geist." (NZ 7.5.50)

Andere Erklärungen für den Niedergang der Sittlichkeit suchten den Grund in der gestiegenen Mobilität der arbeitenden Bevölkerung und den Arbeitsbedingungen in den Fabriken, wo erstmals die geschlechtsspezifische Trennung der Arbeit zumindest räumlich aufgehoben war. Was im 1851 erschienenen „Handbuch der Hygiene" über den Fabrikarbeiter stand, wurde auch von der Fabrikarbeiterin gedacht.

„Seine harte, oft so einförmige Arbeit die Woche durch und Jahr aus Jahr ein macht ihn umso geneigter zu gelegentlichen Ausschweifungen z.B. an Sonn- und Feiertagen. Das so häufig ungenirte Zusammenleben beider Geschlechter in Verbindung mit schlechtem Umgang, schlimmem Beispiel von Jugend auf, mit seiner geringen sittlichen Ausbildung und Kraft disponirt ihn umso mehr zu geschlechtlichen Excessen, zu Masturbation, Concubinat und Hurerei. Und dies wird noch befördert durch den Umstand, daß ja der arme Arbeiter so selten Aussicht hat auf die Gründung eines eigenen Heerdes.... In noch höherem Grade als das männliche Geschlecht pflegt das weibliche unter dem Druck jener Verhältnisse zu leiden, und noch leichter geht dasselbe nach Körper wie Geist und Sitten zu Grunde. Denn nicht allein, dass die Natur des Weibs solchen Strapazen, solchem Elend selten eben so lange zu widerstehen vermag als die des Mannes, seine Lage wird auch dadurch eine schlimmere, dass der Arbeitslohn,... überall noch niedriger ausfällt als beim männlichen Arbeiter. Dadurch unterliegt es aber noch leichter der Versuchung zu anderweitigem Erwerb mit seinem Körper, zu Prostitution und sonstigen Ausschweifungen dieser Art."[56]

Anläßlich einer Umfrage über den „sittlichen Einfluß der Fabrikindustrie" äußerten die Heilbronner Kirchen- und Ortsvorstände eine ähnliche Meinung:

„Die leichte und gutbezahlte Fabrikarbeit führe fremde Personen beiderlei Geschlechts herbei, welche Abends und Sonntags aufsichtslos sich überlassen seyen; hieraus und durch das Zusammenseyn in den Werkstätten entstehe eine mit dem Wachstum der Arbeiterzahl geometrisch wachsende Unsittlichkeit."[57]

Die Ansicht, daß „die fremden Fabrikarbeiterinnen... der Unsittlichkeit zugäng-

I.2. „Fleißige Weibsleut", „liederliche Dirnen".

licher sind, als die unter häuslicher Aufsicht stehenden Dienstboten und Töchter von Ortseinwohnern", vertrat auch das Eßlinger Oberamt[58]. Übereinstimmung herrschte in der Überzeugung, daß die „in den Fabriken arbeitenden Mädchen... zu Führung eines eigenen Haushalts untauglich werden."[59]

Schon 1848 bildeten sich erste Initiativen, die angesichts der krisenbedingten Arbeitslosigkeit versuchten, Fabrikarbeiterinnen wieder auf häusliche Arbeiten umzuschulen. Der Eßlinger „Verein zur Unterstützung brodloser Gewerbetreibender und Arbeiter" eröffnete im Juni 1846 eine „Anstalt" für ledige Arbeiterinnen,

> „wo sie unter der Aufsicht eines Ausschußmitgliedes... und hiesiger Frauen in weiblichen Arbeiten durch eine eigens hierzu aufgestellte Lehrerin unterrichtet werden sollen. Da dieselben in der Regel etwas Anderes als die bisherige Fabrikbeschäftigung nicht erlernt haben, so wird durch jenen Unterricht ein wesentliches Hülfsmittel zum künftigem Fortkommen, namentlich auch zu leichterer Unterkunft in Diensten gegeben." (SK 10.6.48)

Diese Einrichtung wurde ergänzt durch einen von der Kirche organisierten Arbeiterinnenleseverein, der mit seinem Bildungsprogramm ein alternatives Freizeitangebot schaffen wollte, um Fabrikarbeiterinnen an den langen Winterabenden von den Sonntagsvergnügungen in Schankwirtschaften oder von Nachtschwärmereien fernzuhalten.

> „Es hat sich in unserer Stadt ein Verein von Männern und Frauen gebildet, welcher sich zur Aufgabe stellen will, hier anwesende Arbeiterinnen der Fabriken und solche Personen weibl. Geschlechts, denen es Sonntags Abends an einem passenden Aufenthaltsorte fehlt, zu dieser Zeit nicht nur ein Local zu eröffnen, sondern auch für ihre geistig und sittlich-religiöse Weiterbildung Sorge zu tragen. Zu diesem Zwecke wird jeden Sonntag Abends vorerst von 6–9 Uhr im Waisenhaus ein Schullocal geöffnet werden, in welcher die Eintretenden Materialien zum Schreiben, so wie passende, unterhaltende und belehrende Schriften finden: es soll ferner durch tüchtige Männer Anziehendes und Wissenswürdiges aus der Natur-, aus der Welt-Geschichte von Tagesbegebenheiten u.s.w. vorgetragen, auch unter eines Sangslehrers des Gesanges gepflegt werden u.s.w. Man wird den Verein sehr geneigt finden, jeden billigen Wunsch für eine Anordnung, wenn sie nur das Wohl der Arbeiterinnen im Auge hat, zu entsprechen." (ESP 26.9.49)

Feminisierung der Armut und die gewaltsame Formung der weiblichen Arbeitskraft

Die pädagogischen Bemühungen wie auch die moralische Entrüstung des Bürger-

I.2. „Fleißige Weibsleut", „liederliche Dirnen".

tums hatten einen konkreten materiellen Hintergrund: Die Sorge um die Gemeindekasse. Viele Frauen waren nicht in der Lage, sich und ihr uneheliches Kind ausreichend zu versorgen, und so mußte die Armenfürsorge der Gemeinde einspringen. In der Krise 1847, als die Armenkassen ohnehin Schwierigkeiten hatten, die Folgen der Lebensmittelverknappung aufzufangen, geriet diese spezifische Form weiblicher Armut ins Kreuzfeuer bürgerlicher Kritik. Die „Schwäbische Kronik" schrieb am 13.8.1847:

> „Klagen darüber, daß jezt die schlechten Weibsleute soviel kosten, kann man fast in jeder größeren Gemeinde hören, und diese Weibsleute fordern nicht selten die Unterstützung, deren sie in ihrem durch Leichtsinn herbeigeführten Zustande bedürfen, von der Gemeinde als ein Recht, ja sie drohen, ,weiter zu gehen', wenn man, unwillig über ihre Zuchtlosigkeit Schwierigkeiten macht. Nicht einmal das zu einem Wochenbette durchaus Notwendige haben sie oft gespart, so daß sie nun auf Gemeindekosten mit Allem versehen werden müssen. Gehen sie nachher wieder in Dienst, so überlassen sie, weil sie ihren Lohn mit Luxusausgaben durchbringen, unter dem Vorgeben völliger Mittellosigkeit der Gemeinde ganz die Verpflegung ihres Kindes." (SK 13.8.47)

Die Gebärfähigkeit der Frauen erschien als Quelle sich ständig fortpflanzender Armut. „Die Bettlerin aber wählt oft den schändlichen Beruf einer feilen Lustdirne, gebiert dem Staat wieder Bettler", hieß es bereits 1833 in einer grundlegenden Schrift zum württembergischen Armenwesen[60]. Die Verehelichungsbeschränkungen von 1833, die 1852 noch einmal verschärft wurden, waren eine Konsequenz dieser Einstellung; sie waren gedacht als bevölkerungspolitischer Damm gegen Pauperismus und Überbevölkerung, denn zwischen Unsittlichkeit, Armut und Verbrechen bestand für das Bürgertum ein enger Zusammenhang.

> „Sie mögen die Statistik der Armuth nachschlagen und sich überzeugen, wie häufig die Erscheinung derjenigen Armut ist, deren Quelle auf Leichtsinn, Laster und Verbrechen zurückgeführt werden muß. Wenn man die Zahl derjenigen Armen abzieht, welche aus Greisen und Kindern, Gebrechlichen und Kranken bestehen, so ist es die Ausschweifung, die Verschwendung, die Unmäßigkeit, das Verbrechen, kurz die Unsittlichkeit in ihren mannigfaltigen Gestalten, die für sich mehr Arme macht, als alle anderen Ursachen zusammen."[61]

Eine Strategie der Armutsbekämpfung war deshalb die sittliche Erziehung der Armen. Seit 1817 gab es in Württemberg staatliche Arbeits- und Erziehungsprogramme, die von der „Centralleitung des Allgemeinen Wohltätigkeitsvereins" (Kap.IV.1) ausgearbeitet wurden. Die Maßnahmen richteten sich dabei sowohl auf die Umerziehung und Disziplinierung der Erwachsenen wie auch auf die Erziehung der Kinder. Für die verschiedenen Altersgruppen wurden spezifische Erziehungsmaßnahmen entwickelt, „die dem Grad ihrer Arbeits- und Lernfähigkeit angepaßt" waren[62]. Hauptzielgruppe waren Kinder verarmter Familien, die

I.2. „Fleißige Weibsleut", „liederliche Dirnen".

„so frühe als möglich dem Bettel und Müßiggang entzogen und an Arbeitsamkeit, Sparsamkeit und Ordnung gewöhnt" werden sollten[63]. Um die noch unverbildete kindliche Arbeitskraft zu formen, wurden in gewerblich unterentwickelten Regionen Industrieschulen gegründet, in denen Kinder Tätigkeiten lernen sollten, die sie später als Heimarbeit oder für den Eigenbedarf ausüben konnten. Gedacht war dabei an

> „Fabrikationen, welche unabhängig von climatischen Verhältnissen und ohne vielen Betriebsaufwand für jede Gegend, jedes Alter und Geschlecht geeignet sind, durch welche ohne Entfernung von dem Wohnort und dem häuslichen Kreise eine nuzlos verschwendete Zeit lohnend ausgefüllt und der Mangel der lokalen Erwerbsquellen ergänzt" wurde[64].

Die Zahl der Industrieschulen wuchs rasch an. Waren es 1817 zur Zeit der großen Hungerkrise 88 Schulen mit rund 2000 Schülerinnen und Schülern, bestanden 1836 bereits 432 Schulen mit 28000 Schülerinnen und Schülern. Bis 1849 verdoppelte sich diese Zahl noch einmal, und es wurden 50580 Kinder in 1071 Schulen

(Aus „Etwas zum Andenken der Theuerung 1816/17". Auf Stein gezeichnet von L. Gradmann. Landesbibliothek Stuttgart)

I.2. „Fleißige Weibsleut", „liederliche Dirnen".

zur „Industriosität" erzogen[65]. Unterrichtet wurden vor allem textile Arbeiten wie Nähen, Stricken und Spinnen. In vielen Schulen wurde lediglich für den Hausgebrauch gearbeitet. In Reutlingen bestand 1846 z.b. eine „Arbeitsschule", in der „118 Mädchen aus armen und unbemittelten Familien im Nähen und Stricken unterrichtet werden. Sie bringen den Stoff mit, und behalten, was sie arbeiten, für sich."[66] Andere Schulen stellten spezielle Waren für einen kaufmännischen Verleger her z.B. Uhrbänder, Geldbeutel, Strohwaren etc.[67]. Diese Kooperationen mit Verlegern waren allerdings meist kurzlebig und durch industrielle Konkurrenz bedroht. Die Verbreitung der maschinellen Spinnerei veranlaßte den Zentralwohltätigkeitsverein Anfang der 1830er Jahre, das Spinnen in den Schulen einzustellen und stattdessen feine Handarbeiten einzuführen. Spitzenklöppeln und „Thüllstikkerei" erschienen den Verantwortlichen „namentlich für das weibliche Geschlecht, dem es in Württemberg noch sehr häufig an nüzlichen Beschäftigungen mangelt, geeignet."[68] Wie diese Beispiele zeigen, waren die Beschäftigungsprogramme der Industrieschulen vor allem auf weibliche Arbeitsfähigkeit ausgerichtet. In einer Phase beginnender Industrialisierung und wirtschaftlicher Neuorientierung ging es darum, die weibliche Produktivkraft in einer organisierten „industriösen", wenn auch noch nicht industriellen Form zu nutzen. Von den 50580 Kindern, die 1849 erfaßt wurden, waren 46707 (= 92,3%) Mädchen! Der Knabenanteil in den Schulen, der in den 1820er Jahren noch 20% betragen hatte, war infolge der besser bezahlten Kinderarbeit in den Fabriken ständig zurückgegangen[69].

Dort, wo die Industrieschulen für den Markt produzierten, vor allem auf dem Land, wurden sie als Nebengewerbe zur landwirtschaftlichen Tätigkeit der Kinder betrachtet. In der Zeit der Feldarbeit mußten diese 4, im Winter 9 Stunden in der Schule arbeiten[70]. Auch wenn die Kinderarbeit unterbezahlt war, konnten sie mit ihren 6kr Taglohn doch zum Lebensunterhalt ihrer Familien beitragen. Bei den städtischen Arbeitsanstalten dagegen stand eher der disziplinierende und armenfürsorgerische Aspekt im Vordergrund.Im Eßlinger Kinderarbeitsinstitut waren z.B. Kinder untergebracht, „welche wegen Armuth der Eltern, vielleicht auch wegen Mangel an Aufsicht, einen sehr großen Theil dem Bettel nachgehen und hiedurch allen sitten-verderbenden Folgen desselben preisgegeben sind." (ESP 10.1.49). In diesem Institut, in dem Hemden und Weißzeug genäht und zeitweise auch Tüten und Briefkuverts geklebt wurden, waren 1847 „über 100 arme Kinder unter guter Beaufsichtigung beschäftigt" (ESP 3.7.47, 4.10. u. 20.12.48). Zwei Jahre später gründeten die Eßlinger zusätzlich eine „Beschäftigungsanstalt für ortsfremde Kinder" und dehnten damit die Arbeitserziehung auf jene Gruppe aus, die von der städtischen Armenfürsorge aus heimatrechtlichen Gründen ausgeschlossen war und von daher am ehesten dazu neigte, sich mit ungesetzlichen Mitteln aus der Not zu helfen. 1849 wurden 176 Kinder „ganz unbemittelter

I.2. "Fleißige Weibsleut", "liederliche Dirnen".

Eltern" im Nähen, Spinnen und Stricken unterrichtet. Das Material spendeten Eßlinger Bürgerinnen, die dem Verein zur Unterstützung der Anstalt angehörten. Primäres Ziel dieser Initiative war es, den Kinderbettel in der Stadt einzudämmen (ESP 10.1., 27.1., 10. 3.49). Aufforderungen, bettelnden Kindern keine Almosen mehr zu geben, erschienen damals in fast allen württembergischen Zeitungen.

„Ich halte es aber für meine Pflicht", warnte ein Tübinger Bürger 1846, „diejenigen, die in ungezügelter Wohltätigkeit unbedingt keinen Bettler zurückweisen, darauf aufmerksam zu machen, daß sie es sind, die die Bettler hegen, in manchen Fällen bei jugendlichen Bettlern den ernsten Grund zu künftiger Einschließung in die Zwangs-Anstalten legen. Namentlich sind Allmosen von Geld an Kinder unverzeihlich, indem wie tägliche Erfahrung lehrt, jene meistens zu Leckereien benützt und die Kinder hierdurch auf das Äußerste demoralisirt werden, wie denn z.B. erst vor wenigen Tagen Kinder von 10 und 7 Jahren, die wegen Bettelns aufgegriffen worden sind, falsche Namen bei ihrer Einvernehmung angegeben haben." (TAI 14.12.46)

Objekt der staatlichen Erziehungsmaßnahmen waren aber auch Erwachsene, auch hier wieder in der Mehrzahl Angehörige des weiblichen Geschlechts. In „freiwilligen Armenbeschäftigungsanstalten" konnten Frauen im Taglohn nähen, stricken oder spinnen. Die Gemeinden stellten dafür öffentliche Räume, teilweise auch Arbeitsmaterialien zur Verfügung oder ließen die Armen im Auftrag eines Verlegers arbeiten. In der Nürtinger Anstalt fanden „besonders alte und gebrechliche Leute... den Winter über Beschäftigung." (NWB 21.9.47) Da die Löhne extrem gering waren und zum Leben kaum ausreichten, stieß diese Form der Armenbeschäftigung bei den Betroffenen auf wenig Resonanz. In ganz Württemberg arbeiteten 1847 rund 1 100 Personen, überwiegend Frauen, in diesen freiwilligen Beschäftigungsanstalten[71]. In einigen dieser Institutionen, wie der National-Industrie-Anstalt in Stuttgart, wurde auch für den Markt produziert. Die Stuttgarter Armen stellten hier Luxusartikel und Gebrauchsgüter für den bürgerlichen Haushalt her. Eine Verkaufsanzeige der National-Industrieanstalt aus dem Jahr 1848 zeigt, wie breit die Produktpalette war:

„Damen- und Kinderhüte" aus Samt und Seide, „Négligéhauben, Chemisetten aller Art, elegante Nachtjacken, Unterröcke", „gestickte Sacktücher von Linnen und schottischem Battist", „Handschuhe, Schürzen für Damen und Kinder", „ausgezeichnete schöne Arbeiten in Stramin und Perlen, als Glockenzüge, Lichtschirme, Wandkörbe, Fenster- und Sophakissen", „Stramin- und Lizenschuhe, wollene und gestickte Stiefelchen, gestickte und gewobene wollene und baumwollene Strümpfe, Socken, Beinkleider, Unterleibchen und Unterärmel". (SK 13.12.48)

Obwohl die damaligen Armenstatistiken nicht zwischen Frauen und Männern unterschieden, darf angenommen werden, daß Frauen, Witwen wie auch Mütter mit mehreren Kindern den größten Teil der Unterstützungsbedürftigen stellten. Dies zumindest legen die in der Presse veröffentlichten „Bitten um milde Gaben"

I.2. „Fleißige Weibsleut", „liederliche Dirnen".

nahe und zeigen die Armenpflegeakten und Strafprotokolle einzelner Gemeinden. Auf ihren „Nothstand" verwies z.B. die Eßlinger Taglöhnerswitwe Eva Rosina Klein, die 1843 wegen Bettelns bestraft wurde. Im Zeugnis des Stadtrats hieß es:

> „Die Witwe Klein seye allerdings eine ganz vermögenslose Person und ihrer körperlichen sowohl als ihrer geistigen Schwäche wegen fast zu aller Arbeit untauglich, welcher, wenn sie nicht aus den hiesigen Cassen unterstützt würde, alle Subsistenzmittel fehlen würden. Ihr öffentlicher Allmosen bestehe in monatlichem Geld 30kr, Hauszinsbetrag jährlich 18fl, Brot wöchentlich 2 Pfund."[72]

Die Witwe hatte bereits in den Jahren 1838, 1839 und 1841 gebettelt und zwar jeweils im Herbst und Winter, den Jahreszeiten, in denen das Einkommen einer Familie durch Kosten für Licht und Holz zusätzlich belastet wurde. Vor ihrer Strafe im Oktober 1843 hatte die Witwe Klein einen Monat lang kein Geld bekommen, weil „ihr zuvor zuviel ausbezahlt worden war". Unter denen, die in Eßlingen einen „Miethzinszuschuß" von der Stadt bekamen, waren zwei Drittel Frauen, die meisten krank und alt, oder Witwen, die keine Altersversorgung hatten. Besonders ledige Frauen, denen der familiäre Rückhalt fehlte, waren von Not bedroht, wie z.B. die 54jährige, ledige Theresia Schmidt aus dem Oberamt Ellwangen, die weit unter jedem Existenzminimum lebte. Als sie im Dezember 1843 wegen „Waldfrevels" zu 4fl 54kr Strafe verurteilt wurde, reichte sie beim König ein Gnadengesuch ein, in dem sie ihre Lebensverhältnisse schilderte:

> „Ich bin eine arme alte schwächliche Weibsperson, welche mit einem kärglichen Verdienst von täglichen 3kr, der mir durch Spinnen zukommt und neben welchen ich eine alte kränkliche Schwester zu verpflegen und mit diesem geringen Verdienste zu unterhalten habe, bisher sich ehrlich durchzubringen bemüht war. Unwissend mit allen bestehenden Gesetzen, habe ich Monat December vorigen Jahres eine dürre fichtene Stange umgesägt, in dem guten Glauben, daß da das Holz dürr und abgestanden war, es wohl erlaubt sein werde, solches auch mit der Säge nehmen zu dürfen."[73]

Der Gemeinderat bescheinigt ihr, daß sie zu den „ärmsten Angehörigen Schwezheims" gehört und „ihr benöthigtes Brennholz nicht ankaufen könne".

In ganz Württemberg war in den Jahren 1837 bis 1847 der Anteil der von der Armenfürsorge als „wahrhaft" Arme eingeschätzten Unterstützungsempfänger von 2,02% auf 3,39 % der ortsangehörigen Bevölkerung (rund 1,8 Millionen) gestiegen. Hochrechnungen belegen allerdings, daß die Zahl der realen Armenunterstützungsempfänger z.B. im Jahr 1851/52 mit 27,6% zehnmal so hoch war, wie die in der staatlichen Statistik angegebenen 2,89%. Die Zahl der Unterstützten dürfte in der Krise 1847 noch größer gewesen sein, denn allein rund 400 000 Personen, also über ein Viertel der Gesamtbevölkerung, erhielten von der Regierung damals verbilligtes oder kostenloses Getreide[74]. Von Seiten der steuerzahlenden

I.2. „Fleißige Weibsleut", „liederliche Dirnen".

Gemeindebürger wurde diese Entwicklung mit Sorge beobachtet. „Das Armenwesen nimmt in furchtbarem, stets wachsendem Maße die öffentlichen Kassen in Anspruch", schrieb der „Reutlinger und Mezinger Courier" 1848, „der Krebsschaden der Gesellschaft, Pauperismus genannt, frißt auch in Deutschland immer mehr um sich." (RMC 23.2.48)

In den Diskussionen um die wachsende Verarmung wurden die „guten Armen", die bereit waren, für ihr „ehrliches Fortkommen" zu arbeiten, den schlechten und arbeitsscheuen Armen gegenübergestellt, die sich mit Betteln durchzuschlagen versuchten. Die folgende Argumentation im „Reutlinger und Mezinger Courier" war in dieser Art 1847 auch in anderen Zeitungen zu lesen:

„Die Armenunterstützung unterscheidet nicht immer nach der größeren Würdigkeit; der freche Tagedieb schnappt dem redlichen verarmten Manne und die versunkene Buhldirne der armen Wittwe und ihren Waisen tausendmal das kärgliche Brod weg, abgesehen davon, daß diese sich unter den Auswurf der Gesellschaft mengen und sich mit diesem verwechseln lassen müssen" (wenn sie bei der Armenpflege um Hilfe anstehen; d.V.). (RMC 23.2.48)

Im selben Artikel wurde der Prototyp der „guten Armen" vorgestellt:

„In einem baufälligen Hause in einem vierten Stock wohnt eine arme Wittwe mit vier Kindern. Sie schläft auf ein wenig halbverfaultem Stroh; die Hälfte ihrer dürftigen Kleidung gibt sie ihren frierenden Kindern; sie selbst kann den Frost nicht beachten; bei einem elenden Lämpchen hat sie bis 2 Uhr Nachts genäht, um morgen Brod für ihre Kinder zu kaufen." (RMC 23.2.48)

Um die „schlechten" Armen gesellschaftlich zu integrieren, wurde 1820 das System der Armenerziehung ausgebaut und mehrere Zwangsarbeitshäuser eingerichtet. In diesen „polizeilichen Beschäftigungsanstalten", wie sie seit 1839 genannt wurden, sollten rückfällige Bettler/innen und Landstreicher/innen, die sogenannten „Vaganten", sowie „habituierte Müßiggänger" und „liederliche Personen" umgezogen werden. Mit dem Prinzip der Arbeitspflicht wollte man einen „doppelten Zweck" erreichen, nämlich „...einmal einen polizeilichen, um durch Arbeitsamkeit den Bettel zu verdrängen, und dann einen rein sittlichen, wobei es um nichts geringeres, als um die moralische Veredelung und Verbesserung der niedrigen, mithin gerade der verdorbensten Volks-Classen zu thun war".[75] Arbeitspflicht bestand teilweise auch in den Kreisgefängnissen und in den 1849 eingerichteten regionalen „Polizeizuchthäusern", z.B. in Rottenburg.

Im Unterschied zu den Gefängnis- und Zuchthausinsassen (im Frauenzuchthaus Gotteszell und der Festungsstrafanstalt auf dem Hohen Asperg) waren die Arbeitshausinsassen keine „Strafgefangenen". Die Inhaftierten sollten lediglich durch 12 Stunden tägliche Arbeit an Disziplin, Fleiß und Ordnung gewöhnt werden, wobei der Umerziehungsprozeß durch religiösen Unterricht, regelmäßigen Kirchenbesuch und ständige Kontrolle des „sittlichen Betragens" beschleunigt

I.2. „Fleißige Weibsleut", „liederliche Dirnen".

werden sollte[76]. Seit 1841 waren weibliche und männliche Arbeitshausgefangene getrennt. Das zentrale „Weiberarbeitshaus" war 1848/1849 in Markgröningen bei Ludwigsburg. In drei Arbeitssälen wurden hier die Frauen 11 Stunden am Tag „mit Strick- und Näharbeiten, mit Verfertigung von Lizenschuhen, Handschuhen, Reisehemden etc. beschäftigt."[77] Der anfallende Lohn wurde mit den Aufenthaltskosten verrechnet, der Rest bei der Entlassung ausbezahlt. In Markgröningen saßen 1849 rund 200 Frauen ein[78].

Ein typischer Fall war Wilhelmine Seitz aus Eßlingen, die im September 1848 „wegen erneuter Unzucht" ins Arbeitshaus eingewiesen wurde. Erstmals war Wilhelmine Seitz am 31. 12. 1845 mit dem Gesetz in Konflikt gekommen und „wegen unsittlichen Beisammenschlafens mit einem Schneidergesellen zu 3fl Geldstrafe" verurteilt worden. Bereits ein Jahr später, am 7. 10. 1846, erhielt sie „8 Tage Arrest mit Schärfung durch schmale Kost" wegen „Landstreicherei und längerer Zeit fortdauernder einfacher Unzucht und zweier den 1. Rückfall bildender polizeylich strafbarer Unterschlagungen". Wilhelmine Seitz hatte Geld bei Botengängen einbehalten. Am 17. 3. 1848 stand sie wieder vor dem Oberamtsgericht, wurde allerdings vom Verdacht der „gewerbsmäßigen Unzucht" freigesprochen. Am 14. 7. 1848 wurde sie wegen „nächtlichen Umherschwärmens" zu drei Tagen Arrest „mit Schärfung" verurteilt. Ihr freizügiger Lebenswandel wurde ihr schließlich zwei Monate später zum Verhängnis. Wilhelmine Seitz wurde zum Objekt staatlicher Zwangserziehungsmaßnahmen[79].

„Unwissend mit allen bestehenden Gesetzen..."
Delinquenz als Selbsthilfe und Widerstand

Verglichen mit den Männern lag die Kriminalitätsrate bei Frauen weit niedriger, auch war die Haftzeit durchschnittlich kürzer. Unter den „jährlich eingelieferten Gefangenen" befanden sich 1839–1849 20,8 % Frauen, und auf 100 Insassen der Arbeitshäuser kamen 79 Männer und 21 Frauen. Auch wenn der Frauenanteil bei den Zuchthausinsassen mit 23,3 % etwas höher lag[80], waren Schwer- und Gewaltverbrechen doch eher Sache der Männer; die Mehrzahl der Frauen wurde wegen Kleindelikten von den lokalen Polizeibehörden und Oberamtsgerichten verurteilt und verbüßte Arrest- oder Geldstrafen, die in der folgenden allgemeinen Statistik der Bezirksgerichte, Criminalsenate und Gefängnisse nicht erscheinen[81]. Dennoch lassen bereits einige Daten der genannten Kriminalitätsstatistiken erkennen, daß die Gefahr, mit dem Gesetz in Konflikt zu geraten, eine zwangsläufige Folge der restriktiven Lebensbedingungen der Unterschichten im 19. Jahrhundert war. Mehr als zwei Drittel der Gefangenen waren ledig, ebensoviele hatten bereits das

I.2. „Fleißige Weibsleut", „liederliche Dirnen".

Alter von 25 Jahren überschritten, wobei die Haftdauer bei den älteren in der Regel länger war als bei den Jugendlichen.

Eine große Zahl der Insassen, vor allem der Arbeitshäuser, waren Wiederholungstäter/innen. Die Rückfallquote betrug bei den Inhaftierten der Arbeitshäuser (1849/1850) 58,5%, in den Zuchtpolizeihäusern und Kreisgefängnissen 42,8%. Der Zwang zur Wiederholung war im Bereich der kleinen Alltagsdelikte ungleich größer als bei den mit Zuchthaus bestraften Schwer- und Gewaltverbrechen, wo die Rückfallquote nur 16,7% betrug[81]. Es begann oft mit Gelegenheitsvergehen und mündete dann in einen Kreislauf der Konflikte, aus dem es kein Entkommen mehr gab.

Typisch für eine solche Delinquenzkarriere war der Lebenslauf der Maria Anna Zahn aus Kiebingen, die als 8. Kind einer völlig verarmten Taglöhnerfamilie geboren war und seit ihrer früheren Jugend als Dienstmagd im Badischen arbeitete. Im Alter von 20 Jahren gebar sie 1841 ihr erstes uneheliches Kind, dem 1843 und 1845 zwei weitere folgten, deren Väter „unbekannte Ausländer" waren. Vor Gericht stand Marie Anna erstmals 1844 im Zusammenhang mit einem von einer Arbeitskollegin verübten Diebstahl. Verdächtigt der „Begünstigung der Entwendung einer Viertels Elle Stramin nebst Strikwolle eines halben Vierlings Heffen und 10 Stück Seife sowie eines granatenen Halsschmuckes" wurde sie schließlich wegen der „Begünstigung der Entwendung von zwei silbernen Löffeln" zu 6 Tagen Arrest verurteilt. 1845 war sie wieder in einen Diebstahl verwickelt und erhielt zusätzlichen Arrest wegen „Läugnens vor Gericht". Maria Annas Kinder wurden in dieser Zeit von der Gemeinde unterhalten, und sie selbst bezog danach Armenunterstützung, die sie allerdings wegen Bettelns verlor. Nach der Geburt ihres vierten unehelichen Kindes 1848 und der Verbüßung der Unzuchtsstrafe erhielt sie am 25.1.1849 wegen „erschwerten Bettels" 14 Tage Kreisgefängnis. 1850 und 1851 hatte sie noch zwei weitere uneheliche Geburten. Mit dem Vater der letzten drei Kinder, einem Kiebinger Armenhäusler, lebte sie seit längerem im Konkubinat und kam deshalb im November 1849 ins Kreisgefängnis. Dennoch hielt sie an der Beziehung fest und erhielt daraufhin mehrere Strafen „wegen Ungehorsams" und eine weitere wegen Konkubinats 1851. Nach einigen Betteldelikten kam Maria Anna 1851 wegen eines erneuten Diebstahls ins Zuchthaus und wurde 1852 nach einem weiteren Rückfall ins Arbeitshaus eingewiesen, wo sie 1853 im Alter von 32 Jahren an Schwindsucht starb[82].

Daß vielfach ökonomische Not und soziale Repression im Hintergrund dieser Delikte standen, zeigt sich an einzelnen Straftaten. Bedauerlicherweise unterscheidet die Statistik nur bei den Bettel- und Vagantenzahlen nach dem Geschlecht der Täter; es fällt deshalb schwer, einen genauen Überblick über die Spezifik weiblicher Delinquenz zu gewinnen. Unter den Vaganten (Landstreichern und bettelnd und heimatlos Umherziehenden), die von 1840 bis 1848 vom „Kreislandjäger-

I.2. „Fleißige Weibsleut", „liederliche Dirnen".

Corps" aufgegriffen worden waren, befanden sich z.B. 45 bis 50% Frauen[84]. Im ‚Armenhaus' Württembergs, dem Jagstkreis, stellten Frauen sogar 60% der Vaganten. Dies bedeutet jedoch nicht, daß die Zahl der sozial entwurzelten Frauen größer war als die der Männer. Die Ursachen lagen eher in den rechtlichen Bedingungen, die das Verlassen des Heimatsorts regelten. Für den Aufenthalt und Wanderungen außerhalb der Gemeinde bedurfte es nämlich eines Passier- oder Heimatscheins, der den auf Bettelzug gehenden Frauen fehlte. Männer, die wie die Handwerksgesellen von Berufswegen wanderten, besaßen dagegen meist diese „Reiselegitimation". Sie wurden, wenn sie beim Betteln ertappt wurden, nur aufgrund dieses Delikts, nicht aber wegen Vagierens verurteilt. Dies belegt die Bettelstatistik, nach der 70% der Bettelvergehen auf Männer und nur 30% auf Frauen entfielen.

Obwohl Betteln unter Strafe gestellt war, wurde es im Württemberg des 19. Jahrhunderts noch immer als ein Gewohnheitsrecht der Armen betrachtet. Schließlich gab es noch bis Anfang des Jahrhunderts in den Gemeinden regelmäßige lokale Betteltage, an denen es den Armen erlaubt war, um ‚Almosen' zu bitten. Vor allem in den Krisenzeiten oder in den teueren Wintermonaten war Betteln oft die einzige Möglichkeit für verarmte Familien, zu überleben. Trotz der zuneh-

---

Ein Bettelkind

„Amtliche Bekanntmachungen
Eßlingen. Fahndung. Die 12jährige Marie Winkler von Eßlingen wird seit dem Neujahr vermißt, und es wird vermutet, daß dieselbe dem Bettel nachziehe. Die Schultheißenämter werden angewiesen, nach ihr zu fahnden, und sie im Betretungsfalle hieher liefern zu lassen. Dieselbe ist ungefähr 4 Fuß groß, hat schwarzbraune Haare, blaue Augen, stumpfe Nase, länglichtes Gesicht, und war bei ihrer Entfernung von Haus bekleidet mit einem dunkelgrünen Rock, einem zizenen rothgestreiften Kittel, einem schwarzen Schurz und desgl. Halstuch. Den 5ten Februar 1846. Königl. Oberamt Klemm."
Beiblatt zur neuen Zeit für das Oberamt Eßlingen. Nr. 29, 11. 2. 1846.

---

menden Strafverfolgung gingen Junge wie Alte, Ehefrauen und Ledige auf Bettelzug, auch Kinder wurden von ihren Müttern auf Bittgänge geschickt oder versuchten selbst, ihre kärgliche Nahrung durch ‚milde Gaben' aufzubessern. Daß diese aktive Form der Selbsthilfe schnell zu strafrechtlich verfolgten Eigentumsdelikten führte, war oft eine Frage der Gelegenheit. In den Strafprotokollen der Gemeinden zumindest addiert sich zum Bettel gewöhnlich auch Feld- oder Wald-

I.2. „Fleißige Weibsleut", „liederliche Dirnen".

diebstahl. Der Eintrag im Schorndorfer Kirchenkonventsprotokoll vom 7.2.1848 könnte genauso in den Akten einer andern Gemeinde stehen.
„Die Schülerin Rembold und der Schüler Rudeshäuser sind wegen Forstexcesse angezeigt, es stellt sich heraus, daß sie Reisig entwendeten und auf dem Stückle verbrannten, wobei sie Kartoffeln siedeten. Es wird beschlossen, die Kinder in der Schule mit 2 Tatzen abzustrafen. Außerdem wird die Remboldin ernstlich ermahnt, ihre Kinder nicht mehr regelmäßig zum Bettel ausgehen zu lassen."[85]
War der Felddiebstahl oder Mundraub oft unmittelbar vom Hunger diktiert, so war der Holzdiebstahl eine sehr viel bewußtere Form der Auflehnung gegen bürgerliche und feudale Besitzverhältnisse. Im Oberamt Schorndorf gerieten 1848 die Holzdiebstähle sogar zur politischen Demonstration: „Victoria, Freiheit und Gleichheit" riefen einige Waldfrevler, als sie mit ihrer Beute ins Dorf heimkehrten[86]. Neben den Unzuchtsvergehen war der sogenannte „Holzfrevel" das häufigste Kleindelikt in den Strafstatistiken. Die Holzversorgung war ein zentrales Problem der Gemeinden, da sich der größte Teil der Waldungen in Staatsbesitz oder in der Hand feudaler Grundherrn befand. Den Bürgern konnte von den Gemeinden nur eine begrenzte Menge Holz zugewiesen bzw. verkauft werden, und ebenso limitiert war das Gras- oder Streusammeln auf Gemeindeland. Holz, das zum Kochen und Heizen gebraucht wurde, war entsprechend teuer, und die billigere Art, sich zu versorgen, war zweifellos der Diebstahl in fremden Forsten.

Die Delikte reichten vom Streu- und Laubsammeln bis hin zur Abfuhr ganzer Baumstämme. Der Kraftaufwand, den gerade Frauen bei der Holzbeschaffung aufbrachten, war erheblich.
„Joseph Balle's Witwe und Martin Steiger's Ehefrau" hatten z.B., wie das Schultheißenamtsprotokoll der Gemeinde Oberholenbach im Oberamt Ellwangen festhielt, „im Staatswald Teschenthal eine grüne 18 Zoll starke Fichte um- und zu 4 Sägklöz zusammengesägt und das Holz sich gewaltsamerweiß zugeeignet. Die Excedenten geben an, Noth und Mangel an Verdienst treibe sie zu solchen Excessen."[87]

Das Unrechtsbewußtsein der Delinquenten war oft wenig ausgeprägt, das Bedürfnis legitimierte den permanenten Verstoß gegen die bestehende Rechtsordnung. Oft allerdings bestanden auch Gewohnheitsrechte, die erst im 19. Jahrhundert eingeschränkt worden waren. Es gab in einzelnen Gemeinden „habituierte Holzfrevlerinnen" wie Marianna Herligsheimer, die im Mai 1845 mit ihrem Stiefsohn 16 Stück grüne Fichtenstangen im Wert von 60fl 50kr entwendete, die sie „in unserm eigenen Nutzen zur Umzäunung eines kleinen Gärtchens verwendet" hatte[88]. Wann und wie oft Holz gestohlen wurde, ob es grün oder bereits „dürr" war und ob Werkzeuge benutzt wurden, all das entschied darüber, ob nur ein „Frevel" oder gar ein „Forstexceß" geahndet wurde. Der sukzessive Anstieg der Holz- und Felddiebstähle in den 1840er Jahren war so einerseits Ausdruck der sich verschlechternden Lebensbedingungen der Unterschichten und zugleich ein Indikator für ein wachsendes Widerstandspotential. Immerhin stiegen zwischen 1840/1841 und 1846/47 die Zahl der „Holzexcesse" von 11 123 auf 45 576 an, und das „Verbotene Gras- und Streusammeln" nahm von 3 696 (1840/41) auf 21 477 Delikte 1846/47 zu[89].

Insgesamt war in der Verbrechensstatistik in den Jahren vor der Revolution ein auffälliges Anwachsen bestimmter Formen von Straftaten zu beobachten. Die Zahl der Vaganten wuchs von 1 289 1841/42 auf 5 255 im Jahr 1847/48, die der Bettler/innen von 849 auf 1 428. Im selben Zeitraum nahmen die Diebstähle von 1 941 Fällen (1841/42) auf 2 304 zu[90]. Gleichzeitig stieg auch die Zahl gerichtlicher Verfahren von 12 095 (1841/42) auf 17 741 (1846/47)[91], wobei ein Teil dieser Entwicklung allerdings zu Lasten der Zivilprozesse ging. Schuldklagen und Vergantungen (Zwangsversteigerungen bei Zahlungsunfähigkeit) hatten in den Krisenjahren 1846/47 enorm zugenommen[92] und damit den Verarmungsprozeß bei kleinbäuerlichen und kleingewerblichen Gruppen beschleunigt.

Wachsende Armut auf der einen Seite und zunehmende Rechtsverstöße auf der anderen schürten im Vormärz bürgerliche Ängste. In den politischen Stimmungsberichten der einzelnen Oberamtsleute im März 1848 wird diese Furcht immer wieder geäußert. Der Oberamtmann von Balingen z.B. war der Meinung, „daß in den unteren Schichten des Volkes lüsterne Augen nach fremdem Besitz zu bemerken" wären[93]. Von der Revolution wurde vor allem ein Anwachsen der Gesetzesvergehen und Verbrechen erwartet. Diese Furcht vor „Excessen" war nicht ganz unbegründet, waren doch in den letzten Jahren die Konflikte und der Widerstand gegen die Behörden und ihre Vertreter gewachsen. Vergehen wie „Unbotmäßigkeit" und „Ungehorsams gegenüber obrigkeitlichen Anordnungen" waren sukzessive angestiegen, ebenso hatten die gewalttätigen „Widersetzungen" zugenommen wie auch insgesamt die Aggressivität der Delikte gewachsen war[94]. Der Respekt vor der Obrigkeit war im Schwinden begriffen, und dies mochte dazu geführt haben, daß die Gerichte strenger durchgriffen. Die durchschnittliche Haftzeit verlängerte sich von rund 5 Monaten im Jahrzehnt 1830–39 auf 8 Monate in den 1840er Jahren[95].

Die steigende Kriminalität wie auch die Situation des Strafvollzugs fand 1848 schließlich kritische Resonanz. „Es wird neuerlich darauf aufmerksam gemacht", schrieb das „Göppinger Wochenblatt" am 5.1.1849, „wie schlecht es mit den Armenhäusern in unserem Lande bestellt sey. Es ist wahr, sie sind häufig, wenn man so sagen darf, *Argenhäuser*, Stätten der Unzucht und aller Liederlichkeit." (GWB 5.1.48) Die Diskussion bewegte sich dabei zwischen zwei Polen: entweder Verschärfung des Systems, wie es von den Konservativen gefordert und nach der

Revolution durchgeführt wurde oder Reform. 1848/1849 setzte sich vorerst noch der Reformkurs durch. Mit dem Gesetz vom 13.8.1849 wurde immerhin das Recht der körperlichen Züchtigung in den Strafanstalten abgeschafft und humanere Strafbedingungen geschaffen. Die Restauration allerdings beendete diese kurze Phase der Liberalisierung, und 1853 wurde die Prügelstrafe zusammen mit der Todesstrafe wieder eingeführt[96].

Ob diese Diskussionen bis zu den Betroffenen durchdrangen, ist schwer zu sagen. 1848/1849 jedenfalls scheint das Klima in den Strafanstalten extrem gespannt gewesen zu sein. Dies zumindest lassen Unruhen im Frauenarbeitshaus Markgröningen vermuten. Im Juni 1849 kam es dort, laut dem Bericht des Stuttgarter „Neuen Tagblatt", zu einem gewalttätigen Ausbruch von Aggressionen, die sich gegen die Institution selbst richteten wie auch gegen deren Repräsentantinnen, die Aufseherinnen, die angegriffen wurden. Leider sind über diesen Vorfall keine Unterlagen mehr erhalten, so daß sich nicht mehr rekonstruieren läßt, was die Frauen zu ihrem Zornausbruch brachte. „Aus Markgröningen wird berichtet, daß in voriger Woche unter den weiblichen Strafgefangenen im dortigen Arbeitshause eine Revolte ausgebrochen sey, in deren Folge Mißhandlung von Aufseherinnen, Fenster-Zertrümmerung und Demolirung von Arbeitsgeräthen vorgekommen seyn soll." (NT 14.6.49)

Anmerkungen:

1) Bibelvers, zitiert nach Laterne 24.6.1849.
2) Das Königreich Württemberg. Bd. 2. 1, Stuttgart 1884, S. 421.
3) Wolfgang von Hippel: Bevölkerungsentwicklung und Wirtschaftsstruktur im Königreich Württemberg 1815/1865. Überlegungen zum Pauperismusproblem in Südwestdeutschland. In: Ulrich Engelhardt/Volker Sellin/Horst Stuke (Hg.): Soziale Bewegung und politische Verfassung. Stuttgart 1976, S. 270–371, hier S. 302.
4) In Württemberg gab es im 19. Jahrhundert zwei Formen der Vererbung, die zu unterschiedlichen Wirtschaftsstrukturen führten. Im Donaukreis und Jagstkreis herrschte das Anerbenrecht, d.h. Haus und Hof wurden jeweils dem ältesten oder einem der Kinder komplett vererbt, während die andern lediglich mit einer Mitgift versehen wurden. Im Realteilungsgebiet erhielt jedes Kind einer Familie einen gleichen Anteil am Vermögen der Eltern, was zur Folge hatte, daß in diesen Regionen (vor allem im altwürttembergischen Neckarkreis und Schwarzwaldkreis) die Güterzerstückelung zunahm und die meisten Bauern noch ein Nebengewerbe betrieben. Das Realteilungsgebiet war so vom Arbeitskräftepotential her gesehen prädestiniert für industrielle Entwicklung, während in den Anerbgebieten die Landwirtschaft vorherrschte, und es so etwas wie bäuerlichen Wohlstand gab.
5) Paul Sick: Die Bevölkerung des Königreichs Württemberg in dem Jahrzehnt 1842 bis 1852. In: WJB 1853, Heft 2, S. 1-67, hier S. 61.

I.2. „Fleißige Weibsleut", „liederliche Dirnen".

6) W.v. Hippel: Bevölkerungsentwicklung..., S. 303.
7) Ebd., S. 319.
8) Ebd., S. 352.
9) Akten der Centralstelle für Gewerbe und Handel. STAL, E 170, Bü 731/732.
10) Auch das Gewerbe der „Schneidermamsells" erfuhr Ende der 1840er seine erste Rationalisierung. Am 23.10.1847 berichtete das Stuttgarter „Neue Tagblatt" von einer Nähmaschine, die von einem französischen Schneider namens Thimounier erfunden worden ist, „welche in einer Minute 300 Stiche macht".
11) Mährlen: Die Darstellung und Verarbeitung der Gespinste und die Papierfabrikation im Königreich Württemberg. In: Jahresberichte der Handels- und Gewerbekammer Stuttgart für das Jahr 1860. Stuttgart 1861, S. 97.
12) Ebd., S. 120ff.
13) Beschreibung des Oberamtes Eßlingen. Hrsg. vom Königlich statistisch-topographischen Bureau. Stuttgart und Tübingen 1845, S. 113.
14) Die Statistik unterscheidet zwischen anwesender und ortsangehöriger Bevölkerung. Allein in Eßlingen hielten sich 1846/47 2358 Fremde auf bei einer ortsanwesenden Bevölkerung von 12763. HSTAS, E 146, Bü 3840 und Heilwig Schomerus: Die Arbeiter der Maschinenfabrik Eßlingen. Forschungen zur Lage der Arbeiterschaft im 19. Jahrhundert. Stuttgart 1977, S. 94 und 281.
15) Bericht der Centralstelle für Gewerbe und Handel vom 1.7.1857. HSTAS, E 146, Bü 6064. Gedruckt in: Gewerbeblatt aus Württemberg Nr. 32/33, 16./23.August 1857, S. 305–320, hier S. 314.
16) Ebd., S. 310.
17) STAL, E 173, Bü 216.
18) J.G.D. von Memminger: Beschreibung von Württemberg. Hrsg. vom Königlich statistisch-topographischen Bureau, 3.Auflage Stuttgart 1841, S. 421.
19) W.v. Hippel: Bevölkerungsentwicklung..., S. 326.
20) Das Königreich Württemberg. Bd. 2.1, ..., S. 421.
21) Vgl. Antonie Kraut: Die Stellung der Frau im württembergischen Privatrecht. Diss. Tübingen 1934, S. 15ff.
22) Stadtratprotokoll Eßlingen, Paragraph 1423, 27.11.1843.
23) W.v. Hippel: Bevölkerungsentwicklung..., S. 344.
24) Zollvereinsumfrage 1848/1849. STAL, E 170, Bü 735/735.
25) STAL, E 170, Bü 733, 733a, 734.
26) Wolfgang Kaschuba/Carola Lipp: 1848 – Provinz und Revolution. Tübingen 1979, S. 157.
27) Stadtratprotokoll Eßlingen, Paragraph 1019, 18.8.1843.
28) W.v. Hippel: Bevölkerungsentwicklung..., S. 350 und S. 352.
29) Stadtratprotokoll Eßlingen, Paragraph 1226, 10.10.1843.
30) W.v. Hippel: Bevölkerungsentwicklung..., S. 352.
31) Friedrich G. Jäger (Hg.): Das Bürgerrechtsgesetz für das Königreich Württemberg vom 4.Dezember 1833. Stuttgart 1850, S. 32.
32) Finanzrath Kull: Beiträge zur Statistik der Bevölkerung Württembergs. In: WJB Jg. 1874, Stuttgart 1875, Teil I, S. 131–142, hier S. 136ff.
33) C.W. Schüz: Über das Verehelichungs- und Übersiedelungsrecht mit besonderer Rücksicht auf Württemberg. In: Zeitschrift für die gesammte Staatswissenschaft 5, 1848, S. 25–29, hier S. 27. Zahlen aus Kull: Beiträge zur..., S. 136.
34) Kull: Beiträge zur..., S. 146.

I.2. "Fleißige Weibsleut", "liederliche Dirnen".

35) Carola Lipp: Dörfliche Formen generativer und sozialer Reproduktion. In: Wolfgang Kaschuba/Carola Lipp: Dörfliches Überleben. Tübingen 1982, S. 288–607, hier S. 331ff.
36) F.G. Jäger: Das Bürgerrechtsgesetz..., S. 32f.
37) Stadtratprotokoll Eßlingen, Paragraph 128, 25.1.1848.
38) W. Kaschuba/C. Lipp: 1848 – Provinz..., S. 110.
39) Klaus-Jürgen Matz: Pauperismus und Bevölkerung. Die gesetzlichen Ehebeschränkungen in den süddeutschen Staaten während des 19. Jahrhunderts. Stuttgart 1980, S. 301.
40) Ebd., S. 302f.
41) In Westpreußen, wo seit Beginn des 19. Jahrhunderts Niederlassungsfreiheit herrschte, betrug die Heiratsziffer 1846–1850 10,0%, in Württemberg waren es nur 6,9%. Dafür waren in Westpreußen nur 6% der Kinder unehelich geboren, in Württemberg im selben Zeitraum 12,9%. Nach Antje Kraus: „Antizipierter Ehesegen" im 19. Jahrhundert. Zur Beurteilung der Illegitimität unter sozialgeschichtlichen Aspekten. In: Vierteljahresschrift für Wirtschafts- und Sozialgeschichte Jg. 66, 1979, S. 174–215, hier S. 186.
42) K.-J. Matz: Pauperismus und..., S. 209.
43) Gewerbeblatt aus Württemberg Nr. 32/33, 16./23.August 1857, S. 305.
44) Verzeichniß der in den Jahren 1848 bis 1862 aus dem Stadtdirektionsbezirk ausgewiesenen Personen. Stuttgart 1859 mit handschriftlichen Ergänzungen. HSTAS, E 146, Bü 3775.
45) Stadtratprotokoll Eßlingen, Paragraph 519, 5.5.1846.
46) Friedrich Thudichum: Über unzulässige Beschränkungen des Rechts der Verehelichung. Tübingen 1866, S. 143.
47) Paul Sick: Die Bevölkerung..., S. 31f. Eine detaillierte Aufschlüsselung der Ausweisungen existiert nur für die Jahre 1853 bis 1863. Hier wurden insgesamt 2634 Personen aus württembergischen Gemeinden ausgewiesen, und zwar 613 wegen „geschlechtlicher Unsittlichkeit", 619 wegen „schlechten Prädikats" und 98 wegen Concubinats. Liste HSTAS, E 146, Bü 3778.
48) Die Arbeitswanderung von Frauen in Württemberg verlief hauptsächlich in zwei Richtungen. Einmal gingen viele Frauen als landwirtschaftliche Arbeitskräfte in die Regionen mit großen Höfen und einem entsprechenden Gesindebedarf, dies war vor allem im Donaukreis und hier besonders in Oberschwaben gegeben. 1846 war dort der Frauenüberschuß, vor allem in der Altersgruppe zwischen 25 und 40 Jahre, am größten. Nach Sick betrug der Frauenüberschuß bei den 14–20jährigen im Donaukreis 100 zu 103,8 gegenüber 101,8 im Jagst- und 101,6 im Schwarzwaldkreis. Bei den 20–25jährigen ist die Relation 109,1 (DK), 103,1 (JK) und 104,5 (SK), bei den 25–40jährigen kamen im Donaukreis 106,9 Frauen auf 100 Männer, im JK 104,9, im SK 103,7 (Paul Sick: Die Bevölkerung..., S. 31f). Die zweite Richtung weiblicher Mobilität führte in die Städte, vor allem des Neckarkreises, wo die seit den 30er Jahren rasch anwachsende Fabrikindustrie und die Konzentration bürgerlichen Wohlstands ein reiches Arbeitsplatzangebot entstehen ließ. Auch hier war der Frauenüberschuß in der Altersgruppe der 25–40jährigen besonders groß. Im Neckarkreis kamen 1846 in der Altersgruppe der 14–20jährigen 104,4 Frauen auf 100 Männer, bei den 20–25jährigen 105,2 und bei den 25–40 Jahre alten Frauen war die Relation 106,5. Insgesamt gesehen war der Frauenüberschuß in den Städten größer als auf dem Land, d.h. sehr viel mehr Frauen zogen berufsbedingt vom Land in die Stadt als umgekehrt. Auf 100 hinausziehende Frauen aus Stuttgart kamen 1846 171,4 hereinziehende. In Heilbronn war das Verhältnis 100 zu 129,3, in Eßlingen 108,66. Der Zuzug von Frauen nach Stuttgart lag damit über dem der Männer. Auf 100 zuzie-

I.2. „Fleißige Weibsleut", „liederliche Dirnen".

hende Personen in den württembergischen Städten kamen insgesamt 46,3% Männer und 53,7% Frauen. Vor allem auf den Dörfern wurden fremde Männer fern gehalten. Hier machten die Frauen 56,3% der Zuziehenden aus. Im Unterschied zu den Arbeitswanderungen der Männer war diese hohe Mobilität der Frauen meist heiratsbedingt, wobei die Frauen häufiger in die Gemeinde des Mannes einheirateten als umgekehrt.

49) Ebd., S. 414.
50) Zwischen 1830 und 1839 waren es 23 ledige Mütter mit 35 unehelichen Geburten. Vgl. Carola Lipp: Dörfliche Formen generativer..., S. 434–448.
51) Gemeinderatsprotokoll Kiebingen B 11, 16. 5. 1850.
52) Vgl. auch Herma Klar: Verbrechen aus verlorener Ehre. Kindsmörderinnen. Magisterarbeit Tübingen 1984. In 8 von 11 der von Klar untersuchten Kindsmordfälle gingen der Tat Verehelichungsverbote voraus.
53) Berechnet nach der Jahresübersicht der „von den Criminalsenaten abgeurteilten Verbrechen und Vergehen" in den Regierungsblättern der Jahre 1836–1846.
54) Friedrich Bitzer: Das Verehelichungsrecht in Württemberg. In: Jahrbücher der Gegenwart Nr. 18, 1848, S. 69–72.
55) Der Schultheiß von Rüdersberg korrigierte diese Darstellung in einer Gegenerklärung vom 22. 12. 48 und wies daraufhin, daß die Rechnungen des Pfarrers bezüglich des März nicht stimmten.
56) Friedrich Oesterlen: Handbuch der Hygieine für den Einzelnen wie für eine Bevölkerung. Tübingen 1851, S. 759 und 762.
57) Gewerbeblatt aus Württemberg Nr. 32/33 vom 16/23. 8. 1857, S. 310.
58) Ebd., S. 315.
59) Ebd., S. 306.
60) Johann Gottlieb Schmidlin: Die württembergische Armen-Industrie. In: Württembergische Jahrbücher für vaterländische Geschichte, Geographie, Statistik und Topographie Jg. 1833, H. 1, S. 25–114, hier S. 27.
61) Schüz: Das sittliche Moment in der Volkswirthschaft. In: Zeitschrift für die gesammte Staatswissenschaft 1844, S. 147.
62) Lisgret Militzer-Schwenger: Armenerziehung durch Arbeit. Eine Untersuchung am Beispiel des württembergischen Schwarzwaldkreises 1806–1914. Tübingen 1979, S. 12.
63) Ebd., S. 29. Zitat aus Rechenschaftsbericht der Centralleitung des Allgemeinen Wohlthätigkeitsvereins 1817–1841, S. 26.
64) HSTAS, E 146, Bü 6064, Ufasz 11. Ansuchen des Finanzministeriums an den König vom 15. 3. 1831.
65) Hermann Schmidt: Die innere Mission in Württemberg. Stuttgart 1879, S. 91.
66) Landeskirchliches Archiv Bestand A 29, Bü 3765. Pfarrbericht 1846.
67) Peter Adamski: Industrieschulen und Volksschulen im 19. Jahrhundert. Zum Verhältnis von Ökonomie, Politik und Elementarbildung. Diss. Marburg 1976, S. 293.
68) HSTAS, E 146, Bü 6064, Ufasz 11. Ansuchen des Finanzministeriums an den König vom 15. 3. 1831.
69) Hermann Schmidt: Die innere Mission in Württemberg. Stuttgart 1879, S. 91, vgl. auch Adamski, der für 1849 von 49200 Schülern ausgeht. Peter Adamski: Industrieschulen..., S. 291.
70) L. Militzer-Schwenger: Armenerziehung..., S. 145.
71) Ebd., S. 81.
72) Stadtratprotokoll Eßlingen, Paragraph 1293, 24. 10. 1843.
73) Gesuch 6. 2. 1844, STAL, F 106, Oberamt Ellwangen, Bü 142. Für die Überlassung des

I.2. „Fleißige Weibsleut", „liederliche Dirnen".

Materials aus diesem Bestand danke ich Sabine Kienitz.
74) W.v. Hippel: Bevölkerungsentwicklung..., S. 360 und 363.
75) Bericht der Centralleitung des Allgemeinen Wohltätigkeitsvereins vom 2.9.1823, HSTAS, E 143, Bü 114.
76) L. Militzer-Schwenger: Armenerziehung..., S. 110f.
77) Beschreibung des Oberamts Ludwigsburg. Ludwigsburg 1859, S. 255.
78) Berechnet nach Steudel: Beiträge zur Statistik der höheren Civil-Straf-Anstalten in dem Königreich Württemberg. In: WJB 1855, Heft 1, S. 133 und 121.
79) Stadtratprotokoll Eßlingen, Paragraph 1239, 12.9.1848.
80) Steudel: Beiträge zur Statistik..., S. 118, siehe im folgenden auch die Seiten 121 und 134.
81) Vgl. die regelmäßig im Regierungsblatt erscheinenden Übersichten über die „von den Bezirksgerichten" und „Criminalsenaten abgeurteilten Verbrechen und Vergehen."
82) Steudel: Beiträge zur Statistik..., S. 140 und im folgenden die S. 138.
83) Strafprotokoll Kiebingen. Gemeindearchiv. Vgl. Carola Lipp: Dörfliche Formen..., S. 444–447.
84) Berechnet nach der in den Regierungsblättern jährlich erscheinenden „Übersicht der in dem Etatsjahr durch die Mannschaft des Königlichen Landjäger-Corps ergriffenen und eingebrachten Personen."
85) Kirchenkonventprotokoll Schorndorf vom 17.2.1848. Für die Überlassung danke ich Gertrud Schubert.
86) Bericht des Oberamtsgerichts Schorndorf vom 2.3.1848. HSTAS, E 301, Bü 241, Bl. 3.
87) Schultheißenamt Untergronningen, Oberholenbach 28.4.1848. STAL, F 106, Bü 72.
88) STAL, F 106, Bü 142.
89) W.v. Hippel: Bevölkerungsentwicklung..., S. 363.
90) Berechnet nach den im Regierungsblatt jährlich erscheinenden Übersichten des „Landjäger-Corps" (Anm. 84) und den Übersichten über die „von den Bezirksgerichten" und „Criminalsenaten abgeurteilten Verbrechen und Vergehen."
91) W.v. Hippel: Bevölkerungsentwicklung..., S. 366. Die Berechnungen von Hippel zählen die Civilprozesse zur Kriminalitätsrate und sind insofern irreführend. Vgl. Württembergische Jahrbücher Jg. 1854, H. 1, S. 68–79.
92) Die Konkurse stiegen zwischen 1841 bis 1847 von 963 auf 2 300 Fälle an. Nach: Die Zahl der Gantungen im Königreich Württemberg in den Jahren 1840–1847. In: Württembergische Jahrbücher Jg. 1847,H. II, S. 179–197, hier S. 183.
93) Oberamtsbericht Balingen 7.6.1848, HSTAS, E 146, Bü 1929.
94) Vgl. die Übersichten über die Urteile der Bezirksgerichte und Criminalsenate. In: Regierungs-Blatt Jg. 1840–1848. Zwischen 1845/46 und 1847/1848 stieg die Zahl der „Unbotmäßigkeiten" von 135 auf 242, die der „Widersetzlichkeiten" von 141 auf 248 und die „Beleidigungen der Amtsehre" von 339 Delikten auf 475 im Jahr 1847/48. „Körperverletzungen" wuchsen von 416 Fällen 1841 auf 505 1847 an.
95) Steudel: Beiträge zur Statistik..., S. 112 und 114. Die Haftdauer in den Arbeitshäusern stieg in den zwei Dezennien von 1830 bis 1849 von 9 Monaten auf 1 Jahr und 7 Monate. Ebd., S. 133.
96) Vgl. Oberamtsberichte in den Innenministeriumsakten HSTAS, E 146, Bü 666 neu; siehe auch L. Militzer-Schwenger: Armenerziehung..., S. 118f.
97) Steudel:Beiträge zur Statistik..., S. 108. Durch eine neue Arbeitszeitregelung wurde 1857 schließlich auch der Arbeitsdruck verschärft.

Margit Stephan

Die unbotmäßige Dienstbotin

Für die gesellschaftliche Stellung und die Lebenssituation von Dienstbotinnen im 19. Jahrhundert[1] war die Veränderung der bürgerlichen Haushaltsstruktur von entscheidender Bedeutung. Die alte Form der Hauswirtschaft, in der viele Lebensmittel selbst hergestellt wurden, und in der das Dienstpersonal vorwiegend für produktive Tätigkeiten gebraucht wurde, löste sich Ende des 18. Jahrhunderts sukzessive auf[2]. In dem Maß, in dem die Produktion bestimmter Nutzgüter und Lebensmittel aus dem Haus ausgelagert wurde, zog sich die Frau des gehobenen Bürgertums von der konkreten körperlichen Hausarbeit zurück und nahm hauptsächlich repräsentative gesellschaftliche Aufgaben wahr. In diesem bürgerlichen Repräsentativhaushalt wurde die praktische Hausarbeit immer mehr zur alleinigen Sache der Dienstbotinnen. Das Prestige einer bürgerlichen Familie war nun davon bestimmt, wieviel Dienstpersonal sie sich leisten konnte. Dienstbotinnen wurden zum reinen Kostenfaktor, die für ihren Lohn möglichst effektiv und viel arbeiten sollten. Die Hausfrau arbeitete nicht mehr gemeinsam mit ihren Mägden im Haushalt, sondern beschränkte sich auf Kontroll- und Überwachungsfunktionen. Eine rationale Kosten-Nutzen-Rechnung bestimmte nun das Arbeitsverhältnis, nicht mehr die persönliche Beziehung. Das dadurch entstehende Mißtrauen vergrößerte die ohnehin bestehende soziale Distanz zwischen Gesinde und Herrschaft.

Die Dienstbotin wurde nicht mehr als Teil der Haushaltsfamilie betrachtet, sondern als Arbeitskraft. Daß diese sozialen Veränderungen in der Öffentlichkeit nicht unbemerkt blieben, zeigt ein Artikel aus dem „Reutlinger und Mezinger Courier", der über die Stellung des Dienstmädchens klagt:

„... jetzt ist sie eben eine Maschine, die man für ihre Dienste bezahlt... die nichts recht machen kann, die immer und ewig der Blitzableiter der häuslichen Gewitter ist, und für die am Ende noch das ärmliche Essen der Herrschaft noch zu gut ist, und der deßhalb noch besonders gekocht wird." (RMC 15.9.47)

Diese entfremdeten und gleichzeitig immer stärker von Kontrolle geprägten Dienstverhältnisse machten sich in der zunehmenden Zahl von Konflikten zwischen Dienstbotinnen und Herrschaft bemerkbar. Von kritischen Zeitgenossen wurden diese Störungen meist den bürgerlichen Frauen und ihrer Herrschsucht angelastet. Diese wurden als „ewige Zankteufel" hingestellt, denen man die „schlechten" Dienstbotinnen zu verdanken habe. Durch „gefühllose Behandlung" hätten die bürgerlichen Hausherrinnen ihre Dienstbotinnen „mit Gewalt

I.3. Die unbotmäßige Dienstbotin

verdorben. Statt aufmunternder Worte (gäben) sie nur Scheltworte, statt eines ordentlichen Essens nur halb genug übriggebliebene Brocken und oft diess nicht..." (RMC 15.9.47). Ein Pfarrer ging 1850 kritisch mit dem Verhalten der Dienstherrschaft ins Gericht:

> „Was habt ihr, frage ich zuvörderst euch Herrschaften,... an euren Dienstboten gethan? Wie geht ihr mit ihnen um? betrachtet ihr sie etwa als Maschinen, welche mit einem bestimmten Quantum Arbeit ausgerüstet sind, und diese um einen gewissen Miethzins herleihen, und welche man, um nicht Unlust zu haben,... so es möglich wäre, viel lieber mit wirklich seelenlosen Maschinen vertauschen würde? Oder habt ihr sie behandelt, gepflegt, geachtet als Menschen, welche auch ein Gefühl, ein Herz, ein empfindendes Gemüth, ein Gewissen und eine vernünftige Seele besitzen, die eine Nahrung, Pflege verlangt?" (NZ 11.4.50)

Obwohl gerade in den Jahren vor und nach der Revolution immer wieder die Behandlung von Dienstbotinnen angeprangert wurde, sahen sich diese sozialkritischen Einsichten konfrontiert mit ständigen Klagen der Arbeitgeber über das schlechte Personal. Der Klagenkatalog erscheint unendlich:

> „...so ist die ewige Klage über die Mägde; die eine ist untreu, die andere faul, diese kann vor ihrem Liebhaber an kein Geschäft kommen, und einer andern ist nichts gut genug." (NT 22.5.47)

Ein immer wiederkehrender Vorwurf war die Illoyalität der Dienstbotinnen. Es wurde bemängelt, daß sich Dienstbotinnen an Lebensmitteln, Haushaltsgegenständen vergriffen und sich an dem ihnen anvertrauten Markt-Geld schadlos hielten. Dieses Thema war auch Gegenstand vieler Sketche und Anekdoten in den damaligen Zeitungen. So gab das „Neue Tagblatt für Stuttgart und Umgegend" vom 12.8.1846 ein „abgelauschtes" Gespräch von zwei Dienstbotinnen wieder, die sich am Brunnen trafen:

> „Das Geld vom Butter und de andere Sache, des langt scho am Sonntag für mein Soldate, und uf die Täg, wo Tanz ist, do spar i scho extra ebbes zamme.- Was gibst denn Du Deine Soldate? fragte eine andere Magd, die neugierig diesem Gespräch gelauscht hatte. I gib em sechs Baze, antwortete die Dicke wohlgefällig und dickthuend.- O du dumm's Mensch, Du wit so g'scheid sey, und verstehschst doch net; wer wird denn eme Infanteriste sechs Batze gebe, um des Geld kann mer en Gardiste han, und mit so oim ka me doch me Staat mache, als some langweilige Infanteriste, die derherlaufet, als thätet se se fürchte. Wo e Gardist na tritt, do hört mers au...". (NT 12.8.46)

Das Klischee der betrügerischen Magd ging meist einher mit dem Bild der verdorbenen und unsittlichen Dienstbotin, die Liebschaften mit Soldaten hatte. In einer illustrierten Glosse schilderte die konservative Stuttgarter Zeitschrift „Die Laterne" eine angeblich typische Vertreterin des Dienstbotenstandes, die sich beim Dienstantritt noch recht brav und bescheiden zeigte und ihrer Herrschaft beteuerte: „...und Bekanntschafta mit Soldata, do könnet Se ruhig sein, des ging

I.3. Die unbotmäßige Dienstbotin

„Do legst liaber no drei Batza druf, no host en Gardiste."

(Aus dem Bilderbogen „Vor, während und nach dem Quartal". Laterne Nr. 33, 18.3.1849. Landesbibliothek Stuttgart)

mer no ah!" (Laterne 18.3.49). Die weiteren Bilder zeigen, daß Wort und Wirklichkeit keineswegs übereinstimmten. Nach wenigen Tagen hatte die Magd ein Verhältnis mit einem Soldaten, den sie vor ihrer Herrschaft versteckte.

Das Motiv des Soldatenliebchens taucht in verschiedenen Varianten auch in den

I.3. Die unbotmäßige Dienstbotin

„... erst drei Tag im Haus und schon en Soldate im Kaste!?" „Frau Fischere, i woiß net, der mueß no vom voriche Mädle stehe bliebe sein."

(Aus dem Bilderbogen „Vor, während und nach dem Quarthal". Laterne Nr. 33, 18.3.1849)

Revolutionsjahren auf. In einer Anekdote über die Auflösung der Nationalversammlung im Mai 1849, die in der Presse damals kursierte, vertraute eine „Frankfurter Dame" ihrer Köchin neidisch an: „Ihr Mähd habt's jetzt viel besser als wir Frauen!... die Deputierte gehe fort und die Soldate bleibe." (KRB 69, 1849) In die-

I.3. Die unbotmäßige Dienstbotin

Aus Frankfurt a/M.
(Nach der Parlaments=Sitzung vom 30. Mai 1849.)

„Ihr Mähd habts jetzt viel besser als die Herrschaften! Die Deputirte gehe fort, und das Militär, das bleibt hier!"

(Fliegende Blätter Heft 210, 1849. Universitätsbibliothek Tübingen)

I.3. Die unbotmäßige Dienstbotin

sem Kommentar zum geselligen Leben der Nationalversammlungsabgeordneten trifft der Sexismus gleichermaßen die weibliche Dienstherrschaft und Dienstbotinnen.

Ein beliebtes Thema der Dienstbotinnenschelte war auch die Putzsucht und das Luxusbedürfnis der Unterschicht, eine Folge der zunehmenden Verstädterung der Dienstbotinnen. Billige Fabrikwaren erlaubten ihnen, sich besser zu kleiden, als dies bisher üblich war. Das „Neue Tagblatt" vom 12.8.1846 berichtete, daß man in Stuttgart früher gewohnt war, „die Dienstmädchen in ihrer ländlichen Tracht zu sehen... wie es eben in der Gegend getragen wurde, aus der sie nach Stuttgart kam(en)... Jetzt tragen sie große Halstücher, Halskrägen und Kleider, oft von reicherem Stoff als ihre Herrschaft." (NT 12.8.46)

Von bürgerlicher Seite wurde besorgt wahrgenommen, daß sich die sozialen Grenzen in der Kleidung zu verwischen begannen, und die Dienstbotinnen auf der Straße kaum von ihrer weiblichen Herrschaft zu unterscheiden waren.

„Betrachten wir Sonntags die spazierengehende Gesellschaft, so sind wir versucht zu glauben, Stuttgarts weibliche Einwohnerschaft bestehe aus lauter Damen: mit seltener Ausnahme treffen wir nur Flitterkleider und Shawls, ja selbst Hüte bei der Dienerschaft, die wir in der Woche am Spülkübel treffen." (NT 22.5.47)

Für diesen Auswuchs der Eitelkeit bei Dienstbotinnen wurde wiederum das Prestigebedürfnis des Bürgertums verantwortlich gemacht. Denn, so schrieb das „Neue Tagblatt" weiter: „...das kommt aber zum Theil von den Herrschaften selbst her, die ihren Stolz darein setzen zu wollen scheinen, recht flott aufgeputzte Dienerschaft zu haben..." (NT 22.5.47).

Der größte Teil der Schuld am ‚Verderben' des Gesindes wurde wiederum dem schlechten Vorbild der Haushaltsvorsteherin zugeschrieben, denn: „Es ist die gute alte Zeit vorbei, wo sich die Frauen zufrieden hinter ihr Nähtischchen setzten und den Dienstboten mit gutem Beispiel vorangingen." (NT 22.5.47)

In den Jahren vor der Revolution wurde mit Verwunderung registriert, daß die Dienstbotinnen aufmüpfiger wurden, und daß sie es waren, die sich auf einmal über ihre Dienstherrschaft beschwerten und Forderungen stellten. Das „Neue Tagblatt" vom 22.5.1847 berichtete: „...ja zum Erstaunen sind ihre Ansprüche, denn sie scheuen sich nicht, der Hausfrau... in's Gesicht zu sagen, der Kaffee sey zu schlecht zum Genießen."

Auch an den Stellengesuche-Anzeigen läßt sich das ‚neue' Selbstbewußtsein der Dienstbotinnen ablesen. Noch Anfang der 40er Jahre boten die Dienstmädchen ihre Dienste recht bescheiden an:

„Ein sehr braves Dienstmädchen, welches schön nähen, waschen und bügeln kann, auch in Haushaltungs Geschäften bewandert ist, wünscht bis Lichtmeß eine Stelle als Stubenmädchen zu erhalten. Näheres Eichstr. Nr. 16, Parterre." (SK 12.1.40)

I.3. Die unbotmäßige Dienstbotin

Moderne Dienstboten.

„Rose, hol' sie mir meinen Regenschirm herein, ich will die kranke Rückert besuchen!" —
„Den können Sie jetzt nicht nehmen!"
„Warum?"
„Weil ich jetzt einen Ausgang zu machen habe!"

(Fliegende Blätter Heft 151, 1848. Universitätsbibliothek Tübingen)

I.3. Die unbotmäßige Dienstbotin

Wie eine Auswertung der Stellengesuche in verschiedenen württembergischen Zeitungen und Zeitschriften[3] zeigt, legten die Dienstbotinnen in den Jahren 1848/1849 sichtlich mehr Wert auf „gute, humane, solide Behandlung" und waren dafür eher – zum Teil wohl krisenbedingt – bereit, beim Lohn Abstriche zu machen. Zwar blieben die Dienstboten-Eigenschaften, die in den Annoncen angegeben wurden, immer noch die gleichen („ordentlich", „solide", „gut erzogen", „still und brav", „fleißig und treu", „willig und bescheiden"), doch wurden jetzt vermehrt Qualitätsanforderungen an die Dienstherrschaft gestellt. Die meisten Dienstbotinnen wünschten sich ein „anständiges", „ordentliches Haus" und eine Herrschaft, die „solide", „freundlich", „verehrlich", „geordnet", „christlich" war, oder aus „edlen Menschenfreunden" bestehen sollte.

Beliebt waren besonders Beamtenhaushalte und auch der Dienst bei Witwern und katholischen Pfarrern, weil die Mägde dort keiner Hausherrin zu unterstehen hatten und den Haushalt selbständig führen konnten. Möglicherweise spielte hier auch der Gedanke an einen sozialen Aufstieg eine Rolle. Vor allem erfahrene Dienstbotinnen ‚gesetzteren' Alters, die oft lange Jahre im selben Dienst-Verhältnis gestanden hatten, stellten Ansprüche; je qualifizierter eine Dienstbotin war und je vertrauter mit der bürgerlichen Lebensführung, desto eher war sie sich ihres Wertes bewußt.

Während der Revolution wurde diese anspruchsvolle Haltung der Dienstbotinnen als gefährliches Zeichen des sozialen Umbruchs gedeutet; so entsetzte sich das „Nürtinger Wochenblatt" vom 2.10.1849:

„Die Zeiten ändern sich, sonst suchten die Mägde Dienst, jetzt wünschen dieselben Stellen; sonst las man immer: ein solides Mädchen sucht einen Dienst, jetzt heißt es häufig: Ein Mädchen wünscht bei einer soliden Herrschaft eine Stelle. O tempora o mores. Alles geht kapores!" (NWB 20.10.49)

Dienstbotinnen in der Revolution

Obwohl es in Württemberg zu keiner organisierten Bewegung der Dienstmädchen kam, führten die veränderten Zeitverhältnisse auch bei den Dienstbotinnen zu einem stärkeren sozialen Gruppenbewußtsein. Ein Beispiel dafür ist eine Solidaritätsaktion von Reutlinger Dienstmädchen. Für eine ehemalige Dienstbotin, die nun in einer Spinnerei arbeitete und verunglückt war, sammelten sie Hilfsgelder. Die Dienstmagd Rosine Ege bedankte sich im „Reutlinger und Mezinger Courier" vom 25.3.1848 für die Spenden „von 96 Dienstmädchen nebst einigen Frauen und Fräulein". Solidarität mit einer Berufskollegin stand auch im Hintergrund einer Katzenmusik, die Stuttgarter Dienstbotinnen einer Engelmacherin brachten. Mit „Hülfe von Deckeln und Pfannen, Kübeln und dergleichen Instru-

I.3. Die unbotmäßige Dienstbotin

menten" machten die Frauen einen solchen Radau, „daß die ganze obere Stadt zusammenlief" (NT 7.11.48).

Im Unterschied zu den Zentren der Revolution Leipzig, Wien und Mainz [4], wo eigenständige Dienstbotinnenvereine entstanden, kam es in Württemberg zu keinen solchen politischen Initiativen. In Leipzig forderten die Dienstbotinnen eine Verbesserung ihrer Lebens- und Arbeitsbedingungen, Lohnerhöhung sowie besseres Essen, geregelte Arbeits- und Freizeit und ein Minimum an Kündigungsschutz[5]. In Wien[6] organisierten die Dienstbotinnen eine große Versammlung, bei der sie das „Assoziationsrecht", also die Möglichkeit des gewerkschaftlichen Zusammenschlusses des Dienstpersonals forderten. Und in Mainz protestierten 500 Dienstbotinnen gegen die Zwangserhebung eines Krankenkassenbeitrags durch die Stadt.

Daß der politische Horizont von Dienstbotinnen über die unmittelbaren Probleme ihres Alltags hinausging, zeigt ein Bericht der „Konstanzer Seeblätter" vom Juni 1849:

> „Auch hier in Konstanz, wie weit und tief verbreitet im deutschen Vaterland, rühren sich die besseren Kräfte im Volksleben mit Macht. Neben den Männern, Frauen- und Jungfrauenvereinen sind auch hiesige Dienstmädchen zusammengetreten und haben, mittelst einer veranstalteten Sammlung unter sich für hilfsbedürftige Patrioten aus dem Arbeiterstande ihr Scherflein niedergelegt auf dem Altar des Vaterlandes. Ehre und Dank ihnen dafür, ihre ehrlich und sauer verdienten Kreuzer werden nicht ohne Segen, ohne herrliche Früchte bleiben fürs Vaterland."[7]

Mit ihren Spenden für politisch verfolgte Arbeiter brachten die Dienstbotinnen nicht nur ein patriotisches Opfer, sondern zeigten Klassensolidarität.

Die Revolution brachte indessen nicht die Veränderungen des Gesindestatus, die sich manche Dienstboten erhofft haben mögen. Dies gilt nicht nur für weibliche, sondern auch für männliche Dienstboten, die in der Revolution um bürgerliche Gleichstellung kämpften. In der demokratischen Bewegung wurde zwar anläßlich der Wahlen zur Nationalversammlung über die politische Gleichberechtigung der (männlichen) Dienstboten diskutiert (ESP 13.5.48), doch blieben Dienstboten nach der württembergischen Wahlordnung von den Wahlen zur Nationalversammlung ausgeschlossen. Im königlichen Erlaß vom 11./12.4.1848 hieß es:

> „Zur Teilnahme an der Wahl berechtigt ist jeder volljährige oder für volljährig erklärte selbständige Staatsbürger. Als selbständig werden nicht angenommen:... diejenigen... welche in einem dienenden Verhältnisse Kost und Wohnung erhalten." (ESP 19.4.48)

Als Abhängigen wurden männlichen Dienstboten die bürgerlichen Rechte versagt, und daran änderten auch die im Dezember 1848 verkündeten Grundrechte

I.3. Die unbotmäßige Dienstbotin

nichts, obwohl sie allen Deutschen die gleichen staatsbürgerlichen Rechte und Gleichheit vor dem Gesetz zusicherten.

Auch am Fortbestand der alten feudalen Gesindeordnungen, unter denen Frauen wie Männer litten, änderte sich nichts. Im Deutschen Reich gab es im 19. Jahrhundert rund 59 Gesindeordnungen, die regional differierten[8]. Fast jede größere württembergische Stadt hatte eine eigene Gesindeordnung; in Stuttgart galt z.B. die vom 27.10.1819, in Tübingen die vom 16.10.1829 usw[9]. Obwohl Körperstrafen 1849 als inhuman und unvereinbar mit den Grundrechten galten, beinhalteten die bestehenden Gesindeordnungen weiterhin das Recht des Dienstherrn auf Züchtigung. Dienstboten waren nach den Gesindeordnungen zum absoluten Gehorsam verpflichtet. Die oberschwäbische Gesindeordnung von Biberach vom 1.6.1846 verlangte z.B. von einem Dienstmädchen den Arbeitseinsatz rund um die Uhr. Es sollte

> „seinen Dienst redlich, fleißig und aufmerksam und mit Geschick bei Tag und Nacht unverdrossen nach dem Willen der Dienstherrschaft, und, soviel möglich zu deren Nutzen besorgen...".[10]

Die Diskrepanz zwischen demokratischen Gleichheitsforderungen und dem weiterhin bestehenden realen Herrschaftscharakter des Dienstboten-Verhältnisses wurde vor allem nach der Verabschiedung der Grundrechte häufig in der Presse thematisiert. Eine Glosse in den „Illustrierten Kreuzerblättern" mit dem Titel „Deutsche Grundrechte: aller Unterschied der Stände ist aufgehoben!" bringt dies auf einen Nenner: Sie zeigt einen tobenden Offizier bei Tisch, der nach seinem Diener brüllt:

> „,Sakerment, wo steckst, wo bist, wo bleibst Du, Schlingel! wenn ich klingle?' ,Euer Gnaden, Herr Major! ich hab' gespeist!' ,Wa-wa-was? Sakrrr- du gespeist, gespeist! Der König speist, ich esse, Du frißt! Verstehst du mich? Du frißt, Donnerr...'".
> (KRB 56, 1849)

Karikiert wird hier der Anspruch der Dienstboten auf politische und soziale Gleichberechtigung wie auch Menschenwürde, und es wird deutlich gemacht, wo adelige Dienstherrschaft den Platz der Dienstboten sah.

Die Aufhebung der Grundrechte und die politische Restauration brachten schließlich eine Verschärfung der Arbeitsbedingungen für Dienstboten und Dienstbotinnen. Am 30.4.1850 wurden Dienstbücher in Württemberg eingeführt und damit das Verhalten der Dienstboten einer zusätzlichen Kontrolle unterworfen[11]. Auch die am 28.4.1877 in Kraft getretene neue Gesindeordnung für Württemberg[12] trug nicht wesentlich zur Verbesserung des Gesindestandes bei. Die tatsächliche Befreiung der Dienstboten erfolgte erst durch die Aufhebung der Gesindeordnungen nach der Revolution 1918[13] in der Weimarer Republik.

I.3. Die unbotmäßige Dienstbotin

Wäscherinnen

Zu den im Haushalt Dienst leistenden Frauen gehörten auch die Wäscherinnen. Während die Dienstbotinnen an den bürgerlichen Haushalt gebunden und zu Gehorsam und Unterordnung verpflichtet waren, war das Dienstleistungsverhältnis der Wäscherinnen zeitlich begrenzt. Sie arbeiteten nicht täglich bei ein und derselben Herrschaft, sondern wurden meistens nur in mehrmonatigem Rhythmus zur ‚großen Wäsche' gerufen. Ihre Abhängigkeit von der Dienstherrschaft war deshalb nicht so groß, und sie konnten auch nicht so genau kontrolliert werden wie andere Dienstbotinnen. Zugleich neigten sie weniger dazu, sich wie die im Haus lebenden Dienstboten mit der Herrschaft zu identifizieren.

Die Wäscherinnen waren im Durchschnitt älter als die Dienstmädchen und von daher auch erfahrener. Die meisten von ihnen führten ihren eigenen Haushalt und waren verheiratet. Ihre Distanz zum Herrschaftshaushalt führte allerdings auch dazu, daß ihnen mit Mißtrauen begegnet wurde, und man ihnen allzuschnell unterstellte, sie hintergingen ihre Auftraggeberinnen. Stuttgarter Wäscherinnen wurden so in einem eingesandten Artikel im „Neuen Tagblatt" vom 27.2.1846 beschuldigt, sie würden bei der ‚großen Wäsche' ihrer Herrschaft heimlich ihre eigene und sogar noch schmutzige „Schlafgängerwäsche"[14] mitwaschen. Gegen diese öffentlichen Vorwürfe wehrte sich damals die „gesamte Wäscherzunft" in Stuttgart[15]. In einer Erwiderung im „Neuen Tagblatt" vom 8.3.1846 schilderten die Waschfrauen empört ihre schlechte soziale Lage und die harten Arbeitsbedingungen, unter denen sie zu leiden hatten:

> „Erwiderung oder vielmehr Vertheidigung der Hauswäsche in Nro 48 des NT: Bei einer großen Hauswäsche, die allerdings mehrere Mitarbeitende nothwendig macht, ist es gewöhnlich der Fall, daß diejenigen Personen, welche zur Beihülfe bestellt werden, mit dem Personal des Hauses zwar im Verkehr der Arbeit stehen, aber nicht im Knipp oder Kneip (oder Kipp), wie Einsender meint. Was ist bei einer Hauswäsche zu profitiren, hauptsächlich Winterszeit? Verfrorene und aufgeschundene Hände. Daß eine Wäscherin, wenn Einsender es beim Licht betrachtet, ein geplagtes Geschöpf ist, welches von Nachts 1 Uhr bis den andern Tag für den Lohn von 36kr nebst Kaffee und Brod streng arbeiten muß, wird er bei seiner eigenen Hauswäsche wohl eingesehen haben, wenn übrigens Einsender im Besitz einer eigenen Hauswäsche ist. Wenn auch eine Wäscherin hin und wieder ein Stückchen von ihrer Familie mitbringt, so geschieht es wirklich nicht aus Eigennutz, sondern weil sie die Zeit nicht zu Hause seyn kann, wo sie für sich die Wäsche besorgen könnte, indem sie auf den Verdienst Rücksicht nehmen muß, um ihrer Familie in dieser theueren Zeit den Lebensunterhalt zu verschaffen. Daß eine Waschfrau soviel Einsicht besitzt, die mitgebrachten Stückchen nicht mit der Wäsche der Herrschaft zu vereinigen, ist jedem

I.3. Die unbotmäßige Dienstbotin

dienstthuenden Waschpersonal selbst einleuchtend. Dem Einsender diene dies zur Nachricht. Die gesammte Wäscherzunft." (NT 8.3.46)
Die Wäscherinnen scheinen die Gruppe unter den Dienstleistenden zu sein, die besonders dazu prädestiniert war, sich aufzulehnen. Da sie in mehreren Herrschaftshaushalten sowie in ihrem eigenen Haushalt arbeiteten, wurden ihnen die sozialen Gegensätze und das Ausbeutungsverhältnis zwischen Gesinde und Dienstherrschaft möglicherweise deutlicher bewußt. In den Brotunruhen 1847 kam so ein tief sitzender Zorn auf die sozialen Verhältnisse zum Ausdruck. Als aufgebrachte Stuttgarterinnen und Stuttgarter im Mai 1847 das Haus des reichen Kaufmanns Reihlen stürmen wollten, schrie eine Wäscherin: „So, jetzt wird es sich wenden! Jetzt werdet ihr Frauen waschen und putzen müssen, und wir werden in euer Haus einziehen!"[16] Diese Aggressionen kamen aus persönlicher Erfahrung, – die Wäscherin hatte selbst schon bei Reihlen gearbeitet. Mit ihrem Ausruf und ihrer Hoffnung auf Umkehrung der sozialen Rollen und Verhältnisse formulierte sie, so sieht es der Überlieferer dieser Geschichte, den „Geist", der „die tobende Volksmenge beseelte".

Klagen über unbotmäßige Dienstbotinnen waren keine Neuerscheinung der 1848er Revolution, sie waren so alt wie das Gesindeverhältnis überhaupt. Die Inhalte der Klagen zeigten eine ungebrochene Kontinuität; was sich wandelte, waren jeweils die Erklärungsmuster für das Dienstboten-Verhalten und die entsprechenden Besserungsvorschläge. Zu den stereotypen Vorwürfen gegenüber Dienstbotinnen gehörten: ihre übertriebene Eitelkeit, Leichtsinn, Trägheit, Unfolgsamkeit und Widerspenstigkeit, Vergnügungs- und Zerstreuungssucht, Liederlichkeit und Untreue[17].

„Warum werden rechtschaffene Dienstmägde in unseren Tagen immer seltener? und wie könnte diesem Übel des geselligen Lebens abgeholfen werden?", lautete die Frage eines Preisausschreibens, das die Markgräfin von Baden bereits 1808 veranstaltete. In seiner prämierten Antwort behauptete der „Lehrer der Heilkunde", Franz Anton Mai aus Heidelberg, daß der von „Gesetzlosigkeit erzeugte Freiheits- und Gleichheits-Schwindel... den eben so vernünftigen, als gesetzmäßig nothwendigen Unterschied zwischen Herr und Diener zum grösten Nachtheil der geselligen Ordnung und Sittlichkeit unter den Dienstboten aufhob, oder wenigstens wanken machte."[18] Das schlechte Benehmen der Dienstbotinnen führte er auf das Gedankengut der französischen Revolution zurück und drückte die Befürchtung aus, daß diese „Giftpflanze einer unerhörten Staats-Umwälzung ihren verheerenden Saamen bis in das deutsche Vaterland ausstreute" und sich dort „anwurzelte"[19]. Dem positiven Dienstbotinnen-Bild der treuen „Hausfreundin", der „arbeitsamen Haus-Biene", die zum Wohl der ganzen Familie beitrug, stellte er die „unbotmäßige" Dienstbotin gegenüber, die die „Wohlfahrt der Familie"

67

I.3. Die unbotmäßige Dienstbotin

gefährdete. Schlechtes Personal war für Mai ein Indikator für die Zerstörung des „ganzen Hauses" und – weitergeführt – des Staates[20]. Die Kritik an den Dienstbotinnen steht so für eine Geisteshaltung: das Bild der „unbotmäßigen Dienstbotin" ist genau betrachtet eine Metapher für soziale Unordnung. In ihr findet – und dies gilt für die Zeit nach der französischen Revolution ebenso wie für 1848 – bürgerliche Revolutionsfurcht, die Angst vor sozialen Umwälzungen, ihren sinnfälligen Ausdruck.

„Treu und Fleiß erringt den Preis"[21] – Lob und Disziplinierung

Um die soziale Hierarchie aufrechtzuerhalten und Konflikte zu vermeiden, wurden Anfang des 19. Jahrhunderts Strategien entwickelt, durch die die Dienstbotinnen sozial integriert und abgesichert werden sollten. Ein Weg dazu war die sittliche Erziehung, die oft mit rigiden Disziplinierungsmaßnahmen einherging[22]. So wurden z.B. gesonderte Dienstboten-Sparkassen eingerichtet, um das Gesinde zwangsmäßig zum Sparen anzuhalten, und es wurde versucht soziale Vorbilder zu schaffen, indem treue Dienstboten in öffentlichen Prämierungen ausgezeichnet wurden. Daß Belohnung ein Mittel sei, Dienstboten zu motivieren, hatte bereits Franz Anton Mai 1808 in seiner Preisschrift angeregt: „Die sittliche Veredelung weiblicher Dienstboten verliert unendlich dadurch, daß man die ausgezeichnet rechtschaffenen Dienstmägde durch öffentliche Belohnungen zu ferneren Tugendfortschritten nicht ermuntert."[23] Vom Standpunkt des gesamtgesellschaftlichen Interesses schien Mai die häusliche Dienstleistung vergleichbar mit dem Kriegsdienst, und er fragte, ob ordentliche Dienstmägde dem „Gemeinwohl der bürgerlichen Gesellschaft weniger nützlich (wären), als der Pflicht getreue Kriegs-Mann?"[24] Oft hinge das Gedeihen ganzer Familien von der Rechtschaffenheit einer tugendhaften Dienstmagd ab. Deshalb, so meinte Mai, könne man von der dienenden Volksklasse auch nicht fordern und erwarten, daß sie die Tugend um ihrer selbst willen, ohne allen Eigennutz lieben sollte. Diese Gedanken wurden in der ersten Hälfte des 19. Jahrhunderts von den wohltätigen Vereinen und Anstalten aufgegriffen. Die Zöglinge der Armenschulen wurden auf dienende Berufe vorbereitet, indem man versuchte, ihnen das entsprechende Arbeitsethos „einzupflanzen". Die von Königin Katharina 1817 gegründete Armenschule in Stuttgart hatte so ausdrücklich den Zweck, daß

> „hier Kinder von Armen der Stadt in den Stunden, welche sie nicht in den öffentlichen Schulen zuzubringen haben, Obdach und Aufsicht finden, zu geordneter Arbeit angehalten und in Schulkenntnissen weiter gefördert werden sollen." (BfA 23.2.50)

Während die Knaben nach Schulende weiterhin „unter Obhut und Fürsorge"

I.3. Die unbotmäßige Dienstbotin

standen, auf Kosten der Anstalt „in Lehren untergebracht... auch während der Lehrzeit mit Kleidern und Wäsche (versorgt), ihnen an Sonntagen vom Herbst bis zum Frühjahr Abendunterhaltungen" gewährt wurden[25], waren Mädchen dem System sozialer Disziplinierung sehr viel länger ausgesetzt. Mädchen, die in die von der württembergischen Königin Pauline 1820 gegründete „Paulinenpflege" aufgenommen worden waren, wurden „nach der Confirmation,... wenn es ihre körperliche Beschaffenheit erlaubt(e), in Magddienste untergebracht."[26] Sie wurden mit Kleidern und Weißzeug ausgestattet und durften ihren Magddienst „in den ersten zwei Jahren ohne Zustimmung der Anstalt nicht wechseln."[27] Katharinen- wie Paulinenpflege verfolgten das Prinzip der Belohnung. Bei guter Führung erhielten seit 1822 „diejenigen vormaligen Schülerinnen (der Katharinenpflege; d.V.) welche als Dienstmägde seit ihrem Austritt aus den Anstalten fünf Jahre vorwurfsfrei gedient haben"[28], vom König eine Prämie von 6fl Belohnungen verteilten seit 1846 auch die dem „Allgemeinen Wohltätigkeitsverein" unterstellten Stuttgarter Industrie-Schulen an „gut prädicirte Dienstmägde", sofern sie „früher eine der Vereins-Anstalten besucht und wenigstens fünf Jahre lang vorwurfsfrei gedient hatten"[29]. Da die Prämie nur 5fl betrug, besaß sie eher symbolischen Charakter. Es war Geld, das die Mädchen sich schwer verdienen mußten.

In den 30er Jahren entstanden auch private Vereine. Der 1834 gegründete[30] Eßlinger „Verein zur Belohnung treuer, weiblicher Dienstboten", dem vorwiegend Honoratioren angehörten, prämierte Dienstbotinnen, die mindestens fünf Jahre lang ununterbrochen bei den Vereinsmitgliedern gedient hatten[31]. Der Verein legte strenge Sittlichkeitsmaßstäbe an – „gefallene Mädchen" wurden nicht prämiert – und er entzog „denjenigen Mädchen, von welchen später bekannt werde, daß sie zur Zeit der Preisaustheilung des Prädikats eines ehrbaren sittsamen Wandels nicht mehr würdig waren und ein solches durch Unwahrheit und Unredlichkeit von ihrer Dienstherrschaft erschlichen hatte", den Geldpreis und den Ehrenbrief.

Auf dem Land wurden die Dienstbotinnen – 1852 gab es in Württemberg rund 70 000 Mägde in der Landwirtschaft – auf den jeweiligen landwirtschaftlichen Bezirksfesten belohnt. Diese Feste der landwirtschaftlichen Bezirksvereine wurden von den Bauern selbst durch Mitgliedsbeiträge finanziert[32]. Berthold Auerbach beschreibt in seinen „Schwarzwälder Dorfgeschichten" eine solche Prämierung und macht deutlich, wie die Bauern über die Preisverleihung dachten. Auerbach läßt einen Großbauern sagen: „Der Ehrenpreis gehört eigentlich dem Meister, weil er's so lang mit dem Lumpengesindel aushält."[33] Dennoch kam die Auszeichnung ihrer Knechte und Mägde auch den Dienstherren zugute, denn damit stieg ihr soziales Ansehen. Blieb eine Magd lange Jahre beim gleichen Bauern, war dies ein untrügliches Zeichen dafür, daß es ihr dort gut ging und sie gut behandelt wurde.

I.3. Die unbotmäßige Dienstbotin

Die Art und Weise, wie die Dienstboten und Dienstbotinnen allerdings auf den landwirtschaftlichen Bezirksfesten prämiert wurden, zeigt den sozialen Status des Gesindes. Dienstboten wurden kaum höher geachtet als das Vieh, mit dem zusammen sie ausgezeichnet wurden. In der Zeitung sah die Bekanntmachung solcher ‚Ehrungen' folgendermaßen aus:

> „1. 6 Preise für ausgezeichnete Dienstboten
> 2. 6 Preise für Farren
> 3. 11 Preise für Eber…". (NWB 14.8.49)

In einem Bericht zum landwirtschaftlichen Fest in Münsingen im September 1851 wurde diese Zusammenstellung verurteilt:

> „Aber wir werden gewiß nicht die einzigen seyn, denen es immer ein störendes Gefühl erweckt, daß hier die zu prämierenden Dienstboten mit den preiswürdigen Thieren in so enge Verbindung gesetzt sind, wenn wir lesen, wie, sei es nun vorher oder nachher, unmittelbar an jene Handlung sich die Musterung preiswürdiger Farren, Kühe,… anschließt." (BfA 10.7.52)

Vor allem das bürgerliche Publikum nahm Anstoß an dieser unterschiedslosen Behandlung von Mensch und Tier. Schon 1849 hinterfragte ein Journalist im „Nürtinger Wochenblatt" die Praxis dieser Prämierungen:

> „Diese Zusammenstellung von Dienstboten mit Thieren bedeutet dies gleiche Behandlung? – Wer bekommt die Preise, die Thiere oder die Herren bzw. Dienstboten oder Herren? Wer hat sich zu melden, die Thiere und Dienstboten selbst? Die Thiere sollte man doch rechtzeitig instruieren." (NWB 14.8.49)

Trotz starker Kritik wurde dieses System der Prämierung bis ins späte 19. Jahrhundert beibehalten. Wie Auerbach in seinen Erzählungen sichtbar macht, waren die Belohnungen für die Dienstboten eine zwiespältige Angelegenheit; einerseits fühlten sie sich dadurch geehrt, andererseits wurden sie durch die Art und Weise, wie sie durchgeführt wurden, erniedrigt.

Dienstboten-Kassen: „Spare in der Zeit, so hast du in der Noth"[34]

Unter diesem Leitsatz versuchte man, die Dienstboten und Dienstbotinnen vor Armut zu bewahren und zu verhindern, daß sie im Alter oder bei Krankheit den Gemeindekassen zur Last fielen. Gleichzeitig war der ‚Sparzwang' ein Mittel zur Disziplinierung. Hatten die Dienstboten ihr Vermögen und ihre persönlichen Sachen früher, wie es die Gesindeordnung vorschrieb[35], in der Obhut ihrer Dienstherrschaft, und sollte diese sich darum kümmern, daß sie genügend Geld für die Altersversorgung behielten, sollten die Dienstboten und Dienstbotinnen jetzt ihren Lohn und ihr Erspartes bei den Sparkassen anlegen und dadurch zu einer Regelmäßigkeit des Sparens erzogen werden.

I.3. Die unbotmäßige Dienstbotin

Sparkassen waren Anfang des 19. Jahrhunderts in Württemberg eine relativ neue Erscheinung. Die „Württembergische Sparkasse" des zentralen „Allgemeinen Wohltätigkeitsvereins" wurde am 2.6.1818 von Königin Katharina gegründet[36]. Eine andere Einrichtung dieser Art war der „Württembergische Privat-Spar-Verein", der 1828 zunächst für die ärmere Volksklasse und Dienstboten bestimmt war [37].

Der „Liedke'sche Sparverein" für Arbeiter in Stuttgart sowie die am 5.5.1849 in Stuttgart gegründete „Spar-Gesellschaft"[38] ließ ihren Sparern und Sparerinnen Prämien in Form von Zinsen sowie Holz und Lebensmitteln zukommen, die sie in großem Umfange zu verbilligten Preisen einkaufte. Diese Prämien wurden allerdings unterschiedlich verteilt, sie sollten vor allem „denen zu gut kommen, welche, bei geordneten Verhalten, durch Regelmäßigkeit und Größe ihrer Einlagen sich ausgezeichnet hätten."[39] Im Jahr 1849 waren z.B. der „Spar-Gesellschaft" alle Sparer „gleich würdig und eifrig"[40], und so wurde auch gleichmäßig verteilt.

Auch die Wohltätigkeitsanstalten erzogen ihre Pfleglinge zum Sparen. So wurde jeder Zögling (Mädchen und Knaben), der aus der Paulinenpflege in Stuttgart ausgetreten war, von der Königin „mit einem Geschenke von acht Gulden bedacht, das in der Sparkasse angelegt..." wurde[41].

In den 30er Jahren breiteten sich die Sparkassen dann rasch aus, und sogar in fast allen größeren Fabriken wurden Betriebskrankenkassen und Sparkassen eingerichtet[42]. Am 17.1.1852 schrieben die „Blätter für das Armenwesen":

> „Erfreulich sind dagegen die Beispiele, welche in neuerer Zeit mehrere Fabrik- und Dienstherrn dadurch geben, daß sie auf Einlegen von Ersparnissen bei ihren Arbeitern und Dienstboten dringen, und gleichsam als Bedingung der Annahme oder Beibehaltung derselben im Dienste solche größere oder kleinere wiederkehrende Ersparnißeinlagen verlangen." (BfA 17. 1.52)

Indirekt wurde das Sparverhalten der Dienstboten auch durch den Staat gesteuert, der das Recht zur Eheschließung mit bestimmten ökonomischen Auflagen verband. Wurde noch im revidierten Bürgerrechtsgesetz von 1833 verlangt, daß die Gemeindebürger oder -beisitzer bei der Heirat einen „genügenden Nahrungsstand" nachweisen konnten, so wurde dieses Gesetz 1852 verschärft. Jetzt mußte ein Heiratskandidat außer der Befähigung zur Arbeit auch einen ordentlichen Beruf bzw. Arbeitsplatz und ein kleines Vermögen von 150 bis 200fl nachweisen[43]. Außerdem mußte auf Verlangen glaubhaft gemacht werden, „daß und wie... das Vermögen eigenthümlich erworben"[44] wurde. Um jemals heiraten zu können, sahen sich Dienstbotinnen schon früh zum „Ansparen" gezwungen. Sparen hieß das Zauberwort der Reichen, an das sich eine ganze Ideologie knüpfte.

> „Merket es Euch; durch Fleiß und Sparsamkeit gelangt auch der Arme zu Wohlstand, ja selbst zu Reichthum! Aber mehr noch Werth als durch das Geld in der Kasse, hat Euer Einlegen dadurch, daß Ihr auf diesem Wege Euch an Arbeit und Ordnung

I.3. Die unbotmäßige Dienstbotin

> gewöhnt, Freude bekommt an eurem irdischen Beruf und durch diese Treue im Kleinen auch geschickt werdet zur Treue im Großen, wodurch allein Ihr in den Besitz der höchsten Güter des Menschen gelanget, – ich meine ein ruhiges Gewissen und Frieden mit Gott." (BfA 28.5.53)

Durch das Sparen sollten die Dienstboten „mehr Selbstvertrauen"[45], die „nöthige Selbständigkeit"[46] und die rechtmäßig erworbenen Mittel zur Gründung eines ‚eigenen Herdes' erlangen[47]. Tatsächlich aber wurden Dienstboten gerade dadurch zusätzlich in ihrer Freiheit eingeschränkt; sie konnten sich Vieles nicht mehr leisten, da ihr Lohn ohnehin schon sehr knapp bemessen war. Vor allem waren sie in ihren sozialen Verpflichtungen innerhalb der eigenen Familie wesentlich eingeschränkt. So berichteten die „Blätter für das Armenwesen" anläßlich einer „festliche(n) Vertheilung von Prämien und Diplomen an würdige weibliche Dienstboten":

> „Sehr viele Mägde verwendeten die sauer verdienten wenigen Gulden ihres Lohnes zur Unterstützung von Mutter und Geschwistern. Manche verwendeten gar nichts für sich und schickten Alles nach Haus, wieder Andere sorgten dafür, daß Brüder nach Amerika auswandern konnten, oder richteten dem Bruder ein Geschäft ein und gaben das Kapital zu einem Hauskauf her." (BfA 30.4.53)

Manche Herrschaften legten auf das Sparen so großen Wert, daß sie sogar wie in Blaubeuren einen Verein gründeten, der sich verpflichtete, „keine Dienstboten mehr anzunehmen... außer unter der Bedingung, daß er Ersparnisse zurücklege."[48] Sparende Dienstboten und Dienstbotinnen erschienen der Herrschaft insofern erstrebenswert, als sie mit Sparsamkeit zugleich Ordnungsliebe, Mäßigkeit, Pünktlichkeit und Arbeitsamkeit[49], also eine Art ‚industriellen Fleiß' verbunden sahen, von dem sie hofften, er würde sich auf ihre Arbeit im Haus auswirken.

Die Dienstbotinnen waren so fest in Verordnungen, Disziplinierungs- und Erziehungsmaßnahmen eingebunden, daß sie sich nur schwer daraus lösen konnten. Ein mögliches ‚Mittel' der Befreiung war: die Heirat, – ein Ziel, das aber nur schwer zu erreichen war.

Eine andere Art des Aufbegehrens sah die Dienstbotin in der Kündigung ihrer Stellung. Im Hintergrund stand dabei der Gedanke, daß sich die Dienstherrschaft durch das Weggehen „einer so guten Dienstbotin bestraft" fühlen sollte[50]: Die Dienstmädchen bildeten sich ein, daß ihr ‚wahrer Wert' erst im nachhinein der Herrschaft richtig bewußt würde, – eine späte Anerkennung allerdings, die sie oftmals mit Stellungslosigkeit bezahlten.

Auf dem Land, wo die weiblichen Dienstboten traditionell an Lichtmeß, Georgii, Jakobi und Martini den Dienst wechseln konnten[51], waren gewöhnlich Bündel-, Wenzel- oder Schlenkeltage eingeplant, die zwischen zwei Arbeitsverhältnissen die kurze Illusion der Freiheit gaben[52]. Ob sich die Dienstboten in ihrer Stel-

I.3. Die unbotmäßige Dienstbotin

lung wohlfühlten, hing sehr stark von den Beziehungen zur Dienstherrschaft und den anderen Berufskollegen und -kolleginnen ab. Da sie meist aus einem anderen Ort stammten und am Dienstort weder Verwandte noch Freunde hatten, waren sie auf soziale Kontakte besonders angewiesen. Da sie jedoch durch die Arbeit ans Haus gefesselt waren, und die Dienstherrschaft ihnen oft emotionale Zuwendung versagte, war die Gefahr der seelischen Vereinsamung sehr groß[53].

Eine Alternative wären Dienstbotinnen-Organisationen gewesen, die sich zugleich für die Verbesserung der materiellen Lage der Dienstbotinnen hätten einsetzen können. Solche Zusammenschlüsse kamen aber – sieht man von den Revolutionsjahren ab – nur sehr schwer zustande, da Dienstmädchen „ihre Tätigkeit weniger als Beruf, sondern mehr als eine Übergangsbeschäftigung zwischen Schule und der angestrebten Verheiratung"[54] betrachteten. Ihre Dienstzeit waren für sie kurze Lehrjahre, die ihnen in ihrer späteren Ehe nützlich sein sollten. Zudem bildete die Jugend der Dienstmädchen und die ständige Fluktuation ein Hindernis für ihre Organisation[55]. Gerade diese Individualisierung verhinderte so eine effektive politische Vertretung der Dienstbotinnen. Wollten sie sich wehren, dann konnte dies nur durch kleine Widerständigkeiten im Alltag geschehen, durch heimliche und offene Unbotmäßigkeit, die das Verhältnis von Dienstbotinnen und Dienstherrschaft in der Mitte des 19. Jahrhunderts prägte.

Anmerkungen:

1) Von rund 97000 erwerbstätigen württembergischen Frauen arbeiteten annähernd 80% als Dienstbotinnen. Die Gewerbestatistik von 1852 zählte allein in der Landwirtschaft 72047 Mägde und Mädchen neben 61241 Knechten und Jungen. Der häusliche Dienst im städtischen Haushalt war eine reine Frauendomäne. 5565 „weibliche Dienstboten zur persönlichen Bequemlichkeit" standen 818 männlichen Bediensteten gegenüber. Das Königreich Württemberg. Bd. 2,1, Stuttgart 1884, S. 421.
2) Vgl. Rolf Engelsing: Zur Stellung der Dienstboten in der bürgerlichen Familie im 18. und 19. Jahrhundert. In: Heidi Rosenbaum (Hg.): Seminar: Familie und Gesellschaftsstruktur. Frankfurt/M. 1978, S. 413–424.
3) Ausgewertet wurden: Blätter für das Armenwesen, Der Beobachter, Der Bote vom Remsthale, Neues Tagblatt für Stuttgart und Umgegend, Nürtinger Wochenblatt, Reutlinger und Mezinger Courier und die Schwäbische Kronik.
4) Vgl. Gerlinde Hummel-Haasis (Hg.): Schwestern zerreißt eure Ketten. München 1982, S. 172ff.
5) In: Beilage zum Mannheimer Morgenblatt, Nr. 108, 27.4.1848, S. 588, zitiert nach G. Hummel-Haasis: Schwestern..., S. 173.
6) In: Satan, Wien, Nr. 4, Mai 1848, S. 29, zitiert nach G. Hummel-Haasis: Schwestern..., S. 173.
7) In: Konstanzer Seeblätter Nr. 133 vom 6.6.1849, S. 627, zitiert nach G. Hummel-Haasis: Schwestern..., S. 97.

I.3. Die unbotmäßige Dienstbotin

8) Wilhelm Kähler: Gesindewesen und Gesinderecht in Deutschland. Bd. 11, Jena 1896, S. 123.
9) Ebd., S. 110.
10) Martin Scharfe: Bäuerliches Gesinde im Württemberg des 19. Jahrhunderts. In: Heiko Haumann (Hg.): Arbeiteralltag in Stadt und Land. Berlin 1982, S. 40–60, hier S. 46.
11) Vgl. W. Kähler: Gesindewesen..., S. 110.
12) Vgl. ebd., S. 125.
13) Vgl. Dagmar Müller-Staats: Klagen über Dienstboten. Diss. Hamburg 1983, S. 475.
14) Ärmere Leute vermieteten oftmals eine Kammer ihrer Wohnung bzw. ein Bett oder gar nur ein ‚halbes' für die Nacht an sogenannte „Schlafgänger".
15) 1834 gab es in Württemberg 225 Wäscher und Wäscherinnen mit vier Gehilfen. Vgl. die Angaben in Geographie, Statistik und Topographie des Königreiches Württemberg und der Fürstentümer Hohenzollern-Hechingen und Sigmaringen. Nach den neuesten Quellen und im Vereine mit Andern bearbeitet von A. Fischer. Stuttgart 1838, S. 177.
16) Friedrich Baun: Charlotte Reihlen. Stuttgart 1922, S. 30.
17) Vgl. Gertraud Zull: Das Bild vom Dienstmädchen um die Jahrhundertwende. München 1984, S. 58ff, und William Löbe: Das Dienstbotenwesen unserer Tage, oder was hat zu geschehen, um in jeder Beziehung gute Dienstboten heranzuziehen? 1. Auflage Leipzig 1851, 2. Auflage Leipzig 1855.
18) Franz Anton Mai: Frage: Warum werden rechtschaffene Dienstmägde in unseren Tagen immer seltener? und wie könnte diesem Übel des geselligen Lebens abgeholfen werden? Heidelberg 1808, S. 6.
19) Ebd.
20) Ebd., S. 3f bzw. S. 7.
21) Blätter für das Armenwesen 30. 4. 1853, S. 85.
22) G. Zull: Das Bild vom..., S. 110–125.
23) F.A. Mai: Frage: Warum werden..., S. 12.
24) Ebd.
25) Blätter für das Armenwesen 9. 3. 1850.
26) Ebd.
27) F.A. Mai: Frage: Warum werden..., S. 12.
28) Blätter für das Armenwesen 23. 2. 1850.
29) Beschreibung des Stadtdirections-Bezirkes Stuttgart 1856, S. 363.
30) Eßlinger Anzeiger 24. 5. 1837. Laut Beschreibung des Oberamtes Eßlingen wurde der Verein jedoch erst 1839 gegründet.Die erste öffentliche Preisverteilung des Vereins fand am 4. 9. 1839 statt. Vgl. Eßlinger Anzeiger 21. 8. 1839.
31) Vgl. Eßlinger Anzeiger vom 5. 10. 1836 sowie Stadtratsprotokoll Eßlingen vom 18. 8. 1846.
32) Vgl. Berthold Auerbach: Schwarzwälder Dorfgeschichten. Stuttgart 1861, 8. Auflage, S. 110.
33) Ebd., S. 130.
34) Blätter für das Armenwesen 22. 12. 1855.
35) Vgl. z.B. die Stuttgarter Gesindeordnung vom 27. 10. 1819, § 42.
36) Vgl. Wolfgang Schmierer u.a.: Akten zur Wohltätigkeit- und Sozialpolitik Württembergs im 19. und 20. Jahrhundert. Stuttgart 1982, S. 330.
37) STAL, E 191, Bü 7361.
38) STAL, E 191, Bü 7362, Bl. 3.
39) STAL, E 191, Bü 7362, Bl. 5.
40) Ebd.

I.3. Die unbotmäßige Dienstbotin

41) Blätter für das Armenwesen 9.3.1850
42) Vgl. Wolfgang Kaschuba/Carola Lipp: 1848 – Provinz und Revolution. Tübingen 1979, S. 108f.
43) Vgl. Carola Lipp: Dörfliche Formen generativer und sozialer Reproduktion. In: Wolfgang Kaschuba/Carola Lipp: Dörfliches Überleben. Tübingen 1982, S. 288–609, hier S. 319.
44) Blätter für das Armenwesen 10.7.1852.
45) Blätter für das Armenwesen 17.1.1852.
46) Blätter für das Armenwesen 22.12.1855.
47) Vgl. Blätter für das Armenwesen vom 17.1.1852.
48) Blätter für das Armenwesen 13.10.1855.
49) Vgl. STAL, E 191, Bü 7362, Bl. 3
50) Vgl. D. Müller-Staats: Klagen über..., S. 224.
51) Vgl.Tübinger Gesindeordnung vom 16.10.1829, § 14. In: Tübinger Intelligenzblatt 31.8.1846. Die Männer wechselten nach dieser Ordnung am 1. eines jeden Monats.
52) Vgl. M. Scharfe: Bäuerliches Gesinde..., S. 50.
53) Vgl. Regina Schulte: Dienstmädchen im herrschaftlichen Haushalt. Zur Genese ihrer Sozialpsychologie. In: Zeitschrift für bayerische Landesgeschichte Bd. 41, Jg. 1978, S. 879–920, hier S. 897f.
54) D. Müller-Staats: Klagen über..., S. 400f.
55) Selke Schulz: Die Entwicklung der Hausgehilfinnen-Organisation in Deutschland. Diss. Tübingen 1961, S. 33.

Sabine Kienitz

„Da war die Weibsperson nun eine der Ärgsten mit Schreien und Lärmen". Der Stuttgarter Brotkrawall 1847

„Revange, Revange, ich will doch sehen, ob es so fortgehen kann, ob keine Hülfe kommt", – kreischend und wild gestikulierend beteiligte sich die Holzspälterseheftau Friederike Eberhardt an den Unruhen des 3.Mai 1847 in Stuttgart[1]. Laut Augenzeugenbericht eines Polizeisoldaten kommentierte sie die nächtliche Strafaktion gegen den als Wucherer und Spekulanten verdächtigten Bäcker Mayer so lautstark, daß der Vertreter der Obrigkeit es trotz des Lärmens und Schreiens von einigen hundert anderen Demonstranten und Demonstrantinnen noch verstehen und später vor Gericht angeben konnte.

Die grellen Stimmen der Frauen stachen aus dem allgemeinen Lärmen der Menge hervor. Obwohl z.B. der Leibgardist Friedrich Schlotterbeck im Stockfinstern niemand erkennen konnte, unterschied er in einer Gruppe von Demonstranten die einzige „Weibsperson am Gespräch von den Männern". Schlotterbeck fühlte sich von dieser Gruppe, die in einem dunklen Hauseingang stand, bedroht und konnte sich später noch gut erinnern, daß gerade die Frau „auf die gemeinste Weise" auf den König geschimpft hatte[2].

Durch ihr aggressives Schreien zogen Frauen die Aufmerksamkeit der Ordnungskräfte auf sich. So bemerkte der Feldjäger Humpfer in einer Menge von ca. 100 Leuten gegenüber Bäcker Mayers Haus

> „ein Weib, das ich nicht kannte bei Namen, aber mir wohlgemerkt habe; diese schrie hauptsächlich und trieb sich lange in der Straße herum; ich bemerkte sie die ganze Zeit, die ich dort auf dem Platze war, von 1/2 9 bis 10 Uhr. Ich hielt sie für betrunken, Thätlichkeiten beging sie keine, wie denn überhaupt die Masse, in der sie sich befand, nicht mit Steinen warf, noch sich thätlich widersetzte, sondern eben lärmte und schrie. Da war die Weibsperson nun eine der Ärgsten mit Schreien und Lärmen."[3]

Das Verhalten der Frauen war verdächtig, da sie offensichtlich aus eigenem Antrieb heraus handelten und weder auf Drohungen der Polizei noch auf Beschwichtigungsversuche von Bekannten und Nachbarn reagierten. Humpfer z.B. beobachtete, wie sich die oben erwähnte Frau, die er „wegen ihres argen Geschreis" schon mehrmals zur Ruhe aufgefordert hatte, selbst ihrem Ehemann widersetzte: „Ihr Mann kam mehrmals zu ihr hin und wollte sie nach Hause holen und zur Ruhe bringen; dem machte sie dann aber nur Grobheiten"[4].

Die Stuttgarter Unruhen des 3.Mai 1847, die die „sonst so friedliche Stadt auf einige Stunden in den Zustand des wildesten Krieges versetzten" (AZ 7.5.47), hat-

I.4. Der Stuttgarter Brotkrawall

ten vor dem neugebauten Haus des Bäckers Mayer in der Hauptstätterstraße begonnen. Mayer hatte schon seit einigen Tagen kein Brot mehr gebacken, – angeblich weil sein Backofen repariert werden mußte. Gerüchte wußten allerdings, daß der Bäcker, der bereits mit Kornspekulationen enorme Gewinne gemacht hatte, nur auf den nächsten Preisaufschlag wartete[5]. Nachdem es am Samstag, den 1. Mai, in Ulm zu Marktunruhen gekommen war, wurden auch in Stuttgart Protestdemonstrationen erwartet. Am Dienstag, den 4. Mai, so kursierte es in der Stadt, sollte Bäcker Mayer eine Katzenmusik[6] gebracht werden. Doch die Stimmung war so gereizt, daß es bereits einen Tag früher zu Tumulten kam: Mit „Schreien und Pfeifen" (Beob 5.5.47) zog die Menge abends gegen acht Uhr vor das Haus des Bäckers.

Als Stimmungsmacherinnen spielten Frauen aus der Unterschicht bei dieser Katzenmusik eine zentrale Rolle. Ihr Lärmen, Schimpfen, Schreien und Fluchen war ein konstitutiver Teil der Verrufaktion und wirkte auf alle Beteiligten motivierend. Während Männer bald nicht mehr nur lärmten, sondern mit Faustschlägen und Steinen das Haus attackierten, hielten Frauen durch ihr Johlen, Pfeifen und Schreien die Wut der Menge wach. Ihr Kreischen gellte den Polizeisoldaten offensichtlich besonders in den Ohren.

Mit der Parole „es ist recht, daß dem Mayer, dem Halunken, die Fenster eingeworfen werden", lieferten Frauen die moralische Rechtfertigung für die Gewalttätigkeiten und bestätigten die Männer in ihrem Zorn[7]. Es blieb jedoch nicht nur bei einer verbalen Ermutigung: Laut Berichten bürgerlicher Augenzeugen unterstützten Frauen auch die Gewalt der Handlungen, indem sie die Männer mit ‚Munition' versorgten. Zusammen mit „Mädchen und Knaben" schleppten sie aus dem trockenen Bett des nahen Nesenbaches und von Baustellen in benachbarten Vierteln „Steine in Schürzen und Schubkarren" herbei[8].

Als dann kurze Zeit darauf berittenes Militär gegen die Tumultanten einschritt, eskalierte der Konflikt und breitete sich über die gesamte ‚untere Stadt', das Stuttgarter Unterschichtsviertel, aus. Soldaten sperrten dieses Wohnviertel der Handwerker, Weingärtner und Taglöhner/innen ab und gingen mit blankem Säbel gegen die demonstrierende Menge vor. Die Demonstranten reagierten auf diesen Angriff zuerst mit wüsten Beschimpfungen und wehrten sich schließlich mit Steinwürfen. Barrikaden wurden gebaut und es kam zu regelrechten Straßenkämpfen, in deren Verlauf die erst 1846 aufgestellten Gaslaternen – Zeichen des Fortschritts und zugleich Symbol obrigkeitlicher Kontrolle – durch gezielte Steinwürfe ausgelöscht wurden[9].

Die Situation verschärfte sich noch, als König Wilhelm I. zusammen mit Kronprinz Friedrich an der Spitze der Leibgarde durch die engen Gassen der unteren Stadt ritt, um Ruhe und Ordnung wiederherzustellen. Der Widerstand nahm schließlich so beängstigende Ausmaße an, daß die Soldaten Befehl bekamen, im

I.4. Der Stuttgarter Brotkrawall

Dunkeln in die Menge zu schießen. Ein Frankfurter Schustergeselle wurde dabei getötet, mehrere andere Beteiligte verletzt. Durch den Einsatz von Militär weitete sich die eher symbolisch gedachte nächtliche Protestaktion gegen einen mißliebigen Bürger zu einer direkten Konfrontation mit der bewaffneten Ordnungsmacht aus.

Auch Frauen scheuten vor Gewalttätigkeiten nicht zurück. Im Gegenteil: Sie feuerten die Männer an. Mit Lattenstücken bewaffnet rannten sie hinter den Soldaten her, beschimpften sie als „Halbbatzen Reiter" und „hetzten" die Umstehenden „zum Widerstand" auf. „Drauf! Los! Reißt sie herunter!", schrie eine Frau angesichts der Reiter, die mit dem Säbel auf die Leute einschlugen, und sie drohte: „Wenn wir heute auch nichts ausrichten, so wird es morgen Abend ganz anders gehen!"[10] Frauen griffen aber auch die Demonstranten an. Als Feiglinge und „Hosenscheißer" beschimpfte die später angeklagte Beate Calwer ihre Mitbürger und feuerte sie an, sich gegen die Soldaten zu wehren. Ein Augenzeuge berichtete: „Sobald die Calwer aufstachelte, lärmten auch die Leute wieder, warfen Laternen ein unten und oben im Gäßchen."[11] Der Widerstand der Stuttgarter Unterschicht gipfelte in anti-monarchischen Parolen: „Hurrah – es lebe die Freiheit" und „Es lebe die Republik"[12], riefen später nicht mehr identifizierbare Gruppen, als der König vorbeiritt.

Der Stuttgarter Krawall des 3. Mai kannte verschiedene Stufen der Gewalt: Schreien, Schlagen und Steinewerfen. Der Sturm auf das neugebaute Haus des Bäckers wurde von der Justiz in erster Linie als Angriff gegen bürgerliches Eigentum gewertet und verurteilt. Daß der „Stein, den der Frevler wider die gesellschaftliche Ordnung schleudert im Dunkeln der Nacht", der Staatsgewalt galt, wurde vom Gericht sehr wohl wahrgenommen (AZ 10.5.47). In der Hand von Männern wurde er allerdings eher gesehen und geahndet.

Doch auch Frauen warfen mit Steinen. So ist in den Akten von „Weibern" die Rede, die aus dem Schutz dunkler Hauseingänge heraus mit Steinen auf durchreitende Militärs warfen, sie sogar „am Oberschenkel" trafen, wie extra vermerkt wurde[13]. Doch weder Soldaten noch Justiz konnten der steinewerfenden Frauen habhaft werden, die sich in den engen Gassen vor den Reitern schnell genug in Sicherheit bringen konnten, – und zum Teil aktiven ‚Feuerschutz' erhielten. Die zu Beginn erwähnte Holzspältersehefrau wurde z.B. von anderen Tumultanten in einen schützenden Hauseingang gezogen und durch einen verstärkten Steinhagel abgeschirmt[14].

Frauen unterstützten den Widerstand vor allem mit ihren Stimmen, deren Gewalt eine aktionstragende Funktion zukam. Diese verbale Aggression wirkte aufreizend. Da die Soldaten eher zögernd gegen Frauen vorgingen, konnten diese ihnen in der Regel ungestraft nachlaufen und ihre Verachtung hinterherschreien.

Im Umgang mit ihrer Stimme unterschieden sich Frauen aus der Unterschicht

I.4. Der Stuttgarter Brotkrawall

von bürgerlichen Frauen. Schreien und Schimpfen war für sie ein Mittel des Widerstands, sie fürchteten sich nicht vor der Lautstärke. Das Verhalten bei Straßentumulten entsprach den Formen, in denen Frauen aus der Unterschicht auch in ihrem Alltag ihre Gefühle auslebten. Unterschichtsfrauen waren nicht gewöhnt, ihre Stimme in der Öffentlichkeit zu dämpfen.

Die Straße war der Lebensraum der Unterschichtsfrauen und Kleinbürgerinnen, die sich durch Gelegenheits- und Taglohnsarbeiten wie Botengänge, Wassertragen oder Fegen ihren kargen Lebensunterhalt bzw. einen Anteil des Familieneinkommens erarbeiten mußten[15]. Die Straße war für sie zugleich Kommunikationsort und Nachrichtenbörse. Über die Straße erreichten Unterschichtsfamilien jene Informationen, die über ihre Existenz entschieden: Daß Bäcker Mayer Anfang Mai tagelang kein Brot mehr gebacken hatte, war hier zuerst bekannt und Gerüchte über eine Katzenmusik nahmen hier ihren Anfang. Die Straße als öffentlicher Raum war auch Ort gegenseitiger Anteilnahme, oder besser gesagt: sozialer Kontrolle, hier wurde beobachtet und begutachtet[16]. Im Viertel bekam jeder das Leben des Nachbarn und der Nachbarin ‚hautnah' mit. Die Grenzen der bürgerlichen Privatsphäre, die bestimmten, was innerhalb der ‚eigenen' vier Wände der Familie bleiben sollte, bestanden in den Unterschichten Mitte des 19. Jahrhunderts noch nicht. Auf der Straße gingen die Frauen jedoch nicht nur ihren täglichen Geschäften nach, hier wurden auch soziale Beziehungen gelebt, hier wurde geschimpft und gestritten. Wer einen Konflikt auszutragen hatte, tat dies öffentlich. „Lokale Gerichtsakten wimmeln von Beschreibungen, nach denen Frauen die Gasse auf und ab springen und dabei Beleidigungen ausstoßen. Oft sind es Schreie der Ohnmacht. Die Straße zum Zeugen zu machen war ein übliches Mittel bei Ehrenhändeln und Streitereien, vor allem, wenn keine Chance bestand, ruhig zu einer Lösung zu kommen. Das Verhalten der Frauen im Tumult ist also nur der Intensität, nicht aber der Form nach ein Ausbruch aus dem alltäglichen Verhaltensrepertoire"[17].

Denunzierungen und die Solidarität der Straße

Nur wenige Frauen konnten nach dem Stuttgarter „Brotkrawall" als Teilnehmerinnen an den Unruhen ausgemacht und verhaftet werden. Unter den rund 130 wegen der Teilnahme am Krawall Verhafteten befanden sich nur vier Frauen, denen der Prozeß gemacht wurde. Nur eine einzige wurde zu einer Haftstrafe verurteilt[18]. Es mag zum einen am Ablauf der Stuttgarter Unruhen gelegen haben, daß so wenig Frauen vor den Richter kamen: Da dem Militär Befehl gegeben worden war, die Menge in den Straßen und Gassen mit Gewalt auseinanderzutreiben,

I.4. Der Stuttgarter Brotkrawall

konnten Verhaftungen erst in der Nacht bzw. in den folgenden Tagen des Mai gemacht werden[19]; unter den Arretierten befanden sich deshalb zumeist Neugierige, vor allem Männer, die abends auf dem Heimweg vom Wirtshaus oder morgens auf dem Weg zur Arbeit von patrouillierenden Soldaten aufgegriffen worden waren und aus Mangel an Beweisen wieder auf freien Fuß gesetzt werden mußten[20].

Zum anderen führte das Einschreiten des Militärs zu einem Solidarisierungseffekt der Bewohner des Viertels, wodurch es den Akteur(inn)en wohl z.T. gelang, sich vor dem Zugriff der Obrigkeit zu schützen. Vor allem die Aussagen der unbeteiligten Zuschauer und Zuschauerinnen entschieden oft darüber, ob das Gericht manche Angeschuldigte schärfer ins Verhör nahm oder nicht. So wurde die Frau, die Feldjäger Humpfer wegen ihres Schimpfens und aufrührerischen Benehmens besonders aufgefallen war, in den Aussagen eines Augenzeugen zu der unbescholtenen Bürgerin Eberhardt, die nur „wegen ihres Hundes ‚Ami' ein Geschrei erhob, aber nichts Ungesetzliches tat"[21].

Das Viertel hielt gegen die Ordnungsmacht zusammen. Die Nachbarn brachten mit ihren Aussagen vor Gericht noch mehr Verwirrung in die Situation, zum Teil produzierten sie bewußt Mißverständnisse und litten, wenn es für andere gefährlich wurde, unter auffälligem ‚Gedächtnisschwund'. Dieser Strategie des Nicht-Erinnern-Könnens kam es entgegen, daß die eingesetzten Soldaten ortsunkundig waren und im Gegensatz zu den Polizisten aus dem Viertel die Bewohner nicht kannten. In vielen Fällen erschwerte dies die Identifizierung von Beschuldigten, so z.B. wenn verschiedene Frauen desselben Namens ausfindig gemacht werden konnten.

Vermutlich wäre aber keine einzige Frau wegen der Ereignisse des 3. Mai verhaftet oder angeklagt worden, wenn das System der sozialen Kontrolle nicht auch im städtischen Unterschichtsmilieu gegriffen hätte. Alle vier angeklagten Frauen wurden mehr oder weniger Opfer von Denunziationen. Sie wurden aufgrund privater Streitigkeiten und ihres Rufes im Viertel bei Gericht angeschwärzt.

Für zwei Frauen hatten diese Denunziationen böse Konsequenzen: Die 28jährige Dienstmagd Christine Werner wurde zwei Tage nach dem Krawall aus Stuttgart ausgewiesen[22], die Wäscherin und Näherin Beate Calwer zu vier Wochen Kreisgefängnis verurteilt. Sie war damit die einzige Frau unter den insgesamt acht Personen, die wegen der Unruhen zu Haftstrafen verurteilt wurden. Was unterschied diese beiden Frauen von den anderen, warum wurden gerade sie gerichtlich belangt und bestraft?

Bei Christine Werner ist das relativ einfach zu beantworten. Sie hatte sich am Tag nach den Unruhen mit Barbara Siegel, der Magd des vom „Pöbelhaufen" angegriffenen Bäckers Mayer (SK 11.5.47), auf der Straße in einen Streit eingelassen, in dessen Verlauf sie die Siegel durch Beschimpfen ihrer Dienstherrschaft provo-

I.4. Der Stuttgarter Brotkrawall

zierte: „es sey dem Bäcker Mayer recht geschehen, man hätte es ihm noch viel ärger machen sollen", hatte sie der Siegel ins Gesicht gesagt[23]. Als dann auch noch ein Fuhrwerk vor dem Mayerschen Haus beinahe eines der Bäcker-Kinder überfahren hätte, mußte die Werner in dem Streit das letzte Wort haben: „dem Kind hätte es auch Nichts geschadet", so höhnte sie, „wenn es zusammengefahrt würde". Das war der Siegel zuviel. Sie zeigte die Werner bei einem in der Nähe stehenden Polizeisoldaten an, der sie sofort auf offener Straße arretierte. Jedes Leugnen war zwecklos; Christine Werner war sozusagen ‚auf frischer Tat' bei „beifallsbezeugenden Äußerungen über die Bäcker Mayer zugefügten Insulten und Eigenthumsbeschädigungen"[24] ertappt worden und hatte keine Möglichkeit sich herauszureden.

Daß die Siegel ihre ‚Kollegin' anzeigte, war sie ihrer Dienstbotenehre schuldig. Die langjährige Loyalität gegenüber ihrem Dienstherren hatte Vorrang vor der Solidarität mit der sozial zwar näherstehenden, aber unbekannten Dienstmagd. Barbara Siegel kannte Christine Werner nur flüchtig, „weil sie Brod bei uns holte"[25]. Diese Fremdheit wurde Christine Werner zum Verhängnis. Sie, die aus Lauffen kam, einer Kleinstadt ca. 50 Kilometer von Stuttgart entfernt, war erst seit einigen Tagen in der mit 40 000 Einwohnern unübersichtlichen Landeshauptstadt und kannte keine Menschenseele. Selbst ihr Dienstherr, Canzleiaufwärter Hannemann, ließ sich nicht auf entlastende Aussagen zu ihren Gunsten ein: „Ich kann hierüber nichts sagen; die Werner dient erst seit einigen Tagen bey mir, ich kenne sie daher auch nicht näher"[26]. Angesichts dieser Situation, ohne Solidarbeziehungen, war Christine Werner sich bewußt, daß sie keine Chance hatte, Unterstützung zu finden. Beim Verhör zeigte sie zwar Reue über „jenes unüberlegte Geschwätz von mir, das mir leid thut". Doch machten ihr die städtischen Verhältnisse wohl auch Angst, denn noch bevor die Ausweisung beschlossen wurde, bekannte sie gleich: „ich will gern fort von hier"[27].

Nicht nur der ‚Fall' Christine Werner zeigt, wo die städtischen Behörden den ‚Herd' dieser Unruhen ausmachten: In einem Rundumschlag wurden 113 weitere, meist ledige oder verwitwete Frauen, die sich als Wäscherinnen, Näherinnen oder Wasserträgerinnen durch Taglohn allein versorgten, aber zum Zeitpunkt der Unruhen „ohne förmlichen Dienst" und damit ohne Nahrungsnachweis waren, im Lauf des Mai aus Stuttgart ausgewiesen[28].

Durch dieses fehlende soziale Netzwerk unterschieden sie sich von der 19jährigen Coloristin Christine Wüst, die zwar auch vom Dorf in die Residenzstadt gekommen war, aber nun schon seit einigen Jahren in Stuttgart lebte. Sie hatte einen Beruf und eine feste Arbeitsstelle und wohnte seit über sechs Jahren bei derselben Vermieterin im Logis. Ihre sozialen Bindungen waren fest geknüpft. Auch die Wüst hatte durch ihr Gerede zu ihrer Verhaftung beigetragen. Während sie Tage nach den Unruhen mit einem Majorsdiener auf der Straße „zwei oder drei

I.4. Der Stuttgarter Brotkrawall

Häuser" gegangen war, hatte sie ihm gegenüber damit geprahlt: „sie habe (beim Krawall; d.V.) auch geschmissen und dann habe ein Reiter sie über den Kopf gehauen." Unvorsichtigerweise hatte sie zudem gedroht, „in 8 oder 14 Tagen werde es erst recht losgehen"[29]. Diese belastende Aussage konnte der Wüst jedoch nichts anhaben. Denn dieser stand das Zeugnis ihrer Vermieterin gegenüber, die angeblich am Abend des 3. Mai mit einer Gesichtsrose krank im Bett gelegen hatte und sich daran erinnerte, daß die Wüst an ihr Bett gekommen sei und sie gepflegt habe. Auch andere Hausbewohnerinnen zeigten auffällige Gedächtnisstörungen, als es um Christine Wüst ging bzw. wollten an diesem Abend nichts Ungewöhnliches bemerkt haben[30]. Diese soziale Absicherung wurde durch den ‚guten Ruf' der Christine Wüst noch gefestigt: Sie bekam von ihrer Heimatgemeinde bestätigt, daß sie eine unbescholtene Person und gut angesehen war[31]. Dieses ‚gute Prädikat' schützte sie zusätzlich vor allzu großem Mißtrauen der Behörden.

Solches Glück hatte Beate Calwer nicht. Sie wurde ebenfalls einen Tag nach den Ereignissen angezeigt und festgenommen. Als Zeuge gab Fuhrmann Knauer vor Gericht an, sie hätte sich, gemeinsam mit ihrer Schwester Friederike, an den „stattgehabten unruhigen Auftritten" beteiligt und sich dabei auf eine „aufreizende Art" benommen. Er gab folgende Beobachtungen zu Protokoll:

> „Sie bewaffneten sich mit Lattenstücken, sprangen dem Militär nach, schimpften über das Militär und schrieen ‚Halbbatzen Reiter', sie hetzten das Volk auf, indem sie immer demselben zuriefen ‚ihr seyd keine Kerle, ihr Hosenscheißer'. Überhaupt machten sie einen abscheulichen Spektakel".[32]

Die Gewalt der Verhältnisse und die Gewalttätigkeit der Frauen

Mit aller Kraft setzte sich Beate Calwer gegen diese Anschuldigungen zur Wehr. Sie versuchte sich damit herauszureden, daß sie an diesem Abend nur ihren alltäglichen Arbeiten nachgegangen sei. So habe sie statt eines Lattenstückes einen Krug in der Hand gehabt, mit dem sie wie jeden Abend zum Wasserholen an den nächsten Brunnen gehen wollte, – nur deshalb sei sie bei diesem Krawall überhaupt auf die Straße gegangen. „Warum hätte ich den Soldaten nachspringen sollen?", fragte sie vor Gericht und meinte, bei dem Getümmel auf der Straße wäre sie doch nur niedergeritten worden. Knauer blieb jedoch bei seiner Aussage, daß Beate Calwer die Gasse mehrmals lärmend hinauf- und hinuntersprang: „Wenn Reiter die Straße entlang kamen, sprang sie ins Haus hinein, dann ihnen wieder hinterher". In seiner Darstellung wurde Beate Calwer zur zentralen Figur des Tumults in der Wagnerstraße. Durch ihr aggressives Agitieren habe sie die Lärmenden immer wieder „aufgereizt", nachdem das Militär die Straße gesäubert hatte: „Sobald die Calwer aufstachelte, lärmten auch die Leute wieder und warfen Laternen ein unten und oben im Gäßchen".

I.4. Der Stuttgarter Brotkrawall

Gegen diese Beschuldigungen blieben alle Verteidigungsversuche fruchtlos. Sämtliche von Knauer benannten Zeug(inn)en konnten sich mit Sicherheit daran erinnern, sie auf der dunklen Gasse gesehen zu haben. Was sie gerufen hatte, war allen im Gedächtnis geblieben. Auch Beate Calwers Versuch, den „Halbbatzen Reiter" jemand anderem in die Schuhe zu schieben, scheiterte an der Zeugin Marie Gentner. „Ich kenne ihre Stimme wohl", sagte diese vor Gericht aus, und die Nachbarin Louise Schmid verwies darauf, daß sie schon öfter eine „rechte Schimpferei" mit der Calwer gehabt hätte.

Die Frage, warum nicht auch die Angeklagte Beate Calwer durch die Aussagen ihrer Nachbarn gedeckt wurde wie z.B. die oben erwähnte Coloristin Christine Wüst, läßt sich mit einer Rekonstruktion der Biographie Beate Calwers und ihrer Familie zumindest teilweise beantworten. Informationen dazu liefern Stuttgarter Familien- und Kirchenregister, Straf- und Prozeßakten, Adreßbücher und Haushaltslisten. Auch wenn Beate Calwers Lebenslauf zufällig erscheint, enthält er doch wesentliche Strukturen der damaligen Existenz von Unterschichtsfrauen. Beate Calwers Schimpfen und Schlagen gegen das einschreitende Militär bzw. die städtischen Behördenvertreter war die gewalthafte Antwort einer Unterschichtsfrau auf die Gewalt der Verhältnisse. Hier lag wohl ihr Motiv für die Teilnahme an der Protestaktion und dies erklärt auch, warum ihr die Solidarität verweigert wurde.

Das Schimpfwort „Halbbatzen Reiter" – was soviel heißt wie: bezahlte Büttel der Obrigkeit – ist dabei der Schlüsselbegriff ihres Handelns. In ihm kristallisieren sich ihre konflikthaften Erfahrungen mit lokalen und staatlichen Institutionen; Beate Calwers Lebenslauf ist wie der vieler anderer Frauen geprägt von den Auswirkungen der restriktiven Familien- und Armenpolitik im 19. Jahrhundert, die Unterschichtsfrauen systematisch daran hinderte, einen ‚ehrbaren' Lebenswandel zu führen und sie dadurch oft zwang, durch Betteln und Stehlen ihren Lebensunterhalt zu sichern.

Beate Calwer stammte aus einer verarmten Handwerkersfamilie und hatte ohne Mitgift keine Aussicht auf eine standesgemäße Handwerkersheirat[33]. Ihre erste negative Erfahrung mit einem Soldaten machte die am 17. 1. 1800 in Stuttgart geborene Beate Calwer mit dem Oberleutnant Karl Ludwig von Stahl, von dem sie, gerade 20jährig, ihr erstes uneheliches Kind bekam. Es ist anzunehmen, daß der adelige Offizier, als sie die Beziehung mit ihm einging, ihr nie die Ehe versprach. Er gab zwar dem Kind seinen Namen, wenn auch ohne Adelstitel, die Mutter aber ließ er sitzen, um kurze Zeit darauf eine Frau aus guter Stuttgarter Familie zu heiraten.

Die Uniform des am Abend des 3. Mai einschreitenden Militärs verkörperte für Beate Calwer also mehr oder weniger den Beginn ihres ‚abweichenden' Lebenslaufs: denn nach dem ersten Soldatenkind bekam sie noch zwei Kinder von ande-

I.4. Der Stuttgarter Brotkrawall

ren Männern, ohne daß sich für sie die Chance geboten hätte, diese durch eine Heirat zu legitimieren und sich damit in den Augen der Leute ‚ehrbar' zu machen. So kam sie schließlich in den Ruf einer „in der ganzen Stadt als Hure bekannten Person"[34]. Mit dem „Halbbatzen Reiter" schrie sie auch ihren Zorn über den eigenen Sohn Karl Christian Stahl heraus, der inzwischen ebenfalls zum Militär gegangen war und als Schützenobermann an der militärischen Aktion gegen den Krawall vom 3. Mai teilnahm: Ihr eigener Sohn stand also mit dem Gewehr in der Hand auf der ‚anderen Seite', schoß womöglich auf Ihresgleichen und gehörte nun ebenfalls zu der von ihr gehaßten Obrigkeit. Stahl schließlich schämte sich seiner Mutter. Zehn Tage nach den Vorfällen schrieb er einen Gnadenbrief mit der Bitte, seine „arme verblendete Mutter", die „durch weiblichen Leichtsinn und blinden Unverstand in die traurige Szene des Tages gezogen wurde,... Schmach und Schande auf sich geladen habe", nicht zu bestrafen. Hintergrund seiner Bitte war allerdings nicht die Sorge um seine Mutter, sondern die Angst, daß ihm durch ihre Verurteilung „die Laufbahn verdorben würde"[35].

In der Beschimpfung als „Halbbatzen Reiter" kam indessen auch Beate Calwers ständiger Streit mit der Obrigkeit zum Ausdruck: Die Uniform repräsentierte für sie den obrigkeitlichen Gewaltapparat im allgemeinen[36], mit dem sie seit Jahren immer wieder in Konflikt geraten war. Ihr gleichmäßig über die Jahre verteiltes Vorstrafenregister zeugt von ihren permanenten Auseinandersetzungen mit den Behörden, von einem Teufelskreis, aus dem sie nie herausgekommen war. Zum ersten Mal zu drei Monaten Polizeihausstrafe wurde Beate Calwer 1824 verurteilt, wegen versuchter Erpressung und Widersetzlichkeit gegen einen Polizeidiener. 1835 gebar sie ihr zweites uneheliches Kind, eine Tochter namens Charlotte Friederike Pauline, und erhielt ihre zweite Unzuchtsstrafe. 1839 wurde sie, zwei Monate nach einer Totgeburt, zum dritten Mal wegen Unzucht vor die Stadtdirektion Stuttgart zitiert. Wie sie ihre Strafe von 15 Gulden gezahlt haben mag, läßt sich nicht rekonstruieren. Jedenfalls war es viel Geld für eine Frau ohne jegliches Vermögen, die „nichts zu horten hat, vielmehr Almosen bezieht", wie es in ihrem Leumundszeugnis von 1847 heißt. 1841 wurde sie zu drei Wochen Bezirksgefängnis verurteilt, weil sie wieder mit einem Viertelsbüttel in Streit geraten war[37]. Belastend für sie war nach den Krawallen des 3. 5. 1847 dann auch der Ausdruck „Halbbatzen Reiter" und nicht die Beteiligung an den Unruhen. Verurteilt wurde sie wegen „in fortgesetzter Handlung sich erlaubter Beleidigung der Dienst-Ehre von Militärpersonen und Störung der öffentlichen Ruhe"[38].

Beate Calwer wurde indessen nicht nur ein Opfer struktureller gesellschaftlicher, sondern auch klasseninterner Gewaltverhältnisse im Unterschichtsmilieu. Die Beziehung zwischen kleinbürgerlichen und verarmten Gruppen im Viertel macht deutlich, warum sich Beate Calwer, die eher zur Gruppe der städtischen Armen zählte, im Anschluß an die Ereignisse des 3. Mai vor Gericht allein verant-

I.4. Der Stuttgarter Brotkrawall

worten mußte. Als ledige Frau mußte sie sich ihren Taglohn durch Waschen und Nähen erarbeiten. Der unregelmäßige Verdienst von ca. „36 Kreuzer nebst Kaffee und Brod" (NT 8.3.46) reichte allerdings kaum für ihre eigene Person zum Leben, geschweige denn für eine mehrköpfige Familie. Sie versuchte, sich gemeinsam mit ihrer Schwester Friederike, einer ebenfalls ledigen Näherin und ‚Blumenfabrikantin', durchs Leben zu schlagen[39]. Auseinandersetzungen wegen ausstehender Mietzahlungen und Schulden bei Nachbarn waren an der Tagesordnung und endeten nach wenigen Monaten meist mit einem Umzug in eine neue Wohnung innerhalb des Viertels. Es erstaunt also nicht, daß Beate Calwer mit allen drei der gegen sie aussagenden Zeugen/innen Streit um Geld hatte. Aus diesem Grund lehnte sie vor Gericht den Zeugen Knauer ab und versuchte, seine Glaubwürdigkeit herabzusetzen. Sie war an Georgii, also am 23. April, ohne Miete zu zahlen aus seinem Haus ausgezogen. Er hatte sie daraufhin verklagt, worauf sie gegen ihn grob geworden und dafür arretiert worden war. Jetzt nach dem Krawall hatte sie den Eindruck, daß er nur „aus Rache" gegen sie aussage, wie sie überhaupt der Meinung war, die Sache sei „zwischen den Zeugen zusammengesponnen", also nur ein Vergeltungsakt gegen ihre Person[40].

Als ledige Mutter ohne familiären Rückhalt – ihr Vater, ein im Viertel rund um die Hauptstätterstraße bekannter und beliebter Gipsermeister[41], war zum Zeitpunkt der Unruhen bereits seit über zehn Jahren tot – stand Beate Calwer in der sozialen Rangordnung des Viertels wohl an letzter Stelle und damit zwischen allen Lagern: Aus der Perspektive der Behörden bestätigte sie mit ihrem Verhalten am 3.5. genau das Bild, das die Obrigkeit von einer mehrfach wegen Unbotmäßigkeit gestraften Frau hatte: Sie wurde verurteilt, weil sie wieder einmal das soziale Gefüge und die Geltung allgemeiner Rechtsnormen bedrohte. Daß Beate Calwers Schimpfen negativer bewertet wurde als das anderer Frauen, ist auch durch ihre umstrittene Stellung im Viertel erklärbar. Mit ihren ungeordneten Lebensumständen verstieß sie offensichtlich gegen die sozialen Regeln des Milieus. Als es nach dem Krawall darum ging, Schuldige zu benennen, wurde sie deshalb fallengelassen und denunziert. Die anderen Beteiligten hatten durchaus wahrgenommen, daß Beate Calwer dort vor ihrem Haus einen kleinen ‚Privatkrieg' gegen die Obrigkeit bzw. gegen die uniformierten Soldaten führte und ihre Aggressionen von persönlichen Konflikten bestimmt waren. So will die Zeugin Marie Gentner gehört haben, wie Beate Calwer rief, sie wolle „jetzt auch einmal ihr Müthle kühlen"[42], also die Gelegenheit des allgemeinen Aufruhrs ergreifen und ‚losschlagen'. Die später gegen sie aussagenden Zeugen/innen neigten aus ihren Erfahrungen mit Beate Calwer sehr schnell dazu, ihr private Motive zu unterstellen. Ihr Agieren wurde deshalb nicht als Teil der Gruppenaktion gegen die Obrigkeit verstanden, sondern ihre Aggression wurde von ihrer Umgebung als unangemessen betrachtet und vor Gericht denunziert. Niemand wußte außerdem so recht einzuschätzen,

I.4. Der Stuttgarter Brotkrawall

gegen wen sich Beate Calwers Beschimpfungen denn nun eigentlich richteten. Die Erfahrung hatte gezeigt, daß sich ihre Wut auch gegen ihre eigenen Leute richten konnte. Am Abend des 3. Mai hatte sie die Tumultanten als Feiglinge beschimpft: „Ihr seyd keine Kerle, ihr Hosenscheißer!" hatte sie ihnen hinterher geschrien, als sie versuchten, sich vor den Säbelhieben der Soldaten in Sicherheit zu bringen. Die Anklage profitierte natürlich von diesem klasseninternen Konflikt. Da die Ermittlungen gegen die Tumultanten nicht sehr erfolgreich verliefen, hielt sich das Gericht an eine Person, deren Beteiligung – und sei es auch nur unter noch so vagen Anschuldigungen – nachgewiesen werden konnte.

Anmerkungen:

1) STAL E 319, Bü 99a, Fasz. 600.
2) STAL E 319, Bü 99b, Ufsz. 431.
3) STAL E 319, Bü 99b, Ufsz. 428.
4) Ebd.
5) Neues Tagblatt für Stuttgart und Umgegend Nr. 98, 29.4.1847, S. 389. Beobachter Nr. 123, 5.5.1847, S. 489. Allgemeine Zeitung Nr. 125, 5.5.1847, S. 997. HSTAS E 146 alt, Bü 2376, Bl. 27/2.
6) Katzenmusiken bzw. Charivaris gehörten zu den rituellen dörflichen Rügebräuchen und wurden als eine Form des sozialen Protests im Vormärz und in der Revolution von einer kleinbürgerlich-proletarischen Gegenöffentlichkeit als Möglichkeit der Kritik an bestehenden politischen Mißständen genutzt. Vgl. Kap. II.1 in diesem Band und Wolfgang Kaschuba: Katzenmusiken. In: Ders./Carola Lipp: 1848 – Provinz und Revolution. Tübingen 1979, S. 189–201. Martin Scharfe: Zum Rügebrauch. In: Hessische Blätter für Volkskunde 61, 1970, S. 45–68.
7) STAL E 319, Bü 99a, Fasz. 600.
8) HSTAS E 301, Bü 240, Registratur.
9) Beobachter Nr. 123, 5.5.1847, S. 490. STAL E 319, Bü 99b, Ufsz. 431. Allgemeine Zeitung Nr. 125, 5.5.1847, S. 997.
10) STAL E 319,Bü 96, Bü 99a, Fasz. 600 und Bü 99b.
11) STAL E 319, Bü 96, Bl. 1.
12) Beobachter Nr. 123, 5.5.1847, S. 489 und HSTAS E 146 alt, Bü 2376, Bl. 2.
13) STAL E 319, Bü 99a, Fasz. 534.
14) STAL E 319, Bü 99a, Fasz. 600.
15) Vgl. Kap. I.1 im selben Band.
16) Vgl. Carola Lipp: Ledige Mütter, „Huren" und „Lumpenhunde". Rechtsnormen und ihre innere Repräsentanz am Beispiel von Ehrenhändeln im Fabrikarbeitermilieu des 19.Jahrhunderts. Erscheint Tübingen 1986.
17) Vgl. Carola Lipp, Sabine Kienitz, Beate Binder: Frauen bei Brotkrawallen, Straßentumulten und Katzenmusiken. Vortrag auf der 3. Arbeiterkulturtagung in der DGV 3.–6.6.1985 in Marburg. Erscheint Marburg 1986.

I.4. Der Stuttgarter Brotkrawall

18) HSTAS E 301, Bü 240, Bl. 37. Neues Tagblatt für Stuttgart und Umgegend Nr. 104, 6.5.1847, S. 413. Beobachter Nr. 123, 5.5.1847, S. 499. Beobachter Nr. 125, 7.5.1847, S. 500.
19) Württembergische Jahrbücher Jg. 1847, S. 91. Allgemeine Zeitung Nr. 125, 5.5.1847, S. 997.
20) HSTAS E 146 alt, Bü 2376, Bl. 25.
21) STAL E 319, Bü 99b, Ufsz. 428.
22) STAL F 201, Bü 301, Bl. 15.
23) Ebd.
24) Ebd., Bl. 54.
25) STAL F 201, Bü 301, Bl. 15.
26) Ebd.
27) Ebd.
28) STAL F 201, Bü 301, Bl. 52.
29) HSTAS E 301, Bü 240, Registratur.
30) STAL E 319, Bü 98, Ufsz. 39.
31) Ebd.
32) STAL E 319, Bü 96, hier auch die folgenden Aussagen.
33) Vgl. die Biographie des Stuttgarter Malers Friedrich Maurer: Elend und Aufstieg in den Tagen des Biedermeier. Stuttgart 1969, S. 57.
34) STAL E 319, Bü 96, Ufsz. 98.
35) STAL E 319, Bü 96, Bl. 4.
36) vgl. Alf Lüdtke: Gewalt im Alltag: Herrschaft, Leiden, „Körpersprache"? In: Jörg Calließ (Hg.).: Gewalt in der Geschichte. Düsseldorf 1983, S. 271- 295, hier S. 283.
37) Sämtliche Angaben zu Beate Calwers Vorstrafen: STAL E 319, Bü 96, Bl. 2-8. Es bleibt anzumerken, daß wie so oft bei Unterschichts-Lebensläufen aus dem 19. Jahrhundert auch die Lebensdaten der Beate Calwer vor allem durch den obrigkeitlichen Blick der Quellen wie Straf- und Prozeßakten vorstrukturiert werden.
38) HSTAS E 301, Bü 240, Bl. 37.
39) Laut Angaben des Wegweisers für die königliche Residenzstadt Stuttgart der Jahre 1847, 1848 und 1849 ist anzunehmen, daß die Schwestern lange Jahre mit ihren unehelichen Kindern einen gemeinsamen Haushalt lebten.
40) STAL E 319, Bü 96.
41) Vgl. F.Maurer: Elend und..., S. 57.
42) STAL E 319, Bü 96.

Beate Binder

„Dort sah ich, daß nicht Mehl verschenkt, sondern rebellt wird".
Struktur und Ablauf des Ulmer Brotkrawalls 1847

Wirtschaftliche Stagnation und Mißernten führten in Württemberg wie auch im übrigen Deutschland in den Jahren 1846/47 zu einer akuten Hungerkrise. Als die Preise für die Hauptnahrungsmittel Getreide und Kartoffeln im Frühjahr 1847 immer weiter anstiegen, kam es in vielen Städten Deutschlands zu Hungerkrawallen[1]. In Württemberg begannen die Unruhen in Ulm am 1.Mai 1847:

> „Der erste Tag des Wonnemonats", so schreibt die „Ulmer Schnellpost", „ist mit Sturm und Brausen über unsere Stadt hereingebrochen. Vor was man längst Bangen trug, hat uns der heutige Markttag gebracht: – den Ausbruch ernstlicher Unruhen, herbeigeführt durch die immer mehr sich steigernden Preise der Lebensmittel, hauptsächlich aber durch das unhumane Benehmen einiger Verkäufer gegenüber den Consumenten." (USP 2.5.47)

Doch der Protest gegen die hohen Preise war nur der Anfang. An die Unruhen auf dem Markt schlossen sich am selben Tag noch massive Ausschreitungen gegen zwei angesehene Bürger der Stadt an. Die Häuser des Müllers Wieland und des Hasenwirts Frick wurden demoliert und geplündert. Als Motiv wird in den Akten angegeben, daß der Gastwirt sich wenige Tage vorher herablassend über die Armen geäußert haben soll[2]. Der Müller Wieland wurde schon seit längerem des Wuchers verdächtigt. In dem Tumult trat ein Konflikt zutage, der schon seit Wochen geschwelt hatte. Je größer nämlich die Lebensmittelknappheit wurde, desto mehr wurde auf das Kaufverhalten der Händler geachtet, und desto stärker traten auch die Interessengegensätze zwischen Einkäufern und Händlern auf dem Markt zutage. Entsprechend gereizt war die Atmosphäre. Während sich die Kleinkonsumenten angesichts der enormen Preissteigerungen kaum mehr mit dem täglichen Bedarf an Lebensmitteln versorgen konnten, versuchten die Händler mit spekulativen Getreideauf- und -verkäufen ihre Gewinne zu vergrößern.

Dies widersprach dem subsistenzökonomischen, auf die Deckung des Eigenbedarfs ausgerichteten Marktverhalten und Marktverständnis städtischer Unterschichten. Nach Auffassung der Taglöhner, Kleinhandwerker und Fabrikarbeiter sollte der städtische Markt in erster Linie die Versorgung der städtischen Bevölkerung sicherstellen und kein Warenumschlagsplatz für auswärtige Händler sein. Darauf war zunächst auch die Markt- und Schrannenordnung[3] ausgerichtet: alle Waren mußten auf dem Markt zu festgesetzten Zeiten angeboten werden; den Kleinkonsumenten stand ein Vorkaufsrecht vor Händlern und Großeinkäufern

I.5. Der Ulmer Brotkrawall 1847

zu. Die städtischen Behörden sollten die Einhaltung dieser Ordnung überwachen. Sie konnten zudem regulierend in die Preisbildung eingreifen, wodurch sie eine Fürsorgefunktion für die Unterschichten übernahmen[4].

Der Ulmer Krawall begann auf dem Kartoffelmarkt. (Aus „Etwas zum Andenken der Theuerung 1816/17". Auf Stein gezeichnet von L. Gradmann. Landesbibliothek Stuttgart)

Dieses überlieferte System obrigkeitlich regulierter Wirtschaftsweise war im Verlauf der Industrialisierung immer mehr von dem liberalistischen Marktmodell durchbrochen worden, das auf dem Prinzip von Angebot und Nachfrage und auf freier Preisbildung beruhte. Der Ausbau der Transportsysteme und der Abbau von Zollbeschränkungen und Handelsbestimmungen erleichterten den überregionalen Handel zusehends. Händler und Großeinkäufer arbeiteten schon nach dieser ‚neuen' Wirtschaftsweise, indem sie Getreide dem regionalen Verbrauch entzogen, wenn andernorts höhere Preise damit erzielt werden konnten[5]. Diese Praxis hatte im April 1847 zu einer Verknappung der Lebensmittel und zu einem enormen Preisanstieg geführt. Kostete das Simri Kernen[6] auf dem Ulmer Wochenmarkt im Januar noch 3fl, so wurden Anfang Mai über 4fl dafür verlangt[7].

89

I.5. Der Ulmer Brotkrawall 1847

Der erste Zug der Tumultanten ging zum Kornhaus, wo der Müller Wieland verprügelt wurde. (Aus „Etwas zum Andenken der Theuerung 1816/17". Auf Stein gezeichnet von L. Gradmann. Landesbibliothek Stuttgart)

Dennoch war der Markt der sozialen Kontrolle noch nicht vollständig entzogen. Die Prinzipien der alten Ordnung waren im Bewußtsein einzelner Konsumentengruppen noch tief verankert, und diese fühlten sich daher berechtigt, gegen Preismanipulationen und Spekulationen einzuschreiten. Je mehr sich die Krisensituation im Frühjahr 1847 zuspitzte, um so häufiger kam es in deutschen Städten zu Protesten, sei es nun in Form von Leserbriefen und Beschwerden an den Stadtrat oder Aktionen wie Handelsblockaden und Plünderungen[8]. Der erste und größte Hungerkrawall in Württemberg war der in Ulm am 1. Mai 1847. In der darauf folgenden gerichtlichen Untersuchung wurden hunderte von Männern und Frauen verhört, schließlich 191 Personen verurteilt, unter ihnen auch 57 Frauen. Im folgenden sollen die Erfahrungen und Beweggründe dieser Frauen rekonstruiert werden. Was waren die Motive der Frauen, die sich an den, wie es in den Prozeßakten heißt, „mit großer Störung des öffentlichen Friedens und des obrigkeitlichen Ansehens verbundenen, gegen Personen und das Eigenthum gerichteten

I.5. Der Ulmer Brotkrawall 1847

Staats- und Privatverbrechen" beteiligten? Woher kamen sie? Wie verhielten sie sich, und was unterschied sie von den an dem Brotkrawall beteiligten Männern? Da die Frage nach der Beteiligung von Frauen an den Brotkrawallen in der bisherigen Forschungsliteratur nur am Rande berührt wurde[9], konzentriert sich die Darstellung bewußt auf die spezifische Rolle der Frauen. Es geht nicht darum, den Brotkrawall in all seinen Details darzustellen. Als Quellen standen in erster Linie die Prozeßakten zur Verfügung[10]; dazu gehören sämtliche Verhörprotokolle, Zeugenvernehmungen und der Schriftverkehr zwischen den Behörden während und nach dem Prozeß. Da es sich um Akten der Strafverfolgung handelt, bedarf die Auswertung dieser Quelle gewisser Vorsicht. Die Rekonstruktion des Tathergangs durch das Gericht muß sich nicht unbedingt mit dem realen Vorgang der Ereignisse decken. Die vor dem Untersuchungsrichter gemachten Aussagen dienten in erster Linie dazu, erhobene Anklagen abzuwehren, die eigene Tat möglichst zu verharmlosen oder zu verschleiern. Dennoch lassen sich bei einer geschlechtsspezifischen Analyse der in den Akten festgehaltenen Aussagen und Verlaufsschilderungen verschiedene Verhaltensmuster und Erklärungsstrategien von Männern und Frauen erkennen. Um den Lebenszusammenhang der Angeklagten in die Analyse miteinzubeziehen, wurden noch Kirchenregisterakten, Strafregister, Stadtratsprotokolle und Zeitungsberichte als ergänzende Quellen hinzugezogen.

Der Tumult

Was geschah nun im einzelnen am 1.Mai? In der „Ulmer Schnellpost" erschien einen Tag später ein Augenzeugenbericht, in dem die Entstehung und der Hergang der „Exzesse" geschildert wurden. „In den Vormittagsstunden schon war der Viktualienmarkt außerordentlich belebt, Käufer und Verkäufer strömten in Masse herbei, besonders zahlreich aber waren die Kartoffelhändler erschienen;... In der 10ten Vormittagsstunde nahm der Tumult seinen Anfang"[11]. Als ein Händler für das Simri Kartoffeln zwei Gulden forderte, ein Kunde ihm aber weniger bot, wollte der Verkäufer „eher seine Waare in's Wasser... werfen, als so... verkaufen!" Diese „strafbare Antwort" erzürnte den Käufer so, daß er die Kartoffeln mit Gewalt an sich zu reißen versuchte. Inzwischen war der Stadtschultheiß herbeigeeilt und tat alles, um den Streit zu schlichten. Weil aber der Händler und seine Kollegen hartnäckig blieben, „riß den Umstehenden die Geduld und in zahlreicher Masse stürzten sie nun über die Verkäufer her: – das Volk war zügellos und wer nicht billig verkaufen wollte, der mußte der Gewalt weichen; Viele zogen – und zwar zu ihrem Vortheil – Ersteres vor", so berichtet die „Ulmer Schnellpost". Am Kornhaus setzte sich der Konflikt fort. Hier wurde der als Spekulant verdächtigte Müller Wieland „jämmerlich mißhandelt", bis er schließlich fliehen konnte.

Hielt der bürgerliche Berichterstatter die Ereignisse auf dem Markt noch für

I.5. Der Ulmer Brotkrawall 1847

„roh und strafbar", so erschien ihm nun der weitere Verlauf „noch ärger, noch scandalöser und sogar verbrecherischer":

„Die Masse, einmal aufgeregt und zu Gewaltthaten hingerissen, drängte sich, von Einigen aufgefordert, in zahllosen Haufen, lärmend und tobend durch die Straßen der Stadt vor das Etablissement des Kunstmüllers Wieland,... und hier nun begannen Scenen, die jeden Ordnungsliebenden auf's Äußerste empören mußten. Unter Wüthen und Schreien wurde gegen diese Gebäude ein Bombardement gerichtet, das Alles zertrümmerte; im Sturm drang man in das Innere und unter wildem Frohlocken fielen die Exzedenten über das Eigenthum des Besitzers her." Die anwesende Polizei und Gendarmerie – ja selbst das herbeigerufene Militär – vermochten zunächst nichts auszurichten. „Ungehindert wurden... die größten Quantitäten Mehl hinweggeschleppt, hauptsächlich war es das weibliche Geschlecht, welches sich hervorthat."
Die anrückende Cavallerie wurde bei dem Versuch, das Anwesen des Müllers zu umstellen, „von den Haufen mit Steinregen empfangen und zurück geworfen,... Als dieses Etablissement gänzlich ruinirt war..., zog die Menge vor den jungen Hasen (ein Gasthaus; d.V.) und ebenso, wie in dem ersten Etablissement, wurden hier alle Etagen zu Grunde gerichtet. Bierfässer, Wirtshausgeräthschaften, Schmuck und Möbel, ja sogar die Effekten der Dienstleute entgingen der gräßlichen Wuth des Haufens nicht." Es erschienen größere Kolonnen Militär, die „Tumultuanten wurden zerstreut", Straßen und Gebäude besetzt. „Gegen zwei Uhr ward es ruhig."

Obwohl der Tumult ungeordnet erscheint, die Zeitung von zahllosen, lärmenden und tobenden Haufen schreibt, besitzen die Vorgänge doch eine innere Logik, die über die Rache an einzelnen Händlern hinausgeht. Die Erfahrungen der vorangegangenen Wochen, in denen die Preise immer weiter gestiegen waren, und das unnachgiebige Verhalten der Händler erregten den Zorn der Marktbesucher. Besonders Langmüller Wieland zog die Aggressionen auf sich, weil sein Geschäftsgebaren umstritten und bereits in den vorangegangenen Wochen Gegenstand heftiger Diskussionen in der Stadt gewesen war[12]. Am Morgen des 1. Mai nun war Wieland am Kornhaus erschienen und wollte offensichtlich das gesamte Kornangebot aufkaufen: „Die Säcke zugeknöpft, ich kaufe alles!"[13], soll er den Verkäufern zugerufen haben. Damit aber hatte Wieland gegen die Regeln der Markt- und Schrannenordnung verstoßen, die den Kleinkonsumenten ein Vorkaufsrecht einräumte. Da durch den Aufkauf des gesamten Kornangebots die Kleinkonsumenten leer ausgegangen wären, pochten sie auf ihr altes Recht und suchten diesen Handel zu verhindern.

Verprügelt wurde Wieland vor allem von Handwerkern. Daß sich diese Gruppe die Kompetenz der Marktkontrolle aneignete, hängt mit deren Rechtsbewußtsein zusammen. Handwerker, die im konkurrenzfreien Raum des Zunftsystems mit seinen festen Regeln der Preisfestsetzung und einem genau regulierten Verhältnis

I.5. Der Ulmer Brotkrawall 1847

von Lohn und Arbeit sowie einem festen Rechtskodex aufgewachsen waren[14], reagierten besonders empfindlich auf diese Störung des traditionellen Marktsystems. Sie hatten genaue Vorstellungen von einem ‚gerechten Preis' und vom ‚rechten Handel', weshalb sie sich legitimiert sahen, ihr Recht auf dem Kartoffelmarkt und am Kornhaus handgreiflich durchzusetzen. Als der Spekulant Wieland schließlich entkam, richtete sich die Wut gegen seine Mühle und das darin gehortete Mehl.

Daß Wieland die ‚sozialen Regeln' verletzt hatte, darüber bestand ein allgemeiner Konsens[15], der selbst von der Presse nicht in Frage gestellt wurde. Ausdrücklich wies der Berichterstatter auf das „unhumane Benehmen" der Verkäufer auf dem Markt hin. Nicht zuletzt der Versuch des Stadtschultheißen, durch Preisfestsetzungen den Streit auf dem Kartoffelmarkt zu schlichten, zeigt, daß auch von bürgerlicher und obrigkeitlicher Seite die Händlerpreise als überzogen empfunden wurden. Den aufbrechenden Aggressionen standen die Ordnungshüter zunächst hilflos gegenüber. Auf dem Kartoffelmarkt war es dem Stadtschultheißen zwar noch gelungen, weitere Ausschreitungen zu verhindern. Die Wut aber, die sich gegen den Kornwucherer Wieland richtete, konnte nicht mehr gestoppt werden. Die Protestierenden hatten sich vor den Augen der bürgerlichen Beobachter zu einer nicht mehr zu kontrollierenden „Masse" verwandelt, deren Aktionen wohl zunächst Angst, später aber heftige Kritik erregten, als sich der Exzeß gegen bürgerliches Eigentum richtete. Nachdem die Langmühle geplündert worden war, zogen die Tumultanten zu dem in der Nähe gelegenen Haus des Hasenwirts Frick. Wie später vor Gericht festgestellt wurde, soll Frick, der zu den reicheren Bürgern der Stadt gehörte, einmal gesagt haben, „die armen Leute könne man den Schweinen füttern"[16]. Damit hatte Frick offensichtlich das Ehrgefühl der städtischen Unterschichten beleidigt, und es genügte in der aufgeheizten Situation des 1. Mai die Erinnerung an dieses Gerücht, um eine weitere Plünderung auszulösen.

„Ich gieng, um zu sehen, was es giebt".
Weibliche und männliche Verhaltensmuster

In den Verhörprotokollen werden Handlungsweisen und Motive der Tumultanten deutlicher. Betrachtet frau die Ereignisse im Lebenszusammenhang der einzelnen Beteiligten, so gewinnen sie eine soziale Logik, die über den Sinnzusammenhang des zugrunde liegenden Konflikts hinausgeht. Obwohl es keinen ‚typischen' Bericht aus der Sicht der Angeklagten gibt, lassen sich dennoch bestimmte Strukturen und Verhaltensmuster erkennen. Aus den Untersuchungsakten wird zum Beispiel ersichtlich, daß eine ganze Reihe der nachher Verhafteten erst im Laufe der Aktionen zu den Tumultanten stieß, also nicht von Anbeginn beteiligt war.

I.5. Der Ulmer Brotkrawall 1847

Auffällig ist zudem, daß viele Frauen später nur wegen der Plünderung an der Wielandschen Langmühle belangt wurden. Ob sie allerdings wirklich nur an der Mühle gewesen waren oder ob sie vor dem Untersuchungsrichter ihre weitere Teilnahme an den Protestaktionen einfach verschwiegen, bleibt dabei unklar.

Juliane Daub, die Ehefrau eines Schuhmachers, hatte gehört, daß es an der Langmühle Mehl gäbe. Vor der Mühle stellte sie dann mit Erschrecken fest, „daß nicht Mehl verschenkt wird, sondern rebellt wird"[17]. Trotzdem wollte sie auf Krisch (Futtermehl; d.V.) für ihre Geißen nicht verzichten, als sie die andern zugreifen sah. Vor Gericht schilderte die 37jährige Witwe Dorothea Häusele, deren drei Kinder im Waisenhaus untergebracht waren, wie sie dazu kam, Mehl zu nehmen. Sie sei am 1. Mai „zufällig gegen das Nebenhaus der Langmühle gekommen"[18], als dort „alles drunter und drüber gieng". Durch die aufgebrochenen Hoftore seien die „Leute... haufenweise ins Haus hinein", um sich dort Mehl zu holen oder das Inventar herauszuschleifen. Auch sie sei schließlich hinein gegangen und habe sich von einem ihr „unbekannten Weibsbild" Mehl in den „Schurz" füllen lassen. Dieses trug sie nach Hause, wo es die Polizei bei der späteren Durchsuchung fand.

Der Brotkrawall bei der Langmühle. (Nach einem lithographischen Flugblatt. Aus Karl Höhn: Ulmer BilderChronik. Bd. 1, Ulm 1929.)

I.5. Der Ulmer Brotkrawall 1847

Manche Frauen holten sogar mehrere Male Mehl, wie zum Beispiel die 31jährige Ursula Striebel. Die Ehefrau und Mutter von zwei Kindern gab zu Protokoll: „Ich war damals am Nebenhaus des Langmüllers, ich gieng auch hin, um zuzusehen; und wie andere Leute dort Sachen nahmen, bin ich eben auch hin und nahm vom Boden auf der Straße gegen Laibles Haus hin zwei Schurze voll Krisch mit..., welche unbekannte Personen aus dem Nebenhaus herausgeworfen hatten"[19]. Da bei der Hausdurchsuchung wesentlich mehr Mehl in der Striebelschen Wohnung gefunden worden war, mußte Ursula Striebel beim Verhör schließlich zugeben, auch in der Mühle nach Weißmehl gesucht zu haben. Weil es dort zu diesem Zeitpunkt schon keins mehr gegeben hatte, hielt sie sich an das draußen liegende Krisch. Siebenmal war sie gegangen, um jeweils eine Schürze voll davon wegzuschleppen.

Auch an der Plünderung des Gasthauses ‚Hasen' waren Frauen beteiligt. Nahmen sie in der Langmühle Mehl und Krisch, waren es hier vor allem Haushaltsgegenstände und Brennmaterial, an denen sie interessiert waren. Catharina Moser, die 23jährige Ehefrau des Maurers Moser, sagte über die Plünderung des ‚Hasen' aus: „Nur um zuzusehen, gieng ich auch vor den Haasen. Da sind nun die Leute schaarenweise zu den Fenstern eingestiegen und haben Sachen herausgebracht. Wie ich das sah, so bin ich eben auch wie andere in den Haasen eingestiegen zu einem Kreutzstock hinein, um zu holen, was ich gerade finde"[20]. In ihrer Schürze trug sie zwei Leuchter, zwei Zinnteller, ein Tortenmodel, einen Eierbecher sowie ein Tischtuch nach Hause. Bis auf das Tischtuch brachte sie alles zwei Tage später der Hasenwirtin zurück.

So und in ähnlicher Form schilderte eine ganze Reihe von Frauen ihre Beteiligung. Es scheint, daß sie in erster Linie darauf aus waren, etwas Brauchbares zu ergattern. Im Unterschied dazu waren die Aktionen der Männer sehr viel stärker auf Zerstörung ausgerichtet. Sie führten den Zug zur Langmühle an, bewarfen das Haus mit Steinen und stiegen als erste durch die Fenster in die Nebengebäude der Mühle ein, um dann von innen die Hoftore zu öffnen. Männer nahmen zwar auch für sich und ihre Familien Mehl mit. Aber häufig nicht einzeln in der Arbeitsschürze, sondern größere Mengen und in organisierter Form. Sie schleppten zu mehreren ganze Säcke aus der Mühle, um dann das Mehl an einer Straßenecke oder in einer Wohnung zu teilen[21].

Die Frauen dagegen drangen erst in die Mühlengebäude ein, als diese schon geöffnet waren, und sammelten für sich Mehl in ihre Schürzen oder Körbe. Teilweise kam es zu regelrechten Kooperationen mit den Männern. Einige Männer schütteten nämlich Kleie aus den Fenstern den darunter stehenden Frauen direkt in die ausgebreiteten Schürzen. Bei den Ausschreitungen beim ‚Hasen' ist die Arbeitsteilung zwischen Männern und Frauen noch deutlicher als bei der Plünderung der Langmühle. In ihrer Zerstörungswut zerschlugen die Männer das Inven-

I.5. Der Ulmer Brotkrawall 1847

Der Krawall vor der Langmühle. (Bilderbogen: Zur Erinnerung an das verhängnisvolle Jahr 1847. Landesbibliothek Stuttgart)

tar und warfen Einrichtungsgegenstände zum Fenster hinaus. Einzelne Frauen wollten die Männer am Demolieren hindern. Sie versuchten der noch brauchbaren Dinge habhaft zu werden, rissen sie den Männern aus den Händen oder sammelten im Haus und auf der Straße zusammen, was sich mitzunehmen lohnte. Angelika Althammer zum Beispiel nahm einem Festungsarbeiter einen beschädigten Stuhl ab, den dieser gerade zerschlagen wollte. Sie konnte ihn als Brennholz gut gebrauchen[22]. Angeschlagene Möbel, Teile von Türen und anderes Brennmaterial, verschiedene Küchengeräte wie Pfannen, Teller und Krüge wurden von den Frauen mitgenommen. Sie waren vor allem an Dingen interessiert, die sie im eigenen Haushalt für sich nutzen konnten, Frauen handelten also primär gebrauchswertorientiert.

I.5. Der Ulmer Brotkrawall 1847

„Ich habe gedacht,...".
Motive und Begründungen vor Gericht

Daß sich Verhaltensweisen und Motive von Männern und Frauen in wesentlichen Aspekten unterschieden, spiegeln auch die Legitimationsstrategien vor Gericht wider. In fast schon stereotyper Weise entschuldigten die Frauen ihr Verhalten damit, daß es ‚eben alle anderen auch gethan' hätten[23]. Wurden sie beispielsweise gefragt, warum sie den Anweisungen der Polizei und des Militärs nicht nachgekommen seien, gaben viele Frauen an: „Die Obrigkeit habe ich wohl gesehen, doch niemand folgte ihr. So folgte ich auch nicht"[24]. Die Gruppe bot Schutz und erlaubte den Frauen, die Anwesenheit der Polizei zu ignorieren. Auf diese Weise schoben die Frauen der Gruppe als einer über den Einzelpersonen stehenden Gesamtheit die Verantwortung für das eigene Handeln zu. Vor dem Untersuchungsrichter war dies eine Möglichkeit, die eigene Tat zu verharmlosen und sich damit zu entschuldigen.

So gab zum Beispiel Magdalena Bohner zu Protokoll: „Ich weiss wohl, daß ich gestohlen habe. Als armes Weib habe ich mich durch das Beispiel anderer hinreißen lassen"[25]. Auch sie hatte aus der Langmühle Mehl und Krisch genommen. Das Mehl ließ sie später verbacken: „Es hat einige Laibe Brot gegeben, die ich mit meinen Kindern gegessen habe." Mit Armut, auf die sich auch Magdalena Bohner in ihrer Aussage beruft, rechtfertigten die meisten Frauen ihr Handeln. So antwortete auch die bereits erwähnte Dorothea Häusele auf die richterliche Frage, warum sie in die Mühle gegangen sei: „Ich dachte, ich sei ein armes Weib, ich wolle jetzt auch Mehl haben, daß ich einigemale davon kochen kann... Ich habe gedacht, ich wolle auch eine Zeitlang daran haben"[26]. Die Frauen verwiesen auf die Not, in der sie und ihre Familien lebten, und lehnten dadurch im Grunde genommen die Bezeichnung ‚Diebstahl' für das, was sie getan hatten, ab.

Viele Frauen unterschieden dabei zwischen dem Mehl, das sie für die Versorgung der Familie brauchten, und den Gegenständen, die aus dem ‚Hasen' stammten. So sagte zum Beispiel Regina Dauner aus: „Dadurch daß ich das Mehl genommen habe,... dadurch allein habe ich mich verfehlt. Denn ich wußte wohl, daß das Mehl im Nebenhaus gestohlen worden ist. Aber ich dachte eben, bei den schlechten Zeiten und bei meinen bedrängten Vermögensumständen könne ich dieses Mehl wohl brauchen"[27]. Ihre Bedrängnis war ihr Begründung genug, um den Besitz des Mehls, das ihr Sohn nach Hause gebracht hatte, zu rechtfertigen. Aus dem Mehl hatte sie auch gleich für sich und ihre Kinder ‚Knöpfle' gekocht. Doch die aus dem Gasthaus ‚Hasen' ebenfalls von ihrem Sohn mitgenommenen Umhangringe und Gläser mußte ihre Tochter am nächsten Tag der Hasenwirtin wieder übergeben. Indem Regina Dauner die Haushaltsgegenstände zurückbrachte, wollte sie diesen Diebstahl ungeschehen machen, denn sie empfand ihn trotz der

I.5. Der Ulmer Brotkrawall 1847

‚schlechten Zeiten' als unrechtmäßig. Daß sie sich jetzt vor Gericht für diese wiedergutgemachte Tat verantworten sollte, war ihr unbegreiflich.

So erging es auch anderen Frauen. Manche hatten nämlich die in der Mühle entwendeten Säcke und Körbe, die zum Transport des Mehls benutzt worden waren, wieder zurückgetragen. Dies geschah nicht nur aus Reue, sondern auch deshalb, weil ihr Besitz bei Hausdurchsuchungen besonders aufgefallen wäre. Ebenso war eine große Menge Mehl – die Frauen nahmen zum Teil bis zu 70 Pfund – in einem Unterschichtshaushalt verdächtig. Viele Anzeigen erfolgten nämlich durch Nachbarn, die genau beobachtet hatten, wie die Frauen Mehl und andere Sachen nach Hause geschleppt hatten. Es scheint, als ob die Frauen die Aneignung des Mehls, das sie zu Essen verarbeiteten, in ihrer Notlage durchaus als legitim empfanden. Die Haushaltsgegenstände dagegen erinnerten sie ständig an deren unrechtmäßigen Erwerb, weshalb sie sie schnell wieder loswerden wollten.

Wenn die Frauen sich vor dem Untersuchungsrichter auf ihre Armut beriefen, war dies nicht nur eine Ausrede, sondern es entsprach der Notlage, in die sie und ihre Familie geraten waren. Lebensmittelverknappung und steigende Preise machten es den Frauen immer schwieriger, ihre Familien richtig zu versorgen. Häufig genügte das durchschnittliche Einkommen einer Unterschichtsfamilie nicht einmal mehr für das tägliche Brot, das neben Mehlsuppen und Nudeln das Hauptnahrungsmittel der Unterschichten war[28]. Ein 6-Pfund-Laib kostete Ende April in Ulm etwa 40 Kreuzer, der Preis hatte damit seinen Höchststand erreicht[29]. 32 bis 36 Kreuzer erhielt damals ein Taglöhner pro Tagwerk, eine Taglöhnerin konnte sich mit ihrem 18-Kreuzer-Lohn nicht einmal mehr ein halbes Brot kaufen[30]. Auch wenn Handwerker und Fabrikarbeiter etwas besser verdienten, fehlte es in ihren Haushalten genauso an Lebensmitteln.

Auf die wachsende Zahl der Bedürftigen war in Ulm mit der Eröffnung einer Suppenanstalt reagiert worden, die täglich bis 700 Essensportionen ausgab[31]. Außerdem wurden von der Stadt an 270 Arme Brotkarten verteilt[32]. Die städtischen Maßnahmen reichten jedoch allesamt nicht aus, die stetige Reallohnminderung zu stoppen. Die Zahl der verarmenden Familien nahm ständig zu, und das Problem der Armenfürsorge wurde immer dringender. Schon während des gesamten Frühjahrs war der Stadtrat in zahlreichen Leserbriefen aufgefordert worden, auswärts Mehl zu kaufen, um es zu verbilligten Preisen, wenn nicht gar zum „Gnadenpreis" an die bedürftige Bevölkerung abzugeben[33]. Zu diesen Bedürftigen zählten 1847 auch weite Teile des Mittelstands, wie die Schreiber betonten[34]. Die Zahl der Gantfälle (Konkurse) im Handwerkerstand war 1846/47 bedrohlich angestiegen[35].

Auch wenn Hunger nicht zwangsläufig zum Protest führte[36], hatten die extremen Versorgungsschwierigkeiten zu den Spannungen in der Stadt beigetragen. Die betroffenen Bevölkerungsgruppen nahmen sehr genau wahr, wieviel die Stadt

I.5. Der Ulmer Brotkrawall 1847

bereit war zu investieren, um Abhilfe in dieser allgemeinen Notsituation zu schaffen[37]. Indem die Frauen vor Gericht ihre Armut betonten, kritisierten sie im Grunde genommen zugleich die unzureichende Versorgung durch die Stadt. Folgende Episode, die Stadtrat Reichard berichtete, unterstreicht dies. Als er am 1.Mai die Tumultanten von dem Sturm auf die Langmühle abhalten wollte, „stellten sich mehr als 30 Personen, meistens ältere Weiber, gegen mich auf, und machten mir Vorwürfe, daß der Stadtrat für die armen Leute nicht gehörig gesorgt hätte"[38]. Der Krawall stand für die Beteiligten offensichtlich im direkten Zusammenhang mit der städtischen Versorgungs- und Marktpolitik.

Diese Sichtweise spiegelt sich in den Argumenten wider, mit denen sich die Männer vor Gericht legitimierten. So gab Schreinermeister Dafeldecker einen Disput wieder, den er mit dem Oberamtsverweser Wolf am Kornhaus hatte, kurz bevor dort die Auseinandersetzungen um Müller Wieland begannen. Er, Dafeldecker, habe zunächst beklagt, daß in Ulm die Armen nicht wie in anderen Städten auch von der öffentlichen Hand Getreide bekämen. „So dann", schilderte er das Gespräch vor Gericht weiter, „müße der Unfug im Kornhaus von der Obrigkeit gesteuert werden, daß die Händler, die Kunstmüller alles zuerst aufkaufen, während sie erst kaufen sollten, wenn andere Leute ihr Sach haben. Ich bemerkte dabei, daß wenn die Obrigkeit dabei nicht helfe, wir nächsten Samstag selbst dafür sorgen werden, daß es anders werde"[39].

Männer kauften noch häufig auf dem Markt ein, kannten deshalb das Warenangebot und die Veränderungen der Preise genau und hatten eine Vorstellung davon, welche Preise gerechtfertigt waren. Von ihnen kam deshalb am häufigsten der Vorwurf des Wuchers, mit dem sie Wieland für die Vorgänge verantwortlich machten. So sagte beispielsweise der 37jährige Zimmermann Friedrich Keim, Vater von vier Kindern, vor Gericht aus: „Es hat allgemein geheißen, daß der Langmüller daran Schuld sei, daß die FruchtPreise so hoch steigen"[40]. Zwar beriefen Männer sich vor Gericht – genauso wie die Frauen – auf ihre Armut. Doch für diejenigen, die auf den Zusammenhang von Teuerung und Protest verwiesen, war der Sturm auf die Langmühle in erster Linie ein Akt der Vergeltung, die Plünderung dagegen nur Nebensache. So gab der 38jährige Schneidermeister Matheus Meßmann zu Protokoll: „Ich gieng nicht wegen dem Mehl hin, ich nahm nichts, und gieng blos wegen dem Fenstereinwerfen hin"[41]. Indem die Männer die Häuser samt Einrichtung zerstörten, vollzogen sie eine symbolische Strafaktion. Sie sanktionierten die Verletzung des traditionellen marktinternen Regelsystems. Stärker als die Frauen argumentierten sie auf einer formalen Rechtsebene.

Es ist auffällig, daß keine Frau sich vor dem Untersuchungsrichter zu den Wuchervorwürfen äußerte oder den Strafaspekt betonte. Da den Frauen auch während des Krawalls Zerstörung fremd war, ist dies mehr als eine Strategie, die Teilnahme an der Protestaktion zu bagatellisieren. Ihr Denken und Handeln

I.5. Der Ulmer Brotkrawall 1847

scheint vornehmlich auf direkte Selbsthilfe ausgerichtet gewesen zu sein. Es kann allerdings auch sein, daß die Frauen sich über die Spekulationen und die Marktlage deshalb nicht äußerten, weil ihnen vor diesem männlichen Untersuchungsgremium ein solches Urteil nicht ‚zustand'.

In jedem Fall wäre es verkürzt zu behaupten, daß ausschließlich wirtschaftliche Not und soziale Regelverletzung das Verhalten der Frauen und Männer erklären könnten. Selbst dort, wo es vordergründig um Bereicherung ging, spielten nicht nur materielle Interessen eine Rolle. Wie viele andere kam auch die 23jährige Taglöhnerin Wilhelmine Sabloner[42] am 1. Mai zufällig an den ‚Hasen' und sah dort eine Weile zu, wie „Mannsleute" Sachen aus den Fenstern warfen. Sie hob schließlich einen atlasseidenen Hut und eine feine Chemisette auf. Stolz auf ihre ‚Beute' zeigte sie Hut und Kragen am Nachmittag einer Nachbarin. Obwohl sie den Hut nie hätte tragen können, denn zu leicht hätte er von Fricks wiedererkannt werden können, hatte Wilhelmine Sabloner sich mit diesen eleganten Accessoires vielleicht einen lang gehegten Wunsch erfüllt. Als die Nachstellungen der Polizei sowie Hausdurchsuchungen begannen, bekam sie es allerdings mit der Angst zu tun. Sie brachte den Hut der Hasenwirtin zurück und kam damit vor Gericht.

In der sozialen Ausnahmesituation der Plünderung wurde die Sehnsucht nach den Zeichen einer besseren Welt geweckt. Das Einschreiten der Justiz machte diese Träume wieder zunichte. Wilhelmine Sabloner gab zunächst nur den Diebstahl des Huts zu und versuchte den Besitz der Chemisette dem Untersuchungsrichter zu verheimlichen. Zu gerne wollte sie sie behalten, da dieser Kragen „weit schöner" war als ihre eigenen. Erst die spätere Aussage der Nachbarin brachte diesen Diebstahl zu Tage. Wilhelmine Sabloner hatte inzwischen allerdings, „als die Leute so eingesperrt wurden", die Chemisette zur Donau getragen und ins Wasser geworfen.

Von ledigen Handwerksgesellen und verwitweten Taglöhnerinnen.
Einige Überlegungen zur sozialen Herkunft der Tumultanten

Beruf, Alter und Familienstand der Beteiligten sollen im folgenden Aufschluß darüber geben, welche Gruppen sich vornehmlich an dem Brotkrawall beteiligten, und warum sie dies taten. Genaue Angaben stehen allerdings nur über diejenigen zur Verfügung, die später auch verurteilt und damit aktenkundig wurden. Die Verhaftungspraxis der Polizei läßt vermuten, daß die in die gerichtliche Untersuchung einbezogenen Personen einen repräsentativen Querschnitt zumindest der in Ulm wohnenden Beteiligten bilden. Denn zum einen führte die Polizei Hausdurchsuchungen systematisch in ganzen Straßenzügen durch[43]. Zum anderen wurden viele Anzeigen durch Nachbarn erstattet, die entweder durch Gerüchte gehört

I.5. Der Ulmer Brotkrawall 1847

oder aber mit eigenen Augen gesehen hatten, wer bei dem Tumult gewesen war oder etwas in sein Zimmer oder die Wohnung getragen hatte[44]. Das Netz der Bespitzelung war so relativ dicht, weil es in Ulm keine ‚typischen' Unterschichtsviertel gab[45], so daß auch der ‚rechtschaffene Teil der Bürgerschaft' seine Nachbarn und Untermieter genau beobachten konnte. Es scheint insofern unwahrscheinlich, daß eine bestimmte Gruppe der Verhaftung entging oder aber überdurchschnittlich oft von der Polizei gestellt wurde. Nur die kurzfristig in Ulm weilenden Besucher, zum Beispiel auswärtige Einkäufer auf dem Wochenmarkt, konnten der Strafverfolgung entgehen. Die Schätzungen über die Zahl der an diesem Krawall beteiligten Auswärtigen sind unterschiedlich. Über ihre Rolle bei den Auseinandersetzungen etwas auszusagen, ist insofern schwierig[46].

Die berufliche Gliederung der Verurteilten repräsentiert das gesamte Spektrum der Unterschichten: Handwerker, Taglöhner, Pflästerer, Fabrikarbeiter und einige wenige Festungsarbeiter[47] trugen diesen sozialen Protest. Dabei machten die Meister, Gesellen und Lehrlinge der durch die Krise besonders betroffenen Gewerbe die größte Gruppe aus[48]. Unter den Verurteilten finden sich vor allem verarmte Zimmerleute und Schreiner sowie auch Schneider, Schuhmacher und Gürtler. Fast ausnahmslos wurden sie durch den Stadtrat als vermögenslos eingestuft.

Obwohl in den Prozeßakten für verheiratete und verwitwete Frauen nur der Beruf des Mannes genannt wird, ist doch wahrscheinlich, daß die meisten von ihnen erwerbstätig waren. Da sich in der Krise die Lebensmittel so rapide verteuerten, wird in kaum einer Familie das Einkommen des Mannes ausgereicht haben. Die meisten Ehefrauen werden deshalb versucht haben, mit Gelegenheitsarbeiten, als Taglöhnerin oder durch Garten- oder Allmendbestellung ihren Teil zum Familieneinkommen beizutragen[49]. Witwen mußten auf jeden Fall eine Arbeit annehmen, wollten sie nicht auf die öffentliche Armenpflege angewiesen sein. Die meisten der ledigen Frauen waren Fabrikarbeiterinnen, einige suchten ihr Auskommen als Händlerinnen für Milch oder Obst sowie als Botengängerinnen zu verdienen[50]. Aufschlußreich ist auch das Lebensalter der Beteiligten. Denn offensichtlich gab es bestimmte Lebensphasen, in denen Männer und Frauen in besonderem Maß bereit waren, sich an sozialen Protestaktionen zu beteiligen.

Nach Altersgruppen aufgeschlüsselt stellten bei den Frauen die größten Gruppen die 26- bis 35jährigen sowie die 36- bis 45jährigen: zu der ersten gehörten 22 der 57 Verurteilten (38,6%), zu der zweiten 15 (26,3%). Acht Frauen waren zwischen 46 und 50 Jahren alt (14%), fünf noch älter (8,8%). Junge Frauen beteiligten sich auffallend wenig an dem Krawall. Im Unterschied zu den Männern bildeten die unter 25jährigen mit nur 7 Verurteilten (12%) eine sehr kleine Gruppe, bei den Männern dagegen gehörten 43 der 134 Verurteilten dieser Altersgruppe an (32%). Die Mehrzahl der männlichen Tumultanten (55, das sind 41%) waren zwischen 26 und 35 Jahren alt. Ältere Männer waren im Vergleich zu den Frauen erstaunlich

I.5. Der Ulmer Brotkrawall 1847

unterrepräsentiert. Nur sieben waren über 46 Jahren (5,2%), 21% (29 Verurteilte) waren zwischen 36 und 45 Jahren, während bei den Frauen immerhin 26% dieser Altersgruppe angehörten[51]. Das Durchschnittsalter der Frauen lag daher höher als das der Männer.

Die jungen Ledigen bildeten also eine wichtige Gruppe der männlichen Tumultanten. Dreiviertel der unter 25jährigen war unverheiratet, die meisten übten als Geselle oder Lehrling ein Handwerk aus. Da die Gesellen trotz der zunehmenden Industrialisierung im beginnenden 19. Jahrhundert noch in festen Zunftverbänden mit geschlossenen Kommunikationszusammenhängen und herkömmlichen Mitteln des Protests lebten, waren sie in der Lage als Gruppe zu handeln. Sie waren insofern besonders disponiert, in den Konflikt einzugreifen[52]. Eine zusätzliche Rolle dürfte spielen, daß der Gruppe der jungen ledigen Männer in dörflichen Gesellschaften traditionell ein gewisses Rügerecht zugestanden wurde[53].

Bei den Frauen dagegen fehlt die entsprechende Altersgruppe. Junge Frauen verfügten in der Stadt nicht über so geschlossene und strukturierte Gruppenzusammenhänge wie die Gesellen und jungen Männer. Vom öffentlichen Diskurs um Preis- und Marktgeschehen waren sie weitgehend ausgeschlossen. Junge Unterschichtsfrauen waren zudem meist als Dienstbotinnen in einen bürgerlichen Haushalt eingebunden. Sie waren deshalb der sozialen Kontrolle ihrer Herrschaft ausgesetzt und mußten jederzeit darauf bedacht sein, ihren guten Ruf und damit ihre ‚vertrauensvolle' Stellung zu wahren.

Von den Frauen waren 17 (29,8%) ledig, wobei 13 von diesen Ledigen älter als 25 Jahre waren. Dies ist bemerkenswert, da ein bürgerliches Mädchen in diesem Alter damals meist schon verheiratet war. Unterschichtsfrauen dagegen waren lange Zeit zum Ledigsein verurteilt, denn die bestehende Heiratsgesetzgebung, die unter anderem den Nachweis eines „ausreichenden Nahrungsstandes" verlangte[54], zögerte oft eine Verheiratung hinaus, wenn sie sie nicht ganz verhinderte. Je älter die Frauen wurden, je länger sie versucht hatten, von dem eigenen geringen Lohn das nötige Vermögen für die Heirat abzuzweigen und aufzusparen, umso mehr wuchs die soziale Perspektivlosigkeit, umso mehr wurden sie sich wahrscheinlich der Unmöglichkeit bewußt, dieses Ziel zu erreichen. Einige der ledigen Frauen (5 der 17) hatten bereits Kinder, die sie von ihrem Lohn miternährten oder für die sie Kostgeld zahlen mußten. Der soziale und ökonomische Druck, unter dem diese Frauen lebten, läßt sich häufig an den Lebensläufen ablesen, an den sich wiederholenden Strafen für Kleindelikte wie Felddiebstahl und Waldfrevel. Wie die Vorstrafenregister und die unehelichen Kinder zeigen, nehmen diese Frauen in der sozialen Rangskala die untersten Plätze ein. Versagte Respektabilität und wohl auch wachsende ökonomische Schwierigkeiten während der Hungerjahre erhöhten bei ihnen möglicherweise die Bereitschaft, außerhalb der bürgerlichen Verhaltensnormen zu handeln. Wie die Aussagen vor Gericht belegen, dachten die verheirateten Frauen in erster Linie an die Bedürftigkeit ihrer Familien, als sie sich am 1. Mai entschlossen, Mehl aus der Langmühle zu holen. Sie, die für die Essenszubereitung zuständig waren, erlebten die Krisenauswirkungen in ihren Familien bei der Einschränkung der täglichen Mahlzeiten. Die Plünderung war für sie so eine günstige Möglichkeit, das Haushaltsbudget aufzubessern.

Erstaunlich hoch war schließlich der Anteil der älteren und verwitweten Frauen: 9 der 57 Verurteilten waren Witwen[55]. Sie befanden sich in einer ähnlich schwierigen ökonomischen Situation wie die ledigen Mütter, hatten zudem mit zunehmendem Alter nicht mehr die körperliche Konstitution, jede Arbeit zu übernehmen. So schrieb die 50jährige Witwe Meyer in einem nach ihrer Verurteilung an den König gerichteten Gnadengesuch: „Ich bin ein armes Weib, körperlich zu schweren Geschäften untauglich, indem ich schon seit vier Jahren gebrochen bin und deshalb ein Bruchband tragen muß, bin Mutter dreier Kinder... Ich bin eine Wäscherin, und suche mir durch Waschen und Fegen meinen eigenen, sowie den Unterhalt meines jüngsten Kindes zu verdienen"[56]. Taglohnarbeiten, Waschen und Fegen, waren es häufig, mit denen diese Frauen ihr Auskommen suchten[57]. Sie wechselten häufig ihre Arbeitsstelle und konnten nicht unbedingt jeden Tag mit Arbeit rechnen. Taglöhnerinnen verdienten in der Regel 15 bis 16 Kreuzer pro Tag, ein Betrag, der kaum den eigenen Unterhalt sicherte, geschweige denn, daß davon noch Kinder miternährt werden konnten. Im Gegensatz zu den älteren Männern, die sich nur in geringer Zahl beteiligten (2 Witwer; 5 Männer, die älter als 50 sind), griffen Frauen bei dem Brotkrawall beherzt zu und nahmen dadurch ihr Schicksal für einen Moment in die eigenen Hände.

„Mein Mann hat mich eben genug darüber gezankt...". Brotkrawall und Alltag

Entgegen der gelegentlich vertretenen These, daß gerade die „Entwurzelten", das heißt diejenigen, die im Zuge der Industrialisierung als Fabrikarbeiter oder Taglöhner in einer fremden Stadt außerhalb vertrauter Sozialzusammenhänge lebten, Träger von Protestaktion und insbesondere von Krawallen seien[58], trifft dies auf die in Ulm Verurteilten nicht zu. Immerhin 80 der 134 verurteilten Männer und 28 der 57 Frauen sind Ulmer Bürger/innen oder Beisitzer/innen, hatten also dort Heimatrecht. Darunter befanden sich auch die später als ‚Rädelsführer' Angeklagten. Gerade weil sie als Ulmer Bürger in den städtischen Sozialzusammenhang integriert waren und deshalb auch die Diskussion um die lokalen wirtschaftlichen Abläufe und Vorkommnisse mitbestimmten, konnten sie Mißstände anprangern und sich das Recht nehmen, ihre Ansprüche handgreiflich durchzusetzen. Häufig entschieden aber auch Wohnsituation, Nachbarschaftskontakte, zufällige Geprä-

I.5. Der Ulmer Brotkrawall 1847

che und nicht zuletzt die familiären Beziehungsstrukturen darüber, ob und in welcher Form Männer und Frauen sich an dem Brotkrawall beteiligten.

Da solche sozialen Hintergründe und individuellen Motive für den ‚Tathergang' nur eine untergeordnete Rolle spielten, flossen Hinweise auf den Alltag eher zufällig in die Verhöre mit ein, wenn die angeklagten Männer und Frauen den Verlauf der Ereignisse des 1. Mai schilderten. Doch weisen gerade diese Randbemerkungen darauf hin, daß der Brotkrawall einerseits aus dem alltäglichen Leben herausfiel, aber andererseits auf vielfältige Weise in dessen Strukturen eingebunden war; dazu einige vorläufige Überlegungen. Mobilisierend wirkte am 1. Mai vor allem die von Person zu Person getragene Neuigkeit, daß es „an der Langmühle drunter und drüber gienge". Wer ohnehin an diesem Samstag Vormittag in der Stadt unterwegs war, schlug auf die Nachricht hin den Weg zur Langmühle oder zum ‚Hasen' ein. Doch auch wer zu Hause saß, reagierte auf das Gerücht und ging neugierig, „um zu sehen, was es giebt". Die Nachricht vom Ausbruch des Tumults sprach sich in Windeseile in der Stadt herum. Alle wollten wissen, was an der Langmühle und später am ‚Hasen' vor sich ging und überlegten sich, ob sie selbst hingehen sollten. Auch mit Nachbarn und Nachbarinnen wurden die Ereignisse besprochen und kommentiert. Die ledige Fabrikarbeiterin Christine Hatter unterhielt sich mit der älteren Anna Braun, Ehefrau eines Fabrikarbeiters, über die Neuigkeit[59]. Sie beschlossen, gemeinsam zur Langmühle zu gehen, aus der sie sich dann Mehl holten. Einige der Männer gaben vor Gericht an, nur deshalb losgegangen zu sein, um sich zu überzeugen, ob das Gerücht auch wahr sei[60]. Ihnen war es später anscheinend unangenehm, so prompt auf ein Gassengespräch reagiert zu haben.

Auffallend ist, daß nur sehr wenige Ehepaare gemeinsam angeklagt bzw. verurteilt wurden[61]. Möglicherweise wurde familienintern geregelt, wer zur Langmühle gehen sollte. In den meisten Fällen nahmen sich die Männer das Recht, der Sache auf den Grund zu gehen und eventuell in diesen öffentlichen Konflikt einzugreifen. Offensichtlich besteht ein Zusammenhang zwischen Arbeits- und Lebenssituation und Kompetenzzuweisungen. Handwerker hatten teilweise noch ihre Werkstatt im Wohnhaus, konnten zudem ihre Arbeitszeit flexibel handhaben und kauften außerdem häufig auf dem Markt für den Familienbedarf ein. Sie ließen ihre Arbeit liegen und machten sich auf den Weg, als sie von dem Krawall hörten. Viele Frauen waren durch Verpflichtungen im Haushalt wie Essenszubereitung und Kinderhüten an die Wohnung gebunden. So gaben einige Männer zu Protokoll, zunächst von der Arbeit heim zu ihrer Frau zum Mittagessen gegangen zu sein, erst danach waren sie zu dem Schauplatz des Tumults geeilt. Wo die Männer gingen, blieben die Frauen zu Hause. Sie nahmen nur das Mehl in Empfang, das die Männer brachten, und verarbeiteten es. Drei der vier später im Prozeß wegen „Diebshehlerei" angeklagten Ehefrauen waren typischerweise Handwerkergat-

I.5. Der Ulmer Brotkrawall 1847

tinnen. Ehefrauen von Fabrikarbeitern oder Taglöhnern, deren Männer den ganzen Tag an feste Arbeitszeiten gebunden und außer Haus waren, gingen selbst zur Langmühle oder zum ‚Hasen'. Auch die Witwen waren in ihrer Entscheidung unabhängig. Einige der verhörten und verurteilten Frauen sagten vor Gericht aus, auf dem Weg von oder zur Arbeit von den Unruhen gehört zu haben und daraufhin zur Langmühle gegangen zu sein. Da sie gewöhnlich kleinere Gelegenheitsarbeiten erledigten, war es für sie kein Problem, die Arbeit zu unterbrechen.

Daß eheliche Beziehungsstrukturen Einstellungen und Verhaltensweisen gegenüber einer solchen Protestaktion beeinflußten, zeigen die Konflikte, die in den Familien nach dem Brotkrawall entstanden. So fügte zum Beispiel Apollonia Grimm ihrem Geständnis, Mehl aus der Langmühle mitgenommen zu haben, hinzu: „Mein Mann hat mich eben genug darüber gezankt"[62]. Apollonia Grimm sprach damit ihren Mann von jeder Schuld frei und machte deutlich, daß sie sich bewußt war, eine strafbare Tat begangen zu haben. In der Familie scheint es zudem Streit über den Brotkrawall gegeben zu haben. Als das Mehl am 3. Mai von der Polizei bei der Hausdurchsuchung gefunden wurde, war noch nichts davon verbraucht[63]. Die ablehnende Haltung ihres Ehemanns hatte Apollonia Grimm so weit verunsichert, daß sie das Mehl nicht – wie andere Frauen – sofort in den Küchenplan miteinbezogen hatte.

Einige Frauen hatten das Mehl vor ihren Ehemännern versteckt, vielleicht um ähnliche Konflikte zu vermeiden[64]. Ob die Frauen dies taten, weil sie die Haltung ihres Ehemanns kannten, oder weil die Angst vor ihm genauso groß war wie vor obrigkeitlichen Nachstellungen, bleibt dabei offen. Brachten Männer Mehl nach Hause, wurde es von den Frauen genommen und weiterverarbeitet, auch wenn sie nicht damit einverstanden waren. Die Frauen fügten sich, wie das Beispiel der wegen Diebshehlerei angeklagten Margarethe Eberhart zeigt, die zu Protokoll gab: „Was kann die Frau machen, wenn der Mann so etwas (Mehl; d.V.) bringt? Und da alles Mehl hereingebracht hat, dachte ich, mir komme es auch gut"[65].

Doch es gibt auch Beispiele dafür, daß sich Ehepartner gegenseitig unterstützten, sich halfen, Gestohlenes zu verbergen, und sich vor Gericht gegenseitig zu entlasten versuchten. Angelika Bollinger will so eine Spiegelscherbe und einen Stuhl, beides aus dem Besitz des Hasenwirts stammend, von einem „unbekannten Mann" bekommen haben[66]. Um so peinlicher war es, als der Untersuchungsrichter herausfand, daß es sich dabei in Wahrheit um ihren eigenen Ehemann gehandelt hatte. Mit allen Mitteln versuchten Frauen und Männer, eine Verringerung des Strafmaßes zu erreichen. In einigen Fällen zeigten sie sich sogar selbst an, in der Hoffnung, mit einem freimütigen Geständnis Strafminderung zu bewirken[67].

Einige Frauen dachten bereits während der Tat an die möglichen Folgen und die Reaktionen der Umwelt. Den ledigen Schwestern Rosine und Gottliebin Jehle, die schon seit einiger Zeit in Ulm lebten, fiel so plötzlich der Vermieter ein, der sie

I.5. Der Ulmer Brotkrawall 1847

beim Nachhausekommen hätte überraschen können. Mit der begründeten Vermutung, daß die „Hausleute... es nicht dulden"[68] würden, ließen sie eine in der Langmühle ergatterte Schranne (Holzbank; d.V.) wieder stehen. Da beide schon mehrmals wegen kleinerer Diebstähle vorbestraft waren[69], fürchteten sie eine erneute Anzeige. Da Diebstahl nach dem Bürgerrechtsgesetz ein Ausweisungsgrund war[70], hätten sie Ulm verlassen müssen und damit ihre Existenzgrundlage verloren. Der Besitz der Schranne lohnte dieses Risiko nicht. Trotz ihrer Vorsicht waren die beiden Schwestern dennoch beobachtet worden. Die Nachbarin Theresia Königsbauer, die selbst auch an dem Krawall beteiligt war, nannte – wohl um sich selbst zu entlasten – der Polizei ihre Namen. Bei der anschließend vorgenommenen Hausdurchsuchung fand sich in der Kammer Siegellack, den Gottliebin schon ein Jahr früher aus der Fabrik, in der sie arbeitete, mitgenommen hatte; außerdem stieß die Polizei auf ein kleines Kästchen aus dem Besitz der Hasenwirtin, das Gottliebin angeblich auf der Straße gefunden hatte. So konnten die Schwestern Jehle einer Verhaftung und Verurteilung doch nicht entgehen.

Daß sich in der Gruppe der verurteilten Frauen keine Dienstbotinnen befinden, ist bemerkenswert. Mit Bedacht auf ihre Stellung hielten diese sich vermutlich bewußt vom Tumult fern. Die bürgerlichen Frauen verfolgten an diesem Tag sehr genau die Wege ihres Personals; – eine Person, die sich an bürgerlichem Eigentum vergriff, hätten sie nicht länger in ihrem Haushalt geduldet. Ein Verdacht war schnell konstruiert. Johanna Klaiber, die bei der Hasenwirtin im Dienst stand, mußte sich vor Gericht verantworten, weil ihre Dienstherrin sie des Diebstahls bezichtigt hatte[71]. Vor dem Untersuchungsrichter konnte sich Johanna Klaiber jedoch „ziemlich glaubwürdig... rechtfertigen", denn sie hatte nur geholfen, von den Tumultanten herausgetragenes Inventar wieder einzusammeln. Für die Dienstbotinnen war die Kontrolle der Dienstherrschaft spürbar, dennoch fühlten sie sich dem bürgerlichen Haushalt, in dem sie dienten oder gedient hatten, oft verpflichtet. Diese Identifikation ging zum Teil so weit, daß eine ehemalige Angestellte der Hasenwirtin, die bei dem Tumult anwesend war, die Plünderung aufzuhalten suchte. Mit der Bemerkung „die gehören meiner Frau" riß sie einer anderen Frau Bettzeug aus der Hand, das diese gerade aus dem Schlafzimmer des ‚Hasen' entwendet hatte[72].

So vielfältig diese Einzelschicksale sind, machen sie doch deutlich, wie komplex die Motive sind, die Frauen bewegen, sich in einer bestimmten Weise an einer Protestaktion zu beteiligen. Die Empörung über die Preisentwicklung und das Verhalten der Händler auf dem Markt waren zwar so für die Entstehung des Brotkrawalls verantwortlich, sie bestimmten aber nicht das individuelle Verhalten während des Konflikts. Die soziale Ausnahmesituation des Brotkrawalls blieb eng verknüpft mit alltäglichen Erfahrungen, mit den im täglichen Leben erlernten Attitüden und Denkweisen. Eine Rolle spielten sowohl die familiaren Verhältnisse wie

I.5. Der Ulmer Brotkrawall 1847

auch die Sozialbeziehungen im Alltag, der Ehemann, die Nachbarn, die Dienstherrschaft. Die Struktur der Alltagswelt beeinflußte so einerseits das aktuelle Protestverhalten, wie auch Protestaktionen selbst immer eine Probe auf die soziale Tragfähigkeit dieser Alltagsbeziehungen waren.

Anmerkungen:

1) Robert Leibbrand: Das Revolutionsjahr 1848 in Württemberg. Stuttgart 1948, S. 14ff.
2) STAL E 350, Bü 10, Ufsz. 288.
3) Die Schranne ist der Ort, wo Getreide und Mehl gehandelt und verkauft wird.
4) Mit dem Regierungsgesetz von 1815 wurden die alten Schrannenordnungen aufgehoben, in den folgenden Jahren aber in fast allen Städten neue Ordnungen aufgestellt, in denen das Prinzip der Öffentlichkeit des Handels ebenfalls verankert war. Vergleiche dazu Manfred Müller: Handel mit Brotfrüchten. MA. MS Tübingen 1983, hier S. 116ff.
5) Die beiden Wirtschaftsformen wurden hier idealtypisch gegenübergestellt. Eine so exakte Trennung in die Anhänger der einen bzw. der anderen Wirtschaftsweise läßt sich sicherlich nicht aufrechterhalten. Diese Trennungslinie verlief zudem nicht entlang der Schnittlinie Oberschicht/Unterschicht. Vgl. Edward P. Thompson: Die ‚sittliche Ökonomie' der englischen Unterschichten im 18. Jahrhundert. In:Detlev Puls et al: Wahrnehmungsformen und Protestverhalten. Studien zur Lage der Unterschichten im 18. und 19. Jahrhundert. Frankfurt 1979, S. 13–80, hier S. 27f; sowie Manfred Müller: Handel..., S. 28ff.
6) Simri ist ein Hohlmaß und entspricht 22,153 l. Kernen ist von Spelzen befreiter Dinkel.
7) Manfred Müller: Handel..., S. 77 (nach den Schrannennotierungen 1847). Der Preis für Korn steigerte sich zwischen 1837 und 1847 von 1fl 3 auf 3fl 18x. Wolf-Dieterich Hepach: Ulm im Königreich Württemberg 1810–1848. Ulm 1979, S. 75.
8) Manfred Gailus: Soziale Protestbewegungen in Deutschland 1847–1849. In: Heinrich Volkmann/Jürgen Bergmann (Hg.): Sozialer Protest. Opladen 1984, S. 76–106.
9) Werner K. Blessing: ‚Theuerungsexzesse' im vorrevolutionären Kontext. In: Werner Conze/Ulrich Engelhardt (Hg.): Arbeiterexistenz im 19.Jahrhundert. Stuttgart 1981, S. 356–384, hier S. 361f. Dieter Dowe: Methodologische Überlegungen zum Problem des Hungers in Deutschland in der ersten Hälfte des 19. Jahrhundert. In: Werner Conze/Ulrich Engelhardt (Hg.): Arbeiterexistenz..., S. 202–234, hier S. 211, 224 und 226. E.P. Thompson: ‚Sittliche Ökonomie'..., S. 49ff. Wolfgang Kaschuba: Vom Gesellenkampf zum sozialen Protest. In: Ulrich Engelhardt (Hg.): Handwerker in der Industrialisierung. Stuttgart 1984, S. 381–406, hier S. 391.
10) STAL E 350, Bü 9–21; HSTAS E 146 alt,Bü 3840; HSTAS E 301, Bü 239.
11) Ulmer Schnellpost (=USP) 2.5.1847, Nr. 101, S. 406; hier auch die folgenden Zitate.
12) HSTAS E 146 alt, Bü 3840; Carl Reichard: Lebenserinnerungen. Herausgegeben von Carl Schwenk. Ulm 1936, S. 48f.
13) STAL E 350, Bü 10, Ufsz. 288.
14) Wolfgang Kaschuba: Vom Gesellenkampf...; Rudolf Wissell: Des Alten Handwerks Recht und Gewohnheit. Berlin 1929.

I.5. Der Ulmer Brotkrawall 1847

15) Vergleiche dazu E.P. Thompson: ‚Sittliche Ökonomie'..., S. 30ff. Während der gerichtlichen Untersuchung in Ulm wurde der Vorwurf laut, Ordnungskräfte und ‚Bürger' hätten sich dem Krawall nicht genügend entgegengestellt. Auch dies deutet auf den zunächst bestehenden Konsens hin. C. Reichard: Lebenserinnerungen, S. 51f.
16) STAL E 350, Bü 10, Ufsz. 288.
17) STAL E 350, Bü 15, Ufsz. A 30.
18) STAL E 350, Bü 16, Ufsz. A 55; hier auch alle weiteren Aussagen der Dorothea Häusele.
19) STAL E 350, Bü 19, Ufsz. A 138; hier auch alle weiteren Aussagen der Ursula Striebel.
20) STAL E 350, Bü 17, Ufsz. A 100; hier auch alle weiteren Aussagen der Catharina Moser.
21) Vgl. z.B. STAL E 350, Bü 15, Ufsz. A 33; E 350, Bü 16, Ufsz. A 42.
22) STAL E 350, Bü 15, Ufsz. A 7.
23) So und mit ähnlichen Worten z.B. in STAL E 350, Bü 19, Ufsz. A 138 und A 143; E 350, Bü 20, Ufsz. A 162.
24) Vgl. z.B. STAL E 350, Bü 19, Ufsz. A 138. Da bei jedem Verhör diese Frage gestellt wurde, findet sich diese Antwort in fast jedem Protokoll.
25) STAL E 350, Bü 15, Ufsz. A 18.
26) STAL E 350, Bü 16, Ufsz. A 55.
27) STAL E 350, Bü 15,Ufsz. A 31.
28) Jürgen Kuczynski: Geschichte des Alltags des deutschen Volkes. Band III. Berlin 1981, S. 364ff. 70–80% des Lohns einer Unterschichtsfamilie wurde durch die Ernährung verschlungen. Ebd., Band II, S. 259.
29) Württembergische Jahrbücher (WJB) 1847, I, S. 46.
30) W. Kaschuba/C. Lipp: 1848..., S. 104. Höherer Brotpreis bedeutete somit auch immer, daß weniger Brot gekauft werden konnte. Vgl.: Carola Lipp/Wolfgang Kaschuba: Wasser und Brot. In: Geschichte und Gesellschaft, Jg. 10, 1984, Heft 3, S. 320–351, hier S. 345f.
31) USP 10.4.1847, Nr. 82, S. 329 sowie USP 23.4.1847, Nr. 93, S. 374.
32) USP 26.1.1847, Nr. 20, S. 82.
33) Vgl. USP 4.2.1847, Nr. 28, S. 114; USP 24. 1.1847, Nr. 19, S. 78; USP 24.4.1847, Nr. 98, S. 394, in denen direkte Vorschläge an den Stadtrat gerichtet wurden. Auch sonst erschienen zahlreiche Beiträge, die sich mit der Teuerung befaßten, z.B. USP 11.3.1847, Nr. 59, S. 234; USP 28.3. 1847, Nr. 73, S. 293f.
34) USP 28.3.1847, Nr. 73, S. 293f; USP 29.4.1847, Nr. 98, S. 394.
35) Die Zahl der Gantungen in Württemberg während der Jahre 1840–1847. In: WJB 1847, II, S. 179–201. In sechs Jahren, von 1840–45, werden dort 7314 Gantungen genannt. Auf jedes Jahr fallen somit im Durchschnitt 1219. 1846/47 stieg die Zahl auf 2098 pro Jahr. Besonders betroffen waren Schuhmacher, Maurer, Zimmerleute, Schreiner, Bäcker, Karrenfuhrleute. Ebd., S. 179.
36) Dieter Dowe stellt die Frage nach der ‚Reizschwelle zwischen Hunger und Reaktion', muß diese Frage aber auf Grund der bisher mangelhaften Forschungslage unbeantwortet lassen (Methodologische Überlegungen..., S. 220ff.) Daß Hunger nie alleinige Ursache von Massenprotest ist, sagt bereits E.P. Thompson und warnt davor, den Volksmassen „spasmodische" Reaktionsweisen zu unterstellen. E.P. Thompson: ‚Sittliche Ökonomie'.
37) C. Lipp/W. Kaschuba: Wasser und Brot..., S. 342 und S. 346f.
38) STAL E 350, Bü 9a, Ufsz. 95, S. 95.
39) STAL E 350, Bü 15, Ufsz. A 29.
40) STAL E 350, Bü 18, Ufsz. A 69. Dasselbe Argument findet sich in vielen Verhörprotokollen der Männer.

I.5. Der Ulmer Brotkrawall 1847

41) STAL E 350, Bü 17, Ufsz. A 98. Vgl. auch STAL E 350, Bü 17,A 97: „Ich gieng nicht hin, um zu stehlen, sondern nur um zu zerstören."
42) STAL E 350, Bü 19, Ufsz. A 121; dort alle Zitate der Wilhelmine Sabloner.
43) STAL E 350, Bü 9a, Ufsz. 70.
44) Darauf weisen eine ganze Reihe von Anzeigen hin. Vgl. z.B.: STAL E 350, Bü 9a, Ufsz. 95a, S. 62.
45) W.-D. Hepach: Ulm..., S. 68.
46) Im Abschlußbericht der Untersuchungskommission heißt es, daß die ‚Falschen' verhaftet und verurteilt worden seien, da die meisten Tumultanten von außerhalb gekommen seien. STAL E 350, Bü 10, Ufsz. 288. Von einzelnen Beteiligten oder Beobachtern wird dagegen angeführt, daß sie viele Personen gekannt hätten. Vgl. z.B. STAL E 350, Bü 9a, Ufsz. 95a.
47) Der im Jahr 1842 begonnene Festungsbau brachte viele fremde Arbeiter nach Ulm, die als Potential für soziale Unruhen galten. Doch an dem Brotkrawall beteiligten sich nur wenige, während der größte Teil die Arbeit fortsetzte. W.-D. Hepach: Ulm..., S. 76; C. Reichard: Lebenserinnerungen..., S. 50. Zu den Festungsarbeitern allgemein: W.-D. Hepach: Ulm..., S. 77ff.
48) Männer: 97 Handwerker, 10 Fabrikarbeiter, 8 Festungsarbeiter, 17 Taglöhner, einer ohne Beruf. Eine ähnliche Gliederung ergibt sich auch bei den Ehemännern der verurteilten verheirateten Frauen: 16 Handwerker, 4 Fabrikarbeiter, 4 Festungsarbeiter, 9 Taglöhner, 5 hatten andere Berufe.
49) Louise A. Scott/Joan Tilly: Women, Work and Family. USA 1978, hier S. 123ff.
50) Von den 17 ledigen Frauen waren: 7 Fabrikarbeiterinnen, 1 Obst- und 2 Milchhändlerinnen, je 1 Näherin, Privatbotin, Taglöhnerin, Ausgängerin, 3 ohne Beruf.
51)

	Frauen		Männer	
unter 25	7	12,3%	43	32%
26–35	22	38,6%	55	41%
36–45	15	26,3%	29	21%
46–50	8	14%	2	1,5%
über 50	5	8,8%	5	3,7%

Für Ulm insgesamt liegt für diese Zeit keine Zählung vor. Nur im WJB 1853, II, S. 42f, ist eine Zählung Gesamtwürttembergs dokumentiert, die für den städtischen Donaukreis folgende Zahlen nennt, die hier nur zum Teil zitiert sind, die Gesamtsumme ergibt also nicht 100%.

	Frauen	Männer
14–20	10,01%	10,7 %
20–25	8,5 %	8,1 %
25–40	22,87%	22,05%
40–60	20,57%	20,57%
60–70	6,36%	6,02%

52) W. Kaschuba: Gesellenkampf...
53) Martin Scharfe: Zum Rügebrauch. In: Hessische Blätter für Volkskunde, Jg. 61, 1970, S. 45–68.
54) Carola Lipp: Dörfliche Formen generativer und sozialer Reproduktion. In: Wolfgang Kaschuba/Carola Lipp: Dörfliches Überleben. Tübingen 1982, S. 287–607, hier S. 298ff.
55) Im württembergischen Durchschnitt lag die Zahl der Witwen höher als die der Witwer, was auf geringere Wiederverheiratungschancen von Witwen hindeutet. Vgl. WJB 1853,II, S. 51.

I.5. Der Ulmer Brotkrawall 1847

56) STAL E 350, Bü 11, Ufsz. 370.
57) J.W. Scott / L.A. Tilly: Women..., S. 127.
58) Diese These wurde vor allen Dingen in den 50er Jahren entwickelt. Es spiegelt sich darin die Stereotypenbildung aus Oberamtsberichten und anderen zeitgenössischen Berichten zur „Sozialen Frage" wider, in denen das Bild des ‚revoltierenden Ortsfremden' festgeschrieben wurde. Zur neueren Forschung vergleiche vor allem: Werner Conze: Vom ‚Pöbel' zum ‚Proletariat'. In: Vierteljahresschrift für Wirtschafts- und Sozialgeschichte, Jg. 46, 1954, S. 333–364.
59) STAL E 350, Bü 15, Ufsz. A 21.
60) Vgl. z.B. STAL E 350, Bü 17, Ufsz. A 73.
61) 10 der 134 verurteilten Männer kamen mit ihren Ehefrauen vor Gericht. 4 dieser Ehefrauen waren aber am 1. Mai zu Hause geblieben und wurden nur wegen Diebshehlerei angezeigt.
62) STAL E 350, Bü 16, Ufsz. A 51.
63) Ebd.
64) STAL E 350, Bü 15, Ufsz. A 18; STAL E 350, Bü 15, Ufsz. A 23.
65) STAL E 350, Bü 15, Ufsz. A 33.
66) STAL E 350, Bü 15, Ufsz. A 19.
67) STAL E 350, Bü 10, Ufsz. 284.
68) STAL E 350, Bü 18, Ufsz. A 65.
69) STA Tübingen, Strafregister Bd. I, Bl. 323 und 325, Bände 19. Jahrhundert, lfd. Nr. 1313.
70) Bürgerrechtsgesetz vom 4.12.1833 (Regierungs-Blatt von Württemberg 1833, S. 509ff). Die Aufenthaltsgenehmigung konnte versagt werden, wenn Ortsfremde ein ‚schlechtes Prädikat' hatten, z.B. wegen Diebstahls oder längerer Freiheitsstrafen (vgl. Art. 11 und 19).
71) STAL E 350, Bü 14, Ufsz. B 34.
72) STAL E 350, Bü 16, Ufsz. A 50.

Teil II

Frauenaktion und Klassenkonflikte 1848/1849

Carola Lipp

Katzenmusiken, Krawalle und „Weiberrevolution". Frauen im politischen Protest der Revolutionsjahre

„... selbst Weibs-Personen" waren dabei, berichtete indigniert der Heilbronner Oberamtmann im März 1848, noch ganz unter dem Schock der ersten Straßentumulte[1]. Die Revolution, die wenige Tage zuvor mit ordentlichen Bürgerversammlungen, wohlgesetzten Reden und dem „Wunsch" nach mehr bürgerlicher Freiheit[2] begonnen hatte, mündete nun in Eruptionen ‚der Straße'. Zum Entsetzen der „angeseheneren Bürger" und „rechtlichen Männer"[3] wurde mit „Tumulten" und „Katzenmusiken" die Verwirklichung der Revolution auf Gemeindeebene gefordert; „Menschenmassen"[4] durchzogen die Straßen und drängten auf den Rücktritt der alten lokalen Obrigkeiten. Dieser Protestbewegung im März folgte eine zweite Welle von Krawallen im September 1848, und im Frühjahr 1849, als die demokratischen Bemühungen um Revolution und Reform zunehmend aussichtsloser schienen, eskalierten die politischen Konflikte in immer heftigeren Tumulten und Kundgebungen, mit denen eine kleinbürgerlich-proletarische Gegenöffentlichkeit ihren Unmut über den Gang der politischen Entwicklung zeigte[5]. Bei etlichen der 1848 stattfindenden Aktionen waren Frauen beteiligt. In den Berichten werden sie gewöhnlich summarisch erwähnt, meist mit den Formeln „auch Weibspersonen" waren anwesend (SK 23.3.48), „unter den tobenden Haufen befanden sich viele Weiber" u.a.[6]

Umso mehr fällt auf, daß in den Berichten über die Aktionen 1849 von Frauen nicht mehr die Rede ist. Interessant ist deshalb, warum und unter welchen Bedingungen Frauen auf die Straße gingen, um zu protestieren. Und ob sich – im Hinblick auf das Verhalten der Frauen bei den Brotkrawallen 1847 wie auch in den Jahren der Revolution – eine Kontinuität weiblicher Protestformen und Protestziele beobachten läßt. Insgesamt sind die Informationen über das Protestverhalten von Unterschichtsfrauen in den Jahren der Revolution spärlich. Da in keiner württembergischen Stadt Frauen wegen politischer Protestaktionen gerichtlich belangt wurden, existieren weder Verhörprotokolle noch gibt es Hinweise auf die Identität der protestierenden Frauen. Die folgende Analyse weiblichen Protestverhaltens basiert auf eher fragmentarischen Informationen. Über die Beschreibung einzelner Konfliktfelder und die Interpretation kultureller Sinnzusammenhänge ist es jedoch möglich, an einzelnen Punkten spezifisch weibliche Strukturen politischen Handelns sichtbar zu machen.

Ein Vergleich der amtlichen Berichte über die politische Bewegung 1848/1849 zeigt, daß Frauen am häufigsten bei den Krawallen und Katzenmusiken im März

II.1 Katzenmusiken und „Weiberrevolution"

1848 beteiligt waren[7], wobei die Protestbereitschaft der Frauen fraglos die allgemeine „Aufregung"[8] und die hochgespannten „Erwartungen" [9] der ersten Revolutionswochen widerspiegelt. Die Teilnahme der Frauen an diesen ersten Straßentumulten hing aber auch, wie eine genauere Analyse aufdeckt, mit den Organisationsformen dieser Proteste und dem jeweiligen Protestziel zusammen.

Bei der Eßlinger Katzenmusik in der Nacht vom 19. auf den 20. März 1848 versammelte sich „eine Masse von mehreren hundert Personen", hauptsächlich Arbeiter und Arbeiterinnen der Eßlinger Fabriken, Handwerksgesellen, Lehrlinge sowie männliche und weibliche Dienstboten, vor dem Haus eines unbeliebten städtischen Beamten, wo sie im Chor schrien, pfiffen und lärmten. Schließlich wurde das Haus von der „tobenden Menge" mit Steinen beworfen, und einzelne Tumultanten schlugen mit Stangen gegen Fenster und Türen[10]. Politische Kritik bediente sich bei diesen recht lautstarken nächtlichen Aktionen der Sprache des Zorns; Wut wurde szenisch agiert mit drohender Gestik, schrillem Geheul, verbalen Ausbrüchen und Beschimpfungen. Rhythmisiertes „Geschrei, Pfeifen, Zischen" und das Absingen von „Spottliedern" waren wesentliche dramaturgische Elemente im geordneten Chaos der Katzenmusiken[11], die nach ihrer französischen Herkunft auch Charivari genannt wurden. Diese lautmalerischen „Spectakel"[12] stellten eine Aktionsform dar, in deren Szenario dem Schimpfen der Frauen geradezu rituelle Funktion zukam. Wie Sabine Kienitz zeigt (Kap. I.4), waren beim Stuttgarter Brotkrawall 1847 „freche Weiber" (AZ 5.5.47) die lautesten beim Schreien.

Der Eßlinger Schultheiß ging in seinem Bericht nicht näher auf die Frauen und ihr Verhalten ein. Sie waren Teil der „Menge", und der Beamte nannte sie nicht zufällig in einem Atemzug mit „meist junge(n) Leuten und Lehrlingen"[13]. Ihre Teilnahme war für den Beamten ein Grund, die politische Bedeutung des Protestes herabzuspielen, die Akteure als „politisch Unmündige" abzuqualifizieren[14].

Aus der Perspektive der Tumultanten stellte sich diese Frage der politischen Kompetenz von Frauen nicht. Die Protestbewegung entwickelte sich aus einem in sich einheitlichen Milieu städtischer Unterschichtsexistenz, in dem weibliche und männliche Lebensbereiche nicht in diesem Maße getrennt waren wie in der Welt des Bürgertums (Kap. I.2). Als Versorgerinnen ihrer Familien und Erwerbstätige fühlten sich die Frauen nicht weniger als ihre Männer von einzelnen Entschlüssen der lokalen Behörden betroffen. Schließlich griff kommunale Politik, z.B. mit Fleisch- oder Brottaxerhöhungen, unmittelbar in das Leben der Unterschichtsfamilien ein[15]. Frauen und Männer der Unterschichten teilten gleichermaßen wirtschaftliche und soziale Unsicherheit. Männer der Unterschichten erfuhren aufgrund ihres sozialen Status oder abhängiger Arbeit oft eine ähnliche Rechtlosigkeit wie Frauen aufgrund ihres Geschlechts. In der Gemeinde besaßen Unterschichtsmänner nur Mitspracherechte, wenn sie Ortsbürger waren und bestimmte

II.1 Katzenmusiken und „Weiberrevolution"

Bedingungen erfüllten. Wer nicht am Ort seines Aufenthalts geboren war und kein Geld hatte, sich ins Bürgerrecht einzukaufen, hatte in der Gemeinde, in der er lebte und arbeitete, kein kommunales Wahlrecht, noch ein Recht auf Versorgung. Ebenfalls ohne Bürgerrecht war, wer in abhängiger Stellung arbeitete oder nicht in der Lage war, einen eigenen Haushalt zu führen. Auch wer die Rechte in seiner Heimatgemeinde besaß, konnte diese jederzeit verlieren, wenn er wegen Bettels vorbestraft oder in Not geraten war und von Armenunterstützung leben mußte[16]. Die sporadische Auflehnung in rituellen und kollektiven Protestaktionen war neben der unterwürfigen Geste der Petition oft die einzige Möglichkeit dieser Gruppe, sich politisch zu artikulieren.

Frauen schließlich, und dies betraf bürgerliche Frauen wie Angehörige der Unterschichten, waren ohnehin aufgrund ihres Geschlechts von jeder Form der politischen Partizipation ausgeschlossen. Sie galten im 19. Jahrhundert nicht als eigenständige Personen mit bürgerlichen Rechten; bis 1828 standen sie in Württemberg sogar noch bei allen Rechtsgeschäften unter der Geschlechtsvormundschaft ihrer Väter und Ehemänner[17]. Ihr sozialer und politischer Verhaltensspielraum war damit von vornherein auf die Form periodischer Unmutsäußerungen beschränkt.

Traditionale Freiräume

Dieser gemeinsame Erfahrungshorizont und Lebenszusammenhang von Männern und Frauen der Unterschichten war entscheidend für die Teilnahme an der Protestaktion[18]. In den meisten Fällen entwickelte sich die Bereitschaft zum Protest aus dem Gerede im Viertel, aus Gerüchten und Wirtshausgesprächen[19]. Spätestens der Lärm der beginnenden Katzenmusik lockte die Nachbarn im Viertel aus den Häusern. Kerngruppen dieser spontanen „Aufläufe" und „Zusammenrottungen" waren bestimmte Kleingruppen, z.B. Stammtischrunden von Handwerkern oder Arbeitern, oder die Belegschaft eines Betriebs, auch Nachbarn, die sich absprachen. Die Teilnahme war kein individueller Entschluß, sondern die einzelnen zogen in Gruppen los, bildeten sozusagen, um eine Formulierung des Eßlinger Schultheißen zu benützen, eigene „Clubbs"[20]. Auch Frauen, die sich an solchen Protestaktionen beteiligten, gingen selten allein. Zumindest zeigt der Stuttgarter Tumult 1847, über den nähere Informationen vorliegen, daß Frauen mit Bekannten oder Verwandten unterwegs waren.

Wie Protestaktionen aus alltäglichen Kommunikationsstrukturen herauswuchsen, illustriert ein Bericht des Oberamtes Schorndorf, der den Entstehungsprozeß einer Katzenmusik beschreibt. Ausgangspunkt war ein „Straßenfest" an einem Sommerabend 1848, bei dem offensichtlich Demokraten, Frauen und Männer,

II.1 Katzenmusiken und „Weiberrevolution"

„auf freier Straße Tische mit Beleuchtung aufgestellt, Getränke in Kübeln herbeigeschafft" hatten und gemeinsam feierten[21]. „Von dieser Zechgesellschaft, welche in etlich und 20 bestanden... seyen fortwährend Lebehoch-Rufe für Republik und Hecker[22] ausgebracht worden... Gegen 11 Uhr habe jene Gesellschaft noch eine Musikbande herbeigeholt, welche FreiheitsGesänge abwechselnd habe spielen müssen... Später durchzog die Gesellschaft mit ihrer Musikbande noch alle Gassen der Stadt" und spielte all jenen auf, von denen sie wußte, daß sie politisch anderer Gesinnung waren.

„Freiheit, die ich meine, die mein Herz erfüllt!"

(Eulenspiegel Nr. 12, 18.3.1848. Universitätsbibliothek Tübingen)

II.1 Katzenmusiken und „Weiberrevolution"

Doch zurück zu den Katzenmusiken im März. Daß Frauen sich hier so heftig engagierten, zeigt, daß sie sich mit den Zielen der Revolution identifizierten, wobei ihre Motive fraglos eng zusammenhingen mit dem Protestziel der Aktionen. Was reizte, waren die Adressaten dieser Mißfallenskundgebungen[23]. Die Katzenmusiken des März richteten sich nämlich gegen einzelne, den meisten Bewohnern der Stadt bekannte Persönlichkeiten, gegen mißliebige und „hochfahrende" Beamte, gegen langjährige Stadträte, die als unfähig und korrupt bekannt waren, und vor allem gegen die damals nicht gewählten, sondern vom Staat eingesetzten Stadtschultheißen als Repräsentanten der lokalen Obrigkeit. Durch diese Konzentration der kollektiven Aggression auf Einzelpersonen reduzierte sich die Komplexität der politischen Auseinandersetzung: dies ermöglichte einen breiten Konsens und damit eine Integration der verschiedensten Interessen und eine Mobilisierung unterschiedlicher Gruppen[24]. Gerügt wurde in diesem Fall das konkrete Verhalten und die Amtsführung einzelner Personen, mit denen die Frauen ihre eigenen Erfahrungen gesammelt hatten. Die Heilbronner Katzenmusik am 10.3.1848 galt z.B. dem Oberfeuerschauer Omeis, dem Mann, der die offenen Feuer- und Kochstellen in den Häusern kontrollierte und der als besonders schikanöser Beamter verrufen war[25]. In Eßlingen traf es den städtischen Bauverwalter, der den Akkord der Handwerker und städtischen Taglöhner und Taglöhnerinnen drückte, und auch der Criminalcommissair entging dem Volkszorn nicht, denn er hatte mehrfach bei der Ausübung seines polizeilichen Amtes „zuviel Diensteifer gezeigt"[26].

Die Beteiligung von Frauen an Protestaktionen besaß aber noch eine andere Dimension. Gerade die Eßlinger Katzenmusik weist auf die symbolische Bedeutung des Weiblichen in der sozialen Grammatik des Protestes hin. Das lärmende Auftreten der Frauen in der Öffentlichkeit unterstrich den schmähenden Charakter der Protestaktion. Ihre Anwesenheit wurde deshalb von behördlicher Seite ja auch mißbilligend registriert. Aus männlicher Sicht verließen protestierende Frauen, die sich auf die Straße begaben, den ihnen gesellschaftlich zugewiesenen Platz. Es sind aber genau diese gesellschaftlichen und kulturellen Zuschreibungen von Handlungsräumen und Geschlechterrollen, mit denen im politischen Protest schließlich ein paradoxes Spiel getrieben wurde. Auf der Eßlinger Katzenmusik im März 1848 trug z.B. der Mann, der den Verruf und die Schmährede vorlas, Frauenkleider. Indem der Anführer der Katzenmusikanten in das Gewand des anderen Geschlechts schlüpfte, signalisierte er mit dieser Travestie, daß die Geschlechterordnung auf dem Kopf stand und damit auch die soziale Ordnung gestört war: Frauen, die in der politischen Welt der Männer von rechts wegen nicht zu sagen hatten, nahmen es sich heraus, die Männer politisch zu kritisieren. Das „Mannsbild in Frauenkleidern"[27] brachte diese Situation auf einen sinnfälligen

II.1 Katzenmusiken und „Weiberrevolution"

Nenner, wobei der theatralische Effekt der Verkleidung diese Kritik an den politischen Verhältnissen szenisch verdichtete.

Natürlich war die Verkleidung als Frau auch ein Mittel, sich unkenntlich zu machen und sich hinter der Maske der strafrechtlich weniger streng verfolgten Frauen zu verstecken, doch dieser Aspekt scheint eher peripher. Auf der Ebene der symbolischen Interaktion diente das Spiel der „verkehrten Geschlechterrollen"[28] dazu, klarzumachen, daß die kritisierten Personen die ihnen zugewiesene gesellschaftliche Aufgabe nicht oder in einer falschen Weise erfüllten. In Katzenmusiken wurden bestimmte Formen, die u.a. bei Fasnachtsbräuchen entwickelt worden waren, bewußt politisch eingesetzt[29]. Nicht zufällig war neben dem Frauenkostüm auch das Kleid des Narren ein beliebter Katzenmusikantenhabit. Dieser gezielte Anflug von Narretei gab diesen tumultuarischen Aktionen zum Teil einen volksfesthaften Charakter, der allerdings den politischen Ernst nicht verdecken konnte.

Im Unterschied zu den klassischen Rügebräuchen oder karnevalistischen Spielen der „verkehrten Welt" blieben die Protestaktionen des März 1848 nicht beim bloßen „Rebellionsritual"[30] stehen. Das Protestziel war nicht mehr darauf beschränkt, die Einhaltung bestimmter Spielregeln und allgemeinverbindlicher sittlicher Normen zu fordern. Die Aktionen des März zielten nicht mehr nur auf „Integration"[31], sondern das Zerschlagen von Türen und Fenstern war symbolischer Akt der Exterritorialisierung und Ausbürgerung. Mit den Tritten gegen Türen wurde eine Öffnung des lokalen politischen Systems verlangt, die Einlösung der Versprechen auf politisch-revolutionäre Veränderung auch im kommunalen Bereich. Beim Feuerschauer Omeis in Heilbronn zog die lärmende Menge erst ab, als er seinen Rücktritt versprach[32], und auch die Eßlinger Beamten sahen sich zu dieser Konsequenz gezwungen. Die Notwendigkeit einer lokalen Obrigkeit, eines Oben und Unten, und die „wechselseitige Loyalität zwischen Beherrschten und Herrschenden"[33] wurde mit diesen Protesten im März 1848 indessen nicht grundsätzlich in Frage gestellt. Wie Natalie Zemon Davis bemerkt, konnte eine „verkehrte Welt" wieder zurechtgerückt, nicht aber in sich umstrukturiert werden[34].

Im Vergleich zu den Protestaktionen der ersten Revolutionswochen trugen die Katzenmusiken im Sommer 1848 und vor allem dann im Frühjahr 1849 sehr viel stärker den Charakter politischer Gesinnungsdemonstrationen, vor allem der demokratischen Linken gegen die Konservativen. Bei diesen parteipolitisch motivierten Krawallen waren Frauen auffällig seltener dabei als noch im März, oder sie wurden aufgrund der andersgestalteten politischen Zusammenhänge in den Berichten nicht mehr erwähnt. Es scheint so, als ob die zunehmende parteipolitische Differenzierung den Spielraum der politischen Partizipation von Unterschichtsfrauen im Verlauf der Revolution verengt hätte. In Eßlingen war z.B. mit

II.1 Katzenmusiken und „Weiberrevolution"

dem Bruderbund, einer radikaldemokratischen Untergliederung des demokratischen Vereins, eine Organisation entstanden, von deren Mitgliedern die meisten der 1848 und 1849 stattfindenden Straßenkrawalle ausgingen[35]. Die Absprachen für solche Aktionen fanden nun im Rahmen des (Männer-)Vereins statt, dem vor allem Fabrikarbeiter, Taglöhner und Handwerksgesellen angehörten. Frauen waren damit aus dieser Kommunikation ausgeschlossen.

Im September 1848, als die Meinungsgegensätze zwischen Demokraten und gemäßigten Konstitutionellen zu heftigen politischen Fehden und ‚republikanischen Unruhen' führten, waren vereinzelt noch protestierende Frauen dabei, interessanterweise bei Aktionen, die einen ausgeprägten brauchtümlichen Charakter bewahrt hatten. Die im folgenden geschilderte Heilbronner Katzenmusik kannte noch alle Elemente des traditionellen Charivaris, angefangen bei der Maskierung bis hin zum volksfesthaften Äußeren des Umzugs.

> „Ein Harlequin und einige andere Personen voraus, bewegte sich um 8 Uhr eine Masse junger Leute (meist Kinder, Lehrjungen, zum Theil selbst Weibs-Personen) unter Anschluß fremder und hiesiger Handwerksgehilfen durch die Stadt vor die Wohnungen einzelner, wo denn unter Toben und Schreien und vielerlei Gestikulieren das Wort ‚Krebs' tausendfältig wiederholt wurde."[36]

Im Unterschied zu den Eßlinger Aktionen war bei dieser Katzenmusik noch immer das Gerücht mobilisierend, ging der Protest von einzelnen Wirtshäusern und Straßen aus, entlud sich allgemein aufgestauter Unmut. Dennoch sind bei dieser Heilbronner Katzenmusik bereits Elemente des Organisierten festzustellen. Der Anstoß soll vom Demokratischen Verein gekommen sein, und die Fahne des Arbeitervereins hatte laut Polizeibericht von der Rathaustreppe geweht[37]. Im Vergleich zur ‚Modernisierung des Protestverhaltens' in Eßlingen, die sich mit ihren vereinsmäßigen Strukturen als Anpassung an bürgerliche Formen politischer Kultur vollzog[38], bot die in Heilbronn beibehaltene volkskulturelle Form des Protests noch Raum für die Beteiligung von Frauen.

„Weibliche Katzenmusik"

Frauen finden sich aber nicht nur bei Männeraktionen. Im November 1848 inszenierten Stuttgarter Dienstbotinnen eine eigenständige Katzenmusik und setzten diese Protestform für ihre gruppenspezifischen Interessen ein. Ziel ihrer Aktion war kein Politiker, sondern die Frauen spielten einer Engelmacherin auf. Das Stuttgarter „Neue Tagblatt" berichtete fast amüsiert über diese rein „weibliche Katzenmusik", die für Stuttgarter Verhältnisse eine revolutionäre Neuerung bedeutete:

> „Das Jahr 1848 hat ein Genre von Musik in Schwung gebracht, das man zwar auch

II.1 Katzenmusiken und „Weiberrevolution"

früher schon kannte, und das in Frankreich unter dem Namen Charivari, namentlich durch den Esel des Herrn Biennet, Pair von Frankreich, eine gewisse Berühmtheit erlangt hatte, dem es aber doch an der gehörigen Ausbildung und Anwendung gebrach. Die größeren deutschen Städte, besonders im Norden Deutschlands haben seither d.h. seit den Märztagen Treffliches in diesem Genre geleistet, und es gibt dort eigene Katzenmusik Direktoren, ohne deren Leitung nichts Gutes zustande kommt. Hier in Stuttgart kannte man bis jetzt diese Musik nur vom Hörensagen, denn einige projektierte Konzerte dieser Art gelangten nur bis zum entfernten Versuche oder es blieb gar beim guten Willen. Dem weiblichen Geschlecht blieb es in Stuttgart vorbehalten, eine solche Musik, die selbst Katzen zur Verzweiflung bringt, zur förmlichen wohlgelungenen Ausführung zu bringen. Doch war es keine Galanterie zartfühlender Seelen einem flatterhaften Liebhaber gegenüber, sondern die Anerkennung der Verdienste einer Dame. Am Freitagabend schaarten sich im obern Theil der Langestraße etwa dreißig Dienstmädchen zusammen und brachten einer Frau, welche dafür gilt, andern gerne aus Leibes- und Liebesnöthen zu helfen, in Folge einer Diskussion am Brunnen eine so vortrefflich durchgeführte Katzenmusik mit Hülfe von Deckeln und Pfannen, Kübeln, Häfen und dergleichen Instrumenten, daß vor lauter Entzükken die ganze obere Stadt zusammenlief, die erste gelungene Aufführung dieser Art in Stuttgart zu bewundern." (NT 7.11.48)

Im Gegensatz zu den bisher in Stuttgart üblichen Flegeleien jugendlicher Radikaler, „meist Handwerksburschen", vor den Kasernen[39] und den stereotypen „Hekker hoch" Rufen nächtlich umherziehender Gruppen, war die Demonstration der Dienstbotinnen reich instrumentiert. Die Frauen benutzten das ganze Arsenal der ihnen zur Verfügung stehenden Hausgeräte. Als gemeinsames Musizieren war diese Katzenmusik einerseits organisiert, andererseits bot das Theatralische der Aktion genügend Spielraum für eigene lautmalerische Erfindungen. Insgesamt erlaubte diese Form der Katzenmusik eine Kreativität, die vielleicht gerade Frauen anzog. Daß die Dienstbotinnen bei ihrem Protest, der in seinen sozialen Auswirkungen eine Verrufsaktion war, zum Mittel der Katzenmusik griffen, wirft nochmals die Frage auf, woher dieses kulturelle Muster der rituellen Schimpfmusiken eigentlich kommt. Haben sich z.B. die Dienstbotinnen wirklich vom politischen Klima und den Protestmodellen der Revolution inspirieren lassen, – wie das „Neue Tagblatt" in seinem Bericht vermutet –, oder haben sie möglicherweise einfach Rügebräuche praktiziert, die ihnen aus ihrer dörflichen Heimat vertraut waren?

In der Protestliteratur[40] wird gewöhnlich davon ausgegangen, daß die Katzenmusiken der Revolutionsjahre eine politisierte Fortsetzung vorindustrieller Jugendkultur darstellten, also ländliche Bräuche waren, die in die Stadt transportiert wurden. Und in der Tat beziehen die Katzenmusiken ihr Repertoire und ihre

II.1 Katzenmusiken und „Weiberrevolution"

Dramaturgie aus den traditionellen Rügebräuchen, wie sie z.B. bei der Fasnacht üblich waren. Was sie aber von diesen brauchtümlichen Formen unterschied, war die Zusammensetzung der Akteure und das Ziel der Aktion. In den Regionen, wo es im 19. Jahrhundert noch Rügebräuche gab, waren diese überwiegend Sache der Knaben und jungen Männer. Frauen dagegen waren eher Opfer dieser Strafrituale. Bei den städtischen Katzenmusiken der Revolutionszeit aber waren Frauen dabei oder waren sogar selbst initiativ. Von einer direkten Übertragung dörflicher Gewohnheiten in die Stadt kann also bei den Dienstbotinnen nicht gesprochen werden, wenn, dann handelte es sich eher um eine schöpferische Aneignung. Daß sich in den Katzenmusiken der Jahre 1848/1849 ungebrochen ländliches Brauchtum fortsetzte, ist auch deshalb unwahrscheinlich, weil es zu diesem Zeitpunkt – zumindest in Württemberg – keine lebendige Praxis der Charivaris mehr gab. Im Unterschied zu Bayern und Franken sind für Württemberg Fälle von Katzenmusiken als sozialmoralische, kollektive Strafe für Normverletzungen im innerfamiliären oder sittlichen Bereich, also z.B. bei Ehebruch, Unehelichkeit etc., bisher nicht dokumentiert [41]. Dies mag unter anderem daran liegen, daß sich rituelle Rügen von sexuellen Verfehlungen in dieser Zeit längst als obsolet erwiesen hatten. Die in Württemberg seit 1833 bestehenden Verehelichungsbeschränkungen führten zu einer dermaßen großen Zahl von unehelichen Geburten, daß z.B. ledige Kinder oder unverheiratet zusammen lebende Paare in den Unterschichten gang und gäbe waren [42]. Mit den Verehelichungsbeschränkungen und der wachsenden Zahl unehelicher Geburten verloren solche Strafaktionen letztlich ihren Sinn, da ihr Ziel, die Wiederherstellung verletzter Normen, nicht mehr erreichbar war.

Der politische Protest der Revolutionsjahre wie auch die „weibliche" Katzenmusik hatten so ihre Wurzeln eher in den periodischen politischen Tumulten und Aufläufen, wie sie zuletzt bei der Revolution 1830 zu beobachten waren [43]. Diese Form des Protestes war ein vorwiegend städtisches Phänomen, da sich hier die Bevölkerung wie auch die politische und ökonomische Macht konzentrierten. Die Konfliktrituale und -strategien gingen deshalb eher auf traditionelle zünftische Gesellenkämpfe [44], denn auf ländliche Sittengerichte zurück. Die Katzenmusiken 1848 zeugen schließlich auch von einem intensiven interkulturellen Austausch. Bräuche und Ideen wurden durch das Medium der Zeitung, aber auch durch mobile Gruppen wie Handwerksgesellen, Fabrikarbeiter/innen und Dienstbotinnen von einer Region in die andere getragen. Für diesen Import spricht auch der Tagblattartikel. Wie die häufige Benutzung der Bezeichnung „Charivari" andeutet, war hier vor allem die französische (Polit-)Folklore maßgeblich, die im Verlaufe von zwei Revolutionen einen festen Stil ausgebildet hatte. Unter dem Stichwort „Charivari" schreibt z.B. das „Damen Conversations Lexikon" 1834:

„Charivari, Spott- oder Schimpfmusiken, auch Katzenmusiken genannt, die leider

II.1 Katzenmusiken und „Weiberrevolution"

Personen jeglichen Standes gebracht worden sind, Sängerinnen wie französischen Deputierten – der Todfeind der Serenaden. Die Franzosen und Italiener übertreffen darin die harmonischen Deutschen bei weitem."[45]

„Es war die Nacht der Serenaden:
Das souveräne Volk von Gottes Gnaden
Zog mit wenig Licht und viel Geschrei
Vor seine hohe Polizei...
Vor dem Palais der hohen Kammer,
Als auf der Stiftskirch' sich der Hammer
Zur eilften Stunde grad erhoben,
Begunn ein wildes Thun und Toben.
Aus allen Dächern, Löchern, Fenstern
Erschien ein Zug von Nachtgespenstern,
Ein langes Heer geschwänzter Gäste,
Die, nicht zu dem Walpurgisfeste,
Nein, zu Gesang und Serenaden
Einander brüderlich geladen..."
(Laterne Nr. 12, 5.11.1848. Landesbibliothek Stuttgart)

II.1 Katzenmusiken und „Weiberrevolution"

1848 hatten die Deutschen offensichtlich dazugelernt. Vor allem die linksbürgerliche Presse goutierte anfänglich diese Form der volkstümlichen Meinungsäußerung und trug so wesentlich zur Verbreitung dieser politischen Mode bei. Gleichzeitig bemühte sie sich um historische Fundierung und Anknüpfung an deutsches Brauchtum. Das Schorndorfer „Amts- und Intelligenz-Blatt" druckte z.B. einen belehrenden Artikel über das bayerische „Haberfeldtreiben" ab (AIS 14.3.48), und jeder lokale Krawall, jedes nächtliche Lärmen wurden 1848/1849 von der Zeitungsberichterstattung in dieses Gewand gesteckt, egal, ob es sich um nachts randalierende männliche Betrunkene oder sich streitende Frauen einer ländlichen Spinnstube (Beob 23.3.49) handelte.

Wie die Katzenmusik der Stuttgarter Dienstbotinnen zeigte, nahmen Unterschichtsfrauen 1848 solche politischen Innovationen auf und paßten sie den eigenen Bedürfnissen an. Insofern kann durchaus von einem politischen Lernprozeß gesprochen werden. Da eine große Zahl der unehelichen Kinder im 19. Jahrhundert auf Dienstbotinnen entfiel, wie u.a. die Ausweisungen aus Stuttgart zeigen[46], spiegelte diese Aktion ein akutes soziales Problem dieser Frauen wider (Kap. I.2). Engelmacherin und Kupplerin war hier Symbolfigur für das ganze Liebeselend der Dienstbotinnen, und die ihr geltende Schimpfmusik war so gesehen ein höchst politischer Akt. Wichtig ist schließlich auch, daß das Protestverhalten der Dienstbotinnen im wesentlichen „erfahrungskonstituiert"[47] war, ein Merkmal, das für das Protestverhalten von Unterschichten allgemein charakteristisch war, und was auch bei den Brotkrawallen 1847 zu beobachten ist (Kap. I.4 und I.5). Ausschlaggebend für ihr Handeln war wahrscheinlich eigene Betroffenheit oder die Identifikation mit den Erfahrungen anderer, möglicherweise einer Berufskollegin, die vielleicht das Opfer der Engelmacherin geworden war. Typischerweise entwickelte sich diese Aktion aus Arbeitsgesprächen am Brunnen, wo Dienstbotinnen sich gewöhnlich beim Wasserholen über die Neuigkeiten im Viertel austauschten. Das Beispiel dieser „weiblichen Katzenmusik" unterstreicht noch einmal die Alltagsbezogenheit dieser Form des Protests.

Eskalation der Gewalt

Genau dieser Aspekt aber tritt im Verlauf der Revolution in den Hintergrund, und dies wirkt sich schließlich auch auf die Teilnahme von Frauen aus. Politischer Protest orientierte sich zwischen September 1848 und Frühjahr 1849 immer mehr an den politischen Parteigrenzen, wobei sich 1849 die Fronten zusehends verhärteten, und die Schimpfmusiken und Krawalle im April und Juni 1849 gehässiger und gewalttätiger wurden. Die überbordenden Aggressionen waren oft nur Ausdruck für die politische Hilflosigkeit der demokratischen Linken. Einzelne Konservative

II.1 Katzenmusiken und „Weiberrevolution"

wie z.B. der Nürtinger Abgeordnete Rümelin wurden ständig und in den verschiedensten Städten mit solchen Schimpfmusiken bedacht. Das drohende Scheitern des Verfassungswerkes der Nationalversammlung steigerte die Wut der Katzenmusikanten[48], und Polizei und Staat reagierten nun mit rigider Strafverfolgung. Jetzt wurde mit gezückten Säbeln vorgegangen, wurde verhört und verhaftet, und einige der Rädelsführer auch zu langjährigen Gefängnisstrafen verurteilt.

Abgesehen davon, daß Parteipolitik Frauen weitgehend ausschloß, war es wohl auch die Gewalttätigkeit der Aktionen, die Frauen davon abhielt, sich in diese Auseinandersetzungen einzumischen. Wenn wir in den Akten noch Frauen finden, dann sind es Kellnerinnen und Wirtinnen, die bei den Prozessen als Zeuginnen vernommen wurden und manchem Tumultanten zu einem Alibi verhalfen[49].

Eine Scheidelinie zwischen Katzenmusiken und diesen gewalthaften Aktionen des Frühjahrs 1849 zu ziehen, fällt schwer. Auch Katzenmusiken waren nicht frei von Gewalt. Steinwürfe und Stockschläge gegen Türen und Läden begleiteten ja oft die eigentliche ‚Musik'. Der Gewalteinsatz war allerdings – und dies ist wesentlich für Katzenmusiken – rituell begrenzt; es kam selten zu Tätlichkeiten gegen die gerügten Personen. Ohne „Unannehmlichkeiten" zu erfahren, konnte sich z.B. der beschimpfte Eßlinger Schultheiß im März 1848 unter die Menge begeben[50].

Im Frühjahr 1849 dagegen nahmen die direkten Angriffe gegen Personen zu. Wie die konservative Zeitung „Laterne" in einem auf die letzten Revolutionswochen rückblickenden Bericht schrieb, lärmten im radikalen Heilbronn die „Blousenmänner" des Arbeitervereins nicht mehr nur nachts vor den Häusern der Reaktionäre, sondern „brutale Burschen mit Blousen und Hahnenfedern (lungerten in den Straßen), beschimpften die Vorübergehenden und bedrohten den Bürger, der anderer Gesinnung war." (Laterne 10.7.1849) Betroffen davon waren auch bürgerliche Frauen, die stellvertretend für ihre Männer auf den Straßen als „Krebse" beschimpft wurden. Nach den Schilderungen der „Laterne" machte das demokratische „Gesindel" auch nicht halt vor der „hochachtbaren" Gattin des Nationalversammlungsabgeordneten Rümelin, die sich in Heilbronn aufhielt, um ihre Entbindung abzuwarten. „Am Arme ihres Vaters wollte nun diese Frau eine nothwendige Bewegung im Freien sich gönnen und da ward ihr... (eine) ihr Innerstes erschütternde Beleidigung in solch pöbelhafter Weise zu Theil, daß sie am ganzen Leibe zitternd kaum noch die Heimath zu erreichen vermochte!!" (Laterne 22.6.49). Empört über diese „Rohheit der Sitten", sprach die Zeitung vom „Terrorismus der Gesinnungstüchtigen".

Die Situation 1849 war so aufgeladen, daß jede Kleinigkeit genügte, einen Proteststurm zu erregen. Obwohl Frauen bei solchen gewalttätigen Krawallen keine Rolle mehr spielten, konnte es passieren, daß sie wie am 17.6. in Ulm einen gewalttätigen Zusammenstoß der politischen Gegner auslösten. Die schwersten Ausein-

II.1 Katzenmusiken und „Weiberrevolution"

andersetzungen zwischen Bevölkerung und Militär, die Ulm 1849 erlebte, gingen auf eine Frau oder besser auf einen Vorfall zurück, der „ohne alle politische Veranlassung und Färbung" war (Beob 30.6.49). Beim sonntäglichen Tanz in einem Wirtshaus wollte ein Polizeioffizier – wie es im Amtsbericht heißt – ein „liederliches Weibsbild arretiren"[51]. Der „Beobachter" sprach von einer „Dirne" und ihrem „Galan" (30.6.49), die sich der Verhaftung widersetzten und von dem Polizisten „mißhandelt" worden waren. Für die übrigen Gäste des Lokals war dies das Signal zum Angriff. Als der Polizist floh, verlagerte sich der Konflikt vom Wirtshaus auf die Straße. „Nun sammelten sich... viele Haufen vor dem Rathaus, um die Bestrafung des Policeidieners zu verlangen." „Immer drohender wurden die Haufen am Rathause", berichtete der Korrespondent der „Laterne" und vermutete zuerst, „es sollte dem Schultheißen eine Katzenmusik gebracht werden" (Laterne 22.6.49). Die „drohende Menge"[52] wandte sich dann aber gegen die am Markt Hauptwache haltenden bayerischen Soldaten und fing an, diese zu beschimpfen. Da Bayern auf Seiten der Reichsverfassungsgegner stand, waren die in der Bundesfestung Ulm stationierten bayerischen Truppen bei den Ulmer Demokraten nicht gern gesehen. Als die Bayern Verstärkung holten, führte dies zu einem Zusammenprall der aufgebrachten Volksmenge mit dem Militär; es entwickelte sich eine heftige Straßenschlacht, die mit dem Tod eines Arbeiters endete. Ein Soldat oder Bürgerwehrmann hatte in die Menge geschossen.

„Eine Revolte unter dem Weibervolk"

Obwohl Unterschichtsfrauen durch den Wandel der politischen Kultur im Verlauf der Revolutionsjahre in eine größere Distanz zur Politik gerieten, bedeutete dies nicht, daß sie sich 1849 völlig aus den politischen Auseinandersetzungen heraushielten. Vor allem dort, wo die Politik in die Familie hineinreichte, sahen sich Frauen zur Parteinahme gezwungen. In den entscheidenden Tagen der Revolution, als die Bürgerwehren in Württemberg über eine Beteiligung an den Reichsverfassungskämpfen diskutierten[53] und die württembergische Regierung sich am 7.6. gegen die Nationalversammlung erklärt hatte, stand jeder Wehrmann und mit ihm seine Frau vor der Frage des Pro oder Contra. Wie in Heilbronn (Kap. II.3) mobilisierte auch in Freudenstadt der Demokratische Verein für einen Auszug Richtung Baden, an dem sich allerdings nur ein Teil der Freudenstädter Bürgerwehr beteiligte. Die politische Feigheit der Zurückgebliebenen wie auch die Angst um die eigenen Männer erboste die Frauen der Ausgezogenen dermaßen, daß es einen Tag nach dem Abmarsch der Bürgerwehr zu einer „Revolte unter dem Weibervolk" kam (Laterne 1.7.49).

Da es im späteren Hochverratsprozeß für die ausgezogenen Wehrmänner um

II.1 Katzenmusiken und „Weiberrevolution"

langjährige Haftstrafen ging, wird dieser Frauenaktion im Untersuchungsprotokoll nur eine kurze Notiz gewidmet. Demnach hatten sich am 25.6.1849

> „etliche Demokratenweiber mit Stecken zusammengerottet, behufs einer Demonstration gegen zurückgebliebene Wehrmänner, und es verlautete, daß letztere mit Fenstereinwerfen bedroht seyen; es habe denn auch nicht an solchen gefehlt, welche sich als Nachzügler gemeldet hätten."[54]

Die zurückgebliebenen Wehrmänner fühlten sich durch die Demonstrantinnen durchaus bedroht, auch wenn der Vorfall in den späteren Aussagen der Männer bagatellisiert wurde. Ein betroffener Wehrmann schilderte seine Begegnung mit den Frauen:

> „Wie ich auf die Straße kam, sah ich einen bedeutenden Haufen Weibsbilder mit Ruten, bei unserem Anblick rief eine aus dem Haufen heraus mit aufgehobenem Stekken: kommt nur da herunter. Zeeb (sein Begleiter; d.V.) sagte, dahin gehen wir nicht, da bekommen wir Schläge. Ich sagte das thue nichts und als wir hinkamen schimpften sie uns, daß wir nicht fortgegangen sind, darunter die Tochter des Nagelschmied Bernhards und die Frau des jungen Kirchenbäckers".[55]

Was die „Ruten" und die symbolischen Androhung von Schlägen betrifft, ähnelte die Frauendemonstration offensichtlich den Schimpf- und Bestrafungsritualen der klassischen Katzenmusik. Diesmal allerdings verzichteten die Akteurinnen auf den Schutz der Nacht; ihre Forderung nach politischer Solidarität brauchte das Licht der Öffentlichkeit nicht zu scheuen. Tatsächlich zeitigte ihre Demonstration ja auch Wirkung. Die Männer fühlten sich durch diese massive Aufforderung bei ihrer Ehre gepackt. Keiner wollte sich von Frauen der Feigheit bezichtigen lassen. Einige Freudenstädter beklagten sich so bei den Organisatoren des Ausmarsches, „daß man so nicht existieren kann mit den Weibern."[56]

Von den 516 Freudenstädter Bürgerwehrmännern waren schließlich rund 250 ausgezogen. 150 von ihnen hatten sich dazu erst entschlossen, als sie sich von den Frauen gedrängt fühlten und Bürgerwehren der Umgegend in Freudenstadt einmarschierten. Der demokratische Verein hatte einen Ausschuß gebildet, der den Abmarsch organisieren und die Verbindung zur Heimatstadt halten sollte. Nicht alle Freudenstädter billigten das Unternehmen, und vor allem der Stadtrat und das Oberamt versuchten, die Wehrmänner von ihrem Vorhaben abzubringen. Sie verhafteten schließlich den Vorsitzenden des demokratischen Comités, den Schulprovisor Wucherer, und gaben damit Anlaß für die zweite „Weiberrevolution" in Freudenstadt, um eine boshafte Formulierung des reaktionären Laternenkorrespondenten zu benützen (Laterne 1.7.49).

Der Zorn der ersten Frauendemonstration wandelt sich in dieser zweiten Aktion zur Hilflosigkeit. Beteiligt waren diesmal wieder Frauen aus dem Umfeld der Demokraten, die versuchten, den Oberamtsrichter zur Freilassung des festgesetz-

II.1 Katzenmusiken und „Weiberrevolution"

ten Unterlehrers Wucherer zu überreden. Diesen zweiten „WeiberCrawall, deßen Urheberin" nach dem gerichtlichen Untersuchungsprotokoll „ein Narr" gewesen sein soll[57], lohnt es näher zu betrachten. Zum einen zeigt er, wie wenig gewandt Frauen auf dem Terrain der politischen Auseinandersetzung waren, und enthüllt zugleich die kulturelle Distanz zwischen einem bürgerlichen Beamten und einfachen Handwerkersfrauen. Der Bericht des Oberamtsrichters über diesen Vorfall ist relativ ausführlich und gibt so Einblick in wesentliche Details des Geschehens:

> „Abends sieben Uhr zog 1 Weib mit 1 großen Troß Schulkindern und anderen Weibern vor den gerade in Anordnung von SicherheitsMaßregeln beschäftigten Oberamtsrichter, (die Beamten sprechen in ihren Berichten von sich oft in der dritten Person; d.V.) welcher gerade mit dem Oberamtmann und einigen anderen Beamten in Berathung unweit des Oberamtsgerichtsgebäudes stand und verlangte die Freigebung des verhafteten Unterlehrer Wucherers und führte an, daß die Kinder so nach ihm schreyen."[58]

Ähnlich undramatisch ist die Schilderung des Oberamtmannes, der von „5 bis 6 Weibern und einer Schar Kinder"[59] spricht. Das Verhalten der Frauen war zuerst devot, sie versuchten es mit Bitten. Ihre Begründung, die auch der Oberamtmann in seinem Bericht erwähnt, daß „die Kinder so weinten", erscheint auf den ersten Blick bizarr, in jedem Fall unpolitisch. Auf den zweiten Blick jedoch liegt darin eine Logik, die auf ein grundsätzlich anderes Denksystem von Frauen hinweist. Kinderweinen besitzt im Alltag der Frauen eine größere Bedeutung als in dem der Beamten. Daß den Kindern der Lehrer fehlte, war für sie ein ernstzunehmendes Argument. Der Oberamtsrichter, der in Rechtskategorien und nicht in sozialen Beziehungen dachte, hatte dagegen wenig Verständnis für diese Sorge um das Wohlergehen der Kinder. Ihm erschien die Forderung der Frauen weltfremd, weshalb er der Frau eine barsche Abfuhr erteilte. In seinem Bericht heißt es weiter:

> „Ich fragte nach dem Namen der Frau und erfuhr, daß es die Frau des Schusters Johann Friedrich Bernhard dahier ist, der zugleich ein Ziegler ist. Ich lehnte ihre Bitte ab, worauf sie erklärte, er müsse heraus und heute noch. Da sie trotz aller Ablehnung fortmachte, ich aber Zweifel in ihren Verstand setzte, so bot ich ihr den Rücken und ging weiter aufs Rathaus, um zu sehen, ob meine Anordnung befolgt worden und so blieb das Weib zurück."[60]

Obwohl der Schuster Bernhard ein bekannter Demokrat in Freudenstadt war, nahm der Oberamtsrichter die Frau nicht ernst. Ihr kindlich ungeschicktes Insistieren war ihm lästig; er behandelte sie entsprechend ihrem rechtlichen Status als unmündig und ließ sie wie ein Kind schließlich auch von ihrem Mann heimholen. Um das außergewöhnliche Verhalten der Frau, auch die Anmaßung, mit der sie ihm gegenüber aufgetreten war, einzuordnen, griff er schließlich zu einem Interpretationsmuster, das häufig angewendet wird, wenn es um abweichendes Verhalten von Frauen geht: Sie werden für verrückt erklärt[61]. Selbst wenn diese Einschät-

zung des Gesundheitszustandes der Frau Bernhard einen realen Hintergrund gehabt haben sollte, so schien ihre Idee, vor dem Oberamtsgebäude die Herausgabe des Lehrers zu verlangen, den mit ihr gezogenen Frauen durchaus plausibel gewesen zu sein. Die Frauen verharrten noch eine ganze Weile trotzig vor dem Oberamtsgericht, als der Oberamtsrichter schon weggegangen war:
> „Gleich darauf kehrte ich allein zu dem Oberamtsgerichtsgebäude zurück. Schon von weitem bemerkte ich, daß dort noch ein Haufen zusammenläuft; ich war kaum bei der Menge angekommen, so kam sie mit vielen Weibern, Kindern wieder herbei und bat, ich solle diesen freilassen; inzwischen erfuhr ich, daß sie schon früher übergeschnappt gewesen und daß ich deshalb schonlich seyn müsse; ich forderte sie auf heimzugehen, sie erklärte aber, dann käme sie mit Schaufeln, heraus müsse er und rief die andern Weiber auf, jetzt sollen sie auch reden, worauf ihre Schwester das Weib des Maurer Christian Bacher, einige Worte, die ich aber nicht mehr weiß, dafür machte. Ich gab aber kein Gehör und so zogen sie ab, nachdem man inzwischen nach Bernhard geschickt hatte, daß er seine Frau heimhole. Sie kam nicht mehr; dagegen hatte sich zuletzt auch eine Reihe verschiedener Männer versammelt, die sich nicht vertreiben lassen wollte. Doch verlief sich endlich die Masse."[62]

Die geschilderte Szene verrät die Sprachlosigkeit der Frauen gegenüber Amts- und Respektspersonen. In der Darstellung des Oberamtsrichters erscheint die Frauenaktion politisch unbedeutend und als lästige Nebensache. Wie auch der Bericht des Oberamtmannes zeigt, wurde politisches Verhalten nur von Männern erwartet. Bedroht fühlten sich die Beamten erst durch den „Auflauf" und die allgemeine Erregung, die der Aufmarsch der Frauen vor dem Amtsgericht ausgelöst hatte:
> „Mittlerweile hatte sich auch eine große Zahl älterer Personen beiderlei Geschlechts angesammelt, und es hatte überhaupt den Anschein, als ob die Weiber nur vorgeschoben seyen, um Spectakel einzuleiten. Ich forderte daher den auf dem Rathause versammelten Stadtrath und Bürgerausschuß auf, die Leute zum Auseinandergehen zu bringen, was diesen auch mit einiger Mühe gelang."[63]

Angesichts der Sprachlosigkeit der Frauen wirkt diese Freudenstädter ‚Weiberrevolution' eher tragikomisch als politisch. Dennoch ist sie Ausdruck der politischen Anteilnahme von Frauen am Schicksal ihrer Männer wie auch am Schicksal der demokratischen Bewegung. Die Freudenstädter Aktion ist in der württembergischen Geschichte einmalig. Wo die Revolution ihren Schatten auf die Familie warf, setzten sich Frauen mit den wenigen ihnen zur Verfügung stehenden Mitteln zur Wehr. Sie suchten gemeinsam den Weg in die Öffentlichkeit. Die Straßenaktion erschien ihnen dabei als die einzige Chance, sich politisches Gehör zu verschaffen.

II.1 Katzenmusiken und „Weiberrevolution"

Anmerkungen:

1) HSTAS, E 146, Bü 1931, Bl. 3, Oberamtsbericht Heilbronn 11.3.1848.
2) HSTAS, E 146, Bü 1929, Bl. 901, Oberamtsbericht Eßlingen 7.3.1848.
3) Ebd. und Bü 1931, Bl. 3, Oberamtsbericht Heilbronn 11.3.1848.
4) HSTAS, E 146, Bü 1931, Bl. 4, Oberamtsbericht Heilbronn 11.3.1848.
5) Vgl. Wolfgang Kaschuba: Katzenmusiken. In: Ders./Carola Lipp: 1848 – Provinz und Revolution. Tübingen 1979, S. 189–201.
6) HSTAS, E 146, Bü 1929, 1930, 1931.
7) HSTAS, E 146, Bü 1929, 1930, 1931, 1932, 1933, 1959.
8) HSTAS, E 146, Bü 1929, Bl. 901, Oberamtsbericht Eßlingen 7.3.1848.
9) Vgl. Martin Scharfe: ...die Erwartung, daß „nun alles frei sey". Politisch-rechtliche Vorstellungen und Erwartungen von Angehörigen der unteren Volksklassen Württembergs in den Jahren 1848 und 1849. In: Konrad Köstlin/Kai-Detlev Sievers (Hg.): Das Recht der kleinen Leute. Beiträge zur rechtlichen Volkskunde. Berlin 1976, S. 179–194.
10) STAL, F 164, Bü 44, Bericht Stadtschultheiß Eßlingen 22.3.1848.
11) George Phillips: Über den Ursprung der Katzenmusiken. Freiburg 1849, S. 9.
12) STAL, E 320, Bü 10a Schwurgericht Ludwigsburg, Akten Hochverratsprozeß „Becher und Genossen".
13) HSTAS, E 146, Bü 1930, Bl. 181.
14) W. Kaschuba: Katzenmusiken..., S. 192.
15) Vgl. Carola Lipp/Wolfgang Kaschuba: Wasser und Brot. Politische Kultur im Alltag der Vormärz- und Revolutionsjahre. In: Geschichte und Gesellschaft 10. Jg. 1984, H. 3, S. 321–351.
16) Ludwig Klein: Die geschichtliche Entwicklung des Gemeindebürgerrechts in Württemberg. Diss. Tübingen 1933. F. Jäger: Das Bürgerrechtsgesetz für das Königreich Württemberg vom 4. Dezember 1833. Stuttgart 1850.
17) Jakob Friedrich Weishaar: Handbuch des Württembergischen Privatrechts. 3 Theile, Stuttgart 1831–1833.
18) Bei Heinrich Volkmann ist dies ein wesentliches Kriterium spontaner Protestaktionen. Er spricht von einem „durch die Träger des Protestes selbst vermittelten Zusammenhang von Protestursache und Protestereignis." Vgl. Heinrich Volkmann: Kategorien des sozialen Protests im Vormärz. In: Geschichte und Gesellschaft 3.Jg. 1977, H. 2, S. 164–189, S. 167.
19) Vgl. Berichte in HSTAS, E 146, Bü 1929, 1931; STAL, F 164, Bü 44.
20) STAL, F 164, Bü 44, Bericht des Eßlinger Schultheißen vom 22.3.1848.
21) HSTAS, E 146, Bü 1959, Oberamtsbericht Schorndorf 22.6.1848.
22) Ebd. Nach dem mißlungenen republikanischen Putschversuch in Baden war Hecker ein Schlüssel- und Reizwort, das synonym benutzt wurde für demokratische und republikanische Bestrebungen.
23) Die Protestforschung unterscheidet zwischen Protestziel und Protestobjekt. Das Ziel war in diesem Fall der Rücktritt der Honoratioren, die Objekte die Beamten selbst. Vgl. Volkmann wie oben.
24) Vgl. Murray Edelman: Politik als Ritual. Frankfurt/New York 1976, S. 118.
25) HSTAS, E 146, Bü 1931, Bl. 3f.
26) HSTAS, E 146, Bü 1930, Bl. 181f.
27) STAL, F 164, Bü 44, Bericht des Stadtschultheißen 22.3.1848.
28) Natalie Zemon Davis: Women on Top. In: Dies.: Society and Culture in Early Modern France. London 1975, S. 124–151, hier S. 130.

II.1 Katzenmusiken und „Weiberrevolution"

29) Vgl. Yves-Marie Bercé: Fête et Révolte. Des Mentalités Populaires du XVIe au XVIIIe Siècle. Paris 1976.
30) Bob Scribner: Reformation, Karneval und die „verkehrte Welt". In: Richard van Dülmen/Norbert Schindler (Hg.): Volkskultur. Zur Wiederentdeckung des vergessenen Alltags. Frankfurt/M. 1984, S. 117–152, hier S. 151.
31) Vgl. Martin Scharfe: Zum Rügebrauch. In: Hessische Blätter für Volkskunde 61, 1970, S. 45–68.
32) HSTAS, E 146, Bü 1931, Bl. 3f.
33) Vgl. W. Kaschuba: Protest und Gewalt – Körpersprache und Gruppenrituale der Arbeiter im Vormärz und 1848. Beitrag zur dritten Tagung der Kommission „Arbeiterkultur" in der Deutschen Gesellschaft für Volkskunde vom 1. bis 3.6.1985 in Marburg. Erscheint 1986.
34) Vgl. N.Z. Davis: Women on..., S. 131.
35) Vgl. HSTAS, E 146, Bü 1931, Bl. 191ff.
36) HSTAS, E 146, Bü 1959, Bl. 404, Oberamtsbericht Heilbronn 19.9.1848. „Krebs" oder „Krebsritter" waren Schimpfworte, mit denen die Demokraten Besitzbürger und entschiedene Reaktionäre belegten. Die ängstlichen Konservativen hießen im Sprachgebrauch der damaligen Presse „Heuler", während die Demokraten den stolzen Namen „Wühler" trugen.
37) HSTAS, E 146, Bü 1959, Oberamtsbericht Heilbronn 19.9.1848; vgl. auch die Prozeßakten STAL, E 320, Bü 79.
38) Vgl. C. Lipp: Verein als politisches Handlungsmuster. Das Beispiel des württembergischen Vereinswesens von 1800–1849. Erscheint in: Maurice Agulhon (Hg.): Sociabilité et société bourgeoise. Paris 1985.
39) HSTAS E 146, Bü 1933, Note Innenministerium an die Stadtdirektion vom 13.6.1848.
40) Vgl. W. Kaschuba: Katzenmusiken...; sowie E.P. Thompson: „Rough Music" oder englische Katzenmusik. In: Ders.: Plebeische Kultur und moralische Ökonomie. Ffm/Berlin/Wien 1980, S. 130–167. Manfred Gailus: Soziale Protestbewegungen in Deutschland 1847–1849. In: Heinrich Volkmann/Jürgen Bergmann (Hg.): Sozialer Protest. Opladen 1984, S. 76–106.
41) Die Fälle, die Hans Medick in „Spinnstuben" anführt, beziehen sich interessanterweise nur auf Franken und Bayern. Für Württemberg existieren nur einzelne Erlasse und Dorfordnungen aus früheren Jahrhunderten, die das Nachtschwärmen der Burschen betreffen, die aber keinen Hinweis auf kollektive Rituale geben. Vgl. Hans Medick: Spinnstuben auf dem Dorf. Jugendliche Sexualkultur und Feierabendbrauch in der ländlichen Gesellschaft der Neuzeit. In: Günter Huck (Hg.): Sozialgeschichte der Freizeit. Wuppertal 1980, S. 19–50.
42) Vgl. C. Lipp: Dörfliche Formen generativer und sozialer Reproduktion. In: W. Kaschuba/C. Lipp: Dörfliches Überleben. Tübingen 1982, S. 288–607, hier S. 363–448. Klaus-Jürgen Matz: Pauperismus und Bevölkerung. Die gesetzlichen Ehebeschränkungen in den süddeutschen Staaten während des 19. Jahrhunderts. Stuttgart 1980.
43) Vgl. W. Kaschuba: Protest und Gewalt...
44) Vgl. W. Kaschuba: Vom Gesellenkampf zum sozialen Protest. Zur Erfahrungs- und Konfliktdisposition von Gesellen-Arbeitern in den Vormärz- und Revolutionsjahren. In: Ulrich Engelhardt (Hg.): Handwerker in der Industrialisierung. Lage, Kultur und Politik vom späten 18. bis ins frühe 20. Jahrhundert. Stuttgart 1984, S. 381–406. Sowie Andreas Griesinger: Das symbolische Kapital der Ehre. Streikbewegungen und kollektives Bewußtsein deutscher Handwerksgesellen im 18. Jahrhundert. Berlin 1981.
45) Damen Conversations Lexikon. Hg. von Carl Herloßsohn. Bd.II, Leipzig 1834, S. 334.

II.1 Katzenmusiken und „Weiberrevolution"

46) HSTAS, E 146, Bü 3786; für das spätere 19. Jahrhundert: Othmar Spann: Die geschlechtlich-sittlichen Verhältnisse im Dienstboten- und Arbeiterstande. In: Zeitschrift für Sozialwissenschaft Jg. 7, 1904, S. 287–303.
47) Vgl. Detlev Peukert: Arbeiteralltag – Mode oder Methode? In: Heiko Haumann (Hg.): Arbeiteralltag in Stadt und Land. Berlin 1982, S. 8-39, hier S. 23; vgl. auch Heinrich Volkmann/Jürgen Bergmann (Hg.): Sozialer Protest. Opladen 1984.
48) HSTAS, E 146, Bü 1929, Oberamtsbericht Heilbronn 12.4.1849, und Bü 1934, Oberamtsbericht Heilbronn 16.4.1849. Vgl. auch Bü 1932, 1933 und STAL, F 164, Bü 44, Bericht des Stadtschultheiß Eßlingen 2.6.1849. Schwäbische Kronik 25.4.1849, Laterne 8.6.1849.
49) STAL, E 319, Bü 109, Akten Criminalsenat Eßlingen und STAL, F. 320, Bü 75.
50) HSTAS, E 146, Bü 1930, Bl. 182.
51) HSTAS, E 146, Bü 1932; vgl. auch Schwäbische Kronik 19.6.1849, S. 1022 sowie 20.6.1849, S. 1027.
52) HSTAS, E 146, Bü 1932, Oberamtsbericht Ulm 18.6.1849.
53) Vgl. die Versammlung der Volksvereins- und Bürgerwehr-Delegierten in Reutlingen, die sogenannte Pfingstversammlung, und deren polizeiliche Untersuchung im späteren Hochverratsprozeß gegen „Becher und Genossen" STAL, E 320, Bü 23–96 Schwurgericht Ludwigsburg und Justizministerium: HSTAS, E 301, Bü 245, sowie HSTAS, E 9, Bü 105 und E 146, Bü 1935. Siehe auch Beobachter 30.5.1849 und 1.6.1849 und C. Lipp: „Militärische Excesse", „Aufruhr" und „hochverrätherische Unternehmungen". In: W. Kaschuba/C. Lipp: 1848 – Provinz und Revolution. Tübingen 1979, S. 209–233.
54) STAL, E 320, Bü 10a, Schwurgericht Ludwigsburg, Hochverratsprozeß gegen „Becher und Genossen".
55) Ebd., Bl. 223.
56) Ebd.
57) Ebd., Bl. 56.
58) Ebd., Bl. 7.
59) HSTAS, E 146, Bü 1929, Bl. 1049.
60) STAL, E 320, Bü 10a, Bl. 7f.
61) Richard A. Cloward/Frances Fox Piven: Hidden Protest: The Channelling of Female Innovation and Resistance. In: Signs, vol. 4, 1979, S. 651–669, hier S. 653.
62) STAL, E 320, Bü 10a, Bl. 7f.
63) HSTAS, E 146, Bü 1929, Bl. 1045.

Beate Bechtold-Comforty

„…doch was die Männer unterließen, das sollte jetzt durch Weiber geschehen…"
Frauen im revolutionären Aufstand (September 1848)

Das beherrschende politische Thema im Herbst 1848 war der deutsch-dänische Konflikt um Schleswig-Holstein und der Malmöer Waffenstillstand vom 26.8.1848. Dieser von Preußen abgeschlossene Vertrag, der ohne Mitsprache der von der Nationalversammlung eingesetzten neuen deutschen „Zentralgewalt" zustandegekommen war, kränkte nicht nur den Nationalstolz der Deutschen, sondern empörte besonders die Demokraten, da mit ihm die seit dem März 1848 in Gang gekommene Vereinigung der beiden deutschen Länder und der relativ demokratische Verfassungsentwurf für Schleswig-Holstein außer Kraft gesetzt wurde[1]. Als die Nationalversammlung diesem Abkommen zustimmte und damit der Aufgabe nationaler deutscher Interessen, brachen im September 1848 in Frankfurt, Mainz und Baden republikanische Aufstände aus. Auch auf den württembergischen Volksversammlungen war Malmö das beherrschende Thema, und immer häufiger war von der Einführung einer Republik die Rede.

Für Mittwoch, den 27.September 1848, war in Cannstatt bei Stuttgart eine große, zentrale Volksversammlung geplant, zu der Zuzüge aus ganz Württemberg erwartet wurden. Die Teilnehmenden wollten dort die Erhaltung ihrer im März errungenen Grundrechte und eine günstigere Ablösung der Grundlasten verlangen und über die Einführung einer Republik reden. Gerüchteweise sollte den Forderungen sogar mit Waffengewalt Nachdruck verliehen werden. Der Marsch auf Cannstatt kam nicht zustande. Doch die württembergische Regierung, in Panik geraten, reagierte mit Militärgewalt und Massenverhaftungen.

Zwei Frauen aus einem kleinen Dorf nahe der badischen Grenze befanden sich unter den über 500 Verdächtigen, die mit weiteren Hunderten von Zeugen im darauf folgenden Hochverratsprozeß „gegen Gottlieb Rau und Genossen" vernommen wurden. Sie sind die einzigen Frauen, die für ihre Mitwirkung an dem wohl spektakulärsten württembergischen Revolutionsereignis, dem sogenannten „Rau-Marsch", gerichtlich belangt wurden. Diese beiden Frauen stehen im Mittelpunkt der folgenden Untersuchung, die mit den Methoden der Mikrohistorie zu rekonstruieren versucht, inwieweit Frauen innerhalb ihres sozialen Bezugsrahmens zu selbständigem politischen Handeln motiviert und fähig waren, bzw. an politischen Aktivitäten gehindert wurden. Eine solche Mikrostudie kann der Gesamtaktion des ‚Ausmarsches auf Cannstatt'[2] keinesfalls gerecht werden, sie kann allerdings dazu beitragen, das bisher übersehene politische Engagement von

II.2 Revolution auf dem Dorf

Frauen während der Revolution sichtbar zu machen und damit ein Stück Frauengeschichte zu schreiben.

Den Ausgangspunkt der Untersuchung bildeten die Vernehmungsprotokolle des Hochverratsprozesses. Sie wurden ergänzt durch örtliche Kirchenregister, die Kirchenkonventsprotokolle und Pfarrberichte. Leider sind im Ortsarchiv Zimmern die Schultheißenamts- und Gemeinderatsprotokolle der Revolutionszeit verschollen, lediglich einige Auszüge daraus befinden sich in einer 1937 erschienenen Dorfchronik[3].

Aus den Akten ergab sich, daß beide Frauen mit der demokratischen Linken sympathisierten und in die Diskussion um den ‚Marsch auf Cannstatt' eingegriffen hatten. Bei näherem Betrachten des politischen Hintergrundes enthüllten sich zugleich innerdörfliche Auseinandersetzungen, bei denen revolutionäre Ideen auf lokale Politik- und Machtinteressen geprallt waren und sich politische und verwandtschaftliche Konflikte mischten. Dies zeigt sich bereits beim Ausgangspunkt der gerichtlichen Untersuchung: Katharina Müller (35 Jahre) und Theresia Rosenberger, die Ehefrau des Dorfschultheißen (38 Jahre), sowie andere politisch aktive Einwohner des Dorfes Zimmern waren von Mathäus Bihl (44 Jahre), der dem engeren Verwandtschaftskreis von Theresia Rosenberger angehörte, angezeigt worden.

Zimmern ob Rottweil, der Ort, aus dem die Frauen stammten, liegt etwa 5 km westlich von Rottweil auf einer wasserarmen Hochebene. In den Jahren 1848/49

Das Dorf mit der hohen Tann um 1900
(Nach dem Bild im Löwen)

Zimmern, das „Dorf mit der hohen Tann", um 1900. (Photo nach einem Gemälde im Gasthaus Löwen. Aus Albert Mager: Zimmern ob Rottweil im Wandel der Zeiten. Zimmern 1937.)

II.2 Revolution auf dem Dorf

lebten dort fast 700 Personen, vorwiegend Bauern und Tagelöhner, aber auch eine aufstrebende Gruppe von jungen, selbständigen Handwerkern. Nach der Statistik von 1842[4] verteilten sich die 116 Haushalte des Ortes auf 70 Wohnhäuser, die weitläufig um die katholische Kirche, das Rathaus und drei große Spitalhöfe gruppiert lagen.

Bis zum Frühjahr 1848 hatte sich die politische Macht im Dorf in den Händen einiger alteingesessener reicher Bauernfamilien befunden. Sie stellten die Gemeinderäte, die dieses Amt häufig auf Lebenszeit bekleideten[5]. In den ersten Wochen der Revolution jedoch mußten wie damals überall in Württemberg, Schultheiß und Gemeinderat auf Drängen der Demokraten abtreten. Neu gewählt wurden unter anderem: von der konservativen Partei: Matthias Bihl (Wagner, 36 J.) und Georg Mager (Bauer, 34 J.), von der demokratischen: Johann Mager (Fruchthändler) und Ignaz Mager (Zimmermann, 37 J.). Nach weiteren harten Auseinandersetzungen wurde der erst 35jährige Zimmermeister Matthäus Rosenberger zum „Schultheißen-Amtsverweser" ernannt.

Durch den kommunalen Machtwechsel spaltete sich das Dorf in zwei verfeindete Lager. Die politischen Fronten liefen quer durch die verschiedenen sozialen Schichten und oft quer durch die weitverzweigten Familien, wobei die ideologische Übereinstimmung manche Verwandte um so enger aneinanderschweißte. „Es war... immer Mißtrauen, schroffes Entgegenstehen beider Parteien, ein innerer Grimm...", beschrieb der zur konservativen Fraktion zählende Ortspfarrer die politische und soziale Atmosphäre des Sommers 1848[6]. Die schwelenden Konflikte brachen offen aus, als im Dorf über die Teilnahme an der Cannstatter Volksversammlung entschieden werden sollte.

Am Sonntag, dem 24. September, hatten etwa fünfzig Zimmerner Bürger an der großen Volksversammlung in Rottweil teilgenommen, unter ihnen Schultheiß und Gemeinderat. Gottlieb Rau aus Gaildorf, ehemaliger Glasfabrikant, jetzt einer der engagiertesten demokratischen Redner, hatte dort „in begeistertem Vortrage"[7] für den Auszug nach Cannstatt geworben. Noch am Abend entschieden die annähernd 4000 Anwesenden aus Rottweil und den umliegenden Dörfern, sich dem „Rau-Marsch" anzuschließen. Sie hatten drei Tage Zeit, um (zu Fuß) rechtzeitig in das gut 100 km entfernte Cannstatt zu gelangen.

Gleich am Montagmorgen rief Matthäus Rosenberger, der „Märzschultheiß", die Zimmerner Bürger aufs Rathaus, um „alle Männer zwischen 18 und 60" zum Mitmarschieren aufzufordern. Auf der Bürgerversammlung bekannte sich die Mehrheit zum Rottweiler Beschluß, die Gegner jedoch wehrten sich um so vehementer. Rosenberger versuchte, die Unwilligen durch Androhung von Geldstrafen zum Mitgehen zu bewegen, doch vor allem eine Gruppe konservativer verarmter Handwerker und Tagelöhner blieb hart – „Ich lasse mich nicht zwingen, ich

II.2 Revolution auf dem Dorf

gehe nicht mit!" entschied Augustin Ulmschneider, ein Leineweber[8]. Es gelang nicht, Einigkeit zu erzielen. Das Dorf geriet in helle Aufregung. Den ganzen Montag über bildeten sich im Ort immer wieder heftig diskutierende Gruppen. Die Frauen, von der bevorstehenden Aktion genauso betroffen wie die Männer, beteiligten sich an den Auseinandersetzungen und bezogen Position. Einige Frauen, vom Pfarrer pauschal als *„die* Weiber" bezeichnet[9], hatten bereits frühmorgens in aller Öffentlichkeit auf dem Dorfplatz gegen den Ausmarsch protestiert. Es waren vermutlich vor allem die Ehefrauen der armen Handwerker und Tagelöhner, die ihre Männer mit lautem Geschrei unterstützten: „Unsere Männer dürfen nicht mit!"[10] Diese Frauen befürchteten wohl einen mehrtägigen Verdienstausfall ihrer Männer, denn obwohl sie selbst arbeiteten, hätte ihr Taglohn allein nicht ausgereicht, die Familie zu ernähren[11]. Sie mußten zudem Angst haben vor den Folgen dieser radikaldemokratischen Aktion; nachdem die wichtigste Verdienstquelle im Ort, das Holzmachen im Gemeindewald, seit kurzem entfallen war, waren die Tagelöhner jetzt ganz auf die Anstellung bei den reichen konservativen Bauern angewiesen[12]. Die Tagelöhnerinnen erlebten die ‚große' Politik jenseits des dörflichen Horizontes als aktuelle Bedrohung ihrer materiellen Existenz, gegen die sie sich zur Wehr setzten.

Die gutsituierten Bauern und ihre Frauen indessen hätten sich wohl mit einem Teil der ‚Sache' durchaus identifizieren können. Die Forderung nach einer günstigeren Ablösung der Grundlasten kam im Prinzip auch ihren Interessen entgegen. Die einstige Dorfelite konnte jedoch nicht die politischen Forderungen einer Gruppe unterstützen, deren Politik im eigenen Ort das althergebrachte hierarchische Machtgefüge so gründlich durcheinandergewirbelt hatte. Der kommunale Machtwechsel, für manchen ehemaligen Gemeinderat und seine Gattin mit einem abrupten Prestigeverlust verbunden, war von ihnen nicht verschmerzt. Matthäus Rosenberger, der „Märzschultheiß", blieb ein „Lump" und ein „Rebell"[13]. Dem geplanten Ausmarsch gegenüber verhielten sie sich deshalb mißtrauisch, was sich daran zeigte, daß sie sich zunächst aus den Diskussionen heraushielten und „lieber ihren Geschäften nachgingen", wie der Pfarrer schrieb[14].

Im Laufe des Montags erfuhren die Zimmerner, daß die Bürgerwehren aus Rottweil und den umliegenden Dörfern, rund 400 Mann, die Stadt in militärischer Formation „mit klingendem Spiel" verlassen hatten. In Zimmern indessen konnten sich die Bürger noch immer nicht entscheiden; einige wollten weitere Nachrichten abwarten, andere befürchteten, „es könne immer später von Nachtheil sein, wenn alles ginge und sie nicht."[15] Am späten Nachmittag spitzte sich der Konflikt weiter zu: Matthäus Rosenberger, der Schultheiß wurde von vier abgesetzten Gemeinderäten überfallen, die ihn zwingen wollten, den Rathausschlüssel abzugeben, weil „die beiden bürgerlichen Kollegien... eine grundlose und gesetzeswidrige Versammlung gepflogen" hätten[16]. Matthäus Rosenberger verteidigte

II.2 Revolution auf dem Dorf

den Rathausschlüssel erfolgreich. Nach diesem Überfall kam das Gerücht auf, der Tagelöhner Mathäus Bihl sei nach Rottweil geeilt, um scharfe Munition für die Revolutionsgegner zu besorgen. Daraufhin ließ Rosenberger den Tagelöhner Bihl kurzerhand verhaften, – ein verhängnisvoller Fehler, wie sich später erweisen sollte.

Am Abend setzten sich die Auseinandersetzungen in den Dorfgaststätten fort. Die Demokraten trafen sich in ihrem Stammlokal, dem „Löwen", der von Georg und Katharina Müller bewirtschaftet wurde. Die Löwenwirtin Katharina zählte gewiß zu den politisch bestinformierten Frauen in Zimmern. Sie konnte die politischen Diskussionen direkt in ihrem Arbeitsbereich mitverfolgen und hatte vermutlich stets einen guten Überblick über den aktuellen Stand der Debatten. Doch sie hörte nicht nur zu, sie nahm auch Partei, und eben dies brachte ihr nicht immer Sympathien ein, sondern führte zu ihrer späteren Anzeige.

Montag Nacht waren noch keinerlei Vorbereitungen für den Ausmarsch getroffen worden. Dienstag früh schließlich wurden die Frauen der Demokraten aktiv. Sie begnügten sich nicht mehr mit der Rolle als weibliches Publikum, das zwar seine Meinung kundtun konnte, aber von den politischen Entscheidungen in der Bürgerversammlung ausgeschlossen war; abstimmen durften nur die Männer – daran hatte auch die Revolution nichts geändert. Theresia Rosenberger, die Ehefrau des Schultheißen, kannte diese demokratischen Spielregeln genau. Doch sie fand einen Weg, die politische Beschränkung der Frauen zu überwinden. Sie sammelte Unterschriften für den Auszug – Unterschriften von Frauen. Insgesamt unterstützten 32 Frauen die Aktion.

Unterschriftenlisten als ‚modernes' Instrument politischer Meinungsbildung und Druckausübung waren im Dorf 1848/1849 durchaus bekannt und auch bereits angewendet worden. Der ehemalige Gemeinderat war mit Hilfe einer solchen Liste gestürzt worden, und auch der Pfarrer hatte mit einer Petition an die Nationalversammlung, unterschrieben von etlichen Bürgern, gegen die befürchtete Konfiszierung von Kircheneigentum protestiert. Neu und revolutionär war jedoch, daß Frauen dieses Handlungsmuster aufgriffen und dazu benutzten, ihre eigene politische Meinung zu formulieren und durchzusetzen. Frauen machten nicht nur Stimmung – sie hatten ihre eigene Stimme gefunden. Für die männlich bestimmte Dorfwelt war dies eine Herausforderung. Die demokratischen Gemeinderäte benutzten die Aktion der Frauen, um die zögernden Bürger bei ihrer Mannesehre zu packen. Theresias Mann berief sich laut Vernehmungsprotokoll „auf dem Rathaus *gerade* auf diese Thatsachen", nämlich die Unterschriftenliste der Frauen, „als er die Männer zum Auszug bewegen wollte". Zeugenaussagen zufolge soll er gerufen haben: „Welch eine Schande, wenn die Männer nicht gehen, so gehen die Weiber!"[17] Tatsächlich hatten die Frauen zunächst lediglich

II.2 Revolution auf dem Dorf

beabsichtigt, mit ihrer Adresse an die Männer zu appellieren, sich endlich dem Ausmarsch anzuschließen. Im Laufe ihrer Gespräche hatte sich dann offensichtlich ein weitaus verwegenerer Gedanke herauskristallisiert: die „Heldinnen... des schönen!? Geschlechts" hatten sich „verschworen... Stuttgart zu zu ziehen", wie es in der Pfarrchronik heißt[18].

Im Verhör später bestritt Theresia Rosenberger die Ernsthaftigkeit dieser öffentlich geäußerten Absicht – „(Wir) haben lediglich im Spaß ausgemacht, daß wir mit unseren Männern ziehen wollen", und sie fügte hinzu – lachend, wie das Protokoll vermerkt – „aber wir wußten gar nicht, worum es sich handelte." Ihr unverkrampftes Auftreten, ihr Lachen und Scherzen während der Vernehmung verblüffte den Untersuchungsrichter genauso wie ihr für Frauen ungewöhnliches politisches Engagement. „Man muß vermuten, daß Ihr durch Eure Männer hierzu veranlaßt worden seid?", forschte der Richter nach, doch Theresia wies dies weit von sich: „Sie (die Männer; d. V.) werden vielleicht noch gar nicht wissen, was wir gethan haben!"[19]

Was zunächst wie eine Schutzbehauptung klingt, durch die Theresia in die Rolle des naiven unschuldigen Weibes schlüpfte, entpuppt sich als geschickte Doppelstrategie, mit der Theresia sich selbst erfolgreich verteidigte und gleichzeitig ihren inzwischen gefangengesetzten Mann entlastete. Er wiederum konnte den unschuldigen, ja geradezu hintergangenen Ehemann spielen, als er in seiner Vernehmung auf das Verhalten seiner Frau angesprochen wurde. „Doch aber ist gewiß, daß Ihre Frau Unterschriften gesammelt hatte?" Worauf Rosenberger nur vage antwortete: „Ich habe noch in Zimmern davon gehört. Aber als ich mein Weib zur Rede stellte, hat sie es geläugnet. Erst letzthin, als sie ins Verhör kam, und ich ihr auf dem Spaziergang in Gegenwart meines Führers (seines Gefängniswärters; d. V.) begegnete, hat sie mir gesagt, daß sie aus Jux es gethan habe, was ich sehr mißbillige – daß sie Unterschriften gesammelt habe, hat sie mir noch geläugnet. Sie sagte bloß, daß sie... im Spaß ausgemacht habe, mit ihren Männern zu ziehen"[20].

Die identische Formulierung beider Aussagen läßt den Schluß zu, daß Theresia und ihr Mann sich schon vor ihrer Begegnung auf dem Gefängnishof genau abgesprochen hatten. Die selbstverantwortete Eigenständigkeit von Theresia sollte wie unverantwortliche Eigenmächtigkeit aussehen, die vom Ehemann nicht gebilligt werden konnte. Beide bemühten sich, Theresias politisches Handeln zu einem privaten Eheproblem zu verharmlosen, indem sie die Aufmerksamkeit des Untersuchungsrichters auf die angebliche Unfolgsamkeit der Ehefrau lenkten.

Von wem die Idee für die Unterschriftenliste tatsächlich stammte, konnte der Vernehmungsbeamte nicht ermitteln. Rosenberger soll angeblich am Montag früh, „gleich bei der ersten Besprechung erzählt haben, wie Rau gesagt habe: ‚Wenn die Männer sich weigern, so sollen die Weiber gehen'".[21] Allerdings ist die-

II.2 Revolution auf dem Dorf

ses Rau-Zitat nicht nachzuweisen, so daß anzunehmen ist, daß Rosenberger Rau lediglich als charismatische Autoritätsfigur anführte. Die Idee für die Frauenunterschriftenliste wurde in Wirklichkeit wohl von den Rosenbergers selbst entwickelt, wobei sich Matthäus darauf verlassen konnte, von seiner Frau unterstützt zu werden. Möglicherweise gingen die entscheidenden Impulse auch von Theresia aus. Immerhin war sie als Tochter eines ehemaligen Dorfschultheißen seit ihrer Jugend – sie war dreizehn, als die 7-jährige Amtszeit ihres Vaters begann – mit (Dorf) Politik-Machen vertraut. Bestimmt war im elterlichen Haus manche Bemerkung über Lokalpolitik und ihre Hintergründe gefallen. Sie kannte also vermutlich die Strukturen innerdörflicher Auseinandersetzungen – und den diese umgebenden Tratsch – ebenso wie die Konflikte mit „draußen", dem Königlichen Oberamt und den ehemaligen Herren in Rottweil. Inwieweit dies ihr politisches Gespür entwickelt hatte, – ein Gespür für das, was möglich war, auch innerhalb scheinbar festgefügter Normen – läßt sich nur vermuten.

Tatsächlich zeigte Theresia als junge Frau eine gewisse Souveränität im Umgang mit obrigkeitlichen und wohl auch innerdörflichen Konventionen. Ohne daß ihre Eltern davon wußten, hatte sie, im Sommer gerade 25 Jahre alt geworden, eine voreheliche Beziehung zu dem damals 22jährigen, also noch minderjährigen Matthäus aufgenommen, was zu erheblichen Konflikten führte. Der Vater von Theresia, der dieser Beziehung zuerst ablehnend gegenüberstand, suchte damals sogar die Hilfe des örtlichen Kirchenkonvents, um die Verbindung zu verhindern. Das Kirchenkonventsprotokoll vermerkt:

„Caspar Hirth... gibt an, am letzten Markttag in Rottweil, habe sich, während er mit seinem Eheweib in Rottweil war, und außer seiner ältesten Tochter Theresia niemand in seinem Hause sich befand, der ledige Matthäus Rosenberger von hier bei oben gedachter eingefunden und habe sich mit derselben in ihrer Schlafkammer wie man sich vorstellen könne auf eine verdächtige Art und Weise unterhalten. Daß dem so sei, könne sein Eheweib, die, weil zu bald nach Hause zurückgekehrt, den Rosenberger aus der Schlafkammer habe gehen sehen, bezeugen. Damit aber weitere derartige Besuche – zu Ehre seines Hauses – unterbleiben, bitte er um Einschreitung."[22]

Der Kirchenkonvent fand an den Besuchen des „wackeren jungen Mannes"[23] nichts auszusetzen. Theresia allerdings war zu diesem Zeitpunkt bereits schwanger. Mit der Geburt des Kindes hatte Theresia ihr Ziel erreicht. Das Paar konnte heiraten. Die Eltern waren inzwischen wohl auch mit der Legalisierung der Verbindung einverstanden und halfen mit ihren alten Beziehungen, den von Matthäus benötigten Minderjährigkeitsdispens[24] zu beschaffen. 1848 waren Matthäus und Theresia bereits viele Jahre verheiratet und hatten eine Familie mit fünf Kindern.

Wenn sich auch aus diesen wenigen biographischen Details keine umfassende Charakterisierung von Theresia ableiten läßt, so legen sie doch nahe, daß Theresia

II.2 Revolution auf dem Dorf

ein gewisses Durchsetzungsvermögen besaß. Ihr Selbstbewußtsein und ihr entschiedenes Auftreten waren auch dem Untersuchungsrichter aufgefallen, weshalb dieser ihr die Rolle der ‚unmündigen' und unwissenden Ehefrau nicht ganz abnahm. So ließ sich der Vernehmungsbeamte zunächst von Theresias Unschuldsbeteuerungen nicht überzeugen, da, wie er richtig erkannt hatte, „die Sache... dann doch ganz ernsthaft betrieben zu sein (scheint)".[25] Schließlich war Theresia den ganzen Dienstagvormittag mit ihrer Freundin Katharina Müller von Haus zu Haus gegangen, wenn auch ‚nur' „zu einigen Weibern, Schwestern und Bruderweibern", und dieses, wie sie in Übereinstimmung mit den Aussagen ihres Mannes betonte, „nur aus Jux".[26] Indem sie den grundsätzlich als apolitisch geltenden Familienrahmen vorschob, auf den sich ihre Unterschriftensammlung beschränkt hatte, versuchte sie, ihrer Initiative die politische Brisanz zu nehmen. Sie reduzierte ihre Aktion auf das, was im Dorf üblicherweise als ‚Weibertratsch' abgetan wird. Die politische Bedeutung dieser Aktion liegt aber gerade darin, daß sie zeigt, daß die Demokraten nicht nur durch ihre Gesinnung, sondern auch durch ein enges verwandtschaftliches Netz verbunden waren, in dem die Frauen traditionellerweise für die inner- und interfamiliäre Kommunikation sorgten.

Die verwandtschaftlichen Beziehungen machen es schließlich auch möglich, die verschollene Unterschriftenliste zu rekonstruieren und damit auch die näheren politischen Verflechtungen innerhalb der einzelnen Verwandtschaften aufzuschlüsseln. Ausgehend von Theresias Angaben – vor Gericht sprach sie von ihren Schwestern und Schwägerinnen – lassen sich mit Hilfe des Familienregisters einige der Frauen identifizieren, die sich an Theresias Aktion beteiligt hatten. Weitere Namen von Frauen lassen sich indirekt erschließen über die Ehemänner, die den bürgerlichen Kollegien angehörten, also den entscheidenden kommunalpolitischen Gremien am Ort, oder über jene, die nachher wegen ihrer positiven Haltung zum Ausmarsch gerichtlich verhört worden waren. Diese Vorgehensweise setzt allerdings voraus, daß auch in Zimmern wie an anderen württembergischen Orten (Kap.II.3) die Frauen politisch mit ihren Männern übereinstimmten. Die Rekonstruktion machte sichtbar, daß ein großer Teil des demokratischen Lagers sich aus der direkten Verwandtschaft von Theresia und Matthäus Rosenberger rekrutierte. Die demokratische Bewegung in Zimmern hatte, um ihre revolutionäre Politik im Dorfe fest zu verankern, offensichtlich auf ein altbewährtes politik-stabilisierendes System zurückgegriffen: auf die nicht nur in Württemberg verbreitete „Vetterles-Wirtschaft" – in diesem Falle auf das weibliche Pendant, die „Bäsles-Wirtschaft".

Rekonstruktion der Unterschriftenliste und Rekonstruktion des verwandtschaftlichen Netzes gehen im folgenden ineinander über. Die nebenstehende Grafik soll den Überblick erleichtern: Theresia Rosenberger und Katharina Müller führten

II.2 Revolution auf dem Dorf

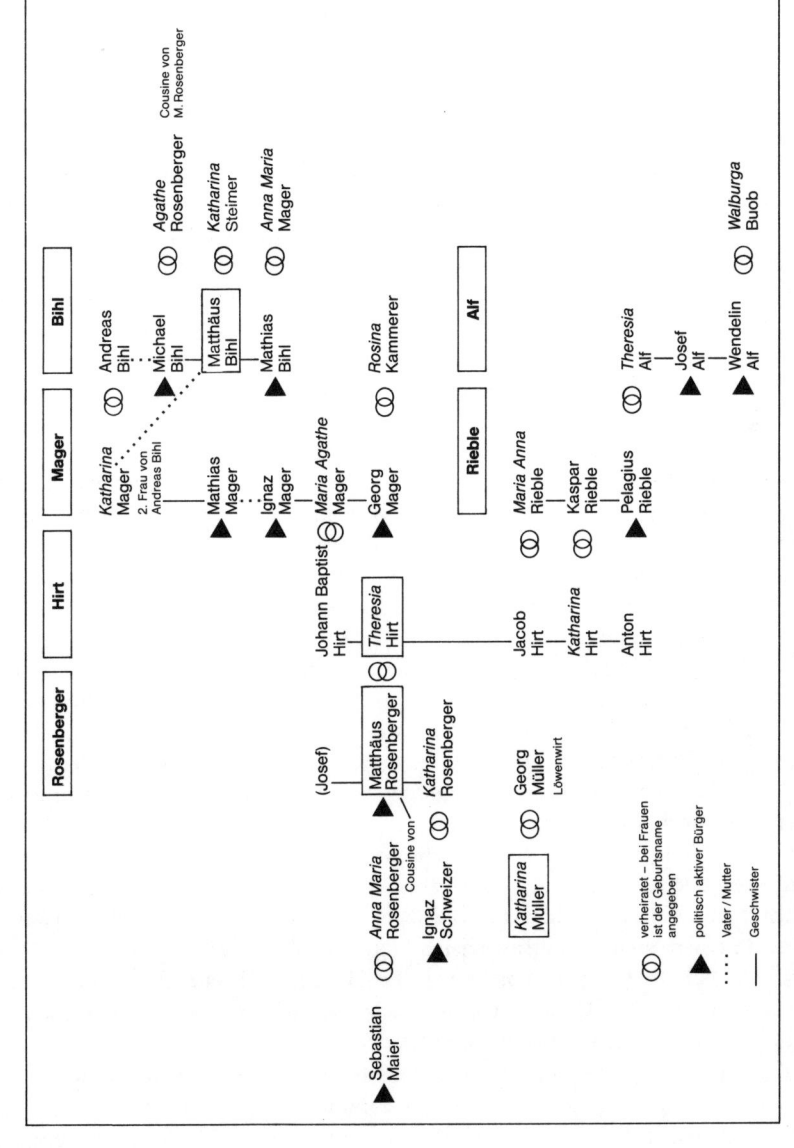

Die Verwandtschaft der Familien Rosenberger, Hirt, Mager und Bihl.

Rekonstruiert nach den Kirchenregistern der Gemeinde. Graphik Beate Bechtold-Comforty.

die Liste an. Als eine der ersten unterschrieb wohl Theresias jüngere Schwester Katharina, die mit Caspar Rieble verheiratet war. Dessen Schwester Anna Maria hatte wiederum einen jüngeren Bruder von Theresia geheiratet. Ein weiterer Rieble, Pelagius, ein aktiver Demokrat, war über seine Frau Theresia mit den Alfs verwandt. Josef und Wendelin Alf standen bei den Auseinandersetzungen auf Seiten der Demokraten, und es ist anzunehmen, daß auch ihre beiden Frauen Theresia Rosenbergers Initiative unterstützten.

Das ‚Bruderweib' von Theresias ältestem Bruder – Maria Agathe Mager – stellte die Verbindung zu zwei weiteren Schlüsselfiguren her: zu ihrem ältesten Bruder Ignaz, dem Zimmermann, einem vehementen Vertreter der Ausmarschpläne, und zu ihrem Vater, dem früheren Schultheißen und jetzigen Ratschreiber Matthias Mager, der trotz seiner 70 Jahre politisch noch voll aktiv geblieben war. Georg, der jüngere Bruder von Maria Agathe Mager, gehörte zur konservativen Gruppierung, unterstützte jedoch auch den Ausmarsch. Es ist anzunehmen, daß auch Katharina Schweizer, die Schwester von Matthäus Rosenberger, für den Ausmarsch stimmte. Sie war mit Ignaz Schweizer, der ‚rechten Hand' des ‚Märzschultheißen', verheiratet. Der ‚Märzschultheiß' selbst war über seine Cousine Anna Maria Maier, geb. Rosenberger, mit Sebastian Maier, Bürgerausschußmitglied und Befürworter des Ausmarsches, verwandt. Eine andere Cousine, Agathe Rosenberger, knüpfte die Familienbande zu den Gebrüdern Bihl, die in diesem Konflikt eine Schlüsselposition innehatten, denn schließlich war es Mathäus Bihl, der die gerichtliche Untersuchung ins Rollen gebracht hatte. Doch zurück zu den Befürworterinnen des Ausmarsches.

Agathe war die Ehefrau des Spitalbauern Michael Bihl (46 J.), dem ältesten der drei Bihl-Brüder. Michael Bihl war seit langem ein enger Freund von Theresia und Matthäus Rosenberger. Schon für den vorehelichen Sohn der beiden hatte er die Patenschaft übernommen, und er blieb auch für die anderen Kinder der ‚Döde'. Als demokratisch gesinnter Vorsitzender des Bürgerausschusses[27] hatte er sich energisch für den Ausmarsch eingesetzt. Auch Michaels jüngster (Stief-)Bruder, der Wagner Matthias (nicht zu verwechseln mit seinem Bruder Mathäus), hatte für den Ausmarsch plädiert, obwohl er zum konservativen Flügel des Gemeinderats zählte. Seine Frau Anna Maria, geb. Mager, unterschrieb vermutlich auch auf der Liste. In einem so dicht verflochtenen Netz von Verwandtschaft und Politik verwischten sich die Grenzen von privat und öffentlich. Theresias Aktion war also tatsächlich mehr als Weibertratsch – es war die Formierung der weiblichen Verwandtschaft zu einer politischen Kraft.

Trotz des dringenden Appells der Frauen und trotz der vereinten Anstrengungen der Demokraten, beteiligten sich die Zimmerner Bürger nicht am Marsch auf Cannstatt. Auch die aus Rottweil und den umliegenden Dörfern ausgezogenen Mannschaften kehrten bereits im 20 Kilometer entfernten Balingen wieder um, da

II.2 Revolution auf dem Dorf

die Bürger anderer Oberamtsstädte sich nicht wie erwartet dem „Rau-Marsch" angeschlossen hatten. Genau eine Woche später, am Mittwoch, den 4. Oktober, wurde Rottweil militärisch besetzt und über 400 Personen verhaftet, die teilweise gleich ins zentrale politische Gefängnis auf den Hohenasperg gebracht wurden. Die demokratische Bewegung erhielt einen empfindlichen Schlag – die ‚Wende 1848' war damit eingeleitet.

Die zähen politischen Auseinandersetzungen in Zimmern wären indessen nie ans Licht der Öffentlichkeit gedrungen, hätte nicht Mathäus Bihl die Gunst der Stunde genutzt, um sich an Matthäus Rosenberger für die erlittene Schmach seiner (kurzfristigen) Verhaftung zu rächen. In seiner schönsten Handschrift zeigte er am 8. Oktober den ‚Märzschultheißen' Rosenberger sowie dessen Ehefrau Theresia nebst ihrer Freundin Katharina Müller wegen „Aufruf zum Ausmarsch" an. Als Motiv für diese Anzeige gab er ‚persönliche Ehrenrettung' an. Mathäus Bihl war der mittlere der obengenannten Bihl-Brüder, 44 Jahre alt, also zwei Jahre jünger als sein (Stief-)Bruder Michael und dessen politischer Antipode. Als Sohn aus zweiter Ehe seines Vaters war er von der erblichen Pachtnachfolge für den Spitalhof ausgeschlossen. Er hatte im Unterschied zu seinem jüngsten Bruder Matthias kein Handwerk erlernt, sondern versuchte sich und seine siebenköpfige Familie mit verschiedenen niederen, d.h. schlecht bezahlten Gemeindediensten durchzubringen. Zur Revolutionszeit wird sein Beruf mit Tagelöhner angegeben. Im Dorf genoß er einen äußerst schlechten Ruf, nach Aussagen seines Schwagers war er „ein Lügner, der versäuft, was er verdient, während seine Familie darbt."[28] In den Auseinandersetzungen um den Ausmarsch hatte Mathäus Bihl sich als einer der entschiedensten Gegner erwiesen, der auch vor Gewalttätigkeiten nicht zurückschreckte. Mit seiner Denunziation gefährdete er nicht nur den Ruf und die soziale Existenz der Rosenbergerschen Familie, sondern weckte auch das Interesse des Königlichen Oberamtes für die Vorgänge im Dorf.

Auf Mathäus Bihls Anzeige hin wurde der Pfarrer von Zimmern vom Oberamt zu einem Bericht über die Ereignisse des 25. und 26. September aufgefordert. Die gewünschten Informationen lieferte er jedoch erst eine Woche später, als Militär einmarschiert und zwei Offiziere im Pfarrhaus einquartiert worden waren. Der Pfarrer erwies sich als ‚guter Hirte'. In seinem Bericht vom 20. Oktober[29] versuchte er, die Ereignisse in Zimmern zu verharmlosen und deckte selbst seine politischen Feinde: Matthäus Rosenberger stellte er als bedächtig abwägenden, durchaus verantwortungsvollen Mann dar, die 32 Unterschriften der Frauen erwähnte er überhaupt nicht. Die Behörden hatten jedoch Verdacht geschöpft. Am 26. Oktober durchkämmten 40 Soldaten den Ort, stellten die Gemeinderatsprotokolle sicher und brachten alle 15 Mitglieder der beiden bürgerlichen Kollegien ins Rottweiler Stadtgefängnis. Theresia Rosenberger wurde nicht verhaftet, sondern Mitte Januar 1849 zu einer der letzten Vernehmungen nach Rottweil vorgeladen. Katha-

II.2 Revolution auf dem Dorf

rina Müller, die ebenfalls verhört werden sollte, ließ sich wegen Krankheit entschuldigen.
Daß Matthäus Bihl der Denunziant war, erfuhr niemand in Zimmern. Stattdessen wurde der Pfarrer verdächtigt. Nach einigen scharfen Schüssen in seine Schlafzimmerdecke – ein symbolisches Zeichen für seinen Ausschluß aus dem Kreis ehrbarer Bürger[30] – ersuchte er kurz nach Jahreswechsel um eine andere Pfarrstelle. Ende Januar 1849 stellte die Justiz die Verfahren gegen die Zimmerner Bürger wegen Geringfügigkeit ein. Alle Verhafteten wurden freigelassen.

Mit der nun einsetzenden Restauration wurden die politischen Verhältnisse im Dorf für einige Zimmerner Bürger so unerträglich, daß sie es vorzogen, ihre Heimat für immer zu verlassen. Die Anfang der 1850er Jahre erneut einsetzende agrarische Krise, die vielen Familien im Dorf durch Verschuldung die Nahrungsgrundlage entzog, mochte diesen Entschluß bestärkt haben. Zwischen 1849 und 1854 wanderten auffällig viele der demokratisch gesinnten Familien nach Amerika aus, unter ihnen Matthäus Rosenbergers Schwester Katharina Schweizer mit Mann und Familie, Wendelin Alf mit Familie, Johannes und Georg Mager mit Familie und schließlich 1856 auch Leopold Rosenberger, der älteste Sohn von Theresia und Matthäus.

Anmerkungen:

1) Vgl. Günter Wollstein: Das ‚Großdeutschland' der Paulskirche. Düsseldorf 1977.
2) Vgl. Paul Sauer: Revolution und Volksbewaffnung. Ulm 1976, S. 118ff.
3) Albert Mager: Zimmern ob Rottweil im Wandel der Zeiten. Zimmern o.R. 1937.
4) Ebd., S. 64.
5) Verwaltungsedikt für die Gemeinde, Oberämter und Stiftungen vom 1.3.1822, Paragraph 6.
6) Pfarrchronik von Zimmern ob Rottweil, hg. von Elmar Roth. Berichte aus der Pfarrchronik Zimmern o.R. in: Amtsblatt der Gemeinde Zimmern o.R., Nr. 15, 1983 (ohne Seitenzählung).
7) Rottweiler Anzeiger Nr. 116, 27.9.1848.
8) STAL, E 332, Bü 13.
9) STAL, E 332, Bü 13, Pfarrbericht des Pfarrers Wahl vom 20.10.1848.
10) Ebd.
11) Rottweiler Anzeiger Nr. 137, 15.11.1848: „Tagelohnregulierung. Für das nächste Winter-Semester, nämlich vom 16.Oktober–19.März 1849 werden die Taglöhne folgendermaßen reguliert:

Für den Meister 36kr	Lehrling a) 3. Jahr 22kr	Taglöhner 26kr	
Gesellen 32kr	b) 2. Jahr 20kr	Taglöhnerin 16kr"	
	c) 1. Jahr 18kr		

Eine Taglöhnerin mit Kindern verdiente weniger als ein 14jähriger Lehrling.
12) A. Mager: Zimmern..., S. 58.

II.2 Revolution auf dem Dorf

13) STAL, E 332, Bü 13.
14) Berichte des Pfarrers Wahl vom 26. 10. 1848.
15) A. Mager: Zimmern..., S. 96.
16) STAL, E 332, Bü 13.
17) Ebd.
18) E. Roth: Pfarrchronik.
19) STAL, E 332, Bü 13.
20) Ebd.
21) Ebd.
22) Kirchenkonventsprotokoll, Pfarramt Zimmern o.R. vom 8.12.1834.
23) Ebd.
24) Das gesetzliche Heiratsalter für Männer lag in Württemberg bei 25 Jahren, wer sich vorher verehelichen wollte, brauchte dazu eine Sondergenehmigung des Gemeinderats, den sogenannten Minderjährigkeitsdispens, der normalerweise nur Wohlhabenden gewährt wurde. Da die entsprechenden Akten verschollen sind, läßt sich die wirtschaftliche Situation der Rosenbergers zum Zeitpunkt ihrer Heirat nicht mehr rekonstruieren.
25) STAL, E 332, Bü 13.
26) Ebd.
27) Nach der württembergischen Gemeindeverfassung führen Stadtschultheiß und Stadtrat die „Geschäfte", der Bürgerausschuß als eigentliche Vertretung der Bürgerschaft gegenüber der Exekutive besitzt lediglich beratende Funktion und das Kontrollrecht in Etatfragen. Der 'Obmann' ist der Vorsitzende des Bürgerausschusses. Verwaltungsedict für die Gemeinden, Oberämter und Stiftungen vom 1.3.1822, Art. 11, 12, 47, 52–58. Vgl. Wolfgang Kaschuba / Carola Lipp: Dörfliches Überleben. Tübingen 1982.
28) STAL, E 332, Bü 13.
29) Ebd. Pfarrberichte sind monatliche Routineberichte an das königliche Oberamt. Der am 20. Oktober 1848 auf militärischen Druck hin geschriebene Pfarrbericht unterscheidet sich deutlich von der Ende des Jahres 1848 verfaßten Pfarrchronik. Während der Pfarrer im Oktober die Vorgänge um den Ausmarsch verharmloste, ließen ihn die im Herbst folgenden Angriffe auf seine Person das Revolutionsjahr 1848 wesentlich negativer beurteilen.
30) Das sogenannte ‚Einschießen' ist ein häufig bei Rügeaktionen vorkommender Gewaltakt, bei dem nachts durch das Fenster in ein Haus in die Stubendecke geschossen wurde. Helga Ettenhuber: Charivari in Bayern. Das Miesbacher Haberfeldtreiben 1893. In: Richard van Dülmen (Hg.): Kultur der einfachen Leute. München 1983, S. 180–208, hier S. 198.

Gertrud Schubert

Passiver Widerstand – „Verführung zum Treubruch". Die Heilbronnerinnen während der Besetzung ihrer Stadt 1848/49

> „Laß Deinen Heerd, laß Deine Hütte
> Laß Weib und Kind in Gottes Hand,
> Und stirb, nach freier Männer Sitte,
> Für Freiheit, Recht und Vaterland!"[1]

Die Frau am Herd im trauten Heim Gottes Hand befohlen, der Mann tapfer kämpfend an der unruhigen Revolutionsfront – so warb das „Neckar-Dampfschiff", die demokratische Zeitung Heilbronns, mit dichterischem Pathos für revolutionären Kampfgeist. Die Realität im aufgeregten Heilbronn der Revolutionsjahre hatte mit diesem idyllisierenden Bild jedoch nicht viel gemein.

Die Männer, 1849 mutig ausgezogen für die Reichsverfassung und ihre „Mannesehre" zu streiten, kehrten bald beschämt wieder nach Hause zurück – sie waren nicht den Heldentod für die Revolution gestorben. Und die Frauen? Sie hatten anderes zu tun als zu Hause am Herd der Rückkehr ihrer Männer zu harren. Ihr Handeln während der Heilbronner Auseinandersetzungen 1848/49 läßt sich nicht in stereotype Raum- und Rollenzuteilung fassen.

Gewiß, es gab auch in der Demokratenhochburg Heilbronn keine radikalen Revolutionskämpferinnen, auffallende Demonstrantinnen, berühmte Rednerinnen. Und Bürgerwehr, Vereine, Volksversammlungen und Katzenmusiken boten in erster Linie den Männern neue politische Betätigungsfelder. Doch die revolutionäre Bewegung bedeutete in ihrer Konsequenz – und das nicht erst im offenen Konflikt mit der Stuttgarter Regierung – für Frauen neuen Handlungsspielraum, neue Verantwortung und neue Kompetenz.

Zuerst die Fahnen, dann Patronen

Frauen kümmerten sich 1848 um die Festkulisse. Mit Kränzen und Fahnen schmückten sie das Dampfboot für die erste Fahrt ihres Parlaments-Abgeordneten Louis Hentges nach Frankfurt und bereiteten ihm gemeinsam mit den Heilbronner Demokraten ein feierliches Abschiedsfest (Beob 15.5.48). Wie andernorts stickten sie der Bürgerwehr die Fahne, demonstrierten auf Revolutionsfesten und in Aufrufen ihr Interesse und ihre Begeisterung für die gesellschaftlichen Neuerungen. Doch schon im Juni 1848 mischten sich Heilbronnerinnen aktiv in die politische Auseinandersetzung. „WeibsPersonen", vermerkte der Oberamt-

II.3 Passiver Widerstand, „Verführung zum Treuebruch"

mann geringschätzig in seinem Bericht nach Stuttgart, beteiligten sich an Volksversammlungen auf dem Marktplatz. Sie waren auch in der Wirtschaft „Zum Löwen" des Abgeordneten Hentges[2], als die in der Stadt stationierten Soldaten des 8. Infanterie-Regiments, von den Heilbronner Demokraten unterstützt, am 14. Juni 1848 Forderungen an das liberale Märzministerium in Stuttgart stellten: „Humanere Behandlung von unseren Vorgesetzten. Gänzliche Umgestaltung des militärischen Strafrechts", verlangten die Soldaten. Und weiter hieß es in ihrer Erklärung: „... Wenn wir in das Feld ziehen, so wollen wir auch wissen, gegen wen und worum wir fechten..." (Beob 18.6.48). Beim Heilbronner Garnisonskommando weckte diese Versammlung die Furcht, daß es den Demokraten gelingen könnte, das Militär auf ihre Seite zu ziehen; die Angst vor einer demokratisch-militärischen Revolte ließ die Stuttgarter Regierung daraufhin hart durchgreifen: am 17. Juni 1848 wurde Heilbronn zum ersten Male militärisch besetzt.

Aber „nicht wie Feinde, sondern als Freunde" wurden die einrückenden Besatzungssoldaten empfangen. „Man begrüßte sie mit Lebehochrufen; trug für die in den Straßen bivouakirenden Regimenter Wein und Bier herbei;... Flaschen, Kannen, selbst Fäßchen" wurden herbeigeschafft und „von den Soldaten mit Dank in Empfang genommen, so daß in kurzer Zeit die neu eingerückten Truppen mit den Bürgern Heilbronns nicht viel weniger zu fraternisieren schienen, als das 8. Regiment" (Beob 20.6.48). Verbrüderung also nicht nur mit den ‚eigenen' Soldaten: die Heilbronner versuchten, mit Speis' und Trank auch die Stuttgarter Besatzungstruppen für die demokratischen Militärforderungen zu gewinnen. Trotzdem mußten die mit den Demokraten fraternisierenden Soldaten unter scharfer Bewachung der Regierungstruppen die Stadt verlassen. Menschenmassen versammelten sich am 18. Juni zum Abzug des 8. Regiments; pathetische Auftritte und gar ein Ehrensalut der Bürgerwehr verabschiedeten die Soldaten.

Zwar sind Frauen in dieser Auseinandersetzung auf Heilbronns Straßen nicht ausdrücklich erwähnt, doch ist es mithin unvorstellbar, daß sie an der Begrüßung und Bewirtung, den Ovationen für das Militär nicht teil hatten. Zweifellos war diese Juniaktion – das Bündnis mit der in Heilbronn stationierten Garnison und die kluge Bewältigung der Besetzung – Frauen wie Männern ein Lehrstück für kommende Revolutionskämpfe in ihrer Stadt.

Unter dem Eindruck der badischen Septemberrevolution, möglicherweise auch als Konsequenz der Juni-Erfahrung, rüsteten sich die Bürgerwehrmänner im Herbst 1848 zur Verteidigung der revolutionären Errungenschaften. Und seit September fertigten die Frauen im neugegründeten Verein patriotisch gesinnter Jungfrauen „scharfe Patronen für die Bürgerwehr". Ihre ‚unweibliche' Beschäftigung, vor allem aber ihre produktive Mitarbeit an der Revolution erregten solch großes Aufsehen, daß selbst die „Wiener Gassenzeitung" den Munitionsherstellerinnen eine Meldung widmete:

II.3 Passiver Widerstand, „Verführung zum Treuebruch"

Brüken Thor.

Parade der Heilbronner Garnison. (Aus „Erinnerungen an Heilbronn". Lithographie Gebr. Wolff Heilbronn 1823. Landesbibliothek Stuttgart)

„In Heilbronn ist die rote Fahne ausgesteckt, auch hat sich hier ein Verein patriotisch gesinnter Jungfrauen gebildet, um scharfe Patronen für die Bürgerwehr zu verfertigen und hat bereits damit begonnen."[3]

Patronenproduktion bedeutete bewußte Partizipation an der politischen Bewegung, denn mit der Herstellung von Munition unterstützten die Heilbronnerinnen die Kampfbereitschaft ihrer Männer, sie lieferten das Material für mögliche bewaffnete Konfrontationen. Die Lage in Heilbronn hatte sich verschärft. Demokratische Volksversammlungen und aufmüpfige Katzenmusiken beherrschten das nächtliche Straßenbild; Diskussionen um den Malmöer Waffenstillstand, die Niederschlagung der Aufstände in Frankfurt und Baden erhitzten die Gemüter. Mit der Verhaftung führender Heilbronner Demokraten – mit der wieder Ruhe und Ordnung einkehren sollte – wuchs das Mißtrauen gegenüber der württembergischen Regierung. Die badischen Kämpfe zeigten zudem, wie unsicher der Fortbestand der Freiheit war. Jetzt galt es, revolutionäre und republikanische Ideen zu verteidigen. Die Frauen leisteten ihren Beitrag – mit der Herstellung von Patronen.

II.3 Passiver Widerstand, „Verführung zum Treuebruch"

Männerbekenntnis zu Frauentaten

Die Aktivität der Frauen fand in damaligen Zeitungen nicht nur positive Resonanz, harte Kritik mußten die Heilbronnerinnen hinnehmen. „Und was tun unsere republikanischen Jungfrauen?" fragte zum Beispiel höhnisch der Korrespondent der konservativen Satire-Zeitschrift „Laterne", der im Januar 1849 das Patronenfertigen zum Anlaß nahm, Frauen und ihr Auftreten in der Öffentlichkeit in Mißkredit zu bringen:

> „Seitdem es mit dem ‚Scharfen-Patronen-Fertigen' nicht mehr geht, legen sie sich auf das ‚Kunstreiten'; so hat Heilbronn dem hier Anwesenden... bereits das zweite Exemplar aus sogenannten guten bürgerlichen Familien geliefert, und anstatt daß Freundschaft und Verwandtschaft sich verwahrend dreinlegt, reitet diese künftig deutsche Hausfrau unverschämt in der Stadt herum... Wir bekommen nun nächstens noch eine Theater-Truppe hieher und dürfte es für dieselbe an Dutzenden von ‚Liebhaberinnen' gar nicht fehlen... Unmoralität, Genußsucht, Hochmut, Faulheit, zerrüttete Vermögensverhältnisse u.s.w., das sind die Eier, aus denen unsere Republikaner schlupfen...". (Laterne 4.1.49)

Kunstreiten und Patronenherstellen mißfielen den konservativen Bürgern, galten als unmoralisch, unweiblich. Wer sich solchermaßen „unverschämt" in öffentliche Angelegenheiten mischte, war für bürgerliches, ehrbares und anständiges Familienleben längst verloren. Schauspieler, ebenfalls im Ruf, ehrlose Menschen zu sein, wurden als eigentliche Nutznießer des neuen selbstbewußteren Auftretens von Frauen geschildert. Die Kritik an den Frauenaktivitäten – ob Reiten oder Revolutionsunterstützung – sollte nicht nur die Frauen in ihre gesellschaftlichen Schranken zurückweisen. Die Frauenschelte galt auch der demokratischen Bewegung und ihrem verderblichen Einfluß. Der Laternenkorrespondent zeichnete den drohenden Zerfall der bürgerlichen Gesellschaft und ihrer Werte an die Wand, warnte vor sexueller Unbändigkeit der Frauen, beschwor „Unmoralität, Genußsucht, Hochmut, Faulheit und zerrüttete Vermögensverhältnisse" als Ursachen revolutionären Unheils.

Der Artikel löste in Heilbronn indessen keinen Sturm der Entrüstung über das ‚unmoralische Treiben' der Frauen aus. Im Gegenteil: Er entfachte eine ungewöhnliche Reaktion. Gleich „530 gleichgesinnte Bürger" solidarisierten sich im „Beobachter" mit ihren Frauen:

> „Daß Jungfrauen zur Zeit der Erhebung des deutschen Volkes scharfe Patronen fertigten, dient zum schönen Beweis, daß der allgemeine Ruf nach Freiheit auch in ihrem Gemüthe sein Echo fand und daß ihr für alles Schöne und Hohe sich leicht begeisternder Sinn auch praktisch sich bewährt. Wenn nun zwei unmündigen Kindern es gelingt, ihren Willen durchzusetzen und der Liebhaberei des Kunstreitens nachzugehen, so muß dieser vereinzelt dastehende Fall als Charakteristik des hiesigen bürger-

II.3 Passiver Widerstand, „Verführung zum Treuebruch"

lichen Lebens im Allgemeinen gelten... Wäre aber auch von einzelnen Frauen der Schmelz der Sitte abgestreift, so sind daran solche Männer Schuld, welche wie die Ritter der jungen Reaktion sich nicht scheuen, ihre eigene moralische Verderbtheit offen zu Markte zu tragen...". (Beob 16.2.49)

Die Männer demonstrierten Einigkeit mit den Frauen, zollten – offiziell und öffentlich – dem weiblichen Engagement für die Revolution Beifall. Diese öffentliche Solidarität signalisierte einen bisher nicht gekannten Zusammenhalt zwischen Männern und Frauen in der demokratischen Bewegung. Selbst das Kunstreiten, für den Laternenschreiber lasterhaftes Symbol weiblichen Freiheitsdranges, tolerierten die Heilbronner Männer als „Charakteristik des hiesigen bürgerlichen Lebens im Allgemeinen". Im neuen Konflikt mit der Stuttgarter Regierung – Heilbronn wurde 1849 nochmals militärisch besetzt – sollte sich diese öffentlich bekundete Solidarität und Zusammenarbeit bewähren.

Treueeid und Kriegserklärung – Heilbronn im Juni 1849

Unruhe und Empörung herrschten unter den Demokraten im Frühjahr 1849. Zwar hatte der württembergische König, Wilhelm I., die in Frankfurt mühsam zustandegekommene Reichsverfassung anerkannt, es blieb jedoch bei bloßen Lippenbekenntnissen. In Baden, Sachsen und Rheinpreußen kämpften die Linken für die Durchsetzung dieser Verfassung; sie war das letzte „Stück Freiheit und Einheit, das man gegen die Reaktion behaupten wollte".[4] Preußische Truppen marschierten in diesen Ländern gegen die Freischaren. Nur wenige Württemberger bildeten Freiwilligenkorps, um die Reihen der Reichsverfassungskämpfer zu stärken. So zogen 150 Heilbronner Turner Anfang Juni nach Baden aus.

Doch das offizielle Württemberg hatte keinerlei Ambitionen, auf Seiten der Verteidiger der Verfassung in die Kämpfe einzugreifen. Zu sehr fürchtete die Stuttgarter Regierung, die Militärmacht Preußen könnte auch gegen Württemberg zu Felde ziehen. Aus Angst vor den Preußen betrieb sie die Auflösung des inzwischen nach Stuttgart geflüchteten Rumpfparlaments und der provisorischen Reichsregentschaft[5]. Jede Unterstützung dieser ‚Verfassungsorgane' wurde von der württembergischen Regierung illegalisiert. Als 1011 Heilbronner Bürgerwehrmänner bei einer nächtlichen Versammlung am 9. Juni 1849 auf dem Schießplatz der „hohen Nationalversammlung" ihre Treue schworen, kam dies einer Kriegserklärung an die württembergische Regierung gleich.

„... Wir geloben mit feierlichem Eidschwur gegenüber rebellischen Fürsten und verräterischen Regierungen, die hohe Nationalversammlung zu schützen, den Beschlüssen derselben, wie den Befehlen der Reichsregentschaft Geltung zu verschaffen und warten nur des Rufes, um den Ernst dieser Gelöbnisse zu bestätigen. Heilbronn, den 9.Juni." (ND 10.6.49)

II.3 Passiver Widerstand, „Verführung zum Treuebruch"

Die Heilbronner Bürgerwehr 1848. Von links nach rechts: Turnerschütze und Turnersensenträger, Pompierwehrmann, Adjutant der reitenden Bürgerwehr, Oberjäger der Scharfschützenwehr, Feuerwehr-Offizier, Scharfschütze, Pompier-Sappeur, Feuerwehr-Trommler, Scharfschützen-Hornist. (Aus Wilhelm Steinhilber: Die Heilbronner Bürgerwehren 1848 und 1849 und ihre Beteiligung an der badischen Mairevolution des Jahres 1849. Heilbronn 1959.)

Wieder schickte die liberale Regierung Truppen ins rebellische Heilbronn.

„Heilbronn, den 12.Juni, mittags 11 Uhr. Heute rückte hier eine beträchtliche Truppenabtheilung ein; die Entwaffnung der Bürgerwehr ist angeordnet. Die Ablieferung der Waffen hat begonnen. Zusammenrottungen auf den Straßen sind verboten. Die Stadt ist ruhig." (SK 13.6.49)

Aber Ruhe war in Heilbronn keineswegs eingekehrt. Menschenmassen drängten sich auf den Straßen, empört wurden die Soldaten verhöhnt, „mit Vorwürfen und Schimpfworten, sie seien Büttel, sie sollen sich zu so etwas nicht brauchen lassen, es sei eine Schande u.s.w....".[6] Dann besannen sich die Heilbronner jedoch wieder auf ihre alte Strategie, erinnerten sich an die erfolgreiche Verbrüderung vom Vorjahr, man „ließ das Militär hochleben und erklärte rundweg, daß sie sich ihre Waffen nicht abnehmen lassen, daß sie lieber sterben... und daß sie nur der Gewalt weichen...".

„Das Militär hoch" war die Devise des Tages. „Auch sonst wurden den aufgestellten Soldaten heimlich Getränke zugesteckt", berichtete RegierungsCommissär Geßler fast resignativ abends nach Stuttgart. Vor allem die Annäherungen zwischen Frauen und Soldaten beobachtete er argwöhnisch und konstatierte in sei-

II.3 Passiver Widerstand, „Verführung zum Treuebruch"

nem Bericht „unzweifelhaft beabsichtigte Verführungsversuche". Mit dieser Strategie der Freundlichkeit verzögerten die Frauen erfolgreich die Waffenabgabe.

Militärpatrouillen – 30 Mann, ein Fuhrmann und ein Polizeisoldat – die nachmittags zur Entwaffnung von Haus zu Haus zogen, kamen mit leeren Händen zurück. Oft fanden sie die Haustür verriegelt, wurden gar „erst nach Androhung von Gewaltmaßregeln eingelassen". Frauen, allein zu Hause, behaupteten fest, „daß sie nicht wissen, wo das Gewehr sich befinde". Oder sie sagten, ihr Mann hätte sein Gewehr schon abgegeben, sei aber nicht zu Hause, und die Pfandmarke der Waffe habe er mitgenommen. Andere Frauen aber öffneten bereitwillig ihre Häuser zur Durchsuchung, luden die Soldaten zum Trinken ein, „ohne daß die sie begleitenden Officiere und Unterofficiere es verhindern konnten". Gewehre gaben die Frauen nicht heraus. „Um sie vor Verführungen zu sichern", aus Sorge um die Moral und Treue der Truppe, wurden die Soldaten über Nacht in den umliegenden Dörfern einquartiert. Heilbronn war zu unsicher, zu groß die Gefahr, daß sich Militär und Bürger wieder verbrüderten.

Geschlossen leisteten die Heilbronner passiven Widerstand: Ziel war es, mit vereinten Kräften der Entwaffnung zu entgehen. Die Männer entzogen sich der Militärkontrolle und überließen es den Frauen, die Besatzer abzuweisen. Die Frauen hatten zwei Taktiken, dem Militär gegenüberzutreten: passiver Widerstand: ‚ich weiß nichts, mein Mann ist nicht da, und ich habe keine Ahnung'; oder aber: aktive „Verführung" – Soldaten mit alkoholischen Getränken für die Demokraten zu gewinnen. Sicherlich hatten die Heilbronner Frauen und Männer für den Konfliktfall keine ausgeklügelte Strategie vorbereitet. Doch ohne das mutige Auftreten der Frauen – allein gegen 32 bewaffnete Männer – hätten die Heilbronner Männer schnell klein beigeben müssen.

Unwissenheit als Schutzfunktion

Ein Hauptelement im Widerstand der Heilbronnerinnen war ihre vorgeschobene Unwissenheit: vor Gericht beschworen sie später ‚naiv' ihre politische Abstinenz und benützten vorgetäuschtes Desinteresse an Revolutionsereignissen als Ausflucht, demokratische Aktionen im nachhinein nicht zu verraten. Obwohl sie als Botinnen und Informantinnen während der Besetzung wichtige Funktionen übernommen hatten, verschanzten sie sich beim Verhör hinter dieser ‚Unwissenheit' und versuchten so, sich und ihre Männer vor Strafen zu schützen. Immerhin mußten im Hochverratsprozeß „Becher und Genossen" 1319 Menschen aus Heilbronn und Umgebung aussagen, über 20 wurden als Rädelsführer eingeschätzt und verurteilt, 37 flüchteten ins Ausland, um der strengen Festungsstrafe auf dem Hohenasperg – dem „Demokratenbuckel" – zu entgehen.

Die Rolle der ‚unwissenden' Vermittlerin nahmen Heilbronnerinnen schon vor

II.3 Passiver Widerstand, „Verführung zum Treuebruch"

den Juni-Auseinandersetzungen ein, zum Beispiel Frau Strakan. Ohne behördliche Genehmigung hatte ihr Mann, der städtische Ausrufer Strakan, zu einer Bürgerversammlung getrommelt. Er selbst konnte – in seiner Aussage vor Gericht – nicht präzise angeben, von wem der Auftrag gekommen war. Denn seine Frau hatte den Ausrufzettel in Empfang genommen und ihm übergeben, „mit der Bemerkung, daß sie nicht wisse, von wem er seye, aber vermuthe, Apotheker Mayer habe ihn geschickt".[7] Vielleicht kannte Frau Strakan ihren Informanten tatsächlich nicht, wahrscheinlicher jedoch deckte sie mit ihrer ‚Unwissenheit' das illegale Handeln der Männer, eine Versammlung ohne obrigkeitliche Erlaubnis.

Unbedarftheit vorschützend hielten auch zwei Frauen von Bürgerwehroffizieren den bohrenden Fragen des Gerichtsvorsitzenden stand. Sie hatten ihnen angeblich unbekannten Männern kurz nach Besetzung der Stadt Patronen und Munition ausgehändigt. „Ich stand an diesem Abend in der Küche, um zu Nacht zu kochen"[8], schilderte Louise Raisig, 21 Jahre alte Bäckersfrau, ihren ‚revolutionären Alltag'; vor Gericht wollte sie damit klarstellen, daß sie in ihrem Haus mit den Aufregungen in der Stadt nichts zu tun hatte. Plötzlich sei der Bäckersknecht Friedrich mit der Nachricht zu ihr gekommen, draußen stünden zwei Pompiers, die sagten, „mein Mann schick sie um Patronen". Freilich wußte Louise Raisig von den Munitionskisten, die ihr Mann in der Knechtskammer aufbewahrt hatte. „Vor meinen Augen wurden die Patronen fortgetragen", gestand sie freimütig. Und behauptete fest, gewiß keinen der Pompiers gekannt zu haben. Genauso verteidigte die Bäckersfrau Louise Mössinger sich und ihren Mann. Auch er hatte als Offizier der Bürgerwehr „eine Anzahl städtischer Munition im Hause".[9] Wieviele Patronen es insgesamt waren, wußte Louise Mössinger nicht mehr genau. In einem Zimmer hätten sie die Munition in Säckchen aufbewahrt. Am Abend des ersten Besatzungstages wurden diese „von einer Anzahl mir unbekannten Wehrmännern... in Abwesenheit meines Mannes" abgeholt.

Während ihre Männer auf dem Schultheißenamt verhandelten, gaben die Frauen die Munition frei. Die Bürgerwehroffiziere selbst hatten freilich von nichts gewußt, wie sie später aussagten. Doch vielleicht hatten gerade sie als Verantwortliche die Patronenvergabe angeordnet? Wieder sollte die ‚Unwissenheit' der Frauen die Männer vor Strafverfolgung bewahren, die Offiziere wie die Patronenbeschaffer. Nach Aussage der Frauen wußte keiner vom Gang der Dinge, niemand konnte vor Gericht für die Munitionsherausgabe bestraft werden. Vorgetäuschte Unwissenheit diente der Verwirrung der Strafverfolger.

Auszug der Männer – Frauen zwischen den Fronten

Der erste Tag der Besetzung war vorüber, ohne daß die Heilbronner Bürgerwehrmänner kapituliert hatten. Als die Soldaten in der Nacht zum 13. Juni 1849 die

II.3 Passiver Widerstand, „Verführung zum Treuebruch"

Stadt verlassen hatten, versammelten sich 900 bewaffnete Heilbronner auf dem Marktplatz. Einige bisher unbewaffnete Fabrikarbeiter und Handwerker stürmten das Rathaus, stahlen „mittels gewaltsamen Einbruchs in den innern Rathaushof 87 in Kisten verpackte ganz neue Musketen mit Bajonetten" (HT 16.6.49).

Die Heilbronner waren entschlossen, der „verrätherischen Regierung" die Ernsthaftigkeit ihres Treuschwurs an die „hohe Nationalversammlung" unter Beweis zu stellen. Trotz ihrer Bewaffnung beschlossen sie eine Strategie der Kampfvermeidung: um ihre „Mannesehre" zu verteidigen und sich der Waffenabgabe zu entziehen, verließen sie die Stadt. Noch in der Nacht bildete sich ein Westkorps, das nach Wimpfen, Richtung Baden, und ein Ostkorps, das nach Löwenstein, in den Schwäbischen Wald zog, wo 1848 die Bauern rebelliert hatten. Die Heilbronner hofften, unterwegs in den Oberamtsorten viele gleichgesinnte Bürgerwehrmänner für ihren Ausmarsch zu gewinnen.

Am Morgen des zweiten Besatzungstages präsentierte sich Heilbronn den wieder einmarschierenden Truppen als ‚Stadt ohne Männer'. 400 Plakate wurden angeschlagen, sie verkündeten den „Aufruhr-Stand" und versetzten die allein zurückgebliebenen Frauen in heillosen Schrecken.

> „...die bewaffnete Macht ist befugt,... gegen aufrührerische oder von Aufrührern besetzte Ortschaften und gegen Haufen oder bewaffnete Personen von bedrohlicher Haltung, ohne vorgängige Warnung, gegen andere bewaffnete Personen aber, sobald sie der ersten Aufforderung, die Waffen niederzulegen, nicht Folge leisten, alle nach Kriegs-Gebrauch zulässigen Acte des Waffen-Gebrauchs in Anwendung zu bringen...".[10]

Angst und Sorge prägte jetzt das Verhalten der Frauen. Eilig reisten einige den Ausmarschierten nach. Die einen forderten sofortige Rückkehr, andere überbrachten Nachrichten von der neuesten Entwicklung in Heilbronn, informierten über das verhängte Kriegsrecht und boten Fluchthilfe.

Der äußere, öffentliche Konflikt mit den Besatzungstruppen war zu einem inneren, privaten geworden: Nicht allein ihr bisheriges politisches Engagement war ausschlaggebend, ob Frauen weiterhin den Revolutionskampf, jetzt also den Ausmarsch ihrer Männer unterstützten, oder sich für seinen spontanen Abbruch einsetzten. Der Besatzung war es gelungen, so starken Druck auf die Frauen auszuüben, daß viele ihre Männer zurückhalten.

So waren es Frauen, die den Bürgerwehrhaufen bei Löwenstein zur Auflösung

---

Ein Freischaarenzug.
Die konservative Zeitung Laterne karikierte den Ausmarsch der Heilbronner Bürgerwehr, ihren ratlosen Rückzug in die Löwensteiner Berge und schließlich die nächtliche Heimkehr mit den drei Stationen „Auszug. Kampf. Siegreiche Heimkehr." (Laterne Nr. 77, 1.7.1849. Landesbibliothek Stuttgart)

Ein Freischaarenzug.

Auszug.

Kampf.

Siegreiche Heimkehr.

II.3 Passiver Widerstand, „Verführung zum Treuebruch"

brachten. „Weiber, so viel ich mich erinnere, die ihre Männer suchten", sagte Friedrich Mayer, Anführer der nach Löwenstein gezogenen Heilbronner, im Verhör vor Gericht. „Weiber" hatten die Nachricht übermittelt, in Heilbronn gelte ab nachmittags 3 Uhr das Standrecht gegen die ausgerückten Männer[11]. Die Furcht vor den Konsequenzen des Ausmarsches und die Angst, daß längerer Widerstand die Strafe nur verschlimmere, trieb viele Männer nach Heilbronn zurück.

Die ökonomische Lage der Familie war nun zum entscheidenden Faktor geworden. Frauen verarmter Handwerker sahen sich nicht im Stande, womöglich über längere Zeit hinweg allein für das Auskommen ihrer Familien zu sorgen. Und gerade Kleinhandwerker und Fabrikarbeiter waren die meisten der mutig Ausmarschierten[12]. Drohende Not ließ viele Frauen die revolutionären Ziele vorerst hintan stellen. Die besorgten Frauen erreichten ihr Ziel: die Männer kamen wieder nach Hause, gaben ihre Waffen ab, Wirtschaft und Auskommen der Familien waren gesichert. Andere Frauen wiederum rieten ihren Männern, Heilbronn zu meiden. Optikus Hetschel wußte von seiner Frau, die ihm nach Löwenstein gefolgt war, „sie habe einen Zettel unterschreiben müssen, daß ich mit Steckbriefen verfolgt werde, wenn ich mich nicht binnen 24 Stunden stelle...".[13] Sie warnte ihren Mann vor der polizeilichen Verfolgung. In ähnlicher Mission war Louise Schanzenbach für die Mehlhändlersfamilie Adelmann unterwegs.

„Louise bringt mir schlimme Nachrichten"

Drohend standen Soldaten am Morgen nach dem Ausmarsch vor Lisetta Adelmanns Haustür, forderten die Herausgabe ihres Mannes. Doch Johann Peter Adelmann hatte sich nicht zuhause versteckt, er war mit der Bürgerwehr nach Wimpfen ausmarschiert. Selbst konnte Lisetta ihren Mann nicht warnen: vier Kinder und das Geschäft, die Mehlhandlung, mußten versorgt werden. So schickte sie Louise, ihre 26 Jahre alte Verwandte, die im Haus ein Zimmer bewohnte und „auch sonst viel in die Familie Adelmanns" kam, als Botin nach Wimpfen. „Er solle fortbleiben", war die eilige Information. Und in der Tat hatte der Bürgerwehrhauptmann und Mehlhändler Johann Peter Adelmann nicht im geringsten mit einer steckbrieflichen Verfolgung gerechnet. Schnell verfaßte er in einem Wirtshause einen Brief an seine

> „Liebe Frau! Louise bringt mir schlimme Nachrichten, es ist mir unbegreiflich, daß man mich abholen wollte, ich bin mir doch nichts bewußt, seie deshalb nur ohne Sorgen um mich...".[14]

Aktive Hilfe forderte ihr Mann. Kleider sollte sie ihm bringen, denn Bürgerwehruniform und Säbel hätten den steckbrieflich Gesuchten gleich verraten:

> „...so seie so gut und bringe mir meine Civilkleider nach Sinsheim, unter solchen Umständen da ein jeder wer nach Hause kommt verhaftet wird mag ich nicht heim,...

II.3 Passiver Widerstand, „Verführung zum Treuebruch"

Meine Säbel werde ich dir dann zur Abgabe ebenfalls mitgeben...".[15]
Die Heilbronnerinnen leisteten praktische Fluchthilfe. So wurde Wilhelm Schweikert, der ebenfalls steckbrieflich verfolgt wurde, von seiner Frau besucht, über Heilbronner Neuigkeiten informiert und zu einem neuen Unterschlupf gebracht. Sie kam „abends um 5 Uhr... mit einem Gefährt, um mich abzuholen, und ich fuhr dann mit ihr nach Offenau. Dort blieb ich über Nacht und meine Frau fuhr dann vollends allein nach Haus".[16]

Die einen flohen, die anderen kehrten verängstigt und in Sorge um ihre Familie in die Stadt zurück. Der Heilbronner Widerstand bot kein einheitliches Bild mehr, er zerbröckelte in der Konfliktsituation. Dies erkannte auch der Befehlshaber der Regierungstruppen, und schon am dritten Tage nach dem Ausmarsch sicherte er ausgerückten Bürgerwehrmännern Straffreiheit zu, „falls sie ungesäumt in hiesige Stadt zurückkehren und ihre Waffen abliefern".[17] „Familien-Angehörige", also Frauen, sollten als Vermittlerinnen dienen, „daß diese Verordnung denselben bekannt werde und sie in Folge dessen zur Rückkehr bewogen werden". Für die straffreie Heimkehr ihrer Männer konnten sie auf dem Rathaus Passierscheine abholen.

Der innere Zwiespalt, in dem sich die Frauen befanden – hier familiäre Existenzsicherung, dort Revolutionsunterstützung – war den Besatzern nicht verborgen geblieben. Sie nutzten die Angst der Frauen aus und benützten sie als Botinnen wider die Revolution.

„Besorge also meine Sachen, wie ich bemerkt"

Nicht alle Männer streckten gleich in den ersten Ausmarschtagen die Waffen und kehrten resigniert nach Heilbronn zurück. Meist steckbrieflich verfolgt, versuchten sie dem Zugriff der Polizei zu entkommen und flüchteten ins freie Baden. Die Frauen mußten währenddessen ihre Männer ersetzen und in Haus, Handwerk und Handel deren Aufgaben übernehmen. Deshalb sollte Lisetta Adelmann persönlich zu einem Treffen nach Sinsheim fahren: „um mit dir wegen dem Geschäft sprechen zu können".[18] Schon in seinem Brief vom 13. Juni 1849 aus Wimpfen gab Adelmann seiner Frau direkte Anweisung, was sie in der Mehlhandlung alles erledigen sollte:

„Gut wäre es wenn ich unser Weckmehl verkaufen könnte, ich fürchte es möchte ver(w)ärmen, so auch unser Griesmehl, sollte ein Bäcker anfragen, so gebe es lieber ohne Nutzen ab. Besorge also meine Sachen wie ich bemerkt und seie mir inzwischen herzlich gegrüßt...".[19]

Die Weiterführung der politischen Geschäfte ihres Mannes sollte Frau Guldig in die Wege leiten. Ihr schrieb Buchdrucker August Ferdinand Ruoff, der Herausge-

II.3 Passiver Widerstand, „Verführung zum Treuebruch"

ber des radikalen „Neckar-Dampfschiffes", aus der Haft, sie möge doch in Stuttgart nach einem tüchtigen Setzer suchen, der das Blatt auch redigiere. Selbst wenn ein Leitartikel fehlte, bei einer Unterbrechung verlöre die Zeitung zu viel. Heinrich Guldig, Redakteur des „Neckar-Dampfschiffes", saß ebenfalls im Gefängnis; Buchdrucker Ruoff versuchte mit dem Brief an „Madame Guldig"[20] seine Zeitung zu retten. Die Abwesenheit ihrer Männer zwang die Frauen, Männerarbeit zu übernehmen, um den Unterhalt der Familie zu sichern. Wer indes wie die Schustersfrau Catharina Härter das Handwerk ihres Mannes nicht beherrschte, war innerhalb kürzester Zeit auf Armenunterstützung angewiesen.

„Der Schaden trifft hauptsächlich mich und meine unschuldigen Kinder"

Der Ausmarsch hatte für viele Heilbronner Familien verheerende Folgen. Erst einmal verhaftet, saßen die Männer oft wochen-, ja monatelang in den Gefängnissen und harrten ihrer Entlassung. Die Frauen warteten zu Hause. Doch blieben sie nicht tatenlos: in ausführlichen Gnadengesuchen kämpften sie für ihre Männer, schilderten ihre „drückenden Nahrungssorgen"[21], um die Gerichtsvorsitzenden milde zu stimmen. Finanzkräftige Freunde boten Kautionsgarantien für die Männer, immer wieder schickten die Frauen Bittbriefe an Behörden. Indes nur selten hatte solch ein Gesuch Erfolg, beschleunigte die Verhandlung oder verhalf dem Mann zur sofortigen Entlassung wie im Fall des Holzhändlers Carl Moriz Müller: „…mit Rücksicht auf die dürftige Lage der Müllerschen Familie und die geordnete Aufführung des letzteren in der Strafanstalt…" wurde der Bitte seiner Ehefrau entsprochen[22]. Ohne positive Resonanz blieben dagegen z.B. die Gnadengesuche, die Lisetta Adelmann und Catharina Härter für ihre Männer stellten.

> „Es bleibt mir so nun noch übrig, zu erwähnen, daß die Frau Adelmanns hoch schwanger durch die Entfernung ihres Mannes und die Last, welche durch gleichzeitige Besorgung des Geschäfts, ihrer Haushaltung und ihrer Kinder auf ihr liegt, körperlich und gemüthlich sehr angegriffen ist und ohne Schaden und Nachtheil für sich und das zu erwartende Kind sich außer Stande befindet, längere Entfernung ihres Mannes zu tragen…".[23]

Ein Anwalt formulierte diese Gnadenbitte von Lisetta Adelmann. Ihr Mann hatte sich freiwillig der Polizei gestellt, war jedoch zur Verzweiflung seiner Frau nach sechs Wochen noch immer in Haft.

Von der Armenunterstützung, in Heilbronn 24 Kreuzer pro Tag, mußte Catharina Härter mit ihren Kindern leben. „Der Schaden betrifft hauptsächlich mich und meine unschuldigen Kinder"[24], klagte sie dem Criminal-Senat. „Ich bin im letzten Stadium guter Hoffnung, habe zwei kleine Kinder und war seither mit meinem Unterhalte rein auf das Handwerk meines Mannes angewiesen."

Der Hinweis auf „die dürftige Lage der Familie" fehlte in keinem Gnadenge-

II.3 Passiver Widerstand, „Verführung zum Treuebruch"

such. Die vermögende Mehlhändlersgattin Lisetta Adelmann ließ ihren Anwalt die Bedrängnis der vaterlosen Familie schildern, Catharina Härter formulierte selbst den sorgenvollen Inhalt ihres Gnadengesuchs. Obwohl in völlig unterschiedlichen Finanz- und Familienverhältnissen, bedienten sich beide Frauen derselben Argumente. Mit der bevorstehenden Geburt versuchten sie die Gerichtsbeamten für die Freilassung ihrer Männer zu erweichen. In Inhalt, Aufbau und Stil lassen die vielen Gnadenbitten Heilbronner Frauen Absprachen vermuten. Vielleicht wollten die Richter gerade deshalb den „drückenden Nahrungsorgen" keinen Glauben schenken?

Auch die zuerst nach Baden, dann in die Schweiz geflohenen Reichsverfassungskämpfer konnten noch immer auf die Unterstützung der Frauen zählen. Mit ihren Soldaritätsaktionen zeigten die Demokratinnen nochmals ein Stück Heilbronner Zusammenhalt: im August 1849 organisierten sie eine „Lotterie zu Gunsten der Flüchtlinge". Doch die Kreisregierung untersagte eine öffentliche Unterstützung der Flüchtlinge. Trotz des Verbots sammelten und bastelten die Frauen für einen Verkaufsstand auf dem Volksfest. Unverhohlen mit der Demokratinnen-Aktion sympathisierend, warb der „Beobachter" in einer kleinen Notiz um solidarische Kunden:

> „... Die Unternehmerinnen zu Heilbronn haben sich nun entschlossen, die von ihnen gefertigten und gesammelten Gegenstände bei dem Volksfest... zu verkaufen. Die Bestimmung des Erlöses bleibt jedem Käufer zu erraten überlassen, und es bedarf wohl nur dieser kurzen Mitteilung, den edlen Verkäuferinnen zahlreiche Kunden zu gewinnen." (Beob 28. 9. 49)

Revolution und Familie

Frauen unterstützten, ja sie beeinflußten zu einem nicht unerheblichen Teil den Ablauf des Heilbronner Geschehens, denn sie trugen zum Zusammenhalt der Bewegung bei. Angepaßt an die jeweils aktuelle Entwicklung bewiesen sie realitätsgerechten Umgang mit den Ereignissen, handelten konsequent und pragmatisch. Während die Männer sich zu ihren Exerzierübungen trafen, fertigten die Frauen Patronen; angesichts der Krise im September 1848 eine folgerichtige Aktion. Während die Männer im Juni 1849 stürmische Resolutionen verfaßten, ohne genaue Ziel- und Strategieabsprachen die Stadt verließen, schätzten die Frauen die aufziehende Gefahr und die drohende Existenzunsicherheit für ihre Familien richtig ein. Sie betrieben eine Informationspolitik, die nur noch einen Hintergedanken hatte: Sicherung der Familie. Während die Männer in Gefängnissen saßen oder sich ohne finanziellen Rückhalt im Ausland aufhielten, um der drohenden Verhaftung zu entgehen, kämpften Frauen – wieder das praktisch Notwendige, die Sicherung der familialen Existenz im Blick – für deren Freilassung oder sammelten Geld für ihre Männer in der Fremde.

II.3 Passiver Widerstand, „Verführung zum Treuebruch"

In ihrem Widerstand gegen die Besatzung waren sich die Frauen – ob reiche Mehlhändlersgattin oder arme Handwerkersfrau – einig. Dies demonstrierten die Frauen nochmals in ihrer fast sturen ‚Aussage-Unwissenheit' vor Gericht. Sie schützten und unterstützten ihre Männer, sie verrieten weder die revolutionäre Bewegung noch schilderten sie kleine Details, die einzelne Männer oder Widerstandsstrukturen hätten entlarven können. Solidarisch arbeiteten die Heilbronnerinnen für die Revolution, verloren jedoch nie den Bezug zur Realität. Ihre Männer und Familien waren stets Primat ihres Tuns. Ohne diese 'Basis' hätten die Männer kaum eine Chance gehabt, sich ihrer Entwaffnung zu entziehen. Frauen bildeten den solidarischen Rückhalt der Heilbronner Bewegung.

Anmerkungen:

1) Neckar-Dampschiff 31.5.1849. In: Wolfgang Kaschuba / Carola Lipp: 1848 – Provinz und Revolution. Kultureller Wandel und soziale Bewegung im Königreich Württemberg. Tübingen 1979, S. 223.
2) HSTAS, E 146, Bü 1938.
3) Wiener Gassenzeitung 20.9.1848. Zitiert nach: Gerlinde Hummel-Haasis (Hg.): Schwestern zerreißt eure Ketten. Zeugnisse zur Geschichte der Frauen in der Revolution von 1848/49. München 1982, S. 92f.
4) Thomas Nipperdey: Deutsche Geschichte 1800–1866. Bürgerwelt und starker Staat. München 1983, S. 662.
5) Die ‚großen' Staaten, vor allem Preußen und Österreich, lehnten die Reichsverfassung samt Erbkaiserrecht (die Preußen hätten den Kaiser stellen sollen) ab. Ihre Abgeordneten verließen die Frankfurter Nationalversammlung. Diese floh schließlich vor den preußischen Truppen nach Stuttgart, wo statt des Erbkaisers eine gewählte Reichsregentschaft eingesetzt wurde, die versuchte, militärische Unterstützung für die Reichsverfassung zu gewinnen. Der württembergischen Regierung bedeutete dies eine zu große Einmischung in die eigene Souveränität. Auf Druck von Preußen ließ sie am 18. Juni 1849 die Nationalversammlung in Stuttgart gewaltsam auflösen.
6) Und folgende Details HSTAS, E 146, Bü 1934.
7) Ebd., Bl. 23f.
8) STAL, E 320, Bü 23, Bl. 383f.; Bü 25, Bl. 261; Bü 25a, Bl. 162.
9) Ebd.
10) „Verordnung betreff. die Verkündigung des Aufruhr-Standes in der Stadt und dem Oberamt Heilbronn." Zitiert nach: Wilhelm Steinhilber: Die Heilbronner Bürgerwehren 1848 und 1849 und ihre Beteiligung an der badischen Mairevolution des Jahres 1849. Veröffentlichung des Archivs der Stadt Heilbronn 1956, S. 104.
11) Wie Anm. 1, S. 230–233.
12) STAL, E 320, Bü 23, Bl. 39f.
13) Ebd., Bl. 23.
14) STAL, E 320, Bü 25a.
15) Ebd.
16) „Ein Sacktuch bringe mir auch mit." Ebd.
17) STAL, E 320, Bü 23, Bl. 29.
18) Und folgende Details: Heilbronner Tagblatt 15.6.1849.
19) STAL, E 320, Bü 25a.
20) STAL, E 320, Bü 25, Bl. 55.
21) STAL, E 320, Bü 60, Bl. 117.
22) HSTAS, E 301, Bü 23, Bl. 284.
23) STAL, E 320, Bü 25a, Bl. 74.
24) Und folgende Details: STAL, E 320, Bü 24.

Beate Binder

„Die Farbe der Milch hat sich... ins Himmelblaue verstiegen".
Der Milchboykott 1849 in Stuttgart

„Jeden Morgen ziehen zu allen Thoren der Stadt (Stuttgart; d. V.) eine Menge Mädchen und Frauen von den nächstgelegenen Ortschaften herein, die größten Körbe tragend, in denen wohlverwahrt ihr Reichtum an Milch sich findet. Sei's noch so kalt, sei's noch so stürmisch, sie kommen zu gewohnter Stunde bei ihren Kunden an...".[1] Dieses fast romantische Bild des Milchhandels zeichnete Johann Philipp Glökler 1861; es illustriert eindrücklich, wie abhängig die damalige ‚Großstadt' Stuttgart mit ihren rund 60 000 Einwohnern und Ortsfremden von der Versorgung durch das Umland war. Über 800 Milcherinnen kamen Anfang der 1860er Jahre täglich in die Stadt, um dort Milch und Butter zu verkaufen[2], und bei einer Gesamtbevölkerung von knapp 50 000 Personen dürften es 1849 kaum weniger gewesen sein[3]. In den Krisenjahren vor und während der Revolution allerdings gingen Belieferung und Handel nicht so reibungslos und friedlich vonstatten wie in dieser Beschreibung. Beim Milchhandel wie auf dem Markt überhaupt trafen Käufer- und Verkäuferinteressen oft hart aufeinander, stand der Wunsch nach „wohlfeilen" Preisen der Notwendigkeit eines ausreichenden Verdienstes gegenüber. Gerade in den größeren Städten, in denen nur noch in geringem Maß agrarische Produkte selbst hergestellt wurden, und die auf die Belieferung durch umliegende Ortschaften angewiesen waren, kam es zwischen 1847 und 1849 häufig zu Streitigkeiten zwischen den vom Land kommenden Kleinhändler(inne)n und den einkaufenden Städterinnen und Städtern[4].

Eine ganze Reihe von Zeitungsbeiträgen, besonders im „Neuen Tagblatt für Stuttgart und Umgegend", beschäftigte sich mit diesen Konflikten, die vor allem Frauen betrafen, da sich der Milch- und Butterhandel überwiegend in weiblicher Hand befand. Wie aus den Zeitungsartikeln und Zuschriften hervorgeht, hatte die Krise 1847 zu einer Preissteigerung bei der Milch geführt. „Mehrere Hausfrauen Stuttgarts" beschwerten sich deshalb im April öffentlich über den hohen Preis der Milch. Zugleich bemängelten sie die Qualität und verdächtigten die Händlerinnen des Betrugs:

„Seit geraumer Zeit machen viele Hausfrauen die Wahrnehmung, daß die Milch oft zur Hälfte mit Wasser vermischt ist, eine um so sträflichere Verfälschung, als die Milch unter Allem, was zur Nahrung dient, gegen früher fast am theuersten bezahlt wird". (NT 7.4.47)

Die unterschreibenden „Hausfrauen" forderten daher die Polizei auf, den Milchhandel besser zu beaufsichtigen und „jede Fälschung" streng zu bestrafen. Schon

II.4 Milchboykott

Der Marktplatz in Stuttgart. (Zeichnung von H. Schönfeld, Stahlstich von C. Gerstner, aus Philipp Ludwig Adam: Das Königreich Württemberg nebst den von ihm eingeschlossenen Hohenzoller'schen Fürstenthuemern in ihren Naturschönheiten, ihren merkwürdigsten Städten, Badeorten, Kirchen und sonstigen vorzüglichen Baudenkmalen für den Einheimischen und Fremden. Ulm 1841, Reprint Frankfurt/Main 1980)

1846 konnte man in einem Zeitungsartikel lesen, daß die Farbe der Milch sich „ungeachtet des hohen Preises durch Wasserzusatz ins Himmelblaue verstiegen" habe (NT 23.6.46). Die Schuld an dieser Entwicklung wurde den Zwischenhändlerinnen zugeschoben, denen unterstellt wurde, daß sie „auf jede mögliche Weise zu betrügen wußten" (NT 27.5.47).

Der Konflikt zwischen Städterinnen und Kleinhändlerinnen wurde durch die verschärfte Kontrolle der Milch nicht aus dem Weg geräumt. Im Gegenteil, die Diskrepanz zwischen Preis und Qualität verschärfte sich so, daß sich die Stuttgarter Bürgerinnen im August 1849 wieder veranlaßt sahen, mit ihren Klagen erneut an die Öffentlichkeit zu gehen. Diesmal beschränkten sie sich allerdings nicht auf Leserinnenbriefe und Ermahnungen an die Polizei, sondern wandten sich in einem „Aufruf an Stuttgarts Frauen und Jungfrauen" direkt an alle Gleichdenkenden: Sie forderten dazu auf, „einen Verein zu bilden, der zum Gegenstand hat, den

II.4 Milchboykott

Preis der Milch wieder auf den althergebrachten Preis... herabzudrücken, besonders aber dafür eine gute, nicht mit Wasser versetzte Milch zu erhalten" (NT 4.8.49). Eine Versammlung aller interessierten Frauen sollte darüber beraten und entscheiden, ob diese Vereinsziele nicht mit Hilfe eines Milchboykotts durchgesetzt werden könnten. Ähnlich den Männern, die in der Vormärzzeit durch einen Bierboykott die Wirte gezwungen hatten, Preiserhöhungen zurückzunehmen[5], wollten die Frauen durch einen Kaufboykott eine Preissenkung und Qualitätsverbesserung bei der Milch erreichen.

Die erfolgreiche Aktion des Stuttgarter Frauenvereins veranlaßte die Eßlingerinnen, die Idee eines organisierten Milchboykotts aufzugreifen. Am 29.8.1849 erschien ein entsprechender Aufruf in der „Eßlinger Schnellpost":
„An die Eßlinger Frauen!
In Nr. 196 des Stuttgarter Tagblatt haben sich die Stuttgarter Frauen vereinigt, die Milch nicht mehr höher als 4kr per Maas zu bezahlen, und wirklich haben sie es bezweckt; warum soll es in Eßlingen nicht auch geschehen können, wo die Milch nicht Stunden weit hergetragen werden muß, wie in Stuttgart, es wäre wünschenswerth, wenn die Eßlinger Frauen auch einmal ihre Energie zeigen würden." (ESP 29.8.49)
Außer um ihr Interesse als Konsumentinnen ging es den Stuttgarter Frauen bei der Gründung ihres Vereins aber um ein weiterreichendes politisches Ziel, das sie selbst allerdings nicht so definierten. Der überhöhte Milchpreis bot den Frauen die Gelegenheit, die „vernachläßigte Häuslichkeit" wieder ins öffentliche Licht zu rücken. „Also ist es jetzt an uns", schrieben die Frauen in ihrem Aufruf, „gleichfalls uns zu versammeln, aber nicht zu politischen Zwecken, sondern zu Zwecken der von den Männern so vernachläßigten Häuslichkeit." (NT 4.8.49) Männliche Politik war allzusehr fixiert auf übergreifende nationale und staatliche Fragen. Da sie die konkreten Probleme des Alltags ignorierte, erschien die ‚große Politik' den Frauen einseitig und borniert.
„Die Männer, unsere Tyrannen, durch verkehrtes Gesetz und üble Gewohnheit, haben seit der von ihnen sogenannten glorreichen Märzrevolution, Versammlungen über Versammlungen gehalten, bald zu Besprechung irgend einer wichtigen politischen Angelegenheit, womit sie das Vaterland zu retten vorgaben, bald zu irgend einer Wahl, die das so oft gerettete Vaterland abermals retten sollte. Was aber bei dieser Gelegenheit am meisten vergessen und am wenigsten gerettet wurde, das ist das Hauswesen und die Familie, und wer dabei am meisten vernachlässigt wird, das sind wir armen Frauen, die wir den unpolitischen Männern nichts gelten bei ihrem politischen Treiben". (NT 4.8.49)

Dieser Aufruf verrät ein grundsätzlich anderes Politikverständnis der Frauen, das sich wesentlich von dem der Männer unterschied: wer die Bedeutung des Hauswesens nicht wahrnehmen wollte, blieb ihrer Ansicht nach trotz breitesten politi-

II.4 Milchboykott

schen Engagements für die Revolution ‚unpolitisch'. Die Frauen stellten damit die gängige politische Relevanzhierarchie in Frage und betonten mit ihrem Auftreten die öffentliche Bedeutung des Haushalts und der Haushaltsführung. Sie kritisierten zugleich, daß Frauen von den politischen Verhandlungen der Männer ausgeschlossen waren und ihnen z.B. 1848/1849 die Besuchergalerie der Stuttgarter Ständeversammlung versperrt blieb (Kap IV.4).

Trotz ihrer Kritik an den Inhalten und Formen der männlichen Politik wußten sie deren politische Mittel und Konfliktstrategien dennoch sehr wohl zu nützen. Gerade die Gründung eines Vereins und ihre Öffentlichkeitsarbeit zeigen, daß ihnen männliche Politik nicht fremd war. Auch die Einschätzung der eigenen Absicht als ‚unpolitisch' verrät männliches Politikverständnis. Ihre Haltung ist so gesehen in sich widersprüchlich, und dies wird noch dadurch verstärkt, daß sie Aktions- und Organisationsformen, die in der politischen Auseinandersetzung mit gesellschaftlichen Machtträgern entwickelt worden waren, gegen die ihnen sozial unterlegenen Kleinhändlerinnen und Landfrauen einsetzten.

Wie der Aufruf der Stuttgarter Hausfrauen deutlich macht, gab es aber noch eine zweite Konfliktlinie. Die Frauen befanden sich mit ihrem Wunsch nach billiger Milch zwischen zwei Fronten. Sie mußten sich nämlich gleichzeitig gegen die Angriffe der Männer wehren, die ihnen unterstellten, sie würden nur um die Erhaltung ihrer Kaffeekränzchen kämpfen. Doch:

> „nicht blos um unsern Kaffee ist es uns bei dieser Sache zu thun, das wollen wir gleich im voraus erklären, damit nicht die bösen und spottlustigen Männer mit ihren Witzen u.s.w. über uns herfallen können, sondern um die wichtigen sonstigen Haushaltungszwecke, wobei die Milch eine Rolle spielt, um unsere Kinder, die weit mehr Milch brauchen als wir, ist es uns vorzugsweise zu thun". (NT 4.8.49)

Daß die Frauen so defensiv argumentierten und meinten, sich gegen den Vorwurf, sie seien ‚verwöhnte Luxusgeschöpfe', wehren zu müssen, beruhte auf ihrer Erfahrung mit ähnlichen Angriffen, die sich damals immer wieder in der Presse finden. Schon 1847 hatte z.B. das „Neue Tagblatt" süffisant geschrieben:

> „Im Interesse unserer lieben Jungfrauen und Frauen, die bekanntlich gerne eine Tasse Caffee trinken, müssen wir an die K. Stadt-Direktion die Bitte stellen: doch die Milch mehr beaufsichtigen zu wollen". (NT 13.10.47)

Indem die zum Milchboykott aufrufenden Frauen von Anfang an die Unterstellung egoistischer Interessen zurückwiesen, nahmen sie Bezug auf die damals häufigen öffentlichen Diskussionen über weibliche Verschwendungssucht und schlechte Haushaltsführung. Immer wieder wurde in den Zeitungen darauf angespielt, daß bürgerliche Frauen das Haushalten verlernt hätten.

II.4 Milchboykott

> „Früher giengen unsre Bürgerfrauen alle selbst auf den Markt und ließen sich Zeit zum Einkaufen; sie trugen auch wohl ihren Korb selbst, weil keine solche übertriebene Morgentoilette gemacht wurde, wie man es jetzt selbst zum Marktbesuch für nothwendig hält". (NT 15.10.47)

Die Veränderungen des bürgerlichen Haushalts, für den die Hausfrauen immer weniger Produkte des alltäglichen Bedarfs selbst herstellten, hatten ein verändertes Konsumverhalten der Frauen zur Folge. Immer mehr Produkte wurden über den Handel bezogen. Diese vermehrten Ausgaben wurden aber als ‚schlechtes Wirtschaften' betrachtet und den Frauen zur Last gelegt. ‚Verschwendungssucht' und ‚weibliches Luxusbedürfnis' würden sich immer mehr verbreiten, lautete die Standardklage. Die bürgerliche Hausfrau früher, die sich ganz dem Haushalt gewidmet hatte, hätte noch Zeit gehabt, auf dem Markt Preise zu vergleichen, zu handeln und die Ware sorgfältig auszusuchen. Jetzt aber nähme schon die Toilette

> „zu viel Zeit in Anspruch, auch will man schon am Vormittag Besuche machen und eilt daher im Fluge über den Markt, wenn man je es über sich gewinnen kann, selbst hinzugehen und nicht blos die Köchin... zu schicken". (NT 15.10.47)

Da einkaufende Dienstbotinnen natürlich kein Interesse hätten, die Ware sorgfältig auszusuchen und Geld für ihre Herrschaft zu sparen – resümierte der Schreiber – könnten die Marktleute inzwischen verlangen, soviel sie wollten. Im Unterschied zu den vor allem im Krisenjahr 1847 stattfindenden Diskussionen über Kornhandelspraktiken, die sich besonders gegen wucherische Händler und Spekulanten richteten und schließlich ja auch in Brotkrawalle mündeten, wurde beim Milchhandel die Konsumentin und Bürgerin zur Zielscheibe der Kritik.

Auch die Milcherinnen benützten in einem Leserbrief das Argument der schlechten Haushaltsführung und bürgerlicher Verschwendungssucht, um sich zu verteidigen. Denn – so vermuteten sie 1847 im „Neuen Tagblatt" – diejenigen Frauen, die die Milchhändlerinnen wegen zu hoher Preise angriffen, wären sicherlich solche,

> „welche auf der Eisenbahn und im Wirthshaus ihr Geld verbrauchen, und die Woche hindurch zur Milch freilich kein Geld mehr haben, welche dann nur dahin gehen, wo sie auf Borg Milch bekommen, und wenn es an ein Zahlen geht, so fangen sie Händel an, und schimpfen über die Milch". (NT 21.10.47)

In ihrer sozialen Kritik an städtischen Lebensformen trafen sich die Milcherinnen mit männlichen Vorurteilen über die bürgerliche Frau. Sie wiesen zugleich auf ihre eigene Lage hin und warfen den bürgerlichen Frauen vor, daß sie bei ihren Klagen über die Milchpreise vergäßen, wie hart die Arbeit der Milcherinnen sei. „Denn da muß man alle Tage kommen, es mag Wetter seyn, wie es will, bei Hitz und Kälte, Regen und Schnee" (NT 21.10.47). Der Streit um den Milchpreis spiegelt so auch die wachsenden Gegensätze zwischen städtischem und ländlichem Frauenleben wider.

II.4 Milchboykott

Gerade diese Widersprüche machen eine politische Bewertung der Boykottaktionen schwer. In den Milchboykottaktionen entfaltete sich das gesamte Dilemma von Frauenpolitik in einer bürgerlichen Gesellschaft. Daß bürgerliche Frauen politisch aktiv wurden und ihre Interessen selbst in die Hand nahmen und damit an die Öffentlichkeit traten, war sicher ein wesentlicher Schritt zu einer eigenständigen Frauenpolitik. Angefangen von Leserbriefen in der Zeitung bis hin zu Verein und Boykott setzten die Frauen gekonnt bürgerliche Politikformen ein. Dennoch blieb ihr politisches Handeln beschränkt auf den ihnen gesellschaftlich zugewiesenen Rahmen: Haushalt und Familie. Die von Männern bestimmte Sphäre der ‚großen Politik' ließen sie unberührt. Sie selbst begriffen sich auch nicht als Teil der politischen Bewegung, sondern sahen ihre Aufgabe auf das Gebiet beschränkt, von dem sie am meisten verstanden und das die Männer vernachlässigten. Hier traten sie selbstbewußt an die Öffentlichkeit und organisierten sich ohne die Hilfe der Männer. In einem auf nationale Probleme fixierten Umfeld versuchten sie zu zeigen, daß den Fragen von Familie und Lebensführung existentielle Wichtigkeit zukam.

Anmerkungen:

1) Johann Philipp Glökler: Land und Leute Württembergs in geographischen Bildern dargestellt. Bd. 2, Stuttgart 1861, S. 89.
2) Ebd., S. 90.
3) Ortsangehörige Einwohner und zugezogene, in der Stadt nicht bürgerliche Personen wurden damals streng unterschieden. Zahlen nach: Das Königreich Württemberg. Eine Beschreibung von Land, Volk und Staat. Stuttgart 1863, S. 799.
4) Daß „Streitigkeiten zwischen Käuferinnen und Verkäuferinnen auf dem Markt nicht so selten" waren, geht auch aus Oberamtsberichten des Jahres 1847 hervor. Vgl. HSTAS, E 146, Bü 1931. Im 19. Jahrhundert kauften auch noch Männer, vor allem Handwerker, auf dem Markt ein, da sie für ihre Haushalte, denen gewöhnlich noch Gesellen angehörten, größere Quantitäten an Getreide oder Kartoffeln brauchten.
5) Vgl.: Werner K. Blessing: „Theuerungsexzesse" im vorrevolutionären Kontext – Getreidetumult und Bierkrawall im späten Vormärz. In: Werner Conze/Ulrich Engelhardt (Hg.): Arbeiterexistenz im 19. Jahrhundert. Stuttgart 1981, S. 357–384.

Teil III

Bürgerliches Frauenleben und Frauensozialisation

Elisabeth Sterr

„Hat nicht Gott... euch eure Stellung
zum Manne angewiesen?"
Das Frauenbild in der württembergischen Presse

In Württemberg – wie auch in anderen deutschen Staaten – entwickelte sich die Presse in der ersten Hälfte des 19. Jahrhunderts zu einem der wichtigsten literarischen Kommunikationsmittel[1]. Gab es 1809 außerhalb Stuttgarts nur neun Tag- und Wochenblätter[2], so existierten 1831 bereits 56 Zeitungen[3], und im Jahr 1876 erschienen 244 Zeitungen (davon 6 Wochenblätter) in Württemberg[4].
    Seit den 30er Jahren wurde die Presse zum Medium einer verstärkt politisierten Öffentlichkeit. Da die Presse seit den Karlsbader Beschlüssen von 1819 einer strengen Zensur unterlag und politische Blätter einer obrigkeitlichen Genehmigung bedurften, hatten nur wenige Zeitungen eine Konzession für politische Berichterstattung. Die meisten Zeitungen waren „Intelligenzblätter", häufig Organe der Verwaltung; ihre Hauptaufgabe war neben der Anzeigenvermittlung die Veröffentlichung von Gesetzen und Verordnungen. In der kurzen Liberalisierungsphase nach der Julirevolution 1830 politisierte sich die Tagespresse zunehmend, wurde zum bürgerlichen Diskussionsforum, zur Informationsträgerin und Vermittlerin liberalen Gedankenguts. In dieser Zeit enstand auch der „Beobachter", der 1830 als Organ der württembergischen liberal-demokratischen Opposition gegründet worden war.
    Um gegenüber „populären Lesestoffen"[5] wie den Wochenschriften, Almanachen, Traktaten und Kalendern bestehen zu können, übernahm die Tageszeitung nach und nach deren Inhalte: Fortsetzungsromane, Anekdoten, Ratschläge, Witze, Silbenrätsel usw. Mit der Aufnahme solcher Unterhaltungsteile konnte einerseits ein größerer Absatz erzielt werden, andererseits glich dies auch die fehlende politische Berichterstattung aus[6]. Die Tagespresse versuchte die Zensur immer wieder zu umgehen, um dem Informationsbedürfnis des liberalen Bürgertums Rechnung zu tragen. Besonders durch den Abdruck von Leserbriefen konnten Bürger Ansichten, Interessen, Ansprüche, Wünsche oder Kritik öffentlich artikulieren. Anonymität schützte die Autoren vor Sanktionen[7]. Es wurde möglich, sich „jenseits von Institutionen und Organisationen relativ einfach zu verständigen und Aktionen zu initiieren"[8].
    Der Ausbruch der Revolution und die Aufhebung der Zensur am 1.3.1848 führten zur Gründung zahlreicher neuer Zeitungen und Zeitschriften. Bis 1848 hatte sich die Tageszeitung zum bedeutendsten literarischen Medium entwickelt, während das Interesse an schöngeistigen Büchern[9], moralischen Wochenschriften usw.

III.1 Das Frauenbild in der Presse

sukzessive zurückgegangen war. Die Tagespresse lieferte nun „Belehrung und Unterhaltung, Information, Meinungsbildung und Propaganda zugleich – und verband ihr Angebot mit den dem Medium immanenten Vorzügen der Aktualität, des regelmäßigen Erscheinens (Periodizität) und der umfassenden Themenbehandlung (Universalität)..."[10].

Frauen und Zeitung

Die Tageszeitung hatte mit den Lesestoffen der populären Unterhaltungsliteratur auch deren Leserschaft übernommen – und dies waren in erster Linie bürgerliche Frauen. Mit dem unterhaltenden Teil, der meist belehrenden Charakter hatte, sprach sie die Frau gezielt als Leserin an. Frauen nützten die Zeitung jedoch auch als Kommunikationsmittel. Sie schrieben Leserbriefe, formulierten Wünsche, inserierten oder veröffentlichten persönliche Erklärungen, die in der Regel Fragen des Privatrechts, eheliche Streitfälle, Ehrabschneidungen und dergleichen Fälle betrafen. Wurden Familienangehörige für geschäftsunmündig erklärt, wurde dies gewöhnlich in der Zeitung bekannt gegeben, ebenso, wenn es darum ging, Verleumdungen zurückzuweisen. So schrieb im Februar 1846 eine Stuttgarter Bürgerin:

> „Stuttgart. (Erwiderung). Wenn mein Mann in seiner Warnung in der heutigen Schnellpost von Bezahlen von Schulden spricht, so hätte er auch beisetzen sollen, wessen Schulden er mit meinem Vermögen von etwa 7000 fl zu bezahlen mir zumuthete. Ich kann Gottlob leben, ohne etwas von ihm zu bedürfen und wünsche ihm, daß er seine Schulden ebenso leicht aus eigenen Mitteln bezahlen kann, als ich die meinigen. Ich bin aber nicht gesonnen, mein Geld für ihn und seine Kinder erster Ehe aufzuopfern; dies der Grund unserer Trennung und seines Ärgers. Friederike Klebsattel, geborene Gauger." (NT 5.2.46)

Im Jahr 1848, als die lokale Berichterstattung verstärkt politische Ereignisse miteinbezog, veränderte sich auch das Umfeld, in dem Frauen in der Zeitung dargestellt wurden. In den Vordergrund trat nun die politisch aktive Bürgerin. Frauen äußerten sich zum revolutionären Tagesgeschehen und benutzten die Zeitung zur Kommunikation zwischen den verschiedenen Frauenvereinen. Zahlreiche Spendenaufrufe, Gründungserklärungen von Vereinen, Stellungnahmen und Briefe an die Redaktion legen Zeugnis ab über die aktive Teilnahme der Frauen an der Revolution. So wandte sich beispielsweise eine Stuttgarter Bürgerin in der „Schwäbischen Kronik" am 1.5.1848 an den Abgeordneten Moritz Mohl, der im Frankfurter Vorparlament die Abschaffung der Adelsvorrechte beantragt hatte:

III.1 Das Frauenbild in der Presse

„Ihr gestriger Aufsatz im Schwäbischen Merkur war auch mir, so wie gewiß dem größten Theil aller rechtlich gesinnten Menschen aus der Seele gesprochen. Fahren Sie, edler Mann, ruhig auf der betretenen Bahn fort – der Unfug, welcher nur zu lange schon mit den Bevorrechtungen des Adels gedauert hat, wird sein Ende nun nächstens erreicht haben". (SK 1.5.48)

Im Jahr 1849 sah der „Beobachter" in der zunehmenden Zahl von Frauenbriefen an die Redaktion „ein Zeichen" der politisch bewegten Zeit[11]. Vermutlich bestand eine Wechselwirkung zwischen der Art der Berichterstattung und dem Leserinnen-Interesse: So berichtete der demokratische „Beobachter" am sachlichsten und ausführlichsten über politische Aktivitäten von Frauen und erhielt auch die meisten Zuschriften von Leserinnen, in denen diese ihre eigenen Vorstellungen und Forderungen äußerten.

Frauen gründeten in den Revolutionsjahren jedoch auch eigene Zeitungen: Die erste erschien in Köln unter dem Titel „Frauen-Zeitung" und wurde von Mathilde Franziska Anneke herausgegeben[12]; es folgten Louise Astons „Freischärler", die „Soziale Reform" Louise Dittmars[13] und schließlich die „Frauen-Zeitung" Louise Ottos, die bis 1852 erschien[14]. In Württemberg allerdings gab es 1848 keine von Frauen geschriebene oder herausgegebene Zeitung. Die einzige bekannte Redakteurin war Therese Huber, die von 1817 bis 1823 das „Stuttgarter Morgenblatt für gebildete Stände" redigierte und leitete[15]. Rechtlich gesehen stand es Frauen trotz ihrer politischen Rechtlosigkeit im Prinzip offen, „die Stelle eines Redakteurs zu versehen".

„... daß namentlich Modezeitungen, selbst wenn sie gelegentlich politische Übersichten über die politischen Ereignisse beifügen, ferner periodische Blätter schönwissenschaftlichen oder pädagogischen Inhalts hin und wieder von Schriftstellerinnen redigirt" werden, hält das württembergische Oberamt Rottenburg 1851 „nicht für unzulässig..., ein Grund für den Ausschlusse der Frauen von dieser Art von schriftstellerischem Gewerbe (kann so) weder in ihrer Nichtteilnahme und Ausübung politischer Rechte noch in gewerbepolizeilichen Vorschriften bestehen...".[16]

Anlaß dieser amtlichen Überlegungen war das Gesuch der Witwe Betz, die die Zeitung ihres verstorbenen Mannes weiterführen wollte. Da es sich um ein „politisches" Amts- und Intelligenzblatt handelte, brauchte sie dazu die amtliche Genehmigung. Als oberste Zensurbehörde bemerkte das Innenministerium am 17.1.1851 zu diesem Fall:

„So wird es zwar ungewöhnlich seyn, daß eine Frau als verantwortliche Redakteurin einer Zeitung politischen Inhalts erscheint; allein wir halten diese Stellung nicht unvereinbar mit den Bestimmungen der Preßverordnung vom 25.12.1850, da in denselben für die Berechtigung Redakteur einer Zeitung... zu sein keine Eigenschaft verlangt werden, durch welche eine Frau von der Redaktion eines Blattes ausgeschlossen (wäre)".

III.1 Das Frauenbild in der Presse

Das Ministerium fügte allerdings hinzu, daß sie die Artikel „selbst bearbeiten oder sortieren" muß und nicht nur den „Namen geben" darf.

Auch wenn es in Württemberg 1848 noch keine Redakteurinnen gab, so hatten die Revolutionsjahre in Bezug auf Frauen doch für einen Umbruch auf dem württembergischen Zeitungsmarkt gesorgt: Am 1.4.1849 erschien in Stuttgart zum ersten Mal „Das Kränzchen", eine „Zeitung für das weibliche Geschlecht". Diese war als zweiseitige Beilage in die „Illustrierten Kreuzerblätter" integriert. Noch bevor das „Kränzchen" erschienen war, sprach die konservative Zeitung „Laterne" von einem „demokratischen Frauenblatt" (25.3.49). In der Gründungserklärung des „Kränzchens" im „Schwäbischen Merkur" vom 31.3.1849 hieß es:

> „Auch wir Frauen nehmen einen immer regeren Antheil an den Bewegungen der Zeit und dem öffentlichen Leben, das dieselben hervorgerufen... und hiezu bedarf es eines öffentlichen Organs, wie wir bisher noch keines hatten, nämlich eines solchen, das die politischen wie außerpolitischen Zeit- und Tagesfragen auf eine der weiblichen Anschauungsweise, dem weiblichen Gefühle und der weiblichen Sitte angemessene Art berichtet und bespricht...".

Titelblatt des „Kränzchens", der ersten Stuttgarter Frauenzeitung. (Teil der „Illustrierten Kreuzerblätter" Jahrgang 1849/50. Staatsbibliothek Berlin)

III.1 Das Frauenbild in der Presse

Ob das „Kränzchen" von Frauen redigiert und herausgegeben wurde, läßt sich schwer sagen. Autoren/Autorinnen blieben entweder anonym oder zeichneten nur mit den Initialen. Die frauenfeindliche Tendenz einiger Artikel sowie bestimmte Anredeformen („Ihr Frauen") lassen jedoch darauf schließen, daß die Schreibenden wohl meist Männer waren. Dennoch ist das Erscheinen des „Kränzchens" fraglos als Ausdruck eines verstärkten politischen Interesses von Frauen zu werten, auch wenn das Blatt gezielt anstrebte, dem häuslichen Lebensbereich der Frauen einen breiten Platz einzuräumen:

> „... weil wir, ungeachtet der Nothwendigkeit jenes unseres Antheils an dem öffentlichen Leben, doch zunächst dem Hause und der Familie angehören und hier das Leben zu verschönen, zu veredeln haben, (wird das „Kränzchen"; d.V.) auch über alle jene neuesten Erscheinungen und Erfahrungen... Bericht erstatten, welche das Leben und die Bestimmung des weiblichen Geschlechts insbesondere angehen, dieses insbesondere interessiren."

Dem Anspruch, Politik und Fragen weiblicher Lebenstätigkeit zu verbinden, vermochte das „Kränzchen" allerdings nur in den ersten Monaten seines Erscheinens gerecht zu werden. Solange die Revolution noch anhielt, veröffentlichte die Zeitung beispielsweise einen Artikel von Louise Otto über Mädchenbildung (KR 47, 1849) oder auch eine Serie über Georges Sand (KR 77,78,79,80, 1849). Darüber hinaus kommentierte sie politische Ereignisse wie zum Beispiel die Einrichtung der deutschen Flotte. Mit Beginn der Restauration, vor allem 1850, häuften sich jedoch Kochrezepte, Stickanleitungen und Geschichten über Ehe und Familie. Dies hing möglicherweise mit dem am 1.7.49 vollzogenen Redaktions- und Verlagswechsel der „Kreuzerblätter" zusammen. In der Ankündigung dieser Veränderung erklärte die Redaktion „fortan neben ihrem Unterhaltungsteile auch auf das Bedürfnis des weiblichen Geschlechts durch Mitteilungen in Bild und Wort (Hauswirtschaft, weibliche Arbeiten, Mode- und Musterbilder) für dessen speziellen Berufskreis besondere Rücksicht (zu) nehmen, so daß sie (die Kreuzerblätter; d.V.) als ein unentbehrliches Blatt für jede Familie erscheinen müssen." (Beob 24.6.49)

Obwohl die Berichterstattung 1849 und dann 1850 deutlich konservativer war, füllte das „Kränzchen" eine Lücke aus. Es berichtete fast ausschließlich über Frauen, sei es über deren Dasein als Gattin und Mutter, oder über deren erfolgreiches Leben als Künstlerin. Es stellte damit eine neue ‚Leserin-Blatt-Bindung' her, wie sie in der anderen Tagespresse in dieser Art wohl kaum existierte.

Frauen waren also Leserinnen und ‚Benützerinnen' des neuen Mediums Tageszeitung – doch wie fanden sie sich darin wieder? Welche Aussagen wurden über Frauen gemacht? Welche Bilder wurden ihnen angeboten und wie wurde mit ihnen als Leserinnen umgegangen? Die folgende inhaltliche Analyse stützt sich

III.1 Das Frauenbild in der Presse

auf Artikel in württembergischen Zeitungen zwischen 1846 und 1850, wobei Fortsetzungsromane außer Acht gelassen sind. Sie versucht, das Frauenbild in der Presse auf dem Hintergrund der damaligen historischen Ereignisse zu interpretieren. Die Entwicklung weiblicher Rollenzuschreibungen wird dabei ebenso miteinbezogen wie die gesellschaftliche Situation des Vormärz und der Revolutionsjahre – diese widerspruchsvolle Zeit, in der Rückständigkeit und Fortschritt, in der ‚alte Bilder' und ‚neue Verhaltensmodelle' für Frauen nebeneinander existierten. Bereits Themenwahl, Stil und Darstellungsformen lassen bestimmte Normierungen und geschlechtsspezifische Ideologien erkennen. Die Inhalte der meist belehrenden und unterhaltenden Artikel kreisen hauptsächlich um das Dasein der Frau als Gattin, Mutter und Hausfrau. In Anekdoten, Satiren, Witzen usw. wurden Frauen zum Objekt männlicher Betrachtung gemacht, die – je nach Lage der Dinge – wohlwollend-moralisierend, erzieherisch-tadelnd oder auch ironisch-bissig bis hin zu diffamierend ausfiel. Besonders in Anekdoten oder raisonierenden Abhandlungen wurde ein Idealbild der bürgerlichen Frau geschaffen, das zur allgemein verbindlichen, erstrebenswerten Norm erhoben wurde. Diese Art von belehrenden und unterhaltenden Lesestoffen zementierte geschlechtsspezifische Ideologien und förderte deren Akzeptanz[17]. Durch sie sollte die herkömmliche Geschlechterhierarchie aufrecht erhalten werden. Dies wurde besonders 1848/49 deutlich, als ein Teil der Presse versuchte, der Verunsicherung über die sich auflösenden Geschlechterrollen und Verhaltensnormen bei Frauen durch die Propagierung eines bestimmten Weiblichkeitsbildes gegenzusteuern. Gleichzeitig wurde jede Form weiblichen Verhaltens, das von herkömmlichen Normen abwich, polemisch karikiert oder lächerlich gemacht.

Anforderungen an das „weibliche Geschlecht"

„Ein Weib soll seyn: angenehm,... bescheiden,... christlich,... demüthig,... einsichtsvoll,... fleißig,...", hieß es in einem Artikel im „Neuen Tagblatt für Stuttgart und Umgegend" vom 1.2.1846, der die männlichen Anforderungen an das ‚weibliche Geschlecht' auflistete, von A wie angenehm bis Z wie zuverlässig. Dieselbe Zeitung veröffentlichte ein halbes Jahr später eine belehrende Betrachtung mit dem Titel „Für denkende Leser":

> „In der Sphäre des schaffenden Geistes wird das Weib – wie günstig sich sein Verhältniß auch einmal im Volldaseyn der Menschheit gestalten mag – immer dem Manne nachstehen... Sein Herz ist gleichsam ein großer Crystallspiegel, der die vorübergehende äußere Welt... wiedergibt... Anders verhält es sich mit dem Manne. Er ist nicht so sehr der Abdruck einer fremden, als der Schöpfer seiner innern Welt... Das Weib gehorcht, der Mann gebietet seinem Herzen". (NT 19.8.46)

Diesen Vorstellungen liegt ein Denkmodell zugrunde, das Karin Hausen mit dem

III.1 Das Frauenbild in der Presse

> „Ein Weib soll seyn: angenehm, artig, anmuthig, achtbar, aufrichtig; bescheiden, bedächtig, belesen, beliebt, beharrlich, bewährt, brav; christlich, demüthig, dienstwillig, dankbar; ehrbar, edelmüthig, einsichtsvoll, enthaltsam, ergeben; freundlich, fleißig, fromm, friedfertig, fehlerfrei, freimüthig; geduldig, gesprächig, gesellschaftlich, gütig, gesittet, gebildet, gesund, gehorsam, gefühlvoll, geistvoll, genügsam, gewandt, gewissenhaft; heiter, häuslich, herzlich, harmlos, haushälterisch, höflich, hold, hülfreich; innig, interessant; jung; keusch, kindlich, kräftig; liebenswürdig, liebreich, leutselig; milde, manierlich, mäßig, musterhaft, mitleidig; nachsichtsvoll, nachgiebig, nett; offen, ordnungsliebend; pflichttreu, pünktlich; qualificirt; reizend, reich, rechtlich, reinlich; schön, standhaft, sanft, scharfsinnig, sittlich, sparsam; talentvoll, tugendhaft, tadellos, thätig, theilnehmend, treu; unveränderlich, ungekünstelt, uneigennützig; verschämt, verschwiegen, vernünftig; wohlwollend, weise, wohlgezogen, wirthschaftlich; züchtig, zärtlich, zuvorkommend, zutraulich und zuverlässig."
> (Neues Tagblatt für Stuttgart und Umgegend 1. 2. 1846)

Begriff „Polarisierung der ‚Geschlechtscharaktere'" beschrieben hat[18]. Mit der Herausbildung der bürgerlichen Gesellschaft und der damit verbundenen „Dissoziation von Erwerbs- und Familienleben" wurden Frauen und Männern bestimmte Charaktereigenschaften zugeschrieben, die eben diese Aufspaltung ihrer Tätigkeitsbereiche legitimieren sollten. Dem Mann wurde die äußere, große Welt zugewiesen (Erwerb, Lebenskampf, Öffentlichkeit, Staat und Politik), der Frau die innere, kleine Welt zugeordnet (Familie, Erziehung, Haus, Privatleben). Begründet wurde dies mit der ‚natürlichen Bestimmung' der Geschlechter. Nach den Auffassungen der Naturrechtsphilosophie und der Romantik waren die Aufgaben und Anlagen von Mann und Frau gleichwertig und gleichrangig, jedoch andersgeartet.

> „Wie die Natur die Erdensorgen getheilt hat, sonderte sie auch die Kräfte für sie. Alles soll zu einem schönen Ganzen wirken, ein Ganzes sollen die strebenden Kräfte bilden. Ein Körper – steht die irdische Schöpfung da, dessen Haupt der Mann, dessen Herz das Weib ist. Der zartere, kleinere Theil ist deßhalb nicht der geringere. Vom Herzen strömt das lebentragende Blut in alle übrigen Theile des Leibes".[19]

Mann und Frau wurden als komplementär gedacht: die Ergänzung des vollkommen Weiblichen mit dem vollkommen Männlichen wurde als Ideal der Menschheit angesehen. Diese Sichtweise floß auch in die romantische Idee der Liebesehe ein, die die freie Partnerwahl und die Ehe als Liebesbeziehung der arrangierten bürgerlichen Konvenienzehe und Geldheirat gegenüberstellte. Indem die Romantiker die Geschlechterbeziehung durch die Verabsolutierung der Liebe überhöhten und den Frauen den emotionalen Part (Herz) sowie den Männern die geistige Führung zuwiesen, trugen sie zur Trennung der Lebenswelt von Mann und Frau bei.

Aussagen über Frauen in der damaligen Zeit müssen vor diesem Hintergrund analysiert werden. „Das Kind reift zur Jungfrau, zur Gattin, zur Mutter", ist im

III.1 Das Frauenbild in der Presse

„Damen Conversations Lexikon" von 1836 zu lesen[20]. Diese Einteilung des weiblichen Lebenslaufes und die damit verbundene Fixierung weiblicher Aufgaben bestimmte auch die Inhalte und die Art und Weise, wie über Frauen in der württembergischen Presse geschrieben wurde. Den „Jungfrauenstand" betrachtete man als „Vorschule des Ehestandes"[21], ledige Frauen wurden ausschließlich als ‚Anwärterinnen' auf Ehe und Mutterschaft angesprochen. In den „Lehren einer alten Jungfer an unverheirathete Mädchen" (RMC 20.7.47) warnte der – wahrscheinlich männliche Autor – seine Leserinnen davor, sich Hals über Kopf in die Ehe zu stürzen. Gleichzeitig forderte er sie aber auf, „sich frühzeitig die Tugenden einer guten Hausfrau" anzueignen, denn vom „Schalten und Walten (der Frau; d.V.) hängt des Hauses Glück und Friede ab". Pflicht der Ehefrau sei es, daß sie ihren „Gatten zärtlich liebt, und ihm in allen Stücken treu, hold und gewärtig" sei.

Wie ein „Heirathsgesuch" zeigt, das ein „junger Mann von sehr guter Familie" 1847 veröffentlichte, waren die Wünsche der Männer präzise. Die Annonce im „Neuen Tagblatt" zählte einen ganzen Katalog weiblicher Tugenden auf, die die künftige Frau in die Ehe einbringen sollte: „Stete strenge Ordnung und Reinlichkeit... Aufrichtige gewohnte Liebe zur Häuslichkeit und Thätigkeit... Weibliche Sanftmuth, Anspruchslosigkeit, gute Beurtheilung, aufrichtiges Wesen und richtiger Tact dürfen ihr nicht fehlen! Er schätzt dies höher als große Talente." Erfüllte eine Frau solche Anforderungen nicht, wurde sie als negatives Beispiel in der Zeitung bloßgestellt. „Fräulein Unverbesserlich" nannte ein Leserbriefschreiber eine junge Stuttgarterin (NT 16.4.46), deren Schlampigkeit er in der Zeitung anprangerte: „Wenn ihr die Bänder an dem Unterrocke abreißen, so näht sie keine neuen an", klagte er und beschrieb eine Reihe von Verhaltensweisen, an denen mann „ein Fräulein Unverbesserlich sogleich erkennen kann". Sie habe keine Lust zu häuslichen Arbeiten und achte nur auf „äußern Putz". Sie sei, warnte der Verfasser seine Geschlechtsgenossen, „das größte Unglück für einen Freier..., er wird, wenn er sie zur Gattin wählt, durch sie zu Grunde gehen." Die Zeitung wurde in diesem Fall zu einem Instrument der Rüge und des Tadels, mit dem Frauen bloßgestellt und gleichzeitig normengerechtes weibliches Verhalten erzeugt werden sollten.

Die meisten Artikel kreisten um das Thema Ehe, die im 19. Jahrhundert als das Zentrum weiblicher Existenz galt. Nur als Gattin konnte eine Tochter aus bürgerlichem Hause eine angesehene Stellung in der Gesellschaft erreichen. Einen sozial adäquaten Ehemann und damit eine entsprechende wirtschaftliche Versorgung zu finden, war indessen nicht leicht und hing auch von der Mitgift und dem Wohlstand ihrer Familie ab. Der damals bestehende Frauenüberschuß sowie die wirtschaftliche Notlage des Mittelstandes in den 40er Jahren verschlechterten zudem die Heiratschancen der Mädchen. Daraus ergab sich ein doppeltes Dilemma: einerseits mußte ein bürgerlicher Familienvater mit mehreren Töchtern schon aus ökonomischen Gründen darauf drängen, diese sobald wie möglich durch einen

III.1 Das Frauenbild in der Presse

Schwiegersohn versorgt zu wissen; andererseits konnte ein junger Mann nur dann um eine Frau werben, wenn er genügend Kapital zur Gründung und Erhaltung einer Familie vorweisen konnte – was in der damaligen prekären wirtschaftlichen Lage keineswegs mehr gewährleistet war.

Da es 1848 noch keine Berufsausbildung für bürgerliche Frauen gab und somit keine Möglichkeit zur eigenen Versorgung bestand, hatten Bürgerstöchter nur zwei Perspektiven: entweder die erste beste Heiratschance zu ergreifen oder das harte Los einer Ledigen auf sich zu nehmen. Ledig bleiben hieß aber: nicht so geachtet zu sein wie die verheiratete Schwester und häufig zum Gegenstand des Spottes zu werden. Die Situation der Partnerwahl, die ‚Brautschau' sowie die Versorgungsproblematik waren Gegenstand zahlreicher Glossen und Anekdoten. Über eine hübsche, aber geistlose Frau witzelte beispielsweise ein junger Mann: „Solange mich Fräulein R. nicht angesprochen, hat sie mich sehr angesprochen;

(Karikatur aus Illustrierte Moden- und Musterzeitung für den Weltmann Nr. 3, 1.11.1845. Landesbibliothek Stuttgart)

III.1 Das Frauenbild in der Presse

seitdem sie mich aber angesprochen, hat sie mich nicht mehr angesprochen" (KR 17, 1850). Um begehrenswert zu sein, sollte eine junge Frau hübsch, aber nicht kokett; gebildet, aber nicht gescheit; taktvoll, aber nicht prüde; gereift, aber nicht alt sein. Alters- und Schönheitsnormen waren klar definiert. Unter dem Titel „Betrügerei aus Liebe" berichtete das „Kränzchen" von einer Frau, die befürchtete, ihr Geliebter würde sie nicht mehr heiraten, wenn er ihr wahres Alter erführe. Sie datierte deshalb ihren Geburtstag auf dem Taufschein, den sie zur Trauung benötigte, zurück. Der Schwindel wurde jedoch entdeckt, und die Braut, so hieß es in dem Artikel weiter, sei hart bestraft worden, da sie ihren Bräutigam glauben gemacht habe, „er bekomme eine junge Frau, während er doch nur eine alte empfangen haben würde" (KR 88, 1849). Dieser Bericht illustriert eine den Frauen immer wieder unterstellte Strategie: Männer zu täuschen und sie unter Vorspiegelung falscher Tatsachen zur Heirat zu bringen. Daß Frauen falsche Prü-

Eigenes Unglück.

„Sage mir um Gotteswillen, Amalie, warum bist du immer so traurig und niedergeschlagen, du die Gattin des reichsten, weder von einem Staatsdienste abhängigen, noch an ein Geschäft geketteten, folglich freiesten ungebundensten Mannes der Stadt."

„Nun, meine liebe Julie, wenn du denn durchaus darauf bestehst, den Grund meines Kummers zu kennen, so höre. — Du weißt, daß mein Gatte, als ich ihn heirathete, Wittwer war. Meine Freundinnen, die vor mir sich verehelichten — sind, da die eine einen Rath, die andere einen Major heirathete, nun Frau Räthin und Frau Majorin geworden, und nur ich habe das Unglück, noch nicht Wittwe zu sein." —

(Karikatur aus Fliegende Blätter Heft 201, 1853. Universitätsbibliothek Tübingen)

175

III.1 Das Frauenbild in der Presse

derie mit Hinterlist koppelten, um einen Mann zu gewinnen, war ein ebenso gängiges Stereotyp der damaligen Unterhaltungsspalten wie der Vorwurf, daß sie bei der Partnerwahl nur auf ihre wirtschaftliche Versorgung bedacht wären:

> „Fürwahr, die Mädchen werden jetzt so erzogen, daß sie jeden alten Gecken heirathen und küssen, wenn er nur Geld genug hat, um sie ein Haus machen zu lassen, und einen Titel, mit welchem sie hernach dieser oder jener Räthin an die Seite treten können". (KR 55, 1849)

Das Bild der unverheirateten Frau in der Presse war widersprüchlich: einerseits unterstellte man ihr, sie sei ständig auf der Suche nach Mann und Heim, blieb sie jedoch ledig, wurde sie zur alten Jungfer abgestempelt. Die reale Ehe- und Heiratsproblematik wurde so zum individuellen Problem der Frauen gemacht. In der Anekdote „Naturgeschichte der Mädchenjahre" (RMC 13.4.47) warf der Autor z.B. ledigen Frauen vor, sie hätten zu hohe Ansprüche an Leben und Liebe, und würden deshalb keinen Mann finden. Mädchen, die sich nicht bald zur Ehe entschieden, belehrte er die Leserinnen weiter, verfehlten ihr weibliches Lebensglück und Ziel und entwickelten sich ‚naturgemäß' zu alten, gehässigen, giftigen Jungfern. Dieses Negativbild gipfelte schließlich in der Darstellung habgieriger, hinterlistiger Altlediger, wie sie folgender Witz karikierte: „Da hab' ich besonders eine Tante", sagte der Ehemann, „die besucht uns... jährlich regelmäßig zweimal und bleibt jedesmal sechs Monate" (RMC 29.7.47).

Trat nun das bürgerliche Mädchen in den Ehestand, bot ihr die Presse genügend Bilder an, wie sie ihr künftiges Dasein zu gestalten hätte. Propagiert wurde die gute Hausfrau, die liebende Gattin und treusorgende Mutter. Bei ihrem Anblick schlug das Männerherz höher:

> „Schreiber dieses hat eine herzliche Ehrfurcht für ein Paar regsame Stricknadeln! Und ein weibliches Geschöpf, welches spinnt, aufwickelt, stickt, näht, oder auch nur zuschneidet, feines Linnen selbst waschet und glättet, dann ihr eigenes Leibzeug oder des Mannes Hemden mühsam, jedoch unverdrossen, in geregelte Falten legt, ist ihm ein rührender Anblick!" (NT 27.1.47)

Einer solchen vorbildlichen Gattin prophezeite der Autor auch den Lohn ihrer Tugend:

> „... wenn sie allen seinen Wünschen, nach ihren Kräften entgegen kömmt, mithin alle ihre Aufmerksamkeit auf ihn richtet! dann muß der Mann, wenn er ein empfängliches Herz hat, eben so glühend an den Hals seines Weibes eilen und daselbst in sanfter Rührung ausströmen!"

In solchen Artikeln wurden Leitbilder präsentiert, die durchaus pädagogisch gedacht waren. In der Anekdote „Wie ein vernünftiges Weib ihren Mann bekehrt hat" (RMC 11.8.47) forderte der Schreiber die Leserinnen sogar dazu auf, sich an den Eigenschaften der geschilderten Ehefrau ein Beispiel zu nehmen: Geduld,

Sanftmut, Freundlichkeit und Gefälligkeit machten angeblich aus dem tyrannischsten Ehemann einen liebenden Gatten.

Der moralisierende und belehrende Charakter der Zeitung kommt besonders stark in den Artikeln der Jahre 1849/50 zum Ausdruck, als die Revolution gescheitert war und sich die restaurativen Kräfte wieder etablierten. Da eine harmonische Ehe und Familie als Fundament für ein „gesundes Staatsleben" (KR 92, 1849) galt, aber gerade in der Revolutionszeit diese gesellschaftlichen Institutionen bedroht waren[22], propagierten die Konservativen wieder überlieferte Werte und das alte Frauenideal. Diese Tendenzwende spiegelte sich auch in der Presse wieder. „Ja! es gibt kein heiligeres... Wort, als das Wort ‚Ehe'!", schrieb pathetisch das „Kränzchen" (KR 54, 1849), in dem sich ab Ende 1849 reaktionäre Berichte häuften. „Wo wird noch die Heiligkeit der Ehen in Ehren gehalten? Wo herrscht noch das ursprünglich schöne, edle Verhältnis der Glieder der Familie?" (KR 90, 1849), klagte die Zeitung, die sich ja nur an Leserinnen richtete, und wies die Frauen auf ihre besondere Verantwortung hin: als tugendhafte Gattinnen und Mütter, als „Hüterinnen des heiligen Feuers der Reinheit der Sitten" sollten sie wieder auf das Wohl des Familien- und Staatslebens hinwirken. Nicht zufällig zitierte die Presse in jenen Jahren besonders häufig Schillers Verse über die „Würde der Frauen" von 1795 (vgl. KR 90, 1849 / NWB 3. 4. 49). Das Gedicht, das mit den Zeilen „Ehret die Frauen! / Sie flechten und weben / Himmlische Rosen ins irdische Leben" beginnt, ist eine Hymne an die ‚natürliche Aufgabenverteilung' der Geschlechter. Daß die Revolution auch die ‚natürliche' Geschlechterordnung bedrohe, war während und vor allem nach der Revolution ein immer wiederkehrendes Thema. In dem Artikel „Über die Stellung der Frau zum Manne" (KR 14, 1850) kritisierte der Autor:

„Dienen lerne das Weib bei Zeiten, nach seiner Bestimmung! So schrieb vor einigen Jahrzehnten der Dichterfürst Göthe. Wie haben sich seitdem die Ansichten hierüber geändert! Wie ganz anders äußert sich jetzt ein großer Theil des zärteren Geschlechtes über die Bestimmung des Weibes. Wir sollen dienen? gehorsam sein? sprechen sie; warum will man uns als Sklavinnen betrachten?... Warum will man uns nicht gleichstellen mit den Herren der Schöpfung?"

Mit Nachdruck wies der Verfasser die Frauen, die Gleichberechtigung forderten, auf ihr eigentliches Aufgabenfeld hin:

„Ja die Herren der Schöpfung! darin liegt euer Urtheil, ihr Frauen! Dürft ihr das heilige Bibelwort: er soll dein Herr sein, überhören, es nach Gefallen deuten? hat nicht Gott deutlich durch dasselbe gesprochen, euch eure Stellung zum Manne angewiesen?... hütet euch vor dem Dünkel, die Erste im Hause sein, das Regiment über den Mann ausüben zu wollen. Gebet nach, wo es nur irgend möglich ist...". (KR 14, 1850)

III.1 Das Frauenbild in der Presse

Würde der Frauen

Ehret die Frauen! sie flechten und weben
Himmlische Rosen ins irdische Leben,
Flechten der Liebe beglückendes Band,
Und in der Grazie züchtigem Schleier
Nähren sie wachsam das ewige Feuer
Schöner Gefühle mit heiliger Hand.

Ewig aus der Wahrheit Schranken
Schweift des Mannes wilde Kraft,
Unstet treiben die Gedanken
Auf dem Meer der Leidenschaft.
Gierig greift er in die Ferne,
Nimmer wird sein Herz gestillt,
Rastlos durch entlegne Sterne
Jagt er seines Traumes Bild.

Aber mit zauberisch fesselndem Blicke
Winken die Frauen den Flüchtigen
  zurücke,
Warnend zurück in der Gegenwart Spur.
In der Mutter bescheidener Hütte
Sind sie geblieben mit schamhafter Sitte,
Treue Töchter der frommen Natur.

Feindlich ist des Mannes Streben,
Mit zermalmender Gewalt
Geht der Wilde durch das Leben,
Ohne Rast und Aufenthalt.
Was er schuf, zerstört er wieder,
Nimmer ruht der Wünsche Streit,
Nimmer, wie das Haupt der Hyder
Ewig fällt und sich erneut.

Aber, zufrieden mit stillerem Ruhme,
Brechen die Frauen des Augenblicks
  Blume,
Nähren sie sorgsam mit liebendem Fleiß,
Freier in ihrem gebundenen Wirken,
Reicher als er in des Wissens Bezirken
Und in der Dichtung unendlichem Kreis.

Streng und stolz sich selbst genügend,
Kennt des Mannes kalte Brust,
Herzlich an ein Herz sich schmiegend,
Nicht der Liebe Götterlust,
Kennet nicht den Tausch der Seelen,
Nicht in Tränen schmilzt er hin,
Selbst des Lebens Kämpfe stählen
Härter seinen harten Sinn.

Aber, wie leise vom Zephir erschüttert
Schnell die äolische Harfe erzittert,
Also die fühlende Seele der Frau.
Zärtlich geängstigt vom Bilde der
  Qualen,
Wallet der liebende Busen, es strahlen
Perlend die Augen von himmlischem
  Tau.

In der Männer Herrschgebiete
Gilt der Stärke trotzig Recht;
Mit dem Schwert beweist der Skythe,
Und der Perser wird zum Knecht.
Es befehden sich im Grimme
Die Begierden wild und roh,
Und der Eris rauhe Stimme
Waltet, wo die Charis floh.

Aber mit sanft überredender Bitte
Führen die Frauen den Zepter der Sitte,
Löschen die Zwietracht, die tobend
  entglüht,
Lehren die Kräfte, die feindlich sich
  hassen,
Sich in der lieblichen Form zu umfassen,
Und vereinen, was ewig sich flieht.

Friedrich Schiller (1795)

III.1 Das Frauenbild in der Presse

Die Presse war nicht nur Vermittlerin einer reaktionären Geschlechterideologie, sondern spiegelte auch ein Stück Revolutionswirklichkeit wider: Frauen hatten sich 1848 teilweise über ihre ‚Bestimmung' hinweggesetzt; die Betonung der Geschlechterhierarchie in zahlreichen Artikeln der Jahre 1849/50 war Ausdruck und Folge der ‚konservativen Gegenrevolution' und damit der sich wieder etablierenden alten Ordnung. So ist es nicht verwunderlich, daß gerade in dieser Zeit das Bild der christlich-frommen, opferbereiten, sittsamen Mutter wieder mystifiziert und „dem geheimen Zauber der Mutterliebe", dieser „tiefwirkenden Naturkraft" (KR 90, 1849), mehr Verantwortung denn je zugeteilt wurde. Daß dieser Verweis der Frauen auf ihre Wirkungsmöglichkeiten als Gattin und Mutter für die Leserinnen auch ein positives Identifikationsangebot darstellte, sollte dabei nicht übersehen werden: durch die Idealisierung ihrer Aufgaben wurde den Frauen auch eine besondere Form der sozialen Macht zugewiesen.

Erlaubt ist, was weiblich ist

Obwohl das Stereotyp der ‚echten deutschen Weiblichkeit' dominierte, gab es bereits im Vormärz Anzeichen eines ersten Aufweichens der starren Geschlechterrollen. Bereitwillig griff die Presse – sei es aus Sensationslust oder auch um Rügen auszuteilen – Fälle auf, in denen Frauen die Grenzen verordneter Weiblichkeit überschritten hatten. So widmete das Stuttgarter „Neue Tagblatt" einer Gasthausszene, die sich in der Nähe Blaubeurens auf der Schwäbischen Alb abgespielt hatte, einen ausführlichen Bericht (NT 29. 10. 46). Eine Reutlingerin, „wohlgestaltet und von anständigem Äußern", war, obwohl in männlicher Begleitung, von einem angetrunkenen Gast angesprochen worden. „Als diese kurz und gut ihm zur Antwort gab: daß sie nichts von ihm wolle, und er sie in Ruhe lassen solle", beleidigte er die Frau mit groben Worten. Schließlich setzte die Reutlingerin den Belästigungen mit zwei Ohrfeigen ein Ende. Ihr offensives und mutiges Verhalten ging als „Reutlinger Frauenjustiz" angeblich in die Gespräche der „Bierhäuser" ein.

Auch wenn sich in der Partnerwahl einmal die Rollen verkehrten, war dies ein Thema für die Presse. So berichtete das „Kränzchen" über eine reiche Aristokratin, die sich per Heiratsannonce ihren Gatten selbst suchte, und führte den Leserinnen vor Augen, wie leicht sich eine passiv-weibliche in eine aktiv-männliche Rolle umkehren ließ. Daß diese Art von Berichten sich vor allem 1849 häuften, in den Vormärzjahren dagegen eher selten waren, ist so gesehen bemerkenswert. Besonders das „Kränzchen", die „Zeitung für das weibliche Geschlecht", berichtete des öfteren über Frauen, die sich in männliche Bereiche vorgewagt hatten. Das Wettschwimmen zweier Französinnen in der Seine (KR 66, 1849) war ebenso

III.1 Das Frauenbild in der Presse

nachrichtenwürdig wie ein Damenduell in Madrid (KR 1, 1850). Bei allen Restriktionen war die Presse 1848/49 sensibel für die Veränderung weiblicher Verhaltensmuster. Diese Öffnung weiblicher Handlungsräume spiegelte sich auch in Berichten über Frauen wider, die sich als Männer verkleideten. Als äußeres Zeichen der Männlichkeit waren Hosen ja zugleich Ausdruck eines sich verändernden weiblichen Selbstverständnisses. Eine Frau in Hosen beanspruchte offensichtlich die gleichen Rechte wie ihre männlichen Zeitgenossen. Bereits in den 1840er Jahren hatten Schriftstellerinnen wie Georges Sand oder Louise Aston großes Aufsehen erregt, weil sie gelegentlich in Männerkleidern auftraten. An diese Vorbilder dachte möglicherweise der Stuttgarter Journalist, als er folgende Geschichte kolportierte.

„... ein hübsches Mädchen hier ist von der Manie befallen worden, in dem großen Welten-Drama die Rolle eines fahrenden Ritters zu übernehmen. Nachdem sie den Tag hindurch sich mit verschiedenen weiblichen Arbeiten gelangweilt hatte, wirft sie sich Abends in eine Manns-Tracht, steckt sich ein Schnurrbärtchen unter die Nase... und begibt sich so auf ihren mysteriösen Pilgerpfad... Bis jetzt hat man aber noch nicht erfahren können, in welchen Bereich ihre Abenteuer gehören". (NT 8.8.47)

Gerade die im „Kränzchen" häufig abgedruckten Lebensschilderungen berühmter weiblicher Persönlichkeiten lieferten neue Bilder und Verhaltensmodelle für die bürgerliche Leserin:

„Es gab eine Zeit, wo man behauptete, das Weib könne nicht wissenschaftlich gebildet sein, noch weniger auf einen Platz in der Literatur Anspruch machen; jetzt aber erscheint die Zeit der Emancipation gekommen zu sein... wo eine Gräfin Hahn-Hahn, eine Gräfin Blessington uns ihre Wanderungen durch die verschiedensten Gegenden der Welt beschrieben haben, wo eine Madame Jameson auf einem Kahn von Birkenrinde durch die canadischen Seen gefahren, eine Mrs. Dalkeith Holmes amazonengleich zu Pferde Frankreich und Italien durchstreifte, und eine Madame Calderon de la Barca eine gefahrvolle Reise durch Mexiko gewagt. Sollte man wohl länger zweifeln können, daß bei so heroischen Schritten es dem Weibe gelingen könne, sich von den Fesseln gewohnten Übereinkommens zu befreien, bei so kühnen Anfängen, die kaum erst seit den letzten Jahren begonnen haben?" (KR 77, 1849)

Damit die Frauen sich allerdings nicht allzusehr mit diesen Heldinnen identifizierten, stellte das „Kränzchen" „solche Fortschritte des Weibes" sofort wieder in Frage, da dadurch „das Weib dem häuslichen Kreise, dem natürlichsten Gebiete seiner Wirksamkeit entfremdet" würde. Frauen, die die häusliche Sphäre verließen und sich auf männlich definierte Terrains, vor allem in die Politik begaben, waren suspekt. Akzeptiert wurden Frauen in der Öffentlichkeit nur, wenn sie ihre weiblichen Fähigkeiten nicht verleugneten, sondern sie in den Dienst des Gemeinwohls stellten. Traten Frauen als öffentliche Wohltäterinnen auf, so war das gern gesehen, denn erlaubt war, was weiblich war. Eine besondere Vorbildfunktion

III.1 Das Frauenbild in der Presse

übten dabei die weiblichen Angehörigen des Königshauses aus, die die Presse als ‚Landesmütter' feierte. Kronprinzessin Olga Nikolajewna von Württemberg wurde so als gütige, heilende und tröstende künftige Landesfürstin geschildert und in bewegenden Worten gleichsam zur „Hoffnung des Vaterlandes" und zum „Liebling des Volkes" erhoben (RMC 29.5.47).

Das Bild einer bürgerlichen ‚Idealfrau' wurde schließlich in einem Artikel über die englische Quäkerin Elisabeth Fry (1780–1845) entworfen, die gleichzeitig Gattin, Hausfrau, Mutter sowie Wohltäterin der Nation war (RMC 14.7. und 17.7.47). Elisabeth Fry, über die auch 1850 im „Kränzchen" eine siebenteilige Serie erschien, schmückte man mit Eigenschaften, die sich offensichtlich die ‚deutsche Weiblichkeit' zu Herzen nehmen sollte: sie war aufopfernd und bescheiden, geduldig und zärtlich, mit einer „reinen christlichen Selbstverläugnung", dabei liebenswürdig und heiter sowie klug und umsichtig. Auch in der Öffentlichkeit, so der Tenor des Artikels im „Reutlinger und Mezinger Courier", hatte diese Frau den ‚Pfad weiblicher Tugenden' nicht verlassen:

„Und wie sie es nie verschmähte, die kleinen Pflichten treu zu erfüllen, welche ihr als Hausfrau oblagen, so bewegte sie sich mit der festesten Haltung in weitern Lebenskreisen, und – was bei Frauen immer die größeste Seltenheit sein wird – sie führte ein Leben in der Öffentlichkeit, ohne dadurch den Eindruck zu machen, als verläugne sie nur im geringsten ihr Geschlecht. Im Gegentheil übte ihre Gegenwart auch in größern Versammlungen stets den tiefen Einfluß, welcher nur der edlen Weiblichkeit eigen ist". (RMC 17.7.47)

„Bewaffnete Weiber mischten sich unter die Männer..."

Während Frauen in der Presse der Vormärzjahre vor allem im Zusammenhang mit Ehe als Jungfrauen, Gattinnen und Mütter angesprochen wurden, rückte 1848/49 die politisch handelnde Bürgerin in den Mittelpunkt. Dabei bewegte sich die Berichterstattung in den württembergischen Zeitungen zwischen zwei Polen: einerseits reflektierte und kommentierte sie weibliche Aktivitäten relativ sachlich, andererseits war die Darstellung vielfach emotional gefärbt, Vorurteile und Klischees wurden reproduziert. Häufig wurden solche Artikel aus anderen Zeitungen deutscher Staaten oder des Auslandes übernommen.

Eher sachbezogen waren z.B. die Berichte über die badischen Freischärlerinnen Emma Herwegh und Amalie Struve, die einzigen bekannten Frauen, über die 1848 kontinuierlich und in verschiedenen Zeitungen gleichzeitig Meldungen erschienen. Vor allem der überregionale, demokratische „Beobachter" verfolgte wohlwollend die Teilnahme der beiden Revolutionärinnen an den Aufständen im April und September 1848 in Baden. Zur Flucht des Ehepaars Herwegh (nach dem miß-

III.1 Das Frauenbild in der Presse

lungenen Putsch-Versuch Friedrich Heckers im April 1848, den Georg Herwegh mit einem Freicorps unterstützt hatte, floh dieser mit seiner Frau vor den württembergischen Truppen in die Schweiz) schrieb der „Reutlinger und Mezinger Courier", daß allein „die Entschlossenheit seiner Frau" Herwegh rettete (RMC 6.5.1848). Als das Ehepaar Struve nach dem gescheiterten zweiten demokratischen Aufstand in Baden (21.–25. 9. 1848) gemeinsam gefangen genommen wurde, schilderte der „Beobachter" die Verhaftungsszene: „Schopfheimer Bürgerwehrmänner nahmen Struve nebst seiner Frau und Karl Blind gefangen... Struve sah blaß vor sich hin und hielt seine schöne Frau, tief an seine Brust gelehnt, in den Armen" (30.9.1848). In den fast schon romantischen Beschreibungen der Eheleute Struve und Herwegh wird das Ideal einer Paarbeziehung sichtbar, in dem die Frau nicht nur Gattin und Geliebte, sondern zugleich auch geistige und politische Gefährtin des Mannes ist. Neben dieser eher positiven Darstellung wurde die Teilnahme der beiden Frauen an der Revolution in anderen Zeitungen kritisch bewertet. Frauen auf dem ‚männlichen Terrain' der Politik richteten eher Schaden an, lautete ein Vorwurf der Demokraten, den das „Amts- und Intelligenzblatt für Schorndorf" aufgriff:

„Namentlich wurde von den Republikanern sehr getadelt, daß Struve seine Frau den Berathungen der Männer beiwohnen ließ. Schon das erste Mal erregte das häufige Erscheinen von Struve's Frau auf dem Kriegsschauplatze Mißvergnügen. Überhaupt sagte man allgemein von Struve, ‚die Begleitung eines Frauenzimmers' sey sein ihn Jedermann verrathendes Signalement. Auch jetzt, behauptet man, wäre er ohne die Mitführung seiner Frau nicht gefangen genommen worden". (AIS 3.10.48)

Auch die Aktivitäten Emma Herweghs wurden von einigen Blättern skeptisch beurteilt. Einerseits wurde ihrem Mut durchaus Respekt gezollt, andererseits wurde sie häufig – mit einem unüberhörbaren boshaften Unterton – als ‚exzentrische Amazone' beschrieben:

„Die Frau Präsidentin, Madame Herwegh... trägt ihr Haar à la Titus republikanisch geschoren und ist in eine enganschließende Tunika von schwarzem Atlas gehüllt. Schade, daß die Figur für die zu spielende große Rolle etwas zu klein ist". (NT 4.5.48)

Uneingeschränkt positiv fiel hingegen das Bild jener italienischen Freischärlerinnen aus, die für die Befreiung ihres Landes gekämpft und dabei den Tod gefunden hatten. Über die Frau des italienischen Freiheitskämpfers Garibaldi schrieb das „Nürtinger Wochenblatt", daß es „wenige ihres Geschlechtes geben dürfte, die ihr an persönlichem Muthe und an Entschlossenheit nahe kommen" (NWB 28.8.49). Über Colomba Antonetti von Juligno, die Frau eines Oberst, hieß es im „Kränzchen": „Diese Frau von 21 Jahren, hochherzig und echt italienischer Gesinnung, kämpfte wie Mann und Held in der Schlacht von Veletri, würdig ihres Gatten" (KR 48, 1849).

III.1 Das Frauenbild in der Presse

Während über einzelne Frauen, die sich an der Seite ihrer Männer für die revolutionäre Bewegung einsetzten, eher wohlwollend berichtet wurde, reagierte die Presse auf den kollektiven Prozeß weiblicher Politisierung häufig mit aggressiven und polemischen Darstellungen. Viele Anekdoten und Satiren beschäftigten sich mit dem Auftreten der Frauen in der Öffentlichkeit, mit der politisierten Bürgerin, die ihre eigenen Forderungen formulierte. So ließ der Autor einer Satire einen „stillen deutschen Bürger" darüber klagen, daß seine ganze Familie, sogar die Frauen, vom Revolutionsfieber ergriffen seien.

„Meine Tochter (gottlob, die einzige!) ist sozialistische Schriftstellerin und Präsidentin des hiesigen Frauenclubs. Vor vierzehn Tagen hat man ihr ein Ständchen gebracht, bei welcher Gelegenheit sie zum Fenster hinaus eine aufreizende Rede hielt und dem Volke das Versprechen gab, seine gerechte Sache bis aufs Äußerste zu verfechten. Sie schimpfte so wüthend auf die besitzende Klasse, daß ich, der ich im Bett lag, mich schämte, ein wohlhabender Mann zu seyn. Was meine Frau betrifft, so hält sie es mit

Frauenvereine, wie hier der Berliner, waren ein beliebtes Thema der Karikatur. (Aus Fritz Böttger (Hg.): Frauen im Aufbruch. Frauenbriefe aus dem Vormärz und der Revolution. Darmstadt/Neuwied 1979)

III.1 Das Frauenbild in der Presse

allen Parteien, besonders mit ihrem ältesten Sohn, dem Rothrepublikaner. Vorige Woche hat sie ihn mit einem rothsammten Käppchen überrascht; sie wird ihm vielleicht nächsten Monat, an seinem Geburtstage, ein goldenes Guillotinchen bescheeren." (AIS 8.12.48)

Obwohl in Württemberg (nach unseren Recherchen) keiner der Frauenvereine die politische und soziale Gleichberechtigung der Frau forderte, beschäftigte dieses Thema die württembergischen Presse, die versuchte, politische Initiativen von Frauen lächerlich zu machen. Die Satire „Wie Eulenspiegel fast ein Ehemann geworden wäre", die die „Eßlinger Schnellpost" am 21.9.1850 abdruckte, karikierte die Mitglieder eines demokratischen „Frauen-Klubbs":

„Freie Frauen wollen wir sein, frei in der Wahl unseres Lebensberufes. Und warum sollten nicht auch aus unsern Reihen Volksvertreter und Staatsmänner hervorgehen können? Wir wären zu schwachen Charakters, schmäht man. Unser Herz, unser Gefühl, unsere Sinne seien leicht gefangen zu nehmen; ich aber sage Euch, was eine rechte Frau ist, fürchtet keine Versuchung." (ESP 21.9.50)

Eulenspiegel überführte die emanzipierte und radikale Klub-Präsidentin schließlich ihres eigentlichen Herzenswunsches, nämlich ‚unter die Haube zu kommen', sich durch einen Ehemann versorgt zu wissen. Er machte ihr einen Heiratsantrag, und sie vergaß darüber alle politischen Bestrebungen und griff bereitwillig nach dem sich anbietenden Ehemann.

Daß Frauen, die sich mit Politik befaßten, sich ‚unweiblich' verhielten, war ein in den Satiren stereotyp wiederkehrender Vorwurf. Besonders der als radikal geltende Wiener Demokratische Frauenverein diente der württembergischen Presse als warnendes Lehrstück für alle Leserinnen, die sich für Politik interessierten. Zwar existierte der Wiener Verein nur von August bis Oktober 1848, da er seine Arbeit nach der Niederschlagung der Revolution wieder aufgeben mußte; doch seine Forderungen nach einer Emanzipation der Frauen und das offensive Auftreten seiner Mitglieder wirkten anscheinend so nachhaltig bedrohlich, daß selbst eine kleine Lokalzeitung wie das „Nürtinger Wochenblatt" ihm am 3.4.1849 die nebenstehende Satire widmete.

Andere Artikel machten die Wienerinnen, die offenbar ein beliebtes Objekt des Spottes waren, zu treulosen Gattinnen, schlampigen Hausfrauen und schlechten Müttern:

„Viele Ehemänner in Wien, deren Wäsche nicht gewaschen und nicht geflickt wird, deren Küche und Wirthschaft zu Grunde gehen, deren Kinder nicht erzogen werden, deren Töchter sittenlos und zügellos werden, und die überhaupt gar keine Weiber haben, da diese sich mit Politik befassen, den ganzen Tag auf den Gallerien zubringen, Vereine bilden, sich blamiren und öffentlich lächerlich machen, alle diese unglücklichen Ehemänner sind beim Reichstage um Aufhebung ihres Cölibats eingekommen;

III.1 Das Frauenbild in der Presse

„Der Humorist hält den demokratischen (Wiener) Frauen eine Vorlesung.

Meine sehr verkehrten Hörerinnen! Wundern Sie sich nicht, daß ich die Ehre habe, Ihnen von rückwärts Etwas vorzulesen, denn ich denke so: wenn man verkehrte Dinge von dem verkehrten Gesichtspunkte betrachtet, so erhält man die richtige Ansicht der Dinge. Überdem glaube ich, meine sehr verkehrten Hörerinnen, daß wir uns gegenwärtig nur gratuliren sollen, daß wir uns nicht sehen; wir haben Beide dabei nichts verloren; denn die Sage geht im Volke, daß die Mitgliederinnen des ‚demokratischen FrauenClubbs' in Bezug auf ‚Schönheit' unschuldig an jeder Anregung und Aufreizung des Volkes sind und daß im Durchschnitte Elisabeth's Worte: ‚Die verführt mir keine Unterthanen mehr' auf jede Einzelne von Ihnen anzuwenden sind. Von der anderen Seite aber, meine sehr verkehrten Hörerinnen, verlieren Sie auch nichts, daß Sie ihrem ‚Humoristen' nicht in's Angesicht sehen, denn – ohne ihm im Entferntesteen schmeicheln zu wollen – was ‚Schönheit' betrifft, könnte er alle Augenblicke die Ehre haben, eine ‚Demokratin' zu sein. Mein jetziger Stand- oder vielmehr Sitzpunkt ist eben schon deshalb gut gewählt, weil Sie wissen, daß man nur hinter dem Rücken der Menschen die Wahrheit von ihnen sagt. Der Text meiner heutigen Vorlesung findet sich bei Schiller und heißt:

> ‚Ehret die Frauen, sie flechten und weben
> Himmlische Rosen ins irdische Leben,
> Flechten der Liebe beglückendes Band;
> Und in der Grazie züchtigem Schleier
> Nähren sie wachsam das ewige Feuer
> Schöner Gefühle mit heiliger Hand.'

Nun frage ich Sie, meine sehr verkehrten Hörerinnen, was haben Sie ‚geflochten', was ‚gewoben', wo sind Ihre ‚himmlische Rosen', wo befindet sich Ihre ‚züchtige Grazie' mit oder ohne ‚Schleier', was für ‚ewiges Feuer' nähren Sie, wo sind Ihre ‚schönen Gefühle', wo ist besonders Ihre ‚heilige Hand'? Anstatt ‚sie flechten und weben', muß es von ihnen heißen: ‚sie schnattern und tratschen'; anstatt ‚flechten der Liebe beglükkendes Band', muß es heißen: ‚entwürdigen des Weibes natürlichen Stand' anstatt im ‚züchtigen Schleier der Grazie', sehen wir Sie im unzüchtigen Hute der Burschenschaft; an der Stelle des ‚ewigen Feuers schöner Gefühle' schüren Sie ‚stinkende Zigarren roher Gesellen' und das nicht mit ‚heiliger Hand', sondern mit ‚entweihtem Schnabel'. Sie wollen Freiheit? Die erringt man nicht durch Frechheit. Gehen Sie nach Hause, meine sehr verkehrten Hörerinnen! Stopfen Sie die Löcher Ihrer Strümpfe, bevor Sie die im Staate stopfen wollen; waschen Sie Ihre schmuzige Wäsche, ehe Sie die Landeswäsche waschen wollen; flicken Sie Ihrem Manne oder Ihren Kindern die Hemden, ehe Sie der Politik was anflicken wollen; machen Sie Ihre Familie glücklich, ehe Sie das Volk glücklich machen wollen, krönen Sie vorerst ihre Männer nicht, bevor Sie alle anderen Kronen abschaffen wollen; kurz, seien Sie des Namens ‚Weib' würdig und nicht des Ausdrucks ‚Weibsbilder', dann, dann will ich Ihnen wieder in's Gesicht sehen. Adieu. Saphir." (NWB 3. 4. 49)

III.1 Das Frauenbild in der Presse

> ihre Frauen mögen in Gottesnamen sich der von ihnen so geliebten Öffentlichkeit ganz widmen – sie selbst aber wieder heirathen dürfen! Ein Vorschlag zur Güte! Den Männern kann geholfen werden!" (NT 15.9.48)

Der Ausbruch der Frauen aus der Familie, die als Keimzelle des Staates angesehen wurde, bedrohte auch das gesellschaftliche Gesamtgefüge: Frauen, die sich aus der häuslichen in eine öffentliche Sphäre wagten, gefährdeten nach Ansicht der Konservativen nicht nur das Familien-, sondern auch das Staatsleben. Die politisierte Frau wurde so zum Symbol sozialer Unordnung.

Auch das zunehmende Interesse an Frauenbildung erschien den Konservativen als bedrohlich, da sie die Frauen dazu verführte, sich verstärkt am politischen Leben zu beteiligen. Wilhelm Riehl schreibt noch 1855: „Die weiblichen Demagogen sind gebildete Frauen, Blaustrümpfe, die ihr Geschlecht verläugnen, vornehme Damen, die Monate lang in den Logen der Parlamente zuhörten, weil sie zu Hause nichts zu tun hatten."[23] So stellte die Presse im Verlauf der ‚konservativen Gegenrevolution' die gebildete Frau immer negativer dar, während sie das Bild der Mutter immer mehr aufwertete:

> „Ich halte nicht gar viel auf jene reichgebildeten, feinen Frauenzimmer, die, mit dem blinkenden Griffel in der Hand, dickleibige Werke schreiben. Ihre Familien sind meistens am schlechtesten bestellt; die Kinder sind am schlechtesten erzogen... Verdienen je solche Frauenzimmer, daß ihnen ein blonder Säugling das vielsagende Wort ‚Mutter' entgegenstammle – einer Mutter, die unwillig wird, wenn sich das unschuldige Kind ihr naht?" (KR 91, 1849)

Je mehr sich Frauen politisch engagierten, je radikaler ihre Forderungen waren, desto mehr Ängste lösten sie aus. So tauchte auch noch nach der Revolution das Schreckbild der ‚Emancipirten' auf, die die politische Gleichberechtigung der Frauen verlangte. Karikieren, ridikülisieren und diffamieren waren die Methoden, mit denen sie in die Schranken gewiesen werden sollte. So beschrieb die „Eßlinger Schnellpost" einen fiktiven „Damen-Emancipationsverein im Olymp" mit allen Klischees, die mann damals mit dem Bild ‚emancipirter' Frauen verband: sie wären häßlich, grob und unweiblich, sie übernähmen männliche Verhaltensweisen wie Tabakrauchen, sie frönten der freien Liebe, wären sittenlos und ‚sexuell entfesselt'. In der fiktiven Satzung des Vereins hieß es zum Beispiel:

> „Der Zweck des Vereins ist Hebung aller sozialen Übelstände durch stufenweise Gleichstellung beider Geschlechter... Jedes Mitglied muß, da Extravaganzen unvermeidlich sind, genaue Kenntniß der Polizeiverordnung haben... Sporen sind streng verboten, doch können andere klingende Gegenstände ihre Stelle vertreten... Tabak darf geraucht werden, jedoch nur inländischer, zur Aufrechterhaltung der Würde des Staates. Die Mitglieder dürfen keine Reifröcke tragen, denn diese verhindern große Seitensprünge... Die Präsidentin muß starker Constitution und mit guten, scharfen

Zähnen versehen sein; diejenige Dame, die schon einen Recensenten geprügelt hat, erhält den Vorzug." (ESP 2.10.50)

Die Darstellung der politisierten Frau gipfelte schließlich im Bild der Amazone und Furie. Während man der heldenhaften Bürgerin, die an der Seite ihres Mannes ihr Leben ließ, noch Achtung entgegenbrachte, wurde die Revolutionärin, die selbst die Initiative ergriff und handelte, extrem negativ bewertet: sie wurde zur mörderischen Megäre. Ende Oktober 1848, als Frauen sich an der Verteidigung des demokratischen Wiens gegen kaiserliches Militär beteiligt hatten, kursierten in den Zeitungen zahlreiche Berichte über wüste und wilde Amazonen[24]. Noch im März 1849 druckte der „Beobachter" einen Brief des demokratischen badischen Abgeordneten Julius Fröbel ab, in dem dieser seine Erlebnisse während der Belagerung Wiens schilderte.

„Bewaffnete Weiber mischten sich unter die Männer... Ein Schauer, ich gestehe es, durchlief mich, als die eine von ihnen, ein Bajonett als Dolch in der Hand, von mir eine Muskete verlangte. ‚Ich bin eine Ungarin!' rief sie; ‚ich habe schon Wölfe geschossen! ich weiß die Waffen zu führen!'... Eine andere, ein junges, hübsches Mädchen mit gutmüthigem Ausdruck war in ihrem Benehmen das Gegenteil dieser deklamierenden Amazone. Still und heiter, mit leuchtenden Augen, stand sie in der Reihe und schulterte einen Karabiner." (Beob 4.3.49)

Frauen, die zu den Waffen griffen, bedrohten nicht nur ihre Gegner, sondern waren für alle Männer bedrohlich. War die ‚Emancipirte' schon gefährlich für das Staatsleben und den Erhalt der Ordnung, so erst recht die Amazone, deren Aggressivität Schreckensvisionen in den Köpfen der Männer auslöste. So warnte das „Göppinger Wochenblatt":

„Frankreich ist durch die Republik nicht glücklicher geworden. Abscheuliche Saat ist in Blut und Jammer aufgegangen, alle Leidenschaften sind entfaltet und rufen Grausamkeit hervor, wie sie uns nur von den indianischen Wilden erzählt werden. Fünf Offiziere wurden von einer Furie mit dem Küchenmesser enthauptet. Die Frau, gefangen, rühmt sich der Tat". (GWB 8.7.48)

Anmerkungen:

1) Vgl. Hanno Tauschwitz: Presse und Revolution 1848/49 in Baden. Heidelberg 1981, S. 119f.
2) Vgl. Rudolf Schenda: Volk ohne Buch. Frankfurt/M. 1970, S. 291.
3) Vgl. Otto Groth: Die politische Presse Württembergs. Diss. Stuttgart 1915, S. 16.
4) Vgl. Theodor Schott: Die Zeitungen und Zeitschriften Württembergs im Jahr 1876 mit einem Rückblick auf die frühere periodische Presse des Landes. In: Württembergische Jahrbücher, Jg. 1877, Teil IV, Stuttgart 1878, S. 95.

III.1 Das Frauenbild in der Presse

5) Zum Begriff „populäre Lesestoffe" vgl. Schenda: Volk ohne Buch. Frankfurt/M. 1970.
6) Vgl. Hanno Tauschwitz: Presse und Revolution..., S. 122f.
7) Vgl. Werner Ströbele: „Hiesiges" – Das Lokale in den ersten zehn Jahren der Tübinger Chronik von 1845–1854. Die Anfänge einer Lokalzeitung – dargestellt an der Entwicklung des kommunal- und allgemeinpolitischen Teils. Unveröffentlichte Magisterarbeit. Tübingen 1981, S. 30–40.
8) Ebd., S. 36.
9) Vgl. Hanno Tauschwitz: Presse und Revolution..., S. 129. Tauschwitz belegt, daß die deutsche Bücherproduktion zwischen 1843 und 1849 um 40% zurückging.
10) Ebd., S. 146.
11) Vgl. Beobachter vom 23.6.1849. Die Zuschriften von Frauen richteten sich insbesondere gegen die Sprengung des Rumpfparlaments durch württembergisches Militär am 18.6.1849.
12) Die erste Nummer erschien am 27.9.1848 in Köln, die zweite Ausgabe ist nicht mehr auffindbar, und die dritte wurde beschlagnahmt, bevor sie ausgeliefert werden konnte. Zur Geschichte der Frauen im Journalismus vgl. Ruth-Esther Geiger/Sigrid Weigel (Hg.): Sind das noch Damen? Vom gelehrten Frauenzimmer-Journal zum feministischen Journalismus. München 1981, S. 33–50. Vgl. dort auch die folgenden Angaben.
13) Die Zeitschrift „Für Kunst und sociales Leben: Der Freischärler" gab Louise Aston etwa gut einen Monat lang bis zum Belagerungszustand 1848 in Berlin heraus. Die „Soziale-Reform" erschien vermutlich 1849 in Darmstadt und existierte nur wenige Monate.
14) Die „Frauen-Zeitung" wurde von Louise Otto von April 1849 bis Dezember 1850 in Meissen (Sachsen) herausgegeben. Nach der Verschärfung des Pressegesetzes erschien die Zeitung dann noch bis 1852 in Gheda (Thüringen).
15) Vgl. Anna Blos: Frauen in Schwaben. Fünfzehn Lebensbilder. Stuttgart 1929, S. 98–109. Vgl. ebenfalls Theodor Stein: Südwestdeutsche Zeitungsgeschichte – ein Überblick über die Anfänge bis zum Jahre 1933. In: Von der Preßfreiheit zur Pressefreiheit. Herausgegeben von der Württembergischen Landesbibliothek Stuttgart in Zusammenarbeit mit dem Verband Südwestdeutscher Zeitungsverleger und dem Verband der Druckindustrie in Baden-Württemberg. Stuttgart 1983, S. 63–65.
16) HSTAS, E 146, Bü 4731. Hier auch die folgenden Zitate.
17) Vgl. Hanno Tauschwitz: Presse und Revolution..., S. 138.
18) Vgl. Karin Hausen: Die Polarisierung der „Geschlechtscharaktere" – Eine Spiegelung der Dissoziation von Erwerbs- und Familienleben. In: Werner Conze (Hg.): Sozialgeschichte der Familie in der Neuzeit Europas. Stuttgart 1976, S. 363–393.
19) Vgl. Carl Herloßsohn (Hg.): Damen Conversations Lexikon. Stichwort: Charakter, weiblicher. Bd. 2. Leipzig 1834, S. 330.
20) Vgl. ebd., Stichwort: Kind. Bd. 6. Leipzig 1836, S. 127.
21) Vgl. ebd., Stichwort: Jungfrau, S. 29–32, hier S. 31.
22) Auch in einem Stuttgarter Pfarrbericht von 1849 (LKA A 29,4377) wurde über die zunehmende Zahl der „Zerwürfnisse in den Ehen" geklagt.
23) Wilhelm Heinrich Riehl: Die Familie. Stuttgart 1882, S. 18.
24) Vgl. Gerlinde Hummel-Haasis (Hg.): Schwestern zerreißt Eure Ketten. Zeugnisse zur Geschichte der Frauen in der Revolution 1848/49. München 1982, S. 101–129.

Steffi Cornelius

„... Ihr werdet nicht nur gute Hausfrauen, sondern auch edle Bürgerinnen erziehen".
Schulbildung und Mädchenerziehung in Württemberg

Die bürgerliche Revolution 1848, deren Ziel es war, die ‚Finsterniß feudaler Zeiten' zu beseitigen, war von vornherein mit einem aufklärerischen Bildungsanspruch verbunden. „Ohne Intelligenz wird die Freiheit von einem Volke nicht verstanden und ohne sittliche Bildung kann sie von demselben nicht genützt werden, wohl aber leicht mißbraucht werden. Es liegt daher wesentlich in der Aufgabe eines freien Staates, auf die Bildung seiner Bürger hinzuwirken", schreibt der liberal-demokratische „Beobachter" in einem Leitartikel vom 18. 5. 1848. Eine umfassende Bildung wurde als Fundament der bürgerlich-demokratischen Gesellschaft angesehen; auch Mädchen sollte der Zugang zu höherer Bildung offen stehen. An der Frage, wie diese Mädchenbildung aussehen sollte, schieden sich allerdings die Geister.

Mädchen waren bis 1848 und noch 30 Jahre danach von der gymnasialen Bildung wie auch von den Realschulen ausgeschlossen: Noch Mitte der 30er Jahre wurde das Haus als „das zweckmäßigste Asyl"[1] ihrer Erziehung angesehen, wie es 1835 im „Damen Conversations Lexikon" heißt. Wollten die Eltern den Mädchen trotzdem eine qualifizierte Schulbildung ermöglichen, waren sie auf Privatschulen angewiesen. In Württemberg bestand zwar seit 1649 Schulpflicht für Mädchen und Jungen, der Lehrstoff in den sogenannten „Volksschulen" war allerdings beschränkt. In den ländlichen Schulen umfaßte er kaum mehr als den Katechismus. Das höhere Bildungswesen, Gymnasium und Universität, war eine ausschließlich männliche Domäne, in der männlicher Verstand geschult wurde.

Da Demokraten und Liberale eine bessere Bildung des Volkes als Voraussetzung für die politische Emanzipation des Bürgertums betrachteten, votierten sie bereits im Vormärz für die Förderung der Mädchenbildung. Als zukünftige Staats- und Gemeindebürgerinnen sollte ihnen die Verstandesbildung in der Schule nicht vorenthalten bleiben (NT 13. 10. 47). Denn die neue Zeit stellte auch neue Anforderungen an die Frau. Sie sollte „dem Manne nicht nur Haushälterin, Gebärerin seiner Kinder und Pflegerin sein, sondern auch Freundin, Vertraute, Rathgeberin, eine Stütze bei schwierigen Verhältnissen, dem Vaterlande eine Bürgerin, und ihren Kindern eine Erzieherin"[2]. Obwohl im Vormärz noch am häuslichen Erziehungsideal festgehalten wurde, nahm seit den 30er Jahren die Zahl der Privatschulen für Mädchen aus gehobeneren (bildungs)bürgerlichen Kreisen zu.

III.2 Erziehung zur Bürgerin

„Lerne, du kannst nicht wissen, wozu es dir nützt." –
Erste Bildungsanstalten für Töchter der höheren Stände

Die ersten „weiblichen Bildungsanstalten" wurden in Württemberg Anfang des 19. Jahrhunderts gegründet. Sie waren speziell auf Töchter der „mittleren und höheren Stände" ausgerichtet. Im Gegensatz zu den Fächern der Volksschule – Religions- und Sittenlehre, deutsche Sprache, Lesen, Schreiben, Rechnen und Singen – oder dem recht unsystematischen Privatunterricht, wurde den Mädchen hier ein sehr umfangreiches Lehrangebot gemacht. Da die finanzielle Belastung der Eltern durch das Schulgeld geringer war als beim Hausunterricht, brachten diese neuen Schulen eine ökonomische Erleichterung für die Familien des Bildungs- und Wirtschaftsbürgertums.

Die beiden ersten wichtigen Privatschulen in Württemberg waren die Tafingersche Bildungsanstalt und das Oelschlägersche Institut in Stuttgart[3]. Obwohl diese Privatschulen beliebt waren, wurden sie 1818 auf königlichen Befehl aufgelöst, um durch eine „öffentliche" – im Sinne von *königliche* – „Erziehungs- und Unterrichtsanstalt für Töchter aus den gebildeten Ständen" ersetzt zu werden. Diese Anstalt stand unter dem „Schutz und der Leitung" der Königin Katharina, die für ihre „segensreiche Wirksamkeit" als Landesmutter hoch verehrt wurde (Kap.

Katharinenstift, rechts kehren die Schülerinnen im Gänsemarsch mit ihrer Aufseherin vom Spaziergang zurück. (Stich Chr. Rausche um 1840. STA Stuttgart)

IV.1). In Württemberg war man auf das Katharinenstift besonders stolz. Es hatte eine Vorbildfunktion für die kommenden Privatschulen. Verglichen mit anderen deutschen Ländern war diese Schule unter dem Patronat des Herrscherhauses keine Besonderheit. Diese Anstalt sollte den Mädchen ausdrücklich keine „gelehrte" Bildung vermitteln, die war den Jungen vorbehalten, doch sollte sie den „Forderungen der Gründlichkeit Genüge leisten"[4].

Bereits bei der Eröffnung der königlichen Schule in Stuttgart bestand der Plan, auch für Töchter des mittleren Bürgerstandes ein entsprechendes Institut zu gründen[5]. Denn viele Familien konnten ihre Töchter aus finanziellen Gründen nicht in die königliche Schule schicken, fanden aber das Niveau in der Volksschule zu gering. Die Idee zu einer bürgerlichen Mädchenschule ging von Schulinspektor Zoller aus; die Besonderheit seiner Schulkonzeption bestand darin, daß die Lehrinhalte stärker an den Bedürfnissen des täglichen Lebens orientiert sein sollten, und daß er auf den Unterricht in „weiblichen Arbeiten" ganz verzichten wollte. In Handarbeiten sollten die Mädchen seiner Ansicht nach nur außerhalb der Schule unterrichtet werden, wofür es genügend Lehrerinnen gab. In seiner Argumentation gegenüber dem evangelischen Konsistorium, der Oberschulbehörde, wies er ausdrücklich auf den wissenschaftlichen Charakter des Schulunterrichts für Mädchen hin. Zoller konnte sich mit seiner Ansicht nicht durchsetzen. Selbst 1848 wurde am Handarbeitsunterricht als Schulfach der Töchterschulen nicht gerüttelt.

Die eigentliche Gründungsphase der Töchterschulen lag in den 30er Jahren. Eine günstige Wirtschaftslage und das Erstarken des Liberalismus begünstigten solche Initiativen auf dem Bildungssektor. Im Vormärz entstanden in den größeren württembergischen Städten Töchterschulen, die von Privatleuten oder Elternvereinen gegründet und privat von diesen finanziert wurden. Die Stadt beteiligte sich bei diesen Privatunternehmen nicht. Selbst Anträge, wenigstens Räume oder Brennholz zur Verfügung zu stellen, wurden in manchen Städten abschlägig beschieden. Weder Staat noch Stadt sahen ein öffentliches Interesse darin, bessere Bildungsmöglichkeiten für Mädchen und Frauen zu schaffen. In Württemberg gab es in der ersten Hälfte des 19. Jahrhunderts nur einen einzigen Versuch, eine städtisch-öffentliche, d.h. eine allen Schichten zugängliche Mädchenschule einzurichten. In Ludwigsburg wurde sie 1836 auf Betreiben des Diakons M. Süßkind mit städtischen Mitteln eröffnet.[6] Der Konkurrenz mit der Privattöchterschule von Gottlieb Wetzel[7], die bei Ludwigsburger Bürgern beliebter war, konnte diese mit öffentlichen Mitteln geförderte Schule jedoch nicht standhalten. Nach der Visitation der öffentlichen Mädchenschule durch das Konsistorium im Jahr 1849 zeigte sich, daß die Schülerinnen im Unterricht nicht richtig gefördert worden waren, weil der Lehrer schwerhörig und die Stadt nicht bereit war, einen qualifizierteren Lehrer einzustellen[8]. Obwohl diese einzige öffentliche höhere Töchterschule in der Presse der Revolutionszeit gelobt und als nachahmenswertes Beispiel

III.2 Erziehung zur Bürgerin

Carl A. Zoller, Rektor des königlichen Katharinenstiftes. (Gemälde A. Wagner, Lithographie M. Veith. STA Stuttgart)

III.2 Erziehung zur Bürgerin

vorgestellt wurde, verweigerte der Stadtrat 1851 die weitere finanzielle Unterstützung der Schule[9]. Sie wurde privatisiert und als „Privat-Töchterbildungsanstalt" weitergeführt; in dieser privaten Anstalt lag jetzt das Hauptgewicht auf biblischer Geschichte und Religion, denn „sie durchdringt, belebt und heiligt den ganzen Unterricht, ist keinem Fache fremd und redet alle Sprachen."[10]

Innerhalb des württembergischen Schulsystems waren die privaten Töchterschulen als Alternative anerkannt, seit 1836 unterstanden sie der gleichen Oberaufsicht wie die Volksschulen. Wer vom Besuch der Volksschule befreit werden wollte, um eine Privatschule zu besuchen, konnte dies mit Genehmigung der Oberschulbehörde tun. Um die staatliche Anerkennung zu erhalten, mußte allerdings das Lehrangebot dieser Schulen umfangreicher sein als das der Volksschulen. Die Privatschulen hatten zwangsläufig eine geringere Schülerinnenzahl als die überfüllten Volksschulen. Hier wurden Mädchen auch in kleineren Gruppen unterrichtet und in der Regel bildeten zwei Jahrgänge eine Klasse. Im Unterschied zu den Volksschulen unterrichteten in Töchterschulen auch Frauen; gewöhnlich umfaßten ihre Fächer „weibliche Arbeiten" und Französisch. Sie waren aber noch keine ausgebildeten Lehrerinnen, da es in Württemberg damals noch kein Lehrerinnenseminar gab. Erst 1858 wurden Frauen als Lehrkräfte in der Volksschule zugelassen.

Für Mädchen der mittleren und höheren Stände setzten sich die privaten Töchterschulen bis Ende der 1840er Jahre als gängige Bildungsinstitutionen durch. Noch immer war es eine verhältnismäßig neue Einrichtung, die ihr Angebot langsam, aber ständig erweiterte (vgl. Beob 15.3.46). Eine genauere Analyse der Lehrpläne zeigt, daß ‚Schöngeistiges' keineswegs den Schwerpunkt der schulischen Bildung ausmachte. Mit „Klavierspielen, französischer Konversation und Kenntnissen literarischer Moderströmungen", wie es in der bisherigen Forschungsliteratur, vor allem von Zinnecker und Simmel dargestellt wird, gaben sich die privaten höheren Töchterschulen in Württemberg nicht zufrieden[11]. Zu den Pflichtfächern gehörten außer den Volksschulfächern zusätzlich Geschichte, Geographie, Naturgeschichte, Naturlehre, Französisch und „weibliche Arbeiten". Wenn Tanzen und Klavierspielen angeboten wurde, dann als Ergänzung außerhalb des regulären Schulunterrrichts (vgl. NT 24.4.47). Die bisherige Einschätzung der Töchterschulen geht so an der Realität vorbei. Für die Qualität des Töchterschulunterrichts und die Vielseitigkeit des Lehrprogramms spricht schließlich die Tatsache, daß in der Revolutionszeit die Schulen von konservativer Seite wegen ihrer einseitigen Ausrichtung auf die ‚Bildung des Verstandes' angegriffen wurden. In Württemberg waren bis Mitte des 19. Jahrhunderts die Privatschulgründungen abgeschlossen. Es bestanden zu diesem Zeitpunkt in Stuttgart vier Institute[12], außerdem gab es Töchterschulen in den Städten Eßlingen, Heilbronn, Korntal, Ludwigsburg, Reutlingen und Ulm.

III.2 Erziehung zur Bürgerin

Gemüt oder Verstand – Für oder gegen Töchterschulen

Von konservativer Seite wurde die wachsende Zahl von höheren Töchterschulen mit Mißtrauen beobachtet. Ihrer Ansicht nach entfremdeten die ‚moderne' Erziehung und „die Privat-Töchterinstitute durch ihre Kunstgärtnerei und einseitige Gedächtniß- und Verstandes-Cultur" (Beob 30.8.47, RMC 1.9.47) die Mädchen ihrer Natur.[13]

„Die armen Mädchen werden auf Kosten ihres Herzens mit einer Masse von Dingen überladen, daß sie ... über dem frühzeitigen, ungemessenen und hastigen Genusse vom Baum der Erkenntnis ihren schönsten Schmuck, die kindliche Einfalt und Herzlichkeit einbüßen." (Beob 30.8.47)

Die Anklage, daß diese Schulen einseitig den Verstand förderten, nahm in den Auseinandersetzungen in der württembergischen Presse einen breiten Raum ein. Die Konservativen sahen in der Schulung des Verstandes, d.h. in der Anleitung zu logischem und selbständigem Denken, das ‚Wesen' der Frau in Gefahr; sie fürchteten, daß gebildete Frauen ihre Pflichten als Ehefrau, Hausfrau und Mutter nicht mehr richtig erfüllen würden. Auch liberal-demokratisch gesinnte Autoren unterstützten im Vormärz mitunter dieses Vorurteil: „Mädchen von sogenannter Bildung finden keinen Gefallen mehr am Kochen, Stricken, Nähen, Führen des Hauswesens" (Beob 30.8.47). Selbst in Zeitungen, die sich wie das „Kränzchen" unmittelbar an Frauen richteten, wurden Schreckgespenster weiblicher ‚Unnatur' an die Wand gemalt:

„‚Geistige Ausbildung' sollen die Mädchen bekommen. Was heißt das? Tanzstunde, französische Stunde, englische Stunde, beiläufig auch deutsche Stunde, Clavierstunde, Singstunde, Zeichenstunde, so wird das wirkliche Leben verstundet, und kommt nun gar noch eine höhere Erziehungsanstalt, ein Stift usw. dazu, so ist die weibliche Blüte geknickt und wir haben das anmaßendste, klapperigste, altklugste, unausstehliche Produkt unserer Erziehungs- und Verdrehungskunst, eine überladene und mit allerhand Civilisations- und Conversations-Plunder ausgestopfte Salonfigur, der nur die fadesten Gecken huldigen können." (KR 55, 1849)

Mit solchen männlichen Schreckbildern einer verlorenen Weiblichkeit sollten Frauen von den neuen Bildungsinstitutionen ferngehalten werden. Töchterschulen erschienen den Konservativen als Modetorheit, auf deren baldiges Verschwinden sie hofften. Ihre Existenz wurde dann toleriert, wenn „Gemüthsbildung" als weibliches Bildungsprinzip vorherrschte. Bescheidenheit, Sittsamkeit, Häuslichkeit sollten die Zierde der Frauen sein. Die weiblichen Tugenden waren den Konservativen ehernes Gesetz. Auch viele Liberale huldigten diesem Frauenbild. Nach einem Artikel im „Beobachter" 1847 sollten die Schulen „jugendlich frische, kindliche, natürliche harmlos heitere und sittlich tüchtige Mädchen" formen (Beob 30.8.47). „Denn im Gegensatz zu den Französinnen", schrieb das „Nürtin-

III.2 Erziehung zur Bürgerin

Die Frau Professorin.
(Aus dem Bilderbogen „Emancipierte Frauen", Fliegende Blätter Heft 85, 1848)

ger Wochenblatt", seien die „deutschen Damen rein und ausschließlich nur – Frauen. Ihr Blick, ihre Stimme, ihre Sitten – alles deutet die sanften Eigenschaften ihres Geschlechts an" (NWB 2.3.47). Die Bürgerinnen sollten als „Damen" in der ihnen zugeordneten Lebenswelt einen Beitrag zum nationalen Bewußtsein leisten. Frauen als „Hüterinnen des heiligen Feuers der Reinheit der Sitten"[14] hatten eine Verantwortung, die es zu erfüllen galt[15].

In der Bildungsdebatte 1848 trafen so zwei unterschiedliche Positionen aufeinander. Die Konservativen wollten an der traditionellen „Bildung des Gemüts" festhalten, während Demokraten für eine umfassende Bildung und politische Aufklärung der Frauen eintraten. Demokraten begrüßten in der Revolutionszeit das zunehmende Interesse von Frauen an einer umfassenden Bildung und die Fortschritte der Mädchen auf schulischem Gebiet:

III.2 Erziehung zur Bürgerin

„Während ehedem nur hin und wieder ein weibliches Wesen es wagte, an dem unergründlichen Borne der Wissenschaft zu schöpfen, um dem bestehenden Geist mit nützlichen Kenntnissen zu bereichern ist heutzutage der Trieb nach geistiger Vervollkommnung so allgemein unter unsern Frauen und Jungfrauen verbreitet, und sind die Fortschritte derselben... überraschend". (NT 19.10.49)

Sie befürworteten die höhere Schulbildung der Mädchen, da diese sich ihrer Ansicht nach stärker am politischen Leben beteiligen sollten. Nicht nur in der Volksschule, sondern auch in den höheren Töchterschulen sollten nationale Fragen in den Unterricht integriert, religiöse Themen stärker eingeschränkt und damit auch der Einfluß der Kirche auf die Schule eingedämmt werden.

„Warum ein Stehenbleiben auf halbem Weg?"

1848 gehörte die Öffentlichkeit aller Bereiche des gesellschaftlichen Lebens zu den zentralen Grundsätzen der demokratischen Volksvereine und der späteren demokratischen Partei. Jeder Bürger sollte deshalb ohne Rücksicht auf Stand und Vermögen Zugang zur Bildung haben, und es wurde als die Aufgabe des Staates betrachtet, öffentliche Schulen einzurichten. Private Schulen für die Mädchen der oberen Schichten konnten auf Dauer das Problem weiblicher Bildung nicht lösen, dies war den Liberalen und Demokraten 1847 bewußt: „Eine sichere Gewährschaft für die dauernde Befriedigung der Bildungsbedürfnisse der weiblichen Jugend", schrieb der „Beobachter", sei nur in solchen „Lehranstalten (gewährleistet), welche unter öffentlicher Autorität errichtet, auf öffentliche Kosten unterhalten und von öffentlich geprüften Lehrern organisiert und geleitet werden" (Beob 31.8.47). Karl Kleemann, der Vorsteher der Reutlinger Töchterschule, verlangte von einem demokratischen Schulkonzept: „gleichmäßige Behandlung der Kinder, die weder auf einseitige Wünsche, noch auf Stand und Ansehen der Eltern Rücksicht nimmt" (RMC 21.9.47). Zwei Monate später forderte Schlossermeister Nägele aus Murrhardt, der spätere demokratische Abgeordnete der Nationalversammlung, in einer Grundsatzerklärung, daß „mindestens in allen Städten eine oder zwei höhere Klassen eingerichtet seyn (sollen),... in welchem die fähigeren Schüler beiderlei Geschlechts, welche eine höhere Bildungsanstalt nicht besuchen können oder wollen, ohne Rücksicht auf Stand und Vermögen den Unterricht genießen könnten" (RMC 6.11.47).

Im September 1848 machte der Eßlinger Rektor und demokratische Landtagsabgeordnete Riecke die demokratische Position der Volksvereine deutlich: „Sämmtliche Bildungsanstalten des Staates müssen jedem Staatsangehörigen, der sich für sie eignet, zugänglich sein". Frauen wurden in diesen Erklärungen der Demokraten nicht ausdrücklich genannt, doch war ein wesentlicher Angriffs-

III.2 Erziehung zur Bürgerin

punkt in der öffentlichen Debatte der Jahre 1848/49 das Stuttgarter Katharinenstift, das als elitäres königliches Institut den demokratischen Bildungsprinzipien entgegen stand. Die Demokraten verurteilten deshalb das ‚Luxusinstitut', da ihnen zum einen die Lehrinhalte zuwenig an den Bedürfnissen des mittleren Bürgertums orientiert waren. Zum anderen, weil es ihrer Auffassung nach keine öffentliche Schule war, denn nur begüterte Familien konnten es sich leisten, ihre Töchter ins Katharinenstift zu schicken. Konsequenterweise verweigerte der Finanzausschuß des Landtages, in dem die demokratische Linke die Mehrheit hatte, 1849 den jährlichen Staatszuschuß von 2000 Gulden. Selbst der Chef des Departements für Kirchen- und Schulwesen, Eduard Schmidlin, der den liberalen Märzminister Pfitzer im August 1848 abgelöst hatte, setzte sich vergeblich für das Katharinenstift ein. Durch die Streichung der Subventionen wurde dieser Schule symbolisch das öffentliche Ansehen entzogen.

Einen wesentlichen Fortschritt brachte die Revolution im Realschulwesen für Mädchen. Bereits in den 40er Jahren hatten die Familien des Gewerbestandes begonnen, sich für eine bessere Bildung ihrer Töchter zu interessieren. Sie sollten in den mittelständischen Familienbetrieben die Kontor- und Schreibarbeiten übernehmen bzw. als Unverheiratete für ihren Unterhalt selbst sorgen können. Das Schulgeld in den Töchterschulen war den Familien des „Mittelstandes" allerdings zu hoch, außerdem wünschten sie sich mehr auf ihr alltägliches Leben ausgerichtete Lehrinhalte. Diesen Interessen versuchte Friedrich Wetzel entgegenzukommen, als er in Stuttgart 1849 eine private „Mittelschule" gründete. Sie war, wie es im Pfarrbericht 1849 heißt, „nach Umfang der Lehrgegenstände und in Betreff des Schulgeldes (ein) zwischen der Volksschule und den bisherigen Töchter-Anstalten in der Mitte stehendes Institut für Mädchen aus dem Bürgerstande"[16]. Wie groß das Interesse an dieser Schule war, zeigte die schnell ansteigende Zahl der Schülerinnen. Im „Neuen Tagblatt für Stuttgart und Umgegend" gab im Juli 1849 der Vorsteher Friedrich Wetzel den Eltern bekannt, „daß nun sein Institut sich fest begründet hat, und in Folge des zahlreichen Besuchs, dessen er sich zu erfreuen hatte, ihm möglich geworden ist, 3 Unterrichtsklassen einzurichten und weitere Lehrkräfte herbeizuziehen." (NT 11.7.49) Trotz der florierenden privaten Mittelschule für Mädchen bestand bei den Stuttgarter Bürgern immer noch der Wunsch nach einer öffentlich-städtischen Schule. 1851 trug der demokratische Verein diesen Wunsch an den Stadtrat heran, der allerdings angesichts des bestehenden Privatinstituts keinen Bedarf erkennen mochte[17]. Erst nachdem der Gewerbeverein genügend politischen Druck ausgeübt hatte, eröffnete die Stadt Stuttgart 1860 eine öffentlich-städtische Mädchenmittelschule.

Zu den aktivsten Gruppen in der bildungspolitischen Debatte gehörten in der Revolution 1848/49 die Volksschullehrer. 1837 bereits hatten sich die Lehrer – als

III.2 Erziehung zur Bürgerin

Reaktion auf das Schulgesetz von 1836 – in einem Volksschulverein organisiert. Seine Mitglieder setzten sich für qualifiziertere Ausbildungsmöglichkeiten und die Einführung eines einheitlichen Lesebuchs ein und verlangten die Revision der konservativen Schulgesetzgebung. Zu diesem Verein kam 1840 der demokratisch orientierte Volksschullehrerverein. Dieser, vom Eßlinger Rektor Riecke gegründete Verein setzte sich nicht nur für neue Lehrinhalte, sondern auch für die Verbesserung der Lage der Lehrer ein. Beide Vereine erhofften sich von der Revolution, daß ihre Forderungen nach einer Liberalisierung der Volksschulbildung schneller eingelöst würden.

Im Programm beider Vereine allerdings war die Mädchenbildung kein Thema, obwohl die privaten höheren Töchterschulen organisatorisch an die Volksschule angegliedert waren und damit in den Kompetenzbereich dieser Vereine fielen (Beob 31.8.47). Für Volksschullehrer waren die Töchterschulen auch insofern wichtig, als sie den schlecht bezahlten Lehrern eine Chance boten, durch stundenweisen Unterricht ihr Gehalt aufzubessern.

Auch wenn die demokratisch eingestellten Lehrer kein gemeinsames Konzept für das höhere Mädchenbildungswesen entwickelt hatten, wirkte sich die Diskussion um neue Lehrinhalte in den Volksschulen indirekt auch auf die privaten Töchterschulen aus. Ein wesentlicher Aspekt, der heftige Diskussionen auslöste, war die Frage, wie groß der Einfluß der Kirche auf die Schule sein sollte. Demokraten vertraten die Meinung, daß ‚Nationalerziehung' und religiöse Erziehung schlecht miteinander vereinbar wären.

„In dieser großen Zeit, in welcher das deutsche Volk wieder seine Nationalität zu erringen strebt, muß auch die Volkserziehung eine nationale Grundlage erhalten. Man mißverstehe uns aber ja nicht, als wollten wir die Religion aus der Schule verdrängen. Nein! vielmehr wünschen wir im Interesse der Religion und des Christenthums selbst, daß der religiöse Unterrichtsstoff auf das gebührende Maaß zurückgeführt werde". (Beob 18.5.48)

Liberalere Töchterschulleiter reagierten auf dieses neue Bedürfnis, soweit ihnen die kirchliche Oberaufsicht dazu Spielraum ließ. Aus Anzeigen in einzelnen Lokalzeitungen geht hervor, daß der Religionsunterricht beschränkt oder auch anders ausgerichtet wurde. In der Eßlinger Schule spielte Religion eine untergeordnete Rolle, weshalb sich die Vorsteherinnen genötigt sahen, sich öffentlich abzusichern (NT 24.4.47). Karl Kleemann aus Reutlingen formulierte es vorsichtig, Ziel sei es, „den Sinn für wahre Religiosität zu wecken" (RMC 19.5.48). Diesen Handlungsspielraum hatten die Volksschullehrer nicht, hier konnte nur die geforderte Gesetzesänderung Abhilfe schaffen.

Von keiner Seite allerdings wurden in Württemberg so weitgehende bildungspolitische Forderungen erhoben, wie sie Louise Otto in einem 1849 im „Kränzchen" abgedruckten Artikel formulierte. In diesem Aufsatz, den sie eigentlich für die Zeitschrift „Sociale Reform" geschrieben hatte, beklagte sie, „daß eine vorzugsweise gebildete Frau oder eine, die neben ihrem besonderen Beruf auch dem Allgemeinen dient usw. als Ausnahme betrachtet wird" (KR 47, 1849). Die schulische Bildung soll Frauen die Möglichkeit schaffen, berufstätig zu werden.

„Es muß dem Weibe Gelegenheit gegeben werden, seinen Weg durch das Leben selbst zu finden, oder mit anderen Worten das tägliche Brod sich selbst zu verdienen. Die Befähigteren müssen es finden können als Lehrerinnen, besonders der weiblichen Jugend, in den Comptoiren usw., in Handel und Wandel." (KR 47, 1849)

Louise Ottos Artikel blieb lange Zeit die einzige weibliche Stimme, die sich 1848/49 in den württembergischen Blättern für Verbesserungen der Mädchenbildung erhob. Ihre Ansicht, daß die geistig-intellektuelle Bildung von Mädchen nicht mit dem 14. Lebensjahr beendet sein sollte, zu einem Zeitpunkt „wo die eigentliche Denkfähigkeit erst beginnt", wurde von einigen württembergischen Liberalen geteilt. Schon 1846 verlangte ein Artikel des „Beobachters", daß das in der Schule Erlernte in der Zeit zwischen Konfirmation und Heirat nicht verloren gehen sollte. Denn „fragt man ... nach den nachhaltigen Früchten dieser bereits gesicherten Pflanzstätte (der Töchterschulen; d. V.), so muß man ihre Leistung in den nachfolgenden Strick- und Nähjahren größtentheils verschwinden sehen" (Beob 17.3.46, RMC 18.9.47). Der Autor plädierte für eine Verlängerung der Schulzeit, qualifizierte jedoch die sogenannten „Bildungsanstalten für konfirmierte Töchter" ab, da diese nur die christliche Erziehung und das Handarbeiten in den Mittelpunkt stellten. Vielmehr sollte das Hauptgewicht auf der „geistigen Bildung" liegen; der Autor warf die Frage auf, „wozu und warum das gänzliche Abbrechen und Unterlassen der geistigen Bildung auf einer Altersstufe (gemeint ist das 14. Lebensjahr; d.V.), welche so häufig erst in eine eigentliche Lehrzeit einleiten möchte, nunmehr erst eine zweckdienliche Behandlung und Benützung der genannten Fächer (Sprachen, Geschichte, Geographie, Naturgeschichte; d.V.) gestatten würde?" (Beob 17.3.46)

In den Jahren der Revolution waren sich alle Seiten einig, daß die Erziehung der Jungen und Mädchen auf eine nationale Grundlage gestellt werden sollte. „Auch das Mädchen müßte", schrieb Louise Otto in dem oben erwähnten Artikel, „zu der Begeisterung für hohe Ideen, für das heilige Streben der Volksbeglückung erweckt werden, damit es selbst in diesem Sinne wirken oder die ihm anvertrauten Kinder so wirken lehre." Dies entsprach dem Interesse der Demokraten, denn, so klagte ein Gewerbetreibender schon im Vormärz, „wie selten ist eine patriotisch gesinnte für höhere Interessen empfängliche Jungfrau, ... wie selten ist ein Weib zu finden, auf das sich der Mann in seinen Kämpfen für seine Überzeugung stützen könnte" (RMC 5.11.47).

III.2 Erziehung zur Bürgerin

1848 wurden Frauen erstmals in die politische Bewegung miteinbezogen. Sie begannen sich zu organisieren und mit politischen Fragen zu beschäftigen, traten in der Öffentlichkeit auf und nahmen an Volksversammlungen und Revolutionsfeiern teil. Es ist sicher nicht falsch, diese Bereitschaft, sich mit den nationalen Zielen der Revolution zu identifizieren, auf die bessere Ausbildung und den Unterricht in den seit 20 Jahren bestehenden Töchterschulen zurückzuführen; durch sie wurde die Isolation häuslicher Erziehung aufgebrochen, und der gemeinsame Schulunterricht bürgerlicher Mädchen ließ ein neues Bewußtsein gemeinsamer sozialer Identität und Geschichte entstehen. Töchterschulen trugen so fraglos zum politischen Formierungsprozeß des Bürgertums bei. Mädchen entdeckten 1848 ihr Interesse für die ‚Welt'. Nahmen sie allerdings zu deutlich Anteil an politischen Fragen, so wurde ihnen dies verübelt, denn sie verletzten damit die auch für demokratisch gesinnte Frauen geltenden Regeln der Bescheidenheit. Als im März 1848 Mädchen der höheren Töchterschule in Reutlingen mit einem Artikel in einer radikaldemokratischen Zeitung an die Öffentlichkeit traten, wurden sie vom Vorstand der Schule, Kleemann, öffentlich dafür gerügt[18]. Obwohl dieser selbst Demokrat war, sah er sich veranlaßt, den Eindruck zu korrigieren, die Schule hätte die Mädchen zu dieser Erklärung angeregt. Offenes politisches Engagement wurde so für Frauen zur Gratwanderung, da Progressive wie Konservative sie auf ein einfaches und bescheidenes Auftreten festlegten.

(Titelbild „Illustrierte Kreuzerblätter" Stuttgart. Staatsbibliothek Berlin)

III.2 Erziehung zur Bürgerin

Wie groß das Bedürfnis der Frauen nach Wissen war, zeigten auch die ersten ‚Institutionen der Erwachsenenbildung'. Seit 1847 gab es auch in Württemberg eine ganze Reihe populär-wissenschaftlicher Vorträge, die eifrig von Frauen besucht wurden. In Eßlingen hielt der Mechaniker Bopp Vorlesungen in Experimentalphysik, „welche so populär sind, daß jeder, auch Frauenzimmer, dieselben gerne hören" (NT 3.2.47). In den Jahren 1848/49 wurden diese Vorlesungen immer beliebter, boten sie doch den Frauen eine Möglichkeit, sich fortzubilden und am Zeitgeschehen teilzunehmen. So gab es „Nationale Vorlesungen", die sich an Frauen wendeten. In Stuttgart, Cannstatt, Eßlingen und Ludwigsburg fand diese Vortragsreihe schließlich bei Frauen und Männern Anklang (ESP 21.4.49). Frauen wurden aber nicht nur durch Vorlesungen angesprochen; bedingt durch die politische Bewegung wandelte sich auch das Angebot der Bildungsbücher in den Zeitungen. Offerierte man vorher noch überwiegend Bücher, mit deren Hilfe Frauen ihre hausfraulichen Qualitäten verbessern sollten/konnten, richteten die Verlage sich jetzt verstärkt an die „Damenwelt", die sich bilden wollte. Denn „auch wir Frauen nehmen einen immer regeren Antheil an den Bewegungen der Zeit und dem öffentlichen Leben", heißt es in der Vorankündigung des „Kränzchens", der 1849 gegründeten württembergischen Zeitung für Frauen (SM 31.3.49, Blg.).

Die Mütter im Kreuzfeuer der öffentlichen Kritik

Während der Revolution wurde nicht nur die schulische, sondern auch die häusliche Erziehung offener Kritik unterzogen. Die demokratische Presse sah in der einseitigen Ausrichtung der Frauen auf die Familie ein Hindernis, diese für nationale Interessen zu begeistern. So stellte ein Demokrat seinen Genossen 1847 schon die Frage, ob diese Beschränkung es nicht mit sich bringen würde, daß die Frau

„bei Euren politischen Kämpfen wie Blei an Eure Thatkraft sich hängt und diese lähmt, ob nicht sie es sind, die Euch, sofern nicht Eitelkeit oder Ehrgeiz sie anders bestimmt, jeden Augenblick an das Glück Eurer Familie, an die Gefahr, Euch zu verfeinden, an den wahrscheinlichen Verlust an Zeit und Geld etc. erinnern, Euch umstimmen, wenigstens vorsichtiger kühler und nachdenklicher machen, wenn Ihr gerade im Begriff stehet, mit dem festen Willen für das Recht und Eure Überzeugung einen entscheidenden Schritt zu wagen; daß *sie* es sind, die Eure Teilnahme für die höheren Interessen der Gesellschaft als Thorheit und die Sorge für sich selbst als die erste Pflicht darstellen". (RMC 5.11.47)

Konservative dagegen idealisierten die Häuslichkeit der Frauen und das Familienleben. Sie betonten die besondere ‚Kulturaufgabe' der Mütter. „Die Familien, von der Centralsonne aechter Weiblichkeit erleuchtet und von lauterer mütterlicher Wärme getragen, sind die Stützen des Staates, sind die Grundpfeiler jeder gesell-

III.2 Erziehung zur Bürgerin

schaftlichen Organisation" (KR 92, 1849). Der Pflicht Kinder zu gebären und zu erziehen, dürften sie sich nicht entziehen. Denn „bei dem Geschäfte der Erziehung ist die liebevollste Mutter zum unabweisbaren Bedürfnis geworden. Wo keine Mutterliebe ist, gedeiht keine Erziehung" (KR 90, 1849). Müttern wurde geradezu eine ‚Heilswirkung' zugesprochen (vgl. BvR 7.4.49, Blg.). „Geistige Sammlung des Gemüths, stille Hingebung, edle Ruhe und heilige Zufriedenheit" seien die Grundlagen einer richtigen Erziehung (KR 91, 1849). Daß auch die Liberalen und Demokraten von diesem Ideal der Mutter und Hausfrau nicht so weit entfernt waren, zeigt ihre Kritik an dem „in dem Schoße so vieler Familien spukkende(n) Gespenst der modernen Anstands- und Sittenbildung... wornach man von der Wiege an mit der Mode lebt, und die Jugend von Haus aus zu einem Kinde des Luxus macht" (Beob 30.8.47). Der eleganten, modebewußten Bürgerin der 40er Jahre wurde Oberflächlichkeit vorgeworfen. Ihr Interesse bestünde einzig darin, sich nach der neusten Mode zu kleiden (Kap. V.1) und anderen zu gefallen, ihr Herz wäre „von weltlichen Außendingen zu sehr eingenommen", so daß Kinder in solchen Müttern keine guten Erzieherinnen mehr hätten (RMC 7.9.47). Das schlechte Beispiel der Mütter würde auch die Töchter verderben. Es seien so selten Mädchen zu finden, „deren Sinn nicht gefangen gehalten ist von der Eitelkeit und Genußsucht, vom Flittertand der fremden Mode" (RMC 5.11.47).

Demokraten wie Konservative waren sich einig in der Verurteilung weiblicher Eitelkeit und Putzsucht, ihre Motive allerdings waren unterschiedlich. Den einen ging es darum, politisches Bewußtsein und Einsicht in die nationalökonomisch begründete Forderung nach ‚Bescheidenheit' zu wecken. Sie wollten Mädchen und Frauen davon überzeugen, daß auch im häuslichen Bereich eine nationale Gesinnung wichtig sei (Kap.V.1). Die neuen Mütter sollten durch einfaches und bescheidenes Auftreten, gepaart mit dem „Sinn für höhere Interessen, für das Vaterland, für die Natur und das Natürliche" ihren Kindern ein gutes Vorbild sein (RMC 5.11.47). Die Konservativen verdammten den Luxus als Ergebnis der verfehlten Erziehung, verlangten mehr häusliche Bildung und die Einschränkung öffentlicher Erziehung; dementsprechend polemisierten sie gegen Frauen, die nach (mehr) Bildung strebten. „Haltet es für einen größeren Ruhm, für ein liebendes Weib, eine sorgende Mutter, eine treue Führerin des Hauswesens zu gelten, als wenn eurer Klugheit das zweideutige Lob gezollt wird" (KR 14, 1850). Da Mutterschaft der natürliche Beruf der Frau sei, braucht die Mutter „gerade nicht feingebildet zu sein, die Mutterliebe ist erfinderisch genug, die Erziehung recht leicht und die Unterhaltung angenehm zu machen" (KR 91, 1849).

Mit dem Einsetzen der politischen Restauration meldeten sich die konservativen Kräfte wieder stärker zu Wort und versuchten, das alte Frauenideal zu zementieren. Im Oktober 1849 sahen sich so die Vorsteherinnen der Eßlinger Töchter-

III.2 Erziehung zur Bürgerin

schule veranlaßt, ihre bildungspolitischen Grundsätze deutlich zu machen und sich gegen Mißverständnisse und politische Unterstellungen abzusichern.

„Wir glauben, daß der Unterricht des Mädchens als Erziehungsmittel hauptsächlich darauf zielen soll, dasselbe für den unserem Geschlechte eigenen Beruf tüchtig zu machen, und daß vielleicht der Vorwurf, den man unserm Jahrhundert häufig macht, anstatt guter Hausfrauen Gelehrte bilden zu wollen, hauptsächlich daher kömmt, daß man sich nicht genug mit dem Gedanken vertraut macht, daß der Unterricht des Mädchens in jedem Fache und schon von Kindheit auf eine ganz andere Tendenz haben soll als der des Mannes. Geistige Bildung, Entwicklung des Verstandes *darf* und *soll gewissermassen* in dem Letztern vorherrschend sein, beim Weib jedoch sollte die Bildung und Entwicklung des Verstandes eher als Mittel denn als Ziel angesehen werden". (ESP 24.10.49, Blg.)

Mit dem Scheitern der Revolution erlitten auch die Bestrebungen nach Verbesserungen der Mädchenbildung eine Niederlage. Die Verurteilung der revolutionären Bewegung ging einher mit der Kritik an der weiblichen Erziehung, die dazu beigetragen hatte, daß Frauen 1848 ihren angestammten Platz verlassen hatten. Die in den nächsten Jahren herrschende Erziehungsdoktrin formulierte Wilhelm Heinrich Riehl in seinem 1855 erschienenen Buch „Die Familie":

„Der erste Schritt zu einer politischen Erziehung des Volkes scheint mir vielmehr darin zu suchen, daß man das weibliche Geschlecht gründlich in seine eigene Art zurückführt... Man bilde die jungen Mädchen wieder zu Hüterinnen der Sitte, man lehre sie wieder Selbstbeschränkung im Hause finden, man gebe ihre Erziehung, die viel zu viel der Schule zugefallen ist, der Familie anheim".[19]

Diese Versuche, Erziehung und Bildung des weiblichen Geschlechts wieder verstärkt in die Familie zu verlagern, schlugen fehl. Im historischen Rückblick zeigt sich zwar, daß die Entwicklung hin zum öffentlichen Schulwesen zwar verzögert wurde, doch bildeten die privaten Töchterschulen die Basis für das in den 1870er Jahren entstehende öffentliche höhere Mädchenbildungssystem in Württemberg.

Anmerkungen:

1) Carl Herloßsohn (Hg.): Damen Conversations Lexikon. Stichwort: Erziehung. Bd. 3. Adorf 1835.
2) Ebd.
3) Zur Geschichte der beiden Institute vgl. Jakob Merkle: Das königliche Katharinenstift zu Stuttgart. Stuttgart 1899.
4) A. L. Reyscher: Sammlung der württembergischen Gesetze. Tübingen 1839. Bd. 11/1, S. 351.
5) Vgl. HSTAS E 11, Bü 76.

III.2 Erziehung zur Bürgerin

6) Stadtrathsprotokoll vom 20. 1. 1836. STA Ludwigsburg.
7) Vgl. Pfarrbericht vom Ludwigsburg 1846. LKA A 29, 2665.
8) Vgl. Beilage zum Pfarrbericht von Ludwigsburg 1849, Verhandlungen mit dem stadträthlichen Collegium 5. 10. 1849.
9) Als nachahmenswertes Beispiel wird diese Schule im Beobachter vom 31. 8. 1847 und im Reutlinger und Mezinger Courier vom 4. 9. 1847 herausgestellt.
10) Prospect der Privat-Töchterbildungsanstalt von Fr. Hermann in Ludwigsburg, LKA A 29, 2655, 4b.
11) Vgl. Jürgen Zinnecker: Sozialgeschichte der Mädchenbildung. Weinheim 1973, S. 72. Monika Simmel: Erziehung zum Weibe. Frankfurt/Main 1980, S. 99f.
12) Vorsteher der Stuttgarter Töchterschule waren 1849 Jauss, Kölle, Weidle und Wetzel.
13) Der Artikel „Eine der Ursachen der heutigen Sittenverderbnis" erschien in zwei Teilen im liberal-demokratischen Beobachter vom 30. 8. 1847 und 31. 8. 1847. In den Reutlinger und Mezinger Courier wurde er am 1. 9. 1847 bzw. 4. 9. 1847 übernommen.
14) Kränzchen 92, 1849. Vgl. auch Bote vom Remstal 7. 4. 1849, Blg.
15) Vgl. Margit Twellmann: Die deutsche Frauenbewegung. Meisenheim/Glan 1972, S. 65f. Sie beschreibt das gleiche Phänomen für die 1870er Jahre.
16) Pfarrbericht von Stuttgart 1849. LKA A 29, 4377.
17) Pfarrbericht von Stuttgart 1851, Blg. LKA A 29, 4377.
18) Der Artikel der Schülerinnen aus dem Reutlinger Volksblatt Nr. 25 von 1848 ist nicht mehr auffindbar, nur die Erwiderung von Kleemann im Reutlinger und Mezinger Courier vom 11. 4. 1848 und 15. 4. 1848 liegt uns vor.
19) Wilhelm Heinrich Riehl: Die Familie. Stuttgart 9. Auflage 1882, S. 24.

Teil IV

Frauenvereine und bürgerliche Politik

Sabine Rumpel-Nienstedt

„Thäterinnen der Liebe" – Frauen in Wohltätigkeitsvereinen

Wer nach Formen der politischen Partizipation von Frauen in der Revolution 1848/49 fragt, kann nicht umhin, sich intensiver mit dem Engagement der Frauen in Wohltätigkeitsvereinen zu beschäftigen. Diese teils privaten, teils halbstaatlichen, sozialpolitischen und sozialfürsorgerischen Organisationen, denen eine wichtige Rolle im politischen Formierungsprozeß des Bürgertums im Vormärz zukam, bauten wesentlich auf der Mitarbeit von Frauen auf. Seit 1816 waren württembergische Frauen in solchen Vereinen aktiv, und diese Form der öffentlichen Betätigung definierte in gewisser Weise auch die politischen Handlungsmuster von Frauen 1848/1849. Selbst in der bürgerlichen Frauenbewegung des späten 19. Jahrhunderts finden wir noch Konzepte und Vorstellungen über gesellschaftliche Wirkungsmöglichkeiten von Frauen, die auf diese Erfahrung in der Wohltätigkeitsarbeit zurückzuführen sind. Eine Analyse der ersten Wohltätigkeitsvereine und der Anfänge weiblicher Fürsorgearbeit vermag so deutlich zu machen, was diese Form organisierter „Mütterlichkeit"[1] für die Emanzipation der Frauen im 19. Jahrhundert bedeutete.

Der „Allgemeine Wohlthätigkeitsverein im Königreich Württemberg"

Der erste Wohltätigkeitsverein in Württemberg, dem auch Frauen angehörten, entstand in unmittelbarem Zusammenhang mit der Hungerkrise von 1815/16. Da die bestehenden Armenfürsorgeeinrichtungen der Gemeinden und Kirchen der Situation nicht mehr gewachsen und in ihren Hilfsmöglichkeiten völlig überfordert waren, gründete Königin Katharina von Württemberg 1817 einen „Verein zur Hülfe der Nothleidenden"[2]. Dieser „Allgemeine Wohlthätigkeitsverein" bemühte sich mittels ‚Soforthilfe' die unmittelbare Not zu lindern. Er regte in vielen Gemeinden des Landes die Gründung von Suppenanstalten an, in denen die Armen unentgeltlich oder gegen geringes Entgelt einige Teller „Rumfordscher Suppe"[3] zu essen bekamen.

Eigentlich war der Wohltätigkeitsverein als reiner Frauenverein geplant, da nach Katharinas Meinung „diess Geschäft niemand besser ziemte, als dem Theil der menschlichen Gesellschaft, dessen hoher Beruf im Leben ist, zu helfen"[4]. Doch diese Idee ließ sie sich von dem mit ihr befreundeten Verleger Johann Heinrich Cotta ausreden[5]. So waren bei der konstituierenden Sitzung der Zentralleitung,

IV.1 Frauen in Wohltätigkeitsvereinen

Suppen Austheilung.

Während der Hungerkrise 1816/17 wurde den zahlreichen Armen in sogenannten „Suppenküchen" unentgeltlich „Rumfordsche Suppe" verabreicht. (Aus „Etwas zum Andenken der Theuerung 1816/17". Auf Stein gezeichnet von L. Gradmann. Landesbibliothek Stuttgart)

dem obersten Gremium des Wohltätigkeitsvereins, am 29.12.1816 im Stuttgarter Schloß neben sieben Frauen auch zehn Männer versammelt[6]. Zu den ersten von der Königin ernannten Mitgliedern der Zentralleitung gehörten 1816 fünf Ehefrauen von hohen Beamten, darunter zwei Adlige, eine Kaufmannsfrau, ein Fräulein, außerdem sechs höhere Beamte, zwei Geistliche und zwei Kaufleute[7]. Es dominierte also das Stuttgarter Intelligenz- und Bildungsbürgertum, das schon Erfahrung in organisierter Wohltätigkeit besaß. Seit 1805 bestand in Stuttgart die „Privatgesellschaft freiwilliger Armenfreunde", ein von Pietisten getragener Verein, dem hauptsächlich Männer angehörten[8].

1816 setzte sich die Zentralleitung des „Allgemeinen Wohlthätigkeitsvereins" aus ehrenamtlich tätigen „berathenden" Mitgliedern und aus staatlich verpflichteten Beamten zusammen[9]. Nach den Plänen der Gründungsmitglieder sollte die

IV.1 Frauen in Wohltätigkeitsvereinen

Zentralleitung eine staatliche Behörde werden. Da ihr aber Nichtbeamte und Frauen als Mitglieder angehörten, wurde dies vom König abgelehnt.
Die Zentralleitung besaß ein eigenes, vom Staat getrenntes Vermögen, ihre Rechnungsführung unterstand aber staatlicher Kontrolle. Die Unterstellung unter die Oberaufsicht des Staates, allein schon durch die persönliche Verbindung zur Königin gegeben, gewährte der Zentralleitung einen Rückhalt und garantierte eine gewisse Autorität gegenüber den Behörden[10]. Aus dem ursprünglich angestrebten Frauenverein war damit ein Verein mit halbstaatlichen Funktionen geworden.

Der Wohltätigkeitsverein unterteilte sich in drei organisatorische Ebenen: Zuoberst stand die Zentralleitung, die mittlere Ebene wurde von den Oberamtsleitungen gebildet, die unterste und breiteste Ebene stellten die Lokalleitungen und die zugehörigen Lokalvereine dar. 1818 gab es in 1665 Orten Lokalleitungen[11]. Die Lokalvereine arbeiteten meist so, daß den Mitgliedern verschiedene Distrikte in der Stadt zugewiesen wurden, in denen sie die Lage der dort wohnenden Armen erkunden und für entsprechende Hilfsmaßnahmen sorgen sollten[12]. Im Stuttgarter Lokalwohltätigkeitsverein gab es 1817 fünf Kommissionen – eine für „milde Stiftbürger", eine Kommission für unmittelbare Unterstützungen, eine Industriekommission, eine Kommission für das Rechnungswesen und eine Frauenkommission, die Armenbesuche unternahm. Für jeden der acht (später zehn) Stuttgarter Distrikte war eine Frau als Aufsicht bestimmt, die von mindestens zehn bis zwölf Helferinnen unterstützt wurde. Die Frauen besuchten ‚ihre' Armen mehrmals in der Woche und führten darüber Buch. Damit es zu keiner Bevorzugung einzelner Bedürftiger kam, machten sie wechselweise Besuche bei den Armen, die von anderen Frauen betreut wurden. Mit dieser Form der gegenseitigen Kontrolle sollte ausgeschlossen werden, daß einzelne Betreuerinnen sich über die wahre Lage der unterstützten Personen täuschen ließen[13].

Das System der persönlichen Besuche trug also deutlichen Herrschaftscharakter, andererseits entstand aber auch eine direktere soziale Beziehung zwischen Betreuten und Betreuerinnen, wie Amalie Sieveking, die 1832 in Hamburg den „weiblichen Verein für Armen- und Krankenpflege" gegründet hatte, es formulierte; ihrer Ansicht nach veränderte sich das Verhältnis zwischen den Gebern und den Empfängern der Hilfe; dieses sei dann nicht mehr „... das vornehme Verhältnis des Patrons zu seinen Klienten; es nimmt, möchte ich sagen, etwas von dem mütterlichen Charakter an."[14]

In den Instruktionen für den „Allgemeinen Wohlthätigkeitsverein" in Württemberg wurden weibliche Fähigkeiten organisatorisch bewußt eingeplant:
„Persönliche Dienste, als Beiträge zur Armen-Versorgung, lassen sich vorzüglich von dem weiblichen Geschlecht erwarten. Sie werden geleistet a) durch Einsammeln, besonders von Haus zu Haus, b) Krankenpflege, c) Zubereitung von Speisen, beson-

IV.1 Frauen in Wohltätigkeitsvereinen

ders der – nach Rumfordischer Anweisung gekochten Suppen, d) Handarbeiten, welche die Mitglieder weiblichen Geschlechts zum Besten der Armen verfertigen, wozu in jeder Woche eine oder mehrere Stunden ausgesetzt werden, e) Aufsicht über die Arbeit der Armen,...".[15]

Frauen sollten nach Ansicht der Gründungskommission von 1816 auch in den Vereinsleitungen repräsentiert sein, da ihre Kenntnisse in Hausarbeit gebraucht wurden:

„Die Mitglieder der Leitungen werden nicht aus dem männlichen Geschlecht allein, sondern auch aus dem weiblichen deswegen gewählt, weil theils die Beurtheilung einiger Hülfe-Gegenstände, theils die Leistung gewisser Dienste am zuverlässigsten und wirksamsten von diesem erwartet wird."[16]

Die Lokalleitungen, die organisatorisch eng mit den Kirchenkonventen verbunden waren, rekrutierten ihre Mitglieder aus „den geistlichen und weltlichen Orts-Vorstehern, einzelnen Armen-Freunden und erfahrenen sorglichen Hausfrauen."[17] Die gesellschaftliche Arbeitsteilung spiegelt sich also in der Vereinsarbeit wider. Während die Frauen in der praktischen Armenpflege tätig waren, erledigten die Männer die Verwaltungsarbeit und repräsentierten den Verein nach außen. Viele von ihnen waren Beamte, die von Berufs wegen im Verein tätig waren. Ihre Vereinsarbeit fiel damit mit ihrer amtlichen Funktion zusammen und genoß dementsprechend in der Öffentlichkeit mehr Ansehen als die Arbeit der Frauen. Diese wirkten wie zu Hause auch hier im Hintergrund und verrichteten die Vereinsarbeit zusätzlich zu ihrer alltäglichen Haus- und Familienarbeit. Daß diese Form der Sozialarbeit auch für Frauen hätte Berufsarbeit werden können, wie dies Amalie Sieveking in den 30er Jahren für die Frauen ihres Hamburger Frauenvereins anstrebte, wurde 1816/17 in Württemberg nicht in Betracht gezogen. Man war im Gegenteil darauf bedacht, daß die fürsorgerische Arbeit nicht zuviel Zeit beanspruchte. Die Organisatoren des Stuttgarter Lokalwohltätigkeitsvereins forderten so, daß möglichst viele Frauen im Verein mitarbeiteten „... damit die Geschäfte gehörig vertheilt, und die Mitwirkung einzelner nicht mehr in Anspruch genommen werde, als es ihre häuslichen Verhältnisse zulassen,..."[18]. Die Grenzen weiblicher Vereinstätigkeit waren somit klar: „die Verrichtungen, die sie übernehmen, müssen mit dem Berufe der thätigen Hausfrau vereinbar seyn,...". Familie und Hausarbeit sollten keinesfalls vernachlässigt werden. Dies bedeutete, daß sich vor allem Frauen höherer Klassen im Wohltätigkeitsverein engagieren konnten, da sie – dank ihres Dienstpersonals – über mehr freie Zeit verfügten.

Neben der Arbeit in den Wohltätigkeitsvereinen übernahmen bürgerliche Frauen auch Aufsichtsfunktionen in den von Vereinen getragenen Industrieschulen. In ihnen wurden meist einheimische Frauen mit Handarbeitskenntnissen

IV.1 Frauen in Wohltätigkeitsvereinen

oder ausgebildete Näherinnen als Lehrerinnen eingesetzt, während Lehrer- und Pfarrfrauen die Kinder zusätzlich mit Lesen und Singen beschäftigten[19]. In Stuttgart wechselten sich z.B. 16 Frauen „... theils täglich, theils wöchentlich mit ihren persönlichen Besuchen in den Anstalten ab."[20]

Auf der lokalen Ebene, der Basis des Wohltätigkeitsvereins, war die Mitarbeit der Frauen also notwendig; im obersten Gremium des Vereins, der Zentralleitung, waren die Frauen dagegen unterrepräsentiert. Während in der Gründungsphase die Königin Frauen und Männer in die Zentralleitung berufen hatte, nahm nach dem Tod Katharinas 1819 die Dominanz der Männer zu, da keine Frauen mehr ernannt wurden, und die 1816 eingesetzten weiblichen Zentralleitungsmitglieder Mitte der 40er Jahre alle ausgeschieden waren. Zwischen 1846 und 1866 bestand die Vereinsführung ausschließlich aus Männern. Erst als Königin Olga 1866 das Protektorat übernahm, wurden wieder sechs Frauen zu Vorstandsmitgliedern ernannt[21].

Auch in den Oberamtsleitungen waren Frauen selten vertreten, obwohl theoretisch sowohl Frauen wie auch Männer freiwillige Mitglieder sein konnten. Da auch hier Pflichtmitgliedschaft bestand, und somit Oberamtsleute, Geistliche beider „Confessionen", Amtsschreiber und -pfleger, Oberamtsärzte und Stiftungsverwalter von Amts wegen mitarbeiten mußten[22], begünstigte dies die Dominanz von Männern, diese Amtsmitglieder sicherten allerdings auch die Kontinuität dieser Wohltätigkeit ‚von oben'. Dies änderte sich erst ab 1847, als die Mitgliedschaft ausschließlich auf freiwillige Basis begründet wurde[23]. In der Revolutionszeit war der Wohltätigkeitsverein verstärkt darauf bedacht, Frauen zu mobilisieren. In einem Bericht von der Versammlung der Bezirkswohltätigkeitsvereine und „Armenfreunde" 1849 in Ludwigsburg wurde erfreut bemerkt, daß erstmals ein „Kreis von Frauen anwesend" sei, „hier als Hörerinnen des Wortes, die draußen sich als Thäterinnen der Liebe bewährten." (BfA 15.12.49)

„Errettet den Geringen und Armen"[24] – Strategien der Armenpflege

Beschränkten sich während der akuten Krise 1817 die Hilfsaktionen des „Allgemeinen Wohlthätigkeitsvereins" vor allem auf direkte Hilfe durch Suppenküchen, trat danach das eigentliche Hauptanliegen der Zentralleitung, nämlich die Hilfe zur Selbsthilfe, in den Vordergrund. Der Wohltätigkeitsverein stellte armen Handwerkern Arbeitsmaterial zur Verfügung und organisierte Beschäftigungsmaßnahmen. Er richtete unter anderem Spar- und Leihkassen sowie ein Verkaufsmagazin, die sogenannte „National-Industrie-Anstalt", zum Verkauf von Handarbeiten ein, oder unterstützte verarmte Gemeinden durch die Ansiedlung von Heimindustrie. Außerdem förderte er die Einführung von Industrieschulen und war auch für die Arbeitshäuser zuständig[25].

IV.1 Frauen in Wohltätigkeitsvereinen

In einer 1820 von der Zentralleitung erstellten Statistik über die Anzahl der Armen in ganz Württemberg wurde festgestellt, daß ca. 65 000 der knapp 1,5 Millionen Einwohner verarmt waren, also etwa jeder zehnte bis zwölfte[26]. Diese Massenarmut führte die Zentralleitung in ihren Aufrufen immer wieder an, um Bürger und Bürgerinnen zur Mitarbeit anzuregen. Gemeinsam sollten Staat und Bürgertum gegen die Verarmung immer weiterer Bevölkerungskreise ankämpfen.

Ziel der ökonomisch-praktischen Hilfsmaßnahmen war die ‚moralische Besserung' der Armen und die Anhebung ihrer ‚Sittlichkeit'[27]. Diese ethischen Motive formulierte die Zentralleitung auch in ihren internen Anweisungen:

„Den Oberamts-Leitungen liegt es vorzüglich ob, auf die Sittlichkeit der Armen zu ihrem Vortheil einzuwirken. Es sind daher nicht nur die den Armen zu reichenden Unterstützungen, indem sie mit dem höheren, oder mindern Grade ihres sittlichen Betragens in ein richtiges Verhältniß gesetzt und die Empfänger hierüber belehrt werden, zu diesem Zweck zu benutzen; sondern es ist auch, so weit es nur immer möglich ist, der Lebens-Unterhalt der Armen von ihrer Beschäftigung abhängig zu machen, es ist der Geist der Arbeitsamkeit in ihnen anzufachen, zu beleben und zu erhalten, und dadurch der Keim der Laster zu ersticken. Zu eben diesem Zweck werden die Beamten von ihren höheren Behörden angewiesen werden, dem Bettel zu steuern."[28]

Da das Bürgertum Müßiggang als verwerflich empfand, und Bettel als dessen extremste Form galt, suchte es diesen zu bekämpfen. Um dem Anfang allen Lasters zu wehren, sollte der „Geist der Arbeitsamkeit" bei den Armen angeregt und gefördert werden. In diesen Gedanken kamen pietistische Ideen zum tragen: Für den Pietismus war körperliche Arbeit Ausdruck eines gottgefälligen Lebens. Arbeit war so ein Mittel, um sündhafte Neigungen im Zaume zu halten[29]. Armut erschien als selbstverschuldet, als Folge mangelnden Fleißes. Nicht die gesellschaftlichen Verhältnisse, sondern die Sündhaftigkeit des Einzelnen wie auch der gesamten Gesellschaft wurden als Ursache der Verarmung gesehen[30]. Wer Armut bekämpfen wollte, mußte die Menschen verändern, sie zu einem ‚besseren' Leben führen. „Weltverwandlung durch Menschenverwandlung"[31], lautete der Leitsatz der pietistischen Missionsbestrebungen. Sittliche Wirksamkeit sollte die Idee des „lebendigen Glaubens"[32] durch praktische Liebestätigkeit erreichen. Dies führte zu einer betont sozialfürsorgerischen Haltung der Pietisten, die zugleich mit Disziplinierungsbestrebungen gepaart war. Die Pietisten bildeten kleine Kreise, Konventikel genannt, in denen sich Laien zur Bibelauslegung trafen. Zu den Teilnehmern gehörten zahlreiche Frauen und Männer, die später auch Mitglieder wohltätiger Vereine waren – selbst Königin Katharina soll Beziehungen zu pietistischen Kreisen gepflegt haben[33]. Die über Konventikel entstandenen Kommunikationsnetze stellten eine wichtige Grundlage der wohltätigen Vereine dar.

IV.1   Frauen in Wohltätigkeitsvereinen

Königin Katharina von Württemberg (1788–1819), seit 1816 mit König Wilhelm I. verheiratet. Sie gründete 1816 den „Allgemeinen Wohltätigkeitsverein" und war Initiatorin zahlreicher anderer wohltätiger Vereine und Anstalten. Die Darstellung wirkt fast bürgerlich, gleichzeitig wird durch die Beigaben (Bücher, Schreibzeug) die Bildung der Königin betont. (Stahlstich Dieterich, Vorlage von Krüger. Landesbibliothek Stuttgart)

IV.1 Frauen in Wohltätigkeitsvereinen

"Landesmutter" Katharina und die Tradition des Wohltätigseins

Frauen verwirklichten die vom Pietismus geforderte praktische Liebestätigkeit durch ihre ‚Mütterlichkeit'. Wohltätigsein hieß für sie eine Art „soziale Mutterschaft"[34] zu übernehmen. Wie sich bereits am Gründungsaufruf des „Allgemeinen Wohlthätigkeitsvereins" ablesen läßt, wurden Staat und Familie Anfang des 19. Jahrhunderts analog gedacht:

> „In einem von der Natur begünstigten Staate, wo die Vaterlandsliebe die staats-bürgerlichen Verhältnisse zu einem Familien-Verbande erhebt, bedarf es nur einer zweckmäßigen Anregung, um der Ausübung dieser Familien-Pflicht wieder jene allgemeine Wirksamkeit zu geben, wodurch sich unsere Voreltern so vortheilhaft ausgezeichnet haben."[35]

Dem Ideal der bürgerlichen Familie konnte sich im spätabsolutistischen Staat auch das Herrscherhaus nicht entziehen. Genauso wie eine Mutter für das Wohlergehen ihrer Familie zu sorgen hatte, gehörte es im frühen 19. Jahrhundert zu den Pflichten der Königinnen und Prinzessinnen, mittels ihres wohltätigen Engagements für das Allgemeinwohl zu sorgen[36]. Königin Katharina war in den Augen ihrer Zeitgenossen „ganz Gattinn, ganz Mutter, ganz Landes-Mutter" und wurde verehrt, weil sie für „Andere und für alles Gute und Schöne" lebte[37].

Katharinas Wohltätigkeit hatte Tradition. Bereits ihre Mutter, eine württembergische Prinzessin und spätere Kaiserin von Rußland, hatte mehrere Institute zur Waisenfürsorge und den Orden der „barmherzigen Witwen" in St. Petersburg gegründet[38]. Ihre Großmutter Dorothea, eine Nichte Friedrichs des Großen, wird als „wahre Mutter der Armen"[39] geschildert. Da allerdings wohltätige Arbeit im 18. Jahrhundert noch nicht Teil der Repräsentationsaufgaben war, trug diese tiefreligiös geprägte Frau noch nicht den Titel einer ‚Landesmutter'. Soziale Mutterschaft war ein Phänomen des 19. Jahrhunderts und eng verbunden mit der Tradition der patriotischen Frauenvereine.

Auch hier lassen sich Kontinuitätslinien feststellen. Katharinas Schwester, die Großherzogin Maria Pawlowna von Sachsen-Weimar, hatte während der Befreiungskriege den weimarischen Frauenverein geleitet und 1817 das „patriotische Institut der Frauenvereine" gegründet, ein Zentralverein, der sich vor allem der Krankenpflege und der Ausbildung von Pflegerinnen widmete und mit Einrichtungen, Geld und Naturalgaben half[40]. Vorbild dieses Vereins wie auch der ursprünglichen Idee des württembergischen Wohltätigkeitsvereins waren die preußischen Frauenvereine, die sich während der Befreiungskriege 1813/14 gebildet hatten, und in denen sich wohltätiges Engagement von Frauen mit patriotischen Motiven verknüpfte[41]. Während die Männer im Krieg gegen die französische Besatzung kämpften, taten die Frauen dies mit ihren Mitteln an der Heimatfront. Beide Geschlechter erfüllten auf ihre spezifische Weise ihre nationale und staats-

IV.1 Frauen in Wohltätigkeitsvereinen

bürgerliche Pflicht. Der allgemeinen Wehrpflicht der Männer entsprach der Dienst der Frauen auf freiwilliger Basis. Dieses Verhaltensmodell der „sozialen Mutterschaft" wurde im Vormärz dann weitgehend vom Bürgertum aufgenommen. Königin Pauline, die nach Katharinas Tod Wilhelm I. heiratete, war ebenso wie diese „wohltätig". Obwohl sie Armenschulen und Krankenhäusern ihren Namen gab, erreichte sie nicht mehr den Nimbus ihrer Vorgängerin.

Die Erziehung „verwahrloster" Kinder

Am deutlichsten wird die Übernahme der sozialen Mutterschaft an den in den 30er und 40er Jahren entstandenen „Vereinen zur Versorgung verwahrloster Kinder". Da Kindererziehung zur ‚selbstverständlichen' Pflicht jeder Frau gehörte, gründeten die Stuttgarterinnen 1834 einen Frauenverein, dessen Zweck dahin ging, „... verwahrloste Kinder durch eine geordnete Erziehung in einer öffentlichen Erziehungsanstalt dem Verderben zu entreißen."[42] Als „verwahrlost" wurden all diejenigen Kinder bezeichnet, die nach bürgerlicher Meinung in sozialen Verhältnissen aufwuchsen, die sich negativ auf ihre persönliche Entwicklung auswirkten, da „deren Eltern theils durch Mittellosigkeit und das Abmühen um den nothdürftigen Lebensunterhalt, theils auch durch geistige Beschränktheit oder Mangel an eigener sittlicher Bildung an der zweckmäßigen Erziehung gehindert werden."[43] Diesen Einflüssen sollten die Kinder entzogen werden.

Seit 1819 bestanden in Württemberg „Rettungshäuser" für die Erziehung „verwahrloster" Kinder, die auf den pädagogischen Konzepten von Pestalozzi und Fellenberg aufbauten[44]. Johann Heinrich Pestalozzi hatte um die Wende zum 19. Jahrhundert in der Schweiz verschiedene Elementarschulen gegründet, in denen er geistige Bildung mit praktischer Arbeit, vor allem in der Landwirtschaft und im häuslichen Bereich verknüpfte. Kinder früh an ein arbeitsames Leben zu gewöhnen, erschien Pestalozzi als Mittel zur Bildung, zur allgemeinen wie auch zur Berufsbildung, und als eine Möglichkeit, die Armut zu überwinden[45].

Als Mutter nahm die Frau in seinem Erziehungskonzept eine wichtige Position ein. Sie sollte „Hüterin" und „Stifterin" der Ordnung im Kleinen sein und damit auf das Große, die Gesellschaft, wirken. Liebe und der Sinn für Ordnung sollten in der Kindererziehung wirksam werden und waren somit auch ein Ziel der Mädchenerziehung, da sie als spezifisch weibliche Fähigkeiten angesehen wurden[46]. Diese Vorstellungen griffen die pietistischen Erziehungsinstitutionen auf. Der leitende Grundsatz in den württembergischen Rettungsanstalten lautete: bete und arbeite[47].

Gemeinsam hatten die Kinder in den Instituten Verhaltensmuster und Werte zu lernen, die ihnen ein bürgerliches Leben ermöglichen und somit den Staat vor zukünftigen Bettlergenerationen bewahren sollten. Die leibliche Familie, der die Kinder durch ihre Unterbringung im Rettungshaus entrissen wurden, sollte durch die aus den Kindern gebildete „pädagogische Familie" ersetzt werden. Neben der Unterbringung in Rettungshäusern war es teilweise auch üblich, die „verwahrlosten" Kinder gegen Kostgeld in „gute" Familien zu geben (EA 12.8.43).

Mit dieser Form der Kinderfürsorge waren aber durchaus auch politische Intentionen verbunden; dies kommt in einer 1848 erschienenen Schrift des Pfarrers Ch.U. Hahn zum Ausdruck. Er plädierte für Kinderrettungsanstalten, damit nicht ein „Geschlecht" heranwächst, „welches der bürgerlichen Gesellschaft über kurz oder lang den Todesstoß bringt."[48] Die Gründung von Erziehungsanstalten begann in Württemberg in großem Umfange 1826 und endete Anfang der 50er Jahre. In dieser Zeit entstanden etwa 25 evangelische, meist von Privatvereinen getragene Rettungsanstalten und zahlreiche Anstalten für Behinderte. Zum Teil unterstellten sich die Privatvereine der Zentralleitung des „Allgemeinen Wohltätigkeitsvereins", von der sie dann zwar finanzielle Zuwendungen bekamen, ihr gleichzeitig aber auch rechenschaftspflichtig waren. Die Zentralleitung regte in den 30er Jahren auch selbst die Errichtung von Rettungshäusern für kleinere Kinder an[49]. Nach der Krise 1847 kam es in der Revolutionszeit zu einer zweiten Gründungswelle von ‚Kleinkinderpflegen' und ähnlichen Einrichtungen.

Am Stuttgarter „Frauenverein zur Versorgung verwahrloster Kinder" lassen sich Struktur und Arbeitsweise eines solchen Vereins nachvollziehen. Er wurde auf Initiative der „Bergräthin" Wagner als Frauensparverein gegründet. 1834 rief sie die Stuttgarterinnen auf, Geld zu spenden, um arme Kinder in der pietistischen Rettungsanstalt Korntal unterzubringen. Zusammen mit einer Kostenaufstellung gab sie den Frauen zugleich Ratschläge, wie sie das Geld zusammenbringen könnten:

„In Korntal kostet die Aufnahme eines Kindes 40fl und dann eben soviel Kostgeld, wenn nun 10 Personen mit gleich gutem Willen sich vereinigen, wöchentlich 6 Kreuzer an etwas Unnötigem oder Überflüssigem zu sparen, sei es an einer Visitt oder an einem Gastessen – kurz, es gibt für eine nachdenkende Hausfrau immer Fälle, wo wöchentlich etwas erspart werden kann, ohne geizen zu müssen oder einem Hausgenossen das ihm Nötige zu entziehen!"[50]

Um bei einer monatlichen Einlage von 24kr ein einziges Kind zu finanzieren, waren also 34 Frauen nötig. Zwischen 1844 und 1861 wurde deshalb der Monatsbeitrag auf 48kr erhöht[51].

Mitbegründerinnen des Vereins waren eine Regierungsrätin und die „Oberstin" von Haller, die später auch einen Verein zur Unterstützung von „Honoratiorentöchtern" organisierte (BfA 8.12.49). 1843 wurde Louise von Luck, die Tochter des Staatsministers von Wächter (auch er gehörte dem Verein zur Unterstützung der Honoratiorentöchter an), Vereinsvorsteherin und sie blieb dies 25 Jahre lang[52]. Die lange personale Kontinuität ist erstaunlich, wenn man bedenkt, daß statutengemäß alle drei Jahre Vorstandswahlen stattfanden. Bei den Stuttgarterinnen fand der Verein rasch Anklang: 1835 hatte er schon 232, 1844 dann 446 Mitglieder, darunter auch 16 Männer. In den Jahren zwischen 1849 und 1859 betrug die durchschnittliche Mitgliederzahl etwa 490[53].

Bei der Auswahl der unterstützungsbedürftigen Kinder legte der Verein strenge sittlich-moralische Maßstäbe an. Kinder ohne guten Leumund oder dubioser Herkunft, z.B. uneheliche, wurden nicht zur Pflege aufgenommen. Für die Aufnahme der Kinder war die Lebensführung der Eltern ausschlaggebend:

„... Es wird deshalb bey der Wahl dieser Kinder nicht allein auf die Dürftigkeit der Kinder selbst, und seiner Eltern, oder sonstiger natürlicher Personen, sondern vorzüglich auch auf die Unfähigkeit der letzteren, dem Kind eine zweckmäßige Erziehung zu geben, Rücksicht genommen. Grundsatz ist, daß unter gleichen Umständen ehelichen Kindern vor unehelichen, und Kindern von weiblichem Geschlecht der Vorzug gegeben wird."[54]

Privatleute und Gemeinden konnten sich direkt an den Verein wenden und um die Aufnahme von Kindern nachsuchen, die besonders gerne aufgenommen wurden, wenn sich die Antragssteller finanziell beteiligten (BfA 8.12.49). Die Kinder kamen aus allen Gegenden des Landes und gehörten verschiedenen Religionsgemeinschaften an[55]. Der Verein bezahlte ihnen das Eintritts- und Austrittsgeld für die Rettungsanstalt in Höhe von jeweils 20–25fl, außerdem das Kostgeld, das zwischen 36 und 44fl im Jahr betrug. Mädchen wurden nach der Konfirmation in Dienst gegeben, konnten sich also schon früh selbst ernähren, während die Jungen auf Kosten des Vereins in die Lehre geschickt wurden, was noch einmal einen Aufwand von 36–60fl ausmachte[56]. Da die Unterstützungszeit der Mädchen demnach kürzer war als die der Jungen, wurden sie bei der Aufnahme in die Rettungsanstalt vorgezogen (vgl. oben). Der Verein versorgte die Kinder also bis zu dem Zeitpunkt, an dem sie sich finanziell auf eigene Füße stellen konnten, und die Gefahr des Abrutschens in die Armut und damit in die Bettelei einigermaßen ausgeschlossen werden konnte. Die Zahl der vom Verein betreuten Kinder betrug 63 (1844) und stieg dann auf 92 (1847) und 152 Kinder 1858 an[57].

Für ein Kind war jeweils eine Abteilung mit 14 (später 12) Mitgliedern zuständig, die die Aufenthaltskosten in der Rettungsanstalt finanzierte. Die Kosten der Konfirmation, der Kleidung und die weitere Unterstützung der Kinder nach dem Verlassen der Anstalt übernahm die Hauptkasse des Vereins. Die einzelnen Abteilungen konnten sich ihr Kind selbst auswählen, hatten sich „aber hiezu vom Ausschuß Vorschläge machen zu lassen."[58]

Die Statuten des Vereins waren relativ demokratisch. Die Abteilungsleiterinnen bildeten einen Ausschuß, der alle drei Jahre neu gewählt wurde. Den Abteilungsvorsteherinnen unterstanden die Abteilungskassen. Dem Ganzen übergeordnet war die Hauptvorsteherin, welche die Hauptkasse verwaltete. Sie entschied bei der Aufnahme der Kinder mit und hatte Kontrollbefugnisse über die Abteilungen. Die Einnahmen der Hauptkasse bestanden aus den Überschüssen der Abteilungskassen, den Beiträgen der Mitglieder, die noch keiner Abteilung angehörten, Geldgeschenken und anderen Zuwendungen, vor allem von der königlichen Familie. 1849 wurde die Hauptvorsteherin von zwei Männern bei der Kassenführung unterstützt, die für die Verwaltung des Kapitalvermögens sowie Revision und Abrechnung zuständig waren (BfA 8.12.49). Einmal im Vierteljahr wurde abgerechnet, einmal jährlich fand eine Vollversammlung statt. In ihrer organisatorischen Struktur mit Vorstand, Mitgliederversammlung, Kassenführung etc. unterschieden sich die Frauenvereine damit nicht von ‚männlichen' Vereinen.

Bestanden 1837 noch 20 Abteilungen, so waren es 1844 schon 35 und 1847 dann 38[59]. Daneben bestanden zwei außerordentliche Sektionen; die Abteilung „A" umfaßte die Mitglieder der königlichen Familie, zur Abteilung „B" gehörten die ebenfalls beitragspflichtigen Männer (BfA 8.12.49). Obwohl also Männer Mitglieder waren, wenn auch in einer gesonderten Abteilung, nannte sich dieser Verein interessanterweise ‚Frauenverein'. Das Phänomen der männlichen Mitgliedschaft findet sich in fast allen uns bekannten württembergischen Frauenvereinen. Bürgerliche Männer oder Geistliche saßen entweder mit im Vorstand oder vertraten den Verein als ‚Galionsfiguren' nach außen. Zur Tradition der Wohltätigkeit gehörte auch in Württemberg, daß die weiblichen Mitglieder des Königshauses das Protektorat in den Wohltätigkeitsvereinen inne hatten. So stand dem Verein für „verwahrloste" Kinder seit 1847 Kronprinzessin Olga vor (SK 2.2.47). Obwohl die Vereinsmitglieder, laut Bericht aus dem Jahr 1844, „aus allen Klassen der bürgerlichen Gesellschaft" kommen sollten, rekrutierten sich neue weibliche Mitglieder hauptsächlich aus dem Freundes- und Verwandtenkreis der bereits im Verein aktiven Frauen, also aus dem Stuttgarter Intelligenz- und Finanzbürgertum.

Die jährlichen Einnahmen des Vereins beliefen sich um 1848 etwa auf 7000fl, das Vermögen betrug ca. 20000fl[60]. Auf Anregung der Kreisregierung[61] wurden nach dem Vorbild des Stuttgarter Frauenvereins auch in anderen Oberamtsstädten Frauenvereine dieser Art gebildet. Diese waren wesentlich kleiner; der Eßlinger Verein bestand 1846 aus 139 Mitgliedern (EA 29.8.46) und hatte 1844 neun Abteilungen (EA 25.9.44). Der Verein in Kirchheim u.T. wies 1841 70 Mitglieder und sieben Abteilungen auf[62].

IV.1 Frauen in Wohltätigkeitsvereinen

Frauenvereine als „bergende Hülle"

Mit den wohltätigen Frauenvereinen schufen sich die Frauen neue Formen der Öffentlichkeit, wie sie bis dahin den Männern vorbehalten gewesen waren. Ihre pflegende und fürsorgende Rolle als Hausfrau, Gattin und Mutter, die sie bisher im Binnenraum der Familie ausgeübt hatten[63], bekam nun eine öffentliche Funktion. In der sozialen Mutterschaft wurde deutlich, daß Frauen andere, aber für die bürgerliche Gesellschaft ebenso wichtige Fähigkeiten besaßen wie Männer. Sie erschloß den Frauen Handlungsräume, die außerhalb ‚des Hauses' lagen. Das „Kränzchen", eine Zeitschrift für Frauen, schrieb 1850:

> „Es ist also ein gewisses Heraustreten des Weibes aus dem Hause allerdings geboten, und bloß durch das Weib kann gegründet werden, was als Unterlage des politischen Lebens vor Allem noth thut: eine wirklich bürgerliche Gesellschaft. Wir hatten bisher nur Familie und Staat." (KR 48, 1850)

Der bürgerliche Staat brauchte die Frauen als „Nationalgarde des Armenwesens", sie sollten auf ihre Weise zum Gemeinwohl beitragen:

> „Schafft aus dem weiblichen Theile der Bevölkerung eine Nationalgarde des Armenwesens, die wohlthätigen Folgen für Wohlstand, und die sittliche Kräftigung der ärmeren Volksklassen werden nicht lange auf sich warten lassen." (KR 47, 1850)

Daß die in Wohltätigkeitsvereinen organisierten Frauen mehr und effektivere Leistungen erbringen konnten als einzelne Frauen, die „im Stillen" wohltätig waren, betonte Amalie Sieveking schon in den 30er Jahren. Sie war sich auch des ambivalenten Verhältnisses der Frauen zu ihrem Verein bewußt:

> „Die Menge der Mitarbeitenden dient dem Wirken des einzelnen Mitgliedes gleichsam zu einer bergenden Hülle, und also auch zu einer Hüterin der Demuth."[64]

Frauen kam es also nicht darauf an, ihre Wirksamkeit nach außen hin zu demonstrieren – im Gegensatz zu den Männern, die den Verein als Instrument benutzten, um auf der Ebene der Politik Öffentlichkeit zu schaffen und dem Staat politische Zugeständnisse abzuringen. Da der Verein für die Frauen eine „bergende Hülle", gleichsam ein geschütztes Terrain war, konnten sie im Rahmen ihrer Fürsorgearbeit an die Öffentlichkeit treten, ohne ihren ‚privaten' Bereich eigentlich verlassen zu müssen. Damit bekamen Vereine für Frauen eine andere Funktion. Sie nahmen ihren Verein eher von ‚innen' wahr, während er als Verein aber zum Bereich der Öffentlichkeit zählte und von Männern auch als ein Teil davon angesehen wurde.

IV.1 Frauen in Wohltätigkeitsvereinen

Der „Verein zur Unterstützung älterer unverheiratheter Frauenspersonen aus dem Honoratiorenstande" in Stuttgart

In den 40er Jahren des 19. Jahrhunderts bildeten sich als Reaktion auf die zunehmende Armut im Lande neben dem institutionalisierten „Allgemeinen Wohlthätigkeitsverein" zahlreiche andere Vereine, die jeweils auf ein bestimmtes Gebiet der Armenpflege spezialisiert waren[65]. Neben konfessionellen Armenvereinen entstanden zwischen 1840 und 1845 hauptsächlich standesbetonte Vereine, deren Zielgruppe in erster Linie der verarmende Mittelstand war. Ab 1846 bildeten sich dann Vereine, die sich verstärkt um die verarmte Unterschicht bemühten. Die Privatvereine drangen damit auf Gebiete vor, die vorher staatlich dominiert gewesen waren. Wirtschaftliche und soziale Interessen des Bürgertums flossen so zunehmend in die Wohltätigkeit ein und beeinflußten auch die Organisationen des staatlichen Armenwesens[66].

Ein zentrales Problem der 40er Jahre war die soziale Deklassierung mittelständischer und kleinbürgerlicher Gruppen, die sogenannte „verschämte" Armut, die versuchte, die Statuseinbuße und wirtschaftliche Not zu verbergen. Sie betraf vor allem ledige Töchter aus dem „Honoratiorenstand", die weder auf finanzielle Unterstützung durch ihre Familien noch auf Einkünfte aus eigener Erwerbstätigkeit zurückgreifen konnten.

„... je drückender meistens die Lage der verschämten Armuth ist, die auf der einen Seite den Blicken der Welt sich entzieht und ebendamit die Hülfsmittel persönlicher Rührung und natürlichen Mitleidens entbehrt, auf der anderen fast am wenigsten Gelegenheit hat, durch eigene Arbeit sich den Unterhalt zu sichern, um so größer ist das Verdienst eines Vereins, der nach dieser Seite der Noth ... mit so treuer Beharrlichkeit gewirkt hat." (BfA 26.1.50)

Zielgruppe des 1840 gegründeten „Vereins zur Unterstützung älterer unverheiratheter Frauenspersonen aus dem Honoratiorenstande" in Stuttgart waren vor allem „Töchter von geistlichen und weltlichen Beamten, Kaufleuten, Künstlern etc.", die die Mittel nicht besaßen „in ihrem Alter sich allein fortzubringen...". Vom Verein wurden sie deshalb hauptsächlich mit Zuschüssen zu Heizkosten und Miete, im Krankheitsfall auch durch Erstattung der Arzneikosten unterstützt (BfA 26.1.50). Da die Frauen „... häufig kein Gemeinde-Bürgerrecht" hatten „und die Verlassenheit in ihrem Alter doppelt schwer" empfanden, förderte der Verein das Zusammenleben mehrerer Frauen in Gemeinschaftswohnungen, „... damit sie sich hauptsächlich in kranken Tagen gegenseitig nach Christenpflicht unterstützen können." (BfA 26.1.50) Verhielten sie sich dort nicht „friedlich und anständig" oder störten nachhaltig den Hausfrieden, konnte ihnen der Verein die finanzielle Hilfe entziehen.

Fürsorge war auch hier wieder mit gegenseitiger Kontrolle und sozialer Diszi-

IV.1 Frauen in Wohltätigkeitsvereinen

plinierung gekoppelt. Die Frauen konnten über die ihnen gewährten Mittel in der Regel nicht selbst verfügen, sondern diese wurden „... einer bekannten Person des Wohnorts oder dem Pfarramte mit dem Ersuchen zugestellt, die Bedürfnisse, zu deren Zweck die Unterstützung gegeben wird, zu bestreiten." Um das Geld überhaupt zu bekommen, mußten die Frauen ihre finanziellen und familiären Verhältnisse offen legen und „... eine Nachweisung über Verhalten, über das, was sie an Vermögen besitzen und über die Beiträge, welche sie zu ihrer Unterhaltung aus öffentlichen Kassen und von Verwandten und andern Privatpersonen beziehen, beibringen." (BfA 26.1.50) Die Unterstützung erlosch, sobald die betreffende Frau durch eine Erbschaft oder auf andere Weise zu etwas Vermögen kam. 1853 wurde in den geänderten Statuten zusätzlich eingeführt, daß der Anspruch ebenfalls endete, falls sich herausstellte, „... daß eine Unterstützte das bei ihrer Anmeldung ausgestellte günstige Zeugniß in Beziehung auf sittliches Verhalten später nicht mehr verdiente..." (BfA 27.8.53).

Mathilde Reuß (1814–1890), geb. Ebner, Ehefrau des Kaufmann Reuß, seit 1845 Witwe. Sie war Ausschußmitglied im „Verein zur Unterstützung älterer unverheiratheter Frauenspersonen aus dem Honoratiorenstande". (Ölgemälde von Robert Wessinger 1885. STA Stuttgart)

IV.1 *Frauen in Wohltätigkeitsvereinen*

Initiatorin des Vereins war die Witwe des Oberst v. Haller, die auch im Stuttgarter „Frauenverein für verwahrloste Kinder" mitarbeitete[67]. Die Satzung sah eine Mindestmitgliederzahl vor von „wenigstens 6 Männern und 6 Frauen mit gleicher Stimmenberechtigung." (BfA 26.1.50) Um 1848 kamen fast alle Mitglieder aus dem Stuttgarter Intelligenz- und Finanzbürgertum[68]. Die Vorstandspositionen im Verein wurden von Männern besetzt, die beruflich mit Verwaltungsaufgaben vertraut waren. So fungierte Kriegsrat v. Teichmann als Schriftführer und Kassier[69], eine Aufgabe, die er auch im Stuttgarter „Frauenverein für verwahrloste Kinder" wahrnahm.

> **Stuttgart.** [Quartett Konzert für den Verein zu Unterstützung älterer unverheiratheter Honoratioren-Töchter.] Die Herren Keller, Scherzer, Debuissere und Boch, Mitglieder der K. Hofkapelle, haben sich erboten, noch ein Quartett Konzert, und zwar zu eben gedachtem Zweck, im Saale des obern Museums am Donnerstag dem 6 Mai zu geben, wobei sie die am zweiten Abonnements Konzert aufgeführten, besonders ansprechenden Musikstücke wiederholen werden. Indem der Verein dieses willkommene Erbieten ehrend anerkennt, ladet er die Freunde unverschuldet Bedrängter ein, das Unternehmen geneigtest fördern zu wollen. Eintrittskarten à 30 kr. sind in der Zumsteeg'schen Musikalienhandlung, bei dem Hausmeister Maier des obern Museums und an der Kasse zu haben. Den 3 Mai 1847.
>
> Die Vereinsmitglieder: Agnes Bertrand, geb. Härlin. Margarethe Kapff, geb. Heigelin. Charlotte Klatber, geb. v. Breitschwerdt. Luise v. Luck, geb. v. Wächter. Eleonore Pistorius, geb. Feuerlein. Wilhelmine Wächter, geb. v. Vellnagel. Oberstlieutenant v. Bär. Prälat Faber. Stadtdirektor Gärttner. Oberhofprediger Grüneisen. Kriegsrath Teichmann. Kanzler Wächter. Pfarrer Zahn.

(Schwäbische Kronik Nr. 122, 5.5.1847. Universitätsbibliothek Tübingen)

IV.1 Frauen in Wohltätigkeitsvereinen

Die Unterstützungen wurden durch jährliche Mitgliederbeiträge, durch Vermächtnisse und Legate sowie Geschenke, vor allem der königlichen Familie, finanziert. 1844 betrugen die Mitgliederbeiträge 2517fl, mit der Krise 1847 gingen sie auf 1777fl zurück und sanken bis 1850 auf 1180fl (BfA 31.5.51). Das Vermögen des Vereins belief sich 1849 auf rund 14000fl (BfA 26.1.50). Von diesem Geld wurden 1848 115 „Personen"[70] unterstützt, 1849 112 (BfA 26.1.50), 1850 waren es 117 Frauen – darunter Töchter von Geistlichen (39), von „Civilbeamten" (37), von Lehrern und Kaufleuten (je 8), von „Civilärzten" (7), von Gemeindebeamten (6), von Künstlern (5), von Offizieren (4), von Militärbeamten (2) und eine Advokatentochter. Die meisten, nämlich 39 der Frauen waren zwischen 60 und 69 Jahren alt. Unter 40 und über 80 Jahren waren dagegen jeweils nur vier (BfA 31.5.51).

Der Verein zahlte allerdings nicht nur Unterstützungen, sondern fungierte auch als Versicherungsverein. Einige vermögendere Frauen hatten ihren Besitz dem Verein als Kapital überschrieben und bezogen daraus „... so lange sie leben 8 Proc. Zinse..., wogegen das Kapital nach ihrem Tode dem Verein heimfällt." (BfA 31.5.51) Einzelne „Honoratiorentöchter" konnten so ihre Altersversorgung sichern; für sie besaß der Verein den Charakter einer Notgemeinschaft.

Armut und soziale Frage – Die Krise 1847

Bereits in den 40er Jahren hatte eine schleichende gewerbliche Krise – ausgelöst durch den ersten Industrialisierungsschub in den 30er Jahren – zu zahlreichen Konkursen im Kleinhandwerk geführt. Diese Verelendung des Handwerks traf 1846/47 schließlich zusammen mit den Folgen einer agrarischen Krise und löste eine der letzten Hungersnöte in Deutschland aus. Kartoffelfäulnis und Mißernten führten zu extremen Preisanstiegen bei Getreide und Kartoffeln und zu einer allgemeinen Lebensmittelverknappung. Verstärkt wurde diese Notlage durch strukturelle Probleme der Landwirtschaft, starkes Bevölkerungswachstum, extreme Güterzerstückelung im Realteilungsgebiet und die Verarmung weiter Kreise der Landbevölkerung[71].

Da sich die Ernährungslage im Jahr 1847 extrem verschlechterte, versuchten es zahlreiche Gemeinden wieder mit einem ‚alten' bewährten Mittel, mit Suppenküchen, die schon 1817 erfolgreich zur Bekämpfung des Hungers beigetragen hatten. Schon im Laufe des Jahres 1846, vor allem aber in den ersten Monaten des Jahres 1847, wurden in fast allen Oberamtsstädten Suppenanstalten eingerichtet, in denen die Frauen der Wohltätigkeitsvereine die „Leitung und Aufsicht" übernahmen, zum Teil aber auch selbst kochten und die Speisen verteilten[72].

Um die Armenversorgung durch private Mittel zu ergänzen, veranstaltete die Zentralleitung des „Allgemeinen Wohlthätigkeitsvereins" im Februar 1847 eine Lotterie, deren Erlös von 25 250fl 28kr unter den 229 Lokal-und Bezirksvereinen verteilt wurde[73]. Auch Lokalvereine verschafften sich durch Lotterien Geld. Der Reutlinger Liederkranz veranstaltete z.B. eine Verlosung „zum Besten der bedrängten Gewerbsleute und der Armen", zu deren Gelingen auch Frauen und Mädchen durch „Gaben" beitragen sollten[74].

Die Krise von 1847 führte schließlich zu einer Reorganisation des „Allgemeinen Wohlthätigkeitsvereins". Da die lokalen Armenkassen der Gemeinden die Situation nicht mehr alleine bewältigen konnten, und die Arbeit der lokalen Wohltätigkeitsvereine seit den 20er Jahren stagnierte, rief die Zentralleitung am 10.3.1847 zur Neugründung von Oberamtsleitungen, nun Bezirksleitungen genannt, auf. Mit dem Erfolg, daß 57 neue Vereine mit ca. 4000 freiwilligen Mitgliedern gegründet wurden[75]. Dem Bürgertum bot die freiwillige Mitarbeit in Wohltätigkeitsvereinen eine Gelegenheit, seine politische Verantwortlichkeit und ‚Reife' zu demonstrieren: „Handeln wir nicht, so geben wir uns selbst auf, stellen uns selbst ein Zeugniß unserer Armseligkeit, unserer Schwäche, unserer politischen Unreife aus."[76]

War die Hungersnot von 1816/17 als quasi ‚naturbedingt' oder als Folge des Krieges wahrgenommen worden, sozusagen als Schicksalsschlag, der ergeben ertragen werden mußte, besaß die Krise der 40er Jahre einen anderen Charakter; die Armut im Vormärz bekam nun „einen politischen, systemgefährdenden Aspekt"[77]. Die pauperisierten Massen ertrugen die Lage nicht mehr geduldig wie zuvor, sondern begannen sich zu wehren: Brotkrawalle, Holzdiebstähle und andere ‚Delikte' signalisierten eine offensive Auflehnung gegen die als systembedingt empfundene Armut. Arme erschienen in den Augen der Bürger nun als potentielle Revolutionäre; Verarmung wurde gleichgesetzt mit Niederträchtigkeit und Gesetzlosigkeit[78]. Richteten sich die Angriffe in den früheren Jahren vor allem gegen Bettler, waren nun alle arbeitsfähigen Armen, die von der Gemeindekasse Unterstützung bezogen, die Zielscheibe bürgerlicher Kritik[79]. Als Gefahrenquelle wurden nicht die „verschämten,... durch unverschuldete Unglücksfälle und den schweren Druck der Zeiten herabgekommenen Armen...", sondern die als arbeitsscheu, oft sogar als kriminell eingestuften Armen angesehen[80].

Um die „... arbeitsscheuen, genußsüchtigen und liederlichen Armen zur Arbeitsliebe, zur Genügsamkeit und Mäßigkeit, zu einem ehrbaren rechtschaffenen Leben oder wenigstens zu äußerer Zucht und Ordnung" zu erziehen, sahen „Armenfreunde" wie Pfarrer Hahn strenge Zwangsmaßnahmen wie Armenhäuser gerechtfertigt und plädierten dafür, in die bisherige Armenpflege stärker Erziehungsmaßnahmen einzuführen[81]. Das zunehmende Interesse des Bürgertums an der Armenfürsorge in den 40er Jahren und vor allem in der Krise 1847 basierte somit weniger auf Mitgefühl oder dem Verantwortungsbewußtsein gegenüber den verarmten Schichten, sondern eher auf der „Angst vor politischen Unruhen" und „Umwälzung der bestehenden Herrschafts- und Besitzverhältnisse"[82].

IV.1 Frauen in Wohltätigkeitsvereinen

Der „Paulinenverein zur Bekleidung armer Landleute"

Zu den Vereinen, die 1847 unmittelbar auf die Krise und die damit verbundene Verelendung der Landbevölkerung reagierten, gehörte auch der „Verein für Bekleidung von Landarmen", den 1846 eine Arztgattin zusammen mit einem Stuttgarter Pfarrer gegründet hatte. 1851 übernahm Königin Pauline das Protektorat des Vereins, woraufhin er in „Paulinenverein zur Bekleidung armer Landleute" umgetauft wurde[83]. Der Verein unterstützte Landarme „... durch Verabreichung von Kleidungsstücken, Betten und Leibweißzeug"[84], die die etwa 70 weiblichen Mitglieder[85] meist selbst anfertigten. Dazu trafen sie sich jeden Donnerstag zwischen 14 und 17 Uhr in einem eigenen Vereinslokal, 1848 in einem Raum der „Amtsoberamtei"[86]. Einige Frauen arbeiteten auch zu Hause und holten sich das Material gegen Empfangsschein im „Geschäftslokal" ab. Mitglied war, wer regelmäßig Kleidungsstücke spendete, unentgeltlich Kleider anfertigte oder einen Geldbeitrag bezahlte. Die Gelder wurden dazu benutzt Stoffe zu kaufen, vereinzelt wurden auch Arbeitslohn bezahlt oder einzelnen Mitgliedern besondere Auslagen erstattet[87]. Die Materialausgabe und Verteilung der Spenden war Aufgabe des Vereinsausschusses, dem 1848 fünf ledige Frauen, eine Arztgattin und ein „Präzeptor" als Schriftführer angehörten. Nach außen wurde der Verein sowohl von der Gräfin Pauline von Zeppelin wie auch dem Prälaten Gerok vertreten[88].
1846/47 versorgte der „Verein für Bekleidung von Landarmen" 122 Orte mit Kleidung[89], 1847/48 schon 140[90], und 1849 wurden bereits an 152 Orte 250 Sendungen verschickt[91]. Im Rechnungsjahr 47/48 verbuchte der Verein etwa 1600fl Einnahmen, wovon ca. 1300fl für Armenunterstützung ausgegeben wurden. Die Gegenstände, die in diesem Jahr verteilt wurden, waren:

> „50 Männerhemden, 53 Frauenhemden, 80 Kinderhemden, 137 Paar Strümpfe, 12 Paar Socken, 12 Paar Stiefel, 28 Paar Schuhe, 45 Paar Beinkleider, 11 Überröcke, 26 Weiberröcke, 36 Kinderröcke, 7 Kinderkleider, 64 Kittel, 24 Bettjacken, 43 Westen, 29 Wämser, 2 Schlafröcke, 5 Unterröcke, 1 Frack, 31 Mützen, 20 Paar Handschuhe, 23 Hauben, 23 Kinderhäubchen, 90 Halstücher, größere und kleinere..., 23 Schürzen, 15 Windeln, 2 Bettdecken..., 7 größere und kleinere Kissen, 3 Tragkissen, 17 Leintücher, 11 Bettziechen, 28 Kissenziechen".[92]

Dazu kamen etliche Ellen an Zitz, Zwillich, Futter, Leinwand und anderen Stoffen. Die Gegenstände wurden durch „Agenten" in den verschiedenen Oberämtern verteilt. Allerdings nur an solche Arme, die mit amtlichem Zeugnis ihre Bedürftigkeit nachweisen konnten, oder deren Lage einzelnen Vereinsmitgliedern näher bekannt war[93].
Indem Vereine wie der „zur Unterstützung älterer unverheiratheter Frauenspersonen aus dem Honoratiorenstande" und der zur „Bekleidung von Landarmen" nur Arme unterstützten, die ihren wirtschaftlichen und moralischen Anspruch

IV.1 Frauen in Wohltätigkeitsvereinen

auf Hilfe durch einen entsprechenden „sittlichen" Lebenswandel nachweisen konnten, waren sie zugleich ein Instrument sozialer Kontrolle. Damit wuchs Frauen in den Wohltätigkeitsvereinen eine soziale Macht zu, die ihnen im Bereich der bürgerlichen Öffentlichkeit sonst verwehrt war. Weibliche Wohltätigkeit war somit konstitutiver Teil bürgerlicher Herrschaft. Durch das Ausleseprinzip, das nur diejenigen Armen berücksichtigte, die es ‚verdienten', in die Gunst der bürgerlichen Wohltätigkeit zu gelangen, trugen die Frauen zur sozialen Disziplinierung und Unterdrückung des vierten Standes bei: Die ‚Hilfe' für „verwahrloste" Kinder oder die Aufsicht über Arme durch entsprechende Vereine war im Endeffekt nichts Anderes als die Überwachung und Disziplinierung von Müttern der Unterschicht durch Frauen der Oberschicht. Wohltätigkeit war damit kein Akt weiblicher Solidarität, sondern trug zur „Aufrechterhaltung des weiblichen Unterdrückungszusammenhangs"[94] bei.

Frauen in den Wohltätigkeitsvereinen – Gleiche unter Gleichen?

Von den 139 Stuttgarter Frauen, die uns durch Zeitungsberichte, Spenden- und Mitgliederlisten von Vereinen namentlich bekannt sind, lassen sich 109 durch ihre Väter oder Ehemänner sozial identifizieren. 47 Frauen, also fast die Hälfte, kamen aus Beamtenfamilien, 28 waren Kaufmannsgattinnen oder -töchter, 19 entstammten Handwerkerfamilien, 9 waren Ärzte- oder Apothekersgattinnen bzw. -töchter, 6 Frauen kamen aus Pfarrhäusern.

Die Mehrzahl der Frauen stammte also aus dem gehobenen Beamtentum, dies gilt vor allem auch für die adligen Frauen. Eine zweite große Gruppe stellten die Frauen aus dem gutsituierten Stuttgarter Wirtschaftsbürgertum dar. War die Teilnahme der Adligen im Wohltätigkeitsverein noch eine Frage des Prestiges, kam im Engagement der bürgerlichen Frauen die liberale Gesinnung des Bürgertums zum Ausdruck und stand so auch für den politischen Anspruch dieser Klasse. Die wohltätigen Vereine waren im Prinzip ‚klassenübergreifend', denn in ihnen kamen Frauen verschiedenster Lebenskreise zusammen, die sich im alltäglichen Leben sonst kaum begegneten, die im Verein aber – zumindest formal – als ‚Gleiche unter Gleichen' arbeiteten. Nur vereinzelt finden wir auch Unterschichtsfrauen in den Vereinen, denn diese waren in der Regel Empfängerinnen der Unterstützung.

In der Führung der Vereine dominierten deutlich adlige Damen und wohlsituierte Frauen aus der Mittelschicht. Dies zeigt auch eine Beschreibung der Mitgliederstruktur aus dem Jahr 1821:

„… Frauen besonders, von edler Geburt, durch theure Pflichten im Hause viel beschäftigt; jetzt aber verdoppelnd ihre Kraft und Anstrengung, und als zu einer schönen Abwechslung ihrer Thätigkeit herniedersteigend in die Hütten der Armuth; emsig im Forschen, unermüdlich im Sammeln und Austheilen; sonst vielleicht unbe-

IV.1 Frauen in Wohltätigkeitsvereinen

kannt miteinander und auf verschiedenen Lebenswegen, jetzt zu dem Einen theuern Zwecke eng vereinigt; an sie angeschlossen eine Menge wohlgesinnter Frauen aus den mittleren Ständen: mit dem gleichen Eifer, oft mit größerem Opfer von Zeit und Kräften; ja selbst nicht wenige von Denen, welche mit Mühe ihres Lebens Nothdurft fanden, zu freundlichen, freyen Leistungen voll edlen Willens, ...".[95]

Von den 139 in Stuttgarter Vereinen engagierten Frauen gehörten 50 (= 36%) dem Witwenstand an, 43 (= 31%) der Frauen waren verheiratet, 20 (= 14%) ledig, 13 (= 9%) adliger Herkunft, die restlichen konnten sozial nicht eingeordnet werden. Allgemein läßt sich die Tendenz erkennen, daß sich Witwen und ledige Frauen vor allem auf Spenden beschränkten, während sich die adligen und verheirateten Frauen meist direkt in den Vereinen engagierten. Insgesamt gehörte Spenden zum Habitus der bürgerlichen und adligen Oberschicht, da diese durch die Zeitungen regelmäßig publizierte Form der Wohltätigkeit das Ansehen einer Familie steigerte. Der Kreis der Frauen und Familien, die in den Spendenlisten auftauchen, ist so immer wieder derselbe.

Wie eine ‚ideale Vereinsfrau' aussah, und welche Verhaltensanforderungen an Frauen in Wohltätigkeitsvereinen gestellt wurden, verdeutlichen Portraits bekannter Wohltäterinnen wie Amalie Sieveking oder Elisabeth Fry, die von den damaligen Zeitungen verbreitet wurden. 1847 wurde im „Reutlinger und Mezinger Courier"[96], 1850 in den „Illustrirten Kreuzer-Blättern" (Nr. 2–8) und 1852 in den „Blättern für das Armenwesen"[97] das Lebensbild von Elisabeth Fry (1780–1845), einer englischen Quäkerin, gezeichnet. Diese hatte 1813 einen Frauenverein gegründet, der sich die Reform des englischen Gefängniswesens zum Ziel gesetzt hatte. Durch die Übersetzung ihrer Schriften ins Deutsche genoß Elisabeth Fry in den zwanziger Jahren auf dem Festland, vor allem in deutschsprachigen Gebieten, eine ungeheure Popularität. Auf ihren Reisen durch Europa wurde sie in zahlreichen Städten zur ‚Geburtshelferin' von Frauenvereinen, die es sich zur Aufgabe machten, weibliche Gefangene zu besuchen.

Wesentlich an allen Berichten über Elisabeth Fry – und dies ist programmatisch für die gesamte Wohltätigkeitsarbeit von Frauen – ist die Betonung, daß Elisabeth Fry niemals den Eindruck erweckte „als verläugne sie nur im geringsten ihr Geschlecht" (RMC 17.7.47). Trotz ihrer Vereinstätigkeit und ihres häufigen Auftretens in der Öffentlichkeit erwies sie sich als „treue Gattin", „sorgsame Hausmutter" und „liebreiche Pflegerin ihrer Kinder" (BfA 15.5.52). Frauen blieben damit auf traditionelle Formen weiblichen Verhaltens fixiert. Da ihnen aber der bewußte Einsatz bestimmter weiblicher Fähigkeiten wie Mütterlichkeit und Fürsorglichkeit zugleich einen Weg in die politische Öffentlichkeit bahnte, kam der Arbeit in den Wohltätigkeitsvereinen zumindest im Vormärz noch eine gewisse emanzipative Funktion zu.

IV.1 Frauen in Wohltätigkeitsvereinen

Emilie Reinbeck (1794–1846), geb. Hartmann, stammt aus einer der bekanntesten Stuttgarter Familien. Sie war mit dem Schriftsteller Georg Reinbeck verheiratet, und ihr Haus war ein Zentrum des Stuttgarter Kulturlebens. 1832 nahm sie an einer Lotterie zugunsten „Hagelgeschädigter" teil. (Aquarell von ihrer Schwester Mariette Zöppritz, geb. Hartmann (1802–1874). STA Stuttgart)

IV.1 Frauen in Wohltätigkeitsvereinen

Anmerkungen:

Die ausführliche Bearbeitung dieses Themas folgt in der Magisterarbeit der Autorin.
1) Vgl. Irene Stoehr: „Organisierte Mütterlichkeit". Zur Politik der deutschen Frauenbewegung um 1900. In: Karin Hausen (Hg.): Frauen suchen ihre Geschichte. München 1983, S. 221–249.
2) F. Leube: Der allgemeine Wohlthätigkeits-Verein im Königreich Württemberg. Stuttgart 1850, S. 1.
3) Die Suppe besteht aus Graupen, Hülsenfrüchten, Kartoffeln, Wurzelwerk, saurem Bier und Wasser. „Erfinder" war Sir Benjamin Thompson (1753–1814), späterer Graf von Rumford, amerikanischer Physiker und Chemiker, der ab 1784 Minister in München war, dort Arbeitshäuser gründete und sich um die Volksernährung bemühte. Vgl. Großer Brockhaus, Bd. 16, Leipzig 1933.
4) F. Leube: Der allgemeine..., S. 1.
5) Arnold Weller: Sozialgeschichte Südwest-Deutschlands. Stuttgart 1979, S. 108.
6) F. Leube: Der allgemeine..., S. 1-3.
7) Jubiläums-Bericht der Centralleitung des Wohlthätigkeits-Vereins im Königreich Württemberg, 1817–67. Stuttgart 1867, S. 53–55.
8) A. Weller: Sozialgeschichte..., S. 79, 107. Die zuvor, d.h. seit Ende des 18. Jahrhunderts bestehenden Vereine hatten rein unterhaltenden Charakter. Sie nannten sich Lesegesellschaften, waren meist in Reichs- und Residenzstädten entstanden; ihre Mitglieder waren v.a. Offiziere, Adlige und Hofbeamte. Vgl. Carola Lipp: Verein als politisches Handlungsmuster. Das Beispiel des württembergischen Vereinswesens von 1800–1849. Erscheint in: Maurice Agulhon (Hg.): Sociabilité et société bourgeoise. Paris 1985.
9) August L. Reyscher: Vollständige, historische und kritisch bearbeitete Sammlung württembergischer Gesetze, Bd. 15. Tübingen 1846, S. 862, und Wolfgang Schmierer et al.: Akten zur Wohltätigkeit und Sozialpolitik Württembergs im 19. und 20. Jahrhundert. Stuttgart 1983, S. 17.
10) Julie Geyer: Die Zentralleitung für Wohltätigkeit. Diss. Tübingen 1923, S. 13, 17, 18, 20, 21.
11) Lisgret Militzer-Schwenger: Armenerziehung durch Arbeit. Tübingen 1979, S. 19.
12) Ein Prinzip, das in den Mennonitengemeinden Hollands schon in der Reformationszeit galt und später von Theodor Fliedner, dem Begründer des Diakonissenwesens übernommen wurde. Vgl. Eduard von der Goltz: Der Dienst der Frau in der christlichen Kirche. Potsdam 1905, S. 44.
13) Johann P. Glökler: Schwäbische Frauen. Lebensbilder aus den drei letzten Jahrhunderten. Stuttgart 1865, S. 425. STAL, F 240/1, Bü 78. A.L. Reyscher: Vollständige..., Bd. 15, S. 865.
14) Eine Ermahnung zur Armen- und Krankenpflege nach dem gesegneten Vorgang der großen Armenfreundin Amalie Sieveking. Stuttgart 1850, S. 87.
15) A.L. Reyscher: Vollständige..., Bd. 15, S. 866.
16) Ebd., S. 860.
17) Ebd., S. 855.
18) STAL, F 240/1, Bü 78, auch das folgende Zitat.
19) L. Militzer-Schwenger: Armenerziehung..., S. 46.
20) J.P. Glökler: Schwäbische Frauen..., S. 426.
21) J. Geyer: Die Zentralleitung... S. 25. Jubiläums-Bericht der Centralleitung..., S. 53–55.
22) A.L. Reyscher: Vollständige..., Bd. 15, S. 864.

23) F. Leube: Der allgemeine..., S. 9.
24) Tübinger Amts- und Intelligenzblatt Nr. 3, 7. 1. 1848, S. 10. Bezieht sich auf Psalm 82,4.
25) F. Leube: Der allgemeine..., S. 3ff.
26) Ebd., S. 9.
27) L. Militzer-Schwenger: Armenerziehung..., S. 27.
28) A.L. Reyscher: Vollständige..., Bd. 15, S. 863.
29) L. Militzer-Schwenger: Armenerziehung..., S. 27f.
30) Vgl. Siegfried Schoch: Soziale Bewegungen sowie Formen sozialen und sozialpolitischen Handelns in Württemberg 1770–1870. Stuttgart 1975, S. 434.
31) Wilhelm Jannasch / Martin Schmidt (Hg.): Das Zeitalter des Pietismus. Bremen 1965, S. XX.
32) Ebd., S. XVI. auch das folgende.
33) Paul Philippi: Die Vorstufen des modernen Diakonissenamtes (1789–1848) als Elemente für dessen Verständnis und Kritik. Neukirchen-Vluyn 1966, S. 60. Königin Katharina berief z.b. den Pietisten Kaufmann Heinrich Lotter, der bereits der „Privatgesellschaft freiwilliger Armenfreunde" angehört hatte, in die Zentralleitung. Von Freiherr von Sekkendorff war bekannt, daß er an pietistischen Erbauungsstunden teilnahm. Vgl. Hermann Schmidt: Die innere Mission in Württemberg. Hamburg 1879, S. 32, 44ff.
34) Carola Lipp: Bräute, Mütter, Gefährtinnen. Frauen und politische Öffentlichkeit in der Revolution 1848. In: Helga Grubitzsch / Hannelore Cyrus / Elke Haarbusch (Hg.): Grenzgängerinnen. Revolutionäre Frauen im 18. und 19. Jahrhundert. Bd. 33 der Reihe Geschichtsdidaktik. Düsseldorf 1985, S. 85. Gerda Tornieporth spricht in Anlehnung an Schrader-Breymann, Nichte und Schülerin Fröbels, von „geistiger Mütterlichkeit". Gerda Tornieporth: Studien zur Frauenbildung. Weinheim, Basel 1977, S. 188.
35) A.L. Reyscher: Vollständige..., Bd. 15, S. 854.
36) C. Lipp: Bräute, Mütter, Gefährtinnen. Auch heute gehört es zu den Aufgaben der „Landesmutter", deren es im föderalistischen Staat ja mehrere gibt, ihre Wohltätigkeit öffentlich zu demonstrieren.
37) Karl L. Roth: Erinnerung an die sittliche Wirksamkeit der verewigten Königin Katharina von Württemberg. Stuttgart 1821, S. 33.
38) E. v.d. Goltz: Der Dienst der Frau..., S. 78f.
39) P. Philippi: Die Vorstufen..., S. 60.
40) E. v.d. Goltz: Der Dienst der Frau..., S. 79.
41) Christoph Sachße / Florian Tennstedt: Geschichte der Armenfürsorge in Deutschland. Stuttgart 1980, S. 223. Priscilla Burghersh: Briefe aus dem Hauptquartier der verbündeten Armeen. Berlin 1894, S. 27f, 36f. In Preußen bestanden während der Befreiungskriege nach v.d. Goltz 258 Frauenvereine. Nach: Luise Scheffen-Döring: Frauenbewegung und christliche Liebestätigkeit. Leipzig 1917, S. 12.
42) STAL, E 191, Bü 3967.
43) Sängerkranz Tübingen. Vereins-Berichtsbuch No. 1, April 1829 – Juli 1852, S. 67. Für den Hinweis danken wir Frau Kathrin Hoffmann, für die Überlassung des Protokollbuchs Herrn Sonntag, Tübingen.
44) 1798 gründete Pestalozzi seine Erziehungsanstalt in Stanz-Unterwalden, 1799 von Fellenberg sein Erziehungsinstitut in Hofwyl. Nach: Ludwig Völter: Geschichte und Statistik der Rettungs-Anstalten für arme verwahrloste Kinder in Württemberg. Stuttgart 1845, S. 84. Das bekannteste „Rettungshaus" dürfte das „Rauhe Haus" in Hamburg sein, das J.H. Wichern 1833 gründete.
45) S. Schoch: Soziale Bewegungen..., S. 424. Monika Simmel: Erziehung zum Weibe.

IV.1 Frauen in Wohltätigkeitsvereinen

Mädchenbildung im 19. Jahrhundert. Frankfurt/M. 1980, S. 77. A.Weller: Sozialgeschichte..., S. 87.
46) M. Simmel: Erziehung zum Weibe..., S. 70.
47) Ch.Sachße/F. Tennstedt: Geschichte der Armenfürsorge..., S. 229f, vgl. auch das folgende.
48) Christoph U. Hahn: Die Bezirkswohlthätigkeitsvereine, ihre Gegenwart und Zukunft. Stuttgart 1848, S. 20.
49) J. Geyer: Die Zentralleitung..., S. 94 zitiert eine Schrift, die die Zentralleitung 1835 herausgab: J.F. Bofinger: Die Kleinkinderschulen und Kleinkinderpflegen in Württemberg.
50) 125 Jahre württembergischer Frauenverein für hilfsbedürftige Kinder, 1834–1959. Stuttgart 1959, S. 6.
51) STAL, E 191, Bü 3967. G.A. Süskind/Gustav Werner: Repertorium der Armenpflege in Württemberg. Stuttgart 1861, S. 388.
52) Karl A. Leibbrand: Stuttgart. Die Anstalten und Vereine für Wohltätigkeit. Stuttgart 1869, S. 27.
53) H. Schmidt: Die innere Mission..., S. 88f (1835). STAL, E 191, Bü 3967 (1844). 1847 hatte der Verein 494 Mitglieder. Schwäbische Kronik 14.5.1848, Nr. 134, S. 704. 1849 waren es 490 Mitglieder. Blätter für das Armenwesen 8.12.1849, Nr. 49, S. 237f. 1850 waren es 484 Mitglieder. Blätter für das Armenwesen 9.11.1850, Nr. 45, S. 220. 1859 waren es 475 Mitglieder. K.A. Leibbrand: Stuttgart..., S. 26.
54) STAL, E 191, Bü 3967.
55) G.A. Süskind/G. Werner: Repertorium..., S. 388.
56) Blätter für das Armenwesen 8.12.1849. K.A. Leibbrand: Stuttgart..., S. 27.
57) STAL, E 191, Bü 3967 (1844). Schwäbische Kronik 14.5.1848 (1847). H. Schmidt: Die innere Mission..., S. 88f.
58) STAL, E 191, Bü 3967. Daraus auch die folgenden Ausführungen.
59) 125 Jahre württembergischer Frauenverein..., S. 7 (1837). STAL, E 191, Bü 3967 (1844). Schwäbische Kronik 14.5.1818 (1847).
60) Im Rechnungsjahr 1847/48: Einnahmen/Ausgaben 7205fl 41kr, Vermögen 19568fl 8kr. Schwäbische Kronik 14.5.1848. Im Rechnungsjahr 1849/50: Einnahmen 4577fl 32kr, Ausgaben 4326fl 29kr, Vermögen 19083fl 48kr. Blätter für das Armenwesen 9.11.1850.
61) G.A. Süskind/G. Werner: Repertorium..., S. 386–388.
62) HSTAS, E 146, Bü 1141. G.A. Süskind/G. Werner: Repertorium..., S. 386.
63) Karin Hausen: Die Polarisierung der „Geschlechtscharaktere". Eine Spiegelung der Dissoziation von Erwerbs- und Familienleben. In: Heidi Rosenbaum (Hg.): Seminar – Familie und Gesellschaftsstruktur. Frankfurt/M. 1980, S. 161–191.
64) Eine Ermahnung..., S. 74/75.
65) Nach einer Statistik von 1876 entstanden zwischen 1800 und 1850 610 Vereine „für Arme überhaupt", während im gesamten 18. Jahrhundert nur 160 existierten. Dabei handelt es sich allerdings kaum um Vereine im heutigen Sinn, da es sie zu dieser Zeit noch nicht gab. Gemeint waren wohl eher Privatstiftungen und lokale Einrichtungen. Vgl. Wilhelm Camerer: Statistik und Fürsorge für Arme und Nothleidende im Königreich Württemberg. Stuttgart 1876, S. 28.
66) Vgl. Thomas Nipperdey: Verein als soziale Struktur in Deutschland im späten 18. und frühen 19. Jahrhundert. In: Ders. (Hg.): Gesellschaft, Kultur, Theorie. Göttingen 1976, S. 174–205, hier S. 196, 198.
67) Beschreibung des Stadtdirections-Bezirkes Stuttgart. Herausgegeben vom statistisch-topographischen Bureau. Stuttgart 1856, S. 344.
68) STAL, Pl 409, Bü 1.

69) Beschreibung des Stadtdirections-Bezirkes..., S. 344.
70) Württembergische Jahrbücher für vaterländische Geschichte, Geographie, Statistik und Topographie. Herausgegeben vom statistisch-topographischen Bureau. Jg. 1848, S. 98. (Im folgenden abgekürzt: WJB).
71) Robert Leibbrand: Das Revolutionsjahr 1848 in Württemberg. Stuttgart 1948, S. 9–12. Wolfgang Kaschuba/Carola Lipp: 1848 – Provinz und Revolution. Tübingen 1979. Carola Lipp: Württembergische Handwerker und Handwerkervereine im Vormärz und in der Revolution 1848/49. In: Ulrich Engelhardt (Hg.): Handwerker in der Industrialisierung. Stuttgart 1984, S. 347–380. Wolfgang von Hippel: Bevölkerungsentwicklung und Wirtschaftsstruktur im Königreich Württemberg 1815/65. Überlegungen zum Pauperismusproblem in Südwestdeutschland. In: H. Stuke (Hg.): Soziale Bewegung und politische Verfassung. Stuttgart 1976, S. 270–371. Christoph Sachße/Florian Tennstedt (Hg.): Bettler, Gauner und Proleten. Armut und Armenfürsorge in der deutschen Geschichte. Reinbek 1983, v.a. S. 162.
72) Vgl. Schwäbische Kronik 18.3.1847, Nr. 76, S. 301f. Schwäbische Kronik 17.6.1846, Nr. 162, S. 666.
73) WJB Jg. 1847, S. 81.
74) Reutlinger und Mezinger Courier 9.5.1847, Nr. 91, S. 373 Beilage. Reutlinger und Mezinger Courier 19.5.1847, Nr. 98, S. 401.
75) F. Leube: Der allgemeine..., S. 9.
76) Theodor Eisenlohr: Die Constituirung des Bezirks-Armenvereins in Nürtingen. Stuttgart 1847, S. 7.
77) A.L. Reyscher: Vollständige..., Bd. 15, S. 854. Ch. Sachße/F. Tennstedt: Bettler, Gauner und Proleten..., S. 168f.
78) Th. Eisenlohr: Die Constituirung..., S. 13.
79) L. Militzer-Schwenger: Armenerziehung..., S. 32.
80) Christoph U. Hahn: Über den gegenwärtigen Zustand unserer Armenversorgungsanstalten. Stuttgart 1847, S. 4f.
81) Ebd., S. 12ff.
82) L. Militzer-Schwenger: Armenerziehung..., S. 31.
83) W. Schmierer: Akten zur Wohltätigkeit..., S. 408.
84) G.A. Süskind/G. Werner: Repertorium..., S. 347.
85) WJB Jg. 1846, S. 81.
86) STAL, E 191, Bü 4078, Bl. 4.
87) G.A. Süskind/G. Werner: Repertorium..., S. 347–349.
88) STAL, E 191, Bü 4078, Bl. 4.
89) WJB. Jg. 1847, S. 82.
90) STAL, E 191, Bü 4078, Bl. 4.
91) STAL, E 191, Bü 4078, Bl. 8.
92) STAL, E 191, Bü 4078, Bl. 4.
93) G.A. Süskind/G.Werner: Repertorium..., S. 348.
94) Ilka Riemann/Monika Simmel: Bildung zur Weiblichkeit durch soziale Arbeit. In: Annette Kuhn (Hg.): Frauen in der Geschichte, Bd. 4. Düsseldorf 1984, S. 133–144.
95) K.L. Roth: Erinnerung an..., S. 23.
96) Reutlinger und Mezinger Courier 14.7.1847, Nr. 137, S. 561f. Reutlinger und Mezinger Courier 17.7.1847, Nr. 139, S. 569f.
97) Blätter für das Armenwesen 15.5.1852, Nr. 20, S. 99f. Blätter für das Armenwesen 22.5.1852, Nr. 21, S. 102f.

Alexandra Lotz

„Die Erlösung des weiblichen Geschlechts".
Frauen in deutschkatholischen Gemeinden

Zu den religiös rationalistischen Bewegungen, welche mit ihren Vorstellungen von religiöser und politischer Freiheit zum Ausbruch der Revolution 1848 beitrugen, gehörte neben der protestantischen freireligiösen Bewegung auch der Deutschkatholizismus[1]. Ein wesentlicher Bestandteil der reformerischen Ideen des Deutschkatholizismus war seine Haltung gegenüber Frauen, ein Thema, das in mehreren Schriften ausführlich behandelt wurde. In seinem Artikel „Die deutschkatholische Frau" wies der Breslauer Heinrich Thiel schon 1846 Frauen eine besondere Stellung in deutschkatholischen Gemeinden zu[2]. Johannes Ronge, ehemaliger katholischer Priester und Hauptbegründer der deutschkatholischen Bewegung, versuchte schließlich 1849 in „Maria, oder die Stellung der Frauen der alten und neuen Zeit" ein neues Frauenbild zu entwerfen[3]. Seiner Ansicht nach war die Frau in besonderem Maße dazu befähigt, ja sogar dazu verpflichtet, sich um nationale Belange zu kümmern.

> „Auch die Frauen schlagen die Augen auf zum Altar der Nation und fordern mit Recht ihren Teil am Kampf der Weltgeschichte. Und weh' über Deutschland, wenn die Frauen zurückbleiben wollten, wo es für Volk und Vaterland und die heiligsten Menschenrechte zu wirken gilt!"[4]

Als eine der wenigen politischen Bewegungen der damaligen Zeit thematisierte der Deutschkatholizismus die Unterdrückung der Frauen, die Ronge in engem Zusammenhang mit den gesellschaftlichen Machtverhältnissen sah. Weibliche Emanzipation war seiner Ansicht nach nur möglich durch eine politische Emanzipation des Bürgertums.

> „Mit der Erlösung der Völker von der Selbstsucht, der Sündhaftigkeit des Privilegiums und der Despoten in Kirche und Staat ist zugleich die Erlösung des weiblichen Geschlechts aus den jetzigen unwürdigen und oft tödtlichen Verhältnissen verbunden."[5]

Frauen fühlten sich durch diese Ideen vielfach angesprochen, denn sie eröffneten ihnen neue Aufgabenbereiche und damit eine neue gesellschaftliche Verantwortung. Nicht zufällig standen viele Frauen der frühen bürgerlichen Frauenbewegung mit dem Deutschkatholizismus in Verbindung, denn er ermutigte Frauen, sich politisch zu engagieren[6].

> „Zagt ihr vielleicht, Töchter und Frauen, vor der Größe dieser Eurer Aufgabe und meint, Ihr hättet nicht die Kraft dazu? O! Ihr habt die Kraft, erprobt sie nur erst ein

Mal, und Ihr werdet freudig erstaunen und Euch wundern, daß Ihr nicht eher erwacht seid."[7]
Der Deutschkatholizismus war dort besonders stark, wo auch die demokratische Bewegung eine breite Basis hatte. Der ‚freie Mann und Bürger' brauchte an seiner Seite eine Frau, die ihn durch ihre „heiligende Kraft der Weiblichkeit" tatkräftig unterstützte und die Kinder im Geist des Liberalismus erzog. Ihre „zum Bewußtsein der Freiheit durchdrungene Mutterliebe" sollte die gemeinsamen Kinder vor der „Schande der Knechtschaft" bewahren[8].

Deutschkatholizismus und demokratische Bewegung

Die religiösen, sozialen und politischen Ideen des Deutschkatholizismus deckten sich in vieler Hinsicht mit den zentralen Ideen der revolutionären demokratischen und nationalen Bewegung. Der Deutschkatholizismus war aus der Kritik am damaligen katholischen Wallfahrtswesen 1844 entstanden, als die Ausstellung des „Heiligen Rocks" zu Trier in Deutschland öffentliche Diskussionen um christliche Glaubensinhalte und kirchliche Hierachie ausgelöst hatte. Im Verlauf dieser Auseinandersetzungen hatte sich die deutschkatholische Dissidentenbewegung gebildet[9], die jegliche Form von kirchlichen Dogmen und verbindliche theologische Auslegungen ablehnte und diesen das Prinzip eines theologischen Pluralismus entgegensetzte, in dem das Individuum selbst Maßstab religiöser Überzeugung war, und jedem Menschen eine persönliche Haltung in Glaubensfragen zugestanden wurde. An die Stelle der hierarchisch aufgebauten kirchlichen Institution trat bei den deutschkatholischen Gemeinden eine am bürgerlichen Vereinswesen orientierte, basisdemokratische Organisationsform[10]. Ein Leben in „sittlicher Freiheit" war nach dem deutschkatholischen Ideal nur zu verwirklichen, wenn damit die Befreiung sowohl von herrschender kirchlicher als auch politischer Unterdrückung verbunden war. Die Idee der sozialen Gleichheit aller Menschen und der „Praxis der Liebe"[11] bildeten die Voraussetzung für die Entstehung eines religiösen Sozialismus, der die Verwirklichung des Reiches Gottes auf Erden anstrebte. Da tätige Nächstenliebe als der eigentliche Gottesdienst begriffen wurde[12], kam Frauen eine entscheidende Rolle im religiösen Leben zu. Die „Praxis der Liebe" wurde zum eigentlichen Aufgabenbereich der Frauen. Was deutschkatholische Vereine aber von anderen wohltätigen Frauenorganisationen unterschied, war die Einbindung von Wohltätigkeit in ein fortschrittliches politisches Konzept[13]. Dies gab dem Deutschkatholizismus revolutionäre Sprengkraft.

Da für die Deutschkatholiken ein notwendiger Zusammenhang zwischen ihren religiösen Vorstellungen und einer auf politische Emanzipation zielenden Politik bestand, gehörten zu ihren Forderungen nicht nur die Bildung einer deutschen

IV.2 Frauen in deutschkatholischen Gemeinden

Nationalkirche, unter der alle Konfessionen gleichberechtigt vereint sein sollten, sondern auch die Republik. „Die Revolution der Freiheit, der Souveränität des Volkes wider Unterdrückung und Despotie" war in ihren Augen „eine höchst religiös-sittliche Handlung!"[14]

Auf der ersten südwestdeutschen Synode der Deutschkatholiken im September 1845 in Württemberg trafen dann auch „die Häupter der politischen Reform mit den Vertretern der kirchlichen Reform zusammen."[15]

Bei den Vorträgen und Verhandlungen der Synode waren auch Frauen anwesend[16].

Die Anziehungskraft des Deutschkatholizismus auf die Württemberger zeigte sich besonders in der starken Teilnahme der Bevölkerung an den Kundgebungen von Johannes Ronge. Sein Besuch in Stuttgart anläßlich dieser südwestdeutschen Synode löste in der Hauptstadt Schwabens eine „Gährung" aus, „wie sie seit der Julirevolution nicht mehr stattgefunden (hatte), man ... sprach von Nichts als von Ronge und dem Deutschkatholizismus..."[17].

„Die Stuttgarter sahen und hörten hier eine achtunggebietende Anzahl von Vertretern der neuen Kirche aus allen Ständen und mehreren deutschen Staaten..., und merkten, daß die beiden kleinen Gemeinden Stuttgart und Ulm nur die Ringe einer großen, ganz Deutschland zu umschlingen bestimmten Friedenskette seien, und daß es doch was anderes sei, wenn das Volk selbst über seine religiösen Angelegenheiten verhandle und beschließe, als wenn geistliche oder weltliche Oberbehörden dem Volke kirchliche Gesetze geben."[18]

Während der Synode sprach Ronge auch vom Balkon des Kaufmanns Carl Mercy zu den auf dem Dorotheenplatz versammelten Stuttgartern und Stuttgarterinnen, nachdem er

„durch ein donnerndes Vivatgebrüll, von unterschiedlichen Streich-, Blas-, und Jodelinstrumenten begleitet, herausgerufen worden war, worauf ihm sodann von Buchdrucker- und Schriftgießer-Gesellen der Stadt... eine Prachtbibel... überreicht wurde...".[19]

Die deutschkatholische Bewegung war eine urbane Bewegung, die ihre größte Resonanz unter protestantischen Intellektuellen und Theologen, liberalen katholischen Laien und Klerikern, vor allem aber unter Handwerkern, Kaufleuten und Arbeitern fand[20], insbesondere sympathisierten Berufsgruppen aus dem Verlagswesen, Buchhändler, Verleger und Schriftsetzer mit der Bewegung. Letzteres erklärt z.B. die guten Kontakte der Deutschkatholiken zur liberalen württembergischen Presse[21]. Wie in anderen Teilen Deutschlands bestand auch in Württemberg eine „enge Personalunion" zwischen bürgerlichen und religiösen Reformvereinen, d.h. Deutschkatholiken stellten häufig den „inneren Kern" von demokratischen Vereinen dar[22]. Die personelle Überschneidung wird in Württemberg

IV.2 Frauen in deutschkatholischen Gemeinden

gerade an den Personen Carl Mercys, Vorstandsmitglied der Deutschkatholiken in Stuttgart, und dem Demokraten Johannes Scherr deutlich[23]. Scherr, einer der bekannten theoretischen Vertreter des religiösen Sozialismus, war Landtagsabgeordneter und 1848/49 im Landesausschuß der württembergischen Volksvereine, dem auch der deutschkatholische Prediger Friedrich Albrecht aus Ulm angehörte[24]. Deutschkatholische Gemeinden entstanden in Württemberg 1845 zunächst in Ulm und Stuttgart, etwas später dann in Eßlingen; in Heilbronn herrschte ebenfalls großes Interesse an der Bewegung, allerdings kam es nie zur Gründung einer eigenen Gemeinde[25]. Deutschkatholische Gemeinden waren ein Ort des Zusammentreffens aller Konfessionen, ihnen gehörten sowohl Katholiken als auch Protestanten an, auch Juden traten den Vereinigungen bei[26]. Da der Pietismus in Württemberg besonders einflußreich war, hatte die deutschkatholische Bewegung sich nicht nur gegen die römisch-katholische Kirche, sondern auch gegen pietistische Vereinigungen zu behaupten. Für die Deutschkatholiken repräsentierten diese Gegner die ‚finstere Reaktion', sie waren in ihren Augen Feinde der bürgerlichen Freiheit und Verbreiter von Aberglauben und Unvernunft[27].

„Frauen und Jungfrauen als ‚Mütter der Kirche'"

Auf der Stuttgarter Synode 1845 wurde unter anderem auch die Verfassung für die südwestdeutschen Gemeinden festgelegt. Die Anwesenden beschlossen in Anlehnung an die vorangegangene schlesische Synode, daß

> „Frauen und Jungfrauen als ‚Mütter der Kirche' an den Berathungen und Beschlüßen der deutschkatholischen Kirchen- und Gemeindeversammlungen activen Antheil haben sollen, und daß überhaupt das demokratische Princip in möglichster Reinheit durchzuführen sei."[28]

Einige Tage später wandte sich der inzwischen nach Ulm weitergereiste Ronge in seiner Predigt im Ulmer Münster nochmals an die Frauen:

> „Es sollen aber die Frauen nicht blos und allein auf ihre Familie beschränkt bleiben, ... sie sollen ihren Blick auch auf das Gemeindeleben richten, und da als in einer größern Familie schaffen und wirken helfen, und sie sollen hinausblicken in den noch größern Kreis, den die Nation bildet, und für das Wohl und Heil der Nation heilige Begeisterung wecken und stärken in der Jugend."[29]

Nachdem sich die Frauen anfangs nur zögernd den Gemeinden angeschlossen hatten, was das „Neue Tagblatt für Stuttgart und Umgegend" auf die bis dahin übliche Fernhaltung des „schönen Geschlechts" von „allem öffentlichen Leben" zurückführte (NT 13.2.46), gelang es den Deutschkatholiken zusehends Frauen für die Bewegung zu interessieren. Zum Teil wandten sie sich in den öffentlichen

IV.2 Frauen in deutschkatholischen Gemeinden

Einladungen zu Gemeindeversammlungen direkt an die Frauen[30]. Immer häufiger traten diese den Gemeinden bei. Aus einem Bericht im „Neuen Tagblatt" vom 15. 3. 1846 geht hervor, daß Frauen auf den Versammlungen besonders stark vertreten waren.

> „Bei der gestrigen Versammlung der Deutsch-Katholiken konnte man gewahr werden, daß der gelbe Saal des Bürgermuseums (das Haus der Stuttgarter Bürgergesellschaft; d.V.) noch stärker besucht war, als das letzte Mal, denn nicht nur zahlreich erschienen diesmal die Damen, sondern auch die Herren ließen es sich angelegen seyn, in größter Menge an den Verhandlungen der Deutsch-Katholiken Theil zu nehmen." (NT 15.3.46)

Daß Frauen aktiv am politischen Gedankenaustausch in der Gemeinde teil hatten, zeigt die Tatsache, daß sie im Unterschied zum sonstigen politischen Leben Erklärungen, die die Gemeinde z.B. an Abgeordnete schickte (NT 12.2.46), gemeinsam mit den Männern unterzeichneten, und daß bei öffentlichen Grußadressen und Anschreiben in deutschkatholischen Kreisen häufig die Anredeform „hochwertgeschätzte Herren und Frauen" benutzt wurde (NZ 8.5.46). Aus den spärlichen Berichten wissen wir, daß Frauen hin und wieder sogar als Rednerinnen oder Vortragende in den Versammlungen auftraten (ESP 30.12.48 / Beob 6.10.49). Im Vergleich zur politisch rechtlosen Stellung der Frau und ihrem Ausschluß von politischen Entscheidungsprozessen war außergewöhnlich, daß Frauen in deutschkatholischen Gemeinden das Wahlrecht besaßen. Außerdem galt in den Gemeinden die Wahlberechtigung bereits ab dem 21. Lebensjahr, während es bei der Wahl zur Nationalversammlung für Männer erst bei 25 Jahren lag.[31]

Allerdings wurde das Frauenwahlrecht regional unterschiedlich gehandhabt. In den preußischen Gemeinden z.B. hatten die Frauen uneingeschränktes Wahlrecht, während es in anderen nur alleinstehenden und unverheirateten bzw. den Frauen zustand, deren Männer nicht Gemeindemitglied waren[32]. Es existierten auch einige wenige Gemeinden, in denen Frauen überhaupt kein Wahlrecht hatten[33]. Trotz des aktiven und passiven Wahlrechts gab es in Deutschland keine einzige Frau, die Mitglied eines Gemeindevorstandes gewesen wäre, mit Ausnahme einiger Frauen im Ältestenkollegium einer schlesischen Gemeinde, einem Gremium, aus dem sich die Vorstandsmitglieder rekrutierten[34]. Einmal jährlich wurde in den Gemeinden ein Vorstand gewählt. Seine Aufgaben reichten von der Verantwortung für die Finanzierung der Gemeinde, dem Organisieren der Gottesdienste und Versammlungen bis hin zur Sorge für das Schulwesen und überhaupt alle sonstigen sozialen und religiösen Aktivitäten der Gemeinde[35].

Viele Frauen und Männer, die dem Deutschkatholizismus beitraten, kamen aus gemischt konfessionellen Ehen. Da solche Verbindungen von beiden Kirchen abgelehnt wurden, waren diese Paare einem starken sozialen und religiösen Druck ausgesetzt[36]. Mit dem Übertritt zum Deutschkatholizismus bot sich ihnen endlich

IV.2 Frauen in deutschkatholischen Gemeinden

die Gelegenheit, gemeinsam „an einen Tisch des Herrn gehen zu können." (NT 8.4.46) Die Deutschkatholiken vertraten die Idee der Liebesehe und lehnten die Konvenienzehe als unmoralisch und unmenschlich ab.

> „Wenn bei den jetzigen Zuständen die Ehen vielfach nur aus äußeren Interessen und Rücksichten geschlossen werden und demnach die Selbstsucht das Band derselben bildet, die Ehe demnach gottlos ist, so soll in den neuen Zuständen nur die Liebe das Band der Ehe sein, die Liebe, welche frei giebt und frei empfängt, welche beide Gatten geistig in Eins verbindet und verschmilzt...".[37]

Die Freiheit in der Partnerwahl wurde dementsprechend analog gesehen zur Freiheit in der Gestaltung des staatlichen Lebens. Da die sittliche Wohlfahrt der Gesellschaft auf dem Familienleben beruhte, war eine Liebesheirat nach deutschkatholischer Auffassung Voraussetzung für die Bildung der ‚neuen Familie' und damit auch eines ‚neuen Staates'. Die Liebe allerdings sollte sich nicht auf die Paarbeziehung allein beschränken.

> „Diese Liebe in der Ehe und Familie muß sich aber erweitern... und sich offenbahren in der Erziehung der gesammten Jugend eines Staates und Volkes."[38]

Die Frau wird zur Erzieherin der Nation – die Ideen des Deutschkatholizismus decken sich hier auch mit den Konzepten der Nationalerziehung (Kap. III.2), was auf die engen Kontakte mit den Reformpädagogen der Zeit hinweist[39].

Bereits im Mai 1846 entwickelten die deutschkatholischen Frauen eigenständige Aktivitäten. In Stuttgart veranstalteten sie eine Lotterie „zum Besten der deutschkatholischen Religionsgesellschaft", da es der Gemeinde an Geldmitteln fehlte (Beob 4.5.46). Die Frauen, die diesen Aufruf organisierten, kamen aus unterschiedlichen Schichten. Ihre Herkunft zeigt nochmals die soziale Bandbreite der deutschkatholischen Bewegung. Neben ledigen Frauen gehörten zu der Gruppe die Witwe eines Hofbäckers, eine Putzmacherin, die mit einem Schauspieler verheiratet war, sowie die Tochter eines Oberpolizeicomissärs und die Professorentochter Eugenie Grammont, die Gattin des Bankiers Federer, Abgeordneter in der Nationalversammlung. 1847 beteiligte sich auch die Ehefrau des Oberpolizeicomissärs an der Organisation einer weiteren Lotterie für die Deutschkatholiken (SK 9.3.47)[40]. Aus diesen Aktivitäten ging schließlich ein fester Frauenverein hervor, der es sich zur Aufgabe machte, regelmäßig Lotterien zu veranstalten, um die Gemeinde mitzufinanzieren (NT 7.4.47). Auch die Ulmerinnen versuchten, über das Verlosen von wertvollen Handarbeiten Geld zu beschaffen (Beob 2.6.46). Die Bedeutung dieser Aktivitäten für den Fortbestand der deutschkatholischen Bewegung und ihrer Gemeinden darf nicht unterschätzt werden, denn gerade die Frage der Finanzierung war durch die Trennung von den etablierten Kirchen ein existentielles Problem. Deutschkatholische Frauenvereine engagierten sich zudem auch in dem für Frauen typischen Bereich der Wohltätigkeit. Frauen versorgten Kranke

[2] **Stuttgart.**
Einladung zur Gründung einer Lotterie
zum Besten
der deutsch-kathol. Religions-Gesellschaft.

Von sehr Vielen hierzu ermuntert, erlauben sich die Unterzeichneten zur Gründung einer Lotterie zum Besten der deutschkatholischen Religionsgesellschaft dahier alle diejenigen, welche für deren gedeihliches Fortbestehen sich interessiren, einzuladen, und sie verbinden damit die Bitte an dieselben, durch Lieferung weiblicher Arbeiten, oder durch andere Gaben, wie gering diese auch seyn mögen, gütigst dabei mitzuwirken.

    Friederike W e p f e r , Königsstraße Nr. 33.
    Caroline B e i e l , Friedrichsstraße Nr. 19.
    Christiane Weber, geb. Weyler.
    Eugenie F e d e r e r , geb. Grammont.
    Minna B r a u n née Darbalhon, Neuebrücke 3.
    Christiane B u l l i n g e r vor dem Eßlinger Thor.
Zur Empfangnahme der Gaben haben sich bereit erklärt
    Minna B r a u n née Darbalhon, Neuebrücke 3.
    Friederike W e p f e r , Königsstraße Nr. 33.

Einladung zur Lotterie (Beobachter 4. 5.1846. Universitätsbibliothek Tübingen)

und Arme in ihrer jeweiligen Gemeinde[41]. Gerade im Rahmen der sozialen Ideen des Deutschkatholizismus und der von ihm vertretenen Idee der „Praxis der Liebe" hatten diese Tätigkeiten einen zentralen Stellenwert[42].

„Frei von ceremoniellen Fesseln..."

Da der Deutschkatholizismus der Bildung eine große Bedeutung für die Befreiung des Subjekts beimaß, sollten auch Frauen entsprechenden Unterricht und eine Ausbildung erhalten, nicht zuletzt, um ihrer Rolle in Öffentlichkeit und Familie gerecht werden zu können. Diese Vorstellung führte in Hamburg unter Mitwirken der deutschkatholischen Gemeinde zur Gründung einer besonderen Hochschule für Frauen, der sogenannten „Hamburger Hochschule für das weibliche Geschlecht". Diese Hochschule war die erste derartige Institution für Frauen überhaupt. Unter dem Druck der Restauration mußte sie allerdings nach erst kurzem Bestehen 1853 schließen[43]. Im Programm der Hochschule hieß es:

IV.2 Frauen in deutschkatholischen Gemeinden

"Der vernünftige Geist reicht in den Frauen so weit wie in den Männern; beide Geschlechter sind sich vollkommen ebenbürtig... Die Frauen müssen unserer höchsten philosophischen Überzeugungen, unserer allgemeinsten großartigsten Zwecke teilhaftig gemacht werden; sie müssen über die religiösen Ansichten von Gott, Vorsehung, Schicksal, und über Unsterblichkeit, das Endziel des Individuums sowie des Menschengeschlechts denken und fühlen, wie wir Männer – dann und nur dann rükken wir dem Ziele näher, wo Wahrheit, Liebe und Gerechtigkeit unter den Menschen walten."[44]

In Stuttgart gab es zwar keine Hochschule, doch die wißbegierigen Stuttgarterinnen besuchten die „Ästhetischen Vorlesungen" des deutschkatholischen Predigers Heribert Rau, die „eine angenehme Unterhaltung gewähren und die Theilnehmenden in die bezüglichen, so interessanten Wissenschaften einführen" sollten. Bei den Frauen erfreuten sich diese Vorträge großer Beliebtheit (Beob 26.10.48). Ja sie waren

„von einem so zahlreichen Auditorium, dessen Mehrzahl aus Damen bestand, besucht, daß der vordere Saal gefüllt war, und ein anderes Lokal nothwendig werden dürfte, wenn die Zahl der Zuhörer sich vermehren sollte...". (SK 5.11.48)

Die enge Zusammenarbeit zwischen Männern und Frauen ließ in den deutschkatholischen Gemeinden eine neue Form von Geselligkeit entstehen und führte zu anderen Umgangsformen zwischen den Geschlechtern.

„Frei von ceremoniellen Fesseln, fühlten sich hier die Einzelnen – aus jedem Alter und Stande, aus beiderlei Geschlecht – als freie Menschen, und Mancher behauptete, daß er diese Zusammenkünfte weit mehr erbaut verlasse, als den kirchlichen Kult."[45]

Teil des Gemeindelebens waren unter anderem solche gemeinsamen Abende, an denen man/frau sich unterhielt, zusammen aß und trank, Reden hörte und diskutierte. Religiöse wie politische Festtage wurden in den Gemeinden feierlich begangen. „Zur Feier der Eröffnung des deutschen Parlaments" hielten die Deutschkatholiken einen Gottesdienst in der „reformirten Kirche" Stuttgarts ab (Beob 21.5.48). Bei einer Veranstaltung anläßlich der Verabschiedung der Grundrechte in Eßlingen trug Frl. Marie Brunow ein von ihr selbst verfaßtes Gedicht über Vernunft und Geistesfreiheit vor:

„Die Zeit der Kämpfe ist herangebrochen,
Es ringt der neue Geist zum neuen Licht,
Schon manche Fessel hat er kühn zerbrochen,
Den Kranz der Freiheit er der Erde flicht." (ESP 30.12.48)

Zu Ehren des in Wien standrechtlich erschossenen Nationalversammlungsabgeordneten Robert Blum, der Deutschkatholik und „Stifter und Vorstand der deutschkatholischen Gemeinde in Leipzig" war, veranstalteten die Stuttgarter

239

Prolog.

Gedicht von Fräulein **Brunow**,
gesprochen bei der Produktion zum Besten der freien christl. Gemeinde.

Die Zeit der Kämpfe ist herangebrochen,
Es ringt der neue Geist zum neuen Licht,
Schon manche Fessel hat er kühn zerbrochen,
Den Kranz der Freiheit er der Erde flicht.

Drum laßt uns froh die Geistersonne grüßen,
Die mit der Segen bringend neuen Glut;
Die Knospe Freiheit soll zur Blüth erschließen,
Auf der als Thau glänzt das vergossene Blut.

Zeit war es, daß das Dunkel sich gelichtet,
In Sturmeslaut die Völkertuba tönt,
Und daß der Willkühr Götzen stehe gerichtet,
Die Menschenwürde, Menschenrecht verhöhnt.

Wohl ist nicht ganz gesunden noch die Hyder,
Wohl da und dort erwächst ein Haupt ihr noch;
Der Zeitgeist naht als Herkules, und nieder
Vor diesem Göttersohne sinkt sie doch!

Doch sag, was nützen dir der Freiheit Güter,
Was frommet es dir, daß sank der Fürsten Macht?
Es drohen neue Fesseln dir ja wieder,
Des Wahns, des Aberglaubens finstre Nacht.

So lang der Ausfluß jener Weltenseele —
Der Menschengeist nicht selber denkt, — und glaubt,
Daß wenn Vernunft er sich zum Leitstern wähle,
Der Hölle Blitze zucken auf sein Haupt.

So lang er sich an Glaubensformeln schließet,
Das starre Dogma auf den Thron sich hebt,
Dem ew'gen Lichtstrom seine Augen schließet,
Hat er den Sieg der Freiheit noch nicht erstrebt.

Dem Adler gleich soll er mit Flammenschwingen
Zur Wahrheitssonne schweben kühn und frei.
Der Isis Schleier suchen zu durchdringen,
Und stürzen kühn der Priester Tyrannei.

Ja, dann erst hat er jenen Kranz gefunden,
Der sich um Huß, der sich um Hütten rankt,
Der Galilei's edle Stirn umwunden,
Der Gott und Menschheit an einander band.

Die Erde lag von Dunkelheit umflossen,
Im Sklavendienste feiler Hierarchie,
Vom Himmel ward ein Lichtstrahl ausgegossen
„Beigt der Tiare nimmermehr das Knie."

In Luther war ein Morgenroth gewonnen,
Ein Morgenroth durch Märtyrblut geweiht.
Doch hat er nur das große Werk begonnen,
Vollenden soll es nun die neue Zeit.

Dem neuen Wein gebühren neue Schläuche,
Der neue Geist erfordert neues Licht.
Drum fort nun die veralteten Gebräuche,
Wo die Vernunft in Flammenworten spricht.

Es gilt den Kern zu lösen von den Schaalen
Vom todten Worte zu befreien den Geist.
Dann wird er sonnen sich an jenen Strahlen
Der Weltenseele, die das All durchkreist!

(Eßlinger Schnellpost 30. 12. 1848. STA Eßlingen)

Deutschkatholiken einen Gottesdienst und eine Gedenkfeier. Dazu waren auch die Mitglieder des demokratischen Volksvereins eingeladen (Beob 20.11.48). 1849 befanden sich bei der Blumfeier in Eßlingen unter den 700 Anwesenden „120 Frauen und Jungfrauen", die abwechselnd mit dem Chor des Eßlinger Arbeitervereins mit Gesang zur Veranstaltung beitrugen. Einer der Redner dieser Versammlung war der deutschkatholische Prediger Heribert Rau (Beob 14.11.48)[46]. Die ausgeprägte Festkultur der Deutschkatholiken stieß im pietistischen Württemberg ebenso auf Ablehnung wie die Weltbezogenheit ihrer kirchlichen Riten.

> „Natürlich! Wer sollte auch an einer Kirche, wie diese ist, viel zu loben wissen! Muß es doch Jeden, der Kopf und Herz noch an der rechten Stelle hat, erbarmen, wenn er an ihre Feste an ihren Gottesdienst, an ihr Glaubensbekenntnis denkt!" (NZ 13.5.46)

Schon während der Stuttgarter Synode behauptete ein Kritiker, daß die Deutschkatholiken wohl am liebsten „bei Wein, Forellen und Rehbraten Weltgeschichte" machten[47], und ein katholischer Pfarrer scheute sich nicht, die ganze Bewegung „einen ‚allgemeinen blauen Montag von Brüder- und Schwesterliebe' zu schelten"

(Beob 18.1.46). Vor allem die Freiheit, die deutschkatholische Frauen in den Gemeinden besaßen, war ein beliebter Angriffspunkt für ihre Gegner. Daß Deutschkatholiken „in aller Eile nach einem Weibe greifen, wahrscheinlich, um sobald als möglich aller Welt den Beweis zu liefern, zu was die neu errungene Glaubens- und Gewissensfreiheit gut ist, und wie man keineswegs für nichts und wieder nichts so ritterlich dafür gestritten" (Beob 18.1.46), fand der zitierte Pfarrer nicht verwunderlich. Die Zusammenarbeit zwischen Männern und Frauen erregte das Mißtrauen der Konservativen und löste die wildesten Phantasien aus. Auch innerhalb der Bewegung selbst meldeten sich mit der Zeit Stimmen zu Wort, die eine zu aktive Teilnahme von Frauen etwas eingeschränkt wissen wollten. Einer der wesentlichen Einwände, der sich gegen Frauen richtete, war, daß gerade die Praxis des Frauenwahlrechts die Bewegung zu sehr von der sie umgebenden Gesellschaft entfremdet habe. Diese Haltung gewann dann auch im Südwesten Deutschlands immer mehr an Einfluß[48].

„Beseitigung der Armuth und des Elends"[49]

Der Deutschkatholizismus war vor allem auch eine Sammelbewegung für die Unterschichten. „Es ist das eigentliche Volk, das sich anschließt", schreibt die in Eßlingen erscheinende „Neue Zeit". Die Zusammensetzung der Eßlinger und Ulmer Gemeinde belegt diese Aussage. Ein großer Teil der Mitglieder in Eßlingen waren

„fremde Fabrikarbeiter, vorzüglich aus der Deffner'schen Blechfabrik, worunter mehrere Baiern, zur Hälfte Katholiken und zur Hälfte Protestanten."[50]

Einer der Vorsitzenden der Eßlinger Gemeinde war der Handschuhfabrikant Adam Mangold, ebenfalls Mitglied einer radikal-demokratischen Arbeitervereinigung, dem „Bruderbund"[51]. Der ehemals protestantische Pfarrer Heinrich Loose, der später auch an den Reichsverfassungskämpfen in Baden teilnahm, war Prediger in Eßlingen. Während dieser Zeit redigierte er auch die dort erscheinende, deutschkatholisch geprägte, sozialistische Zeitschrift „Neue Zeit"[52]. Innerhalb der deutschen Gesamtbewegung gehörte Loose jedenfalls zu den radikalen Vertretern der „Emancipation der Arbeiterklasse"[53]. Der Ulmer Gemeinde hatten sich unter anderem Angehörige des Militärs angeschlossen, und auch einige der Schanzarbeiter am Ulmer Festungsbau sympathisierten mit der Bewegung. Der aus Schlesien stammende Prediger Friedrich Albrecht organisierte den ersten Ulmer Arbeiterverein[54].

Die Deutschkatholiken widmeten der sozialen Frage besondere Aufmerksamkeit.

IV.2 Frauen in deutschkatholischen Gemeinden

„In den Versammlungen werden zweckmäßige Vorträge gehalten, auch von nichtgeistlichen Mitgliedern und Freunden der Sache, wobei häufig die soziale Frage in Verbindung mit der Religion zur möglichen Beseitigung der Armuth und des Elends verhandelt wird...". (NZ 7.3.46)

„Die drei württembergischen Gemeinden wuchsen fortwährend bis zum Frühling 1846..."[55]. Die Zahl der eingetragenen Mitglieder war zwar nicht außergewöhnlich hoch, doch die Bewegung hatte viele Freunde, die regelmäßig zu den Gottesdiensten und Versammlungen kamen[56]. Am 4.2.1846 erging ein Regierungserlaß an die deutschkatholischen Gemeinden, der ihre Situation zusehends verschlechterte und interne Schwierigkeiten auslöste. Nach dieser Verordnung war es Deutschkatholiken untersagt, sich Gemeinde zu nennen. Sie mußten die Bezeichnung „Religionsgesellschaft" führen (Beob 4.2.46). Die bereits gewählten Prediger wurden zwar offiziell bestätigt, die Gemeindeverfassung und kirchliche Unabhängigkeit anerkannt, doch die Besucher der Gottesdienste sollten auf die Gemeindemitglieder beschränkt bleiben, und danach mußte sich auch die Größe des Lokals richten. Die Öffnung der Gottesdienste für ein breites Publikum wie bisher üblich sollte unterbunden werden. Außerdem wurde der Beitritt zu einer deutschkatholischen Gemeinde von der Abmeldung bei den katholischen und protestantischen Geistlichen abhängig gemacht. Geldstrafen wegen unerlaubter Taufen gab es zwar von diesem Zeitpunkt an nicht mehr, doch Trauungen von Deutschkatholiken mußten von protestantischen Geistlichen vorgenommen werden, den deutschkatholischen Predigern wurde nur eine nachträgliche Einsegnung gestattet. Deutschkatholische Eheschließungen wurden durch diese Regelung erheblich behindert. Der „Beobachter" schrieb so am 8.2.1846:

„Wir hatten allen Grund vorauszusetzen, daß die Mehrzahl der Geistlichen sich beharrlich weigern wird – wie diess ja auch bis jetzt geschehen – die Trauungen vorzunehmen, gezwungen aber können sie doch nicht werden!"

Die negativen Folgen der Verordnung waren trotz einiger weniger Zugeständnisse von Seiten der Regierung nicht zu übersehen[57]. Der einschneidendste Teil des Erlasses betraf den Entzug des aktiven Landtagswahlrechts für Deutschkatholiken, denn ihnen als Angehörigen einer „christlichen Secte" mußte das Wahlrecht laut Verfassung nicht notwendigerweise zugestanden werden[58]. Damit wurden viele Deutschkatholiken in ein politisches Dilemma gebracht und letztlich dazu veranlaßt, die Gemeinde zu verlassen, um nicht ihr politisches Stimmrecht zu verlieren. In den Gemeinden verblieben so hauptsächlich Angehörige der Unterschichten, die auf Grund ihres fehlenden Bürgerrechts und wegen des bestehenden Wahlzensus ohnehin kein Wahlrecht besaßen[59].

Die Verordnung brachte die Gemeinden zudem in finanzielle Schwierigkeiten, wie vor allem das Beispiel Eßlingens zeigt. Der recht vermögende Vorsitzende

IV.2 Frauen in deutschkatholischen Gemeinden

Mangold, der sich zunächst auch finanziell für die Gemeinde stark gemacht hatte, trat Ende des Jahres 1846 wieder zur evangelischen Kirche über, um sein Landtagswahlrecht zurückzuerhalten. Da noch andere seinem Beispiel folgten, kam es in der Eßlinger Gemeinde zu ungeheuren finanziellen Problemen. Die hauptsächlich verbliebenen Fabrikarbeiter konnten nicht genügend Mitgliederbeiträge und Spenden aufbringen, um die Gemeinde ausreichend zu finanzieren. Die Eßlinger mußten so auf einen eigenen Prediger verzichten, und Loose verließ daraufhin die Stadt[60].

Für Frauen, die ja grundsätzlich kein Wahlrecht hatten, blieb der Deutschkatholizismus weiterhin ein Anziehungspunkt. Dies galt auch für Frauen aus dem proletarischen und kleinbürgerlichen Milieu. Den meist aus unterschiedlichen Regionen in die jungen württembergischen ‚Industriestädte' zugewanderten Fabrikarbeiter(inne)n bot der Deutschkatholizismus die Chance zur sozialen Integration. Da es gerade in diesen Schichten oft zu interkonfessionellen Beziehungen kam, war eine deutschkatholische Ehe die Möglichkeit, den bisherigen religiösen Separatismus zu überwinden. Die Zeremonie der deutschkatholischen Taufe eines Kindes aus deutschkatholischer bzw. gemischtkonfessioneller Ehe wurde unter diesen Umständen zu einem symbolischen Akt von öffentlicher Bedeutung, über den auch die Zeitungen berichteten. Als in Eßlingen der Tuchscheerer Kurfeß, ehemals römischer Katholik, und dessen Ehefrau, früher Protestantin, ihr Kind vom Prediger Loose taufen ließen (Beob 18.1.46/9.2.46), befaßten sich der „Beobachter" und die „Neue Zeit" in mehreren Artikeln mit diesem Vorgang. Die „Neue Zeit" schrieb dazu:

> „Am verflossenen Sonntag hat der Prediger der hiesigen Deutschkathol. Heinrich Loose das neugeborne Kind des Mitglieds derselben, Tuchscheerermeisters Kurfeß, hiesigen Bürgers, früher röm. kath. und Gatten einer früheren Protestantin, getauft, und wurde deswegen heute vom K. Oberamt vorgeladen und vernommen, weil er einer K. Ministerialverfügung zuwider die ihm früher eröffnet wurde, gehandelt habe. Loose hatte zwar die Eröffnung jener Verfügung unterzeichnet, aber sogleich dagegen protestirt, und vor der Taufhandlung eine Protestazion mit der Anzeige seines Vorhabens an das K. Kultministerium abgehen lassen nebst einer durchaus freiwilligen Erklärung der Eltern, daß sie ihr Kind entweder gar nicht, oder deutschkatholisch durch ihren Prediger taufen lassen wollen. Die amtliche Entscheidung steht noch zu erwarten." (NZ 16.1.46)

Die Entscheidung, ein Kind deutschkatholisch taufen zu lassen, führte häufig zu gesellschaftlichen Konflikten. Ein Vorfall, nämlich der Streit um die ‚Seele' eines unehelichen Kindes in Ulm, der 1846 durch die liberale württembergische Presse ging, verdeutlicht die Probleme der Deutschkatholiken (Beob 15.2.46/NZ 8.3.46). Johanna Karg, eine ledige Dienstmagd, stammte aus Bayern und war katholisch. Der Vater ihres Kindes war ein württembergischer Protestant. Jo-

IV.2 Frauen in deutschkatholischen Gemeinden

hanna Karg wollte ihr Kind entsprechend ihrem eigenen Glauben zunächst katholisch taufen lassen. Da aber der vorgesehene Pate, ein Trompeter beim Militär, deutschkatholisches Gemeindemitglied war, weigerte sich der katholische Priester, die Taufe durchzuführen, und verlangte, daß einer der anwesenden Ministranten die Stelle des Taufzeugen einnehmen sollte. Der abgewiesene Pate veranlaßte nun empört, daß die katholische Taufhandlung ganz unterblieb. Schließlich entschieden sich die Dienstmagd und der Trompeter für eine deutschkatholische Taufe. Um dies zu verhindern, suchte der katholische „Decan" die Wöchnerin auf und versuchte, sie doch noch zu einer katholischen Taufe zu überreden. Diese beharrte allerdings auf ihrem Beschluß und begründete ihn damit,

> „daß sie ohne Vermögen... ohne Eltern... und daher nicht im Stande sei, ihr Kind zu ernähren, daß dagegen der von ihr gewählte Pathe ihr erklärt habe, er wolle Vaterstelle an dem Kind vertreten...".[61]

Obwohl die katholische Kirche ihr für den Fall der katholischen Taufe finanzielle Unterstützung zusagte, wurde das Kind schließlich deutschkatholisch getauft, wobei die Taufhandlung nach dem inzwischen publik gewordenen Konflikt zu einer regelrechten ‚Volksveranstaltung' wurde. In einem Beschwerdebrief an das Ulmer Oberamt beschreibt der „Decan" die Zeremonie:

> „Heute nun wurde dieses Kind von dem Dissidenten-Prediger Albrecht in dem Bethause der Dissidenten unter dem Zulaufe vieler Menschen und zum offenbaren Hohne der Katholiken getauft. Bis zu 20 Personen legten ihm die Hände auf, (den Katholiken und Protestanten ist verboten mehr als 4–6 Taufpathen zu haben)."[62]

Wie die Streitereien um Taufen und Ritus zeigen, befand sich die deutschkatholische Bewegung in Konkurrenz zu den anderen Konfessionen. Sehr oft waren Frauen, welche sich dem Deutschkatholizismus zuwandten, massivem Druck von Seiten der etablierten Kirchen ausgesetzt. Diese Erfahrung machte auch eine mit einem Arbeiter verheiratete, ehemals protestantische Hebamme, die in einem Dorf bei Ulm lebte und einem kleinen deutschkatholischen Zirkel angehörte. Trotz der Drohungen des evangelischen Pfarrers, „daß fortan die (Frauen der; d.V.) evangelischen Arbeiter sich von ihr als Deutschkatholikin nicht mehr würden entbinden lassen", trat sie nicht aus der Gemeinde aus. Selbstverständlich ließ auch dieses Paar sein Kind deutschkatholisch taufen[63]. Die Entscheidung für den Deutschkatholizismus war also nicht nur eine Frage des richtigen Glaubens, sondern erforderte auch im Alltag eine gewisse Standfestigkeit.

IV.2 Frauen in deutschkatholischen Gemeinden

Anmerkungen:

1) Jacques Droz: Die religiösen Sekten und die Revolution von 1848. In: Archiv für Sozialgeschichte III, 1963, S. 109–118, hier S. 110. Zwischen beiden Richtungen gab es lange Debatten über die Haltung zur Amtskirche. Im Unterschied zu den Deutschkatholiken, die sich von der Kirche getrennt hielten, war die protestantisch-freireligiöse Bewegung weniger radikal und versuchte anfangs, ihre Ideen innerhalb der eigenen Kirche zu verwirklichen. Vereinzelt schlossen sich beide Richtungen schon vor 1848 zu sogenannten „Freien Gemeinden" zusammen. Ab 1850 nahmen diese Vereinigungen unter dem Druck der politischen Reaktion zu.
2) Heinrich Thiel: Der Inhalt des Deutschkatholizismus. In: Ottomar Behnsch (Hg.): Für christkatholisches Leben. Bd. 2, Breslau 1846, S. 343–345. Die deutschkatholische Frau.
3) Johannes Ronge: Maria, oder: Die Stellung der Frauen der alten und neuen Zeit. Eine Erwiderung auf das Rundschreiben des Papstes wegen dringender Verehrung der Maria. Hamburg 1849.
4) Luise Scheffen-Döring: Frauenbewegung und christliche Liebestätigkeit. Leipzig 1917, S. 103.
5) Johannes Ronge: Maria, oder: Die Stellung der Frauen..., S. 13f. Catherine M. Prelinger: Religious Dissent, Women's Rights, and the Hamburger Hochschule für das weibliche Geschlecht in mid-nineteenth-century Germany. In: Church History 45, 1976, S. 42–55, hier S. 45.
6) Frauen wie Malwida von Meysenbug, Emilie Wüstenfeld, Henriette Bock, Kathinka Zitz-Halein und Louise Otto-Peters waren meistens Deutschkatholikinnen oder standen der Bewegung zumindest sehr nahe. Louise Otto-Peters, Begründerin der ersten deutschen Frauenzeitung, pflegte enge Kontakte mit Ronge und Blum. Ersterem räumte sie sogar in ihrer Frauenzeitung ein Forum zur Verbreitung seiner Ideen ein. In ihrem 1847 erschienenen Roman „Römisch und Deutsch" setzte sie sich auch literarisch mit der deutschkatholischen Bewegung auseinander. Vgl. auch Malwida von Meysenbug: Memoiren einer Idealistin. Hg. Berta Schleicher. 1. und 2. Teil. Stuttgart/Berlin/Leipzig 1922, S. 191ff. Ruth Boetcher-Joeres (Hg.): Die Anfänge der deutschen Frauenbewegung, Louise Otto-Peters. Frankfurt 1983, S. 59. Catherine M. Prelinger: Religious Dissent..., S. 47. Friedrich W. Graf: Die Politisierung des religiösen Bewußtseins. Stuttgart-Bad Cannstatt 1978, S. 103f. Gerlinde Hummel-Haasis: Kathinka Zitz und der Mainzer Frauenverein „Humania". In: Dies. (Hg.): Schwestern zerreißt eure Ketten. München 1982, S. 259–327, hier S. 277, S. 294f.
7) Johannes Ronge: Maria..., S. 14.
8) Johannes Ronge: Religion und Politik. Frankfurt/M. 1850, zitiert nach Friedrich W. Graf: Die Politisierung..., S. 358f.
9) Friedrich W. Graf: Die Politisierung..., S. 30ff.
10) Ebd., S. 96ff.
11) Ebd., S. 80–82.
12) Ebd., S. 100f.
13) Deutschkatholische Frauenvereine waren dann in der Restaurationsphase wie andere Vereinigungen auch gezwungen, sich auf ein Konzept der ‚reinen Wohltätigkeit' zu beschränken. Ferdinand Kampe: Geschichte der religiösen Bewegung der neuern Zeit. Bd. 4, Leipzig 1860, S. 139–141, hier S. 140. „Der Zweck unserer Fr.-Ve. kann kein anderer sein, als der Reform überhaupt...". Ute Gerhard: Über die Anfänge der deutschen Frauenbewegung um 1848. Frauenpresse, Frauenpolitik und Frauenvereine. In: Karin Hausen (Hg.): Frauen suchen ihre Geschichte. München 1983, S. 196–220, hier S. 213.

IV.2 Frauen in deutschkatholischen Gemeinden

14) Ferdinand Kampe, Deutschkatholik, am 8. Juli 1848 in der Frankfurter Nationalversammlung. Annette Kuhn: Theorie und Praxis historischer Friedensforschung. In: G.Picht/H.E. Tödt (Hg.): Studien zur Friedensforschung, Bd. 7., Stuttgart/München 1971, S. 50f.
15) Ottomar Behnsch (Hg.): Die schwäbischen Gemeinden. In: Für christkatholisches Leben, Bd. 4, Breslau 1847, S. 192–214, hier S. 198.
16) Das Concil der Deutsch-Katholiken, Eine Komödie in drei Aufzügen, gespielt zu Stuttgart vom 15. bis 17. September 1845. (Kritische Noten eines Zuschauers). In: Phillipps/Görres (Hg.): Historisch politische Blätter für das katholische Deutschland. München 1. 1838–1923, S. 697–717, hier S. 702.
17) Ottomar Behnsch (Hg.): Die schwäbischen Gemeinden..., S. 198.
18) Ebd., S. 197.
19) Das Concil der Deutsch-Katholiken..., S. 699.
20) Friedrich W. Graf: Die Politisierung..., S. 37f.
21) Beobachter 8.2.1846, S. 148, und 2.7.1848, S. 464/4. Der Buchhändler und Verleger des „Beobachter", Wachendorf, brachte beispielsweise zusammen mit dem deutschkatholischen Prediger Rau die Zeitschrift „Stimmen der Zeit" heraus.
22) Friedrich W. Graf: Die Politisierung..., S. 132.
23) Carl Mercy: Laterne Nr. 6, 24.9.1848, S. 24. „... um Nachforschungen bei den Hauptführern der demokratischen Partei, den Herren Simon, Dallinger, Mercy, Rau und Werner anzustellen,...". Johannes Scherr: Friedrich W. Graf: Die Politisierung..., S. 163 und S. 79 ff.
24) Johannes Scherr: HSTAS, E 146 alt, Bü 1952, aus in diesem Büschel enthaltenen Tageszeitungen. Neckar-Dampfschiff 28.2.1849, Vaihinger Tagblatt 17.2.1849, Beobachter 20.9.1848, S. 742. Ferdinand Kampe: Geschichte der religiösen Bewegung der neuern Zeit, Bd. 4, Leipzig 1860, S. 190. Friedrich Albrecht: HSTAS E 146 alt, Bü 1952, Die Sonne 6.10.1848, S. 454. Vaihinger Tagblatt 17.2.1849.
25) Ottomar Behnsch (Hg.): Die schwäbischen Gemeinden..., S. 193 und S. 200. Sowie für Heilbronn Neue Zeit 1.1.1846, S. 2.
26) Ebd., S. 204 und S. 214.
27) Jacques Droz: Die religiösen Sekten..., S. 116. Beobachter 18.5.1846, S. 293f: „Verhinderung des bürgerlichen Fortschritts und einer freieren Entwicklung unserer Volkszustände." Beobachter 8.12.1846, S. 1341: „Wider den württembergischen Pietismus und sein Organ". Beobachter 25.10.1846, S. 1169f.
28) Das Concil der Deutsch-Katholiken..., S. 701.
29) Ferdinand Kampe: Geschichte der religiösen Bewegung..., Bd. 3, Leipzig 1856, S. 59.
30) Beobachter 15.11.1846, S. 1255/27.11.1846, S. 1304/24.12.1846, S. 1408.
31) Friedrich W. Graf: Die Politisierung..., S. 103.
32) Catherine M. Prelinger: A Decade of Dissent in Germany, A Historical Study of The Society of Protestant Friends and The German-catholic Church 1840–48. Dissertation, Yale University, New Haven 1954, S. 346.
33) Friedrich W. Graf: Die Politisierung..., S. 182, Anmerkung 22 zu Kapitel 4.
34) Catherine M. Prelinger: Religious Dissent..., S. 45. Es kam allerdings öfters vor, daß Frauen beispielsweise in die Schulkommissionen von deutschkatholischen Gemeinden gewählt wurden. Siehe hierzu: Malwida v. Meysenbug: Memoiren einer Idealistin..., S. 202–205. F. Dumhof und G. Ruf: Unser Austritt aus den freien Gemeinden. Nürnberg 1851, S. 11f.
35) Catherine M. Prelinger: A Decade of Dissent in Germany..., S. 346.
36) Siehe hierzu auch das württembergische Eheschließungsrecht der damaligen Zeit. Emil

IV.2 Frauen in deutschkatholischen Gemeinden

     Friedberg: Das Recht der Eheschließung in seiner geschichtlichen Entwicklung. Leipzig 1865, S. 680–683.
37) Johannes Ronge: Religion und Politik. Frankfurt/M. 1850, zitiert nach F.W. Graf: Die Politisierung..., S. 342.
38) Ebd., S. 342.
39) Friedrich W. Graf: Die Politisierung..., S. 116.
40) Weitere Anzeigen im Beobachter: 1.9.1846, S. 956/5.9.1846, S. 972/27.10.1846, S. 1180. Die soziale Herkunft der Frauen wurde mit Hilfe des Wegweisers für die Königliche Haupt- und Residenzstadt Stuttgart (1847–1849) rekonstruiert.
41) Catherine M. Prelinger: Religious Dissent..., S. 45. Und Dies.: A Decade of Dissent..., S. 363–365.
42) C.M. Prelinger: Religious Dissent..., S. 45f.
43) Ebd., S. 48f und S. 53.
44) Luise Scheffen-Döring: Frauenbewegung und..., S. 103f.
45) Ferdinand Kampe: Geschichte der religiösen Bewegung der..., Bd. 3, Leipzig 1856, S. 178, Anmerkung 2.
46) Auch bei der in Heilbronn stattfindenden Trauerfeier für Robert Blum liefen Frauen im Umzug mit. Beobachter 24.11.1848, S. 964. „... in der Mitte die trauernden Frauen...".
47) Das Concil der Deutsch-Katholiken..., S. 70.
48) C. M. Prelinger: Religious Dissent..., S. 45. Ferdinand Kampe: Geschichte der religiösen Bewegung der..., Bd. 2, Leipzig 1853, S. 242 und Bd. 3, Leipzig 1856, S. 149. Neue Zeit 6.5.1846, S. 351.
49) Neue Zeit 7.3.1846, S. 182.
50) Ottomar Behnsch (Hg.): Die schwäbischen Gemeinden..., S. 200.
51) Wolfgang Kaschuba/Carola Lipp: 1848 – Provinz und Revolution. Tübingen 1979, S. 177 und S. 185.
52) Ottomar Behnsch (Hg.): Die schwäbischen Gemeinden..., S. 200f. Ferdinand Kampe: Die Geschichte der religiösen Bewegung der..., Bd. 2, Leipzig 1853, S. 76ff.
53) Vgl. auch die Akte Loose im Bestand des Hochverratsprozesses gegen Becher und Genossen beim Schwurgericht Ludwigsburg STAL, E 320, Bü 61. F.W. Graf: Die Politisierung..., S. 162.
54) Ebd., S. 163. Ottomar Behnsch (Hg.): Die schwäbischen Gemeinden..., S. 194 und S. 203.
55) Ottomar Behnsch (Hg.): Die schwäbischen Gemeinden..., S. 204.
56) Ebd.
57) Ebd.
58) Siehe dazu August Ludwig Reyscher: Württembergische Staatsgrundgesetze, Bd. 3, Stuttgart/Tübingen 1830, S. 21f: „General-Rescript, die Wahlen der Abgeordneten zur bevorstehenden Ständeversammlung betreffend" vom 29.1.1815. Württembergische Staatsgrundgesetze Bd. 3, Stuttgart/Tübingen 1830, S. 356: Königlicher Verfassungsentwurf vom 3.3.1817, Capitel IV, Paragraph 54: „Die staatsbürgerlichen Verhältnisse derjenigen, welche einer christlichen Secte oder einem nicht christlichen Glaubens-Bekenntnisse zugethan sind, werden durch ein Gesetz bestimmt werden."
59) Ottomar Behnsch (Hg.): Die schwäbischen Gemeinden..., S. 204 und S. 206.
60) Ebd., S. 206.
61) Diözesanarchiv Rottenburg, Fe. 2a 1846 Deutschkatholiken, Blatt 20: Brief des Decan Dirr an das Oberamt und Dekanat Ulm vom 15.2.1846.
62) Ebd.
63) STAL, E 179 II 6466/56: Brief von Friedrich Albrecht an die Königliche Regierung des Donaukreises.

Eva Kuby

Politische Frauenvereine und ihre Aktivitäten 1848 bis 1850

Für das Bürgertum in der ersten Hälfte des 19. Jahrhunderts waren Vereine ein Mittel, sich mit politisch Gleichgesinnten zusammenzuschließen und soziale, wirtschaftliche und kulturelle Interessen zu vereinheitlichen. Da im Vormärz Organisationen mit politischer Zielsetzung verboten waren, gehört das Entstehen politischer Vereine als Vorläufer regulärer Parteien zu den wesentlichen Errungenschaften der 1848er Revolution[1]. Auch Frauen haben sich 1848/1849 politisch organisiert, allerdings nicht in denselben Vereinen wie die Männer – als Nichtwahlberechtigte hatten sie in den ursprünglich als Wahlvereine gegründeten Männervereinen keinen Platz –, sondern in eigenständigen Frauenvereinen. Zwischen 1848 und 1850 bildete sich eine Vielzahl hauptsächlich demokratischer Fraueninitiativen, Vereine und Gruppen, die in einem engen Wechselverhältnis mit den politischen Organisationen und Aktivitäten der Männer standen. Im Unterschied zu den Frauenclubs in der französischen Revolution[2] verfolgten die württembergischen Frauenvereine 1848 keine auf spezifische Fraueninteressen bezogene Politik; die große Zahl der Vereine war meist Ausdruck der nationalen und demokratischen Gesinnung der Frauen 1848/1849.

Nach Bekanntwerden der Pariser Revolution im Februar 1848 hatten in fast allen Städten Württembergs Bürgerversammlungen stattgefunden, die die Aufhebung der Pressezensur, Versammlungsfreiheit, Öffentlichkeit der Gerichte, Volksbewaffnung und die Ablösung der feudalen Grundlasten forderten. Wie in anderen deutschen Ländern führte die Märzbewegung in Württemberg zu einem Regierungswechsel. König Wilhelm I. von Württemberg berief am 9. März 1848 Angehörige der liberalen Opposition in das sogenannte „Märzministerium". Bereits in den ersten Wochen der Revolution, bevor die ausgeschriebenen Neuwahlen stattfanden, erfolgte eine Liberalisierung der Gesetzgebung; die Abgeordnetenkammer verabschiedete Gesetzentwürfe zur Volksbewaffnung und Ablösung der Feudalabgaben. Die Pressezensur war schon am 1. März aufgehoben und damit die politische Berichterstattung freigegeben worden. Kurz darauf bildeten sich in Stuttgart und in anderen Städten „Vaterländische Vereine" zur Vorbereitung der Nationalversammlungswahlen. Nach einer großen Volksversammlung der Vereine in Göppingen Ende März breitete sich das politische Vereinswesen im April in ganz Württemberg aus.

Noch bevor diese politischen Organisationen entstanden, erschienen Mitte März erste Appelle in den Zeitungen, die zum Kauf „deutscher Waaren" und zur

IV.3   Politische Frauenvereine 1848 bis 1850

Ottilie Wildermuth, geb. Rooschüz (1817–1877), unterschrieb im März 1848 den Tübinger Aufruf „zum Schutz deutscher Waaren".(Nach einer Photographie von J.C. Buchner gestochen von Fr. Wagner. Landesbibliothek Stuttgart)

IV.3 Politische Frauenvereine 1848 bis 1850

Gründung von Frauenvereinen aufriefen. Sie richteten sich vor allem an bürgerliche Frauen, die sich verpflichten sollten, ausländische Erzeugnisse zu boykottieren und nur noch „vaterländische Produkte" zu kaufen. Den Auftakt bildete ein am 11.3.1848 in der demokratischen „Eßlinger Schnellpost" erschienener Aufruf „An die deutsche Frauenwelt". Am 12.3. berichtete der „Beobachter" von ähnlichen Fraueninitiativen in Stuttgart und Reutlingen. Die Tübinger Frauen meldeten sich am 15.3. zu Wort, und in Ulm gründeten zur selben Zeit „55 Frauen und Jungfrauen" einen Verein „zur Hebung der Gewerbe" (USP 18.3.48). In Backnang, meldete schließlich die „Schwäbische Kronik" am 21.3.1848, „circuliert gegenwärtig eine Aufforderung zur Bildung eines Vereins". Sogar auf der schwäbischen Alb in Blaubeuren entstand ein Verein zum „Schutz deutscher Waren" (SK 22.3.48). Innerhalb von knapp zehn Tagen verbreitete sich die Bewegung über ganz Württemberg, und durch die Berichte in der Zeitung hofften die Frauen ihre Mitbürgerinnen zu motivieren, „das Ihrige" zur „Erstarkung" des deutschen Gewerbes und damit des bürgerlichen Mittelstandes beizutragen (Kap. V.1).

Frauen, die sich diesen Erklärungen anschließen wollten, konnten sich in Unterschriftenlisten eintragen, die entweder bei Kaufleuten oder in den Vereinslokalen der Bürgergesellschaften auslagen. Obwohl sich diese Fraueninitiativen Vereine nannten, ist nicht anzunehmen, daß sie regelmäßige Sitzungen abhielten wie die politischen Männervereine. Als ‚Vereinigung' waren sie eher ein lockerer, informeller Verbund, der im wesentlichen darin bestand, daß die Frauen sich zu gemeinsamen politischen Zielen bekannten. Zum Teil wurden die Frauen von lokalen Gewerbevereinen zu diesen Solidaritätsaktionen aufgefordert. Mit einem ‚Warenboykott' sollten die Bürgerinnen die Forderungen der Gewerbetreibenden nach Schutzzöllen und Einfuhrbeschränkungen für ausländische Waren unterstützen. Ob diese ersten Frauenvereine des Jahres 1848 Bestand hatten, läßt sich aus den zur Verfügung stehenden Quellen nicht ermitteln. In jedem Fall waren diese ersten Organisationsversuche Ausdruck eines wachen politischen Bewußtseins der Frauen, und sie schufen auch neue, politisch definierte Kommunikationskreise.

Frauen und die deutsche Flotte

Daß Frauen sich von Fragen nationaler Politik betroffen fühlten, zeigten schließlich auch die im Frühsommer 1848 stattfindenden Sammlungen für „eine deutsche Kriegsflotte". Da die staatliche Einigung im Frühjahr 1848 noch in weiter Ferne lag, sollte eine nationale Flotte zeichensetzend sein für eine zukünftige ‚deutsche Großmacht', die deutsche Flagge sollte möglichst bald „auf allen Meeren wehen" (Beob 16.5.48). Im Hintergrund standen dabei ganz offen macht- und handelspolitische Interessen: „Ohne den Schutz einer Kriegsflotte kann aber deutscher Handel und deutsche Schifffahrt nie gedeihen und erstarken" (ESP 24.5.48)³. Schon zu Beginn der 40er Jahre hatte sich der Deutsche Bund mit dem Gedanken getragen, eine Flotte aufzubauen. Die 600-Jahr-Feier für die Hanse wurde zum Anlaß genommen, diese Idee in Deutschland zu verbreiten. Sogar der demokratische Dichter Georg Herwegh begeisterte sich 1841 für dieses nationale Ziel. Sein Gedicht über die „deutsche Flotte", das auch einen Appell an die deutschen Frauen enthält, wird heute allerdings gerne verschwiegen:

„Erwach, mein Volk, mit neuen Sinnen,
Blick in des Schicksals goldnes Buch,
Lies aus den Sternen dir den Spruch:
Du sollst die Welt gewinnen!
Erwach, mein Volk, heiß deine Töchter spinnen!
Wir brauchen wieder einmal deutsches Linnen
Zu deutschem Segeltuch!...".⁴

Die Bemühungen des Deutschen Bundes um den Aufbau einer deutschen Seemacht führten bis 1848 über den Bau eines einzigen preußischen Schiffes nicht hinaus. Im deutsch-dänischen Krieg 1848, als Preußen auf der Seite Schleswig-Holsteins kämpfte, lag dieses Kriegsschiff, die „Amazone", allerdings „ruhig im Hafen". Der Anker des „Schiffleins" wurde erst gar nicht gelichtet, „weil sein Untergang mit Sicherheit vorauszusehen war"⁵. Die Blockade der deutschen Seehäfen durch dänische Schiffe ließ im Mai 1848 die Rufe nach einer deutschen Kriegsflotte immer vehementer werden. Die deutsche Nationalehre konnte diese Schmach nicht verkraften:

„Brüder! Deutsche Kriegsflotten wiegten einst ihre Masten auf allen Meeren, schrieben fremden Königen Gesetze vor... Jetzt sind wir wehrlos auf der weltenverbindenden See,... selbst auf unseren heimatlichen Strömen!... Das kleine Dänemark verhöhnt das große, im Lichte seiner Freiheit, im Bewußtsein seiner Weltsendung doppelt mächtige Deutschland... Unsere Nationalehre ist angetastet, der deutsche Gewerbefleiß bedroht."⁶

Alte und neue Flottenbefürworter griffen zur Feder, um die Notwendigkeit einer Seestreitmacht zu betonen. In Württemberg rief der Vaterländische Hauptverein in Stuttgart noch vor dem Zusammentreten der Nationalversammlung am 14.5.1848 die politischen Vereine im Land dazu auf, Sammlungen zugunsten der Flotte zu veranstalten. Am 26.5.1848 wurde von der Nationalversammlung ein Marineausschuß gebildet und nach kurzer Debatte im Juni die „Errichtung einer deutschen Kriegsflotte" beschlossen. Diese Flottenpläne hatten über alle politischen Richtungen hinweg eine einigende Wirkung und wurden als erste große Sachentscheidung der Nationalversammlung gefeiert.⁷ Auch Frauen wurden in diesen Aufrufen angesprochen. Die Initiatoren fragten, ob „nicht auch patrioti-

IV.3 Politische Frauenvereine 1848 bis 1850

> „Die deutsche Flotte und die deutschen Frauen
>
> Hoch leben die deutschen Frauen!
> Hoch lebe die deutsche Maid!
> Sie helfen uns heute bauen
> Mit Perlen und Goldgeschmeid.
> Sie helfen uns Schiffe hämmern
> Aus Eisen und deutschem Holz;
> Ich sehe das Frührot dämmern
> Des werdenden Tags mit Stolz.
>
> Durch brausender Zeiten Wellen
> Tanzt fröhlich das deutsche Boot;
> Die schneeweißen Segel schwellen,
> Wild flattert sein Schwarzgoldroth.
> O daß eine jede denke
> An nordischer Obmacht Druck,
> Den silbernen Pfeil und schenke
> Vom goldenen Haar den Schmuck!
>
> Das Band eurer weißen Arme,
> Der Ring von der schönen Hand,
> Sie sind in der Zeiten Harme
> Ein mächtiges Unterpfand;
> Der Becher von schönen Lippen,
> Er bürgt uns, als fromm Gebet,
> Daß unter drohenden Klippen
> Doch Deutschland nicht untergeht.
>
> Die Männer auf deutschen Schiffen,
> Sie werden gedenken dran,
> Einst zwischen des Meeres Riffen
> Und einst in der Schlacht Orkan.
> Sie werden auf Gott vertrauen,
> Vertrauen der neuen Zeit:
> Hoch leben die deutschen Frauen!
> Hoch lebe die deutsche Maid!
> Bonn, 31. 5. 1848 L.L."
>
> (Allgemeine Zeitung Nr. 165,
> 13. 6. 1848)

sche Frauen eingeladen werden möchten, dem großen Zwecke ihre Mitwirkung zu leihen" (Beob 17.5.48). Wie die vielen veröffentlichten Spendenlisten zeigen, hatten diese Appelle selbst in dem „vom Meere am entferntesten liegenden deutschen Land" (Beob 17.5.48), in Württemberg, großen Erfolg. Die württembergischen Frauen ließen sich von dem Begeisterungstaumel mitreißen und beteiligten sich an der Sammlung für die Flotte.

In der kleinen Oberamtsstadt Nürtingen verfaßten die Töchter zweier Bezirksbeamter einen eigenen Aufruf, in dem sie den „verehrtesten Jungfrauen der hiesigen Stadt und des Bezirks" vorschlugen, durch „kleine Handarbeiten, die späterhin im Wege einer Lotterie verwerthet würden, an diesem großartigen Werke (sich) zu betheiligen. Zur Fertigung dieser Arbeiten, zu deren Empfang" sie sich „mit Vergnügen" bereit erklärten, sollten „vier Wochen genügen" (NWB 23.5.48). Der

IV.3   Politische Frauenvereine 1848 bis 1850

Lotterievorschlag der Nürtingerinnen wurde ebenfalls im „Beobachter" veröffentlicht und sollte so den „viele(n) Vaterlandsfreundinnen unter der Blüthe des schönen Geschlechts in Schwaben" (Beob 30.5.48) als Anregung zu ähnlichen

Alles zum Besten der deutschen Flotte.

„*Erste: Von frühster Jugend an bin ich gewöhnt in Liebe und Ergebenheit in der Stille Gutes zu thun, drum kann ich auch nicht ohnehin, dieses Goldstück, was mir erst gestern der Himmel bescherte, der deutschen Flotte zu opfern, damit mein Volk stark werde nach Außen und Innen und kräftig wirken möge zu unserm Besten.*
Zweite: Dem Rufe zu folgen bringe ich hier willig meinem Mann seine silberbeschlagene Pfeife, da ich von meinen wenigen Sachen nichts entbehren kann.
Dritte: Heiraten werde ich wohl nicht mehr, es müßte mir denn Jemand einen Antrag stellen. Zwar bin ich erst 65 Jahre alt u. noch stark bei Kräften u. Jugendfeuer, doch bringe ich auch hier 5 Gulden zur Flotte, welche ich nach meinem Ende dem Waisenhaus zugedacht hatte. Was thut man nicht Alles fürs Vaterland." (Frankfurter Karikatur aus dem Jahre 1848. Lith. Anstalt J.E. Mittenzwey Frankfurt. Aus Eduard Fuchs: Die Frau in der Karikatur. Reprint der 3. Aufl. Frankfurt/M. 1973)

IV.3 Politische Frauenvereine 1848 bis 1850

Aktivitäten dienen. Ab Juni 1848 erschienen in den Zeitungen regelmäßig Spendenlisten. Die Uracherinnen veranstalteten mehrere Sammlungen (Beob 1.6.48). Die Frauen aus Berg bei Stuttgart erzielten mit einer Lotterie 62fl 36kr (SK 28.7.48). Neben Geld wurde am häufigsten Schmuck gespendet. So leitete der Abgeordnete Ludwig Uhland zusammen mit dem Tübinger Flottenbeitrag von 241fl 18kr auch „Silberwaaren" an die Nationalversammlung weiter[8]. Der Marineausschuß des Frankfurter Parlaments dankte in einem Schreiben an den Vaterländischen Verein in Stuttgart „besonders den deutschen Frauen Stuttgarts für die von ihnen gebrachten Opfer für die Flotte" (SK 2.9.48). Soweit die einzelnen Namen in den Spendenlisten identifiziert werden konnten, läßt sich erkennen, daß Männer wie Frauen aller Klassen und Stände – von der Adligen über die Beamtengattin, dem Kaufmann, dem kleinen Handwerker bis hin zum einfachen Dienstmädchen – für die Flotte spendeten. In diesem Punkt wenigstens war eine „nationale Einigung" gelungen.

Zeitungskampagnen, Flottenvereine und Geldsammlungen blieben bis zum Herbst 1848 allerdings das einzige, womit die Flotte von sich reden machte. Da es im Sommer immer noch kein Marineministerium gab, lagen die beim Marineausschuß in Frankfurt eingegangenen 73 000fl vorerst auf der Bank. Im Oktober 1848 wurden dann die ersten Kriegsschiffe gekauft und in Dienst gestellt, am 8. November 1848 eine Marinebehörde eingerichtet. Kommandeur der Seestreitkräfte wurde am 5. April 1849 K.R. Bromme, genannt Brommy, der ingesamt 11 Fregatten und Korvetten sowie 26 Kanonenboote befehligte (KRB 10, 1850). Brommy, der erste Admiral Deutschlands, war dementsprechend populär, und 1850 widmete ihm die Frauenbeilage der in Stuttgart erschienenen „Illustrierten Kreuzer-Blätter" sogar eine mehrteilige Fortsetzungsgeschichte. Die ‚Blütezeit' der deutschen Flotte währte indes nicht lange, da ihr Aufbau schon im Sommer 1849 mangels Finanzen stagnierte. Am 2. April 1852 wurde sie schließlich durch Beschluß der Bundesversammlung endgültig aufgelöst[9].

„Gaben auf dem Altar des Vaterlandes"[10]

Es ist auffällig, wie viele Aktivitäten von Frauen unmittelbar zur „Wehrhaftmachung" der Nation wie auch des Volkes beitrugen. Mit dem Bürgerwehrgesetz vom April 1848 war die allgemeine Volksbewaffnung eingeführt und damit alle Männer zwischen 18 und 50 Jahren verpflichtet worden, in die Bürgerwehr einzutreten. Um diese neu gebildeten militärischen Formationen mit entsprechenden militärischen Zeichen wie Fahnen, Uniformen und Gewehren auszurüsten, wurden wiederum die Frauen zur Mithilfe aufgefordert. In fast allen Städten stickten die Frauen den ganzen Sommer über Fahnen für die verschiedenen Abteilungen

IV.3 Politische Frauenvereine 1848 bis 1850

Bürgerwehrmann Eduard Mauch, Göppingen. Er unterschrieb 1848 den Aufruf der Bürgerwehr an „Die verehrten Frauen" und bat „dringend um ihre Unterstützung". „Ich bin überzeugt, daß mancher abgegriffene Löffel, manche Zuckerklammer, manche Tortenschaufel und ähnliche unnütze Gegenstände zu finden seyn werden; ich bin ferner überzeugt, daß die verehrten Frauen, wenn es sie auch für den Anfang einige Überwindung kosten wird, gewiß eine hohe Befriedigung darin finden würden, wenn sich ihnen mit der Zeit eine Anzahl Bürgersoldaten präsentieren würde, und sie das Bewußtsein in sich tragen, wir haben es diesen Männern möglich gemacht, die Waffen zu ergreifen, wir haben uns damit eine besondere Schutz- und Ehrenwache geschaffen." (Göppinger Wochenblatt Nr. 26, 1.4.1848.) (Photo Landesbibliothek Stuttgart)

der Bürgerwehr (Kap V.2). Da die Wehrmänner ihre kostspielige Ausrüstung selbst finanzieren mußten, baten die Bürgerwehrausschüsse, „unbemittelte" Bürger zu unterstützen. Besonders an die bürgerlichen Frauen wurden Appelle zur Sparsamkeit gerichtet, „von der eingebildeten Höhe herunterzusteigen, und durch einfachere, minder kostspielige Anzüge den übrigen Frauen voranzugehen, was für alle Klassen einen mächtigen Einfluß ausüben, bedeutende Ersparnisse herbeiführen... könnte" (SK 17.5.48). Frauen sammelten so „zum Besten solcher Wehrmänner, welchen die Anschaffung der Armaturstücke zu schwer fallen würde..." (SK 3.6.48) Geld und Sachgaben. Manche Frauen „rüsteten" mit ihrer Spende einen „Wehrmann" komplett aus (RMC 23.4.48), andere begnügten sich mit einer Summe Geldes. Eine Reutlinger Witwe ließ der Bürgerwehr gar „21 Ellen Ordonnanzrocktuch" zukommen (RMC 29.4.48). Gemeinsam mit einer Gruppe von Professoren- und Kaufmannsgattinnen organisierte Lotte Moser in Tübingen „eine Lotterie von weiblichen Arbeiten und anderen werthvollen Gegenständen zum Besten der Volksbewaffnung" (TAI 1.5.48). Mit ihren Schülerinnen wollte sie selbst „eine Parthie Arbeiten liefern". Im September berichteten beide Tübinger Zeitungen über den Eingang von 379fl 15kr. Im Juni hatte die Initiative der Ludwigsburger Frauen 600fl zusammengebracht (SK 3.6.48). Da es um den lokalen militärischen Stolz ging, flossen die Spenden noch reichlicher als für die deutsche Flotte.

In ihrem Aufruf zur Unterstützung der Bürgerwehr beriefen sich im Juni 1848 national gesinnte Frauen aus Rottweil auf das Vorbild preußischer Frauen, die während der Befreiungskriege 1813/14 aus patriotischer Gesinnung Vereine gegründet hatten.

„Unsere Voreltern, die deutschen Frauen, deren Ruhm nie erlöschen wird, theilten die Opfer, die ihre Männer zu bringen hatten, wenn das Vaterland in Gefahr war, damit gerne, daß sie einen Theil ihres entbehrlichen eitlen Besizes, ihres Schmuckes auf den Altar des Vaterlandes niederlegten, und für den Erlös Waffen und andere Kriegsgeräthe herbeischafften. Wir sind um nichts schlimmer geworden, auch wir begreifen den Ernst der Zeit und laden unsere Mitbürgerinnen ein, gleich uns durch freiwillige *patriotische Geschenke*... zur Wehrhaftmachung unbemittelter Bürger beizutragen."[11]

Noch deutlichere „Worte der Aufmunterung zur Teilnahme" hielten die Verfasserinnen nicht für nötig, da „das Gefühl, Herz, Liebe zum Vaterlande keiner Fürsprache bedürfen"[12]. 89 Frauen und 88 Jungfrauen unterzeichneten diesen Appell und beschlossen auch, eine Versammlung abzuhalten. An der Reihenfolge der Unterschriften läßt sich ablesen, daß der Aufruf in der jeweiligen Familie und Verwandtschaft herumgereicht wurde. Mütter, Töchter, Schwestern und Schwägerinnen unterschrieben nacheinander. Solche Frauenvereinigungen bauten offensichtlich auf verwandtschaftlichen Beziehungsnetzen auf[13].

IV.3 Politische Frauenvereine 1848 bis 1850

Frauensolidarität in der politischen Krise 1849/50

Die Bedeutung der Frauenvereine für den Zusammenhalt und die Kontinuität der politischen Bewegung zeigte sich vor allem in den Zeiten politischer Krise. Die angespannte Lage im Frühjahr 1849 motivierte auch die Frauen ihre politischen Aktivitäten zu verstärken. Am 28.3.1849 war in der Nationalversammlung die Reichsverfassung verabschiedet worden, die bis zum 14. April von 28 Regierungen anerkannt worden war. Der württembergische König beugte sich nach anfänglichem Zögern dem Druck der politischen Öffentlichkeit und billigte die Verfassung am 24.4.1849. Fünf Länder allerdings verweigerten ihre Zustimmung: Hannover, Bayern, Österreich, Sachsen und Preußen. Die Ablehnung der Reichsverfassung führte Anfang Mai zu demokratischen Aufstandsbewegungen in der Pfalz und Sachsen, wo die Demokraten versuchten, die Reichsverfassung mit Waffengewalt durchzusetzen. Der Aufstand in Dresden wurde bereits nach 5 Tagen von sächsischen und preußischen Truppen niedergeschlagen, in der Pfalz hielten die Auseinandersetzungen an.

In Württemberg lösten die Reichsverfassungskämpfe große Empörung aus. Am 7.5.1849 wandten sich deshalb die württembergischen Frauen mit einem Aufruf an die Truppen, die gegen die Reichsverfassungskämpfer eingesetzt wurden. Die „deutschen Krieger" sollten sich nicht in den Dienst der politischen Reaktion stellen und zur Unterdrückung der demokratischen Bewegung mißbrauchen lassen. Mit Beginn der Reichsverfassungskämpfe in der Pfalz (2.5.1849) und in Baden (12.5.1849) bildeten sich in vielen Ländern Freikorps und Vereine, um die demokratische Bewegung zu unterstützen. Unter denen, die Spendenaufrufe verfaßten, waren auch Frauen. „Eine Deutsche" wandte sich an ihre Geschlechtsgenossinnen: „Laßt uns eilen, deutsche Frauen und Jungfrauen, unser Scherflein auf dem Altar des Vaterlandes zu opfern, ehe es zu spät ist" (USP 25.5.49). Damit „unser geliebtes Vaterland" nicht „ewiger Schmach und Knechtschaft anheimfalle", sondern „frei, groß und glücklich" werde, sollten „alle Waffenfähigen", die noch keine Waffen hatten, unterstützt werden (USP 25.5.49).

Bereits Anfang Mai hatten die Turner in einem Aufruf betont, daß die Wahrung der „Mannes-Ehre" auch Sache der Frauen sei (Beob 10.5.49). Jetzt in der Krise wurde Frauensolidarität zu einem tragenden Element der demokratischen Bewegung: zur Unterstützung der badischen Reichsverfassungskämpfer bildete sich ein weit verzweigtes Netz von Frauenvereinen. Ende Mai schlossen sich Eßlinger Demokratinnen in einem „Verein zur Unterstützung der Freiwilligen" zusammen und mahnten ihre „Mitbürgerinnen":

> „Die Lösung der politischen Fragen in dieser sturmbewegten Zeit erfordert noch manche Opfer, deren Darbringung nur durch gemeinschaftliches Zusammenwirken möglich gemacht wird; es ist daher Pflicht und Aufgabe jedes Einzelnen, die Mittel

zur Sicherung und Erhaltung des gemeinsamen Wohles nach seinen Kräften zu fördern und zu vergrößern. Wir rechnen hierunter hauptsächlich die Unterstützung der Freiwilligen, die sich in jüngster Zeit zusammengeschaart haben und die dazu berufen sind, unsere Freiheiten und unsere Ehre gegen jeden äußern Feind zu vertheidigen... Die ächte Vaterlandsliebe bewährt sie durch die That!" (ESP 26.5.49)

Die Reichsverfassungskämpfe in Baden hatten in Württemberg große Diskussionen innerhalb der demokratischen Bewegung ausgelöst. Die Fragen, ob Württemberg sich den badischen Kämpfen anschließen sollte, und ob die Reichsverfassung nur auf legalem Weg oder auch mit Waffengewalt durchgesetzt werden sollte, war im Mai/Juni Thema zahlreicher Volksversammlungen, ohne daß die demokratische Bewegung zu einer einheitlichen Position hätte finden können[14]. Als die württembergische Regierung Mitte Juni die Reichsregentschaft für illegal erklärte, bekannten sich z.B. die Gmünder Demokraten zu der Nationalversammlung und ihren Beschlüssen. Der auf der Volksversammlung verabschiedeten Adresse fügten die anwesenden Frauen einen Zusatzantrag hinzu:

„auf daß dem deutschen Vaterlande zu Kunde werde, daß auch das weibliche Geschlecht in patriotischer Begeisterung bereit ist, die Männer und Jünglinge für den Kampf um des theuren Vaterlandes Freiheit und Wohl zu ermuntern und zu bestärken! Wir fordern unsere Schwestern in Württemberg auf, unserem Beispiele zu folgen und die Bestrebungen der Männer durch entschlossene Hingebung von unserer Seite zu unterstützen und nachhaltig zu machen!" (Märzspiegel 11.6.49)

Nach der Auflösung des Rumpfparlaments am 18.6.1849, als die Niederlage der Revolution abzusehen war, bestimmten die Hilfsaktionen für die badischen Freiheitskämpfer die Tätigkeit der württembergischen Frauenvereine. Die Frauen beschafften vor allem Verbandsmaterial und zupften Charpie (Verbandsmull), das sie in die badischen Lazarette sandten, wo Frauen aus Frauenvereinen[15] die Verwundeten pflegten. Nach der Niederschlagung der badischen Revolution Ende Juli 1849 bildeten sich in den württembergischen Städten, aus denen Freikorps nach Baden gezogen waren, Frauenvereine, die die ins Ausland geflüchteten Kämpfer unterstützten. Diese Frauenvereine, die unter anderem in Ulm und Heilbronn gegründet wurden, standen in engem Kontakt zu den Flüchtlingskomitees im Ausland. Zehn Tage nach Erscheinen eines Aufrufs des Züricher Komitees im „Beobachter" (17.7.49) sammelte in Ulm ein „Frauenkomitee zur Unterstützung der Flüchtlinge in der Schweiz" für eine „Verloosung" (Beob 27.7.49). Insgesamt verkauften die Ulmerinnen 3800 Lose, so daß sie schon am 8. August 1849 200fl in die Schweiz schicken konnten (Beob 8.8.49). Der „Verein junger Mädchen zur Unterstützung der politischen Flüchtlinge", der sich im Juli in Heilbronn gebildet hatte, nahm sich vor allem der nach Bern geflüchteten Heilbronner Turner an. Über einen Mittelsmann schickten die Mädchen wöchentlich 40fl an die Flüchtlinge, bis die letzten Exilanten zurückgekehrt waren oder Arbeit in der Schweiz

IV.3 Politische Frauenvereine 1848 bis 1850

gefunden hatten¹⁶. In Stuttgart richtete der Volksverein ein zentrales Unterstützungskomitee ein, das die Spendenverteilung organisierte und regelmäßig Spendenverzeichnisse veröffentlichte.

Die zunehmende politische Restauration 1849 und die Strafverfolgung der Reichsverfassungskämpfer wirkte sich auch auf die Frauenvereine aus. Lotterien von Frauen wurden verboten bzw. wurde die behördliche Genehmigung dazu verweigert. So wies die Ludwigsburger Kreisregierung Anfang August ein Gesuch von Heilbronner Frauen ab, die mit ihrer Lotterie Flüchtlinge in der Schweiz unterstützen wollten (Beob 9. 8. 49). Diese legten zwar Beschwerde ein, erhielten aber eine Bestätigung des Verbots mit der Begründung, daß „sich unter den politischen Flüchtlingen offenkundig Verbrecher befinden, deren Unterstützung die Regierung nicht fördern darf"¹⁷. Die Heilbronnerinnen unterliefen jedoch die behördlichen Einschränkungen. Ende September, noch bevor ihnen der endgültige ablehnende Beschluß des Ministeriums vorlag, gaben sie in der Zeitung bekannt, daß sie die für die Lotterie gesammelten Gegenstände auf dem Volksfest direkt, „in öffentlicher Bude", verkaufen wollten. Der Erlös allerdings fiel bei diesem Direktverkauf wesentlich niedriger aus und betrug nur 112fl 45kr (Beob 5. 10. 49), während die Heilbronnerinnen für die Lotterie ursprünglich 200fl Gewinn angesetzt hatten. Auch den Tübinger (Beob 20. 9. 49) und Stuttgarter Frauen¹⁸ wurde die Veranstaltung einer Lotterie im September 1849 untersagt. Im Unterschied zu den Heilbronnerinnen fanden sie aber keine Möglichkeit, das Verbot zu umgehen.

„Freundinnen politischer Märtyrer"¹⁹
Der Stuttgarter Frauenverein zur Unterstützung deutscher Flüchtlinge

Das politische Selbstverständnis, mit dem die Frauen ihre Hilfsaktionen begründeten, wird besonders deutlich in den Aufrufen des Stuttgarter Frauenvereins:

„Tief erregt von dem Unglück der deutschen Flüchtlinge hat sich eine Anzahl Frauen und Jungfrauen von hier (Stuttgart; d.V.) vereinigt, um, so weit in ihren Kräften steht, zur Milderung der Not dieser Armen beizutragen. Unterzeichnete laden nun alle Frauen und Jungfrauen, welche sie in diesem Vorhaben zu unterstützen geneigt sind, zu einer allgemeinen Besprechung am Dienstag, den 30. Oktober nachmittags 1 Uhr in den gelben Saale des Bürgermuseums ein." (Beob 30. 10. 49)

So lautet die Einladung, die sechs Stuttgarter Bürgerinnen im „Beobachter" veröffentlichten. Bei der folgenden Besprechung gründeten sie einen „Verein von Frauen und Jungfrauen zur Unterstützung der deutschen Flüchtlinge", dem ein Komitee von 14 Frauen vorstand. Außerdem versuchten sie in einem Aufruf, der

in mehreren Zeitungen und Lokalblättern erschien, Frauen über die Parteigrenzen hinweg für ihre Sache zu gewinnen. Im Namen der Flüchtlinge baten sie
„alle Frauen und Jungfrauen, hier und auswärts, in Städten und Dörfern,... sich an dem Liebeswerk zu betheiligen. Wir wenden uns an keine Parthei; wir wollen nicht Richterinnen sein in den ernsten Kämpfen der Zeit; politische Sympathien und Antipathien mögen schweigen, wo das Unglück weint; vereinigen wir uns vielmehr Alle in dem schönen Berufe unseres Geschlechtes, der Armuth und der Noth versöhnend und rettend zur Hilfe zu eilen. Jede Gabe, auch die kleinste, werden wir dankbar entgegennehmen und über ihre Verwendung öffentliche Rechenschaft ablegen... Wo so vielfacher Mangel zu decken ist, entehrt uns unnöthiger Schmuck mehr als er uns schmückt, und ist doppelter Fleiß unsere Pflicht. Frauen und Jungfrauen im Schwabenlande, nah und fern, sorget mit uns, und bringet herzu, was ihr habt und was ihr entbehren könnet." (Beob 3.11.49)

Die unterzeichnenden 14 Frauen erklärten sich bereit, die Spenden anzunehmen. „Jede Gabe, auch in Naturalien bestehend", war ihnen willkommen (Beob 16.11.49). Die Gegenstände wurden über einen Laden weiterverkauft. In den Zeitungen erschienen regelmäßig Verzeichnisse der eingegangenen Spenden. Schon nach der zweiten von insgesamt sechs Listen meldeten die Frauen,
„daß eine Kiste mit Kleidungsstücken und Weißzeug nebst einer baaren Summe von 350 fl bereits (in die Schweiz; d.V.) abgesendet worden ist. Den menschenfreundlichen Gebern, welche, um die große Noth der Flüchtlinge zu erleichtern, so reichliche Gaben gespendet, sagen wir unseren herzlichsten Dank. Mit denselben Gesinnungen werden wir fernere Gaben, um welche wir bitten, empfangen und an die Heimathlosen befördern." (Beob 2.12.49)

Drei Monate lang war der Frauenverein aktiv, von Ende Oktober 1849 bis Januar 1850. Die Frauen leiteten die Spenden, die aus allen Teilen Württembergs hauptsächlich von Einzelpersonen eingingen oder aus größeren städtischen Sammlungen in Nürtingen, Kirchberg und Wimpfen stammten, in die Schweiz und nach Frankreich[20] weiter. Die Einnahmen der Frauen waren nicht unbedeutend. Außer kleinen Geldbeiträgen gingen große Mengen Männerkleidung ein. Schmuck und Haushaltswaren wurden in Geld umgesetzt. Frauen bildeten so das finanzielle Rückgrat der Flüchtlingskomitees.

Im weiteren Verlauf des Winters 1850 ließ die Unterstützungstätigkeit dieses Frauenvereins wie auch vieler anderer Vereine nach, obwohl die Flüchtlingszahlen nur langsam zurückgingen. „Noch ist kein Jahr verflossen", schrieb das zentrale Flüchtlings-Unterstützungskomitee in Frankfurt Mitte Mai 1850,
„daß unsere Brüder, welche den Kampf gegen den hereinbrechenden Absolutismus bestanden, im Exil seufzen – und schon versiegen die Unterstützungen, welche das Volk seinen Mitbrüdern, seinen Kämpfern schuldet!... Das Volk glaubte vielleicht, die Zahl der Flüchtlinge sei so verringert, daß es keiner Unterstützung mehr bedürfe.

Aber das ist irrig. In der Schweiz befinden sich noch 1125 Flüchtlinge, die fast alle der Unterstützung bedürfen, weil sie nur selten Gelegenheit haben, Arbeit zu bekommen... Darum helft, ihr deutschen Männer und Frauen! Ihr, die ihr seither wacker gesteuert habt, ermüdet nicht!" (Beob 18.5.50)

Das Stuttgarter Hilfskomitee rief zu organisiertem Handeln auf: „Das erste Erfordernis ist, daß sich Männer und Frauen finden, welche sich der regelmäßigen Einsammlung unterziehen..." (Beob 13.7.50). Gerade weil 1850 der Spendenfluß erlahmte, bedurfte es kontinuierlicher Unterstützungsmaßnahmen. Die Eßlinger Demokratinnen entschlossen sich deshalb im Oktober 1850, erneut einen Verein zu bilden, nachdem die in der Revolutionszeit gegründeten Frauenvereine ihre Arbeit zeitweilig eingestellt hatten.

„An freie, gleichgesinnte Frauen und Jungfrauen! Vielfache Erfahrung, meine theuern Schwestern, veranlaßt mich, einen Aufruf an Euch ergehen zu lassen, zur Bildung eines *demokratischen Unterstützungs-Vereins*... Wir wollen... die Schwankenden aufrichten, die Kämpfenden ermuthigen, die Gefangenen und Bedrängten unterstützen, wie es die Pflicht der Liebe und der allgemeinen Verbrüderung fordert, welche alle wahrhaft freigesinnten Herzen anerkennen müssen." (ESP 19.10.50)

Der Eßlinger Verein war einer der letzten Frauenvereine, der sich in der Reaktionszeit offen zur demokratischen Gesinnung seiner Mitglieder bekannte, was auch damit zu tun hatte, daß die Fraueninitiative in Eßlingen von einer starken demokratischen Bewegung getragen wurde[21].

„Gaben der Liebe und des Mitgefühls"[22]
Frauen sammeln für den Krieg in Schleswig-Holstein 1849/50

Das Scheitern der Reichsverfassungskämpfe und die Konzentration auf die Unterstützung der politischen Flüchtlinge bedeutete nicht, daß Frauen sich in den Jahren 1849 und 1850 vom politischen Geschehen zurückgezogen oder ihr nationales Engagement eingestellt hätten. Kurz bevor die Auseinandersetzung um die Reichsverfassung ihren Höhepunkt erreicht hatte, begann ein zweiter Krieg in Schleswig, an dem sich neben den Bundestruppen auch Freikorps der Demokraten beteiligten. Im März 1849 hatten die Dänen den Malmöer Waffenstillstand aufgekündigt und erneut ihre Gebietsansprüche gegenüber den Herzogtümern Schleswig und Holstein geltend gemacht. Am 2. April 1849 kam es zur Kriegserklärung. Trotz der inneren politischen Konflikte um den Fortbestand von Reichsverfassung und Revolution sahen viele Demokraten in diesem kriegerischen Konflikt eine konkrete Möglichkeit, für die deutsche Einheit zu kämpfen. Schleswig-Holstein wurde zum Kristallisationspunkt einer eigentlich schon gescheiterten nationalen Hoffnung. Auch die Württembergerinnen nahmen in diesem nationalen Konflikt Partei, und ihre Anteilnahme ging sogar soweit, daß „mehrere Frauen und Jungfrauen" aus Stuttgart planten, „ein Regiment zu bilden, um fürs Vaterland zu kämpfen und zu streiten" (NT 27.4.49). Ob sich dieses weibliche Regiment gebildet hat, und ob sich Frauen auf diesen Aufruf im „Neuen Tagblatt" hin gemeldet hatten, läßt sich nicht rekonstruieren. Daß Frauen an militärischen Auseinandersetzungen teilnahmen, war in der deutschen Geschichte nicht unüblich. Schon in den Befreiungskriegen 1813/14 hatten Frauen im Lützowschen Freikorps mitgekämpft[23]. Der Stuttgarter Freikorpsaufruf von 1849 ist allerdings eine Ausnahme. In der Regel beschränkte sich die Tätigkeit der Württembergerinnen im deutsch-dänischen Krieg auf das Spenden von Geld und Verbandsmaterial. Ein erster Appell an Frauen „für die Verwundeten in Schleswig-Holstein Charpie herzustellen", war am 2. Mai 1849 in württembergischen Zeitungen erschienen (ESP 2.5.49). Da im Frühsommer 1849 außer Freikorps auch Soldaten des 8. württembergischen Infanterie Regiments (Laterne 11.4.49) in Schleswig-Holstein kämpften, lag es nahe, daß sich die württembergischen Frauen um das Wohlergehen der Verwundeten sorgten.

Obwohl der Waffenstillstand vom 10. Juli 1849 den Krieg vorerst beendete, und Schleswig Holstein von norwegischen/dänischen und preußischen Truppen besetzt wurde, flammten ein Jahr später die Kämpfe wieder auf, als Schleswig und Holstein mit dem Friedensvertrag vom 2. Juli 1850 an Dänemark übergeben werden sollten. Die Schleswig-Holsteiner wehrten sich gegen diesen von Preußen ausgehandelten Vertrag, und wieder unterstützten Freiwillige aus allen deutschen Ländern den Kampf um Selbständigkeit und Zugehörigkeit zum Deutschen Bund. Die militärischen Auseinandersetzungen dauerten bis in den Herbst 1850, als die Herzogtümer endgültig Dänemark eingegliedert wurden. Die Widerstandsbewegung im Sommer 1850 löste in Württemberg eine weitere Solidaritätswelle aus. Württembergische Patrioten unterstützten das „verlassene Land" mit Hilfsaktionen, an denen sich viele Frauen beteiligten. In Eßlingen appellierten die Demokratinnen an ihre „Schwestern", sich für die „gerechte deutsche Sache" in Schleswig-Holstein zu „bethätigen", da das Land

> „durch den Frieden, welchen Preußen mit Dänemark geschlossen hat, gezwungen (ist), für sein uraltes, constitutionelles Recht das Schwert aufs Neue aus der Scheide zu ziehen... Die Unterzeichneten glauben, daß in solchen Fällen... das weibliche Geschlecht nicht zurück bleiben darf, nicht zurück bleiben will." (ESP 20.7.50)

Wie sich aus den zahlreichen Veröffentlichungen des zentralen Komitees in Stuttgart erkennen läßt, waren die Frauen in allen Teilen Württembergs den ganzen Sommer über mit Hilfsaktionen für Schleswig-Holstein beschäftigt. Außer Lotterien und Sammlungen wurden auch Konzerte „für die bedürftigen Landsleute im Norden" veranstaltet[24]. Für Schleswig-Holstein engagierten sich auch Frauen in solchen Städten, in denen bisher noch keine politischen Fraueninitiativen an die

IV.3 Politische Frauenvereine 1848 bis 1850

Spenden und Sammeln war 1848/49 geradezu eine Manie. Einen Ring „für die deutsche Sache" spendet hier die Frau. (Eulenspiegel Nr. 32, 3. 8. 1850)

Öffentlichkeit getreten waren (Großsachsenheim, Biberach, Bietigheim, Neuenstein, Sulz, Öhringen und Heidenheim).

Anfang Oktober 1850 verbreitete die Presse den Brief zweier Schleswig-Holsteinerinnen, die die Folgen des Krieges am Beispiel ihrer eigenen Familie schilderten: Der älteste Sohn war gefallen, der zweite vermißt, der Mann der Tochter schwer verwundet. Mit diesem Schreiben „im Namen der schleswig-holsteinischen Mütter und Frauen" und der Darstellung des persönlichen Schicksals hofften die Schleswig-Holsteinerinnen, andere Frauen anzusprechen und Betroffenheit auszulösen. Sie formulierten zugleich einen Vorwurf an die Männer Deutschlands, deren passive Haltung sie kritisierten.

IV.3 Politische Frauenvereine 1848 bis 1850

> „Eure Väter, Männer, Söhne und Brüder sitzen ruhig zu Hause und sehen zu, wie unser Land vom Feinde des gemeinsamen Vaterlandes niedergetreten wird, sehen zu, wie man versucht, ein Stück von Deutschland abzureißen. So helft denn Ihr uns wenigstens, die Gefangenen trösten und die Verwundeten pflegen...
> Deutsche Frauen und Mädchen! geht in Trauerkleidern von Thür zu Thür im Lande herum, sammelt Almosen im Namen Eures Vaterlandes für Eure Brüder und Schwestern in unserem Lande, die da leiden, ‚weil sie deutsch sind und deutsch bleiben wollen'. Klopfet an jedes Herz – und indem ihr christliches Frauenwerk thut, weckt Ihr vielleicht Eure Männer auf zu *deutscher Mannesthat.*" (Beob 16. und 27. 10. 50)

Dieser Aufruf stieß nicht nur bei den bestehenden Frauenvereinen auf große Resonanz, sondern veranlaßte auch Frauen in anderen württembergischen Städten für Schleswig-Holstein zu sammeln. Das „Mitleid mit Wittwen und Waisen" (Beob 27. 11. 49) ließ die Eßlingerinnen zum „samaritischen Werk" aufrufen, seien die Spenderinnen nun „absolutistisch oder republikanisch":

> „Auf! meine Schwestern, laßt uns in allen Orten groß und klein Vereine bilden zur Unterstützung der Familien, die durch das langwierige traurige Verhältniß in Schleswig-Holstein so schrecklich heimgesucht worden sind." (Beob 27. 10. 50)

Auch die Stuttgarter Frauen versuchten, durch öffentliche Erklärungen die Unterstützungsbewegung für Schleswig-Holstein zu verbreiten.

> „Tief ergriffen von dem Schicksale eines heldenmüthigen, für sein gutes Recht und für die deutsche Sache kämpfenden Volksstammes, wagen wir es, uns an die Frauen und Jungfrauen Schwabens zu wenden, mit der Bitte, durch Gaben der Liebe und des Mitgefühls sich zu bethätigen... Die Gaben sind für diejenigen bedürftigen Frauen bestimmt, welche durch den Krieg der Stütze und des Ernährers ihrer Familie beraubt sind...". (Beob 31. 10. 50)

Der Erlös dieser Spendenaktionen kam im Unterschied zu den früheren Hilfsaktionen diesmal den vom Krieg betroffenen Frauen und Familien zugute. Über die Aufrufe in den Zeitungen entstand ein Dialog zwischen den Frauenvereinen in ganz Deutschland, die sich über die jeweils benötigten Hilfsgüter informierten. Beim neugegründeten Stuttgarter Frauenverein, in dem sich vor allem Frauen aus dem liberalen Milieu trafen, ging eine Meldung vom Hamburger Frauenverein ein, daß genügend Verbandszeug vorhanden sei, dagegen warme Kleidung, besonders Socken, fehlten. Der Stuttgarter Frauenverein beschloß deshalb, „seine Thätigkeit ganz diesen Artikeln zuzuwenden" (ESP 2. 11. 50). Zusammen mit dem Volksverein führten die Stuttgarter Frauen eine Haussammlung, eine Auktion von Schmucksachen und anderen Luxusgütern durch. Das zentrale Unterstützungskomitee meldete beachtliche Spendenbeträge von Frauen aus ganz Württemberg.

IV.3 Politische Frauenvereine 1848 bis 1850

„Bringet herzu, was ihr habt und entbehren könnet."[25]
Die Lotterie als politische Aktionsform

„Wenn die Männer Geld unterzeichnen, so haben wir in der Kunstfertigkeit unserer Hände, das Mittel, Geldeswerth zu schaffen. Welche deutsche Frau oder Jungfrau sollte nicht gern einige Freistunden anwenden, um für die Beförderung eines ebenso deutschen als humanen Zweckes zu arbeiten, ja welche sollte nicht gerne etwas von ihrem entbehrlichen Schmucke hingeben, und soviel in ihrer Kraft steht, zum Siege einer gerechten Sache beizutragen." (ESP 20.7.50)

So und in ähnlicher Weise argumentierten Frauen während der Jahre 1848 bis 1850, wenn es darum ging, Geld oder Sachmittel für einen bestimmten politischen Zweck zu beschaffen. Waren Spendenaktionen und Lotterien im Vormärz vor allem im Bereich der Wohltätigkeit üblich, erhielten sie nun eine politische Zielsetzung; Frauen unterstützten politische Flüchtlinge und Freischärler. Neben den Einnahmen aus kulturellen Veranstaltungen wie Konzerten oder Festen bzw. öffentlichen Sammlungen waren Lotterien das häufigste und finanziell auch ertragreichste Mittel, Geld für die entsprechenden Zwecke aufzutreiben. Lotterien waren genehmigungspflichtig, da der Staat betrügerische Veranstaltungen verhindern wollte[26].

Hatte sich eine Gruppe von Frauen gefunden, um eine Lotterie zu organisieren, kündigten sie Ziel und Zweck ihres Vorhabens in der Zeitung an und baten um später zu verlosende Sachspenden. Die eingegangenen Gegenstände wurden dann in einem öffentlichen Gebäude, gewöhnlich im Rathaus, im Oberamt oder im Bürgermuseum ausgestellt und solange die Ausstellung dauerte Lose verkauft, die später unter „polizeilicher Leitung" gezogen wurden (TC 28.7.48). Die Summe des Erlöses wurde publiziert, da ihre Größe zugleich als Indikator galt für politisches Interesse und den Umfang der Solidaritätsbewegung.

Im Unterschied zu sonstigen Sammelaktionen war die Relation von Geld und Warenwert bei Lotterien besonders günstig, und dies umso mehr, wenn attraktive Preise ausgesetzt waren. Da Frauen im allgemeinen über wenig Bargeld verfügten, bot ihnen die Form der Lotterie, zu der sie Handarbeiten geben konnten, eine Möglichkeit zu materieller Unterstützung der „deutschen Sache". Die Frauen riefen deshalb ihre Geschlechtsgenossinnen dazu auf, durch die „Kunstfertigkeit (ihrer) Hände... Geldeswerth zu schaffen" (ESP 20.7.50). „Ein deutsches Mädchen" aus Heilbronn nahm die Sammlung für die Flotte zum Anlaß, in einem Brief an den Vaterländischen Verein anzufragen, ob auch Sachspenden möglich seien. Wenn Gaben wie ein „silberner Strickpfeil" willkommen seien, „so bedürfte es nur einer leisen Ermunterung von Ihrer Seite und Hunderte meiner schüchternen Schwestern würden mit Freude ihr Scherflein zum großen Zwecke bieten" (SK 1.6.48). „Bringet herzu, was ihr habt und entbehren könnet" (Beob 3.11.49),

IV.3 Politische Frauenvereine 1848 bis 1850

lautete die Standardformel der Aufrufe, um „zur Milderung der Not dieser Armen beizutragen" (Beob 30.10.49). In erster Linie waren Schmuckstücke, Haushaltsgegenstände und Luxusartikel gemeint. Entscheidend war bei Lotterie- und Sammlungsbeiträgen das „Opfer für das Vaterland", für dessen Wohl die Frauen Verzicht leisten sollten. In dieser „sturmbewegten Zeit" (ESP 26.5.49), hieß es in den Appellen, „entehrt uns unnöthiger Schmuck mehr als er uns schmückt" (Beob 3.11.49). Den spendenden Frauen wurde die „begeisterte Achtung und Liebe aller freigesinnten Männer" versprochen (BvR 30.5.49). Ihnen wurde nahegelegt, ihr Luxusbedürfnis einzuschränken. Für viele Frauen hatte die Trennung von einem goldenen Ring, einem geerbten Stück, das sie sich vom Herz reißen mußten, eine große persönliche Bedeutung. Wichtig war neben dem tatsächlichen Geldwert der Spenden der symbolische Akt des Opferns, der als ein nationaler dargestellt wurde.

Die Art der Spenden hing im allgemeinen vom Zweck der Spendenaktion ab. Für die Verwundeten der verschiedenen kämpferischen Auseinandersetzungen gingen zahlreiche „Lazarethgegenstände" ein, darunter sehr viel Leinwand, die zur Herstellung von Charpie (Verbandsmull) benötigt wurde. Den politischen Flüchtlingen fehlte es hauptsächlich an Geld und Kleidung. Gespendet wurden für sie Beinkleider, wollene Unterleibchen, Sacktücher, Stiefel, Westen, Hemden, Hosenträger, Röcke, Kappen, aber auch Tuchhosen und seidene Halstücher. Den weitaus größten Posten in dieser Rubrik nahmen die Socken ein, die nicht so teuer waren und auch von Frauen selbst hergestellt werden konnten. Die 70 Frauen des Stuttgarter Frauenvereins für Schleswig-Holstein trafen sich 1850 jeden Montag nachmittag im „hiezu mit freundlicher Bereitwilligkeit eingeräumten blauen Saale des Museums" (SK 24.10.50), um eingegangene „Arbeitsstoffe" zu verarbeiten und gemeinsam zu stricken. Ein Reutlinger Mädchenverein sendete 230fl und 46 Paar Socken an das Kieler Frauenkomitee (Beob 18.12.50). Andere Artikel wie „Cigarren, Pfeifen, Schreibzeug oder Tintenzeug" konnten direkt an die Flüchtlinge weitergesendet werden. Alle anderen „Gaben", die 1849 beim Stuttgarter Frauenverein eingegangen waren, wurden zum Weiterverkauf im „Verkaufslokal, im Blumenladen des Herrn Schickler" angeboten (Beob 16.11.49). Seine Tochter, Frau C. Böhm, war Mitglied des Frauenvereins. Neben Kinderkleidern und Schmuck wie „ein goldenes Kreuz, goldene Ohrringe, Perlocken, Vorstecknadeln" waren im Geschäft wertvolle Haushaltsgegenstände, Gebrauchsgüter sowie Handarbeiten von Frauen zu haben: „Eine kleine Standuhr, Sophakissen, Teeservice'chen, Bügeleisen, Blumenlampe, Handleuchter, silberne Zuckerklammer, Salzbüchschen, Trinkhorn etc.", des weiteren „eine Damentasche, ein Flacon, Portemonnaie, köln. Wasser, 1 Körbchen wohlriechender Seife". Außer Handarbeiten wie „ein gestickter Gewehrriemen, 1 gestickte Mappe, gehäkelte Einsätze, 1 gesticktes Sacktuch" wurden auch „Nähetuis, Nadelkissen, Faden und silberne

IV.3 Politische Frauenvereine 1848 bis 1850

Fingerhüte" verkauft, – vielleicht um andere Frauen zum Handarbeiten anzuregen. Erworben wurden die Gegenstände von ‚besser gestellten' Frauen und Männern, die es vorzogen, durch den Kauf dieser Spenden ihren Beitrag zu leisten. Die Waren mußten deshalb einen gewissen Gebrauchswert haben.

Geldbeiträge erhielten die Frauen des Stuttgarter Frauenvereins vor allem von einzelnen Frauen, wobei sich die Höhe der Summe nach deren ökonomischen Möglichkeiten richtete. Die einen spendeten wenige Kreuzer, andere mehrere Gulden. Die meisten beschränkten sich auf Sachspenden wie ein Paar Socken oder wie eine Schuhmachersfrau auf „1 Paar Stiefel" (Beob 24.8.49), andere stellten eine ganze Garnitur Männerkleidung zur Verfügung: „Frau Procurator Sch. 4 Hemden, 4 Paar Socken, 1 Paar Schuhe und 9fl" (Beob 28.11.49). Eine andere Spendenmeldung im „Beobachter" lautete: „Frl. L. und P.H. 1fl, Erlös einer Arbeit von Frl. H. und B.H. 10fl, Frl. C. Hofacker 2 Pr. wollene Socken" (Beob 2.12.49). Obwohl in den Aufrufen immer wieder betont wurde, daß die Frauen durch ihrer Hände Arbeit zur Lotterie beitragen sollten, zeigt ein genauer Blick auf die Spendenlisten, daß Geld und Gegenstände des alltäglichen Gebrauchs die Handarbeiten bei weitem überwogen, was sicherlich mit der sozialen Herkunft der Frauen zu tun hatte. Schwierigkeit bereitet die Identifizierung der spendenden Frauen; meistens zeichneten sie nur mit einem Kürzel. Anläßlich einer Spendenaktion für die „Schwäbische Legion" 1849 (einer Einheit württembergischer Reichsverfassungskämpfer) wagten immerhin 12 von 17 Spenderinnen nicht, ihren Namen anzugeben und verwendeten stattdessen die allgemeine Formulierung „von einer Frau". Diese politische Zurückhaltung der Frauen als ein Indiz für die Verschärfung des politischen Klimas zu werten, ist so sicher nicht falsch. Nur wenige Frauen, unter ihnen die ohnehin bekannten Demokratinnen oder die Frauen des Stuttgarter Frauenvereins, lösten diese Anonymität auf und unterzeichneten die Aufrufe mit vollem Namen. Soweit sich aus Namen Rückschlüsse auf die Schichtzugehörigkeit ziehen lassen, handelt es sich in Stuttgart vor allem um Frauen aus dem Wirtschafts- und Bildungsbürgertum, Ehefrauen und Töchter von Professoren, Beamten, Handwerksmeistern und Kaufleuten.

Die Aktivitäten der Frauen brachten beträchtliche Geldbeiträge für die jeweils „Bedürftigen" zusammen, wobei es eine Frage der politischen Mehrheitsfähigkeit war, daß die Sammlungen für die Kriegsflotte und für Schleswig-Holstein einen breiteren Spenderinnenkreis fanden als die für die politischen Flüchtlinge. Um den Spenderinnenkreis über den Kreis der demokratischen Bewegung hinaus auszuweiten, auch um die Behörden zu beruhigen, betonten die Unterstützerinnen der badischen Reichsverfassungskämpfer bewußt den wohltätigen Charakter dieser Sammlungen und versuchten, mit eindringlichen Schilderungen der notleidenden Exilanten Mitleid zu erregen. Indem Frauenvereine sich hauptsächlich auf das Lindern von Not und auf Spenden konzentrierten, besaß weibliche Politik

267

IV.3 Politische Frauenvereine 1848 bis 1850

zugleich den Charakter der Wohltätigkeit[27], die ‚Liebesgaben' waren Dienst am (politischen) Nächsten.

Anmerkungen:

1) Vgl. Thomas Nipperdey: Verein als soziale Struktur in Deutschland im späten 18. und frühen 19. Jahrhundert. In: Ders.: Gesellschaft, Kultur, Theorie. Göttingen 1976, S. 174–205. Wolfgang Kaschuba/Carola Lipp: Zur Organisation des bürgerlichen Optimismus. In: Sozialwissenschaftliche Informationen für Unterricht und Studium H. 8, 1979, S. 74–82. Dieter Langewiesche: Die Anfänge der deutschen Parteien. In: Geschichte und Gesellschaft H. 3, 1978, S. 324–361.
2) Stefanie Schweitzer/Sabine Schlemmer/ Andreas Greverath: Die Forderungen der Frauen nach Gleichberechtigung in der französischen Revolution. In: Annette Kuhn/ Gerhard Schröder (Hg.): Frauen in der Geschichte, Bd. I, Düsseldorf 1982, S. 153–168.
3) Die Materialien aus der „Eßlinger Schnellpost" stammen aus dem DFG-Projekt Revolutionskultur. Für die Überlassung danken wir Herrn Dr. Wolfgang Kaschuba.
4) Gedicht von Georg Herwegh: „Die deutsche Flotte". Zitiert nach: Günter Wollstein: Das ‚Großdeutschland' der Paulskirche. Düsseldorf 1977, S. 256.
5) Der Bote für Stadt und Land. Pfälzisches Volksblatt vom 18.6.1848, STA Kaiserslautern.
6) Aufruf verfaßt von zwei Abgeordneten der Nationalversammlung, Duckwitz und Heckscher vom 11.5.1848. Zit. nach: G. Wollstein: Das ‚Großdeutschland'..., S. 261.
7) G. Wollstein: Eine deutsche Flotte. In: Ders.: Das ‚Großdeutschland'..., S. 255–265, hier S. 263.
8) Julius Hartmann (Hg.): Uhlands Briefwechsel. Stuttgart 1911–1916, Bd. 3, S. 395, Brief Nr. 2257.
9) Erneut aufgegriffen und durchgeführt wurden die Flottenpläne nach der deutschen Reichsgründung 1871.
10) Bote vom Remsthal 30.5.1849.
11) STA Rottweil.
12) STA Rottweil.
13) Zu ähnlichen Ergebnissen kam Gerda Lerner in ihrem Aufsatz.G. Lerner: The political Activities of Antislavery Women. In: Dies.: The Majority Finds its Past. Placing Women in History. Oxford, New York 1979, S. 112–128. Vgl. auch Beate Bechtold-Comforty in diesem Buch.
14) Vgl. Werner Boldt: Die württembergischen Volksvereine von 1848 bis 1852. Stuttgart 1970, hier S. 65ff.
15) Recht gut erforscht ist der Mainzer Frauenverein Humania, den Kathinka Zitz gegründet hat. In Baden bestanden im Mai 1849 ca. 10 Frauenvereine. Siehe Materialien bei: Gerlinde Hummel-Haasis: Schwestern zerreißt eure Ketten. München 1982, S. 51–100.
16) Wilhelm Steinhilber: Die Heilbronner Bürgerwehren 1848 und 49 und ihre Beteiligung an der badischen Mairevolution des Jahres 1849. Heilbronn 1959, S. 138. Vgl. Gertrud Schubert im vorliegenden Buch.
17) HSTAS E 146, Bü 1535, Ufsz. 1, Bl. 6. So lautete der durchgestrichene Entwurf, die später gegebene Begründung war nicht ganz so deutlich: „da die Regierung Personen, welche durch die Flucht der Gerechtigkeitspflege sich entziehen, hierin nicht unterstützen darf."

IV.3 Politische Frauenvereine 1848 bis 1850

18) HSTAS E 146, Bü 1535, Ufsz. 1, Bl. 7.
19) Beobachter 27.10.1850.
20) Beobachter 29.1.1850. Das Straßburger Flüchtlingskomitee bedankte sich für die vom „schwäbischen Frauen und Jungfrauenverein in Stuttgart" eingegangenen „100fl, nebst einer Sendung Kleidungsstücke".
21) Vgl. die Untersuchungen von W. Kaschuba/C. Lipp: 1848 – Provinz und Revolution. Tübingen 1979.
22) Beobachter 31.10.1850.
23) In einem Referat gehalten von Hannelore Cyrus auf dem 6. Historikerinnentreffen in Bonn 1985.In: Helga Grubitzsch/Hannelore Cyrus/Elke Haarbusch (Hg.): Grenzgängerinnen. Revolutionäre Frauen im 18. und 19. Jahrhundert. Düsseldorf 1985.
24) Eberhard Sieber: Stadt und Universität Tübingen in der Revolution von 1848/49. Tübingen 1975, S. 289.
25) Beobachter 3.11.1849.
26) HSTAS E 146, Bü 1535, Ufsz. 1, Bl. 7.
27) Carola Lipp et al: Frauen und Revolution. In: Die ungeschriebene Geschichte. Dokumentation des 5. Historikerinnentreffens. Wien 1984, S. 375–391, hier S. 385.

Carola Lipp

Frauen und Öffentlichkeit.
Möglichkeiten und Grenzen politischer Partizipation im Vormärz und in der Revolution 1848/1849

„Und drinnen waltet die züchtige Hausfrau", mit diesem Schillerleitwort wuchs in der Zeit des Vormärz eine ganze Frauengeneration auf[1]. Doch nicht nur der Lieblingsdichter der württembergischen Liberalen[2] wies die Frauen ins Haus, ebenso taten es die Philosophie und Rechtslehre der damaligen Zeit[3]. Im großen Brockhaus hieß es: „... das Weib ist auf einen kleinen Kreis beschränkt... Der Mann muß erwerben, das Weib sucht zu erhalten; ... Jener gehört dem geräuschvollen öffentlichen Leben, dieses dem stillen häuslichen Cirkel an"[4]. Ähnliche Positionen vertrat auch das 1835 erschienene „Conversations Lexikon" für „Damen"[5]. Diese Aufteilung der Welt in Haus und Öffentlichkeit, „drinnen und draußen" entsprach dem Erleben der bürgerlichen Frauen in der ersten Hälfte des 19. Jahrhunderts. Schriftstellerinnen der Revolutionszeit, wie z.B. Claire von Glümer, thematisierten immer wieder diese Begrenzung des weiblichen Horizonts. Angesprochen auf politische Fragen der Zeit, sagt Glümers Heldin in einem Roman über das Jahr 1848: „... ich spinne mich oft so ein in mein kleines Leben, daß ich für das Weite, Große keinen Blick und kein Empfinden habe."[6]

Die häusliche Welt der Frauen erschien als Gegensatz zum öffentlichen Leben der Männer, wobei Öffentlichkeit sowohl den Bereich der gesellschaftlichen Produktion und des Austausches wie auch Meinungsbildung und Politik umfaßte. Öffentlichkeit erschien als die Verkehrsform bürgerlich-kapitalistischer Produzenten, deren Interessen sich über den Markt vermittelten und deren Interessen wiederum aufgehoben waren in dem vom Staat als öffentlicher Gewalt vertretenen Allgemeininteresse[7]. Obwohl dieses im Zuge der Naturrechtslehre entstandene theoretische Konzept weiblicher und männlicher Sphären und deren Korrespondenz mit entsprechenden polar definierten „Geschlechtscharakteren" (Hausen) sich fraglos auf die Lebenswirklichkeit der Geschlechter im 19. Jahrhundert auswirkte, stellt sich bei näherer Betrachtung männlicher und weiblicher Lebensräume der Gegensatz von „Haus" und „Öffentlichkeit" in einem andern Licht dar. Wird Öffentlichkeit nicht nur über Teilhabe an der gesellschaftlichen (kapitalistischen) Produktion, Markt und Staat definiert, sondern – in der stärkeren Betonung des kommunikativen Aspekts – als Raum sozialer Beziehungen, in der sich in der symbolischen Interaktion einzelner Personen und Gruppen die Gesellschaft als Ganzes darstellt, so zeigen sich wesentliche Wechselwirkungen zwischen diesen beiden gesellschaftlichen Räumen. Hinzu kommt, daß trotz der allgemeinen Verbreitung der Idee von der häuslichen Bestimmung der Frau diese Vorstellung in der gesellschaftlichen Praxis, im Handeln einzelner sozialer Gruppen zu ganz unterschiedlichen Ergebnissen führte.

Inwieweit Ideologie und gesellschaftliches Verhalten möglicherweise auseinanderklafften und wie sich diese Vorstellungen in verschiedenen Bereichen des Alltagslebens auswirkten, ist in der Sozial- und Frauengeschichte bisher nicht genügend erforscht worden. Die von Karin Hausen aufgezeigten geistesgeschichtlichen Entwicklungslinien und die daran sichtbaren Parallelen zum ökonomischen Strukturwandel der bürgerlichen Gesellschaft, zur „Dissoziation von Erwerbs- und Familienleben", wurden in der Rezeption vielfach simplifiziert und als unumstößliche Tatsache behandelt statt als Fragestellung für weitergehende Forschungen. Allzuschnell wurden Ideologie und gesellschaftliche Realität gleichgesetzt[8]. Es entstand dadurch eine Perspektive auf das 19. Jahrhundert, in dem dieses als eine Zeit erscheint, in der bürgerliche Frauen zunehmend ins Haus verbannt wurden, während sie gleichzeitig durch den Strukturwandel des bürgerlichen Haushalts an produktiver Kompetenz verloren und zum „schönen Eigentum" des Mannes wurden[9]. Der Blick der Frauenforschung blieb damit fixiert auf das Haus, der Wandel der Öffentlichkeitsstrukturen wurde nicht wahrgenommen, ebensowenig die Rolle der Frau in dieser Entwicklung. Die bisherige Frauenforschung orientierte sich – und dies ist auf dem Hintergrund ihrer Geschichte nur logisch – an einem Öffentlichkeitsbegriff, der angesichts der Rechtlosigkeit von Frauen Öffentlichkeit als „die freie, gleiche Teilhabe an der Welt ohne Einschränkungen"[10] verstand. Dieser politisch-emanzipative Begriff der Öffentlichkeit (der interessanterweise dem bürgerlichen Kampfbegriff der Öffentlichkeit im 19. Jahrhundert sehr nahe kommt), führte allerdings zu einer historischen Perspektive, die Forschungen über den weiblichen Lebenszusammenhang im 19. Jahrhundert blockieren mußte, denn das Problem der Öffentlichkeit schien durch die Verweisung der Frauen aufs Haus und die nicht vorhandenen Entscheidungskompetenzen im ökonomischen und politischen Bereich erledigt.

Damit entstand ein „Interpretationsmodell der zunehmenden Frauenunterdrückung im 19. Jahrhundert"[11], das in seiner Monolinearität[12] Widersprüche und wesentliche Momente des Wandels, Veränderungen in der Situation und im Verhalten der Frauen oder kollektive Prozesse nicht erfassen konnte. Übersehen wurde so z.B., daß viele der Diskussionen über die häusliche Bestimmung der Frau nach der Revolution 1848/49 bereits Verteidigungsgefechte (Kap. III.1) waren, eine Reaktion der Männer auf das sukzessive Vordringen der Frauen auf dem Terrain der bürgerlichen Öffentlichkeit. Forschungen über Frauen in der Revolution 1848 zeigen so, daß eine starre Dichotomie zwischen privat und öffentlich den real bestehenden Wechselbeziehungen zwischen beiden Sphären nicht gerecht wird.

IV.4 Frauen und politische Öffentlichkeit.

Die in der Frauenforschung gängige These, daß „bürgerliche Öffentlichkeit Frauen ausschloß"[13], läßt sich im Hinblick auf die Zeit des Vormärz und der Revolution 1848/1849 in dieser absoluten Form nicht halten.

Frauen im bürgerlich-liberalen Vereinsleben des Vormärz

Bereits im Vormärz hatten Frauen Zutritt zu bestimmten Formen bürgerlicher Öffentlichkeit. Dies galt vor allem für den Bereich der Geselligkeit, in der Bürger und Bürgerinnen den Umgang mit ihresgleichen suchten. Das „Damen Conversations Lexikon" von 1835 bezeichnete die „Gesellschaft" als „verbindendes Element zwischen Haus und Öffentlichkeit...; sie ward, wie Ersteres, vorzugsweise der Wirkungskreis der Frauen"[14]. In der „Gesellschaft", d.h. im bürgerlichen Salon oder bei festlichen Einladungen standen Frauen als Gastgeberinnen häufig im Mittelpunkt der geselligen Zusammenkünfte. Im provinziellen Württemberg mit seinem protestantisch sparsam und bescheidenen Bürgertum gab es zwar nur wenige Familien, die ein offenes Haus führten und großbürgerliche Geselligkeitsformen pflegten[15]; doch ein Ersatz für das fehlende gesellschaftliche Leben war durch die Geselligkeit im Verein gegeben, die zudem den Einzelhaushalt von repräsentativen Verpflichtungen und Kosten entlastete.

Mit den nach der Jahrhundertwende gegründeten „Museums- und Kasinogesellschaften"[16] entstand ein öffentlicher Raum, in dem sich bürgerliches Privatleben organisierte. Zu den tabakumwölkten Männerrunden der frühen bürgerlichen Vereine des 18. Jahrhunderts, den sogenannten Lesegesellschaften[17], hatten Frauen keinen Zutritt gehabt. In diesen Gesellschaften und Lesezirkeln, die vor allem aufklärerische, soziale und wirtschaftpädagogische Bestrebungen verfolgten, formierte sich erstmals eine literarische Öffentlichkeit in Gestalt eines diskutierenden bürgerlichen „Publikums"[18]. In den Museen und Geselligkeitsvereinen des 19. Jahrhunderts dagegen konnten Frauen Mitglied werden. In der 1807 gegründeten Stuttgarter Museumsgesellschaft waren nicht nur die weiblichen Angehörigen der männlichen Mitglieder bei Veranstaltungen zugelassen, sondern konnten auch „Witwen und andere selbständige Frauenspersonen" dem Verein beitreten[19]. Der Ulmer „Kasino-Gesellschaft zum Goldenen Hirsch" gehörten 1838 immerhin 4 Witwen bzw. selbständige Fräulein an[20]. Die Integration der Frauen in das Vereinsleben ergab sich aus der Zielsetzung der Unterhaltungsvereine. Die Museumsgesellschaften des frühen 19. Jahrhunderts unterhielten zwar noch Lesezirkel und Bibliotheken, sie wollten aber neben der politischen Information auch literarische und musikalische Unterhaltung bieten. In ihnen waren die „privaten Interessen" sehr viel stärker integriert als vorher. Gleichzeitig verbreiterte sich die kulturelle Praxis und es bildete sich ein völlig neuer Lebensstil heraus.

IV.4 Frauen und politische Öffentlichkeit.

Gerade weil diese Vereine sich vordergründig als Verbindungen zur zweckfreien Geselligkeit verstanden, konnte sich in ihnen ein Forum bürgerlicher Öffentlichkeit und Kultur entwickeln. Dies war umso wichtiger, als die Bildung politischer Vereine seit 1819 und nach einer kurzen Liberalisierungsphase 1830/1831 dann wieder im Jahr 1832 verboten worden war[21]. Indem sie „bürgerliche Kommunikation" organisierten, waren die Museumsgesellschaften und mehr noch die Bürgergesellschaften der 30er und 40er Jahre für die Vereinheitlichung bürgerlicher Interessen von eminenter Bedeutung. Vor allem die liberale Bewegung bediente sich nach der Julirevolution 1830 dieses Mittels des geselligen Umgangs. In den Statuten der danach gegründeten liberalen „Bürgergesellschaften", die zugleich Wahlvereine der Liberalen waren, standen sowohl „gesellige Unterhaltung" als auch Diskussion „vaterländischer Angelegenheiten" auf dem Programm (EWA 31.8.31). Diese Gesellschaften engagierten sich bei Landtagswahlkämpfen wie auch im kommunalpolitischen Bereich. Politik und Geselligkeit gingen in ihnen fließend ineinander über[22].

Die Bürgergesellschaften organisierten neben den künstlerischen und bildenden Veranstaltungen regelmäßig Abendunterhaltungen, Tanztees und Bälle, „um auch" – so die Reutlinger Bürgergesellschaft – „den Frauen und Töchtern der Mitglieder, welche bis jetzt lediglich keinen Genuß von dieser Gesellschaft hatten, wenn sie die circulierenden Unterhaltungsblätter nicht lesen, eine Freude zu machen." (RMC 29.2.48) Für bürgerliche Kreise waren die Festivitäten der Museumsgesellschaften und Unterhaltungsvereine oft die einzige Möglichkeit, sich standesgemäß zu vergnügen, weshalb diese Organisationen indirekt als Heiratsmarkt für die Töchter und Söhne des lokalen Bürgertums fungierten. Indem die ganze Familie in das gesellige Leben mit einbezogen war, entstand ein dichtes soziales Netz und ein Zusammenhalt bürgerlicher Eliten, der diese wiederum politisch handlungsfähig machte. Bürgerliche Öffentlichkeit hatte also eine private Seite, die durchaus konstitutiv war für den politischen Formierungsprozeß des Bürgertums. Für das politische Verhalten von Frauen (s.u.) war dabei entscheidend, daß diese durch die Vereine regelmäßig mit Politik in Berührung kamen oder wenigstens auf der Ebene der Geselligkeit in politische Zusammenhänge integriert waren. Es waren die Museen schließlich, die den Frauen 1848–1850 Räume für ihre Vereinsversammlungen und Aktivitäten zur Verfügung stellten (Kap. IV.3).

Außer dieser passiven Form der Partizipation am Vereinsleben gab es auch eigenständige Initiativen von Frauen, die den Verein als Solidarorganisation für ihre eigenen Bedürfnisse benutzten. In den 1840er Jahren – der großen Zeit der Versicherungsvereine[23] und wirtschaftlichen Zusammenschlüsse – gründeten Frauen in einzelnen Städten sogenannte „Wöchnerinnenvereine". Genau besehen waren

IV.4 Frauen und politische Öffentlichkeit.

dies private Unterstützungs- und Hilfsvereine, in denen die Frauen sich durch regelmäßige Beiträge gegenseitig die Kindbettauslagen sowie die Kosten für Hebamme, Arzt oder Medikamente finanzierten und für die wirtschaftliche Absicherung der Wöchnerinnen sorgten. Vereint war es möglich, die Kosten zahlreicher Geburten zu reduzieren und die Haushaltskasse zu entlasten. Es waren vor allem Frauen des handwerklichen Mittelstands – also einer Schicht, die bereits Organisationserfahrung hatte – die diese Vereine ins Leben riefen[24]. Die Vereine legten an ihre Mitglieder strenge moralische Maßstäbe an, bedingt auch durch die obrigkeitliche Überwachung: Ledige Mütter, die die Unterstützung am nötigsten gehabt hätten, durften nicht aufgenommen werden.

Neben diesen vereinsmäßigen Verbindungen gab es informelle Zusammenschlüsse von Frauen, in denen sich eine eigene (bürgerliche) Frauenöffentlichkeit konstituierte. Dies waren die sogenannten „Kränzchen", meist Freundschaftszirkel, in denen sich Frauen nachmittags zu Tee, Kaffee und Likör trafen. Die „Kränzchen" waren sozusagen die Kleinstform geselliger Zusammenkünfte, wobei diese Form der Gruppe entgegen dem heutigen Verständnis nicht nur von Frauen gepflegt wurde. Auch die Stuttgarter Bürgerwehr unterhielt z.B. 1848 ein „Mittwochskränzchen, wozu Wehrmänner aller Waffen und von jeder politischen Farbe Zutritt" hatten (Sonne 4.10.48), dieses fand allerdings abends statt. Zum Teil waren solche Gruppen fest institutionalisiert und gingen über den engeren Freundinnenkreis hinaus wie z.B. die Nürtinger „Frauengesellschaft in der Nekkarsteig oberhalb der Brücke". Diese Frauenrunde, über die sonst nichts weiter bekannt ist, war entweder so groß oder so heterogen zusammengesetzt, daß „eine Freundin" in der Zeitung annoncieren mußte, daß die Gesellschaft wieder „ihren Anfang genommen" hatte und sich „den ganzen Sommer über bei schönem Wetter" treffen würde (NWB 6.5.48).

„Wein, Weib und Gesang".
Frauen in Liederkränzen und in der vormärzlichen Festkultur

„Wein, Weib und Gesang – nirgends findet man dieses lutherische Kleeblatt besser vereinigt, als bei uns in Stuttgart und im ganzen Schwabenland", schrieb 1839 ein Besucher der Stuttgarter Schillerfeier, noch ganz beeindruckt von den „Frauenzimmer-Liederkränzen, die sich als Filialkränze hier bildeten"[25]. Daß Frauen im Vormärz eigene Gesangvereine unterhielten oder aktive Mitglieder in den bestehenden Liederkränzen waren, ist von der Forschung bisher nicht wahrgenommen worden[26]. Angesichts der Gründungsgeschichte vieler Vereine und ihrer Selbstdarstellung als „edler Männerbund"[27] galten die Liederkränze als rein männliche Organisationen. In den Statuten der 1845 gegründeten „Gesellschaft Harmonie"

IV.4 Frauen und politische Öffentlichkeit.

in Stuttgart hieß es dementsprechend: „... wo Männer sich gefunden, zu innigem Verein, durch Ordnung gebunden, dem Frohsinn sich zu weih'n"[28]. Bis Anfang der 30er Jahre durften in den meisten Liederkränzen Frauen nur als Gäste zuhören[29], wobei die Liederkranzvorstände darauf bedacht waren, daß „keine Frauenzimmer eingeführt werden, welche vermöge ihres Standes und Rufs die Ehre der Gesellschaft beeinträchtigen würden."[30] In der Regel waren deshalb die Einladungen nur auf die weiblichen Angehörigen der Mitglieder beschränkt.

Es waren vor allem die stark liberal geprägten Liederkränze, die auch Frauen aufnahmen. Schon bei der Gründung des Stuttgarter Liederkranzes, des ersten württembergischen Gesangvereins, im Sommer 1824 war der Gedanke aufgetaucht, weibliche Mitglieder aufzunehmen. Da sich die Liederkränze zum Zweck gesetzt hatten, den schlichten einstimmigen Volksgesang „zu veredeln"[31] und den mehrstimmigen Gesang zu üben, lag es nahe, Frauenstimmen miteinzubeziehen, denn ohne sie fiel es schwer, mehrstimmige Chorwerke aufzuführen. Im 1823 gegründeten kirchlichen Oratorienverein in Stuttgart sangen deshalb z.B. Frauen von Anfang an mit[32].

Ein Hindernis für den Eintritt der Frauen in weltliche Gesangvereine war die ‚Sittlichkeit' bzw. der Widerspruch zwischen den von Frauen verlangten Verhaltensweisen und den von den Gesangvereinen gepflegten männlichen Geselligkeitsformen. Die Proben der Gesangvereine fanden in Gastwirtschaften statt und endeten meist mit weinseligen Trinkrunden. Frauen jedoch konnten abends nicht allein oder in Begleitung fremder Männer in ein Wirtshaus gehen, dies umso weniger, als viele der Sängerinnen noch ledig waren und von daher besonders auf ihren Ruf bedacht sein mußten. Ein Gründungsmitglied des Stuttgarter Liederkranzes vertrat deshalb die Ansicht, daß bei einem anderen Probenlokal „auch Frauen Antheil nehmen" könnten und befürchtete ganz allgemein, daß es Leute gäbe, „die es in solcher Anzahl im Wirthshaus zu sein anstößig finden möchten"[33].

Das Problem der Probenräume ist kennzeichnend für die Geschichte der Frauenliederkränze. Der Stuttgarter Frauenliederkranz traf sich deshalb zu den Proben abends im Rathaus oder sang im Saal des Bürgermuseums, und der Tübinger Liederkranz verlegte, um keinen Anstoß zu bieten, die Frauenchorproben in die Wohnung des Musikdirektors[34]. Dadurch, daß Frauen in den Liederkränzen allein und im Unterschied zu den Bürgergesellschaften ohne männliche Begleitung oder familiären Zusammenhang auftraten und zudem noch mit fremden Männern zusammentrafen, mußten sie zwangsläufig in Konflikt geraten mit den weiblichen Verhaltensnormen der damaligen Zeit. Die Mitarbeit von Frauen in den Liederkränzen, selbst wenn sie sich nur auf gelegentliche gemeinsame Auftritte und Aufführungen beschränkte, war so im Hinblick auf die bestehenden Umgangsformen zwischen den Geschlechtern geradezu revolutionär. Frauen

IV.4 Frauen und politische Öffentlichkeit.

taten dasselbe wie Männer und dies öffentlich und in geselligem Rahmen. Ein Verein wie der 1829 gegründete Murrhardter Liederkranz, dem neben 8 Ehrenmitgliedern 13 junge Frauen und 14 junge Männer angehörten, besaß mit seiner Geschlechterparität fast den Charakter einer ‚alternativen Jugendkultur‘. Wenn sich die Murrhardter Sängerinnen und Sänger dann noch abends zu gemeinsamen Proben im Wirtshaus trafen, mußte dies den Ärger der anständigen Bürger erregen. Da sich der Vereinsvorstand (u.a. der Schlossermeister und Nationalversammlungsabgeordnete Nägele) offen zum Liberalismus bekannte, war dieser Verein Zielscheibe konservativer Kritik. Diese witterte (mit Recht) nicht nur ‚Revolutionsideen‘, sondern sah in der neuen Form der Geselligkeit „eine Trinkgesellschaft und die Gelegenheit zum Geldverputzen"[35].

Im Unterschied zum gemischten Murrhardter Verein entstand der erste württembergische Frauenliederkranz in Stuttgart aus einem ganz anderen Milieu heraus. Der Verein verdankte seine Gründung privaten Beziehungen und vor allem der Initiative von Emilie Zumsteeg, die den Frauenchor dirigierte. Zumsteegs Bruder war Mitbegründer des Stuttgarter Männer-Liederkranzes, sie selbst unterrichtete als Musiklehrerin am Katharinenstift. Beide Geschwister kamen aus einer Musikerfamilie, der Vater war ein damals bekannter Komponist und Kapellmeister, und auch Emilie Zumsteeg selbst komponierte Chormusik[36]. Durch ihre Lehrtätigkeit am Katharinenstift zog der Chor viele Frauen aus dem gehobenen Stuttgarter Bürgertum an (Kap. III.2). Im Frauenchor traf sich alles, was im Kulturleben der Residenzstadt Rang und Namen hatte. Als zu Ehren des Geburtstags von Prinzessin Sophie 1839 ein Oratorium von Händel aufgeführt wurde, sangen neben der Ehefrau des Malers Stirnbrand die Gattin des Literaturpapstes Menzel, die Ehefrau des Dichters Gustav Schwab, Sophie Schwab, die Töchter des Bankier und Abgeordneten Federer sowie Frauen aus den Familien des späteren Ministers Duvernoy und des Katharinenstiftrektors Zoller u.v.a.[37]. Der Stuttgarter Frauenliederkranz umfaßte 1836 rund 30 ständige Mitglieder, deren Zahl sich bei Aufführungen „verdoppeln" konnte[38].

Betrachtet frau die Umgangsformen zwischen dem eigenständigen Frauenliederkranz und den 325 Sängern des Männervereins, so erscheinen die „holden Damen" als attraktives und schmückendes Accessoire des Gesamtvereins. Die „verehrlichen Sängerinnen", so die Briefe des Ausschusses an Emilie Zumsteeg, waren gebeten, die Feste „durch ihre gefällige Teilnahme zu verschönern"[39]. Sängerinnen im Verein zu haben, war in den 1840er Jahren ein Zeichen von Progressivität und eines verfeinerten kulturellen Niveaus (Kap. V.3). Das Auftreten des Stuttgarter Frauenchors hatte schließlich auch Vereine in anderen Städten animiert, Frauen aufzunehmen. 1841 waren die Tübinger Sänger stolz, daß ihr Frauenliederkranz „die Mannigfaltigkeit (ihres) Gesanges erhöht und unsere Gesellschaft veredelt"[40]. Zehn von zwölf Ausschußmitgliedern hatten bereits 1836 dafür

IV.4 Frauen und politische Öffentlichkeit.

Emilie Zumsteeg (1796–1857). Leiterin des Stuttgarter Frauenliederkranzes. (Lithographie von Christian Pfann 1857. Landesbibliothek Stuttgart)

IV.4 Frauen und politische Öffentlichkeit.

Sängerinnen im Stuttgarter Frauenliederkranz.

Julie Duvernoy. (Ölgemälde von Franz Stirnbrand um 1850. STA Stuttgart)

Friederike Stirnbrand. Ehefrau des Malers Franz Seraph Stirnbrand (1788–1882). (Ölgemälde. STA Stuttgart)

Wilhelmine Schüle, geb. Koch; Gattin von Rudolf Friedrich Schüle (1805–1886). (Foto nach Ölgemälde. STA Stuttgart)

Sofie Duvernoy. (Aquarell Johann Michael Holder (1796–1861). STA Stuttgart)

IV.4 Frauen und politische Öffentlichkeit.

gestimmt, „künftig auch weibliche Stimmen zu dem Gesang im Sängerkranz zu ziehen". Lediglich der Gesangsdirektor hatte schwerwiegende Bedenken, weshalb 1840 beschlossen wurde, einen vom Männerchor getrennten Frauen-Liederkranz zu bilden, dem 36 Frauen angehörten[41]. Frauenliederkränze oder Frauenchöre gab es nach einer Statistik des Innenministerium 1836 in Stuttgart, Murrhardt, Hall und Spaichingen. In Sersheim, einem Dorf im Oberamt Vaihingen, sangen ebenfalls Frauen mit, und ein Lehrer hatte in Deißlingen, einem kleinen Ort im Schwarzwaldkreis, einen Mädchenchor eingerichtet[42]. Für das Jahr 1847 gibt es Hinweise auf einen Frauenliederkranz in Herrenberg (NT 3.2.47), und in Eßlingen veranstalteten die „Damen des Oratorienvereins" 1849 gemeinsam mit dem liberal-demokratischen Liederkranz eine „musikalische Produktion" (ESP 17.2.49).

Nicht zufällig sind die meisten Städte, in denen Frauenliederkränze entstanden, Hochburgen der liberalen oder demokratischen Bewegung. Wie sich am Stuttgarter Verein zeigt, kamen viele der Frauen aus dem Umfeld der Liberalen. Liederkränze waren im Vormärz mehr als nur Unterhaltungsvereine. In einer Zeit, in der politische Meinungsbildung behindert wurde, pflegten die Vereine mit ihrem Liedgut nationale und liberale Ideen. „In den Liedern einer Nation weht ihr Geist", heißt es im Tübinger Protokollbuch 1840, und der Vorsitzende des Schwäbischen Sängerbundes dichtete zum Jahresfest der Eßlinger Sänger: „Stets sollen wie heute die Lieder erklingen; für Glauben, Recht und Wahrheit, für Freiheit (und) Vaterland." (EA 27.2.39) Theodor Körners Freiheitslieder gehörten zum festen Repertoire der Sänger, und daß sich in den Vereinen „ein freier Geist regte", bemerkte nicht nur der Chronist des Stuttgarter Liederkranzes[43]. Die Mitgliedschaft vieler „Freisinniger" machte auch dem Innenministerium Sorgen[44], so daß 1836 eine Untersuchung gegen die Gesangvereine eingeleitet wurde.

Die Liederkränze bildeten im Vormärz die emotionale Basis der deutschnationalen und liberalen Bewegung, und entsprechend politisiert war das Klima in diesen Vereinen. Es ist deshalb nicht verwunderlich, daß einige der Frauen, die zwischen 1839 und 1843 im Stuttgarter Liederkranz sangen, wie z.B. die Kaufmannsgattin Conradi, in der Revolutionszeit für die Volksbewaffnung spendeten oder dem demokratischen Unterstützungsverein angehörten wie Fräulein Auguste Cammerer[45].

In ihrer typischen Verbindung von bürgerlicher Geselligkeit und politischer Kultur prägten die Liederkränze den Feststil der Vormärzzeit und der späteren Revolutionsjahre. Seit 1825 veranstaltete der Stuttgarter Verein regelmäßig Schillerfeiern, in denen „der Dichter der Gedanken, der Freiheit und des Gemüths"[46] zur Identifikationsfigur der liberalen Bewegung erhoben wurde. Seit 1827 organisierten die Sänger – in Ulm gemeinsam mit Frauen[47] – überregionale Treffen mit

IV.4 Frauen und politische Öffentlichkeit.

großen Festzügen und Gesangsdarbietungen. Die paradeähnlichen Aufmärsche und die seit 1836 allgemein verbreiteten Sängerfahnen – meist ein Geschenk der Frauen[48] – sollten zusammen mit Musik und Reden den Veranstaltungen eine festliche Würde verleihen. Anlehnend an Formen feudaler Repräsentation bemühte sich das Bürgertum, sich bei seiner Selbstdarstellung in diszipliniert militärischer Form zu präsentieren, wenn auch bescheiden und zivil.

Die Nationalfeiern im Vormärz entwickelten damit eine Festdramaturgie, die sich später bei den Revolutionsfeiern 1848 wiederholte. In ihrem stereotypen Ablauf gingen diese Bürgerfeiern zurück auf die Tradition französischer Revolutionsfeste, auf denen sich nationaler und revolutionärer Enthusiasmus in Massenaufmärschen und Gesängen ausgedrückt hatte[49].

Ein wesentliches Element dieser bürgerlichen Selbstdarstellung war die Teilnahme von Frauen. Als Fest- und Ehrendamen trugen diese weiße Kleider, also die Farbe der Reinheit (Kap. V.2) wie auch der Vernunft. Das Szenario der Schillerfeier 1839 in Stuttgart, als zur Einweihung des Schillerdenkmals Tausende von Sängern aus dem ganzen Land anreisten, kann hier als typisch gelten. Ein Zuschauer schilderte, wie die Liederkränze auf ihrem Marsch zum Festplatz am „Museum" vor-

Die Einweihung des Schillerdenkmals am 8. Mai 1839 in Stuttgart. (Lithographie F. Elias. Landesbibliothek Stuttgart)

IV.4 Frauen und politische Öffentlichkeit.

beidefilierten, wo der Schillerverein und der Frauenliederkranz die Parade empfingen.

„Vor dem Museum hielt der Zug einige Augenblicke. Die Frauen und Jungfrauen, alle weiß gekleidet, das Festband in den Putz verwebt,... standen vom Eingange des Museums an Reihe hinter Reihe die Treppe hinauf dicht aneinander – ein ungemein malerischer Anblick, er zauberte auf Momente alle vorüberziehenden Sänger fest." [50]

Auf der Schillerfeier wurde nicht nur die „Einheit aller Klassen und Stände", das Miteinander dörflicher und städtischer Sänger gefeiert, eindrücklich war auch das gemeinsame Auftreten der Geschlechter. Der Liederkranzausschuß schrieb später an Emilie Zumsteeg: „Wenn schon das bloße Einnehmen des inneren Festplazes unmittelbar um das Denkmal durch den Kranz der Frauen und Jungfrauen das Fest auf die schönste Weise schmückte, so erhöhte ihr seelenvoller Gesang noch seine Weihe" [51]. Als lebendiger „wunderschöner Kranz" ehrten die Frauen, „die schönsten der Schönen von Stuttgart" [52] den „Dichterhelden" wie auch seine Verehrer.

4.Saecularfest der Buchdruckerkunst 24.6.1840. Im Vordergrund eine typische Gruppe weißgekleideter Jungfrauen. (Gezeichnet von Emil Hochdanz. Landesbibliothek Stuttgart)

Allein von seiner Größe her hatte das Schillerfest Maßstäbe für die künftige württembergische Festkultur gesetzt. Mit kleinen Varianten wiederholte sich dessen Inszenierungsmuster bei allen anderen Feiern zur nationalen Geschichte. 1840 wurde z.B. das 4. Jubiläum der „Erfindung der Buchdruckkunst" in Stuttgart mit ähnlichem Pomp begangen. Auch hier war, wie auf dem obigen Bild zu erkennen, die Tribüne umsäumt mit weißgekleideten Frauen.

IV.4 Frauen und politische Öffentlichkeit.

Diese Form der Frauenpräsentation hatte eine doppelte Tradition; sie erinnerte sowohl an französische Revolutionsfeiern, in denen die Frauen als Sinnbild der Göttin der Freiheit oder Vernunft in weißen Gewändern auftraten, als auch an fürstliche Brautzüge. Als Wilhelm I. 1820 seine Braut und spätere zweite Frau, Prinzessin Pauline am Kirchheimer Schloß abholte, empfing er sie mit blumenstreuenden Mädchen und 4 Ehrenjungfrauen[53]. Dasselbe Motiv wiederholte sich bei der Huldigungsfeier zum 25-jährigen Regierungsjubiläum Wilhelms I. im Jahr 1841. „Zweihundert Jungfrauen aus den Oberamts-Bezirken und der Residenz-Stadt, weiß gekleidet, mit roth und schwarzen Schärpen" gingen im „Festzug der Württemberger". Sie trugen „in Körbchen Blumen, welche sie vor der Königlichen Tribüne"[54] ausstreuten und hielten Kränze bereit, um den königlichen Sitz zu schmücken. Geleitet wurden sie – ähnlich wie später bei den Fahnenweihen 1848 – von Militär, den Veteranen der Befreiungskriege und dem Ludwigsburger Bürgermilitär (Bild Kap. V.2). Auch wenn sich auf den ersten Blick monarchische und liberale Inszenierung gleichen, unterscheiden sie sich doch in Funktion und Inhalt an wesentlichen Punkten. Beim Regierungsjubiläum gab es eine deutliche Hierarchie zwischen dem ‚verehrten' Monarchen und den ihm huldigenden ‚untertanen' Frauen. Obwohl sich auch bei den liberalen Festen die unterschiedliche gesellschaftliche Wertigkeit von Männern und Frauen in aktiven und passiven Rollenzuweisungen niederschlug, stand der Auftritt zumindest nach außen hin für Gemeinsamkeit und Gleichheit der Geschlechter. Frauen und Männer erwiesen sich gegenseitig die Ehre (detailliert dazu Kap. V.2).

Dieses Miteinander der Geschlechter wurde besonders deutlich im zweiten geselligen Teil der Feiern, den Garten- und Volksfesten, die gewöhnlich den Aufzügen und Festreden folgten und einen heiteren Kontrast bilden sollten zum gemessenen Ernst der offiziellen Feier. Im geselligen Verkehr gaben sich die Sänger volkstümlich, es kam zu Verbrüderungen, und es wurden jene „inneren Bande" geknüpft, die die Sängerbewegung zu einer wichtigen politischen, weil kommunikativen Kraft werden ließ. In diese Verbrüderungen waren zum Teil auch Frauen miteinbezogen. Vom Fest auf der Schillerwiese schrieb ein Teilnehmer:

„Nun da aber alle Ordnung in Convenienz losgelassen, nun da alle Convenienz in Cordialität sich umgestaltete, trat ein ganz anderes Leben ein. Alle Liederkränze begrüßten sich als Brüder. Alle alte Bekannte begrüßten sich als alte Bekannte. Da und dort fiel ein Bruderkuß vor, und auch mit dem Schwesterkuß wurde es nicht so genau genommen."[55]

IV.4 Frauen und politische Öffentlichkeit.

„Der erste öffentliche... Antheil an den Ereignissen der Zeit"

Die Politisierung der Frauen und ihr Engagement für liberale Ideen setzte sich erstmals 1831 in konkrete Aktionen um, als der nationale Befreiungskampf der Polen gegen Rußland bei den südwestdeutschen Liberalen eine Welle der Sympathie auslöste. Wie der Stadtdirektor von Stuttgart schreibt, waren es vor allem Frauen, die sich von dieser Polenbegeisterung anstecken ließen.

„So wie die öffentliche Meinung alles ergreift, was dem Gemüth und der Phantasie Beschäftigung und Unterhaltung gewährt, so ist dieses insbesondere dann der Fall, wenn der Schwächere mit dem Stärkeren mit einigem Schein des Rechts einen moralischen und physischen Kampf besteht... Diese öffentliche Stimmung ist auch nicht zuerst in Württemberg zur thätigen Theilnahme angewachsen, sondern sie hat sich zuerst in der Nähe des Schauplatzes gebildet, und vorzugsweise auch den für politische Einflüsse minder zugänglichen Theile der Völker, das schöne Geschlecht ergriffen."[56]

Als sich in Stuttgart Ende Mai 1831 der erste Polenverein bildete, sprach der „Hochwächter", die Zeitung der Liberalen, von einem „merkwürdigen Tag":

„Es ist der erste öffentliche allgemeinere thätige Antheil an den Ereignissen der Zeit, und – wunderbar! er kommt aus den zarten Händen der Frauen. Als wir den Helden der drei unsterblichen Tage einen silbernen Kranz als ein Zeichen unserer Achtung weihen wollten, traten Rücksichten und Hindernisse die ihre Quelle von oben nahmen, in den Weg. Nun aber bereiten seit mehreren Tagen mehr als hundert Hände in Stuttgart Charpie für die Wunden, die die Dornenkronen unsern polnischen Märtyrern für die Freiheit in die blutigen Schläfen gedrückt! – In der Catharinenschule beschäftigten sich die Schülerinnen, wie man sagt, mit Unterbrechung aller Lehrstunden, einen ganzen Tag mit diesem menschenfreundlichen Geschäfte." (2.6.1831)

In Stuttgart wurde 1831 ein Konzert zu Ehren der polnischen Freiheitshelden gegeben, und die liberalen Abgeordneten Murschel und Schott sowie der Stadtrat Ritter sammelten Hilfsgüter[57]. Unter dem Motto „Resurrescat Polonia" riefen auch die Eßlinger Liberalen „Frauen und Jungfrauen" zu Hilfeleistungen auf (EWA 31.8.31). Als nach der Niederlage der polnischen Erhebung polnische Revolutionskämpfer mit ihren Familien auf der Flucht im Frühjahr 1832 durch Württemberg kamen, wurden ihnen von den Liberalen nächtliche Ständchen und „donnernde Vivat" gebracht[58]. In die Unterstützung der „wackeren Polenhelden" (ESP 25.3.32) flossen die eigenen nationalen und liberalen Sehnsüchte der Deutschen ein. „Für unsere und für Eure Freiheit"[59] stand auf den Fahnen, die bei den Polenfeiern aushingen.

Interessanterweise waren es 1832 Frauen, die als erste auf die Situation der Flüchtlinge reagierten. Nachdem bekannt geworden war, daß die Unterstützung

IV.4 Frauen und politische Öffentlichkeit.

der „Helden der Privatwohltätigkeit überlassen bliebe", hatte sich in Ulm eine „Gesellschaft von vielen Frauen und Jungfrauen" gebildet, um Geld zu sammeln. Die 12 Mitglieder des Frauenkomitees kamen alle aus dem Bildungsbürgertum, unter ihnen 5 Beamten- und 4 Kaufmannsgattinnen, 2 Pfarrersfrauen und eine Arztehefrau. Angesprochen durch die Initiative der Frauen gründeten Männer aus dem Umfeld der Liberalen ein männliches Hilfskomitee, dem die Ehemänner der Frauen wie auch liberale Handwerker angehörten[60]. Das Schicksal der Verfolgten, hieß es im „Gmünder Gemeinnützigen Wochenblatt", mußte „bei jedem Fühlenden inniges Mitleid erregen" (20.6.32). Mitgefühl bestimmte das politische Handeln der Frauen, politische Solidarität war entsprechend dem Engagement der Frauen in den wohltätigen Vereinen „ein Werk der Liebe"[61]. „Der Ruf der Noth trifft unsere Herzen", hatte der „Hochwächter" bereits ein Jahr zuvor geschrieben, „warum sollten die Arme der Liebe... nicht auch nach Polen reichen." (2.6.31) Die politischen Verhaltensmuster, die Eva Kuby bei den Vereinen 1848 festgestellt hat, lassen sich so alle bereits im Vormärz beobachten. Die Ulmerinnen, die 1832 den ersten Polenverein gründeten, besaßen Erfahrungen in der aktiven Wohltätigkeit. Unter den 12 Frauen waren laut Oberamtsbericht

> „solche, welche in den letzten Kriegsjahren (1813/14; d.V.) für die wirtembergischen Militärspitäler Charpie usw. eingesammelt und kistenweise fortgeschickt und die seit anfang der theuren Zeit bis augenblicklich sich dem öffentlichen Dienst der Armuth hingegeben haben."[62]

Von den Polenvereinen 1831/1832 reichte so eine unmittelbare personelle Kontinuitätslinie offensichtlich zurück bis zu den Befreiungskriegen. Zugleich markierten diese Frauenvereine den Beginn der ersten öffentlichen politischen Parteinahme liberalgesinnter Frauen in Württemberg. Für das politische Verhalten und die Einstellung der Frauen in der Zeit des Vormärz und in der Revolution 1848 war dies fraglos von Bedeutung. Was 1831 begann, fand 26 Jahre später seine Fortsetzung. Jene Katharinenstiftlerinnen, die im Sommer 1831 Charpie für Polen zupften, taten dies in reiferem Alter 1849/50 noch einmal für die demokratischen Flüchtlinge.

Die Formen, in denen sich die politische Anteilnahme der Frauen später in der Revolution 1848/49 ausdrückte, ähnelten denen der Jahre 1831/32. Die Frauen veranstalteten Lotterien zur Bargeldbeschaffung, sammelten „Luxus- und Modewaren" zur Versteigerung, verfertigten Kleidungsstücke und nähten vor allem Hemden und Weißzeug für die Flüchtlinge. Auch die geschlechtliche Arbeitsteilung bei diesen Hilfsaktionen unterschied sich kaum. Die Männer verwalteten die Gelder und sorgten für die Verbindungen und die Unterbringung der Polen, die Frauen erbrachten hausfrauliche Dienstleistungen und organisierten Hilfsmittel.

Obwohl sich die Begeisterung der Frauen vor allem in praktischer Tätigkeit nie-

IV.4 Frauen und politische Öffentlichkeit.

derschlug, wehte dennoch ein Hauch von Revolutionsgeist durch die Jahre 1831/32. Hermine Villiger schildert in einer Erzählung eine Szene am Rande einer Polenfeier:

> „Lenchen hing an meinem Halse: ‚O Anna', flüsterte sie, ‚wir wollen eine Revolution anstiften – Hermann ist gleich dabei – wir gehen von Haus zu Haus und feuern die Männer an – wenn *du* willst, kommt's gewiß zustande'."[63]

So naiv diese Darstellung erscheint, sie ähnelt in vielem dem, was 1848 später wirklich geschah. 1831/1832 waren die Aufregungen der französischen Julirevolution noch im Gedächtnis, und das liberale Bürgertum in den südwestdeutschen Staaten verfolgte gespannt die Auseinandersetzungen zwischen Liberalen und Regierung in den Ständekammern[64]. Frauen blieben davon nicht unberührt. Ein großer Teil der Demonstrierenden beim Hambacher Fest am 27. Mai 1832, an dem auch Mitglieder von Polenvereinen teilnahmen, waren Frauen[65]. „Schmückt und belebt die Versammlung durch Eure Gegenwart", hieß es im Aufruf an die Adresse der „Deutschen Frauen und Jungfrauen" (Hochwächter 22.4.32).

Im Unterschied zu konservativ eingestellten Männern, deren „Frauenachtung" darin bestand, „den Ernst des Lebens... aus den (Augen der Frauen) zu entfernen"[66], bezog die liberale Bewegung Frauen bewußt mit ein. Diese teilten oftmals die politische Einstellung ihrer Männer und wuchsen über den familiären Zusammenhang ins politische Leben hinein. Die viel belächelte biedermeierliche Familie spielte beim Politisierungsprozeß der Frauen eine wichtige Rolle, wobei – wie bereits gesagt – die Geselligkeit als Ferment im Prozeß der politischen Bewußtseinsbildung wirkte. Viele Mitglieder der Polenvereine traten nach dem Verbot politischer Organisationen in die Liederkränze und Bürgergesellschaften ein. Über das Vereinswesen, die geselligen Organisationen ebenso wie Bürgergesellschaften, die das politische Leben der 1830er und 1840er Jahre prägten, wurden Frauen in „bürgerliche Gruppenzusammenhänge"[67] eingebunden, von denen sie Jahrzehnte zuvor ausgeschlossen waren. Natürlich war es nur eine kleine Elite bürgerlicher Frauen, die Zugang zu diesen Formen der Öffentlichkeit hatte.

„Die große Wendung der Dinge".
Die Revolution in den Briefen der Emilie Ritter.

Daß der politische Horizont der Frauen 1848 weit über den häuslichen hinausreichte, zeigen die Briefe einer Stuttgarter Bürgerin und Hausfrau[68]. In wenigen Briefen an ihren in der Schweiz lebenden Bruder gelingt es Emilie Ritter (1819–1900), eine detaillierte und engagierte Darstellung der Revolutionsereignisse zu geben. Zugleich vermitteln die Briefe einen lebhaften Eindruck vom Denken des liberalen Bürgertums.

IV.4 Frauen und politische Öffentlichkeit.

Emilie Ritter repräsentierte jene Gruppe politisch bewegter Frauen, die im Umfeld der Liberalen aufgewachsen war. Im März 1848 war sie gerade 29 Jahre alt und seit 1839 mit dem zehn Jahre älteren Matthäus Friedrich Ritter, Professor an der Gewerbeschule, verheiratet. Seit ihrer Kindheit war Emilie Ritter mit liberalen Ideen vertraut und bewegte sich auch in einem entsprechenden gesellschaftlichen Milieu. Ihr Vater, der Conditor und Handelsmann August Fr. Nic. Walter, organisierte als Vorstandsmitglied des 1832 gegründeten liberalen Bürgermuseums die dortigen Konzerte; ihr Schwiegervater, der Stadtrat Ritter, hatte im Stuttgarter Polenverein mitgearbeitet, war Mitglied im Schillerverein wie auch im Vorstand des Liederkranzes. Das Politisieren lag also in der Familie, und die Briefe von Frau Ritter verraten sehr viel Hintergrundwissen und Einsicht in die liberale Bewegung wie auch gründliche Zeitungslektüre. Wie aus den Briefen hervorgeht, war Frau Ritter regelmäßige Leserin des „Schwäbischen Merkur" und der „Schwäbischen Kronik". Die Briefe ähneln so in ihrer Diktion und ihrem chronikartigen Stil fast Zeitungsberichten. In ihnen spiegelt sich sehr gut die Aufbruchstimmung, die die Liberalen im März erfaßte.

„Die große Wendung der Dinge in Frankreich hat wie beinahe ganz Europa, so besonders Deutschland mächtig bewegt. Einmütig und darum mit überwältigender Macht verlangen die deutschen Völker von ihren Regierungen die Erfüllung heiliger Verheißungen, gerechter Wünsche. Auch Württemberg ist nicht zurückgeblieben, und eine nie gesehene, nie geahnte Bewegung hat seine sonst so ruhigen Bewohner ergriffen."
(17.3.48)

Auf die Aufregungen der ersten Revolutionstage reagierte Emilie Ritter mit einem feinen Gespür für soziale Spannungen und Ängste.

„Es liefen dunkle, beunruhigende Gerüchte um, die alles von des Königs Festigkeit, oder lieber seinem, dem allgewaltigen Zeitgeist widerstrebenden Eigensinn befürchten ließen. Doch wie durch einen Zauberschlag löste sich die allgemeine ängstliche Stimmung in Jubel und Freude, als die Nachricht erscholl, daß der König Männer an die Spitze der Regierung gestellt habe, die immer und überall als Vorkämpfer der Volksrechte gegolten haben... damit (war) die Idee der deutschen Einheit bis daher an ihren Trägern beinahe wie Hochverrat verfolgt und geächtet, vollkommen rehabilitiert und hoffähig geworden." (17.3.48)

Emilie Ritters Briefe lassen indessen auch die Ambivalenz erkennen, die das liberal-konstitutionelle Bürgertum 1848/49 prägte, das einerseits eine heftige Abneigung gegen den Adel hegte, genauso aber von der Angst um Besitz und Eigentum geplagt war.

„... vereinzelte gröbliche Exzesse im Hohenlohischen... von Bauern gegen ihre Gutsherren begangen, haben nur diese und ihre Standesgenossen mit Schrecken

IV.4 Frauen und politische Öffentlichkeit.

erfüllt. Du kannst Dir keine Vorstellung machen von der fieberhaften Aufregung, welche am Anfange der vergangenen Woche herrschte, eine Aufregung, die durchaus keine Befürchtungen für Leben und Eigenthum erregte, da sie vorzugsweise in denjenigen Klassen der Gesellschaft herrschte, denen um ihrer selbst willen an Erhaltung der Ruhe und Ordnung gelegen sein muß." (Ebd)

Als sich Anfang April 1848 die Arbeiter zu Wort meldeten und auf den Volksversammlungen konstitutionelle und demokratisch-republikanische Positionen aufeinanderprallten, fühlte sich Emilie Ritter vom Stil der politischen Auseinandersetzung abgestoßen. Sie sprach nun „von den Schreiern im Bürgermuseum" und distanzierte sich von deren radikaldemokratischen Ansichten. Ihre Haltung gegenüber den Unterschichten zeugte von einer nicht geringen sozialen Verachtung und Ablehnung, die ebenso allerdings das Großbürgertum traf. An die Stelle der Märzeuphorie war die Furcht vor den „verhängnisvollen Tagen" getreten.

„Vor 14 Tagen wurde von einer Gesellschaft hiesiger Arbeiter eine Adresse an den 50er Ausschuß gerichtet, worin diese ihre Sympathie für die Republik aussprachen, darauf wurde von Bürgern schnell eine Eingabe an unsere Regierung im entgegengesetzten Sinne gemacht; da nun zu derselben Zeit in Stuttgart verschiedene Volksversammlungen stattfanden, in welchen über die Frage: ob direkte oder indirekte Wahlen, entschieden werden sollte, so glaubten die Leute, welche in diesen verhängnisvollen Tagen zu viel zu schreien hatten, um denken zu können, es handle sich um Einführung der Republik oder Erhaltung der Monarchie ... Drei Tage dauerte das Fieber, während dessen mancher Proletarier sich in süßen Träumen von Reichtum und Genuß gewiegt haben mag. Die Hoffnungen und Gelüste der Besitzlosen kennend und ihre Macht überschätzend bemächtigte sich ein panischer Schrecken des ganzen Philistertums, und viele Kostbarkeiten sind verborgen und geflüchtet worden. Militär, Bürgerwehr ... patrouillierten gemeinschaftlich drei Nächte lang, ohne aber je von ihren Waffen Gebrauch machen zu müssen." (Brief 22.4.48)

Die Mobilisierung der Bürgerwehr in Stuttgart bekam Frau Ritter unmittelbar zu spüren. Ihr Mann „exerzierte jeden Tag als Landwehrmann". Hinzu kam die finanzielle Belastung. Durch die „Ausrüstung" ihres „Mannes zur Bürgerwehr und durch ein Heer sogenannter Ehrenausgaben" fühlte sie sich „stark in Anspruch genommen" (Brief 22.4.). Da gleichzeitig die Geschäfte stockten („denn jetzt ist das Bezahlen hier völlig abgeschafft worden, und wie durch Zauber scheint alles bare Geld verschwunden"), war die Familie in finanzielle Schwierigkeiten geraten. Im Verlauf des Jahres 1848 war Emilie Ritter mit dem Konkurs ihres inzwischen gestorbenen Vaters beschäftigt, – er hatte zuviel „politisiert" und sich wohl zuwenig um seine Geschäfte gekümmert. Erst im Juni 1849 geht E. Ritter wieder auf politische Themen ein, nachdem sie sich auf bissige Ausfälle gegen die „Herren von der Linken" beschränkt hatte.

IV.4 Frauen und politische Öffentlichkeit.

„Bei uns ist alles ruhig bis heute und die Bürgerwehr versieht alle Wach- und Patrouillendienste", berichtet sie am 22.5.1849. Als das Frankfurter Rumpfparlament nach Stuttgart geflohen war, hatte sich das reguläre Militär, um politische Konflikte zu vermeiden, aus der Stadt zurückgezogen und der Bürgerwehr das Feld überlassen. Als im Juni dann die Soldaten wieder einrückten, wurde dies von der Bürgerwehrmannsgattin Ritter genauestens registriert.

„Seit einigen Tagen sieht man wieder Soldaten hier; vier Wochen lang war die Bürgerwache die einzige Besetzung... Mein Mann wurde erst zweimal verwendet: bei der Bewachung des Ständehauses vor einer beabsichtigten Überrumpelung der Versammlung, wo zwei Banner von morgens 6 bis Abends 6 in der größten Sonnenhitze auf der Straß bivakouieren mußten, und vor acht Tagen auf der Hauptwache. Es machte einen ganz eigenen Eindruck wenn man unter einer Schildwache im Vorübergehen plötzlich Löwe, Meurer, Dingelstedt, den Prinzen von Öhringen[69] etc. erkannte, aber die Gleichheit, die allen ohne Unterschied dieselbe Pflicht auferlegt, entzückt mich, und ein Geschlecht, daß unter diesen Einrichtungen aufwächst, kann unmöglich all' den Plunder der alten Vorurteile mit sich großziehen." (Brief 12.6.49)

„Auch wir Frauen nehmen eine immer regeren Antheil an den Bewegungen der Zeit und dem öffentlichen Leben" (SK 31.3.49)

Nicht alle Frauen blieben wie Emilie Ritter kommentierende Zuschauerinnen des revolutionären Geschehens. Frauen nahmen 1848/49 an Volksversammlungen teil oder besuchten die öffentlichen Veranstaltungen der politischen Vereine, wo sie manchmal sogar mitdiskutierten. Selbst bei den konservativeren „vaterländischen Vereinen" kam es, schreibt ironisch der „Beobachter", „schon vor, daß auch die Frau Pfarrerin... das Wort ergriffen hat." (Beob 27.3.49) Auf einer Volksversammlung in Gmünd stellten die Frauen sogar einen eigenen Antrag, um die von der Versammlung verabschiedete Adresse der Männer durch eine Zusatzerklärung der Frauen zu erweitern (MSP 11.6.49). Vor allem im Endstadium der Revolution, als die Reichsverfassungskämpfe begonnen hatten, „sah man" nicht nur in Horb „ungemein viele Weibsleute auf den Volksversammlungen" (Beob 16.5.49), sondern ebenso in Eßlingen, Gmünd, Stuttgart, Rottweil etc.[70].

Das Auftreten der Frauen in der politischen Öffentlichkeit bekam – verglichen mit dem politischen Engagement im Vormärz – 1848/49 eine neue Qualität. Frauen nutzten in diesen Jahren immer häufiger das Forum der Presse, um ihre politischen Ansichten und Sympathien kundzutun (Kap. III.1); sie schrieben offene Briefe an den Präsidenten der Ständekammer oder äußerten sich zum politischen Tagesgeschehen. Durch Erklärungen oder durch Vereine (Kap. IV.3), mit denen sie an die Öffentlichkeit traten, griffen sie in den politischen Meinungsbildungsprozeß ein. Die in der Nähe von Eßlingen wohnende Marie Brunow, die auf keiner Volksversammlung fehlte und dafür sogar mit der Eisenbahn in andere Städte reiste, half den Demokraten „Manifeste und Wahlzettel"[71] zu verteilen. Andere Frauen sammelten Unterschriften für weibliche Solidaritätsadressen und unterschrieben, wenn der Mann nicht zu Hause war, in dessen Namen Petitionen und politische Adressen. Selbst in der Wahlagitation unterstützten die Frauen ihre Männer; im Oberamt Leutkirch zog bei der Wahl zur Ständekammer „die Frau des bisherigen Abgeordneten mit ihren Kindern von Dorf zu Dorf... und (bat) um Stimmen für ihren Mann" (Beob 7.8.49). Im selben Oberamt trugen im Juni 1849 Frauen die Loyalitätsadresse an das Rumpfparlament von „Haus zu Haus" (Beob 20.6.49). Die Tätigkeit der Frauen fand allerdings nicht immer den Beifall der Männer. Einige der hier angeführten Aktivitäten sind nur in bissigen oder mokanten Kommentaren überliefert.

Was es damals für Frauen bedeutete, auf öffentliche Versammlungen zu gehen, läßt sich nur ermessen, wenn die praktischen Schwierigkeiten mitbedacht werden, die dem öffentlichen Auftreten der Frauen entgegenstanden. Ein wesentliches Hemmnis in der politischen Betätigung begann bereits zu Hause: beim Ankleiden. Obwohl es seit den 1840er Jahren bessere Überkleidung und endlich Mäntel für Frauen gab, war bürgerliche Frauenkleidung insgesamt nicht besonders geeignet für längere Aufenthalte im Freien und bei nassem Wetter (Kap. V.1). Nicht alle Frauen setzten sich so leicht über bürgerliche Konventionen hinweg wie die sehr frei erzogene Marie von Brunow, die bei ihren politischen Ausflügen in die nahe Oberamtsstadt mitunter bäuerliche Kleidung trug, weil diese bequemer war[72]. Das Wetter entschied oft mit über die politische Partizipation von Frauen. Wenn „günstige Witterung es gestattete" (MSP 11.6.49), sah man mehr Frauen auf den Volksversammlungen als an kühlen oder nassen Tagen. Jenseits aller rechtlichen Beschränkungen, die eine Rolle spielten, hatte die politische Öffentlichkeit für Frauen immer eine private Dimension, die wie alle Restriktionen des weiblichen Alltags von großer politischer Bedeutung war.

Dies galt auch für die Schicklichkeitsregeln, denen sich Frauen unterworfen sahen. Allein auf eine Vereinsveranstaltung zu gehen und dies auch noch abends, war für eine Frau aus guter Familie undenkbar. Frauen, die noch Abendbesuche machten, taten dies in Begleitung oder ließen sich nach Einbruch der Nacht von Dienstboten abholen. Um peinliche Situationen zu vermeiden, wurden die Termine der Frauenvereinssitzungen gewöhnlich auf den Nachmittag gelegt. Im Winter erlahmten die Vereinsaktivitäten oft ganz. Nachdem die Göppinger Frauen bis zur Fahnenweihe im Juli intensiv an der Fahne gearbeitet hatten, traf sich der Frauenverein danach im Herbst und Winter nur „noch vierwöchig und am Nachmittag" (GWB 20.9.48). Obwohl sich gerade Liberale und Demokraten weit von

IV.4 Frauen und politische Öffentlichkeit.

jeder ‚aristokratischen Etikette' distanzierten, waren sie im Hinblick auf das Benehmen der Frauen nicht ganz so progressiv. Auch eine demokratische ‚Bürgerin' konnte nicht allein auf eine Volksversammlung gehen, ohne Anstoß zu erregen. Neben der passenden Kleidung brauchten die Frauen – um der Schicklichkeit Genüge zu tun – eine Anstandsperson. Marie von Brunow aus Eßlingen nahm deshalb, wenn sich kein männlicher Begleiter fand, die Haushälterin ihres Vaters mit auf die Versammlungen. Ihren Anschauungen gemäß ließ das radikaldemokratische Freifräulein von Brunow es nicht zu, daß die Dienstbotin Josephine – wie damals üblich – einen Schritt hinter ihrer Herrschaft ging. Marie von Brunow ging Seite an Seite mit Josephine zur Volksversammlung[73]. Die meisten Frauen besuchten die Veranstaltungen en famille, mit ihrem Ehemann oder zusammen mit männlichen Verwandten und Bekannten.

Was einerseits die Bewegungsfreiheit der Frau einschränkte, war andererseits eine besondere Qualität der politischen Kultur der Revolutionszeit. Indem Männer und Frauen gemeinsam zur Volksversammlung gingen, möglicherweise noch in Gruppen, wurde die Politik zum geselligen Ereignis. Stuttgarter Bürgerwehrmänner gestalteten z.B. die Anreise zur Eßlinger Volksversammlung als „Landpartie", d.h. sie machten eine Fußwanderung, der sich auch Frauen „anschlossen" (Beob 17.9.48). Ein politisch wichtiges Ereignis war zugleich ein Anlaß für ein Fest. Der „Abschluß der Nationalversammlungswahlen" lockte in Eßlingen „eine große Volksmasse Männer, Frauen und Jungfrauen" in den „Heuchelinschen Bierkeller" (NT 2.5.48). Auch bei den Geselligkeiten nach den großen Volksversammlungen fehlten Frauen selten. Nach der Eßlinger Veranstaltung am 17.9.1848 zog z.B. die „Versammlung nach 5 Uhr... unter lauter Hochrufen für Hecker und die Republik... in die Stadt zurück und vertheilte sich in die verschiedenen Gaststätten und Wirthshäuser der Stadt, wo noch mehr Reden gehalten wurden und eine innige Verbrüderung durch Gespräch und Gesang stattfand" (Donauzeitung 19.9.48). Wie das Oberamt berichtete, waren es „mit Einschluß des schönen Geschlechts rund 2000 Personen"[74].

Hatte das Stuttgarter „Neue Tagblatt" noch 1846 festgestellt, daß „Frauen lange vom öffentlichen Leben ferngehalten worden" waren (13.2.46), so hatte sich das in der Revolution geändert. In dieser Zeit gab es erstmals – und das ist bemerkenswert – institutionalisierte, d.h. rechtlich verankerte Formen der politischen Partizipation von Frauen. Die Frauen profitierten dabei von den in der Revolution erkämpften bürgerlichen Rechten, die zum ersten Mal auch für sie galten. Die Liberalen hatten im Verlauf der Revolution die Öffentlichkeit von Presseprozessen und Schwurgerichtsverhandlungen durchgesetzt. Dadurch bekamen Frauen erstmals Zutritt zu Räumen, die bisher ausschließlich Männern vorbehalten gewesen waren. Auch hier lohnt der Rückblick: Noch 20 Jahre vorher hatten die würt-

IV.4 Frauen und politische Öffentlichkeit.

tembergischen Frauen unter „Geschlechtsvormundschaft" gestanden und bedurften vor Gericht und bei jeder Art von Geschäftsabschluß des Beistandes des Gatten oder eines ernannten „Kriegsvogtes", der die Sache der Frau vor Gericht vertrat[75]. Erst mit der Aufhebung dieser Beschränkung wurde zugebilligt, „daß in moralischer und intellektueller Hinsicht zwischen beiden Geschlechtern kein Unterschied sey", und daß „das weibliche Geschlecht demnach nicht unmündig ist"[76]. Das Erscheinen von Frauen in den Gerichtssälen, und sei es nur als Zuhörerinnen, war eine Sensation, und die Presse reagierte entsprechend darauf. Gerade das Gerichtswesen gehörte (nach der liberalen Theorie) neben der Legislative und der Staatsverwaltung zu den drei zentralen Bereichen staatlicher Öffentlichkeit[77]. Nur zögernd allerdings gewöhnten sich die Frauen an ihr neues Recht, was die „Schwäbische Kronik" am 20.10.1848 und später noch einmal am 23.12.1848 zu einem süffisanten Kommentar „über die Emancipation" veranlaßte.

„Ulm:... Das *weibliche* Geschlecht hatte von seinem durch den hiesigen Kriminalsenat bei Preßprozessen anerkannten Rechte (woran wohl nicht gezweifelt werden kann, da die Verordnung *Öffentlichkeit* und nicht wie die Strafprozeßordnung beschränkte Öffentlichkeit vorschreibt) zum Besuche der dießfalligen Verhandlungen keinen Gebrauch gemacht." (SK 20.10.48)

Erst mit der zunehmenden Verfolgung der demokratischen Linken und ihrer Presse wuchs das Interesse, aber auch die Solidarität der Frauen. Bei den Prozessen wegen Hochverrats oder wegen „Majestäts- und Regierungsbeleidigung" im Sommer und Herbst 1849 fanden sich, wie die „Kronik" nun vermerkte, „viele Zuhörerinnen ein" (SK 28.9.49).

Auch im Bereich der Kommunalpolitik vollzogen sich in der Revolution wesentliche Veränderungen. Nach der 1849 verabschiedeten Gemeindeordnung wurden die Sitzungen der bisher hinter verschlossenen Türen tagenden Gemeinderäte öffentlich, und damit hatten zumindest theoretisch auch Frauen das Recht, kommunalpolitischen Entscheidungsprozessen beizuwohnen.

„Die deutschen Frauen den deutschen Männern"

Wegweisend für die stärkere Einbeziehung von Frauen in die politische Öffentlichkeit aber war die Nationalversammlung in Frankfurt, auf deren öffentlichen Sitzungen – auch dies eine Innovation – Frauen zugelassen waren. Auf der Zuhörergalerie in der Paulskirche saßen die Angehörigen der Abgeordneten (aus Württemberg u.a. Emilie Uhland) und politisch interessierte Frauen, die die Chance nutzten, erstmals politische Entscheidungen von nationaler Tragweite aus der Nähe mitzuverfolgen. Überrascht vom weiblichen Interesse an Politik wurden die „Frauen auf der Galerie" zum beliebten Sujet der Karikaturisten.

IV.4 Frauen und politische Öffentlichkeit.

Über die Stimmung und das Gedränge auf der Galerie berichtet „eine Dame" in einer Korrespondenz an die radikaldemokratische württembergische Zeitung „Die Sonne":

> „Um halb 10 Uhr wurde die Thüre eröffnet, wollte man einen Platz bekommen, mußte man sich gefallen lassen, anderthalb Stunden vor der Thüre zu stehen,... in kurzer Zeit waren Vorplatz und Stiege besetzt, voll der angesehensten Damen und Herren. Wurde dann geöffnet, kam man halb todt auf dem Platze an, und die Damen strichen sich gegenseitig mit kölnisch Wasser die Schläfe. Ich habe mich aber auch noch nie besser unterhalten als hier; oft kam man neben gebildete Männer, die sich belehrend über die jetzigen Zeitverhältnisse unterhielten, Aufschlüsse gaben über Dieses und Jenes, was mich interessirte, und so verstrich die Zeit, wir wußten nicht wie. – Wir Frauenzimmer waren alle so bekannt (miteinander; d.V.) geworden...". (Sonne 15.6.48)

Obwohl in Deutschland das Beispiel der Paulskirche überall Nachahmung fand, blieben den Württembergerinnen die Türen zur Abgeordnetenkammer im württembergischen Landtag verschlossen. Württemberg war damit der einzige Staat in Deutschland[78], in dem es Frauen nicht erlaubt war, die Besuchergalerie zu benutzen, und dies, obwohl Württemberg im Vergleich zu andern Staaten sonst in der Handhabung von Öffentlichkeitsrechten großzügig war. Seit der Verfassung von 1819 waren hier bereits die Kammerverhandlungen (für Männer) öffentlich. Die Benachteiligung der Frauen war unter den Liberalen 1848 ein Gegenstand heftiger Diskussion, und in der Kammer der Abgeordneten wurde schließlich der Antrag gestellt, „daß künftig auch den Frauen die Gallerie geöffnet werde"[79]. Als die Diskussion darauf hinauslief, daß den Frauen schicklichkeitshalber „ein abgesonderter Platz angewiesen werden müßte", wurde der Antrag ad acta gelegt. Die Presse veröffentlichte daraufhin eine Erklärung des Präsidenten der Abgeordnetenkammer Murschel, der selbst Liberaler und ein ehemaliges Mitglied der Polenvereine war:

> „Von dem seit Bestehen der Verfassung eingehaltenen Gebrauche, den Damen keine Pläze einzuräumen, konnte, zum Bedauern des Präsidenten, wegen zu engen und unbequem gebauten Raumes der Gallerie, nicht abgegangen werden." (SK 22.10.48)

Eine „Stuttgarter Dame" griff daraufhin empört zur Feder, um „die gekränkten Rechte (ihres) armen Geschlechts zu vertheidigen" und sich gegen diese neue „Art der Geschlechtsvormundschaft" zu wehren, die ausgerechnet ein alter Liberaler wieder eingeführt hatte.

> „Sie haben verfügt, daß auch fernerhin den Damen und Kindern der Zutritt zur Gallerie der Abgeordnetenkammer verschlossen bleibt. Sie haben damit dem Grundsatz der Öffentlichkeit der Kammerverhandlungen, welche eine unbedingte, für Alle gleiche sein sollte, die Spitze abgebrochen und sich an dem Geist der neuen Zeit versündigt, welcher die *ehrliche* und *ganze* Durchführung freisinniger Maaßregeln fordert.

IV.4 Frauen und politische Öffentlichkeit.

Man rühmt Sie im Bürgermuseum als galant gegen Damen – aber die ächte Galanterie bewährt sich überall... – wie konnten Sie gegen uns so illiberal sein!" (Beob 2.11.48)
In der Aussperrung der Frauen sah „die unbekannte Freundin" des liberalen Kammerpräsidenten ein Indiz für die Zweifel, die Männer gegenüber der politischen Kompetenz von Frauen hegten.
„Oh schnöder Conservativismus!... wir wissen den Werth eines Kompliments zu schätzen, mit dem man uns die Thüre vor der Nase zuschlägt, die Thüre zu der ‚zu unbequemen und engen' Gallerie... Finden wir den Raum zu unbequem,... dann werden wir schon selbst so frei seyn, wegzubleiben. Aber die Gallerie ist auch zu eng, sagen Sie, es muss daher das Privilegium der Männer gewahrt und diesen der wenige Raum vorbehalten werden. Es wäre ja thöricht, den kostbaren Platz an Frauen zu verschwenden; sie haben ja doch keine Theilnahme, kein Verständnis für die Verhandlungen. Es ist besser, wenn sie zu Hause sitzen, ihre Haushaltung besorgen und nach *ihrer* Wäsche sehen, statt nach der unsrigen." (Beob 2.11.48)
Die Schreiberin des offenen Briefes sprach dabei nicht nur für sich, sondern im Namen aller „Frauen Württembergs", die „die Schmach trifft... wie unmündige Kinder behandelt" zu werden; „man hat unsere Stellung", fährt sie fort, „unsern Verstand, unsere Ehre dem Spotte des Auslandes preisgegeben." (Beob 2.11.48)

Trotz dieses Protestes blieb die Galerie den Frauen verschlossen. Doch der Ärger über diese Zurückweisung beschäftigte die Stuttgarter Frauen noch lange. Als im August 1849 die erste verfassungsrevidierende Ständeversammlung eröffnet wurde, klagten sie in einem Artikel im Stuttgarter „Neuen Tagblatt":
„Wie einsam und verlassen schmachten wir in dieser bösen Zeit oft tagelang zu Hause? Warum mußte die Unsitte in unserm Schwabenland einreißen, die Frauen auszuschließen vom öffentlichen Leben! Da waren die Herren der Nationalversammlung galanter, die gestatteten den Damen doch den Zutritt zu ihren Verhandlungen, darum kränzten und krönten wir ihren von roher Männerhand verwüsteten Saal und verliehen dadurch ihren Berathungen die höhere Weihe." (NT 4.8.49)
Erst als die Nationalversammlung von Frankfurt nach Württemberg geflohen war und das sogenannte „Rumpfparlament" in Stuttgart tagte, waren die Württembergerinnen zu ihrem politischen Recht gekommen. „Auf den Gallerien des Ständehauses", schrieb damals der „Beobachter", „bemerkte man zum ersten Mal Frauen und Jungfrauen" (Beob 7.6.49). Ab da war bei allen Sitzungen der „Flor von Stuttgarts Damenwelt" zu sehen, und als das Rumpfparlament, – von der württembergischen Regierung aus dem Ständehaus verwiesen – im Reithaus tagen mußte, schmückten Stuttgarter und Eßlinger Frauen den Raum mit Blumengebinden und Kränzen. Auf der Tafel am Eingang stand: „Die deutschen Frauen den deutschen Männern". Der Präsident und die deutsche Reichsversammlung dankten es ihnen „mit einstimmigem Hoch auf Schwabens Frauen" (Beob 19.6.48).

IV.4 Frauen und politische Öffentlichkeit.

Die Deputirten-Kammer in Stuttgart im Jahr 1833.
Nro 1. Präsident 2. Minister. 3. Schnellschreiber. 4. Deputirte. 5. Gallerie des Publicums.

Sitzung der 2. Kammer der Abgeordneten 1833, im Vordergrund die Liberalen Gustav Pfizer (rechts), Ludwig Uhland (in der Mitte, gebeugt) und der Abgeordnete Mosthaf. (Hauptstaatsarchiv Stuttgart)

Wie diese wechselseitigen „Ehrungen" zeigen, spielten Frauen in der symbolischen Interaktion der Revolutionsöffentlichkeit und in der Selbstdarstellung der revolutionären Bewegung eine große Rolle. Vor allem bei den Festen, die eine identitätsstiftende Funktion für einzelne politische Gruppen wie auch die gesamte Bewegung hatten, war die Mitwirkung der Frauen im Ablauf fest eingeplant. In ritueller Wiederholung der schon aus dem Vormärz bekannten Arrangements gehörte die Gruppe weißgekleideter und mit Schärpen geschmückter Frauen zu jedem Festzug, und bei allen Feiern gab es spezielle Tribünenplätze für die „Ehren- und Festdamen". Kein Festakt, kein Bürgerwehr- oder Vereinsaufmarsch, der ohne die Anwesenheit und den Beifall von Frauen auskam. Die Teilnahme von Frauen erst verlieh der politischen Bewegung Würde und Gesetztheit. Erst durch sie wurde deutlich, daß die Nation ein „Familienverband"[80] war, und der Staat, wie es Riehl später in seiner „Naturgeschichte des Volkes" ausdrückte, auf „den Besonderungen... von Mann und Weib" aufbaute[81]. Die Vorstellung der Familie als „Grundlage aller... größeren und künstlichen gesellschaftlichen Verbindungen" (Rotteck)[82] vertraten 1848 sowohl Liberale als auch Demokraten. Unterschiede bestanden lediglich in der Definition der Geschlechterbeziehung, die in der Interaktion zum Ausdruck kam (Kap. V.2).

„Centralsonne ächter Weiblichkeit" oder Die Inszenierung der Familie

Die klassische liberale Staatstheorie, wie sie Carl Rotteck im „Staatslexikon" entwickelte, war im Hinblick auf die Familie eher konservativ. Im Unterschied zu linksliberalen Positionen ging Rotteck von einer patriarchalen Struktur der Familie aus, weshalb er auch eine Analogie zwischen Staat und Familie kategorisch ablehnte. In der Familie herrschte seiner Ansicht nach „die väterliche Gewalt", während der Staat „das Organ des Gesamtwillens"[83] sein sollte. Der Mann vertrat als Familienoberhaupt die Familie nach außen, d.h. vor allem gegenüber dem Staat. Die demokratisch naturrechtlichen Theorien dagegen, die auch von Linksliberalen vertreten wurden, betonten sehr viel stärker den Aspekt der Gleichheit der Geschlechter (Kap. V.3). Diese unterschiedlichen Perspektiven auf die Geschlechterbeziehung wirkten sich auch auf die symbolischen Beziehungen aus, die auf den Revolutionsfeiern dargestellt wurden. Die Inszenierung der bürgerlichen Familie signalisierte im Kontext der patriarchalen Theorie zuerst einmal, daß hier ihrer Verantwortung bewußte Familienväter die Geschicke der Nation in die Hand zu nehmen bereit waren. Diese Vorstellung fand ihren Widerhall im Denken der Frauen. „Väter des Volkes" nannte die oben zitierte Stuttgarterin die Abgeordneten der Ständekammer (NT 2.11.48). Aus der demokratischen Perspektive dagegen wurde die vorgeführte familiäre Einheit zum Sinnbild sozialer Gleichheit (Kap. V.3).

In beiden Konzepten erschien die Familie als die Basis des bürgerlichen Nationalstaates, und beide Parteien konnten die Mitwirkung der Frauen nicht entbehren. Schließlich war ihre ‚Domäne' jener Innenraum, dem in diesen bürgerlichen Theorien staatstragende Funktionen zugewiesen wurden. In einem Artikel über den „Einfluß der Frauen auf die socialen Zustände" schrieb so das „Kränzchen" 1849:

„Das Weib ist die Seele der Familie, sie ist der Centralpunkt... Wenn die Familien krank sind, wankt das gesunde Staatsleben dem Grabe zu. Die Familien von der Centralsonne ächter Weiblichkeit erleuchtet und von lauterer mütterlicher Wärme getragen, sind die Stützen des Staates, die Grundpfeiler jeder gesellschaftlichen Organisation." (KR 92, 1849)

IV.4 Frauen und politische Öffentlichkeit.

Nationalstaatsidee und Geschlechterdiskurs waren im Denken der Zeit eng verbunden. Als Widerpart zu den „Vätern des Volkes" erfuhr die „Mutterschaft" eine politische Aufwertung, die über die reproduktive Funktion der Frau als Gebärerin hinausging, die Frauen in der alten hausväterlichen Gesellschaft des 18. Jahrhunderts innehatten. Frauen wurde im Rahmen der Nationalerziehung (Kap. III.2) eine politische Verantwortung zugewiesen. Lag früher die Erziehung der Kinder in der Kompetenz des Hausvaters, teilten sich nun Schule und Mutter in diese Aufgabe. „Die Mütter begründen unsere Zukunft" (KR 91, 1849), hieß es wegweisend im einzigen (wohl von Männern geschriebenen) württembergischen Frauenblatt; „... der treuen Sorge wackerer Bürgerinnen hat Gott die Vorbereitung einer besseren Zeit mit übertragen", betonte der Stuttgarter Stiftungsprediger von Klemm auf der Fahnenweihe im August 1848.

> „Vaterlandssinn und Vaterlandseifer, welche zusammen die Vaterlandsliebe bilden, gedeihen am lieblichsten, wo sie am häuslichen Heerde gehegt und gepflegt werden von Gattinnen, Müttern und Töchtern, die, hellen Geistes und frommen Herzens und festen Willens und schlichten Thuns, deutsch, brav und ehrenhaft für des Vaterlandes Wohl in der eigenen Brust erglühen, und durch Wort und Beispiel diese edle Flamme auch in ihren Umgebungen anzufachen bemüht sind. Ehre solchen Frauen!"[84]

Mutterschaft bedeutete nicht die Übernahme einer privaten Rolle, sondern einer gesellschaftlichen Funktion, die zugleich übertragen wurde auf den Staat als Ganzes (Kap. IV.1). Frauen wurden damit nicht auf die Familie als „Rückzugsort vor der Öffentlichkeit"[85] festgelegt, im Gegenteil eröffneten sich ihnen neue Handlungsräume. Mutter oder Gattin zu sein, besaß 1848 noch eine gewisse politische Virulenz, die in der Konsequenz zu außerhäuslicher Betätigung führte.

Als ‚treu sorgende' Gattin sprach die oben zitierte Stuttgarterin vom „Recht, uns weiblich an den Sorgen der Männer zu beteiligen, auch an ihren politischen Sorgen" (NT 2.11.48). Im Juni 1849, als Preußen begonnen hatte, militärisch gegen die Nationalversammlung vorzugehen, traten „sämtliche Frauen und Jungfrauen Württembergs" mit einem Aufruf an die Öffentlichkeit, in dem sie sich als zukünftige Bräute und Gattinnen an die Soldaten wendeten und den Gegnern der Reichsverfassung mit Heiratsverweigerung drohten.

> „Nie werden wir mit dem unsern häuslichen Herd teilen,
> der mit Feuer und Schwert
> dieses, unser Heiligtum zerstört hat!!!
> Höret deutsche Jünglinge unsern Schwur...".[86]

Auf einen Akt militärischer Gewalt reagierten die Württembergerinnen mit privaten Konsequenzen. Ihre Argumentation blieb ganz bezogen auf ihre häusliche Lebenswelt, wobei eben dieser ‚Privatheit' in dem beschriebenen Sinnzusammenhang von Staat und Familie politische Bedeutung zukam.

IV.4 Frauen und politische Öffentlichkeit.

In der bürgerlichen Öffentlichkeit spiegelte sich der Innenraum des bürgerlichen Lebens, und diese Projektion des „Privaten" ins „Öffentliche" erlaubte Frauen, den ihnen zugewiesenen Bereich zu verlassen. „Es ist ein gewisses Heraustreten des Weibes aus dem Haus allerdings geboten", schrieb das „Kränzchen" 1850 als Lehre aus den Jahren der Revolution, denn „bloß durch das Weib kann gegründet werden, was als Unterlage des politischen Lebens vor Allem noth thut: eine wirklich bürgerliche Gesellschaft." (KR 47, 1850)

Obwohl sich Frauen einerseits durch die kulturellen Definitionen des Weiblichen auf „das häusliche Leben verwiesen"[87] sahen, traten sie in der Revolution 1848/1849 und zum Teil schon vorher (Kap. IV.1) über die scheinbar einengenden traditionellen Rollen als Mütter und Gattinnen verstärkt in die Öffentlichkeit. Dieser immanente Widerspruch prägte letztlich alle Frauenaktivitäten in der Revolution.

Politik der kleinen Schritte

Das „Kränzchen" spricht zweifellos das Empfinden der damaligen Frauen aus, wenn es Vormärz und Revolution als eine Zeit beschrieb, in der

„das Weib aller Nationen der civilisirten Welt sich trotz des Widerspruchs der eingefleischten Gläubigen und Sittenprediger, welche es nur in der ihr angewiesenen praktischen Sphäre wirkend sehen wollen, nach und nach aus dieser hervorhebt und und freier auf den Schauplatz des socialen Lebens tritt." (KR 77, 1849)

Obwohl die meisten der beschriebenen weiblichen Partizipationsformen passiv waren – sieht frau von den Vereinsaktivitäten ab – waren die Frauen 1848/49 fraglos einen wichtigen Schritt auf dem Terrain der politischen Öffentlichkeit vorwärts gekommen. Mit der Bildung eines „weiblichen Publikums" und eigener Organisationen vollzogen die Frauen – wenn auch zeitlich versetzt – genau besehen den politischen Formierungsprozeß des Bürgertums nach. Wobei gerade diese Politik der kleinen Schritte in ihren Konsequenzen für die politische Bewußtseinsbildung wie auch die Entwicklung eigenständiger politischer Handlungsformen nicht unterschätzt werden darf. In den Vereinen z.B. war erstmals die Chance gegeben, daß sich Ansichten und Interessen der Frauen vereinheitlichen konnten, was wiederum die Voraussetzung für die Entwicklung einer weitergehenden Programmatik war, wie sie später z.B. von der bürgerlichen Frauenbewegung entwickelt worden ist[88]. Allerdings brachten die oben beschriebenen Rollenvorgaben auch Inhalte in diese Bewegung, die einen offensiven Anspruch auf soziale und politische Gleichberechtigung verhinderten, und die Frauen in konservativer Weise auf eine „weibliche Form" politischen Verhaltens, eine „Politik der Mütterlichkeit"[89] festlegten.

IV.4 Frauen und politische Öffentlichkeit.

Obgleich den Frauen 1848 wesentliche politische Mitbestimmungsrechte wie das Wahlrecht vorenthalten blieben, waren diese ersten Schritte in die politische Öffentlichkeit für sie selbst von weitreichender Bedeutung. In der Bescheidenheit ihrer politischen Ansprüche kam eine ‚weibliche Selbstbeschränkung' zum Ausdruck, die nur verständlich ist, wenn frau sich vergegenwärtigt, daß in einigen deutschen Ländern Frauen damals noch unter Geschlechtsvormundschaft lebten und es jahrzehntelang gewohnt waren, im öffentlichen Recht als Unperson betrachtet zu werden. „... alles Frauenzimmer... entbehrt der bürgerlichen Persönlichkeit", hatte schon Kant gesagt[90], und die Rechtslehre befaßte sich mit Frauen nur im Kontext des Privatrechts[91]. In Württemberg besaßen Frauen so zwar ein Staatsbürger- und Heimatrecht, hatten aber nach der Verfassung von 1819 als „unter väterlicher Gewalt" oder „unter Vormundschaft" stehende Personen kein Wahlrecht[92]. Im Gemeindebürgerrecht teilten sie „das Genossenschaftsrecht" des Mannes, aber nicht das aktive Bürgerrecht[93].

Eine Diskussion um die Gleichberechtigung von Frauen oder das Wahlrecht fand unter den württembergischen Frauen 1848/49 nicht statt bzw. wurde nicht öffentlich. Was die Frauen verlangten, war Partizipation, die Teilnahme am Kampf der Männer. Nur die Eßlingerinnen definierten sich dabei bewußt von ihrem Geschlecht her als „die eine Hälfte der Menschheit".

„In dieser Zeit, wo Alles um uns her vorwärts drängt, dürfen wir nicht allein zurückbleiben. Wir wollen auch unsern Theil *fordern*... an der großen *Welterlösung*, welche der ganzen Menschheit, deren eine Hälfte wir sind, *Glück, Einheit, Freiheit und Gleichheit* bringen soll". (ESP 19.10.50)

Eigenständige politische Forderungen wurden von den Frauen nicht formuliert. Lediglich im „Kränzchen" erschien 1849 ein Artikel, der die Württembergerinnen über die politische Position von Louise Otto – der Herausgeberin der ersten Frauenzeitung[94] – informierte. Der Autor überließ es „den verehrten Leserinnen, ob sie sich gestimmt fühlen, sich zu demselben („merkwürdigen Glaubensbekenntnis"; d.V.) zu bekennen" (KR 47, 1849). Zitiert wurde in diesem Artikel u.a. die Forderung Louise Ottos, „daß die Frauen bei denjenigen Gesetzen, die sie selbst betreffen, eine Stimme haben" sollten, auch dort, „wo es gilt, Vertreter des Volkes zu wählen" (KR 47, 1849). Louise Ottos Programm, das verglichen mit dem der Frauen in der französischen Revolution eher gemäßigt war[95], ging dennoch über die politischen Ansprüche der württembergischen Frauen hinaus; in der Öffentlichkeit zumindest fand Louise Ottos Artikel keine Resonanz.

Emanzipation stand in Württemberg nicht auf dem Programm der Revolution. 45 Jahre Franzosenfeindlichkeit hatten 1848 eine Rezeption französischer Frauenforderungen verhindert. Von Emanzipation wurde in Württemberg typischerweise nur gesprochen, wenn es um die Emanzipation von der französischen Mode ging (Kap. V.1), oder sie fand auf der Bühne statt: In einem in Reutlingen aufge-

IV.4 *Frauen und politische Öffentlichkeit.*

Alles im Ständesaal.
Nach der Melodie: Sagt, wo sind die Veilchen hin ꝛc.

Sagt, wo sind die Töchter mein,
 Malchen und Susanne?
Nun der Tisch gedeckt will sein,
 Fehlet auch die Hanne. —
„Ei, die sind im Ständesaal,
Heute gibt's dort Hauptscandal."

Und die Köchin, hat sie heut'
 's Kochen ganz vergessen?
Alles hat doch seine Zeit,
 Sonderlich das Essen. —
„Ei, die ist im Ständesaal,
Heute gibt's dort Hauptscandal."

Aber läßt denn meine Frau
 Jedes nur so gehen?
Sie, die sonst doch so genau,
 Sollt' auf Ordnung sehen. —
„Ei, die ist im Ständesaal,
Heute gibt's dort Hauptscandal."

Diese Karikatur über die Sensationsgier politisch interessierter Frauen bezieht sich nicht auf Württemberg. (Fliegende Blätter H. 195, 1853. Universitätsbibliothek Tübingen)

IV.4 Frauen und politische Öffentlichkeit.

führten Lustspiel mit dem Titel „Dr. Wespe oder die Emanzipation der Frauen" (RMC 27.4.48) wurde das freizügige Liebesleben der Schriftsteller und Schriftstellerinnen des „Jungen Deutschland"[96] aufs Korn genommen. Obwohl die „Zeit der Emancipation gekommen" schien (KR 77, 1849) und schon im Vormärz viel darüber geschrieben worden war[97], war der Begriff Frauenemanzipation in Deutschland 1848/49 zweideutig geworden. Er wurde meist gleichgesetzt mit der Befreiung der Frau aus ehelichen Fesseln, mit der sexuellen „Emanzipation des Fleisches" und der „Freigebung der Sinnlichkeit" (Brockhaus 1839). Die wenigsten Frauen mochten sich mit diesen von Männern entworfenen Vorstellungen identifizieren, umso weniger als die Vertreter dieser Theorie, die Saint Simonisten, Sozialisten waren, die angeblich von einem ‚Kommunismus der Weiber' träumten. Auch Louise Otto distanzierte sich weit von solchen Ideen und sprach von „jenen lächerlichen und verrückten Träumereien, die das Wort ‚Emancipation der Frauen' entwürdigt haben, indem sie unsittliche und unmögliche Forderungen damit verbanden" (KR 47, 1849). In den 1830er und 40er Jahren wurde „emancipirt" häufig als Gegenbegriff zu „weiblich" benutzt. Als „emancipirt" galten Frauen, die überdurchschnittlich gebildet waren, sich in männlichen Tätigsfeldern bewegten und wie z.B. einige Schriftstellerinnen der damaligen Zeit mit weiblichen Verhaltensnormen gebrochen oder gar wie George Sand männliche Verhaltensweisen übernommen hatten (Kap. III.1). Mit diesen Bildern konnten sich die Württembergerinnen 1848/49 kaum identifizieren.

Ein Problem, mit dem sich Frauen in der Revolution häufig auseinanderzusetzen hatten, war die Notwendigkeit, ständig ihre sachliche und öffentliche Kompetenz beweisen zu müssen und dadurch zu legitimieren, daß sie es wagten, an den Rand der politischen Bühne zu treten. Schließlich sahen sie sich mit Männern konfrontiert, die die Ansicht vertraten, daß Frauen „jede öffentliche Tugend fremd war" (RMC 8.1.48). Und die ihnen deutlich zu verstehen gaben, daß sie eines „haßten", nämlich „waschhaftige Weiber, die Politik treiben wollen" (NZ 6.9.49). Die Eßlinger Demokratin Katharina Authenrieth-Boll, die im Vorstand des demokratischen Frauenvereins zur Unterstützung der Flüchtlinge (Kap. IV.3) war und sich öffentlich mit der politisch reaktionären Haltung eines Pfarrers auseinandergesetzt hatte, mußte sich so von diesem abkanzeln lassen.

> „Es thut mir recht weh, daß jetzt auch die Weiber anfangen solches Zeug herauszuschwätzen, wie unsere heruntergekommenen Theologen und Poeten und anderes leichtes Männervolk im Beobachter und drgl. Zeitungen. Habt denn Ihr Hausfrauen nichts gescheidteres zu thun? und ist es nicht genug, daß Eure Männer die seither ihren Beruf versäumt und dagegen unbillig geschwätzt und getrunken und gelärmt haben und ist so gar nichts dabei herausgekommen als Thorheit und Elend? Glauben Sie mir, beste Frau Boll, es steht ihr gewiß besser an, Ihrem Mann dienen, Ihre Kinder

IV.4 Frauen und politische Öffentlichkeit.

ziehen und Ihre Haushaltung in Ordnung bringen, als solche Redensarten aus den Zeitungen zusammenzustoppeln und aufs Papier setzen, hinter denen doch nichts ist." (NZ 6.9.49)
Frauen, die 1848/49 politisch aktiv waren, gerieten zwangsläufig in Konflikt mit den herrschenden (ja auch von Liberalen vertretenen) Weiblichkeitsvorstellungen. Die Tatsache, daß das öffentliche Auftreten der Frauen an geschlechtsspezifische Rollenvorgaben gebunden war, engte ihren Verhaltensspielraum entsprechend ein, bzw. zwang sie, permanent in öffentlichen Selbstdarstellungen ihre Sonderstellung als Frau zu reflektieren. In ihren Erklärungen und politischen Aktionen finden wir deshalb immer wieder die Betonung, daß sie sich als Frauen „in weiblicher Weise" für Politik engagierten. Im Konflikt zwischen Konvention, bürgerlichem Frauenbild und politischer Betätigung kam es sehr oft zu dem Kompromiß, daß Frauen zwar öffentliche, politische und soziale Aktivitäten zugestanden wurde, dies aber in spezifisch weiblichen Handlungsfeldern, wo sie „im Stillen umso wirkungsvoller" (NT 16.3.48) tätig werden sollten.

Selbst diese bescheidenen Formen des öffentlichen Auftretens von Frauen wurden nach der Revolution von den Konservativen verdammt. Und das ganze spätere Jahrhundert erscheint als Versuch, Frauen aus der politischen Öffentlichkeit wieder zu verdrängen. Dieser im 19. Jahrhundert andauernde Konflikt wird besonders bei Wilhelm Heinrich Riehl deutlich, der rückblickend auf die Revolution von der „Entfesselung weiblicher Art und Sitte" sprach und hinter den Frauenvereinen „überweibliche Gelüste, die Männer nachzuahmen" vermutete, denen es zu wehren galt[98].

„Der rechte Frauenverein ist das Haus, wenn eine wohlhabende Frau einsam steht, dann soll sie sich vorerst umschauen, ob in ihrer Sippe keine Familie ist, bei der sie als ‚alte Tante' einziehen kann und mitarbeiten im Hause. Es ist dies immer noch ein stolzerer und weiblicher Wirkungskreis denn Präsidentin mehrerer Frauenvereine zu seyn."[99]

Das Verbot politischer Vereine in Württemberg (1851/52) und damit auch von Frauenvereinen setzte vorerst der politischen Betätigung von Frauen ein Ende.

IV.4 Frauen und politische Öffentlichkeit.

Anmerkungen

1) Aus „Die Glocke". Wenn es um Frauen, Ehe und Liebe ging, wurde im Vormärz gerne Schiller zitiert, so z.b. in dem zwischen 1834 und 1837 erschienenen Damen Conversations Lexikon (hg. von C. Herloßsohn im Verein mit Gelehrten und Schriftstellerinnen, 10 Bde. Leipzig / Adorf 1834–1837) in den zentralen Stichworten: Frauen, Deutschland, Ehe, Erziehung, Hausfrau und Mutter.
2) Der Autor der „Räuber", des „Tell" und des „Fiesco" wurde angesichts der staatlichen Repressionen, denen sich die Liberalen ausgesetzt sahen, als „Freiheitsdichter" und „Tyrannenfeind" gefeiert. Sein „Sire, geben Sie Gedankenfreiheit" (Don Carlos) war fast schon synonym für die Forderung nach Meinungsfreiheit. Siehe auch unten: Schillerfeiern.
3) Vgl. Barbara Duden: Das schöne Eigentum. Zur Herausbildung des bürgerlichen Frauenbildes an der Wende vom 18. zum 19. Jahrhundert. In: Kursbuch 47, 1977, S. 125–142. Friedrich Schleiermacher schreibt 1826: „Das männliche Geschlecht ist immer in gewissem Maße für ein öffentliches Leben bestimmt, das weibliche nur für das häusliche". In: Sämtliche Werke, 3. Abt., Bd. 9, Erziehungslehre. Zitiert nach Dieter Schwab: Familie. Artikel in: Otto Brunner et al (Hg.): Geschichtliche Grundbegriffe, Bd. 2, Stuttgart 1975, S. 253–301, hier S. 294. Carl Welcker schreibt im „Staatslexikon" unter dem Stichwort „Geschlechterverhältnisse": „Bei dem Manne überwiegt jene freiere und ausgedehntere Wirksamkeit in der Außenwelt, bei der Frau die größere Beschränkung auf die Fortpflanzung , die Familie und das Haus". In: Das Staatslexikon. Encyklopädie der sämmtlichen Staatswissenschaften für alle Stände. Hg. von Carl Rotteck und Carl Welkker, Bd. 5, Altona 1847, S. 654–679, hier S. 661.
4) Conversations-Lexikon. Bd. 4, 3. Aufl. Leipzig/Altenburg 1815, S. 211. Zitiert nach Karin Hausen: Die Polarisierung der „Geschlechtscharaktere". Eine Spiegelung der Dissoziation von Erwerbs- und Familienleben. In: Werner Conze (Hg.): Sozialgeschichte der Familie in der Neuzeit Europas. Stuttgart 1976, S. 363–393, S. 366.
5) Damen Conversations Lexikon, Bd. I.–X. (Anm. 1). Vgl. die Stichworte: Bildung, Deutschland, Ehe, Erziehung, Frauen, Gattin, Gesellschaft, Mutter.
6) Claire von Glümer: Fata Morgana. Ein Roman aus dem Jahr 1848. Leipzig 1851, S. 250. Zitiert nach Ruth-Ellen Boetcher Joeres: 1848 From a Distance: German Women Writers on the Revolution. In: Modern Language Notes Vol. 97, 1982, S. 590–614, hier S. 604. Boetcher Joeres macht anschaulich, daß die meisten Autorinnen, die über die Revolution 1848 schrieben, dies aus der Perspektive des Innenraums taten mit dem Blick auf die Ereignisse „draußen" (S. 599).
7) Vgl. Jürgen Habermas: Strukturwandel der Öffentlichkeit. Neuwied/Berlin, 6. Aufl. 1974, S. 15.
8) Ilona Ostner: Frauen und Öffentlichkeit. Versuche einer Ortsbestimmung. In: arch+ (plus), Bd. 60, 1981, S. 21–30.
9) Barbara Duden: Das schöne Eigentum...
10) I. Ostner: Frauen und Öffentlichkeit..., S. 22.
11) Otto Dann: Gruppenbildung und gesellschaftliche Organisierung in der Epoche der deutschen Romantik. In: Richard Brinkmann (Hg.): Romantik in Deutschland. Stuttgart 1978, S. 115–131, hier S. 128.
12) Diese Form der Verlustgeschichte idealisiert gewöhnlich die Berufsarbeit der Frauen in bestimmten Phasen des Mittelalters oder neigt dazu, den Handlungsspielraum der Frauen in der bürgerlichen Hauswirtschaft des 17. und 18. Jahrhunderts zu überschät-

IV.4 Frauen und politische Öffentlichkeit.

zen. Häufig wird auch die kleine Elite hochgebildeter adliger Frauen im Frankreich des 18. Jahrhunderts zum Vorbild weiblicher Emanzipation stilisiert, ohne daß bedacht wird, daß sich diese Verhältnisse kaum auf Deutschland übertragen lassen.
13) I. Ostner: Frauen und Öffentlichkeit..., S. 29.
14) Damen Conversations Lexikon (Anm. 1). Stichwort Gesellschaft, Bd. IV., S. 405.
15) „Zu den Sammelpunkten des geistigen Lebens Stuttgarts... gehörte mit an erster Stelle das Haus Hartmann-Reinbeck". Hier trafen sich einige der literarischen Größen des damaligen Deutschland. Nach Anna Blos: Emilie Reinbeck-Hartmann. In: Dies.: Frauen in Schwaben. 15 Lebensbilder. Stuttgart 1929, S. 110–120, hier S. 110.
16) Das Stuttgarter Museum (Museums-Gesellschaften waren im 19. Jahrhundert ein ‚Ort der Musen', nicht Aufbewahrungsort von Kulturgütern und -gegenständen) entstand 1807 aus einer Spaltung der Metzlerschen Lesegesellschaft. 1831 kritisierten die Liberalen die „aristokratische Zusammensetzung" des Vereins (Hochwächter 14. 10. 1831) und gründeten schließlich, als sich das sog. „Obere Museum" weigerte, Spendenlisten für Polen auszulegen, eine eigene Bürgergesellschaft, die sich ab 1834 „Bürger-Museum" nannte. Nach Carl Lotter: Geschichte der Museums-Gesellschaft in Stuttgart. Stuttgart 1907, S. 1,6 und 41. Allgemein zum Vereinswesen Thomas Nipperdey: Verein als soziale Struktur in Deutschland im späten 18. und frühen 19. Jahrhundert. Eine Fallstudie zur Modernisierung I. In: Ders.: Gesellschaft, Kultur, Theorie. Gesammelte Aufsätze zur neueren Geschichte. Göttingen 1976, S. 259–278.
17) Vgl. Otto Dann: Die Anfänge der politischen Vereinsbildung in Deutschland. In: Ulrich Engelhardt et al (Hg.): Soziale Bewegung und politische Verfassung. Stuttgart 1976, S. 197–232. Sowie Marlies Prüsener: Lesegesellschaften im 18. Jahrhundert. In: Börsenblatt für den deutschen Buchhandel Nr. 10, 1972, und Irene Jentsch: Zur Geschichte des Zeitungslesens in Deutschland am Ende des 18. Jahrhunderts. Diss. Leipzig 1937. Nach Prüsener gab es in einigen Städten wie Leipzig (1784), Oldenburg (1798), Rügen (1789), Speyer (1782) eigene Lesegesellschaften für Frauen oder „junge Töchter", die zum Teil von Pfarrern ins Leben gerufen worden waren, aber wohl oft nur kurzen Bestand hatten (S. 270–295).
18) Vgl. Jürgen Habermas: Strukturwandel... , S. 86–98. Lucian Hölscher: Öffentlichkeit und Geheimnis. Eine begriffsgeschichtliche Untersuchung zur Entstehung der Öffentlichkeit in der frühen Neuzeit. Stuttgart 1979, S. 128ff.
19) Stuttgarter Vereinsbuch. Stuttgart 1885, S. 102 und Schwäbische Kronik 25. 10. 1848.
20) Max Rudolf Biedermann: Ulmer Biedermeier im Spiegel seiner Presse. Ulm 1955, S. 103.
21) Mit den Karlsbader Beschlüssen 1819 war jede Form des politischen Vereinswesen untersagt worden. Nach einer kurzen Liberalisierungsphase im Zuge der Julirevolution waren in Württemberg liberale Wahlvereine entstanden, die dann mit der königlichen Verordnung vom 21. 2. 1832 verboten wurden. Vgl. auch die erneute Verschärfung der Bundesbeschlüsse vom 5. 7. 1832 betr. „Maasregeln zur Erhaltung der gesetzlichen Ordnung und Ruhe im Deutschen Bunde".
22) Carola Lipp: Verein als politisches Handlungsmuster am Beispiel des württembergischen Vereinswesens von 1800 bis 1848/49. In: Maurice Agulhon (Hg.): Sociabilité et société bourgeoise. Paris 1986. Mone: Über das deutsche Vereinswesen. In: Deutsche Vierteljahresschrift H. 3, 1840, S. 287–333, inbes. 305ff.
23) Carola Lipp: Württembergische Handwerker und Handwerkervereine im Vormärz und in der Revolution 1848/49. In:Ulrich Engelhardt (Hg.): Handwerker in der Industrialisierung. Stuttgart 1984, S. 347–380.
24) Wöchnerinnenvereine. STAL F 173 Oberamt Heilbronn, Bü 64, Antrag der Witwe des

IV.4 Frauen und politische Öffentlichkeit.

Gärtners Brenn und der Ehefrau des Schuhmachers Johannes Schickle vom 17.10.1844.
25) Carl Theodor Griesinger: Stuttgart am achten Mai. Stuttgart 1839, S. 11.
26) Die neueste Untersuchung von Dieter Düding erwähnt Frauen nur im Kontext mit dem Schweizer Nägeli, dem Spiritus rector des Stuttgarter Liederkranzes, der den Männergesang als spezifischen Ausdruck „der deutschen Sprachnation" gegen die weichen „weiblichen" Modulationen des italienischen Operngesangs abgrenzte. Dieter Düding: Organisierter gesellschaftlicher Nationalismus in Deutschland (1808–1847). Bedeutung und Funktion der Turner- und Sängervereine für die deutsche Nationalbewegung. München 1984, S. 164.
27) Rede zum Stiftungsfest am 24.5.1830. Sängerkranz Tübingen. Vereins-Berichtsbuch No. 1 vom April 1829 bis Juli 1852, S. 39. Archiv des Tübinger Liederkranzes. Für die Überlassung dieser Quelle danke ich Herrn Hans Sonntag, Tübingen.
28) Statuten der Gesellschaft Harmonia. Stuttgart 1845. STAL F 201, Bü 611.
29) Statuten des Sängerkranz Tübingen vom August 1834. Vereins-Berichtsbuch No. 1, S. 45.
30) Sängerkranz Tübingen. Vereins-Berichtsbuch No. 1, S. 128, 1.11.1837.
31) Paragraph 1 der Statuten des Tübinger Sängerkranz lautete: „Die Gesellschaft hat den Zweck, sich durch Gesang zu vergnügen, den Volksgesang durch Mehrstimmigkeit und durch Verdrängung schlechter Lieder und Melodien zu veredeln und solchen in seiner Veredelung zu verbreiten". Vereins-Berichtsbuch No. 1, S. 43.
32) Bericht der Regierung des Neckarkreises vom 18.11.1836. HSTAS E 146, Bü 2401.
33) Otto Elben: Der volkstümliche deutsche Männergesang. Seine Geschichte, seine gesellschaftliche und nationale Bedeutung. Tübingen 1855, S. 3.
34) Sängerkranz Tübingen. Vereins-Berichtsbuch No. 1, S. 152, 14.2.1840. Vgl. auch die Briefe an Emilie Zumsteeg. Handschriftensammlung der Württembergischen Landesbibliothek cod. hist. q. 710.
35) Familienschrift zur Erinnerung an Ferdinand Nägele. Zit.in R. Schöpfer: Geschichte des Murrhardter Liederkranzes. In: Liederkranz Murrhardt. Festbuch zur Hundertjahr-Feier am 21. Juli 1929, S. 18. Auch HSTAS, E 146, Bü 2401.
36) Anna Blos: Emilie Zumsteeg. In: Dies.: Frauen in Schwaben. 15 Lebensbilder. Stuttgart 1929, S. 135–148, insbes. S. 139f.
37) Die Briefe Emilie Zumsteegs enthalten Namenslisten der Sängerinnen 1839 und 1843. Handschriftensammlung der Württembergischen Landesbibliothek cod. hist. q. 710.
38) Schreiben der Stadtdirektion vom 7.10.1836. STAL, F 201, Bü 612 Vereine in Stuttgart.
39) Brief des Ausschusses an E. Zumsteeg vom 4.4.1843. Handschriftensammlung der Württembergischen Landesbibliothek cod. hist. q. 710.
40) Sängerkranz Tübingen. Vereins-Berichtsbuch No. 1, S. 174, 24.5.1841.
41) Ebd. S. 71, 2.3.1836 und S. 152, 14.2.1840. Wie lange diese Vereine bestanden, ist nicht bekannt.
42) Übersicht des Innenministeriums „über die im Lande bestehenden Liederkränze" 1837, Stand 1836. HSTAS E 146, Bü 2401.
43) Theodor Körner kämpfte in den preußischen Befreiungskriegen, denen er einen ganzen Gedichtzyklus widmete. Vgl. Theodor Körners sämmtliche Werke. 1. Bd. Berlin 2. Auflage 1871, S. 1–34. O. Elben: Der volkstümliche deutsche Männergesang..., S. 18.
44) Vgl. die Berichte der Kreisregierungen an das Innenministerium HSTAS E 146, Bü 2401.
45) Rekonstruiert aus Namenslisten der Sängerinnen (Anm. 34), den Stuttgarter Familienregistern und aus der Zeitung, u.a. Schwäbische Kronik 31.3.1848 und Neues Tagblatt für Stuttgart und Umgegend 4.11.1849.

IV.4 *Frauen und politische Öffentlichkeit.*

46) C. T. Griesinger: Stuttgart am achten Mai..., S. 61.
47) Die Festordnung von Ulm war „von Manns- und Weibsbildern" geschrieben. Das deutsche Sängerfest in Ulm. Kritisch dargestellt in einem Sendschreiben an einen Sänger. Ulm 1836, S. 7.
48) Nachdem in mehreren größeren Vereine die „Frauen und Töchtern" der Mitglieder Fahnen gestiftet hatten, wurde beim Liederfest in Ulm der Vorschlag gemacht, daß alle Liederkränze sich Fahnen machen lassen sollten. Das deutsche Sängerfest in Ulm. Kritisch dargestellt in einem Sendschreiben an einen Sänger. Ulm 1836, S. 5. Zu Fahnen vgl. die Kapitel V.2 und V.3 in diesem Buch.
49) Inge Baxmann: Weibliche Identitätsbildung und Revolutionsfeste. In: Das Argument 138, 1983, S. 216–224. Und Wilhelm Hansen: Nationaldenkmäler und Nationalfeste im 19. Jahrhundert. Braunschweig 1976, S. 51. Siehe auch Mona Ozouf: La fête sous la Révolution française. In: Jacques Le Goff / Pierre Nora (Hg.): Faire de l'Histoire. Bd. 3, Paris 1974, S. 256–277.
50) Anhang zu C. T. Griesinger: Stuttgart am achten Mai..., S. 20.
51) Schreiben des Ausschusses des Stuttgarter Liederkranzes vom 14. 5. 1839. Briefe an Emilie Zumsteeg. Handschriftensammlung der Württembergischen Landesbibliothek cod. hist. q. 710.
52) C. T. Griesinger: Stuttgart am achten Mai..., S. 14.
53) Aus der Zeit König Wilhelms I. von Württemberg. Württembergische Volksbücher Bd. 9, Stuttgart o.J., S. 61.
54) Vollständiges Programm des Festzuges der Württemberger zur Feier der fünf und zwanzigjährigen Regierung Sr. Maj. des Königs Wilhelm, der am Dienstag, den 28. September 1841 stattfinden wird. Stuttgart 1841, S. 4. Aus dem Archiv des Tübinger Sängerkranzes.
55) C. T. Griesinger: Stuttgart am achten Mai..., S. 71f. Vgl. dazu die „Erinnerungen eines Janitscharen an das allgemeine Liederfest zu Tübingen den 24. 6. 1843". Stuttgart 1843, S. 7. Aus dem Archiv des Tübinger Sängerkranzes.
56) Bericht Stadtdirektion Stuttgart vom 7. 2. 1832, HSTAS E 146, Bü 1916 alt.
57) Vgl. die Spendenlisten und Aufrufe in den Hochwächter-Ausgaben Nr. 165, 168, 174, 177, 181, 190, 202 und 221 im Jahr 1831; sowie Bericht Stadtdirektion Stuttgart 6. 2. 1832, HSTAS, E 146, Bü 1916 alt.
58) Bericht Oberamt Reutlingen vom 28. 1. 1832. HSTAS, E 146, Bü 1916 alt.
59) Kohn, Hans: Wege und Irrwege. Vom Geist des deutschen Bürgertums. Düsseldorf 1962, S. 104.
60) Bericht Oberamt Ulm 10. 2. 1832, HSTAS, E 146, Bü 1916 alt.
61) Damen Conversations Lexikon (Anm. 1). Stichwort Frauenvereine. In: Band IV., S. 244–246.
62) Bericht Oberamt Ulm 10. 2. 1832, HSTAS, E 146, Bü 1916 alt.
63) Der Schauplatz dieser nachempfundenen Szene ist eigentlich Baden. Die Polenbegeisterung war bei den Liberalen in beiden südwestdeutschen Staaten gleich groß. Hermine Villiger: Schwarzwaldgeschichten. Stuttgart 1892, S. 11.
64) In der württembergischen Kammer war es zu heftigen Auseinandersetzungen gekommen zwischen der liberalen Opposition, die nach den erfolgreichen Wahlen im Dezember 1831 die Mehrheit (39 von 71 Sitzen) hatte, und der konservativen Regierung. Der König löste die Kammer deshalb auf und ließ 1833 eine neue wählen. Vgl. Otto Glück: Beiträge zur Geschichte des württembergischen Liberalismus von 1833 bis 1848. Tübingen 1931.
65) Vgl. Wolfgang Schieder: Das Hambacher Fest von 1832 als liberaler Protest. In: Aus Poli-

IV.4 Frauen und politische Öffentlichkeit.

tik und Zeitgeschichte. Beilage 20 zu „Das Parlament" Jg. 1982, S. 3–12.
66) Dies sagt ein Regierungsrat in einer Erzählung von Berthold Auerbach: Sträflinge (1845). In: Dorfgeschichten. Stuttgart 1984, S. 77.
67) Otto Dann: Gruppenbildung und gesellschaftliche Organisierung..., S. 119.
68) Briefe der Emilie Ritter, geborene Emilie Auguste Caroline Walter (1819–1900) an August Karl Walter. Abschrift der Originale im Stadtarchiv Stuttgart.
69) Löwe von Calbe war Präsident des Rumpfparlaments, Franz Dingelstedt war damals ein bekannter Satiriker.
70) HSTAS, E 146, Bü 1933 alt, 1959 alt.
71) Isolde Kurz: Hermann Kurz. Ein Beitrag zu seiner Lebensgeschichte. München/Leipzig 1906, S. 147. Marie von Brunow war später die Frau des Beobachterredakteurs und Schriftstellers Hermann Kurz und Mutter von Isolde Kurz.
72) Ebd., S. 144.
73) Ebd., S. 149f.
74) Oberamtsbericht Eßlingen vom 18.9.1848. HSTAS, E 146, Bü 1959.
75) Antonie Kraut: Die Stellung der Frau im württembergischen Privatrecht. Diss. Tübingen 1934, S. 61ff.
76) Bericht der „Gesetze-Vorbereitungs-Commission" der Kammer der Abgeordneten. In: Verhandlungen der Kammer von 1828, Zweites außerordentliches Beilagenheft, S. 155. Zit. nach Kraut (Anm. 75), S. 63.
77) Artikel Öffentlichkeit. In: Das Staatslexikon. Encyklopädie der sämmtlichen Staatswissenschaften für alle Stände. Hg. von Carl Rotteck und Carl Welcker. Bd. 10, 1848, S. 246–282, hier S. 250.
78) Verhandlungen der württembergischen Kammer der Abgeordneten Landtag 1848–1849. Bd.I, Sitzung 3.10.1848. Stuttgart 1849, S. 124.
79) Ebd.
80) Damen Conversations Lexikon (Anm. 1). Stichwort Familie.In: Bd. IV, S. 230–239, hier S. 230.
81) Wilhelm Heinrich Riehl: Die Familie. 3. Band der Naturgeschichte des Volkes als Grundlage einer deutschen Social-Politik. Stuttgart 1882, S. 5.
82) Stichwort „Familie, Familienrecht (natürliches)", geschrieben von Carl Rotteck. In: Das Staatslexikon..., Bd. 4, S. 592–607, hier S. 592.
83) Ebd., S. 607. Vgl. auch Dieter Schwab: Familie. Artikel in Otto Brunner et al (Hg.): Geschichtliche Grundbegriffe...
84) Rede des Stiftungspredigers von Klemm bei der Fahnenweihe der Stuttgarter Bürgerwehr im August 1848. Aus: Klemms Archiv. Mitteilungen aus der Familiengeschichte 8, 1901, S. 291–294, hier S. 292.
85) Inge Baxmann: Von der Egalité im Salon zur Citoyenne – Einige Aspekte zur Genese des bürgerlichen Frauenbildes. In: Annette Kuhn/Jörn Rüsen (Hg.): Frauen in der Geschichte. Bd. III. Düsseldorf 1983, S. 109–139, hier S. 128.
86) Zuruf württembergischer Frauen und Jungfrauen an unsere deutschen Krieger vom 7.5.1849. Zitiert nach Louise Ottos „Frauen-Zeitung" No. 6, 26.5.1849. Neu herausgegeben und kommentiert von Ute Gerhard et al (Hg.): „Dem Reich der Freiheit werb' ich Bürgerinnen". Frankfurt 1979, S. 78f.
87) Damen Conversations Lexikon (Anm. 1) Stichwort „Familie". In: Bd. IV, S. 230–239, hier S. 230.
88) Margit Twellmann: Die deutsche Frauenbewegung. Ihre Anfänge und ihre erste Entwicklung 1843–1889. Meisenheim 1972; Ute Gerhard: Über die Anfänge der deutschen

IV.4 Frauen und politische Öffentlichkeit.

Frauenbewegung 1848. Frauenpresse, Frauenpolitik und Frauenvereine. In: Karin Hausen (Hg.): Frauen suchen ihre Geschichte. München 1983, S. 196–220.
89) Irene Stoehr: „Organisierte Mütterlichkeit". Zur Politik der deutschen Frauenbewegung um 1900. In: Karin Hausen (Hg.): Frauen suchen ihre Geschichte. München 1983, S. 221–249.
90) Immanuel Kant: Die Metaphysik der Sitten § 46. In: Kant Werke hg. von Wilhelm Weischedel, Bd. 8, Wiesbaden 1956, S. 433.
91) Ute Gerhard: Verhältnisse und Verhinderungen. Frauenarbeit, Familie und Rechte der Frauen im 19. Jahrhundert.Frankfurt 1978, S. 460f.
92) Vgl. die württembergische Verfassung vom 27.9.1819, Art 135 und 142. In: August Ludwig Reyscher: Sammlung württembergischer Gesetze Bd. 3, Tübingen 1830, S. 507–552, hier S. 135.
93) Vgl. Art. 25 des Bürgerrechtsgesetzes vom 15.4.1828, In: Regierungsblatt 24.4.1828. Im revidierten Gesetz vom 4.12.1833 ist es der Artikel 26.
94) Die Jahrgänge 1849 und 1850 der „Frauen-Zeitung" von Louise Otto wurden neuherausgegeben von Ute Gerhard, Elisabeth Hannover-Drück und Romina Schmitter: „Dem Reich der Freiheit werb' ich Bürgerinnen". Die Frauen-Zeitung von Louise Otto. Frankfurt/M. 1980.
95) In der „Erklärung der Rechte der Frauen" forderte Olympes de Gouges 1791 nicht nur Wahlrecht, sondern auch den Zugang von Frauen zu „höheren und niederen Ämtern". Olympes de Gouges: Schriften. Hg. von Monika Dillier et al. Frankfurt 1980, S. 36–54, hier S. 43. Zu den politischen Forderungen der Frauen in der französischen Revolution: Hannelore Schröder/Theresia Sauter: Zum politischen Feminismus. Die Deklaration der Rechte der Frau und Bürgerin. In: Politik und Zeitgeschichte. Beilage zu „Das Parlament" 48, 1977, S. 29–54. Und Stefanie Schweitzer et al: Die Forderung der Frauen nach Gleichberechtigung in der französischen Revolution. In: Annette Kuhn/Gerhard Schröder (Hg.): Frauen in der Geschichte. Bd. I. Düsseldorf 1982, S. 153–168.
96) Anstoß nahm das bürgerliche Publikum vor allem an Karl Gutzkows Stück „Wally die Zweiflerin" und den Romanen wie auch dem Leben von Louise Aston. Vgl. Christine von Müller: „Wenn mich der Liebe Flammen heiß umsprühen". Die erotische Rebellion der Louise Aston. In: Journal für Geschichte H. 5, 1982, S. 18–23.
97) Conversationslexikon der Gegenwart. Hg. von Brockhaus, Bd. 2, Leipzig 1839, Artikel „Frauenleben und Emancipation der Frauen", S. 167–191, hier vor allem S. 179. Vgl. auch Carl Welcker: Geschlechterverhältnisse. In: Das Staatslexikon..., Bd. 5, S. 668. Zur Rezeption des Begriffes Emanzipation in Deutschland: Renate Möhrmann (Hg.): Frauenemanzipation im deutschen Vormärz. Stuttgart 1975, S. 5. und Karl Martin Grass/Reinhart Koselleck: Emanzipation. In: Otto Brunner et al (Hg.): Geschichtliche Grundbegriffe, Bd. 2, Stuttgart 1975, S. 153–197, hier S. 187.
98) W.H. Riehl: Die Familie..., S. 72 und S. 75.
99) Ebd., S. 70.

Teil V

Weiblichkeitssymbolik und Frauenallegorien in der Revolution

Sabine Kienitz

„Aecht deutsche Weiblichkeit" –
Mode und Konsum als bürgerliche Frauenpolitik 1848

„Sollen bei solch allgemeiner Erwachung Deutschlands die Frauen nicht auch berufen sein, zur Erstarkung Deutschlands das Ihrige beizutragen? Nein, sie werden nicht zurückbleiben; auch *sie* werden sich als deutsche Frauen bewähren, und sogleich ungesäumt keine Zeit vorübergehen lassen, zu helfen, wo es sein kann.

Darum bildet Vereine, macht Euch mit Eurem Wort verbindlich, fernerhin *keine fremde Stoffe* zu tragen, nur was Deutschland bieten kann, soll Euer Schmuck, soll Eure Kleidung sein." (ESP 11.3.48)

Gleich zu Beginn der Revolution in Württemberg, im März 1848, wurden bürgerliche Frauen gezielt in die politische Diskussion miteinbezogen. In der Euphorie revolutionärer Begeisterung standen zwar nationale und liberale politische Forderungen im Vordergrund des Interesses, doch männliche Politik bedurfte der weiblichen ‚Ergänzung': Die württembergischen Demokraten suchten die Unterstützung ihrer Frauen und äußerten die Erwartung, daß „insbesondere die vielfach bewährte patriotische Gesinnung der hiesigen (Stuttgarter; d.V.) Frauen... auf die dankenswertheste, nach deutscher Sitte im Stillen nur desto erfolgreicher wirkende Weise" der revolutionären Bewegung tatkräftig zum Sieg verhelfen würde (NT 16.3.48). Da Frauen von politischen Entscheidungsprozessen wie z.B. Wahlen immer noch ausgeschlossen waren, mußte bürgerliche ‚Frauenpolitik' 1848 ihre Handlungsräume in ‚typisch weiblichen' Bereichen suchen. Die Kampagne, die kurz nach der Einsetzung des liberalen Märzministeriums für die revolutionäre Bewegung mobilisieren sollte, hielt für die nationalgesinnte Bürgerin spezielle weibliche Identifikationsangebote bereit: Das Konsumverhalten und die Mode der bürgerlichen Frau wurden 1848 zum Politikum und boten ihr ein weites Feld zur Demonstration nationaler Gesinnung.

In den württembergischen Zeitungen erschienen im März 1848 fast täglich Aufrufe an Frauen, „fortan nur Erzeugnisse des vaterländischen Gewerbefleißes" zu kaufen (NT 16.3.48). Die Bürgerinnen reagierten prompt: Bis in den Mai des Jahres 1848 hinein meldeten die Zeitungen aus allen Teilen des Königreichs, daß Frauen sich zu Vereinen zusammengeschlossen und ab sofort öffentlich „zum Ankauf blos deutscher Produkte" (SK 22.3.48) verpflichtet hätten. Vor allem Bürgerinnen aus den demokratischen Zentren Württembergs erklärten sich mit dem Ziel dieser nationalen Kampagne solidarisch. Sie unterzeichneten Unterschriften-Listen, die in Stuttgart beim bürgerlichen Museums-Verein und bei nationalgesinnten Professoren auslagen, vor allem aber bei Geschäftsleuten, die schon seit den 30er Jahren als Mitglieder im „Verein zur Beförderung der Gewerbe" für eine an nationalen Interessen orientierte Wirtschaftspolitik eintraten.

Vom kleinen Tuchhändler in Göppingen bis zur Stuttgarter Großhandelsniederlassung „Scholl & Comp, Commissions-Waaren-Niederlage württembergischer Fabrikanten" schlossen sich viele Geschäftsleute aus allen Teilen des Königreiches der Kampagne zum „Schutz der vaterländischen Gewerbe" an. Mit diesen Aufrufen reagierten die Gewerbetreibenden auf die nationale wirtschaftliche Krise, die im Vormärz und vor Beginn der Revolution 1848 ihren Höhepunkt erreicht hatte[1]. Die Zahl der gewerblichen Konkurse war 1846/47 bedrohlich gestiegen und hatte die durch Mißernten und Lebensmittelteuerung ohnehin gespannte soziale Lage noch verschärft: Vor allem das textilverarbeitende Handwerk in Württemberg war immer tiefer in die Krise geraten. Viele Handwerker waren arbeitslos. In bestimmten Berufssparten wie z.B. im metall- und holzverarbeitenden Bereich sowie in der Textilbranche sorgten zwar Fabrikgründungen und damit ein erster Industrialisierungsschub im Königreich für Arbeitsplätze und Aufschwung. Für das heimische Kleingewerbe, speziell die Woll- und Baumwollverarbeitung in Württemberg, bedeutete das jedoch den endgültigen Niedergang. Zur industriellen Konkurrenz aus dem Ausland, allen voran Frankreich und England, kam nun auch noch die Fabrikproduktion aus dem eigenen Land. Die technisch rationellere Produktion ruinierte den heimischen Markt, da sie im Verhältnis zum Handwerk billiger herstellen konnte, ein ausgefalleneres Warenangebot hatte und damit flexibler auf die Nachfrage am Markt reagierte. Der Absatz handwerklich produzierter Waren stagnierte. Betroffen waren in Württemberg vor allem Tuchmacher, Schneider, Bortenwirker, Färber, Strumpf- und Leineweber[2].

Wirtschaftsanalysen des Krisenjahres 1847 führten den Niedergang des Gewerbes allerdings nicht auf die eigene rückständige Produktionsweise zurück, sondern verlagerten das Problem in den Bereich der Konsumtion. Zum ersten Mal wurde der Gedanke geäußert, daß die Absatzschwierigkeiten der Kleingewerbetreibenden mit dem Einkauf der Frauen zusammenhängen könnten. In mehreren Zeitungsartikeln wurde das Stagnieren des deutschen Textilhandwerks und die unausgeglichenen Zahlungsbilanzen des Deutschen Bundes auf das falsche Kaufverhalten der Frauen zurückgeführt.

„Nur ganz wenige Frauen dürften wissen", klärte z.B. 1847 ein Artikel im „Neuen Tagblatt für Stuttgart und Umgegend" auf, „daß das Inland dem Ausland alljährlich 21 1/2 Mill. Thaler an Arbeitslohn und Veredlungskosten blos auf die vier Industrieartikel Baumwollen-, Leinen-, Seiden- und Wollenwaaren zahlt. Um diesen ungeheuren Betrag würde sich das Nationalvermögen vergrößern, wenn die betreffenden Gegenstände aus inländischen Fabriken bezogen würden, wodurch jährlich 689 100 Inlän-

V.1 „Aecht deutsche Weiblichkeit"

der mehr ernährt werden könnten, als dieß bei einem gewöhnlichen Geschäftsgang der Fall ist. Wie wohl würde diese Geldsumme unseren bedürftigen Webern kommen, denn diese sind es, die am meisten darunter leiden, daß sich unsere Frauen an Putzwaaren ausländischer Fabrikation gewöhnten." (NT 1.6.47)

Durch ihr unvernünftiges, auf ausländische Mode- und Luxusartikel fixiertes Konsumverhalten, wurde den Bürgerinnen vorgehalten, sei der „Händler gezwungen, seine Artikel aus dem Auslande zu beziehen" (RMC 13.7.47). Zeitungsveröffentlichungen endeten meist mit dem Appell, daß es „sehr günstig... überhaupt auf unsere eigene Fabrikation rückwirken (würde), wenn wir uns gewöhnen wollten, uns, so weit es nur der Geschmack zuläßt, auf die Erzeugnisse unseres eigenen Gewerbfleißes zu beschränken". Schon 1847 wurde also an die Möglichkeit eines Boykotts ausländischer Waren zum Schutz des nationalen Marktes gedacht, und bereits damals wurden besonders „deutsche Frauen und Jungfrauen" als Mitstreiterinnen im Kampf um die „Hebung des Nationalwohlstandes" angesprochen: „Möchten doch... die Frauen sich vereinigen und gegenseitig verpflichten, den deutschen Stoffen vor den fremden stets den Vorzug zu geben, sobald Mode und Geschmack dies irgend gestatten!" (NT 1.6.47) Die Aufrufe erzielten jedoch offensichtlich keine große Wirkung, denn noch im November 1847 beschwerte sich „ein Gewerbsmann", daß „das weibliche Geschlecht Deutschlands... es hauptsächlich (sei), das seiner unbegrenzten Modesucht einen bedeutenden Theil der vaterländischen Industrie dem Auslande opfert und... seine Einkäufe da am liebsten macht, wo das Ausland seine Krambude aufgeschlagen hat..." (RMC 5.11.47).

Einkaufen als politischer Akt

Mit Beginn der Märzrevolution machte das Kleinbürgertum die Gewerbefrage zu einem nationalen Thema, das alle mobilisieren und besonders die Frauen in die gemeinsame nationale Politik einbinden sollte. Direkt an die Frau als potentielle Käuferin richteten die Gewerbetreibenden jetzt den „Ruf zu Unterstützung des Gewerbestandes, insbesondere der kleinen Gewerbe" (NT 16.3.48). Diese öffentlichen Aufrufe trugen den Gedanken des Zusammenhangs zwischen Nationalidee und wirtschaftlichem Aufschwung direkt in die Familien und an die Frauen als Konsumentinnen heran. Die Bürgerin in der Stadt stand an der Nahtstelle zwischen Produktion und Konsumtion. Denn „... gerade die Frauen... sind (es), welche meistens in Kleinhandel die Einkäufe für den Hausbedarf machen" (RMC 13.7.47), – die Frau war diejenige, die den Geldbeutel öffnete, die über die Verwendung des ihr zugeteilten Haushaltsgeldes zu entscheiden hatte. Die bürgerli-

V.1 „Aecht deutsche Weiblichkeit"

che Hausfrau in der Residenzstadt Stuttgart produzierte Mitte des 19. Jahrhunderts nur noch einen Teil der benötigten Lebensmittel selbst. Sie hatte zwar ihr kleines Obst- und Gewürzgärtchen am Haus, zog „allerlei Gemüse", setzte im Herbst den Apfelmost selbst an und holte z.T. noch die Kartoffeln aus dem eigenen Acker[3]. Vieles jedoch bezog die Hausfrau inzwischen über den Handel. Die Herstellung von Tuch und Kleiderstoffen z.B. war schon seit langem aus der Haushaltsproduktion ausgegliedert, so daß die Bürgerin hier weitgehend auf Geschäfte und Industriewaren angewiesen war. 1848 wurde die Frau in ihrer wichtigen Rolle als Konsumentin begriffen, – und als aktive ‚Partnerin' in die deutschnationale Wirtschaftspolitik der Revolution einbezogen. Indem sie sich entschied, nur noch „deutsche Fabrikate" zu kaufen, ihre Entscheidung sogar öffentlich bekannt gab, machte die Bürgerin aus der Alltagshandlung „Einkaufen" einen bewußten politischen Akt, mit dem sie ihre patriotische Gesinnung demonstrierte.

Die nationale Gewerbepolitik öffnete damit den Frauen ein neues Feld individuellen wie auch kollektiven politischen Handelns. In Stuttgart z.B. schlossen sich Frauen der von Männern gegründeten „Vereinigung zum Schutz der Gewerbe" an, deren einziges Statut lautete:
„Die Unterzeichneten verbinden sich durch ihre Namens-Unterschrift, fortan nur Erzeugnisse des vaterländischen Gewerbefleißes zu kaufen." (NT 16.3.48)

Demokratisch und nationalgesinnte Frauen arbeiteten mit Männern Hand in Hand, sie ergriffen aber auch selbst die Initiative. Um ihrem Anliegen Nachdruck zu verleihen, organisierten sie sich und gründeten in vielen württembergischen Städten eigene Frauenvereine (Kap. IV.3). Zwölf Frauen des Tübinger Bildungsbürgertums, darunter auch die bekannte Schriftstellerin Ottilie Wildermuth und mehrere Gattinnen liberal gesinnter Professoren, gehörten zu den ersten Württembergerinnen, die mit einem Inserat im Tübinger „Amts- und Intelligenzblatt" mit ihrem Namen für die nationale Sache warben:
„Tübingen. Die Unterzeichneten haben, um auch ihrerseits zur Hebung des Volkswohlstandes und des Nationalgefühls etwas beizutragen, sich in dem Vorsatze vereinigt, die Kleidungsstoffe für sich und die Ihrigen fortan, wenn irgend möglich, nur aus deutschem Fabricate, und zwar mit Rücksicht auf die ortsangehörigen Gewerbe zu wählen. Sie machen dieß öffentlich bekannt in der Hoffnung, es werden sich nicht nur hier recht viel Gleichgesinnte an sie anschließen, sondern auch in andern Städten des deutschen Vaterlandes werde ihr Beispiel Nachahmung finden." (TAI 13.3.48)

Die Frau als bewußt einkaufende Bürgerin sollte zum weiblichen Leitbild der nationalen Bewegung werden. Indem sie mit ihrer Unterschrift an die Öffentlichkeit trat, stellte sie sich an die Seite ihres Mannes, der aufgerufen war, „dem Vater-

V.1 „Aecht deutsche Weiblichkeit"

Deutsches Fabrikat.

Ich kam dieser Tage in Besitz einer Sendung neuer, sehr geschmackvoller Wollen-Mousseline, in carrirt und gedruckt, aus den besten deutschen Fabriken, die ich zu sehr billigen Preisen erlasse. —

Diesen schließt sich eine große Auswahl der modernsten Sommer-Gegenstände, sowohl für Herren, als Damen an, und empfehle daher mein Lager zu geneigtester Auswahl bestens.

J. J. Heiden.

Empfehlung.

Meine selbstfabricirten Sommerbukskins, Paletots, Casinettes ꝛc.

(**NB. Deutsche Waaren!**)

empfehle ich hiemit zu geneigter Abnahme bestens.

C. Gugenheim
am Fischbrunnen.

(Eßlinger Schnellpost Nr. 32, 19.4.1848. STA Eßlingen)

land in dieser ereignisvollen Zeit mit Gut und Blut (seine) Dienste anzubieten" (ESP 11.3.48).

Der organisierte Warenboykott und der sich darin ausdrückende Politisierungsprozeß der Frauen fanden zu Beginn der Revolution bei den Kaufleuten aus allen politischen Lagern Unterstützung. Die Händler, die vor und während der Revolutionszeit weiterhin Waren aus dem Ausland importierten und daher nach allgemeiner Ansicht als „Todtengräber des Handwerkerstandes, als die Schmarotzerpflanze des Bürgerthums" (Beob 4.1.49) galten, warben mit dem Signet „Deutsche Waaren" oder „Deutsches Fabricat" die politisierte Kundin. Kaufleute nahmen die Chance wahr, ihre nationale Einstellung gleichzeitig im vaterländischen Verein und hinter der Verkaufstheke ihres Geschäftes zu demonstrieren. Sie reagierten sofort auf die Nachfrage nach deutschen Erzeugnissen und stellten ihre Werbung in den Zeitungen speziell auf die neuen politischen Bedürfnisse ein. Ein Göppinger Kaufmann nahm dabei sogar auf den Aufruf des örtlichen Frauenvereins Bezug:

> „Den patriotischen Frauen und Jungfrauen, welche sich vereinigt haben, zur Unterstützung der inländischen Gewerbe künftig nur deutsche Fabrikate zu kaufen, widme ich die vorläufige Anzeige, daß ich in wenigen Tagen in den Besitz einer schönen Auswahl selbst fabrizierter leinener Kleiderstoffe gelange, die ich zu sehr billigen Preisen erlassen werde." (GWB 25.3.48)

In vielen württembergischen Städten kam es zu einer direkten Zusammenarbeit zwischen Bürgerinnen und Kaufleuten. Ohne die einkaufenden Frauen wäre die patriotische Bewegung wohl nie so weit in den Alltag der Revolution vorgedrungen. Die neue Kaufmoral der Frauen bestätigte außerdem die Männer in ihren politischen Ansichten, und ein Eßlinger Bürger lobte so im April 1848 die Mitarbeit der Frauen:

V.1 "Aecht deutsche Weiblichkeit"

"Angeregt durch die verehrten hiesigen Frauen, ist der Patriotismus seit einiger Zeit auch in unsere Mauern eingezogen, wie aus den Sommerwaaren-Empfehlungen in der letzt erschienenen Schnellpost ersichtlich ist. – Nachdem z.B. in den früheren ellenlangen Empfehlungen stets nur die ausländischen Tücher besonders hervorgehoben wurden, läßt man jetzt, um sich in die Zeitumstände zu fügen, auch inländischen Fabrikaten die längst verdiente Gerechtigkeit wiederfahren." (ESP 8.4.48)

Die Kaufentscheidungen der Frauen wurden in den Zeitungen diskutiert, als wären sie für die ganze Nation von existentieller Bedeutung, und es ist anzunehmen, daß die offizielle Würdigung ihres Engagements den Bürgerinnen zum ersten Mal ein Gefühl für ihren möglichen Einfluß vermittelte.

In der Diskussion um eine Veränderung des Konsumverhaltens wurde immer wieder die soziale Verantwortung des Bürgertums für das Allgemeinwohl betont. Schließlich waren die Auswirkungen der Krise 1846/47 und das Ausmaß der Verelendung weiter Kreise der Bevölkerung nicht mehr zu übersehen:

"Hunderttausende und abermals Hunderttausende fallen der öffentlichen Mildthätigkeit anheim, während gar viele aus einem... traurigen Schamgefühle, da sie früher mit ihrer Hände Arbeit ihren Erwerb fanden, lieber im tiefsten Elend hungern und darben... Das Einzige, worum sie bitten, ist Arbeit, nur Arbeit." (RMC 13.7.47)

Unter dem Motto "Vereinigt die Interessen der Armuth mit denen der Gewerbe" unterstützten deshalb 1848 die bürgerlichen Wohltätigkeitsvereine (Kap. IV.1) die Kampagne zum Kauf deutscher Waren. Bereits im Februar 1848 hatte der Bezirks-Armenverein Heidenheim die Gründung eines "Vereins für inländische Fabrikate" vorgeschlagen (BfA 19.2.48). Aus der Perspektive der Armenkassenverwalter wirkte jeder Boykott ausländischer Produkte wohltätig, denn er verhalf dem verarmten Mittelstand zu Arbeit. Auch hier waren Frauen wieder angesprochen, wie immer, wenn es um Wohltätigkeit ging. Christliche Nächstenliebe und Sorge für die Armen, die sich durch das Sammeln und Spenden von Geld, Nahrungsmitteln und Kleidern für Verarmte ausdrückte (Kap. IV.1), galten im 19. Jahrhundert als die "vornehmste" Pflicht bürgerlicher Frauen. Nun wurde ihnen zusätzlich die Möglichkeit geboten, schon allein durch ihren Einkauf bei Handwerkern und Kaufleuten am Ort ein gutes Werk der Fürsorge zu tun:

"Namentlich ergeht auch der Ruf an die zartere Hälfte unserer Bevölkerung, an die Trägerinnen edler teilnehmender Gefühle, mitzuwirken zum edlen Zwecke der Linderung so mancher unverschuldeter Noth unserer bedrängten absatzlosen Gewerbsleute!" (SK 12.3.48)

Einkaufen wurde damit zu einem caritativen Akt. Zum "Opfer" für die Nation erklärt, wurde der einzelnen, aber nunmehr organisierten Kaufentscheidung der Frauen mehr Einfluß zugeschrieben als der traditionellen Wohltätigkeit. Denn "so gering auch im Einzelnen seine Wirkung seyn mag, von der Gesammtheit gebracht, ist (das Opfer; d.V.) doch im Stande, mehr Noth und Elend nachhaltig

V.1 „Aecht deutsche Weiblichkeit"

zu stillen, als alle Almosen der Welt" (NT 1.6.47). Mit der gesteuerten Nachfrage wurde indirekt das Konzept einer sich über den Markt regulierenden Wirtschaft propagiert und damit eine Alternative zum korporativ organisierten Wirtschafts- und Versorgungssystem der spätabsolutistischen Gesellschaft.

„Schimmernder Tand" und „Kostspieliger Flitter"

Zugleich flossen in die Debatte um die Verarmung des Handwerks und den Boykott ausländischer Waren Vorstellungen über bürgerliche Lebensführung ein, die einerseits von protestantischer Ethik geprägt waren und andererseits ein politisches Gegenmodell darstellten zu aristokratischem Luxus und der „Verschwendungssucht" großbürgerlicher Kreise. Leitsatz dieser bürgerlichen Moral war Bescheidenheit. Mäßigung und Sparsamkeit wurden als bürgerliche Tugenden einem Lebensstil gegenübergestellt, der sich vor allem am Pariser Großbürgertum und der französischen Aristokratie orientierte. Als Synonym für diesen Luxus galten besonders Modeartikel und „Putzwaaren" der Frauen, die zum großen Teil aus Frankreich importiert wurden. Paris und Lyon waren Zentren der modischen Luxusproduktion in Europa; Frankreich exportierte schon seit dem 17. und 18. Jahrhundert sowohl Rohstoffe für Gewebe und teure Farbstoffe als auch industriell gefertigte Kleidungsstoffe, fertige Modeartikel aus Seide, Brokat, Samt, Leinen, Wolle sowie Baumwolle[4]. Diese französischen Importe galten solange nicht als wirtschaftspolitisches Problem, als sich nur Adel und gehobenes Bürgertum in Deutschland diesen Luxus leisten konnten[5]. In den 30er und 40er Jahren des 19. Jahrhunderts hatte sich das geändert. Das Bürgertum hatte einen völlig neuen Lebensstil entwickelt, in dem Geselligkeit und äußere Repräsentation eine große Rolle spielten (Kap. IV.4). Für die Besitzenden galt „weiser Genuß (als) die Aufgabe des Erdenlebens" und Luxus gehörte – wie es im „Damen Conversations Lexikon" von 1835 hieß[6] – als das „Salz" zum geselligen Leben des Bürgertums.

Die Stuttgarter Bürgerin, die etwas auf sich und ihre gesellschaftliche Stellung hielt, abonnierte nun gemeinsam mit ein paar Freundinnen das „Pariser Modenjournal" oder die „Illustrierte Musterzeitung"[7] oder kaufte direkt bei der Putzmacherin Caroline Baumann ein, die sich von Zeit zu Zeit in Paris ‚weiterbilden' ließ, – in seiner französischen Extravaganz trug nun z.B. das Kleid der Frau Stadtdirektor Gutbrod mit dazu bei, daß Tuchmacher und Weber am Ort dem Konkurs nahe waren. Auch kleinbürgerliche Schichten versuchten – soweit es ihre finanziellen Mittel erlaubten – den aufwendigen Lebensstil des Bürgertums zu kopieren. Kritiker stellten fest, daß der „verderbliche" Luxuskonsum seinen Weg durch alle Schichten genommen hätte, und das „weibliche Geschlecht Deutschlands, von der Dame in der Stadt bis auf das Landmädchen in der Hütte herab..." (RMC

V.1 „Aecht deutsche Weiblichkeit"

5.11.47) Stoffe und Kleidungsstücke aus französischer Produktion bevorzugte. Selbst den Stuttgarter Dienstmädchen wurde nachgesagt, sie trügen „große Halstücher, Halskrägen und Kleider, oft von reicherem Stoff als ihre Herrschaft" (NT 12.8.48). Die sozialen Gegensätze zwischen den Schichten schienen sich vor dem Hintergrund ungebremsten Konsums zu verwischen, und häufig wurde in den Zeitungen vor den sozialen Folgen gewarnt:
> „Es ist eine betrübende, aber nicht zu läugnende Thatsache, daß sich heutzutage die Sucht nach Vergnügungen und der verderbliche Luxus, d.h. der unnöthige, übertriebene Aufwand, in allen Klassen der Gesellschaft immer mehr Bahn brechen und zunehmende Verarmung und Entsittlichung im Gefolge haben". (NT 4.1.46)

Als Reaktion auf diese überhandnehmende „Genuß-, Putz- und Vergnügungssucht" der Frauen bildeten sich in den 40er Jahren in Deutschland Mäßigungsvereine, u.a. in Berlin und Nürnberg, in denen Frauen aller Schichten „zur vernünftigen Einfachheit in Lebensweise und Tracht" bekehrt werden sollten[8]. Ziel war, „... dem eben so verderblichen als lächerlichen Kleiderluxus und Kleiderwechsel, welcher so vieles häusliche Glück untergräbt, so viele Dienstboten entsittlicht und zu Grunde richtet, nach Kräften entgegenzuwirken...". Diese Erziehungsversuche scheiterten, da die Initiatorinnen der Vereine – Frauen aus dem gehobenen Bürgertum – selbst offensichtlich kein überzeugendes Vorbild abgaben. Kritiker warfen ihnen vor, daß ihre Bemühungen „bloß dahin (gingen), den Geist der Eitelkeit in den unteren Volksklassen zu ersticken", sie selbst aber weiterhin dem Luxus frönten.

„Die schöne weibliche Tracht des neuen deutschen Vaterlandes"

In der Revolution 1848 setzte sich die Debatte der 40er Jahre fort. Weiterhin wurden Mäßigung und Verzicht auf Luxus propagiert. Vor dem Hintergrund der revolutionären Ereignisse und in Verbindung mit dem Nationalgedanken bekam das Schlagwort ‚Einfachheit' nun politische Brisanz. Es wurde zum Kampfbegriff der demokratischen Bewegung, die Luxus, Konsum und Mode mit aristokratischem Lebensstandard gleichsetzte und diesen ebenso ablehnte wie ständische Privilegien. ‚Deutsche Einfachheit' wurde zum Sinnbild demokratischer Gleichheit und Ausdruck von Volkstümlichkeit. Kennzeichen einer „Demokratie", so betonte 1835 das „Damen Conversations Lexikon", war neben Tugend, Recht und Gesetz vor allem die „Einfalt der Sitten"[9]. Mit dem Begriff ‚Einfachheit' verbanden die Demokraten ein ganzes politisches Programm, in dem Mode zum Politikum und einfache Kleidung zur Voraussetzung für ein funktionierendes Staatswesen wurde. „Die Einfachheit eurer Kleider bedingt eine Einfachheit eurer häuslichen Einrichtung, eures Benehmens, eurer Vergnügungen, eurer Sitte und dergleichen

V.1 „Aecht deutsche Weiblichkeit"

mehr", schrieb die Zeitung der württembergischen Radikaldemokraten, die „Sonne", im Juli 1848, „und daraus folgt immer wieder die Förderung eures Wohlstandes, eures Glückes und eurer Zufriedenheit." (Sonne 19.7.48) In der ‚Einfachheit' schien die Lösung aller wirtschaftlichen und sozialen Probleme zu liegen. Haus- und Staatsökonomie wurden parallelisiert, und was die einzelne Familie vor moralischer und ökonomischer Zerrüttung rettete, sollte auch auf die Nation übertragbar sein. Ein „praktischer Bierbrauer und Landwirth", der auf „Vereinfachung und weise Sparsamkeit im Familienhaushalte" drängte, kam so zu dem Schluß, daß „natürlich vor Allem auch die Vereinfachung des Staatshaushaltes nöthig" sei (Beob 4.1.49).

Für Frauen bedeutete ‚Einfachheit' zuallererst ‚Natürlichkeit' und damit eine Rückbesinnung auf das ‚Wesen der Frau'. Weiblichkeitsvorstellungen der Romantik wirkten 1848 fort, wenn der Unnatur der Kampf angesagt wurde: „Alles Zwecklose verbannet! Eben das Zwecklose ist das Unvernünftige, das Unvernünftige das Geschmacklose und Unnatürliche." (Sonne 19.7.48) Gerade in ihrem gesellschaftlichen Auftreten sollte die Bürgerin nicht künstlich und geziert wirken, sie wurde gewarnt: „‚Das Natürliche ist das einzig Wahre!' Dieß Prinzip dürfen die Frauen nie außer Augen verlieren, es gilt in der Mode, in der Haltung, im Tanz und Spiele, in der Conversation, in der Art ihrer Erscheinung und deren vielfacher Repräsentation."[10] Mit Blick auf die einschnürende und ungesunde französische Rokokomode des 18. Jahrhunderts wurde nun an die Kleidung der Anspruch der Zweckmäßigkeit und Bequemlichkeit gestellt. Einfache Kleidung bot für Frau und Mann gleich zwei Vorteile, denn durch sie fiel „der Aufwand für die ewig wechselnde fremde Mode hinweg und Fieber, Husten, Zahnweh, Rheumatismen und alle dergleichen Begleiter einer unzweckmäßigen Bekleidung werden zum großen Theile verschwinden." (Sonne 19.7.48) Der Aspekt des Praktischen verband sich mit einer neuen Ästhetik, denn auch schmucklose Kleidung konnte angeblich schön aussehen: „Kleidet euch einfach, bescheiden, warm, bequem, aber geschmackvoll, daß es auch dem Auge wohl thut und die erhabene Menschengestalt nicht verzerre." (Sonne 19.7.48) Im „Damen Conversations Lexikon" hieß es: „Einfachheit ist für die wahre Schönheit der edelste Schmuck"[11]. Diese Ideen griffen die Frauen in ihren Aufrufen 1848 auf. In ihrer Annonce in der „Schwäbischen Kronik" schrieben Reutlingerinnen, daß sie es

> „in ihrer Versammlung... für zeitgemäß erkannt (hätten), zur Einfachheit in der Kleidung aufzumuntern und durch Vermeidung übertriebenen Puzes mit gutem Beispiel voranzugehen, auch widernatürlichen Schnitt der Kleider, wie z.B. die straßenkehrenden langen Röcke, nicht ferner anzunehmen." (SK 17.3.48)

Gerade die durch die Nähe zum königlichen Hof in Modedingen so verwöhnten „Frauen und Jungfrauen Stuttgarts" wurden aufgefordert, „...in jetziger Zeit das

V.1 „Aecht deutsche Weiblichkeit"

Nützliche, Einfache dem Luxus vor(zu)ziehen" (NT 28.4.48). Die grobe Webart deutscher bzw. württembergischer Stoffe sowie die Phantasielosigkeit der Muster bekamen plötzlich einen politischen Wert. Bürgerliches Selbstbewußtsein und der Wunsch nach nationaler Identifikation machten aus simplem Leinen deutsche Wertarbeit, die sich gegenüber den französischen „Lumpen" durch „Dauer und Wohlfeilheit" auszeichnete. Was früher noch Zeichen gesellschaftlicher Macht war, wurde zu wertlosem „schimmerndem Tand" (SK 12.3.48) und „kostspieligem Flitter" (NT 12.3.48) erklärt. Gewarnt wurden die Bürgerinnen vor allem, für schlechte Qualität und geschmackloses Design einen überteuerten Preis zu zahlen:

> „Hört, meine Schönen, einen guten Rath! Laßt Euch von Euren Modekrämern kein so geschmackloses, buntes, theures Zeug mehr auf den Hals schwatzen, das schon in den ersten vier Wochen die Hälfte des Werths verliert...". (GWB 14.2.49)

Miteinkalkuliert wurde, daß die Qualität deutscher Stoffe manchen bürgerlichen Ansprüchen nicht genügte. Entschädigt durch die Möglichkeit, sich so ‚hautnah' mit der deutschen Nation identifizieren zu können, sollten Bürgerin und Bürger über diese Mängel hinwegsehen:

> „Wenn das vaterländische Fabrikat dem gleichartigen ausländischen auch an Güte oder äusserem Ansehen nachsteht, oder im Preiße höher ist, so wird dieser Nachtheil gegen die hier vorwaltende höhere Rücksicht in den Hintergrund treten." (NT 16.3.48)

Möglicherweise fiel also die Stuttgarter Frühjahrs- und Sommermode 1848 mit „einer schönen Auswahl selbstfabrizierter leinener Kleiderstoffe" nicht ganz so elegant aus wie noch im Jahr davor. Entscheidend war jedoch, daß sie nicht mehr „mit dem Nationalgefühl und dem Geschmack... im Widerspruch" stand (NT 9.5.48).

Für Männer des Bürgertums waren diese Äußerlichkeiten kein Problem. Weder Schnitt noch Herkunft ihrer Kleidung standen 1848 zur Diskussion. Obwohl auch die Männerkleidung in den 30er Jahren wieder stärker modischen Einflüssen aus dem Ausland ausgesetzt gewesen war und auch in Deutschland ‚Modegecken' in bunten Farben und stutzerhaften Schnitten Aufsehen erregt hatten, diente dem aufstrebenden deutschen Bürgertum doch eher die schlichte und praktische Kleidung des Engländers als Vorbild. In Deutschland wählte „der Mann (durchgängig) das Nüzliche, Passende, Dauerhafte zu seiner Bekleidung"[12]. Männer wie z.B. Kaufmann Reiniger oder Rechtsconsulent Schübler aus Stuttgart, die sich mit ihrer Unterschrift öffentlich zum Waren-Boykott bekannt hatten (NT 16.3.48), wollten in der Stadt eher durch gute Geschäfte und Leistung von sich reden machen als durch auffallendes Äußeres, und so war für das Geschäftskontor der dunkle Leibrock mit heller Hose, bunter Weste und heller, einfacher Krawatte

V.1 "Aecht deutsche Weiblichkeit"

praktisch und ausreichend. Während also Frauen erst an ihr Verantwortungsbewußtsein für die deutsche Sache erinnert werden mußten, bot, wie ein Journalist 1848 mit einem gewissen Stolz feststellte, „in Stoffen zur Männerkleidung... mit äusserst seltenen Ausnahmen, das Zollvereinsgebiet Alles" (NT 23.3.48). Für den Bürger mußten keine modischen Anleihen im Ausland gemacht werden, er kleidete sich bereits deutsch-national und bezeugte damit seinen Patriotismus. In der Revolution bekam der Bürger außerdem sein eigenes ‚patriotisches Kleidungsstück', den Rock der Bürgerwehruniform, in dem er sich beim Exerzieren und bei revolutionären Festlichkeiten vor aller Augen als Patriot und ‚deutscher Mann' zu erkennen geben konnte.

Das Thema ‚Mode' richtete sich also fast ausschließlich an die Adresse der Frauen. Nationale Gesinnung verlangte nach angemessener Kleidung. Welche politische Bedeutung dem Kleid der bürgerlichen Frau in der Revolution zugewiesen wurde, macht der Aufruf deutlich: „Emancipiren wir uns endlich vom Auslande nicht nur mit den Stoffen, sondern schaffen wir uns auch eigene deutsche Moden" (SK 12.3.48). Nicht mehr allein die Herkunft der Stoffe war entscheidend. Schon in Form und Schnitt der Frauenkleider ‚materialisierte' sich die deutsche Nationalidee, sie sollten deshalb von deutschen und nicht mehr von Pariser Modemachern stammen. So wie es vorher schon im Kampf gegen französische Hegemonieansprüche Ziel des Mannes gewesen war, „längst getragene drückende Fesseln abzuschütteln und in allen Dingen so frei zu werden, wie es einem deutschen Manne ziemt" (NT 12.3.48), – so war es auch Sache der Frau, sich vom französischen Modediktat unabhängig zu machen: „Zerbrechet die Götzen, die ihr bisher angebetet. Weiset vor Allem aus euren Familien den Götzen der Mode... Verbannet den fremden Prunk, der euch zu den Affen der Nachbarstaaten und den Tributpflichtigen ihrer Modehandlungen machet" (Sonne 19.7.48). Mode war stoffliche Ideologie geworden. Das Kleid der Frau wurde zum Erkennungszeichen nationaler und demokratischer Gesinnung. Die Frau, die „inländische Kleiderstoffe" (GWB 25.3.48) oder Strohhüte „sämmtlich würtembergisches Fabrikat" (AIS 28.3.48) trug, erschien als alltäglich sichtbare Personifikation der revolutionären Ideen, sie war ‚Trägerin' des Nationalgedankens. Auf ihr ruhten die Hoffnungen auf einen neuen bürgerlich-demokratischen Staat:

> „Tretet Ihr zusammen zu einem Rathe der Grazien, um alle undeutschen Moden mit ächt deutscher Weiblichkeit und in dem Selbstgefühle Eures Werthes entschieden von Euch abzuweisen... aus der Asche wird als Phönix emporsteigen die schöne weibliche Tracht des neuen deutschen Vaterlandes, in ihrer Einfachheit die Bürgschaft einer gesinnungstüchtigeren Zukunft!" (NT 12.3.48)

Die Hoffnung auf die Zukunft einer geeinten deutschen Nation führte 1848 zurück in die Vergangenheit. Geschichte wurde als Steinbruch für nationale Ideen

V.1 "Aecht deutsche Weiblichkeit"

benutzt, zu denen auch die Vorstellung von einem überzeitlichen und unveränderlichen deutschen ‚Nationalcharakter' gehörte. Im historisierenden Rückgriff auf das Mittelalter wurde ‚Einfachheit' zu einem Teil der deutschen Wesensart, eine These, die das „Damen Conversations Lexikon" schon 1835 bestätigte, indem es gerade die deutsche Frau im Mittelalter als „einfach in Schmuck und Tracht" und deshalb vorbildlich hervorhob[13]. Das Mittelalter wurde als eine Zeit idealisiert, in der sich Deutschland in seiner politischen Bedeutung nur aufgrund des deutschen ‚Charakters' gegen alle Machtansprüche von außen hatte durchsetzen können. „Ich möchte sie wiederkehren sehen jene Tage deutscher Einfalt und Sitte", wünschte sich die radikal-demokratische „Sonne" im Juli 1848 vergangene Zeiten zurück. Durch diese nationale „Wiedergeburt" sollte sich die Bürgerin in puncto Kleidung durch alte Vorbilder zu einer neuen nationalen Mode anregen lassen. Der Journalist Friedrich Mühlecker schrieb:

> „Wenn ich die Modethorheiten des jetzigen und verflossenen Jahrhunderts in der Wirklichkeit, im Bilde und in den Beschreibungen betrachte, so kehrt mein Blick gerne in eine weitere Vergangenheit zurück, wo deutsche Bürger-Tracht nicht verunstaltet war durch wälsche Glätte und wälschen Flitter". (Sonne 19.7.48)

Die Debatte in der Revolution 1848 um neue bürgerliche Kleidungskonzepte und nationale Symbolik gipfelte in der Forderung nach einer eigenen deutschen „Nationaltracht", und die Parole lautete: „verschaffet euch eine einfache deutsche Tracht, daß ihr euch auch im Äußern des Namens einer Nation würdig zeiget." (Sonne 19.7.48) Diese Idee einer deutschen Nationaltracht geisterte bereits Ende der 40er Jahre durch das Programm der demokratischen Bewegung. Auch in Württemberg lassen sich dafür Beispiele finden. So in einer Ode August Hochbergers „An Deutschland", die im Zuge des Konflikts um die Zugehörigkeit Schleswig-Holsteins zum Deutschen Bund bzw. zu Dänemark 1846 entstand. Um die deutsche Abwehrkraft zu stärken, erinnerte er an die Vergangenheit:

> „Laßt aber fremde Sitten auch uns meiden,
> Uns deutsch wie unsere Väter, Mütter kleiden,
> Und so entsagen allem fremden Wahn...". (NT 5.9.46)

Dieser Aufruf Hochbergers, der Fabrikarbeiter und Vorsitzender des Eßlinger Arbeitervereins war, belegt, wie weit diese Ideologie verbreitet war, und daß vor allem auch Demokraten zu historisierenden Rückgriffen neigten.

Mit dem ideologischen Konstrukt einer „Nationaltracht" nahmen die Demokraten eine Idee wieder auf, die aus der Zeit der Befreiungskriege stammte, und knüpften an nationale Konzepte an, die bereits 40 Jahre alt waren. ‚Turnvater' Jahn und Ernst Moritz Arndt z.B. hatten bereits 1810 bzw. 1814/15 versucht, das „deutsche Volksthum" gegen Frankreich und damit einen deutschen bürgerlichen gegen einen französischen aristokratischen ‚Nationalcharakter' abzugrenzen[14]. „Bescheidenheit, Demuth, Ernst und Tiefsinn"[15] sowie Wahrheit und Einfachheit gal-

V.1 „Aecht deutsche Weiblichkeit"

Frau in deutscher Nationaltracht: Das Kleid mit gezacktem Kragen, gepufften Ärmeln, überlangen Manschetten und Federbarett verkörperte 1813/14 die Idee historischen Deutschtums. (Journal des dames et des modes 6. 11. 1814)

Die Nationaltracht für Männer zeigt den Bürger in Siegerpose: Nach den Befreiungskriegen diente der Uniformrock – die Litewka – nun als Leibrock. (Journal des dames et des modes 8. 10. 1815)

V.1 „Aecht deutsche Weiblichkeit"

ten in ihren programmatischen Schriften als Kennzeichen „deutscher Art und Sitte", Mode und Luxus wurden als „wälsch und leicht und liederlich"[16] und somit Statussymbole der deutschen Aristokratie an den Pranger gestellt. Der politische Schriftsteller Arndt arbeitete 1814 in seinem Buch „Über Sitte, Mode und Kleidertracht" Vorschläge zu einer nationalen Kleidung für Männer und Frauen aus. Unterstützung erhielt er von der nationalgesinnten Schriftstellerin Caroline Pichler, die die Nationaltracht als „das Bundeszeichen zum Guten, Sittlichen, zum Abscheu der Fremden, zur Wiederkehr deutscher Zucht und Würde" begrüßte[17]. Die Nationaltracht stand damals schon als Zeichen für die deutsche Abwehr französischer Hegemonieansprüche, und die Ablehnung des Korsetts lief parallel zur Abwehr alles Französischen und Fremden in der Mode. Obwohl zu Napoleons Zeit adelige und bürgerliche Französinnen das Korsett schon seit einigen Jahren abgelegt hatten, wurde die feste Einschnürung des Frauenkörpers mit der Unterdrückung durch den Franzosenkaiser gleichgesetzt:

„Hassest du den Corsen, Weib!
Hasse denn auch die Corsette,
Und befreye deinen Leib!
Jeder Zwang ist Druck und Kette,
Jeder fremde Brauch ist Schmach,
Darum schleudre die Corsette,
Deutsches Weib, dem Corsen nach!" (UAI 16.3.15)

Die deutsche Nationaltracht nach 1814 verkörperte den Anspruch, das ‚Deutsche' schlechthin in sich zu vereinen. Als „altdeutsche" Elemente galten die geschlitzten und gepufften Mameluckenärmel[18], federgeschmückte Barette, aufgestellte gezackte Krägen und spitz auslaufende Manschetten. Stoff und Farbe waren mehr oder weniger egal, nur der Schnitt des Frauenkleides erschien als ganz der mittelalterlichen deutschen „Tradition" verhaftet: schlicht, gerade herabfallend und vor allem „bequem"[19]. Bei genauerem Hinsehen jedoch entpuppt sich die Nationaltracht als Phantasiekostüm. Die nationale Frauenmode hatte ihre geschichtlichen Vorlagen unter anderem bei Albrecht Dürer und in den Darstellungen alter deutscher Ritterherrlichkeit gesucht und verkaufte nun eine Mischung aus deutscher Landsknechtstracht und der spanischen Mode des 16. Jahrhunderts als „teutschen Stil"[20]. Vor allem der als typisch deutsch gefeierte Schnitt des Kleides war unverkennbar eine Abwandlung des französischen Chemisenkleides, das als „Nuditätenmode" nach der Jahrhundertwende vom moralisch denkenden kleinstädtischen Bürgertum in Deutschland strikt abgelehnt worden war. Gerade im Gewand der deutschen Nationaltracht gingen also aktuelle französische Modeströmungen und deutsch-nationale Geschichtsklitterung für mehrere Jahre eine ideologisch tragfähige Allianz ein. Die Tracht der Männer orientierte sich an einer historisch eindeutigeren und zeitlich nicht so entfernten Tradition: nationalge-

V.1 "Aecht deutsche Weiblichkeit"

sinnte Bürger und Burschenschaftler, die sich nach dem Sieg über Napoleon gern als die „Enkel der gewaltigen Germanen" darstellten[21], fanden ihr deutsches Vorbild in den Überbleibseln des gerade gewonnenen Krieges und versuchten den Uniformrock – die Litewka – als ihren ‚Leibrock' ins Zivilleben hinüberzuretten.

Das Kleid der Frau – Sinnbild weiblicher Natur

Indem die Demokraten in der Revolution 1848 die Ideale der Befreiungskriege beschworen und zugleich mit dem Symbol der deutschen Nationaltracht auch die passenden Argumente aus der nationalen Mottenkiste hervorholten, reagierten sie auf tiefgreifende Veränderungen in der Frauenmode der Zeit. Das Kleid der Frau hatte sich in den letzten 30 Jahren dem Vorbild aristokratischer Prachtentfaltung des 17. und 18. Jahrhunderts wieder angenähert. 1848 orientierte sich die Frau erneut an Frankreich, und auch deutsche Modekupfer priesen kostbare Stoffe wie Seide und Brokat. Das Korsett zwängte den weiblichen Oberkörper ein und gab der Frau ein etwas steifes Aussehen, während der Rock – getragen von der Krinoline[22] – in enormer Stoffülle lang auf dem Boden schleifte und den Gang der Frau von einer realen körperlichen Bewegung in ein majestätisches Schweben verwandelte. Eleganz und Luxus bestimmten gesellschaftliches Auftreten. Was schon 1813 Ausdruck des Kampfes gegen die Aristokratie und für die ideologischen Grundlagen einer deutschen Nation gewesen war, wurde 1848 als Reaktion auf diese Refeudalisierung in der Frauenmode wieder aktuell. Dazwischen liegen 30 Jahre bürgerlicher Geschichte in Deutschland und der Aufstieg einer gesellschaftlichen Klasse, deren Entwicklung am Kleid der Frau abzulesen ist. Betrachtet frau die parallelverlaufende Entwicklung vom in der französischen Revolution entstandenen Chemisenkleid als Sinnbild der revolutionären Befreiung bis zum Reifrock als Zeichen der Restauration, dann wird Kleidungs- und Kostümgeschichte zur politischen Geschichte. Der Wandel der Mode ist aber nicht nur ein Indiz für Veränderungen der äußeren Gestalt, sondern auch des Körper- und Lebensgefühls der bürgerlichen Frau; er läßt Rückschlüsse auf einen veränderten gesellschaftlichen Umgang und eine neue Fremdwahrnehmung der Frau zu. Das Kleid der Bürgerin liefert Anhaltspunkte für eine Analyse der historischen Entwicklung der Rollen- und Verhaltensangebote an Frauen in der ersten Hälfte des 19. Jahrhunderts[23].

Im Barock und im Rokoko hatte die Aristokratin ihren Körper mit weiten Ausschnitten erotisch aufreizend zur Schau gestellt. In ihrer Künstlichkeit betonte die Kleidung adeliger Damen die höfische Verfeinerung und Lebensart[24]. Korsett und Krinoline schafften eine Distanz zum Leib und bewirkten eine Zweiteilung des Körpers in einen mächtigen Unter- und einen davon losgelösten Oberkörper, – Sinnbild der feudalen Gesellschaftsverfassung. Bereits 1816 stand deshalb die Kri-

V.1 „Aecht deutsche Weiblichkeit"

tik an Korsett und Krinoline im Mittelpunkt der anti-aristokratischen Parolen, die 1848 wieder an Aktualität gewannen. Die Protagonisten der deutschen Volkstumsideologie[25] zogen in den Befreiungskriegen gegen die ihrer Meinung nach ungesunde Sitte deutscher Aristokratinnen und der Frauen des gehobenen Bürgertums zu Felde, die sich um einer schlanken Taille willen Rippen und innere Organe nahezu abquetschten:

> „... Selbst unsre Frau'n sind Amazonen,
> Gepanzert gehen sie, und schonen
> das Kind im Mutterleibe nicht". (UAI 12.12.16)

Als unnatürlich und ungesund wurde die „Schnürbrust" zugunsten der ‚Befreiung des Leibes', d.h. einer neuen Beweglichkeit und Bequemlichkeit abgeschafft. Das Bürgertum der Romantik setzte seine Ideale der Einfachheit und Natürlichkeit praktisch in eine neue Form des Kleides für die Bürgerin um. Mit dem faltenlosen, gerade herabfallenden Rock und dem lose unter der Brust geschnürten Mieder streckte das Kleid der Romantikerinnen den Körper und betonte die natürliche gerade Linie. Der aus seinem fischbeinernen Panzer befreite Oberkörper machte der Frau nicht nur im Haus die Arbeit ‚leichter': sie konnte sich wieder bücken, drehen und frei atmen. Mehr Bewegungsfreiheit gewährten auch die Ärmel, die weit oben an der Schulter angesetzt die Arme freigaben. Der Schnitt ähnelte zwar weiterhin dem Chemisenkleid, das die nachrevolutionäre französische und kurze Zeit auch die deutsche Mode bestimmt hatte. Im Gegensatz zu den Damen des Empire machten deutsche Bürgerinnen aus ihrem Kleid jedoch kein erotisches Versprechen: Statt der weiten Ausschnitte und der durchsichtigen Stoffe der französischen Mode[26] trugen sie züchtig hochgeschlossene Kleider aus einfacher, meist einfarbiger gedeckter Baumwolle oder Kattun. Während der französischen Kontinentalsperre und nach den Wirren der Napoleonischen Kriege war es schwierig und vor allem teuer geworden, luxuriöse französische Seidenstoffe oder feinen Batist auf dem deutschen Markt zu kaufen. Im Gegensatz zur französischen Chemise waren die Ärmel am Kleid der deutschen Bürgerin meist lang bis zum Handgelenk; Nacktheit galt als unzüchtig, und zu kurzen Puffärmeln gehörten in jedem Fall lange Handschuhe, so daß die Bürgerin von ihrem Körper so wenig Haut zeigte wie möglich. Bein und Fuß blieben ebenfalls dezent bedeckt: Der Rock ließ nur die Schuhspitzen frei und war so weit geschnitten, daß sich die Beine beim Gehen nicht abzeichnen konnten. Mit dieser mehr praktischen als schönen Kleidung wurden Ideen der deutschen Aufklärung umgesetzt, die ebenfalls vor allem von Nützlichkeitsdenken geprägt gewesen waren. Justus Möser z.B. sprach bereits 1770 in seinen „Patriotischen Phantasien" die Hoffnung aus, daß die Frau durch einfachere Kleidung bald nicht mehr in der ihr zufallenden Hausarbeit behindert wäre, Küchenarbeiten ohne die Hilfe von Dienstboten erledigen könne und überhaupt mehr Sinn fürs praktische Leben entwickeln würde[27].

V.1 „Aecht deutsche Weiblichkeit"

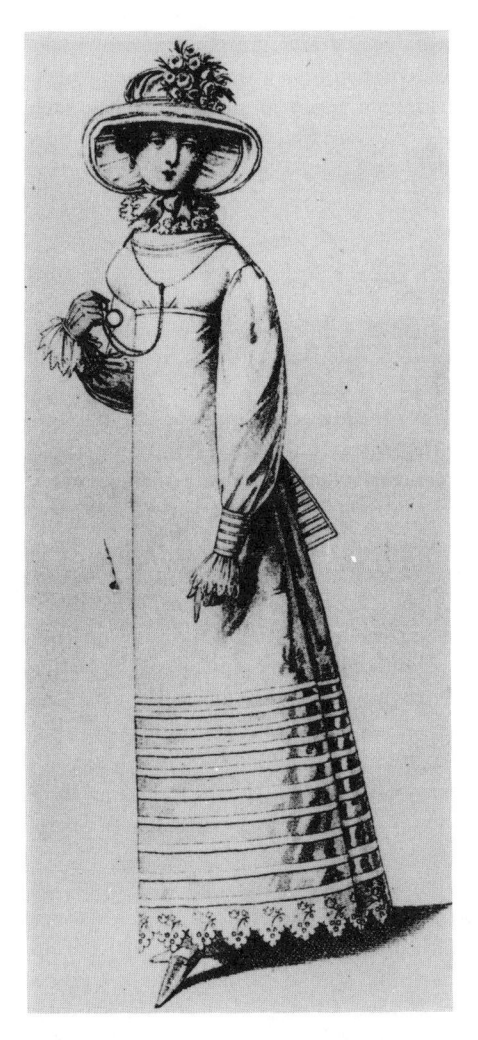

Wiener Moden 1819   *Wiener Moden 1822*

Das einfache, schmale Kleid der Romantikerinnen der frühen 20er Jahre mit gerade herabfallendem Rock und hochsitzender Taille wurde zum Sinnbild weiblicher Natur (links). Schon wenige Jahre später rutschte die Taille langsam wieder an die gewohnte Stelle, die Ausschmückung der Kleider wurde verspielter (rechts). (Aus Ludmila Kybalová: Das große Bilderlexikon der Mode. Dresden 1981)

V.1 „Aecht deutsche Weiblichkeit"

Mit Stoff und Schnitt dieser Kleider war erst die Voraussetzung für jene gefühlvolle körperliche Nähe zu Mann und Kindern gegeben, die das romantische Mutterideal propagierte und die sich auf vielen Familienbildnissen der Zeit wiederfindet. Schon 1814 wurde Mutterschaft politisch interpretiert. Durch die Betonung ihrer Rolle als Mutter und der Bedeutung ihrer erzieherischen Aufgaben wurde der Frau offiziell eine Verantwortung für die Erziehung der Nation zugesprochen:

„Frauen, ihr seyd die Halterinnen der Gesellschaft", rief Arndt 1814 den deutschen Bürgerinnen zu, „die Mütter der Kinder, die Weiserinnen und Erzieherinnen derer, die für das Vaterland künftig rathen und streiten sollen."[28]

Natürliche Weiblichkeit war immer auch mütterliche Weiblichkeit. „Warm verhüllend und ehrbar" sollte die neue bequeme Kleidung nach Meinung der Schriftstellerin Caroline Pichler sein und so garantieren, daß gesunde und „stärkere Mütter von keinen Nervenkrämpfen geplagt, frischen und lebensvollen Kindern das Daseyn geben" konnten[29]. Das Kleid sollte jetzt also auch die Rolle der bürgerlichen Frau als Gebärerin für die Nation nach außen hin sichtbar machen. Mit der Betonung mütterlicher Aufgaben war eine Begrenzung des Aktions- und Lebensraumes der bürgerlichen Frau verbunden. Die deutsche Frau sollte ihre „stille Gewalt in den Häusern und den umschlossenen Blumengärten" ausüben[30] und sich dort ganz ihrer ‚weiblichen Bestimmung', dem Mann und den Kindern widmen. Erst „Gehorsam und Häuslichkeit... tiefdeutsches Empfinden... und dienende, zum Mann aufblickende Liebe"[31] machten es ihr möglich, die Welt von innen zu beherrschen. Der Alltag der Frau fand im Haus statt, nicht auf der Straße. Bereits die Kleidung, die auf den Innenraum, die häusliche Umgebung zugeschnitten war, hinderte die Bürgerin an einem aktiven Leben draußen. In den 20er Jahren z.B. schleifte der Rock zwar nicht mehr auf dem Boden, war nun aber so eng geschnitten, daß er keine ausgreifenden Schritte erlaubte. Auch die weit ausgeschnittenen Stoffschuhe mit dünnen Ledersohlen, die in den 20er Jahren mit kreuzweise bis zur Wade gebundenen Bändern mehr verziert als gehalten wurden, waren kaum für einen längeren Aufenthalt im Freien oder größere Unternehmungen in der Stadt geeignet. Im Gegenteil: Die leichten Kreuzbandschuhe wurden absichtlich nicht genäht wie Männerschuhe, sondern nur geleimt, eben „weil sie nicht so stark angegriffen wurden", wie ein Schuhmacher-Handbuch von 1824 feststellt[32]. Der Bewegungsraum der Frauen beschränkte sich so auf kurze Gänge über den Markt oder in die Nachbarschaft, Spaziergänge mit den Kindern, Besuche bei nahewohnenden Freundinnen und Verwandten. Für längere Ausflüge durch schmutzige Straßen standen nur plumpe Überschuhe oder Gamaschen zur Verfügung, – ein grobes Schuhwerk, das gewöhnlich Dienstbotinnen trugen, das aber nicht zur Kleidung der bürgerlichen Frau paßte[33]. Für weitere Strecken blieb ihr so nur die Droschke als angemessenes Fortbewegungsmittel. Im Unterschied

V.1 „Aecht deutsche Weiblichkeit"

Der Shawl blieb lange Jahre das einzige Kleidungsstück der Frau für den Aufenthalt außer Haus und diente mehr dem Schmuck als dem Schutz gegen kühle Witterung im Herbst bzw. Kälte im Winter. Die wohlhabende Bürgerin trug kostbare Kashmir-Shawls, die Frau aus der Mittelschicht nahm mit der einfacheren Version aus Baumwolltuch vorlieb. (Pariser Moden-Journal Ulm Nr. 43, 25. 10. 1840. Landesbibliothek Stuttgart)

V.1 „Aecht deutsche Weiblichkeit"

Praktisch und gleichzeitig elegant wurde die Oberbekleidung für Frauen erst in den 40er Jahren. Die Mantille bildete ein Mittelstück zwischen der Pelerine, die statt Ärmeln nur Armschlitze hatte, und dem Mantel mit richtigen Ärmeln. (Neuestes Pariser ModenJournal für Herren und Damen Ulm Nr. 47, 19. 11. 1848. Landesbibliothek Stuttgart)

V.1 „Aecht deutsche Weiblichkeit"

zu den Unterschichtsfrauen, die sich von Berufs wegen bei Wind und Wetter draußen bewegen mußten, war die Kleidung der bürgerlichen Frau auf den Sommer und schönes Wetter ausgerichtet. Gegen Regen schützte nur eine unelegante Pelerine. Und sowohl der aus England importierte Kaschmir-Schal als auch die billigeren Wollumschlagtücher der schlichten Bürgerin waren eher ein Provisorium als dazu geeignet, vor Kälte zu schützen. Selbst die Frauenkleidung für draußen spiegelte die ‚weibliche Bestimmung' für die Innenwelt wider. Sinnbild dafür war die Redingote[34], die einzige modische Oberbekleidung für Frauen in den 20er Jahren. Bereits mit Pelz verbrämt und gefüttert wie ein Mantel, ähnelte ihr Schnitt immer noch einem Kleid, und sie wurde lange Jahre auch wie ein Winterkleid getragen. Mit der zweckmäßigen Oberbekleidung der Männer, deren gefütterte Jacken, dicke Mäntel und Umhänge zuverlässigen Schutz vor Kälte und Nässe boten, ist die Redingote allerdings nicht zu vergleichen.

Kind-Frau und Modepuppe:
Das Ende der bürgerlichen Ideale von Schlichtheit und Natürlichkeit

Mit dem Übergang von der eher gefühlsbetonten, naturnahen Romantik ins frühe Biedermeier und damit in die Jahre der ersten großen Industriegründungen zwischen 1820 und 1835 veränderte sich auch das Aussehen der Frau, die ‚Sprache' ihrer Kleidung. Wirtschaftliche Finanzkraft und Leistungsfähigkeit des aufstrebenden Wirtschaftsbürgertums suchten ihren Ausdruck in einer neuen Fülle und Pracht der Kleidung. Die Mode griff zurück auf alte aristokratische Statussymbole, auf die früher so scharf kritisierten ausladenden Röcke und luxuriösen Materialien. Politische Restauration und wirtschaftlicher Aufschwung führten auch zu einer Restauration in der Mode, die wieder körperferner wurde. Die bürgerliche Frau demonstrierte das Selbstbewußtsein und das soziale Gewicht ihrer Klasse mit weit ausladenden Keulen- oder Gigotärmeln, die dem Oberkörper Raum und Fülle gaben und ihn zum Blickfang der weiblichen Figur machten. Volumen und Stoffmenge standen bei dieser Mode in proportionalem Verhältnis zum gesellschaftlichen Geltungsanspruch. Die Wiederkehr feudaler Elemente läßt sich auch in der Frisurenmode beobachten. Aus dem schlichten Gretchenzopf wurde ein immer komplizierterer, filigran gearbeiteter Turmbau, den nur Hilfsmittel wie Kämme oder später sogar Drahtgeflechte an seinem Platz halten konnten. Große Strohhüte, Spitzenhäubchen für verheiratete Frauen im Haus und das Gesicht dezent verdeckende Schutenhüte für Ledige dienten zusätzlich der Betonung und Vergrößerung des Kopfes. Diese gesellschaftlichen Renommier-Kleider machten aus der bürgerlichen Mutter und Hausfrau die großbürgerliche Hausherrin, deren Tätigkeitsfeld sich auf den Stickrahmen und die Klaviertasten beschränkte, die

den Haushalt organisierte und nach außen repräsentierte, aber nicht mehr darin arbeitete.
Die neue Mode zwängte den Körper der Frau wieder ein. Sie konnte die Arme nicht mehr heben, und das Korsett nahm der Bürgerin den freien Atem. Vom Ideal der natürlich gekleideten, gesunden und gebärfähigen Frau, das ehemals die ganze Nation bewegt hatte, blieb in den 30er Jahren des 19. Jahrhunderts also nicht mehr viel übrig. Mitte der 30er Jahre nahmen die Warnungen der Ärzte vor den Folgen der neuen Mode wieder zu:
> "Außerdem hat die Schnürbrust einen nachtheiligen Einfluß auf die Gesundheit; sie erschwert das Athemholen, sie hemmt die Verdauung, sie vermehrt das Ungemach der Schwangerschaft, vervielfältigt die Gefahren der Entbindung, macht die Brüste zum Stillen untüchtig, veranlaßt oft das fürchterliche, ekelhafte fast unheilbare Übel, den Krebs, an diesem schönen Theile des Körpers, und verursacht eine große Anzahl von weiblichen Krankheiten."[35]

Das Kleid mit Wespentaille und kegelartig verformtem Oberkörper erlaubte nicht mehr die „ungezwungene, mit edlem Anstand verknüpfte, gleichsam schwebende Haltung des Körpers"[36], die den Ärzten als weibliches Idealbild vor Augen stand. Wesentlicher Charakterzug der Weiblichkeit wurde die künstliche Stilisierung und Verformung des Körpers, die 20 Jahre früher als feudale Dekadenz abgelehnt worden war. Jetzt wurde die Bürgerin zum Kunstgeschöpf, allerdings zu einem zerbrechlichen und nervenschwachen: Durch das eng geschnürte Korsett ständig einer Ohnmacht nahe, bedurfte sie des dauernden männlichen Beistandes. Schleier schützten ihr Gesicht vor Sonne und erhielten ihr eine Blässe, die als vornehm galt.

Das Ideal möglichst eleganter, d.h. schmaler und zierlicher Füße und eines ‚graziösen Ganges' erkaufte sich die Bürgerin mit Unbequemlichkeiten beim Gehen und Stehen, denn der Modeschuh der 30er Jahre, ein seidener oder lederner Halbstiefel mit Absatz, schnürte den Fuß sehr eng ein[37]. Die Ohnmacht der Frauen und ihre körperliche Einzwängung symbolisierten die andere Seite des bürgerlichen Aufstiegs im 19. Jahrhundert, die politische Ohnmacht gegenüber staatlicher Repression und Unterdrückung bürgerlicher Lebensäußerungen durch die Pressezensur und das Verbot von Vereinsgründungen. Dieser Widerspruch zwischen feudaler Macht und bürgerlichem Partizipationsanspruch läßt sich auch in modischen Stilbrüchen erkennen. Trotz der Anleihen beim höfischen Rokoko war die Mode der 30er Jahre nur eine bürgerliche Karikatur aristokratischer Lebensform. Die verschiedenen Elemente der Kleidung wie Kopfputz, Taillenumfang, Ärmelweite und Rocklänge verkörperten zwar einzeln für sich gesehen das Prinzip von Raum und Macht, erschienen im Zusammenspiel aber unproportioniert und ergaben kein harmonisches Bild. Die Bürgerin wirkte in ihrem Kleid nicht beeindruckend und ‚majestätisch' wie beabsichtigt, sondern gedrungen und plump. Das Bie-

V.1 „Aecht deutsche Weiblichkeit"

Anfang der 30er Jahre: Die Frau wird zum Kind. Der weite, durch Unterröcke gestärkte, wadenkurze Rock und die breiten Schultern verkürzen optisch die Figur, durch die Schleifchen wirkt das Kleid verspielt. Im Kontrast dazu stehen die eingeschnürte Taille und die kunstvoll aufgetürmte Frisur. Gut zu erkennen sind die leichten Kreuzbandschuhe, die nicht für lange Aufenthalte draußen geeignet waren. (Journal des dames et des modes. Frankfurt 1830. Aus Heide Nixdorff / Heidi Müller: Weiße Westen. Rote Roben. Berlin 1983)

dermeier entdeckte die Kindermode und beeinflußte so auch die Kleidung der jungen Mütter. Während die Kinder des Rokoko zu kleinen Erwachsenen gemacht wurden, war es im Biedermeier Anfang der 30er Jahre umgekehrt: Beide Generationen trugen noch immer Kleider, die sich ähnelten, – doch die erwachsene Mutter wurde nun verkindlicht. Die Mode führte für junge Frauen zunehmend Elemente des Kindlichen ein und trug damit zur Infantilisierung der Frau bei. Unschuld und leidenschaftslose Verspieltheit bestimmten Kleidung und Haltung der erwachsenen Frau, die sich kaum von ihren eigenen kleinen Töchtern unterschied[38]. Verspielte Pastellfarben und Dessins, duftig-leichte Stoffe, Streublümchenmuster und neckische Details wie wippende, wadenkurze Röcke und vor allem ganze Garnituren von Schleifen, Rüschen, künstlichen Blumen und Spitzen machten die Bürgerin zur Kind-Frau und Modepuppe, die als zierliches Schmuckstück und Spielzeug zur Ausstattung des Biedermeier Haushaltes gehörte. Die verniedlichende Kleidung stilisierte die Frau schon rein optisch zu einem Wesen, dessen Anziehungskraft und Reiz gerade in seiner Unselbständigkeit lag. In dieser künstlichen Verkindlichung der Frau dokumentiert sich eine neue Form und Qualität sexueller Attraktivität: Frauen sollten ewige Jugend und Unschuld ausstrahlen. Zugleich drückt sich darin die sich im Biedermeier entwickelnde Hierarchie der Geschlechter aus. Mit seinen durch einen Steg optisch noch zusätzlich verlängerten, schmalen Hosen und breiten gepolsterten Schultern wirkte der Mann groß und erwachsen, die Frau an seiner Seite mit kurzem Rock wie das „gläubig aufblickende Kind"[39]. Distanzierten bereits die weiten Röcke Mann und Frau voneinander, so legten Schleier, Schutenhut und Korsett zusätzlich wieder einen Ring der Unberührbarkeit um den weiblichen Körper. Erotik wurde zur „Augenlust"[40], und die Sexualität der Frau wurde durch die künstliche Verkindlichung verdrängt.

Kleidung und Macht – Die Bürgerin in der Öffentlichkeit

Der politische Formierungsprozeß des Bürgertums prägte auch die Frauenmode Anfang der 40er Jahre. Das wirtschaftlich und sozial etablierte Bürgertum entwickelte eine Selbstsicherheit, die das Kleid der Frau ausstrahlte. Sie war nun weder mütterliche Integrationsfigur noch naive Kind-Frau: Selbstbewußt trug sie den sozialen Aufstieg ihrer Klasse am Körper zur Schau. Aus dem ‚putzigen' Kind wurde die etwas behäbig auftretende Dame, die sich ihres Platzes in der Gesellschaft bewußt war und ihn auch ausfüllen konnte. Das Kleid hatte damit alles Unproportionierte und Verspielte verloren: Gedeckte Farben, wenig gemusterte, schwere Stoffe, der bodenlange schleppende Rock und die schlichte Eleganz der Frisur deuteten an, daß die Bürgerin nun ‚erwachsen' geworden war und sich mit Gelassenheit neben ihrem Mann in der Öffentlichkeit bewegte. Der wachsenden

V.1 „Aecht deutsche Weiblichkeit"

Pariser Moden.

Die Ball-Robe der Bürgerin Ende der 30er, Anfang der 40er Jahre konnte aristokratische Vorbilder nicht verleugnen: Mit kostbaren Stoffen und teuren Spitzenvolants, mit weiten Ausschnitten und Federschmuck trug die Bürgerin den sozialen Aufstieg ihrer Klasse am Körper zur Schau. (Neuestes Pariser ModenJournal für Herren und Damen Ulm Nr. 28, 14. 7. 1839. Landesbibliothek Stuttgart)

Zahl und Bedeutung gesellschaftlicher Auftritte entsprach die immer größere Vielfalt der Frauenkleidung in den 40er Jahren. Während sich für den Mann Fest- und Alltagsgarderobe nur in Details wie Farbe oder Material unterschieden, veränderte sich das Äußere der Frau je nach Anlaß und den damit verbundenen gesellschaftlichen Räumen. Das einfache Hauskleid blieb den ungezwungenen morgendlichen Treffen ‚en famille' vorbehalten, der Alltag mit Einkäufen und Besuchen in der Stadt wurde in einem hochgeschlossenen Tageskleid bewältigt. In großer Gesellschaft zeigte die Bürgerin wieder Haut: Zur großen Ballrobe aus schwerem Brokat, Atlas oder Seide gehörten ein weiter Ausschnitt, teurer Schmuck und kunstvolle Locken. Die Mode verleugnete ihre aristokratischen Vorbilder nicht, war aber bürgerlichen Verhältnissen und Bedürfnissen angepaßt. Die Kleidung setzte nun einen deutlichen Trennungsstrich im bürgerlichen Frauenleben zwischen dem ‚Innen' und dem ‚Außen': Für das Haus brachte der biedermeierliche Rückzug ins Private eine legere Kleidung, wo die ‚müßiggehende' Bürgerin – angetan mit einer Seidenschürze – wieder den Eindruck der fleißigen Hausfrau erwecken sollte.

Doch Mode war auch der Schlüssel zum „... Bereiche des äußern, geselligen Lebens, wo sie (die Frau; d.V.) als Meisterin walten soll..."[41]. Die Überbekleidung der Frau erlaubte jetzt längere Aufenthalte außerhalb des Hauses. Sie ließ mehr Bewegungsfreiheit und war wesentlich ‚praktischer'. In den 40er Jahren trug die Bürgerin sommers wie winters Stiefeletten mit Absatz und hatte die Wahl zwischen verschiedenen Formen der Überbekleidung, vom immer noch beliebten Oberrock im Kleider-Schnitt über die einfache Mantille bis hin zu einer Vielfalt von Pelerinen. Richtige Mäntel mit Ärmeln waren zu diesem Zeitpunkt in Württemberg noch nicht modern. Mit solchen Kleidern konnte die Frau auch am Spätnachmittag zu den Sitzungen ihres Lokalwohltätigkeitsvereins oder bei Regen auf eine Volksversammlung gehen.

Freiheiten und Einschränkungen lagen jedoch nahe beieinander. Je umfangreicher die Auswahl der modischen Kleidungsstücke wurde, desto mehr Geld kostete es, à la mode zu sein, vor allem aber nahm es Zeit und Aufmerksamkeit in Anspruch:

> „Die Tochter der Laune und des Gewerbefleißes, die ewig blühende und sich immer bewegende Mode, die heute Altäre umstürzt, an welchen sie gestern opferte, die jeden Augenblick ihre Wünsche, ihre Pläne und ihre Muster wechselt, hat sich nun auch der inneren Einrichtung eines guten Hauses, sowie der Toilette auf eine solche Art bemächtigt, daß der Luxus und die Pracht noch nie so große Ansprüche machten, als gerade jetzt...".[42]

Mode wurde in den 40er Jahren immer mehr zu einer Wissenschaft. Die Diskussionen über Probleme der richtigen Farbharmonie, wie sie die Stuttgarter Frauenzeitung „Das Kränzchen" veröffentlichte, erweckten den Eindruck, daß Mode

V.1 „Aecht deutsche Weiblichkeit"

zwar Sache der Frauen war, aber nicht allein ihrem intuitiven Schönheitsempfinden überlassen bleiben durfte.

> „Auch das Farbengefühl ist den Damen in größerem Maaße verliehen als den Männern, jedoch ist dieses nicht immer ausgebildet, daher wird die Anwendung der entwickelten Gesetze auch für die Damen von praktischem Nutzen sein."[43]

Es gehörte ein geschulter Geschmack dazu, sich in der Welt der Farben, Stoffe und Schnitte zurechtzufinden. Kleidung wurde zur eigentlichen Sphäre der Frau erklärt, in der sie so kompetent sein sollte, daß „sie sich nicht von der nächsten besten Mode erschrecken oder blenden" ließ[44]. Auf diesem Gebiet waren kritisches Urteilsvermögen, „geübter Scharfblick" und „Geistesfreiheit" erwünscht. Nicht jedoch in anderen gesellschaftlichen Bereichen, denn „die Aufgabe unserer Frauen beschränkt sich wesentlich darauf, daß sie ihre Ketten mit Anstand tragen und harmonisch damit rasseln".

Ende der 40er Jahre hatte die Refeudalisierung der Frauenmode fast ihren Höhepunkt erreicht. Auch die Propagierung einer deutschen Nationaltracht als demokratische ‚Antimode' in der Revolution 1848 konnte diese Entwicklung nicht mehr aufhalten. 1850 konstatierte das „Kränzchen":

> „Die neuesten Modeberichte aus Paris lauten gar erbaulich. Eleganz und Luxus... sind jetzt wieder an der Tagesordnung... Dazu ist die Mode selbst nie koketter und glänzender gewesen, als eben jetzt... Man könnte aus dieser allgemeinen Vergnügungslust, aus der Eleganz und namentlich auch aus den Formen der weiblichen Toilette schließen, man wäre in die Zeiten Ludwigs XIV. und XV. zurückgekehrt... derselbe Geschmack, derselbe Luxus...". (KR 17, 1850)

Anmerkungen:

1) Vgl. Carola Lipp: Württembergische Handwerker und Handwerkervereine im Vormärz und in der Revolution 1848/49. In: Ulrich Engelhardt (Hg.): Handwerker in der Industrialisierung: Lage, Kultur und Politik vom späten 18. bis ins frühe 20. Jahrhundert. Stuttgart 1984, S. 347–380.
2) Ebd., S. 359.
3) Johann Philipp Glökler: Land und Leute Württembergs in geographischen Bildern dargestellt. Bd. 2, Stuttgart 1861, S. 98.
4) Vgl. Werner Sombart: Liebe, Luxus und Kapitalismus. München 1967.
5) Bis Ende des 18. Jahrhunderts regelten Kleiderordnungen das Konsumverhalten der verschiedenen Gesellschaftsschichten in ganz Deutschland und schrieben sowohl die Wahl der Stoffe als auch die Kostbarkeit der Verzierungen an den Kleidern vor. Vgl. z.B. Liselotte Eisenbart: Kleiderordnungen. o.O. 1962.
    Auch in Württemberg galt bis Ende des 18. Jahrhunderts die fast unveränderte Fassung der Kleiderordnung von 1621, nach der besonders den unteren Schichten untersagt wurde, bei „unausbleiblicher Straff... keine andere Tücher dann Einländische, so in

V.1 „Aecht deutsche Weiblichkeit"

Teutscher Nation gemacht" zu tragen. August Ludwig Reyscher: Regierungsgesetze Bd. 1, 1841, S. 430.
6) Damen Conversations Lexikon, Stichwort Luxus, Bd.VI, Adorf 1837, S. 455f.
7) Das Pariser ModenJournal erschien 1839 bis 1848 bei E. Nübling in Ulm. Allein in Stuttgart erschienen zwischen 1831 und 1848 drei Modezeitschriften, so unter anderem die „Damen-Zeitung" von Carl Spindler, die „Allgemeine-Musterzeitung" sowie das „Pariser Damenkleider-Magazin" von Karl Erhard. Vgl. Lore Krempel: Die deutsche Modezeitschrift. Ihre Geschichte und Entwicklung nebst einer Bibliographie der deutschen, englischen und französischen Modezeitschriften. Diss. München 1935, hier S. 81f und 88.
8) Im Neuen Tagblatt für Stuttgart und Umgegend Nr. 3 vom 4.1.1846 berichtete ein Artikel über die in Berlin und Nürnberg gegründeten Mäßigungsvereine.
9) Damen Conversations Lexikon, Stichwort Demokratie, Bd.III, S. 109.
10) Damen Conversations Lexikon, Stichwort Natur, Bd.VII, S. 371.
11) Damen Conversations Lexikon, Stichwort Kleidung, Bd. VI, S. 147.
12) J.P. Glökler: Land und Leute..., Bd. 2, S. 93.
13) Damen Conversations Lexikon, Stichwort Deutschland, Frauen, Bd. III, S. 132.
14) Friedrich Ludwig Jahn: Deutsches Volkstum. Lübeck 1810.
15) Ernst Moritz Arndt: Über Sitte, Mode und Kleidertracht. Frankfurt 1814, S. 14.
16) Ebd., eine Zeile aus dem Titelgedicht des Buches.
17) Caroline Pichler, zitiert nach Max von Boehn: Biedermeier. Deutschland von 1815–1847. Berlin 1911, S. 606. Sie lieferte ihren Beitrag zur Debatte um die Nationaltracht mit dem Büchlein: Über eine Nationalkleidung für Frauen. Freiburg und Constanz 1815.
18) Mamelucken- oder Landsknechtsärmel waren aus der Renaissance bereits bekannt. Sie waren so geschlitzt, daß unter dem normalen Stoff des Ärmels noch andersfarbige Stoffe zu sehen waren, bzw. von der Schulter bis zum Handgelenk ‚gepufft' und gerafft und so mehr Fülle vortäuschten.
19) Rudolf Zacharias Becker: Das deutsche Feyerkleid zur Erinnerung des Einzuges der Deutschen in Paris am 31.3.1814. Gotha 1814, S. 8f.
20) Bernward Deneke: Beiträge zur Geschichte nationaler Tendenzen in der Mode von 1770–1815. In: Schriften des Historischen Museums Frankfurt/Main XXIII, 1966, S. 211–253, hier S. 236f.
21) Ernst Moritz Arndt: Über Sitte..., S. 17.
22) Vom frz. crin = Roßhaar. Die Krinoline war ursprünglich ein Unterrock, der durch Roßhaarauflagen in gleichmäßiger Rundung steif vom Körper abstand. Über der Krinoline wurden meist noch mehrere Unterröcke getragen. Von dieser oft kiloschweren ‚Last' wurde die Bürgerin Ende der 40er Jahre durch die Erfindung der Krinoline aus Rohr- bzw. Metallreifen befreit.
23) Leider beschränkt sich ein Großteil der von mir zu Rate gezogenen historischen Kleidungs- und Kostümgeschichte fast ausschließlich auf die Beschreibung und Auflistung der Veränderungen in der Kleidung der Frau. Nur in den wenigsten Fällen stellen sich Autoren/innen die Frage, inwieweit die Kleidung z.B. den Alltag der bürgerlichen Frau beeinflußte, welche Auswirkungen bestimmte Veränderungen in der Kleidung auf Körperhaltung, Körpergefühl, Selbstbild und Fremdbild der bürgerlichen Frau hatten. Detaillierte Kleidungsbeschreibungen liefert u.a. folgende Literatur (Auswahl): Erika Thiel: Geschichte des Kostüms. Berlin 1963. Max von Boehn: Biedermeier. Berlin 1911. Ders.: Menschen und Moden. Bd. II/III, München 1920. Eva Nienholdt: Kostümkunde. 2 Bde. Braunschweig 1961. Dies.: Die deutsche Tracht im Wandel der Jahrhunderte. Berlin/Leipzig 1938. Friedrich Hottenroth: Handbuch der deutschen Tracht.

V.1 „Aecht deutsche Weiblichkeit"

Stuttgart o.J. Ingeborg Weber-Kellermann: Frauenleben im 19. Jahrhundert. München 1983. Ludmila Kybalová: Das große Bilderlexikon der Mode. Dresden 1981. Anregung boten vor allem die kolorierten Modekupfer im Pariser ModenJournal Ulm.

24) Vgl. Helga Möbius: Die Frau im Barock. Stuttgart 1982.
25) Vgl. Wolfgang Emmerich: Deutsche Volkstumsideologie. Frankfurt/M. 1971.
26) In der Übergangszeit vom Empire zum Directoire Napoleons entdeckte die französische Mode das griechische Nacktheits- und natürliche Körperideal wieder: Schleierartige durchsichtige Stoffe, die zum Teil nicht einmal mehr genäht waren und nur durch Spangen auf der Schulter und an den Seiten zusammenghalten wurden, dienten mehr zur Enthüllung als zur Bekleidung des Körpers. Darunter wurden nur fleischfarbene Tricots bzw. z.T. gar nichts getragen, weshalb deutsche Bürger die „Nuditätenmode", wie sie sie nannten, ablehnten.
27) Justus Möser: Patriotische Phantasien, Bd. I. Berlin 1820, S. 1–6.
28) Ernst Moritz Arndt: Über Sitte..., S. 55.
29) Caroline Pichler: Über eine Nationalkleidung für deutsche Frauen. Freiburg und Constanz 1815, S. 27.
30) Ernst Moritz Arndt: Über Sitte..., S. 54.
31) Ernst Heilborn: Zwischen zwei Revolutionen. Bd. 1, Berlin 1927, S. 141.
32) Der Schuh- und Stiefelmacher in seines Gewerbes höchster Vollkommenheit. Ilmenau 1824, S. 123.
33) Ebd., S. 121.
34) Die Redingote kam Mitte des 18. Jahrhunderts als Kleidungsstück für Männer von England auf den Kontinent und fungierte anfangs als Reitrock, dann als mantelartiger Überrock. Später übernahmen Frauen Schnittform und Bezeichnung, erst Mitte des 19. Jahrhunderts wurde die Redingote zu einem Damen-Mantel-Grundtyp. Vgl. Ruth Klein: Lexikon der Mode. Baden-Baden 1950, S. 297.
35) Gynäologie oder das Geschlechtsleben in seinem ganzen Umfang, Zeichen, Werte der verletzten und unverletzten Jungfrauschaft nach Nationalbegriffen. Ein umfassendes Handbuch zum Wohle der Staatenbürger. Bd. IV, Stuttgart 1843, S. 104.
36) Ebd, S. 105.
37) Ulrich Stelzer: Übersicht über die realhistorische und medizinhistorische Entwicklung des Schuhes und des orthopädischen Schuhes sowie ein Überblick über die Berufsgeschichte ihrer Herstellung und ihres Vertriebes. Diss. Düsseldorf 1971, S. 59.
38) Vgl. Ingeborg Weber-Kellermann: Der Kinder neue Kleider. 200 Jahre deutsche Kindermode. Frankfurt/M. 1984.
39) Ernst Heilborn: Zwischen zwei..., S. 143.
40) Vgl. Christine Wösler de Panafieu: Das Konzept von Weiblichkeit als Natur- und Maschinenkörper. In: Barbara Schäffer-Hegel / Brigitte Wartmann (Hg): Mythos Frau. Berlin 1984, S. 244–267, hier S. 263.
41) Hermann Hauff: Moden und Trachten. Fragmente zur Geschichte des Kostüms. Stuttgart/Tübingen 1840, S. 183.
42) Pariser ModenJournal Nr. 28, 14.7.1839.
43) Vgl. Das Kränzchen Nr. 63, 67, 68, 82, 83.
44) Hermann Hauff: Moden und..., S. 185f.

Tamara Citovics

Bräute der Revolution und ihre Helden.
Zur politischen Funktion des Fahnenstickens.

Als am 1.4.1848 auf Drängen der liberalen und nationalen Bewegung in Württemberg das Gesetz zur Volksbewaffnung verabschiedet wurde, eröffnete sich damit nationalgesinnten Württembergerinnen ein neues Aufgabenfeld. Den ganzen Sommer über und bis in den Herbst hinein stickten Frauen Fahnen für die sich neu bildenden Bürgerwehrbataillone. Auf den ersten Blick erscheint Fahnensticken als unpolitisch. Doch wenn wir die Tätigkeit des Fahnenstickens nicht als ‚typisch weiblich' abqualifizieren, sondern im Rahmen der politischen Symbolik der Revolution sehen, werden die historische Bedeutung und die vielschichtigen Inhalte dieser weiblichen Arbeit sichtbar. Kulturanthropologische und ethnologische Herangehensweisen ermöglichen es, den inneren Sinnzusammenhang, der die stickenden Frauen mit dem politischen Geschehen und den Empfängern der Fahne verbindet, aufzudecken. Gleichzeitig wird dabei deutlich, daß die Frauen nicht nur real, sondern auch symbolisch in die nationale Politik verwoben waren.

Die Stuttgarterinnen ergriffen in Württemberg als erste die Initiative und machten sich ans Sticken von Bürgerwehrfahnen. Dazu organisierten sie bereits am 20. April 1848 eine Frauenvollversammlung im Stuttgarter Bürgermuseum. Ihr gemeinsamer Entschluß stand bald fest. Sie wollten „für die Stuttgarter Bürgerwehr Fahnen (an)fertigen, und zwar eine größere gemeinsame als Zeichen für alle Abtheilungen der Wehrmänner und kleinere Einzelfahnen für jedes Banner" (SK 21.4.48). Das dort gegründete Comité nahm die weiteren Schritte in die Hand – in den nächsten Tagen lagen in einigen Geschäften Spendenlisten aus, um Geld für das notwendige Material zu sammeln. In Zeitungsaufrufen baten die Comitémitglieder die Stuttgarterinnen um ihre aktive Mitarbeit (SK 26.4.48).

Den offiziellen ‚Startschuß' zum Fahnensticken gab dann die königliche Entschließung vom 26.April 1848. Darin gestand König Wilhelm I. den örtlichen Bürgerwehren zu, daß

> „für jedes Bataillon... als Sammlungs- und Erkennungszeichen eine Fahne bestimmt wird, deren Blatt auf der oberen Hälfte die Landesfarben, auf der untern Hälfte die deutschen Nationalfarben zeigt. Die ganze Länge der schwarz und rothen Fahnenstange bis zur Spitze der Lanze beträgt 9', die Fahne ist 3 1/2' hoch, 4' breit, einschließlich der vierfach auf 1 1/2' auslaufenden Spizen. Über der Flagge befindet sich ein Herz mit der Nummer des Bataillons oder dem Anfangsbuchstaben der Gemeinde, 3"3"' hoch und 4"5"' breit. Die Lanze ist 9"2"' lang. Die Fahne wird an schwarzem Lederwerk in einem Becher betragen und ist mit schwarz-rot-goldenen Fransen geziert." (SK 9.5.48)[1]

V.2 Fahnenweihen

Musterentwurf für die von der Organisationskommission der Bürgerwehren vorgeschlagenen Fahnen. Beschreibung des Bürgerwehrbanners von Metzingen: „Es trägt auf der einen Seite die deutschen Farben mit dem Reichsadler im goldenen Felde, auf der anderen Seite die württembergischen Farben und darin das bis zum 30jährigen Kriege als Mezinger Wappen gebrauchte, ursprünglich gräflich Achalmsche Wappen." (Schwäbische Kronik 14. 10. 1848)
Beschreibung der Stuttgarter Bürgerwehr-Fahne: „Auf der Vorderseite ist sie gebildet durch drei horizontale Streifen schwarz, roth, gold, in der Mitte in einem goldenem Felde der deutsche Reichsdoppeladler, schwarz gestickt. Die Rückseite ist schwarzroth, im goldenen Felde das württembergische Wappen. Umschrift: Bürgerwehr 1848. Die Arbeit ist sehr schön und macht der Kunst der Frauen, welche sie gestickt alle Ehre. Auf der Fahnenstange steht auf den Hinterfüßen die Stute, welche zum Stuttgarter Stadtwappen gehört, vergoldet...". (Schwäbische Kronik 13. 8. 1848.) (Bild: Hauptstaatsarchiv Stuttgart E 146, Bü 4172)

Desweiteren verfügte er, daß für die Anschaffung dieser vorgeschriebenen Bataillons-Fahnen die Verwaltungsräte sämtlicher Bürgerwehren Sorge zu tragen hätten. In den nächsten Wochen appellierten Bürgerwehren, demokratische Vereine und Frauenvereine an die ‚verehrlichen Frauen und Jungfrauen', sich bei der „Stiftung einer Fahne für die Bürgerwehr" (NWB 17. 6. 48) zu beteiligen.

Es war nicht das erste Mal, daß sich Frauen in dieser Form für die nationale Bewegung einsetzten. Bereits während der Befreiungskriege gegen Napoleon hatten sich preußische Frauen an der „nationalen Erhebung" beteiligt. Schon damals hatten sie zu Nadel und Faden gegriffen, um den studentischen Freikorps schwarz-rot-goldene Fahnen anzufertigen. „Frauen" und „Jungfrauen" stifteten am 31. März 1816 der Jenaer Burschenschaft zu ihrer Gründung die erste Fahne[2]. Auch die Berlinerinnen hatten für das Lützowsche Freikorps[3] eine Fahne gestickt, die zu verleihen sich jedoch der preußische König Wilhelm II. geweigert hatte. Etwa 30 Jahre später wurden die Farben schwarz-rot-gold – die Farben des Lützowschen Freikorps – vom Bürgertum bzw. von der liberalen Bewegung als Zeichen nationaler Einheit und politischer Freiheit aufgegriffen. 1848 bekannte sich die Nationalversammlung wieder zu der in den Restaurationsjahren verbotenen schwarz-rot-goldenen Fahne und erklärte sie zu den Farben der deutschen Nation. Auf seinem Weg zum Nationalstaat konnte das Bürgertum auf diese Symbole deutscher Einheit nicht verzichten. Genausowenig wie auf das Engagement der Frauen.

Um Frauen in das revolutionäre Geschehen einzubinden, hielt zum Beispiel ein Tübinger Wehrmann den Frauen das vorbildhafte Verhalten der Wienerinnen vor Augen. Diese hatten ihrer Trauer und Solidarität mit den in der Märzrevolution gefallenen Kämpfern mit zahlreichen gestickten Fahnen und Ehrenzeichen Ausdruck verliehen. Die Wienerinnen „... schenkten bei jenem Trauerzug zur Bestattung der Gefallenen ihrer mit den Bürgern vereinten Nationalgarde gegen 360 gestickte Fahnen." Und indem er an die örtlichen Verhältnisse erinnerte, fuhr er fort: „Darum, Frauen von Tübingen, ahmt jenen Wienerinnen nach, gleich wie wir ihren Männern, Brüdern und Söhnen nachzueifern suchen..." (TC 15. 6. 48).

Ehe die Frauen aber dem Wiener Vorbild nacheifern konnten, mußten sie organisatorische Vorarbeiten leisten. Es fehlte sowohl Material – dicker Baumwollstoff oder geschmeidige Seide sowie Stickgarne – als auch vor allem Geld. Bei den öffentlichen Sammlungen für die gemeinsame nationale Sache griffen dann nicht nur viele Frauen in ihre Geldbörsen und leisteten einen symbolischen Beitrag zum erfolgreichen Gelingen, auch viele gutsituierte Kaufleute beteiligten sich mit Spenden. Und da jede Frau die Möglichkeit haben sollte, das Ihre zur gemeinsamen nationalen Sache beizusteuern, setzten die Organisatorinnen die Beiträge niedrig an oder benannten Höchstgrenzen, um das soziale Gefälle unter den Spenderinnen auszugleichen. Wo es um nationale Interessen ging, sollten das Einkom-

V.2 Fahnenweihen

men des Ehemanns oder die Höhe des Haushaltsbudgets keine Rolle spielen. Daher hatten die Stuttgarterinnen den Beitrag auf „30kr bestimmt, damit die Zahl der Theilnehmerinnen um so größer seyn kann" (SK 26. 4. 48).

Die zahlreichen Zeitungsaufrufe und Appelle fanden in der Frauenwelt ein positives Echo. Während die Frauen im März für die Nationalstaatsidee auf Eleganz und Luxus verzichteten (Kap. V.1), setzten sie jetzt das Ergebnis gelungener bürgerlicher Mädchenerziehung – ihre handarbeitlichen Fähigkeiten – ein, um den Wehrmännern, den Turnern oder dem akademischen Freikorps Fahnen anzufertigen.

Daß die Zeit der Frauen nun ebenfalls mit Arbeiten für die Revolution ausgefüllt war, kam – so entsteht der Eindruck – sicherlich manchem Wehrmann gelegen. So konnte sein häufiges Fortbleiben schon nicht zu einer Störung des häuslichen Friedens führen. Ein Tübinger Wehrmann brachte dieses eigennützige Motiv in seinem Aufruf an die Frauen der Stadt unverhohlen zum Ausdruck.

> „... benützt die Abendstunden, da Eure Männer oder Brüder sich einüben für den Freiheitskampf oder den müden Leib noch durch einen Labetrunk stärken möchten, nicht dazu, ihr langes Ausbleiben als Etwas Ungehöriges zu beklagen und tadeln. Nein! zeigt, daß ihr deutsche Frauen seid, eines deutschen Wehrmanns würdig, und helft sobald als möglich dem ab, was Noth thut! ... X.Y.Z." (TC 15. 6. 48)

Indem sie halfen, „was Noth thut", öffneten sich den Frauen für ein paar Stunden Türen zu Räumen, die lange der bürgerlich-männlichen Öffentlichkeit vorbehalten gewesen waren. Zum Fahnensticken trafen sie sich meistens abends unter der Woche oder sonntags vor bzw. nach der Kirche im Rathaus, der Schule oder dem Saal der Bürgergesellschaft. Während jedoch die bei diesen Tätigkeiten anfallende Handarbeit in den Zuständigkeitsbereich der Frauen fiel, blieb es in aller Regel Spezialisten überlassen, die künstlerische Vorlage zu entwerfen. Die Eßlingerinnen zogen ihrer Commission „sachverständige Männer" hinzu, als es um die Planung des Fahnenstickens ging[4]. Dennoch hatten die Frauen alle Hände voll zu tun: Es galt, den Entwurf zu besprechen, Spendenaufrufe zu formulieren, den weiblichen Mitgliedern über die Ein- und Ausgaben des Comités Rechenschaft abzulegen und natürlich – zu sticken. Dazu waren unterschiedliche Fähigkeiten notwendig und die Fingerfertigkeit und Qualifikation jeder Frau gefragt. Dies war ihr Metier – hier waren sie die Spezialistinnen. Der Kreis der Fahnenstickerinnen stand vom Anspruch her grundsätzlich jeder Frau offen. Sozialer Status – die gesellschaftliche Stellung des Ehemanns oder Vaters – sollte kein Aufnahmekriterium sein. Dennoch führte das Engagement für die deutsche Nation vor allem bürgerliche Frauen zusammen, und die Sprecherinnen kamen in der Regel aus den Häusern des wohlhabenderen Bürgertums oder bekannter Politiker. In diesem neugeschaffenen Kreis lernten sich Frauen außerhalb des traditionellen Familien- und Verwandtschaftsverbandes kennen, und sicherlich knüpften manche Frauen

V.2 Fahnenweihen

| Der Bürgerwehrmann gibt seinen Fahnen-Beitrag. | Mad. Bretz und Fräul. Schwägerin melden sich zur Beihilfe beim Fahnenstick-Comité. | Der Bürgerwehrmann schnellirt mit der ganzen provisorischen Compagnie. | Der Bürgerwehrmann fraternisirt mit dem Militär. |

„Herr Brotz als Bürgerwehrmann". (Laterne Nr. 53, 6. 5. 1849. Landesbibliothek Stuttgart)

Freundschaften, die fortbestanden, als die Fahne schon längst ihrer weiteren Bestimmung übergeben war. Doch der entstandene Gruppenzusammenhang half nicht nur die häusliche Isolation zu durchbrechen. Gleichzeitig bildete diese neue Form der Frauenöffentlichkeit die Grundlage, auf der weitere politische Frauenarbeit aufbauen konnte.

Zu einer anderen Organisationsform des Fahnenstickens kam es hauptsächlich in Städten, in denen die revolutionäre Bewegung schwächer war und die Frauen weniger Anteil am politischen Geschehen nahmen. Hier wurde das Sticken der Fahne als Auftragsarbeit an hauptberufliche Näherinnen vergeben. Der Verwaltungsrat der Bürgerwehr bezahlte dann nicht nur die Kaufmannsrechnung und den entstandenen Materialverbrauch, sondern entlohnte auch die Näherin oder Stickerin. Da die Frauenlöhne generell sehr niedrig waren, verdienten die Frauen bei dieser Arbeit nicht sehr viel. Für das Nähen von zwei großen und zwei kleinen Fahnen erhielt Elisabeth Wacker in Schorndorf z.B. 1fl 50kr[5].

Die stickenden bürgerlichen Frauen fragten allerdings nicht nach materieller Entlohnung. Ihre Motive waren anderer Natur. Sie beflügelte patriotische Begeisterung: Der öffentliche Beifall und die Huldigung ihrer Arbeit durch die Männer war ihnen „Lohn" genug. Dieser Ansicht waren auch die Bürgerwehr-Männer. Der Stuttgarter Stadtschultheiß Gutbrod und der Oberbefehlshaber der Bürgerwehr von Alberti fügten im Anschluß an die öffentliche Danksagung des Verwaltungsrates der Bürgerwehr die Bemerkung an,

„daß jene patriotische Stiftung (der Fahne; d.V.) zu einem Bürgerwehrfeste Veranlassung gegeben (hat), das nicht nur für die Zeugen und Theilnehmer desselben und für

V.2 Fahnenweihen

die neu belebte Austadt (Stuttgart; d.V.) von einer erhebenden Wirkung gewesen, sondern bei den verehrlichen Stifterinnen ein freudiges Gefühl erzeugt haben werde, welches als die schönste Befriedigung für ihre freundliche Leistungen und Bemühungen zu erkennen seyn sollte." (SK 29.8.48)

PROGRAMM zum Feste der Fahnenweihe der Eßlinger Bürgerwehr.

1) Das Fest findet Sonntag den 8. Oktober statt.
2) Abends zuvor großer Zapfenstreich.
3) Sonntag, Morgens 7 Uhr Tagwache mit Musik.
   Wenn diese (wegen übler Witterung) unterbleibt, so bedeutet solches, daß das Fest nicht stattfinde.
4) Nach beendigtem Vormittags-Gottesdienst, halb 11 Uhr, tritt die Bürgerwehr auf der Maille an.
5) 11 Uhr: Aufmarsch auf dem Hospitalplatz.
6) Die Damen, welche die Bataillonsfahnen stiften, werden von einer Abtheilung der Bürgerwehr auf dem Rathhause abgeholt und auf die Festtribüne begleitet.
   Ihnen schließen sich die Herren Bezirksbeamten und die städtischen Collegien an.
7) 11 ¼ Uhr: Beginn des Fests.
8) Aufstellung der Bataillone in geschlossene Colonne.
9) Ausführung eines Singstücks.
10) Festrede von Herrn Dekan Gundert.
11) Vokal-Musik.
12) Vortrag eines Gedichts durch einen Wehrmann.
13) Aufstellen der Bataillone in Linie.
14) Vortreten der von den Bataillons-Commandanten befehligten Fahnenrotten an den Fahnenplatz und Uebernahme der Fahnen von den Damen.
15) Instrumental-Musik: „Was ist des deutschen Vaterland."
16) Einrücken der Fahnenrotten in die Bataillone und militärische Begrüßung der Fahnen mittelst des Fahnenmarsches und unter Kanonendonner.
17) Fahnen-Verpflichtung.
18) Defiliren der Bürgerwehr an der Festtribüne vorüber und Festzug derselben mit den Damen und den Behörden durch die Stadt (Hafenmarkt, Küfergasse, Kies, Ritterstraße, Brücke ꝛc. auf die Maille.
19) Mittags 3 Uhr: Zusammenkunft auf der Maille.

(Eßlinger Schnellpost Nr. 80, 4.10.1848. STA Eßlingen)

V.2 *Fahnenweihen*

Der große Tag – Die Fahnenweihe

In Württemberg fanden zwischen Juli und Oktober fast jeden Sonntag Fahnenweihen für die Bürgerwehren oder die Turner statt. Bei diesen feierlichen Anlässen der Fahnenübergabe wurde nicht nur ein nationaler Festakt inszeniert, sondern zugleich auch das Verhältnis der Geschlechter[6].

Der Festablauf unterschied sich nur geringfügig von Ort zu Ort. Nach dem Morgengottesdienst holten die Wehrmänner die Frauen und ihr verhülltes Geschenk von einem zentralen Gebäude ab – meist war es das Rathaus. In geschlossener Formation marschierten dann die Bürgerwehren zum Festplatz, ihren Willen zur Nation mit festem Schritt und Tritt bekundend. Kontrastiert wurde dieses militärische Bild durch die Teilnahme der Frauen. Die Frauen in schwarzen, die „Jungfrauen" in weißen Kleidern, drapiert mit schwarz-rot-goldenen Schärpen, wurden selbst zur Zierde des Festzuges.

> „... den schönsten Schmuck aber bildeten die schönen Reihen von Damen im Festgewande, welche als Stifterinnen und Stickerinnen der Bataillonsfahnen, so wie der großen Hauptfahne, im Festzuge mit den Frauen gekommen waren...". (NT 27.8.48)

Wie von einem schützenden Ring umgeben, geleitete der Zug die Frauen in ihrer Mitte zur Stadt hinaus. Auf dem ebenfalls mit Fahnen und Eichenlaub prächtig geschmückten Festplatz angekommen, nahmen die Frauen Ehrenplätze ein, meist in der vordersten Reihe oder auf der Tribüne.

Fahnenweihe Stuttgart. (Laterne Nr. 2, 27.8.1848. Landesbibliothek Stuttgart)

V.2 Fahnenweihen

Die Übergabe: Männer müssen schützen

Der Höhepunkt jeder Fahnenweihe war dann die feierliche Übergabe der Fahne und ihre anschließende Enthüllung durch den Bataillonskommandanten. Weißgekleidete „Jungfrauen" mit grünen Eichenlaubkränzen im Haar überreichten in einem groß angelegten Festakt das von „zarter Frauenhand geschaffene Panier" (ESP 25. 10. 48).

Während im Feudalismus dem Monarchen oder Feudalherren der Treueschwur galt, verpflichteten sich jetzt die Männer angesichts ihrer Frauen, den Bürgerinnen des neuen Staates, Vaterland, Nation und Freiheit vor äußeren und inneren Feinden zu schützen. Deswegen bestand die Aufgabe des Wehrmanns nicht nur darin, wie ein „geschlossenes Ganzes" und, „wenn es sein soll, todesmuthig jedem Feinde des Vaterlandes sich (entgegenzustellen), mag dieser Feind von Außen oder von Innen, von oben oder von unten es bedrohen." Ebenso rasch galt es „zu Hilfe zu eilen", wenn „Heerd und Familie, Ordnung und Gesetz, oder Ehre und Eigenthum" in Gefahr waren, um mit „kräftigem Arme das Zarte (zu) schützen, das Schwache (zu) schirmen, der guten Sitte, der biedern Bürgertugend, der Unschuld rettend und helfend zur Seite" zu stehen. Denn: „Ein Bewaffneter ist ein geborener Beschützer, das ist sein Ruhm, seine Bestimmung, seine Ehre" (ESP 11. 10. 48). Damit symbolisiert die Fahne, die von den Frauen übergeben wurde, die Beschützerfunktion der Männer und drückt gleichzeitig auch den Charakter der Geschlechterbeziehung aus.

Den Männern oblag es, das Schwache – ihre Bräute und die im Werden begriffene deutsche Nation – vor „feindlichen Gelüsten" (ESP 11. 10. 48) zu beschützen. Bei seinen Bemühungen, ein einheitliches Staatsgebilde zu schaffen, griff das Bürgertum auf ein integrierendes und mobilisierendes Sinnbild der deutschen Nation zurück: Das Ideal der reinen Jungfrau. Ihre Reinlichkeit wird dem ‚sexuell korrupten' Adel und dem ‚kulturlos-triebhaften' Industrieproletariat entgegengestellt – den Feinden „von unten" und „von oben", wie es oft in den Fahnenweihereden heißt. „Treu und rein" ziemt es den Frauen, „des Heerdes heilge Flamme" zu pflegen, schreibt ein Gedicht die Verhaltensanforderungen an die Frauen fest (ESP 11. 10. 48). Sittlichkeit als bürgerliche Tugend findet in der Unversehrtheit des weiblichen Körpers seinen Ausdruck. Die Philosophie der Aufklärung ebnete diesem neuen Weiblichkeitsideal der sittlichen und reinen Frau den Weg. Sie hatte nämlich Frauen vom Stigma befreit, das ‚schwache Werkzeug' der Sünde, Symbolfigur des Bösen zu sein, das die christliche Religion ihr zugeschrieben hatte. Damit war den alten Weiblichkeitsbildern der religiösen Offenbarungslehre, nach denen die Frau triebhaft und mehr von Affekten beherrscht sei als der Mann, die Grundlage entzogen. Der ideologisch ‚gezähmten' Frau kommt im Rahmen einer komplexen, arbeitsteiligen Gesellschaft, in der der Bürger Selbstbeherrschung

V.2 Fahnenweihen

(Vaterländisches Gedenkbuch. Bildliche Darstellung des Festzugs der Württemberger zum 25jährigen Regierungsjubiläum König Wilhelm I. am 28.9.1841. Universitätsbibliothek Tübingen).
W. Fr. Wuest: *Wie Frieder im Wirthshaus den Festzug der Württemberger erzählt.* Tübingen 1843:

„Jetz ist äbbes Schön's herkomma,
Jungfra so a hundert drei...
Schön gwea send se, nette Mädla,...
Uf am Hoor so schöne Kränzla,
Wie wenn's wära lauter Bräut,

Geale Ring an Oahr und Finger –
Ach! ist des a Prächtigkeit!
Und derno die schöne Kloider,
Grad so weiß, as wie der Schnai,
Über d' Achsla broite Bändel
Schwarz und rauth, und no viel mai."

üben und Trieb und Affekt genau regeln muß, um im Arbeitsprozeß leistungsfähig zu sein, eine besondere Rolle zu: Sie soll für die Kanalisierung und Sublimierung der sexuellen Triebe in der Ehe sorgen[7]. Daher muß sie als Trägerin der Tugend und Unschuld, als völlig immun gegen sexuelles Empfinden erscheinen. Ihre Jungfräulichkeit, die sie mit in die Ehe bringt, stellt so ihren wichtigsten Wert dar. Ihre körperliche Unversehrtheit wird zum Ausdruck ihrer Ehre und gibt Auskunft über ihren Lebenswandel.

Dieses Modell des Geschlechterverhältnisses von weiblicher Ehre und männlichem Schutz schreibt die Zuständigkeit der Frauen für innere (sittliche) Grenzen und die der Männer für äußere (politische, öffentliche) Grenzen fest[8]. Damit begründet Frauenehre Männerehre, denn die Ehre des Mannes definiert sich über den erfolgreichen Schutz der weiblichen Ehre[9]. Männliche Ehre hing damit auch vom ‚Wohlverhalten' der Frauen ab. Aber gleichzeitig sind die Frauen zum Schutz ihrer Ehre auf die männlichen Beschützer angewiesen. Das eine geht ohne das andere nicht. Daher dichtete auch Reallehrer Fischer, Leutnant im 1.Banner bei der Fahnenweihe in Stuttgart:

347

V.2 Fahnenweihen

> „Es eilt sogern der liebende Germane
> Zum Waffendienste auf der Frauen Ruf;
> 's ist Eu'r Ruhm, die Männer so zu ehren,
> Und Ruhm ist's, freien Männern zu gehören." (SK 26.8.48)

Um ihre Ehre aufrechtzuerhalten, müssen die Männer aktiv sein. Sie müssen hinaus ins feindliche Leben, denn nur sichere Landesgrenzen schützen „alles, was dem Menschen theuer und werth ist" (ESP 11.10.48). Darum müssen die Männer kämpfen, sich behaupten, bewahren oder gar sich „todesmuthig" dem „Feind" entgegenstellen. Seit dem schleswig-holsteinischen Krieg, in dem der Deutsche Bund den dänischen Gebietsansprüchen militärisch entgegentrat, gingen auf den Fahnenweihen die Vokabeln „Kraft", „Ehre" und „Freiheit" eine eigentümliche Verbindung ein. Indem der fremde Übergriff auf Gebiete mit dem fremden Übergriff auf Frauen gleichgesetzt wurde, konnte eine von außen bedrohte nationale Ehre mit einer auf dem Spiel stehenden Geschlechterehre identisch werden. Diesen inneren Zusammenhang drückte Fräulein Ottilie Keller auf der Reutlinger Fahnenweihe aus, als sie die Verbindung zwischen (männlicher) Ehre und (weiblicher) Freiheit herstellte. Sie sprach:

> „Daß auch unsere Herzen höher schlagen bei dem Gedanken an die schöne Zeit, auf die wir hoffen, das möge diese Fahne Euch sagen. Sie soll Euch voranwehen auf dem Wege zur Ehre, und während Ihr begeistert für unsere Freiheit kämpft, wollen wir beten...". (RMC 6.5.48)

In fast religiöser Inbrunst identifizierten sich Frauen mit den nationalen Zielen der Revolution. Dies spornte sie selbst zu eigenen politischen Aktivitäten an. Doch selbst wenn sich Frauen neue Räume schufen und in das politische Geschehen eingriffen, verließen sie den vorgegebenen Rahmen des bipolaren Geschlechtermodells nicht, das sie auf ihre ‚natürliche' Bestimmung, Pendant zum männlich-aktiven Pol zu sein, beschränkte und damit zum ruhenden Mittelpunkt männlichen Schaffensdrangs machte[10].

Kraft durch Liebe: Die Braut

Die von den Frauen überreichten Banner gaben den Männern die notwendige Kraft, um die geforderten ‚Heldentaten' ruhmreich vollbringen zu können, denn das „Zeichen der Kraft" (ESP 27.9.48) spornte sie zu immer neuen Leistungen an. Mit Kraft konnten dann auch „Raub und Diebstahl" verhindert und den „Räubern, welche plündern", die „Faust" ins Gesicht geschlagen werden, wie es in einer Strophe des Ulmer Wehrmannsliedes heißt (ESP 25.10.48).

Als Feldzeichen symbolisierte die Fahne schon immer eine höhere Macht, der für den siegreichen Ausgang der Schlacht Bedeutung zukam. Und da seit dem 17.

Jahrhundert die Heeresorganisation umstrukturiert worden war, fand die Fahne als Orientierungszeichen in den Armeen eine allgemeine Verbreitung. Deshalb schrieben auch Renner und Heßler in ihrem „Neuen künstlich Fahnenbüchlein" (1615) dazu:

> „Dann der Fahnen / oder wie jhn die alten genannt signum belle, den Soldaten so lang er in dem Felde stehetet / Hertz und Muth gibt – daß sie nicht allein dess der dapfferer Streiten / sondern auch in hoffnung oder aber ein kennzeichen dess Sieges haben."[11]

Nur solange sie im Feld wehte und als Ordnungszeichen die innere Einheit der verschiedenen Bataillone herstellte, waren siegreiche militärische Aktionen möglich. Fiel sie in die Hände der Feinde, zerbrach der Gruppenzusammenhang, die einzelnen Heeresteile waren zersprengt – statt militärischer Ordnung herrschte zügelloses Chaos.

Um ihrer Beschützerrolle ehrenhaft nachkommen zu können, mußten die Männer über bestimmte Eigenschaften verfügen. Die Losungsworte auf den Fahnen wie „Treue", „Tapferkeit", „Einigkeit", „Deutsch", „Ordnung", „Heldenmut" oder „Ausdauer" (SK 26. 8. 48) können als Verhaltensanforderungen an den deutschen Mann verstanden werden. Dabei nahmen die Anhänger einer deutschen Nation die Germanen zum Vorbild, die genau wie sie gegen Fremdherrschaft kämpfen mußten. Der Kult des Germanentums[12] diente ihnen als Schutz- und Abwehrmittel gegen politische und geistige Überfremdung[13], und die Eigenschaften der Germanen wurden – als Kompensation für die nicht erreichte autonome Bürgerkultur – zu Tugenden des deutschen Mannes erklärt. Und da die Romantik erstmals die Gleichsetzung von ‚germanisch' und ‚deutsch' vollzog[14], konnte es im Rückgriff auf die ‚ruhmreiche Vergangenheit' im Paradeschritt nach vorn, zum deutschen Nationalstaat gehen. Dabei trug die Popularisierung der mittelalterlichen Vergangenheit und die Rückbesinnung auf eine gemeinsame deutsche Geschichte zur Bildung eines deutschen Nationalbewußtseins bei. Gleichzeitig verwischten diese ‚Gemeinsamkeiten' die bestehenden vielfältigen Standes-, Klassen- und Geschlechtergegensätze. Die Inhalte vieler Fahnenweihgedichte und -reden legen davon ein beredtes Zeugnis ab: in ihnen wurden Symbole ‚alter' Größe und Macht heraufbeschworen oder germanische Sitten und Verhaltensweisen wieder lebendig.

Während des Krieges in Schleswig-Holstein galten vor allem „Kraft" und „Stärke" als die hervorragendsten männlichen Eigenschaften. Nach dem Waffenstillstand von Malmö und zur Zeit der politischen Kämpfe in Wien stand die Losung: „Einig, treu, deutsch" im Vordergrund. Herr Ebner dichtete bei der Eßlinger Fahnenweihe:

> „Der Freiheit Gold
> Was wir bis jetzt errungen –
> Das zu erkämpfen uns bis jetzt gelungen –

V.2 Fahnenweihen

> Von wieviel Feinden sehen wir ihm drohen,
> Von innen und von außen – niedern – hohen?
> Drum gilt es muthig sich zum Kampf zu rüsten,
> Und widerstehen den feindlichen Gelüsten
> mit MANNESKRAFT!" (ESP 11.10.48)

Auch in Ulm wurde auf die nationale Politik der Paulskirche reagiert. „Ohne Einheit ist keine Kraft und Größe", sprach Fräulein Marie Palm bei der Übergabe des ersten Banners mit der Inschrift „Einigkeit" an den Oberbefehlshaber. Und Fräulein Rosalie Kiderlin, die das zweite Banner mit der Aufschrift „Treue" überreichte, deklamierte: „Treu sei der Sinn, treu und fest die Kraft, und groß und stark wird und muß werden unser schönes deutsches Vaterland" (ESP 25.10.48).

Doch nicht nur „die Symbole des Sieges und der Kraft, als des Banners Merkmale", d.h. der schwarze Reichsadler im gelben Feld mit roten Fransen (ESP 25.10.48), machten den Männern Mut in Minuten des Zauderns und Zagens. Ihre Kraft wurde zusätzlich von der Liebe der stickenden Frauen genährt, die dadurch zum emotionalen Fundament der revolutionären und nationalen Bewegung wurde. Hier wird die Arbeit, für die der Feudalherr früher den professionellen Bortenmacher zu entlohnen hatte, zur ‚Liebesarbeit' der Frauen[15]. Die Fahne stellte zwischen den Empfängern, den Kriegern, und den zumeist unverheirateten Stickerinnen eine besondere symbolische Beziehung her. Wenn Hauptleute und Kommandanten der Bürgerwehr von weißgekleideten „Jungfrauen" die verhüllte Fahne in Empfang nahmen, weckte dieses Ritual Assoziationen an Verlöbnis und Hochzeit[16]. Die Brautsymbolik geht schon in den Produktionsprozeß mit ein, denn im Volksglauben besitzen Sticken und Nähen eine deutliche sexuelle Konnotation[17]. Immerhin fielen die meisten Stickarbeiten an, wenn es darum ging, die Aussteuer einer Braut anzufertigen. Im Hinblick auf ihren künftigen Status als verheiratete Frau versinnbildlichen Nadel und Faden auch die Geschlechterbeziehung. Je nachdem, wie genäht wird, begleiten Segen oder Fluch die Ehe. Selbstverständlich wird jede Braut bedacht sein, ihrem Liebsten nur das Beste ‚anzustikken', um eventuelles Unglück abzuwenden. Dies schwingt auch in den Reden bei der Fahnenübergabe mit. Mathilde Gutekunst rezitierte bei der Stuttgarter Fahnenweihe der Turner: „So nehmt denn hin das buntgeschmückte Zeichen, in Liebe ist's, in Freundschaft euch geweiht." (NT 16.5.48) Die Frau verwaltete und veredelte mit Liebe den Innenraum und stärkte den Mann, so daß dieser den alltäglichen Kampf in der feindlichen Außenwelt bestehen konnte. Diese Liebe der Frauen fand in den Fahnen ihren Ausdruck. Derart ausgerüstet konnten sie sich dann an die große Aufgabe machen, die deutsche Nation zu schaffen.

> „Dies Banner aber, das vereint wir schufen,
> Fest knüpfen soll's das neue Bruderband. –

V.2 Fahnenweihen

Von allen ward – o glaubt es uns – gewunden
In Liebe Euch der deutungsreiche Kranz,
Die Freude dran, sie kürzte uns die Stunden,
Doch Eure Freude, sie erst lohnt uns ganz." (NT 16.5.48)

Auf dem militärischen Weg zum deutschen Nationalstaat verbanden sich die Liebe der Frauen und die kriegerische Bereitschaft der Männer zu einer arbeitsteiligen, aber kampffähigen Einheit. Die „Paniere, von zarter Frauenhand geschaffen", leuchteten den Männer voran. An ihnen hafteten „mit gerechtem Stolz" die Blicke der Kämpfenden, unter ihnen hob sich „das Herz des deutschen Mannes hoch" und sie begeisterten ihn „zur unbedingten Hingebung für die Sache des Vaterlandes" (ESP 25.10.48). Dem Wehrmann blieb unter diesen Umständen nur die Alternative: „sterben oder siegen, wie sein Bruder, der Soldat" (ESP 25.10.48).

Anmerkungen:

1) Ein Fuß wird mit dem Zeichen „'" dargestellt. Ein württembergischer Fuß sind 0,28649 Meter oder 10 Zoll, wobei ein Zoll wiederum in 10 Linien eingeteilt wird. Eine Elle sind zwei Fuß, ein Zoll und vierzehntel Linien oder 0,61424 Meter. Aus: Das Königreich Württemberg. Bd. 3, Stuttgart 1884, hier S. 803.
2) Otto Busch: Die Farben der Bundesrepublik Deutschland. Ihre Tradition und Bedeutung. Frankfurt/M. 1954, hier S. 27.
3) 1813 setzte in Preußen die ‚nationale Erhebung' mit einer militärischen Mobilmachung gegen Frankreich ein. Vor allem von der deutschen Einheitsbewegung begeisterte Studenten meldeten sich scharenweise als Freiwillige, um gegen die napoleonische Fremdherrschaft ins Feld zu ziehen. Da sich aber für die Freiwilligen aus den noch unter französischer Herrschaft stehenden Gebieten rechtliche Schwierigkeiten ergaben, wurden für sie besondere Freikorps eingerichtet, die paramilitärischen Charakter trugen. In das von Major Lützow angeführte Freikorps reihten sich so bekannte Wortführer eines deutschen Einheitsstaates wie Turnvater Jahn oder die beiden nationalgesinnten Dichter Theodor Körner und Ernst Moritz Arndt ein. Auch die Gründungsmitglieder der Jenaer Burschenschaft hatten den Uniformrock des Lützowschen Freikorps getragen: schwarzer Rock, rote Aufschläge mit goldenem Eichenlaub. Große militärische Siege errang das Freikorps nie. Aber getragen von einem antinapoleonischen Nationalismus war es zum Ausdruck eines deutschen Freiheitsgefühls geworden, in dem der Wille breiter Schichten zum Ausdruck kam, künftig Bürger und nicht länger Untertan zu sein (vgl. Anmerkung 13).
4) STA Eßlingen XII, B7, 12.7.1848.
5) STA Schorndorf 24.7.1848.
6) Carola Lipp: Bräute, Mütter, Gefährtinnen. Frauen und politische Öffentlichkeit in der Revolution 1848. In: Helga Grubitzsch/Hannelore Cyrus/Elke Haarbusch (Hg.): Grenzgängerinnen. Düsseldorf 1985, S. 71–92.
7) Sabine Jebens: Das literarische Frauenbild in der Mitte des 18. Jahrhunderts – Weibliche

V.2 Fahnenweihen

Bildung und Sexualität bei Richardson und Gellert. In: beiträge zur feministischen theorie und praxis 5, 1981, S. 11–17, hier S. 12.

8) Doris Kaufmann: Äußere und innere Grenzen. Überlegungen zum nationalen Sittlichkeitsdiskurs im Deutsch-Evangelischen Frauenbund nach dem 1. Weltkrieg. In: Wiener Historikerinnen (Hg.): Die ungeschriebene Geschichte. Wien 1984, S. 62–70, hier S. 67.
9) Maureen Giovannini: Woman. A Dominant Symbol within the Cultural System of a Sicilian Town. In: MAN. The Journal of the Royal Anthropological Institute vol. 16, 1981, S. 408–426, hier S. 411–413.
10) Brigitte Wartmann: Die Grammatik des Patriarchats. Zur „Natur" des Weiblichen in der bürgerlichen Gesellschaft. In: Ästhetik und Kommunikation 47, 1982, S. 12–31, hier S. 21.
11) Hans-Peter Köpf: Fahne und Fahnenschwingen (als Volksbrauch). In: Ova minima. Tübingen 1967, S. 445–489, hier S. 454.
12) Wolfgang Emmerich: Zur Kritik der Volkstumsideologie. Frankfurt/M. 1971, hier S. 132–155.
13) Nach den Niederlagen Österreichs und Preußens von 1805 und 1806 herrschte Napoleon in Deutschland nahezu uneingeschränkt. Preußen, dessen staatliche Existenz zeitweise bedroht war, büßte rund die Hälfte seines Staatsgebietes ein, und wurde zu einem Staat mittlerer Größe östlich der Elbe. Das Vorherrschen französischer Kultur, die drückenden Lasten der französischen Besatzung, die Aushebung deutscher Truppen und das Elend der fortgesetzten Fremdherrschaft weckten bald den Widerstand gegen die napoleonische Fremdherrschaft. Vgl. dazu Reinhard Rürup: Deutschland im 19. Jahrhundert. 1815–1871. Göttingen 1984, hier S. 119f.
14) Vgl. Klaus von See: Deutsche Germanen-Ideologie. Vom Humanismus bis zur Gegenwart. Frankfurt/M. 1970.
15) Vgl. Barbara Duden: Das schöne Eigentum. Zur Herausbildung des bürgerlichen Frauenbildes an der Wende vom 18. zum 19. Jahrhundert. In: Kursbuch 47, 1977, S. 125–142; Karin Hausen: Arbeit aus Liebe – Liebe als Arbeit: Zur Entstehung der Hausarbeit im Kapitalismus. In: Frauen und Wissenschaft. Beiträge zur Berliner Sommeruniversität 1976. Berlin 1977, S. 118–199.
16) Carola Lipp u.a.: Frauen und Revolution. Zu weiblichen Formen politischen Verhaltens in der Revolution 1848 und den Schwierigkeiten im Umgang mit einem komplexen Thema. In: Wiener Historikerinnen (Hg.): Die ungeschriebene Geschichte..., S. 375–391, hier S. 386.
17) E. Hoffman-Krayer (Hg.): Handwörterbuch des Deutschen Aberglaubens, Bd. IV, Berlin und Leipzig 1934–1935, hier S. 916–937 und S. 941–948.

Carola Lipp

Liebe, Krieg und Revolution. Geschlechterbeziehung und Nationalismus in der Revolution 1848/1849

In seiner Rede auf dem Hambacher Fest am 27.5.1832 hatte der Liberale Philipp Jakob Siebenpfeiffer fast prophetisch angekündigt:
> „Es wird kommen der Tag..., wo das deutsche Weib, nicht mehr die dienstpflichtige Magd des Mannes, sondern die freie Genossin des freien Bürgers, unseren Söhnen und Töchtern die Freiheit einflößt."[1]

1848 schien es so, als ob dieser Tag gekommen wäre. Die Revolution brachte Bewegung auch in die Geschlechterbeziehung, und die revolutionäre Hochstimmung der ersten Monate veränderte den alltäglichen Umgang von Männern und Frauen. Über die Erfahrungen ihrer Mutter berichtet Isolde Kurz, die Tochter von Marie von Brunow:
> „Es schien damals, als ob ein neuer Weltenmorgen angebrochen sei, etwas festlich-frühlingshaftes ging durch die Lüfte, alle Zöpfe fielen mit einem Schlag, es gab auf einmal keine Bureaukratie und keine gesellschaftlichen Vorurteile, keine Schranken des geselligen Verkehrs zwischen den Geschlechtern mehr."[2]

Viele Konventionen wurden im ersten revolutionären Überschwang übersprungen (Kap. IV.2). Für kurze Zeit schienen die Normen verrückt. Die Beziehungen zwischen Mann und Frau erhielten durch die Zeitereignisse eine ganz neue Dimension. Die radikaldemokratische Baronesse Marie von Brunow, die spätere Frau des „Beobachter"-Redakteurs Hermann Kurz, führte 1848/49 ein ‚bewegtes' Leben. „Unbehindert konnte sie mit diesem oder jenem ihrer bürgerlichen Verehrer halbe Nächte allein auf dem Neckar rudern, in Träumen von Volksbeglückung und Menschheitsverbrüderung schwelgend."[3]

Auch soziale Grenzen wurden durchlässiger oder erschienen angesichts der gemeinsamen politischen Ziele von sekundärer Bedeutung. Marie Brunow diskutierte nicht nur mit bürgerlichen Freunden, sondern zählte unter ihren Verehrern auch den Vorstand des Eßlinger Arbeitervereins, August Hochberger. Die Ehefrauen und Töchter der Mitglieder des Demokratischen Volksvereins waren ebenso Gast bei den Turnern wie auf den Festen des Handwerker- oder Arbeitervereins. Keine Verbrüderungsfeier, bei der die ‚Schwestern' fehlten. Bei den demokratisch orientierten Organisationen wurde die Teilnahme der Frauen als Ausdruck von Gesinnungstreue und zugleich als Indiz für die Attraktivität des politischen Programms genommen. Vor allem die Turner, in der Regel junge Männer im heiratsfähigen Alter, legten auf die Anwesenheit von Frauen großen Wert. Als der

V.3 Nationalismus und Geschlechterbeziehung

Schwäbische Turnerbund im Mai 1848 in Eßlingen das „Fest der Verbrüderung" feierte, zu dem mehrere hundert Turner aus 28 Turngemeinden des Landes gekommen waren, kommentierte die Zeitung:

> „Unsere Frauen und Jungfrauen, die in neuerer Zeit grossen Patriotismus an den Tag legen, fanden sich zahlreich zu dem Festzug, beim Turnen und Nachmittags bei der geselligen Unterhaltung ein. Es war, wie gesagt, ein doppelt schöner Tag." (NT 5.5.48)

Die Revolution war ein gesellschaftliches Ereignis. Alle größeren politischen Versammlungen und Veranstaltungen mündeten meistens in gesellige Unterhaltungen oder Tanzvergnügen. Nach der Stuttgarter Fahnenweihe der Bürgerwehr z.B. fand am Nachmittag „ein wahres Volksfest" statt (Beob 26.8.48), und der Abend schloß mit einem prächtigen Ball im Redoutensaal, bei dem sich sogar Mitglieder des königlichen Hauses die Ehre gaben und mit Stuttgarter Bürgertöchtern tanzten. Gesellige Unterhaltungen, zu denen die Töchter und Ehefrauen der Vereinsmitglieder eingeladen waren, dienten für Konstitutionelle und Demokraten, Arbeiter und Turner dazu, Gleichgesinnte zusammenzuführen und die politische Geschlossenheit der Gruppe zu demonstrieren. Was für das Vereinswesen des Vormärz galt (Kap. IV.4), traf auch auf die Revolutionsjahre zu: Über politische Beziehungen knüpften sich private Bande, und umgekehrt wirkten private Beziehungen wiederum zurück auf die innere Stabilität der politischen Bewegung.

Fraglos beeinflußte die Teilnahme der Frauen die politische Stimmung der Revolutionsjahre, gab ihr jene Beschwingtheit, die damals Freiheit und Freude zum Synonym werden ließen. Das „Kränzchen" schrieb 1849 einen Artikel „Über den Einfluß der Frau auf die socialen Verhältnisse":

> „Die Gesellschaft der Frauen macht die Männer unternehmend und kühn, sie verleiht überdem Ungestüm, Frohsinn und Heiterkeit, Dinge welche ein Tyrann nicht liebt." (KR 89, 1849)

Daß Frauen die Männer politisch anspornen und vorwärtstreiben sollten, formulierte im März 1848 ein Artikel im „Neuen Tagblatt", der die „Bürgerinnen" aufforderte, dafür zu sorgen, daß der endlich erwachte deutsche Michel „nicht mehr nach der Schlafmütze... greift." (NT 12.3.48) Ziel der Frauen in der Revolution war, „die Männer und Jünglinge für den Kampf um des theuren Vaterlandes Freiheit und Wohl zu ermuntern und zu bestärken!" Dies erklärten die Gmünderinnen 1849 und forderten „unsere Schwestern in Württemberg" auf, „die Bestrebungen der Männer durch entschlossene Hingebung von unserer Seite zu unterstützen und nachhaltig zu machen" (MSP 11.6.49). Einem gemeinsamen politischen Ideal verpflichtet, fühlten sich die Frauen in der Revolution „als Genossin im Dienste des Fortschritts und der Humanität" (KR 47, 1849), so Louise Otto.

Frauen sollten und wollten „mit den Männern Hand in Hand wirken" (KR 47, 1849).

„Die zärtliche Gefährtin des Mannes" (KR 56, 1849)

1848/49 wurden Frauen aktiv, deren Frauenideal „die Gefährtin"[4] war, eine Frau, die mit dem Mann Seite an Seite ging, zum selben Ziel. Dieses Leitbild, das im liberalen und demokratischen Bürgertum des Vormärz allgemein verbreitet war, war in sich widersprüchlich und beinhaltete für die einzelnen politischen und sozialen Gruppen unterschiedliche Implikationen. Im demokratischen Milieu wurde die Gemeinsamkeit von Mann und Frau als gesellschaftliches Gegenmodell zu Autokratie und Despotismus (KR 89, 1849) verstanden. Ein egalitäres Geschlechterverhältnis erschien als Voraussetzung für die zu erkämpfende demokratische Gesellschaft. Die Idee der Frau als Gefährtin stand in der Tradition der aufklärerischen Naturrechtslehre, die von einer natürlichen Gleichheit der Menschen ausging, und die Mann und Frau als gleichermaßen vernunftbegabte Wesen und von daher als ebenbürtig betrachtete. Von einem Teil der liberalen und demokratischen Bewegung wurde die Befreiung der Frau aus der Vormundschaft des Mannes (Kap. IV.4) analog gesehen zu bürgerlichen Bestrebungen, sich vom patriarchalisch-bürokratischen Anstaltsstaat des Spätabsolutismus zu lösen. Politisch wirksam wurde diese Vorstellung vor allem auf der Ebene des Privatrechts; in mehreren deutschen Staaten z.B. war in den ersten Jahrzehnten des 19. Jahrhunderts die Geschlechtsvormundschaft aufgehoben worden.

Eine differenzierte und problembewußte Einstellung gegenüber Frauen gehörte im Vormärz zum intellektuellen Habitus des (sich selbst für fortschrittlich haltenden) Bürgertums, selbst in jenen Kreisen, die eigentlich die rechtliche Gleichstellung der Frauen im öffentlichen Leben ablehnten. So konnte es sich der Verfasser des Artikels „Frauenleben, Frauenemanzipation" im Brockhaus von 1839 leisten, seine Sensibilität gegenüber der Frauenfrage zu zeigen, indem er eingestand, „daß dem weiblichen Geschlecht häufig Unrecht geschehen ist... unter uncultivierten Völkern nach einem allgemeinen Übereinkommen, unter cultivirten aber auf dem Wege der individuellen Willkür..."[5]. Das Verhältnis von Mann und Frau erschien in dieser Zeit der nationalen Selbstfindung als Gradmesser für die Zivilisiertheit und Kultiviertheit einer Nation. „Wo das Weib die Sclavin des Mannes, wo sie ohne höhere Liebe an ihn gefesselt, wo sie ausgeschlossen ist vom höheren Leben, wo sie keine berathende Stimme hat im Familienverband der Nation, da gibt es keine Kultur", hieß es programmatisch im Artikel „Frau" des „Damen Conversations Lexikons"[6].

Aus diesen Konzepten einer neuen Geschlechterbeziehung entsprang allerdings

V.3 Nationalismus und Geschlechterbeziehung

nicht die Idee der völligen rechtlichen und sozialen Gleichstellung der Frauen. Frauenemanzipation wurde in Deutschland (Kap. IV.4) oft nur auf den engen häuslichen Bereich bezogen. Die Vorstellungen von der Gleichwertigkeit von Mann und Frau mündeten lediglich in die Forderung nach der „Emanzipation der Frauen aus dem ehemännlichen bzw. väterlichen Regiment"[7]. „Das Weib muß frei, geachtet, dem Manne gleich gestellt sein, soll es eine gute Hausfrau werden", schrieb so das 1835 erschienene, offensichtlich von Liberalen verfaßte „Damen Conversations Lexikon"[8]. Erst Demokratinnen wie Louise Otto forderten 1848/49 die Gleichstellung der Frauen in allen öffentlichen politischen Bereichen, denn ihrer Ansicht nach konnte nur „bei gleicher Berechtigung... das Weib die zärtliche Gefährtin des Mannes sein" (KR 47, 1849).

Das Leitbild der Gefährtin hatte die Beziehung zwischen den Geschlechtern verändert. Für Frauen hatte sich dadurch einerseits der traditionelle Handlungsspielraum vergrößert, zugleich aber wurden damit auch neue Verhaltenszumutungen an sie herangetragen. Eine Frau sollte nicht mehr nur Haushälterin, Gebärerin und „Pflegerin des Gatten und seiner Kinder" sein, „sondern auch Freundin, Vertraute, Rathgeberin, eine Stütze bei schwierigen Verhältnissen"[9]. Dies galt auch für den Bereich der Politik. „Ein Weib", auf das sich Männer in ihren „Kämpfen für (ihre) Überzeugung" stützen können und keine, die sich „wie Blei an eure Thatkraft hängt", wünschte sich ein schwäbischer Demokrat 1847 (RMC 5.11.47). Damit waren Anforderungen formuliert, die sich auf die Geschlechterbeziehung und den politischen Verhaltensspielraum von Frauen 1848/49 auswirkten.

Die „zärtliche Gefährtin" war dem Mann in Liebe verbunden. An die Stelle der weiblichen Unterordnung unter die männliche Gewalt und die durch die Ehe gebotene leidenschaftslose und praktische Zuneigung der Eheleute war eine gefühlvolle Beziehung getreten. Über die „Gattin" schrieb das „Damen Conversations Lexikon": „Sie ist die Gefährtin dessen geworden, den ihr Herz erwählt, mit dem sie Seele um Seele getauscht, dem sie sich für ewig zu eigen gegeben."[10] Das Ideal der „liebend dem Mann zugewandten Kameradin"[11] war eine Synthese zwischen der egalitären Geschlechterkonzeption der Aufklärung und der romantischen Idee der freien Liebe. Die Ehe wurde nicht mehr als gesellschaftlicher Zweckvertrag definiert, sondern als die Vereinigung zweier Liebender. Statt materieller Interessen zählte nun der Gleichklang der Seelen[12]. Ein freies Liebesbündnis ohne formalrechtliche Bindung propagierten und lebten im Vormärz radikaldemokratische Intellektuelle im Umkreis des „Jungen Deutschland". Der Begriff der Liebe war in dieser Denktradition eng mit dem der Freiheit verknüpft, im Unterschied zur späten Romantik, die sich inzwischen wieder zur Ehe bekannte[13].

Die Idee einer auf Liebe beruhenden Beziehung zwischen Mann und Frau hatte im Vormärz Eingang in das Denken der Liberalen, z.T. auch der Konservativen gefunden. Die Verheiratung von Frauen aus Rücksicht auf Standes- und Familieninteressen, die sogenannte Konvenienzehe, stieß zunehmend auf Ablehnung. „Freie Gattenwahl" wurde als ein wesentliches Persönlichkeitsrecht der Frauen begriffen[14]. Liebe legitimierte in diesen bürgerlich-liberalen Theorien allerdings nicht den Ausbruch aus dem rechtlichen Rahmen der patriarchalen Familie, sondern sollte im Gegenteil diese stabilisieren und festigen. Dies wird besonders deutlich bei Rotteck und Welcker, die unverhohlen von der „Obergewalt des Mannes" in der Familie ausgingen. Die Liebe erscheint bei ihnen funktionalisiert, sie dient „zur Milderung solcher unvermeidlicher Herrschaft des Mannes"[15]. In dieser pragmatischen Transformation des Liebesbegriffes spiegelte sich die reaktionäre Wendung wider, die der Begriff in der Restaurationszeit bekommen hatte. Verurteilte die frühe Romantik, in diesem Fall Friedrich Schlegel, noch die „Freiheit mordende grenzenlose Hingebung"[16] der Frauen, wie sie in den empfindsamen Romanen des späten 18. Jahrhunderts geschildert wurde, pries die Spätromantik diese als Ideal. Liebe bedeutete bei Chamisso Unterwerfung der Frau. In seinem 1828 geschriebenen Versepos „Lebens-Lieder und Bilder" läßt er die junge Ehefrau zu ihrem Gatten sagen: „Dein Kind, dein Weib, dein Liebchen und Deine Magd und Dein! Mein theurer Herr, mein Gebieter, Du Vielgeliebter mein!"[17]

Der egalitäre Geschlechterdiskurs wurde durchkreuzt von einer in der Konsequenz konservativen Vorstellung vom Wesen der Frau, in der sich die deutsche Rezeption Rousseaus mit der den Romantikern eigenen Verklärung des Weiblichen mischte. Den sich selbst als rational definierenden Männern erschienen die Frauen als die Verkörperung des Emotionalen. „Eigentliches Gefühl haben nur die Frauen", meinte z.B. Friedrich Schlegel[18]. Wie ein Leitmotiv zog sich diese „Definition des weiblichen Geschlechtscharakters", wie es Karin Hausen nennt, durch die Literatur und Philosophie des frühen 19. Jahrhunderts. „Liebe ist ihr Wesen, Liebe soll der Anfang und Liebe das Ende ihres Lebens seyn", schrieb Arndt in der Nachfolge von Fichte[19], und was die deutschnationale Literatur 1813 formulierte, wurde 1847 von den Liberalen wiederholt. „In der Liebe", so der Liberale Welcker, „gibt das Weib sich ganz hin und macht sie zum Zielpunkt seines Lebens."[20] In der Konsequenz bedeutete diese Zweckbestimmung der Frau zur Liebe völlige Selbstaufgabe und den Verlust weiblicher Identität, dies hat bereits Barbara Duden am Beispiel von Fichtes „Deduction der Ehe" aus dem Jahr 1796 gezeigt. Ähnliches läßt sich bei den liberalen Theoretikern des Vormärz feststellen. Für Welcker ist die Frau bereits keine Person mehr, sondern „das Mitwesen eines geliebten Andern", „eins mit ihm, wie rankend Immergrün an der Eiche"[21].

Die Idee der liebend dem Mann zugewandten Frau war in sich doppelbödig. Dies tritt nicht zuletzt in der Geschlechtermetaphorik der Revolutionszeit zutage. Das Bild der Gefährtin bewegte sich zwischen den Polen einer freiheitlich

V.3 Nationalismus und Geschlechterbeziehung

demokratischen Geschlechterbeziehung und liebender Selbstlosigkeit, wobei die Grenzen oft fließend waren. Welche Seite angesprochen wurde, wechselte mit den jeweiligen Zielen der Revolution und mit der politischen Position der Handelnden.

„Für Freiheit, Vaterland ... Für Freundschaft, Lieb' und Freude"[22]

In der demokratischen Bewegung des Vormärz war die Beziehung zwischen Männern und Frauen ins Pathetische überhöht. Eifrig sangen die liberalen und demokratischen Liederkränze in der Tradition der deutschen Klassik das „Frauenlob". Programmatisch dafür ist ein Lied von Hermann Kurz, dem späteren Ehemann von Marie von Brunow, das 1845 auf dem Herrenberger Liederfest erklang:

„Doch gilt's die deutschen Frau'n zu preisen,
Da kommt's am vollsten aus der Brust,
Und tönt wie helle Siegesweisen,
Und überströmt von Stolz und Lust."[23]

Eine solche emphatische Hinwendung zu den Frauen finden wir auch immer wieder während der Revolution. Aus diesem Selbstverständnis heraus wandten sich vor allem die Demokraten in den ersten Märzwochen mit pathetischen Aufrufen an die „deutschen Frauen und Jungfrauen" (Kap. IV.3 und V.1), die nicht minder enthusiastisch darauf reagierten. Die Revolution war verbunden mit einem heute nur schwer nachvollziehbaren Gefühlsüberschwang und einer euphorischen Form der Geschlechterbeziehung. Politische Befreiung und nationale Vereinigung wurden antizipiert in einer Befreiung der Emotion[24]. In der Generation jugendlicher Demokraten und Sozialisten – nicht in der damals schon überalterten liberalen Elite des Vormärz – wirkten Vorstellungen einer romantisch gewendeten Empfindsamkeit nach, für die Liebe der Schlüssel zu gesellschaftlicher Freiheit und Glück war. „In Liebe" war der „deutungsreiche Kranz gewunden", mit dem die Frauen den Sitzungssaal der Nationalversammlung schmückten und den die Stuttgarterinnen auf die Fahne der Turner stickten. Als Bürgerkronen (corona civica) erinnerten diese Kränze aus Eichenlaub einerseits an die demokratische Tradition der römischen Republik[25]. Andererseits stand die Eiche als ‚deutscher Baum' für die nationale Gesinnung der Frauen. Einen „Kranz des heiligen Laubes" überreichten bei Klopstock „die Jungfrauen" dem siegreich aus der Schlacht heimgekehrten Hermann, dem „Befreyer des Vaterlandes"[26]. Im festlichen Dialog der Geschlechter symbolisierte der Kranz zugleich die Fruchtbarkeit dieser revolutionären Generation. „Und wie sich dort der grüne Kranz der Eichen auf Eurer Fahne epheugleich verschlingt", wünschte Mathilde Gutekunst den Stuttgarter

V.3 Nationalismus und Geschlechterbeziehung

Turnern bei ihrer Fahnenweihe, „so mögt auch Ihr im Leben euch verzweigen" (NT 16.5.48). Nicht zufällig waren es die demokratisch orientierten Turner, die auf ihren Feiern immer wieder die Liebe beschworen. Das folgende, von einer Frau vorgetragene Gedicht verquickt aufs innigste Liebe und nationale Einheit. Es stammt von dem Stuttgarter Turner und Arbeitervereinsführer Ferdinand Braun, dem späteren Vorsitzenden der württembergischen Arbeiterverbrüderung.

„So nehmt denn hin, das buntgeschmückte Zeichen,
in Liebe ist's, in Freundschaft Euch geweiht...
Sey's Euch ein Zeichen, daß die Deutschen
Der Eintracht Band jetzt mehr und mehr umschlingt,
Sey's Euch ein Zeichen, daß auch deutsche Frauen
Noch deutscher Sinn für Deutschlands Heil durchdringt.
Doch sey es auch ein Zeichen heil'ger Treue,
Die treu vereintem Streben jetzt ihr schwört;
nur Brüdersinn, nur Liebe gilt die Weihe,
Die hoch allein den Turner ziert und ehrt." (NT 16.5.48)

Frauen und Männer sahen sich in der demokratischen Bewegung liebend verbunden. Diese intensiven Gefühle standen einerseits ganz in der Tradition des damals in Intellektuellen-Kreisen praktizierten Freundschaftskultes[27]. Freundschaft bedeutete dabei in erster Linie die gegenseitige „Zuneigung verschiedener Personen, welche durch Übereinstimmung der Gefühle und Gesinnungen erzeugt wird" – so die 1843 erschienene Gynäologie, ein Handbuch zum „Geschlechtsleben in seinem ganzen Umfange... zum Wohle der Staatenbürger"[28].

Im Unterschied zu den Freundschaftsbünden des 18. Jahrhundert[29] schwangen 1848/49 aber durchaus erotische Untertöne mit. Freundschaft und Geschlechterliebe waren in der (eher romantischen) Gesinnungsgemeinschaft von Mann und Frau 1848/49 nicht immer scharf getrennt. Der „Demokrat" mit seiner Geliebten war im Positiven wie im Negativen ein festes Stereotyp der Revolution, das von den Demokraten selbst, aber auch von ihren Gegnern immer wieder zitiert wurde (Kap. III.1). Daß die demokratische Paarbeziehung dabei für ein politisches Konzept stand, illustriert die Karikatur „der König und der Demokrat". Mit wildem Bart, Heckerfeder am Hut und seinem Mädchen am Arm, das „ihn liebend" anlacht, erscheint der Demokrat und die mit ihm einige Freundin als Antipode des nur von Unterwürfigkeit umgebenen Monarchen.

Liebe wird in der Revolution 1848 zum „Medium", zum kommunikativen Code[30], mit dem sich Männer und Frauen gegenseitig ihrer politischen Gesinnung versicherten und die Tiefe ihres politischen Engagements ausdrückten. Die von den Frauen gestickten Fahnen waren „Zeichen", daß auch die „Herzen" der Frauen „warm für die Sache schlagen, der ihr Euer Streben weiht" (ESP 27.9.48). Privates Erleben und Gefühl wurden auf den Revolutionsfeiern öffentlich zele-

V.3 Nationalismus und Geschlechterbeziehung

Der König und der Demokrat.

Mit einem König ein Demokrat
Den Bergesgipfel zugleich betrat.
Der König breitet die Arme aus
Und schaut vergnügt ins Land hinaus:
„Dies Alles ist mir unterthan.
So weit mein Auge schauen kann,
Gab Gott das Volk in meine Hand,
Als mich seine Gnade zum Herrscher ernannt.

Den König umgeben seine Lakai'n,
Um seines Winks gewärtig zu sein
Und seine Befehle rasch zu vollzieh'n
Umstehen sie ehrfurchtsvoll schweigend ihn.

Der Demokrat zog aus der Tasch'
Zur Stärkung seine Reiseflasch',
Die freundlich er der Geliebten bot
Mit einem Stücklein Roggenbrod.
Das Mädchen lacht ihn liebend an
Und nimmt des Freundes Gabe an.
Da lieblich der Vögel Waldgesang
Zu ihrem bescheidenen Mahle klang.

„Wer ist dort in der Näh' der Mann,"
So herrscht der König den Diener an,
„Der mit bedecktem Haupte hier
Versagt die geziemende Ehrfurcht mir?
Geht, fraget ihn nach seinem Stand,
Nach seinem Namen und Heimathland
Und sagt ihm, daß es der König wär'
Der dies von ihm zu wissen begehr'."

360

Und nieder auf die Kniee sinkt
Der Demokrat; die Sonne blinkt
In Purpurfeuer auf die Höh'n,
Daß wie in Flammen die Wälder steh'n.
Und aus dem Thale zum Bergeswald
Des Abendglöckleins Ton erschallt.
Die ganze Schöpfung ein Gotteslied,
Das rings in Himmelsfunken erglüht.

Da reißt es auch den König hin
Zur Andacht; beten hört man ihn:
„O Herr erhalte mir mein Reich,
Von meinen Unterthanen weich'
Der Freiheitsschwindel, der Geist der Zeit,
Der Feind meiner Macht und Herrlichkeit,
Bewahre meinem Königsgeschlecht
Durch deine Gnade das Herrscherrecht.

Der Andre betet: Herr, mein Gott,
Nimm von den Brüdern der Knechtschaft Noth,
Gieb ihnen die Freiheit Menschen zu sein
Und das Recht, sich frei Deiner Welt zu freu'n.
Sind wir vor dir doch Alle gleich,
Mein Herr und Gott! Zukomme dein Reich;
Denn Dein ist das Reich und die Herrlichkeit,
Und dein die Kraft in Ewigkeit."

Den Arm reicht dem Liebchen der Demokrat,
Als abwärts er vom König trat,
Der König stieg von der andern Seit'
Den Berg hinab mit seinem Geleit'.
Zum Abschied fündete Schuß auf Schuß
Aus Böllern dem Volke den Königsgruß.
„Hör'", spricht das Mädchen, „ich glaube n'icht,
Daß Gottes Gnade aus Böllern spricht."

(Die Wespe Nr. 1, 1851. Neuherausgegeben von Alfred Estermann. Vaduz 1981)

V.3 Nationalismus und Geschlechterbeziehung

briert oder, anders betrachtet: rationales politisches Handeln intimisierte sich zusehends in der bürgerlichen Revolution[31].

Die Geschlechter verband ein „für Deutschlands bessere Zukunft begeistertes Gemüth" (MSP 11.6.49). Die Nation erschien als Gemeinschaft der „patriotisch fühlenden Herzen" (MSP 11.6.49). Indem Mann und Frau in geradezu religiöser Weise „entflammt"[32] waren für die gemeinsame Sache, für das höhere Ziel der nationalen Einheit, erfuhr die erotische Beziehung zwischen den Geschlechtern ihre Überhöhung und Sublimation in der Vaterlandsliebe. Dies kommt besonders in der politischen Laienlyrik zum Ausdruck. Mit einem Gedicht über „das Erwachen des deutschen Reichsadlers" wandte sich in Gmünd ein unbekannter Verseschmied direkt an die Frauen.

„Drum auf ihr lieben Mädchen
Müßt patriotisch sein!
Und liefert für den Adler
Die goldnen Ringlein ein.
Der Adler ist ein treuer
Und zuverlässiger Mann
Er ist der beste Freier,
Den man nur haben kann.
Dann machet man dem Adler
Ein güldnes Hochzeitskleid
Und ihr habt einen Liebsten
Für jetzt und Ewigkeit." (BvR 26.4.48)

In dieses Bild der ‚ewigen Hochzeit'[33], in dem die Liebe zur Nation ihren Höhepunkt erreicht, fließt eine Religiosität ein, die bereits den Liebesbegriff der Romantik kennzeichnete. Für Schleiermacher z.B. war Liebe „das Anschauen des Ewigen im Zeitlichen"[34]. Für das fortschrittliche Bürgertum des 19. Jahrhunderts, das auf gesellschaftliche Veränderung drängte, war Liebe die schaffende Kraft. So schreibt das „Damen Conversations Lexikon":

„Alles Erhabenen Schöpferin ist aber die Liebe, die in beiden Geschlechtern vereint als eine heilige Opferflamme zum Himmel emporlodert, von wannen sie der Zeitgeist seinen Kinder gesendet,...".[35]

Auf der religiösen Begründung der Liebe schließlich beruht auch der Gedanke des Opfers[36], der mit dem der Liebe einherging. In der Revolution überlagerte sich dabei die weibliche Hingebung für das Vaterland mit der Selbstaufgabe in der Geschlechterbeziehung.

„(...) entäußert einen Theil eures unnötigen Schmuckes, denn ihr dürft gewiß sein, daß euch nichts schöner ziert als die Liebe, die Aufopferungsfähigkeit für das Vaterland; die begeisterte Achtung und Liebe aller freigesinnten Männer, das edle Bewußtseyn, sagen zu können: auch ich habe Teil an eurer schönen That, wird euer Lohn sein...". (BvR 12.5.49)

Liebe spielt aber auch im Kontext demokratischer und sozialistischer Ideen eine wichtige Rolle[37]. Liebe bedeutete für die deutschen Idealisten und ihren teleologischen Sozialismusbegriff die utopische Vorwegnahme einer besseren Gesellschaft. In einem Artikel über Feuerbach schreibt 1845 Karl Grün:

> „Die Einheit von Ich und Du (die Vereinigung des Menschen mit dem Menschen) ist Gott', ruft Feuerbach aus, d.h. der Socialismus die wahre Vergesellschaftung ist das Höchste, wozu es dieses Geschlecht bringen kann... Der Socialismus aber... ist das Leben der zu Verstand gebrachten Liebe."[38]

Aus der Perspektive bürgerlicher Individualität und romantischen Gemeinschaftsdenkens schuf die Liebe die innere Verbindung zwischen den einzelnen Mitgliedern der Gesellschaft. Liebe war dabei zugleich eine Metapher für Gleichheit.

> „Nicht von Politik nach außen oder innen soll hier die Rede sein. Aber von dem Verkehre der Bürger unter Bürgern, von dem freundnachbarlichen Sinne der Bewohner von Städten und Dörfern, von der freien und freudigen Achtung vor den Gesetzen und Institutionen des Vaterlands, von der Liebe und Eintracht der Bürger und ihrem brüderlichen Zusammenhalten in Freud und Leid."[39]

Der Nationalismus der Vormärz- und Revolutionsjahre war im Vergleich zur zweiten Hälfte des 19. Jahrhunderts noch eng verbunden mit Freiheits- und Gleichheitsideen[40]. Nur in der Freiheit konnte sich demnach Liebe entwickeln, und die Demokraten waren unter Umständen auch bereit, dafür das Vaterland aufzugeben[41]. Die Liebe, die 1848 das „Vaterland umschlingt" (ESP 11.10.48), war im Unterschied zum frühen Nationalismus der Befreiungskriege eine bürgerlich-demokratische. Zwar wurde bereits 1813 die Nation als „Brüderbund" definiert, doch knüpfte diese Vorstellung eher an religiöse und pietistische Gemeinschaftsideen an, als an demokratische. Nationale und bürgerliche Freiheit wurden damals nicht zwangsläufig antifeudal gedacht[42].

Inwieweit Frauen als Personen, die kein Bürgerrecht besaßen (Kap. IV.4), in diesem Bruderbund der Nation mitgedacht wurden, hing im wesentlichen von der politischen Position der Männer – und der Frauen ab, denn auch Frauen identifizierten sich mit dieser Idee, wie ihre Teilnahme und ihre Rezitationen auf den Fahnenweihen (Kap. V.2) zeigen. Außerhalb Württembergs, im demokratischen Mainz gab es z.B. Turneraufrufe, die in die Vision einer brüderlichen Gesellschaft Frauen miteinschlossen.

> „Des Mannes körperliche Kraft, der Geist der Menschheit und die edle, reine Frauenliebe, dieses Göttliche des Weltalls, diese drei Elemente des Seins vereinten sich durch die Tat und den gemeinsamen Glauben zum schönen Bruderbunde einer Bevölke-

V.3 Nationalismus und Geschlechterbeziehung

rung, die nicht Stand, Alter, nicht Geschlecht ausschließen will von dem heiligen Bund der Freiheit."[43]

Als ontologische Größe, als „Element des Seins" wird die Liebe der Frauen der Kraft des Mannes und der Vernunft gegenübergestellt. Auch im Denken der demokratischen Bewegung fand also die polare Definition der Geschlechtscharaktere ihren Widerhall. Frauen wurde Liebe und Gefühl als spezifische weibliche Qualität zudiktiert, und zugleich wurden sie in ihrer Emotionalität romantisch überhöht. Ihre Gegenwart ‚verklärte' die Politik, sie „verschönerten" die politischen Feiern und brachten damit – ganz im Sinne der romantischen Auffassung des Weiblichen – Poesie in den rationalen politischen Alltag. Diese Bestimmung der Frau als „Mitfühlende" wird noch deutlicher in den Niederlagen der Revolution, wo Frauen pflegend und unterstützend den Männern zu Hilfe eilten. Bei der Trauerfeier für Robert Blum waren es „die trauernden Frauen in der Mitte des Zuges", die die allgemeine Stimmung der Totenfeier ausdrückten (Beob 24.11.48).

Gemeinsam mit den Männern gingen die Frauen 1848/49 in der Hingabe an das höhere Ziel der nationalen Einheit und Demokratie auf. Frauen wollten nur „Theil" haben „an der großen Weltenerlösung, die der ganzen Menschheit... Glück, Einheit, Freiheit und Gleichheit bringen" sollte (ESP 19.10.50). Diesem allgemeinen Zweck ordneten Frauen ihre eigenen Interessen unter. Ihre politische und seelische Allianz mit den Männern hinderte sie daran, an die eigene Emanzipation zu denken. In der reaktionären, gegen jedes Emanzipationsstreben der Frauen gerichteten Polemik Wilhelm Riehls aus den 1850er Jahren steckt so ein Stück Wahrheit.

„Von selber verfällt eine deutsche Frau noch nicht auf den Gedanken der ‚Emancipation der Frauen'... Erscheinungen wie die russischen Nihilistinnen oder geistesverwandte Pariser Bürgerinnen muthen uns Deutsche doch gottlob noch sehr ausländisch an. Das Weib hält die natürlichen Stufenfolgen im Familienleben und den Gesellschaftsgruppen streng auseinander, nicht aus politischem Bewußtsein, sondern aus Instinkt. Es hat die Selbstbeschränkung auf einen engen Kreis im Hause kennen gelernt; es wird nur vollgültig, indem es sich eins weiß mit einem Mann."[44]

Die Idee der Komplementarität („Nicht das Weib, nicht der Mann allein drücken die menschliche Natur aus; nur Mann und Frau vereinigt bilden den vollkommenen Menschen."[45]) besaß eine Entsprechung auf dem Gebiet der Politik. Die Familie, auf der der Staat nach der damaligen politischen Theorie gründete[46], wurde als organische Einheit von Mann und Frau gedacht. In der Ehe als Bindeglied zur Gesamtgesellschaft wurzelte der „wahre Patriotismus"[47].

„Vaterlandsliebe, Erfüller aller Staatspflichten, echter Bürgersinn, Nächstenliebe und reine Menschlichkeit sind die Springröhren, die aus der heilsamen Quelle der Ehe sich ergießen. Wer durch kein liebendes ihm ganz angetrautes Wesen an die Mitmenschheit, an die bürgerliche Gesellschaft gekettet ist, wird selten ein eifriger Bürger und selten ein eifriger Patriot sein." (KR 54, 1849)

Für den Mann war die ihm liebend zugewandte Frau das Medium seiner bürgerlichen Vervollkommnung, wie umgekehrt die Frau erst durch die Heirat „Bürgerin" und damit „wesentliches Glied der Gesellschaft"⁴⁷ wurde. Die Liebe war in der, 1849 in der württembergischen Frauenzeitung das „Kränzchen" veröffentlichten, konservativen Ehephilosophie weitgehend entsexualisiert. „Aber nur die Liebe, die nach Höllenfahrten und Fegefeuerproben heißer Sinnlichkeit in das Himmelreich der Ehe eingeht, verdient Liebe in der wahren Bedeutung des Wortes genannt zu werden." (KR 54, 1849)

Der konservative Diskurs, der die gesellschaftliche und soziale Vervollkommnung der Frau an ihre natürliche Zweckbestimmung band, Mutter und Gattin zu sein (Kap. III.2), überdauerte die Revolution. Die Idee der Komplementarität der Geschlechter führte, wie Karin Hausen ausführlich gezeigt hat, zur Beschränkung der Frau auf biologische und häusliche Funktionen und in der Konsequenz zur Aufrechterhaltung männlicher Rechtsprivilegien⁴⁸. 1848/49 schien diese Seite des Geschlechterverhältnisses allerdings für eine kurze Zeit in den Hintergrund getreten; die Euphorie des politischen Umbruchs ließ die „Gefährtinnen" vergessen, daß brüderliche Freiheit keineswegs ihre Freiheit beinhaltete. Wie weit Frauen in der demokratischen Bewegung diese konservativen Ansichten aufnahmen und lebten, ist eine offene Frage. Möglicherweise existierten im deutschen Bürgertum je nach politischer Couleur auch unterschiedliche geschlechtliche Beziehungsstrukturen und Lebensstile⁴⁹.

„Rüstet euch zum Kampfe,..."⁵⁰.
Frauen und Krieg

Ein wesentliches Argument, mit dem der Anspruch auf politische Rechte für Frauen zurückgewiesen wurde, war neben der Sorge um den Verlust der Weiblichkeit ihre mangelnde Wehrhaftigkeit. Mit Politik verband sich die Vorstellung des Kampfes und des Krieges; Leidenschaft – im Unterschied zur passiven Anteilnahme – wurde als Charakteristikum der politischen Diskussion betrachtet. Das „Staatslexikon" schrieb 1847 unter dem Stichwort „Geschlechterverhältnisse":

„Soll eine weiter fortschreitende Civilisation uns wirklich dahin führen, die Unterordnung der Frau unter den Mann, und somit auch alle Festigkeit des Ehebandes und das wahre Familienleben aufzugeben, dahin, daß wir statt der Weiblichkeit, Keuschheit und Schamhaftigkeit der Frauen, ihre gleiche unmittelbare Theilnahme an unseren öffentlichen Wahl- und Parlamentsversammlungen und an den Staatsämtern,

V.3 Nationalismus und Geschlechterbeziehung

überhaupt an allen männlichen Bestrebungen und Kämpfen, auch den kriegerischen, als ihre höchsten Ehren und Güter ansehen sollen?... Und wollten sie wirklich auch im Kriegsheere leichte Dienste und Übungen übernehmen wie die Männer, und in den Casernen, Wachtstuben, auf den Märschen und Heerlagern mit diesen vermischt? Sollte wirklich diese Vermischung und ebenso die mit den Männern aller Stände in den oft leidenschaftlichen Wahl- und Parlamentskämpfen der Weiblichkeit ebensowenig Eintrag thun ,als das Zuhören in Concerten, Theatern und Kirchen'?"[51]

In einer Nation, die ihre Identität im Krieg gefunden hatte, im Kampf gegen die napoleonische Fremdherrschaft, mußte die Frage des Kriegsdienstes zentral erscheinen. Der für das Vaterland kämpfende Bürger war der „wahre Patriot". Nicht nur Deutschnationale wie der Stuttgarter Literaturkritiker Wolfgang Menzel[52] rasselten mit dem Säbel gegen Frankreich, auch unter den Demokraten war die Vorstellung eines erneuten Krieges den ganzen Vormärz über virulent. Das folgende Lied von Karl Pfaff, einem Demokraten, der seit 1827 Vorsitzender des schwäbischen Sängerbundes und 1848 im Vorstand des Eßlinger Volksvereins war, ist keineswegs eine Ausnahme, sondern für das Denken der Zeit repräsentativ.

„Dir haben wir geschworen,
O Vaterland, im Kampfe fest zu stehen,
Für Dich, wenn's gilt, auch in den Tod zu gehen.
Dir weih'n wir uns, du heilige Muttererde,
Für Dich sind wir zu kämpfen stets bereit;
Sey's mit dem Wort, sey's mit dem scharfen Schwerte."[53]

In der politischen Laiendichtung und in den Reden der Vormärz- und Revolutionsjahre gewann – in trivialisierter Form – das Gedankengut der patriotischen Kriegslyrik des 18. Jahrhunderts und der Befreiungskriege neues Leben[54]. Die Idee des „Todes für das Vaterland", geboren im Zeitalter der Aufklärung, verherrlicht in Klopstocks bluttriefenden Oden und in den Befreiungskriegen zum nationalen Opfer erhoben, vereinigte (bei aller sonstigen politischen Differenz) Royalisten wie Republikaner. Das „mourir pour la patrie" wurde in Erinnerung an die französische Revolution auch von den Demokraten besungen; Freiligrath begrüßte mit diesem Ruf 1848 die europäischen Revolutionen, und Herwegh erklärte die Erkämpfung der Freiheit und Republik zum „letzten", zum „heiligen Krieg"[55]. Dieses Amalgam von Freiheits-, Schlacht- und Todesvorstellungen kennzeichnete auch die Fahnenweihreden des Jahres 1848. Zitiert ist hier ein Fahnenweihgedicht des deutschkatholischen Pfarrers (Kap. IV.2) und Organisators des Ulmer Arbeitervereins Friedrich Albrecht:

„Dann – will man ein Recht uns schmälern
Das dem freien Volk gebührt
Dann zeig' unsre Kraft sich stählern

Bis die Freiheit triumphirt!
Und ist einst von allen Seiten
Rings die Kriegesflamm entbrannt,
Zieht der Wehrmann aus zu streiten
Für sein deutsches Vaterland
Wo die Todeskugeln fliegen,
drängt es ihn zu kühner That!" (ESP 25.10.48)

Die Begeisterung für's Kriegerische läßt sich bereits im Vormärz beobachten. Gerade dem Bürgertum, dem höhere Ränge im Militär verschlossen blieben, war es ein Anliegen, sich Insignien der alten feudalen Macht anzueignen und in Habitus und Gestus Formen militärischer Präsentation[56] und Prachtentfaltung nachzuahmen. In den 1820er Jahren waren in den meisten Oberamtsstädten sogenannte Bürgergarden entstanden, und die Liederkränze gefielen sich in martialischen Gesängen und paradeähnlichen Aufmärschen. 1836 ärgerte sich der württembergische König nach einem Sängerfest so über das militärische „Schaugepränge", daß er eine Untersuchung über den Bestand an Vereinsfahnen einleitete[57]. Ebenso wie Frauen in den Chor „Soldaten ziehen hinaus" (ESP 17.2.49) einstimmten, waren es Frauen gewesen, die den Männern diese Leitzeichen verehrt hatten. Abgesehen davon, daß die Fahnen bei den überregionalen Sängerfesten als lokales Erkennungszeichen dienten, sollten sie „wie im Altherthume des Ritters Stolz und Zier" die Sänger „zum Ruhme" führen[58], und sei es nur im Wettsingen. Militärische Rituale waren auch im Alltag der Revolution präsent. Der „Zapfenstreich am Abend", die „Tagwache von den Tambours der Bürgerwehr" morgens um halb sechs Uhr oder „Kanonenschüsse" gehörten fast zu jedem Fest in diesen Jahren. Mit einer Morgenpredigt im Freien und dem Aufmarsch der Bürgerwehr gemeinsam mit den obligaten Jungfrauen ähnelte die Eßlinger Feier zur Wahl des Reichsverwesers (ESP 15.7.48) einem Feldgottesdienst.

Die Freude am Militärischen und die Lust am Marschieren stehen in einem merkwürdigen Gegensatz zu dem häuslichen Bürgerbild, das mit der Zeit des Biedermeier und des Vormärz in Zusammenhang gebracht wird. Obwohl diese kriegerische Seite des Bürgerlebens 1848 dominant war, hat ihr die Forschung bisher kaum Aufmerksamkeit geschenkt[59]. Umso wichtiger ist dieses Thema jedoch für die Frauenforschung. Die Selbstdefinition des nationalen Bürgertums über den Krieg schuf nicht nur ein bestimmtes Bild der Männlichkeit, sondern konstituierte zwischen den ‚Kriegern' und den Frauen eine besondere Beziehung (Kap. V.2). In der Definition des kriegerischen Mannes setzte sich in gleicher Weise wie bei den Frauen die Idee eines ‚natürlichen' männlichen Geschlechtscharakters durch. Für Schlegel z.B. repräsentierte der Mann den „Tod", die Frau dagegen das „Leben". Genauso wie Frauen die Liebe verkörperten, galt „echter Haß (als) das innerste Wesen der Männlichkeit"[60]. In diesem Gedanken trafen sich Romantik und Klassik: „Feindlich ist des Mannes Streben mit zermalmender Gewalt", dichtete schon Schiller in „die Würde der Frauen" (Kap. III. 1). Alles was in der Natur mit „Stärke, Gewalt, Macht und Fruchtbarkeit" assoziiert wurde, schien den Zeitgenossen damals „männlichen Geschlechts"[61] zu sein. Die Liberalen, die hier unbekümmert Jahns Volkstumsideologie[62] wiederholten, sahen dabei durchaus, daß „männliches Schaffen" und Erzeugen mit „dem Zerstören" eng verbunden war. Obwohl auch die 1848er Generation romantischen Idealen folgte, gehörte der empfindsame, feminine Mann der Vergangenheit an. „Muth", „Kühnheit", „Rechtstrotz", „Härte und Strenge"[63] galten nach den Befreiungskriegen als Merkmal echter Männlichkeit und wirkten als Verhaltensnormen auch 1848/49 nach. In einem Aufruf des Gmünder Volksvereins zur Bildung eines Freicorps für die Reichsverfassungskämpfe heißt es:

„Wir hoffen, daß keiner zurückbleibe,... wenn die männlichen Männer ausrücken, daß es keinen geben werde, dem unsere Jungfrauen sagen müssen: weiche von uns, du Feigling, wir wollen Männer, welche den Muth haben, unser höchstes Gut, unsere Ehre, unsere Freiheit, unser Leben, unsern Heerd zu vertheidigen!" (BvR 12.5.49)

Im Soldatsein fand der Mann zu seiner Wesensbestimmung, „Schützer der Familie"[64] und seines Hauses, also seines Eigentums zu sein (Kap. V.2). Das ‚Draußen' war für ihn „das feindliche Leben" (Schiller). Nicht nur der berufstätige Mann, sondern der „Mann auf dem weiten Felde der That, in den Wettern der Schlacht" (Louise Otto)[65] war 1848/49 der eigentliche Gegenpol zur Frau im Hause. Gerade das Denken in Kriegskategorien verfestigte die „Polarität der Geschlechter" (Hausen).

Das ständige Reden über den Krieg ließ eine Allianz zwischen Männern und Frauen entstehen, die sich 1848 sichtbar in den gestifteten Fahnen darstellte (Kap. V.2). Die gemeinsame Bedrohung von außen schweißte Mann und Frau zusammen. Zwischen den Waffen des Mannes und den Frauen entstand ein enger symbolischer Zusammenhang. Im Gedicht der Stuttgarter Fahnenweihe ‚treffen die Waffen' auch die Herzen der Frauen.

„Laßt freie Männer Eure Waffen rauschen,
daß frisch ein Eisengruß der Fahne klingt,
daß wie auf Himmelsklang die Frauen lauschen,
wenn solch ein deutscher Gruß ihr Herz durchdringt,
auf Deutscher Aar, entfalte Dein Gefieder
und groß und herrlich sei Germania wieder!" (Beob 26.8.48)

Geschlechterliebe und Vaterlandsliebe flossen zusammen in nationalen Großmachtsträumen. Die laienhafte Kriegslyrik war in ihrer Metaphorik stark sexuell aufgeladen; darin ähnelte sie ihren literarischen Vorbildern. Eine ‚Kopulation von Sexualität und Krieg'[66] vollzog erstmals Klopstock in seinen Oden, in denen Hermann mit dem „triefenden Schwert" in die Arme Thusneldas zurückkehrt, die bei seinem „schweiß- und blutbedeckten" Anblick „vor Lust" erbebt[67]. Auch das Ritual der Waffenweihe hatte nicht nur eine militärische Seite, sondern war Teil der symbolischen Interaktion der Geschlechter, deren sexueller und magischer Charakter unübersehbar ist. *„Sei stark Du meine Männin, reiche mir und weihe, sie berührend, meine Waffen;... Sei stark! für Recht und Ordnung kämpfen wir"*, läßt Chamisso[68] den in den Krieg ziehenden Gatten zu seiner künftigen Witwe sagen. Frauenliebe schien Krieg und Tod ihren höheren Sinn zu geben. „Für die Liebste fallen, wenn die Freiheit ruft", hieß der Leitspruch der Eßlinger Turner (ESP 30.10.48). Frauenliebe war das versöhnende Prinzip und die heilende Kraft, die der „Krieger" brauchte, wenn er aus der „Schlacht" heimkehrte. Auch hier wirkte die deutsche Klassik (u.a. Schiller) und die romantische Verklärung der deutschen ‚Heldenzeit des Mittelalters' nach.

> „Penelope, die Mutter der Gracchen, und des Ritters züchtige Braut saßen nicht am Spieltisch moderner Damen", schrieb der junge Ludwig Börne 1814, ganz im Bann der Befreiungskriege. „Sie sollen weben und Wunden heilen, die das Schwert oder das Geschick uns schlägt. Sie sollen das heilige, ungetrübt Menschliche bewahren, worin sich die Völker entfernterer Zeiten und Regionen als Brüder erkennen, das *Eine*, worin die tausendfachen Kräfte, in welche die Natur des Mannes zersplittert, sich wiederfinden und versöhnen – die Liebe."[69]

Das komplementäre Pendant zum männlichen Kriegsdienst waren im nationalpatriotischen bürgerlichen Denken der Zeit die weiblichen „Werke der Liebe" (NT 4.11.49), unter denen meist Krankenpflege und Lazarettdienst (Kap. IV.1) verstanden wurden. In den Befreiungskriegen war diese Form geschlechtlicher Arbeitsteilung bzw. des militanten männlichen und weiblichen Patriotismus zur treibenden Idee einer Massenbewegung geworden. In zahlreichen patriotischen Frauenvereinen zupften mehrere tausend Frauen Charpie, pflegten Verwundete etc.[70] Diese Mobilmachung einer ganzen Nation besaß für die Zeit der Revolution 1848/49 immer noch Vorbildcharakter, für die monarchischen Nationalisten ebenso wie für die Demokraten. Der Gmünder „Märzspiegel", ein radikaldemokratisches Blatt, erinnerte im Mai 1849, als in Baden bereits die Kämpfe um die Reichsverfassung begonnen hatten, an die Stimmung des Jahres 1813.

> „Alles strömte nach den Sammelplätzen, um am Kampfe für Freiheit und Vaterland theil zu nehmen. Damals fühlten auch unsere Frauen und Jungfrauen, daß auch auf sie das Vaterland heilige Rechte haben, und tief ergreifend war der Anblick, der sich da dem Auge so oft darbot. Hier sah man Jungfrauen ihren Schmuck, dort ihr kleines Ersparnis darbringen; hier widmeten sie sich mit unermüdlicher Ausdauer den Verwundeten und Kranken,...". (MSP 14.5.49)

V.3 Nationalismus und Geschlechterbeziehung

Das Verbindende zwischen Männern und Frauen war nicht nur die gemeinsame Vaterlandsliebe, sondern die Bereitschaft „zur That", d. h. im religiös gefärbten Patriotismus der damaligen Zeit die Bereitschaft zum „Opfer", „Gut und Blut" zu lassen. Diese Gedankenverbindung kommt 1848 besonders in den Aufrufen zum Ausdruck, mit denen Frauen ihre Geschlechtsgenossinnen zur Unterstützung der Bürgerwehr aufforderten.

> „Unsere Voreltern", schrieben die Rottweilerinnen im Juni 1848, „theilten die Opfer, die ihre Männer zu bringen hatten, wenn das Vaterland in Gefahr war, damit gerne, daß sie einen Theil ihres entbehrlichen Besizes, ihres Schmuckes auf den Altar des Vaterlandes niederlegten, und für den Erlös Waffen und andere Kriegsgeräthe herbeischafften. Wir sind um nichts schlimmer geworden, auch wir begreifen den Ernst der Zeit."[71]

Der Opfergedanke durchzieht, wie aus Eva Kubys Artikel in diesem Buch (Kap. IV.3) hervorgeht, die gesamten Frauenaktivitäten 1848 bis 1850.

Wie bereits in den Befreiungskriegen orientierte sich das politische Engagement der Frauen – mangels anderer Alternativen – an idealisierten historischen Verhaltensmodellen. „Eingedenk der patriotischen und heroischen Frauen des Alterthums" (MSP 11.6.49) wandten sich die Gmünderinnen 1849 mit einem Aufruf an ihre württembergischen Schwestern. Nach der napoleonischen Fremdherrschaft und dem neubelebten Mißtrauen gegenüber Frankreich nach der Rheinkrise 1840[72] suchten die Frauen ihre Vorbilder nicht in der französischen Revolution 1789. Vorlagen lieferte für die Demokratinnen die europäische Antike oder eine romantisierte deutsche Vergangenheit, vor allem der seit Klopstock verbreitete Germanenkult. Trotz ihrer Zuschauerrolle fühlten sich die Frauen in den politischen Kämpfen wie die von Tacitus beschriebenen Germaninnen, die am Rande des Schlachtfeldes ihre Männer anfeuerten. Mit den Germaninnen begründete „eine Stuttgarter Dame" den Anspruch der Frauen, als Zuhörerinnen bei den Kammerverhandlungen 1848 zugelassen zu werden (Kap. IV.4):

> „Die Frauen der alten Deutschen wohnten den Schlachten ihrer Männer bei, ihre Anwesenheit entflammte den Muth der Kämpfenden und uns, ihre Töchter, schließen Sie aus von den Kämpfen des Geistes, welche in der Ständekammer gekämpft werden!" (Beob 2.11.48)

Die Stellung der Frauen bei den Germanen galt im Vormärz und 1848/49 als Inbegriff weiblicher Freiheit und politischer Partizipation. „... man ehrte sie als erhabene, leuchtende Wesen, sie erzogen mit den Männern gemeinschaftlich ihre Kinder zu Kriegern, wohnten den Rathsversammlungen bei", schrieb euphorisch das „Damen Conversations Lexikon"[73]. Das Frauenbild des Vormärz wurde von dem (in Frauenfragen konservativen) Liberalen Welcker direkt in die Vergangenheit rückprojeziert. „Als treue Gefährtinnen der Ehemänner hohe Achtung genie-

V.3 Nationalismus und Geschlechterbeziehung

ßend, theilen sie (die Germaninnen; d.V.), soweit es ihr Geschlecht erlaubt, auch ihre (d.h. der Männer) öffentlichen Sorgen und Freuden"[74]. Im Mythos des Germanenkults fand die Trias Liebe, Krieg und Freiheit ihre schaurige Synthese. „Der liebende Germane", so der Stuttgarter Bürgerwehrleutnant Fischer, eilte „zu den Waffen auf der Frauen Ruf" (Beob 26.8.48). Die Eßlinger Wehrleute gelobten 1848 „tücht'ge Söhne unsrer Ahnen" (ESP 11.10.48) zu sein. Sentimentalischer Ahnenkult und pathetischer Heroismus prägten die euphorische Aufbruchstimmung, die die nationale Bewegung 1848 in den ersten Monaten kennzeichnete.

Bei all dieser blutrünstigen Metaphorik darf der reale Hintergrund dieser Kriegsphantasien nicht vergessen werden. Viele Menschen fürchteten 1848 wirklich den Ausbruch eines Krieges. Die Februarrevolution in Frankreich hatte in Teilen des deutschen Bürgertums Ängste und Erinnerungen an die Folgen der letzten großen französischen Revolution ausgelöst. „So stehen gegenwärtig bei uns die Sachen", berichtete im März 1848 eine Stuttgarterin über die politischen Ereignisse in der ersten Revolutionswoche und schloß ihren Brief mit der besorgten Bemerkung, „bis es unsern Nachbarn über dem Rhein einfällt, Krieg anzufangen und das kann bei den Franzosen über Nacht kommen"[75]. Die Ansprüche Frankreichs auf Gebiete am Rhein hatten im Vormärz bereits die Gedanken an einen erneuten Krieg entstehen lassen. Auch die ersten, meist von Männern unterzeichneten Aufrufe an die Frauen argumentierten auf der Basis einer drohenden Kriegsgefahr. „Bald vielleicht ist der Augenblick vor der Thüre", heißt es in einem Aufruf an die Bürgerinnen im Stuttgarter „Neuen Tagblatt", „wo ihre Gatten, Brüder und Verwandten einstehen müssen für die Sicherheit des Vaterlandes, vielleicht des eigenen Heerdes." (NT 23.4.48) Interessanterweise tritt die aggressive Komponente des deutschen Nationalismus am deutlichsten in den patriotischen Aufrufen an die Frauen zutage, wie ein Appell Eßlinger Konstitutioneller zeigt.

„Deutsche Frauen und Jungfrauen! Die Liebe zum Vaterland erwacht auf's Neue mit der nahen Aussicht auf ein freieres kräftiges Bürgerthum; Männer und Jünglinge eilen, dem Vaterland in dieser ereignißvollen Zeit mit Gut und Blut ihren Dienst anzubieten, und die Zeit ist vielleicht nicht ferne, wo Fürst und Volk stark durch Eintracht jedem Feind muthig entgegentritt." (ESP 11.3.48)

Die Forderung nach Volksbewaffnung implizierte im März und April 1848 mehr oder weniger bewußt die Idee eines nationalen Krieges, eine Vorstellung, die durch die kriegerische Auseinandersetzung mit Dänemark in Schleswig-Holstein an Realität gewonnen hatte. Diese Kriegsstimmung, die sich mit der abzeichnenden politischen und sozialen Spaltung der revolutionären Bewegung vergrößerte, spiegelt z.B. die Erklärung der Rottweiler Frauen wider, mit der sie zur Unterstützung der Bürgerwehr aufriefen.

„Die Bildung patriotischer Vereine im ganzen deutschen Vaterlande, die Kriegsübungen unserer Ehegatten, Väter und Brüder, und die düsteren Wolken, die den socialen

V.3 Nationalismus und Geschlechterbeziehung

Horizont verdunkeln", stellten die Rottweiler Frauen im Juni 1848 besorgt fest, „geben uns deutlich genug zu verstehen, daß wir ernsteren Tagen entgegensehen als wir seit dem erlebt haben."[76]

Mit dem Bürgerwehr Gesetz vom 1.4.1848 waren alle Männer über 18 Jahre wehrpflichtig geworden und exerzierten nun wöchentlich in den Bürgerwehrkompanien. Zumindest von ihrem in den Fahnenweihreden zum Ausdruck kommenden Selbstverständnis her wurde die Bürgerwehr von den Männern selbst als eine ‚Mobilmachung' der Bürger für einen künftigen Krieg gesehen. Auf der Ulmer Fahnenweihe im Oktober, nach dem für Deutschlands „Ehre" als schmachvoll empfundenen Waffenstillstand von Malmö[77], kommt diese Kampfbereitschaft zum Ausdruck.

„Nicht ob prunkender Paraden
hat der Bürger sich bewehrt,
Lernet frisch Gewehre laden!
Gießet Kugeln! Schärft das Schwert!" (ESP 25.10.48)

Abgesehen von den Republikanern und einigen wenigen, nicht auf den legalen Weg fixierten Demokraten, die in Klassenkampfkategorien dachten, wurde von der Mehrheit der Bevölkerung bis zum September 1848 der „Feind", der „drohend den Arm reckt" (ESP 16.5.48) außerhalb der deutschen Grenzen lokalisiert. Erst die Unzufriedenheit mit den Beschlüssen der Nationalversammlung und die wachsenden sozialen Gegensätze polarisierten die revolutionäre Bewegung. Mit den republikanischen Aufständen im September 1848 deutete sich erstmals eine innere kriegerische Auseinandersetzung an.

Frauen trugen 1848 bis 1850 mit ihren politischen Aktivitäten zur gemeinsamen ‚Rüstung' des Bürgertums bei (Kap. IV.3) und hegten wie dieses deutsche Groß- und Seemachtsträume. Dies erklärt unter anderem die Leidenschaft der Frauen für die „deutsche Flotte" und die breite Resonanz, die anfänglich die Gründung der Bürgerwehren fand. Die „Schwäbische Kronik" berichtete im August 1848, daß sich „besonders häufig" auch die „Frauen der Wehrmänner" einfanden, „um den Waffenübungen ihrer Gatten Aufmerksamkeit zu schenken" (SK 1.8.48). Die meisten Frauen identifizierten sich mit der neuen Rolle ihrer Männer und zeigten auf vielfältige Weise, „daß auch sie innig davon überzeugt sind, der festeste Schutz des Vaterlands sei die Wehrhaftigkeit seiner Bürger" (ESP 11.10.48). Die Begeisterung für diese neue Form bürgerlichen Heldentums ging sogar soweit, daß der stolze Bürgersoldat Einzug in das Reich der Frau hielt, nämlich in die Küche. Ein aus der Zeit stammendes Backmodel zeigt einen Bürgerwehrmann mit Fahne – und so verewigt konnte ihn die Hausfrau an Weihnachten als Springerle servieren.

V.3 *Nationalismus und Geschlechterbeziehung*

Die Politik dringt 1848 auch in den Haushalt vor. Auf einem Backmodel für Springerle aus dieser Zeit posiert ein stolzer Bürgerwehrmann mit Fahne. (Im Privatbesitz der Familie von Stieglitz, Ellwangen)

V.3 Nationalismus und Geschlechterbeziehung

„In dieser sturmbewegten Zeit" (ESP 26. 5. 49).
Die Erfahrungen des Jahres 1849

Der Kampf um die Reichsverfassung[78] und die militärische Aggression Preußens trugen 1849 den Krieg nach innen. Der preußische König hatte am 28. 4. 1849 die Anerkennung der Reichsverfassung abgelehnt und drohte, gegen die Verteidiger der Verfassung militärisch vorzugehen. Obwohl sich bereits 28 deutsche Regierungen für die Annahme ausgesprochen hatten, verweigerten auch die großen Mittelstaaten Hannover, Bayern, Baden und Sachsen ihre Zustimmung. In Baden, der bayerischen Pfalz und Dresden versuchten Aufstandsbewegungen Anfang Mai, die Durchsetzung der Reichsverfassung zu erzwingen. Von den größeren Staaten in Deutschland hatte lediglich der württembergische König auf politischen Druck hin die Verfassung akzeptiert. Die Einheit der Nation, die bereits an der großdeutschen Frage zerbrochen war, ging nun im „Bürgerkrieg" unter. Angesichts der preußischen Intervention in Sachsen und der Pfalz wurden die demokratisch orientierten Bürgerwehren zum Widerstandspotential gegen „die Rebellion der Fürsten", wie es der Gmünder „Märzspiegel" ausdrückte (MSP 14. 5. 48).

Für die Verteidiger der Reichsverfassung war der „Kampf ums Vaterland" 1849 zu einem Kampf um Freiheit und Selbstbestimmung des deutschen Volkes geworden. In dieser Situation veröffentlichten „württembergische Frauen und Jungfrauen" einen Aufruf an die „Deutschen Krieger". Dieser Appell, dessen Verfasserinnen unbekannt sind, hing nach einem Bericht der Laterne (15. 5. 49) als Maueranschlag an den Wänden und Häuserecken in Frankfurt, wo eine preußische Garnison stationiert war. Er wurde außerdem von mehreren deutschen Zeitungen nachgedruckt. Diese Württembergerinnen, offensichtlich Demokratinnen, wandten sich an die „Jünglinge, die... dem Banner deutscher Heere" folgten, und forderten sie auf, „den Geist der erwachten wahren Freiheit" zu bewahren. Eindringlich warnten die Frauen vor einem Bürgerkrieg.

> „Ihr könnt, wenn bürgerlicher Wohlstand und Glück, welche nur in der Freiheit des Volkes gedeihen können, euch unschätzbare heilige Güter sind, nicht länger euren Leib und eure Kraft einer volksfeindlichen Fürstentyrannei weihen, indem ihr länger eure Waffen nach dem Herzen des Volkes, aus dem ihr hervorgegangen seid, und in dessen Mitte ihr einst wieder zurückkehren wollt, richtet!... Ihr habt geschworen, dem Vaterlande zu dienen, gegen äußere Feinde, aber nicht das Herz des eigenen Vaterlandes, die friedliche Gauen der eigenen Heimat mit dem Blute seiner Söhne, eurer Brüder, zu färben."[79]

Die Württembergerinnen appellierten an die Soldaten als zukünftige Gatten und Väter. Sie drohten mit Heiratsverweigerung und dem Entzug weiblicher Zuwendung.

> „Wohlan denn deutsche Jünglinge und Männer! Höret den Zuruf deutscher Frauen

und Jungfrauen: Höret das Gelübde deutscher Frauen, welches in heiliger Vaterlandsliebe wir gelobt: ‚Nie werden wir dem unsere Hand reichen, dessen Hand von dem Blute seiner deutschen Mitbürger befleckt wurde! Nie werden wir mit dem unseren häuslichen Herd teilen, der mit Feuer und Schwert dieses, unser Heiligtum, zerstöret hat! Nie werden wir dem einst in treuer Liebe nah'n, dessen feindliche Waffe Unglück und Verderben über die deutschen Gauen gebracht hat!'."[80]

Im 19. Jahrhundert war die symbolische Heiratsverweigerung und Drohung mit Liebesentzug – in Erinnerung an Lysistrata – ein immer wieder angeführtes Mittel, um politische Gesinnung auszudrücken. Partnerwahl wurde im Zusammenhang mit der Idee ehelicher Gesinnungsgemeinschaft zur politischen Entscheidung. Italienische Antiklerikale z.B. hatten, laut einer Notiz im Schorndorfer Amtsblatt, 1847 erklärt, keine Frau heiraten zu wollen, die einen Jesuiten zum Beichtvater hatte (AIS 24.12.47). Daß Liebe und Beziehungen zur politischen Kraft werden sollten, schrieb auch Georg Weerth in seiner „Proklamation an die Frauen" in der letzten Nummer der von Marx mit herausgegebenen „Neuen Rheinischen Zeitung":

„Aber das ganze Unheil ist nur deshalb über Deutschland gekommen, weil man die deutsche Politik bisher für eine ernste, wichtige und nicht für eine Herzenssache hielt. Ihr Frauen seid dazu berufen, diesem Mißverständnis ein für allemal abzuhelfen. Fragt nicht nach dem Wie? Ihr wißt es selbst am besten. Laßt Eure alten Männer laufen; nehmt neue Männer, revolutionäre Männer – voilà tout!"[81]

Die Württembergerinnen meinten es mit ihrer Aktion allerdings ernst. Mit revolutionärem Pathos versuchten sie, Liebe und familiäres Glück in die Waagschale zu werfen, um den Ausbruch von Aggressionen zu verhindern. Dieses Denken von Politik in Beziehungsstrukturen und der Gebrauch familiärer Metaphern zeigt sich 1849 nicht nur in den Erklärungen der Frauen. Auch Ludwigsburger Soldaten dachten an „ihre Angehörigen", als sie einen möglichen Einsatz gegen die Verteidiger der Reichsverfassung verweigerten.

„Man hat uns einen Schwur auf König und Verfassung abgenommen, wohl! wenn es gilt des Vaterlandes Freiheit und Sicherheit zu wahren, so wird keiner von uns zagen, wenn es dem Tode in's Auge zu schauen gilt, dann werden wir um der freien Heimat willen uns als freie Männer zu schlagen wissen. Will man uns aber verwenden, wie leider in neuester Zeit Soldaten, deutsche Soldaten, über die das Vaterland und ihre Kameraden erröthen, sich verwenden ließen, da glaube Niemand, daß wir unsere Heimat und unsere Angehörigen vergessen werden. Wir fühlen uns als Kinder einer großen Mutter, diese Mutter ist das Volk" – und sollen wir zu Muttermördern werden?"

Daß das Lebendige und Vereinende, das Volk, als organische Einheit weiblich

V.3 Nationalismus und Geschlechterbeziehung

gesehen wurde, der Staat aber als „Vater"-Land, entspricht dem damaligen polaren Denken der politischen Romantik[82].

Darüber hinaus macht aber die Erklärung der Soldaten und noch mehr der Aufruf der Württembergerinnen deutlich, daß Privates 1848 politisch begriffen wurde (Kap. IV.4) und die Politik eine private Dimension besaß, die auf diese zurückwirkte. Nicht alle lachten über den Aufruf der Frauen wie angeblich die Soldaten in Frankfurt (Laterne 15.5.49). „Norddeutsche Frauen" schlossen sich im Gegenteil begeistert dieser Erklärung an und schworen ebenfalls

„daß auch wir eine *Macht* sein wollen zur Ehre der Freiheit und der Wahrheit. – Von dem häuslichen Herde, aus dem Schoß der Familie gehen die Keime aus, aus denen der *Staat* das Völkerleben sich bilden. Auf *unserem* häuslichen Herd sollen nur die Flammen reiner Vaterlandsliebe und echten Freiheitsmutes brennen und keiner erhalte an ihm eine Freistatt, der nicht bereit ist, in den Kampf zu gehen für Ehre und Recht...".[83]

Die Antwort der sächsischen Frauen erfolgte am 12. Mai, nach der blutigen Niederschlagung des Dresdner Aufstands. Angesichts der Niederlage der Demokratie glich ihre Erklärung einer Totenklage, die wiederum den Keim einer neuen demokratischen Heldenverehrung in sich trug, wenn sie den „heiligen Kampf" um „Freiheit und Ehre" und den „Heldentod" der von „Bruderhand Gefallenen" beschwor. Wie die Württembergerinnen versprachen auch die sächsischen Frauen und Jungfrauen, nie ihre „Hand in die von Bruder-Blut triefende eines jener Söldlinge zu legen"[84].

Aus diesen Erklärungen geht eindrücklich hervor, wie sehr sich Frauen der demokratischen Bewegung und ihren Zielen verbunden fühlten. Diese Solidarität „der schwäbischen Mädchen" imponierte selbst einem Konservativen wie Wilhelm Riehl, der später von einem „erstaunlichen Drang nach körperschaftlichem Zusammenhalten in der weiblichen Natur" sprach[85]. Solange Frau und Mann als organische Einheit gedacht wurden, lag es nahe, politische Einstellungen von Frauen ihrer Brisanz zu entkleiden, sie zur weiblichen Natur zu erklären.

Ein enger politischer Zusammenhalt zwischen Männern und Frauen war nicht nur ein Phänomen der demokratischen Bewegung. Auch unter den Konservativen gab es Frauen, die sich öffentlich zu den Ansichten ihrer Männer bekannten. Preußische Frauen erteilten z.B. der Erklärung der Württembergerinnen eine sehr rüde Abfuhr – wobei ihr Brief im ersten Teil so gespickt ist mit sexuellen Anspielungen, daß er möglicherweise auch von einem Mann stammen könnte. „Die preußischen Jungfrauen" nahmen gegenüber den Württembergerinnen einen völlig „konträren Standpunkt" ein. Sie sprachen als Frauen der Männer, die mit monarchistischer Überzeugung gerade die Reichsverfassung militärisch liquidierten. Wie die württembergischen Frauen 1848/49 auch, beriefen sich die „preußischen Jungfrauen"

V.3 Nationalismus und Geschlechterbeziehung

auf die Befreiungskriege und legten ein Bekenntnis zu König und (preußischem) Vaterland ab.

> „...in uns lebt noch der Sinn, in dem unsere Mütter in den Freiheitskriegen ihren Schmuck und ihr Geschmeide voll Jauchzen hingaben für König und Vaterland. Wir gehen freudig Hand in Hand mit den Männern unseres Landes, deren stolze Ehre es ist, in Treue ihr Blut für das angestammte Herrscherhaus zu vergießen, und in dieser Gesinnung wird uns kein Schwindel beirren."[86]

Nationalismus und Militarismus beeinflußten 1849 auch das Verhalten der Frauen. Die württembergischen Frauen waren keine Pazifistinnen. Schon 1848 hatten Heilbronnerinnen ihren Männern geholfen, scharfe Patronen für die Bürgerwehr zu fertigen (NT 21.9.48), und im April 1849 riefen einige Stuttgarterinnen dazu auf, als Soldatinnen nach Schleswig-Holstein zu ziehen und ein weibliches Freicorps zu bilden (NT 27.4.49). In der württembergischen Geschichte bedeutete dies eine Innovation. Erstmals wollten sich Frauen als Frauen offen militärisch formieren und sich nicht mehr verkleidet unter die Soldaten schleichen. In der Presse wird gerade zwischen 1847 und 1849 immer wieder über weibliche Freischärlerinnen berichtet, z.B. über kämpferische Katholikinnen in der Schweiz (NT 14.7.47) oder im Kontext mit den Befreiungskriegen, in denen Frauen „durch männlich Tracht unkenntlich gemacht, mit in den Krieg (zogen) und bewiesen, welche Kraft Begeisterung und Vaterlandsliebe verleiht" (MSP 14.5.49).

Als es im Juni 1849 um den Anschluß Württembergs an die Reichsverfassungskämpfe in Baden ging, und die württembergische Regierung das Rumpfparlament in Stuttgart und die Reichsregentschaft für illegal erklärt hatte, bekannten sich die Frauen in Gmünd in ihrem Zorn über den Verrat an der nationalen Sache offen zum Bürgerkrieg.

> „Man spricht von Bürgerkrieg, – wir fürchten ihn nicht, wenn es gilt, die Freiheit unserer Kinder zu retten! Wir sind aber ebenso überzeugt, daß ein Bürgerkrieg vermieden wird und gar nicht entsteht, wenn allgemein und überall, sowie heute bei uns, der einmüthige Wille des Volkes sich ausspricht, vor welchem zu jeder Zeit die Feinde desselben zurückbebten...".(MSP 11.6.49)

Seit Ausbruch der Reichsverfassungskämpfe in Baden Anfang Mai beteiligten sich Frauen mit Spenden und Aufrufen an der Bildung von (männlichen) Freicorps, die nach Baden ziehen sollten. Auch hier war „gemeinschaftliches Zusammenwirken" und „patriotischer Sinn" der Frauen gefragt, – so ein Aufruf Eßlinger Demokratinnen. Es galt „für's Vaterland zu kämpfen und streiten" (NT 27.5.49).

In vielfältiger Weise waren Frauen in den Kampf um die politische Freiheit Deutschlands eingebunden, ebenso aber hatten sie Teil an dem 1848/49 stattfindenden Diskurs um die militärische und nationale Stärke Deutschlands. Frauen identifizierten sich mit der militaristischen Seite der Revolution – und dies ist eine

V.3 Nationalismus und Geschlechterbeziehung

Erscheinung, die fraglos auch für die Entwicklung des späteren deutschen Nationalismus bedeutsam ist. Geschlechterbeziehung und Nationalismus waren eng verwoben, wobei allerdings differenziert werden muß zwischen den oft blutrünstigen, sich im Spannungsfeld der Krieger-Braut Metaphorik bewegenden Reden der Fahnenweihen als verbale Speerspitzen der nationalen Bewegung und den eher freiheitlich orientierten Ideen der nationalen Bewegung, die in sich auch liberale Umgangsformen der Geschlechter kannte. In jedem Fall aber zeigen unsere Untersuchungen, daß die geschichtlichen Erfahrungen der auf die französische Revolution folgenden Jahre auch die Perspektiven und Formen verändert haben, in der weibliche ‚Politik' in Deutschland gedacht und gehandelt werden konnte. Nach der erfahrenen napoleonischen Fremdherrschaft, den kurzen romantischen Freiheitsträumen und der danach enttäuschten Hoffnung auf ein freies einiges Deutschland konzentrierte sich ein Großteil der weiblichen Energie auf das gemeinsame Ziel der nationalen Einheit (und Freiheit). Der nationale Selbstfindungsprozeß, an dem die Frauen intensiv teil hatten, blockierte so mögliche Emanzipationsbestrebungen. Die Vorstellung eines nationalen oder eines antifeudalen Befreiungskrieges ließ „die deutschen Bürgerinnen" an ein ‚gemeinsames Kämpfen', nicht aber an eigene Freiheiten denken.

Der Niedergang der Revolution, der sich mit der Flucht des Rumpfparlaments nach Stuttgart abzeichnete, wurde von den liberalen und demokratischen Frauen als tragisches Schicksal erlebt. Mitleid mit den letzten standhaften Abgeordneten empfand Emilie Ritter am 12.6.1849, als abzusehen war, daß sich die württembergische Regierung immer mehr von der Nationalversammlung und ihren Beschlüssen distanzierte. In einem Brief vom 12.6.1849 sprach sie von den nun „Verfemten", die es „mit ihrem Begriff von Ehre nicht vereinbar finden, das aus den Händen des Volkes empfangene Mandat auf Befehl eines Fürsten niederzulegen"[87].

Als die württembergische Regierung die Beschlüsse der Nationalversammlung für illegal erklärte und diese schließlich durch württembergisches Militär gewaltsam sprengen ließ, reagierten viele Frauen mit Zorn und Entrüstung. In „zahlreichen Frauenbriefen", die beim „Beobachter", der zentralen demokratischen Zeitung in Württemberg eingingen, empörten sie sich über „die militärischen Heldentthaten der fürstlichen Polizeidiener,... verübt an den hundert getreuen Märtyrern der deutschen Nation, die nicht nur auf himmelschreiende Weise mit Hohnlachen mißhandelt, sondern auch... samt ihren Frauen auf eine Art beschimpft wurden, deren sich der gemeine Soldat wahrlich geschämt hätte." (Beob 23.6.48) Angesichts dieser Gewaltaktion empfanden die Frauen Scham und Ohnmacht. „Der 18. Juny 1849 in Stuttgart", schrieben „deutsche Frauen", „wird uns unvergeßlich seyn. Immer waren wir zufrieden und glücklich, an diesem unglücklichen Tag hätten wir groß und mächtig sein mögen, um den edelsten Männern Deutschlands

V.3 *Nationalismus und Geschlechterbeziehung*

den Sieg der gerechten Sache verschaffen zu können." (Beob 23.6.48) Einige gingen sogar soweit Rache zu schwören: „Wenn aber einst die Zeit kommt, und sie muß kommen, wo dieser Tag gerächt wird, dann werden wir unsere Gatten, Söhne und Brüder nicht zurückhalten, für die gerechte, heilige Sache in den Kampf zu gehen." Auf den „grossen Tag der Vergeltung" hoffte auch eine andere „Frau, die sich jetzt schämt Schwäbin zu seyn". Die gewaltsame Niederlage der politischen Bewegung war für die Frauen ein Anlaß, sich auf die eigenen politischen Einflußmöglichkeiten zu besinnen: die Familie als Instrument politischer Erziehung. „Wir Frauen aber wollen bis dahin unsere Söhne zur Freiheit erziehen und zum glühenden Haß gegen jede Unterdrückung und rohe Gewalt." (Beob 23.6.49) Auch Katharina Authenriet, eine radikale Eßlinger Demokratin, setzte ihre Hoffnung in die nächste Generation. In einem offenen Brief in der „Neuen Zeit" antwortet sie auf den konservativen Triumph über das Scheitern der Revolution: „Was uns nicht vergönnt ist, werden unsere Kinder und Enkel siegreich fortführen, es ist genug, daß wir den Samen gestreut, die Zukunft mag die Früchte pflükken." (NZ 30.8.49)

Sprengung des Rumpfparlaments am 18.6.1849. (Hauptstaatsarchiv Stuttgart I 302, Nr. 5.)

V.3 Nationalismus und Geschlechterbeziehung

Anmerkungen:

1) Zitiert nach Karl Martin Grass / Reinhart Koselleck: Emanzipation. In: Otto Brunner et al (Hg.): Geschichtliche Grundbegriffe, Bd. 2, Stuttgart 1975, S. 153–197, hier S. 188.
2) Isolde Kurz: Hermann Kurz. Ein Beitrag zu seiner Lebensgeschichte. München / Leipzig 1906, S. 123. Marie von Brunow war später die Frau des Beobachterredakteurs und Schriftstellers Hermann Kurz und Mutter von Isolde Kurz.
3) Ebd., S. 41.
4) Vgl. Margarete Susman: Frauen der Romantik. Jena 1929, S. 25.
5) Conversationslexikon der Gegenwart. Hg. von Brockhaus, Bd. 2, Leipzig 1839, S. 167.
6) Damen Conversations Lexikon, hg. von C. Herloßsohn im Verein mit Gelehrten und Schriftstellerinnen, 10 Bde. Leipzig / Adorf 1834–1837, vgl. das Stichwort Frauen Bd. V., S. 230. Solche kulturgeschichtlichen Betrachtungen erschienen damals in vielen Lexika und Zeitungen. Das württembergische Frauenblatt „das Kränzchen" brachte 1849 eine ganze Serie „über die Stellung der Frauen bei den verschiedenen Völkern", die dem Buch von H. Berghaus: „Ethnographie" entnommen war, das gerade in Stuttgart erschienen war. Die Serie beginnt in „Kränzchen" Nr. 89, 1849. Vgl. auch Brockhaus (Anm. 5).
7) Karin Hausen: Die Polarisierung der „Geschlechtscharaktere". Eine Spiegelung der Dissoziation von Erwerbs- und Familienleben. In: Heidi Rosenbaum (Hg.): Seminar – Familie und Gesellschaftsstruktur. Frankfurt/M. 1980, S. 161–191, hier S. 164.
8) Damen Conversations Lexikon (Anm. 6), Stichwort Hausfrau, Bd. V., S. 195.
9) Ebd., S. 193.
10) Damen Conversations Lexikon (Anm. 6), Stichwort Gattin, Bd. IV., S. 328.
11) Vgl. Carl Brinkmann: Romantische Gesellschaftslehre. In:Theodor Steinbüchel (Hg.): Romantik. Ein Zyklus Tübinger Vorlesungen. Tübingen / Stuttgart 1958, S. 177–194, hier S. 185.
12) Vgl. Paul Kluckhohn: Die Auffassung der Liebe in der Literatur des 18. Jahrhunderts und in der deutschen Romantik. Halle / Saale 1922.
13) Dieter Schwab: Familie. Artikel in: Otto Brunner (Hg.): Geschichtliche Grundbegriffe, Bd. 2, Stuttgart 1975, S. 253–301, hier S. 287.
14) Carl von Rotteck: Familie, Familienrecht. In: Das Staatslexikon. Encyklopädie der sämmtlichen Staatswissenschaften für alle Stände. Hg. von Carl Rotteck und Carl Welkker, Bd. 4, Altona 1847, S. 592–607, hier S. 598.
15) Ebd.
16) Friedrich Schlegel, aus einer Rezension von „Woldemar", zitiert nach: Ders.: Theorie der Weiblichkeit. Hg. von Winfried Menninghaus. Frankfurt 1983, S. 123.
17) Vgl. Adelbert von Chamisso: Lebens-Lieder und Bilder. Lieder-Kreis von Adelbert von Chamisso. 14. Aufl. Leipzig 1897, o.S.
18) Friedrich Schlegel: Theorie der Weiblichkeit..., S. 126. Novalis greift das Gedankengut der damaligen Zeit auf, wenn er formuliert: „Im Manne ist Vernunft, im Weib Gefühl...". Zitiert nach: F. Schlegel: Theorie der..., S. 160.
19) Vgl. Ernst Moritz Arndt: Über Sitte, Mode und Kleidertracht. Frankfurt/M. 1814, S. 53, und Barbara Duden: Das schöne Eigentum. Zur Herausbildung des bürgerlichen Frauenbildes an der Wende vom 18. zum 19. Jahrhundert. In: Kursbuch 47, 1977, S. 125–142, hier S. 137ff.
20) Vgl. Carl Welcker: Geschlechtsverhältnisse. In: Das Staatslexikon..., Bd. 5, Altona 1847, S. 654–679, hier S. 662.
21) Ebd., S. 664.

V.3 Nationalismus und Geschlechterbeziehung

22) Gedicht zum Jahresfest des Eßlinger Liederkranzes von Karl Pfaff, Eßlinger Wöchentliche Anzeigen 27.2.1839.
23) Vers aus dem Lied „Der Männergesang" von Hermann Kurz. In: Programm für das allgemeine Liederfest zu Herrenberg, den 24. Juni 1845, S. 10. Aus dem Archiv des Tübinger Sängerkranzes, betreut von Hans Sonntag, Tübingen.
24) Daß bereits die „Empfindsamkeit" einen „Prozeß der Emanzipation" beinhaltete, betont Lothar Pikulik in: Ders.: Leistungsethik contra Gefühlskult. Über das Verhältnis von Bürgerlichkeit und Empfindsamkeit in Deutschland. Göttingen 1984, S. 257.
25) Diesen Hinweis auf die Bedeutung der Bürgerkrone verdanke ich Kathrin Hoffmann. Vgl. Kathrin Hoffmann-Curtius: Das Kreuz als Nationaldenkmal. In: Zeitschrift für Kunstgeschichte, Bd. 48, 1985, S. 77–100, vor allem S. 84f.
26) Aus: Hermanns Schlacht. In: F.G. Klopstocks sämmtliche Werke. 8. Theil, Carlsruhe 1821, S. 146. Zur Eichensymbolik siehe Ulrich Bischoff: Denkmäler der Befreiungskriege in Deutschland 1813–1815. Diss. Berlin 1977, S. 314ff.
27) Friedrich H. Tenbruck: Freundschaft. Ein Beitrag zu einer Soziologie der persönlichen Beziehungen. In: Kölner Zeitschrift für Soziologie und Sozialpsychologie, 1964, S. 431–456.
28) Gynäologie oder das Geschlechtsleben in seinem ganzen Umfange. Ein umfassendes Handbuch zum Wohle der Staatenbürger. Stuttgart 1843, Bd. 3, Teil V, S. 17.
29) Da es sich im 18. Jahrhundert um überwiegend männliche „Freundschaftsbünde" handelte, betonten diese die Asexualität der Bindungen, die Freundschaft definierte sich über die Zuwendung zu höheren Idealen wie die Liebe zum Vaterland. Zu diesem Aspekt siehe die Arbeit von George L. Mosse: Nationalismus und Sexualität (München 1985, S. 88), die sich allerdings hauptsächlich mit verdrängter männlicher Homosexualität auseinandersetzt und die Beziehung zwischen Männern und Frauen fast ausklammert. Vgl. auch F. H. Tenbruck: Freundschaft. In: KZfSS XVI., S. 431–456.
30) Niklas Luhmann: Liebe als Passion. Zur Codierung der Intimität. Frankfurt 1982.
31) Richard Sennett: Verfall und Ende des öffentlichen Lebens. Die Tyrannei der Intimität. Frankfurt 1983, S. 41.
32) Auf die religiöse Fundierung der Flammensymbolik weist Kaiser hin. Gerhard Kaiser: Pietismus und Patriotismus im literarischen Deutschland. 2. Auflage Frankfurt/M. 1973, hier S. 46.
33) Die Metapher der Braut oder der Geliebten wird in der politischen Metaphorik häufig vor allem im Kontext mit der Freiheit angewendet. Vgl. Hans-Wolf Jäger: Politische Metaphorik im Jakobinismus und im Vormärz. Stuttgart 1971, S. 66f. Auch Kapitel V.2 in diesem Buch geht auf die Brautmetaphorik ein. Zum Symbol des Reichsadlers siehe Elisabeth Fehrenbach: Über die Bedeutung der politischen Symbole. In: Historische Zeitschrift, Jg. 1971, S. 296–357, vor allem S. 347ff.
34) Paul Kluckhohn: Die Auffassung der Liebe..., S. 428.
35) Damen Conversations Lexikon (Anm. 6), Stichwort Frauen, Bd. V., S. 235.
36) Diesen Gedanken des „Frauenopfers" verkörperte in Reinkultur Juliane von Krüdener, eine religiöse Schwärmerin im Umkreis des preußischen Pietisten Schenkendorf, die in den Befreiungskriegen ‚Samariterinnendienste' in den Feldlazaretten leistete. Hasko Zimmer: Auf dem Altar des Vaterlandes. Religion und Patriotismus in der deutschen Kriegslyrik des 19. Jahrhunderts. Frankfurt/M. 1971, S. 19.
37) Charles Fourier: Die Liebe in der Zivilisation, und Ders.: Die Liebe in der Harmonie. In: Charles Fourier: Aus der neuen Liebeswelt. Herausgegeben von Marion Luckow, 2. Auflage Berlin 1978, S. 60–160.

V.3 Nationalismus und Geschlechterbeziehung

38) Karl Grün: Feuerbach und die Sozialisten. In: Deutsches Bürgerbuch für 1845. Herausgegeben von Karl Schloesser. 2. Auflage Köln 1975, S. 49–75, S. 65. Ähnliche Gedanken finden sich interessanterweise auch im Damen Conversations Lexikon, wo es unter dem Stichwort „Frauen " heißt: „Das Weib *ergänzt den Mann,* beider Vereinigung ist der Grundtypus der *Gottheit im Menschen*". Bd. IV, S. 231.
39) Rede am allgemeinen Liederfest zu Eßlingen, den 24.6.1842. Gehalten von G.A. Riecke. Cannstatt 1842. Riecke war später Mitglied des demokratischen Volksvereins und Abgeordneter von Eßlingen.
40) Hans Kohn: Begriffswandel des Nationalismus. In: Merkur 18, 1964, S. 701–714, hier S. 704.
41) Bereits im Vormärz stand eine radikaldemokratische Intelligenz einem Vaterland, in dem Unterdrückung herrschte, skeptisch gegenüber. Dies verstärkte sich natürlich bei den politischen Emigranten der Jahre 1848/49. „Auf denn zu Missouri's Strande", schrieb ein inhaftierter Republikaner 1848 vom Hohenasperg, dem ‚Demokratenbukkel',
„wo wir in dem frei'sten Lande
wollen unsere Hütten bau'n...
Dort kann sich die Lieb entfalten,
Wo dem Fleiße bleibt der Lohn,
Wo nicht Fürst und Adel walten,
Treibend mit dem Volksrecht Hohn." (Sonne 28.11.48)
Siehe auch Christoph Prignitz: Vaterlandsliebe und Freiheit. Wiesbaden 1981, S. 168f.
42) In den Sieges- und Dankliedern für den Tag der großen Völkerschlacht bei Leipzig heißt es u.a.
„Heil sey den Fürsten!
Heil denen die sich
Zum großen Ziel so inniglich
Und fest vereinet,
die mit Gott das Rettungswerk vollbracht...
Den Guten, die mit edlem Sinn
Mit uns gelegt sey fernerhin
Zur Freundschaft und zum Brüderbund!
Die teutsche Hand geweiht...
Der Eintracht und der Liebe Band
Schling' sie hinfort um jedes Land,
Und Krieg und Zwietracht müssen fern
Auf ewig von uns fliehn!"
Choral: Ermunterung zur Freude. In: Teutschlands Rettungstag. Stuttgart o.J., S. 9f. Zur Amalgamierung von Christentum und Patriotismus vgl. H. Zimmer: Auf dem Altar des Vaterlandes..., S. 34ff.
43) Mainzer Zeitung 17.8.1848. Zitiert nach Gerlinde Hummel-Haasis: Schwestern zerreißt Eure Ketten. München 1982, S. 15.
44) Wilhelm Heinrich Riehl: Die Familie. 3. Band der Naturgeschichte des Volkes als Grundlage einer deutschen Social-Politik. Stuttgart 1882, S. 5.
45) Conversationslexikon der Gegenwart. Hg. von Brockhaus, Bd. 2, Leipzig 1839, Stichwort Frauenleben, S. 169.
46) Dieter Schwab: Familie. Artikel in: Otto Brunner et al (Hg.): Geschichtliche Grundbegriffe, Bd. 2, Stuttgart 1975, S. 253–301, hier S. 287.
47) Vgl. Carl Schmitt: Politische Romantik. München 2. Aufl. 1925.

48) Karin Hausen: Die Polarisierung der „Geschlechtscharaktere"..., S. 168.
49) Möglicherweise läßt sich diese Frage mit entsprechenden Familienrekonstitutionen beanworten. Dieses versucht zumindest das am Ludwig-Uhland-Institut laufende Projekt „Revolutionskultur 1848". Siehe die Publikationen von Wolfgang Kaschuba und Carola Lipp im Anhang.
50) Sonne 10. 9. 1848
51) C. Welcker: Geschlechterverhältnisse. In: Das Staatslexikon..., Bd. 5, Altona 1847, S. 654–679, hier S. 665 und S. 668.
52) C. Prignitz: Vaterlandsliebe und Freiheit..., S. 165.
53) Carl Theodor Grießinger: Stuttgart am 8. Mai. Stuttgart 1839, S. 68.
54) Vgl. H. Zimmer: Auf dem Altar des Vaterlandes..., S. 58f. Die Arbeit von Hasko Zimmer über patriotische Kriegslyrik klammert interessanterweise die Zeit des Vormärz und der Revolution aus, wodurch ihr wesentliche Kontinuitätslinien entgehen. Zum Todeskult vgl. auch Gerhard Kaiser: Pietismus und Patriotismus..., S. 124–138.
55) Ferdinand Freiligrath: Im Hochland fiel der erste Schuß (26. 2. 1848). Zitiert nach Bruno Kaiser (Hg.): Die Achtundvierziger. Ein Lesebuch für unsere Zeit. Weimar 1952, S. 61. Georg Herwegh: Der letzte Krieg (1841). Ebenfalls zit. nach B. Kaiser, S. 138.
56) Zur repräsentativen Öffentlichkeit des Absolutismus und ihren Insignien siehe Jürgen Habermas: Strukturwandel der Öffentlichkeit. Neuwied/Berlin, 6. Aufl. 1974, S. 21.
57) HSTAS, E 146, Bü 2401 Liederkränze.
58) Sängerkranz Tübingen, Vereinsberichtsbuch No. 1, 1829–1852, Fahnenweihgedicht vom 9. 1. 1837, S. 100.
59) Bisher wurde das Problem nur von der militärischen und national-politischen Seite betrachtet. Vgl. Paul Sauer: Revolution und Volksbewaffnung: Die württembergischen Bürgerwehren im 19. Jahrhundert, vor allem während der Revolution 1848. Ulm 1976; sowie Günter Wollstein: Das ‚Großdeutschland' der Paulskirche. Düsseldorf 1977.
60) Friedrich Schlegel: Theorie der Weiblichkeit..., S. 126.
61) C. Welcker: Geschlechterverhältnisse. In: Das Staatslexikon..., Bd. 5, Altona 1847, S. 654–679, hier S. 662. Welcker zitiert hier Friedrich Ludwig Jahn: Deutsches Volksthum. Lübeck 1810. Unter dem Aspekt „polarisierter Geschlechtscharaktere" war die Frau bei der Zeugung eines Kindes nur die Empfangende, das passive Gefäß für den Leben spendenden männlichen Samen.
62) Vgl. Wolfgang Emmerich: Germanische Volkstumsideologie. Tübingen 1968, S. 97ff.
63) C. Welcker: Geschlechtsverhältnisse. In: Das Staatslexikon..., Bd. 5, Altona 1847, S. 654–679, hier S. 662. Vgl. auch George L. Mosse: Nationalismus und Sexualität..., S. 34 und 96.
64) C. Welcker: Geschlechtsverhältnisse. In: Das Staatslexikon...., Bd. 5, Altona 1847, S. 654–679, hier S. 662.
65) „Wir sind einmal so, wir Frauen, und Ihr Männer dürft uns nicht zürnen, daß während ihr draußen steht auf dem weiten Felde der That, in den Wettern der Schlacht, wir für Euch zittern und bangen...". Louise Otto: Drei verhängnißvolle Jahre. Altona 1867, Bd. II, S. 162. Zit. nach Ruth Ellen Boetcher Joeres: 1848 From a Distance. In: Modern Language Notes Vol. 97, 1982, S. 590–614, hier S. 602.
66) Wolfgang Promies: Lyrik in der 2. Hälfte des 18. Jahrhunderts. In: Hanser Sozialgeschichte der deutschen Literatur, Bd. 2, München/Wien 1980, S. 569–604, hier S. 593.
67) Der vollständige Text der Ode lautet:
„Ha da kömt er mit Schweiss bedeckt, mit Römerblute,
Mit dem Staube der Schlacht bedeckt!
So schön war Hermann niemals!...

V.3 Nationalismus und Geschlechterbeziehung

        Kom ich bebe vor Lust! reich mir den Adler
        Und das triefende Schwert! kom, athm', und ruh hier
        Aus in meiner Umarmung,
        Von der zu schrecklichen Schlacht!"
        Zit. nach Gerhard Kaiser: Pietismus und Patriotismus..., S. 135.
68) Vgl. Adelbert von Chamisso: Lebens-Lieder und Bilder..., 14. Aufl. Leipzig 1897, o.S.
69) Ludwig Börne: Was wir wollen (Juli 1814). In: Ludwig Börne's gesammelte Schriften. Neue vollständige Ausgabe in 12 Bänden. Berlin o.J./Bd. 2, S. 124–127, hier S. 127.
70) Otto Dann: Die Anfänge politischer Vereinsbildung in Deutschland. In: Ulrich Engelhardt et al (Hg.): Soziale Bewegung und politische Verfassung. Stuttgart 1976, S. 197–232, hier S. 218f. Dann verweist auf E. Müsebeck: Freiwillige Gaben und Opfer des preußischen Volkes in den Jahren 1813–1815. Leipzig 1913.
71) Aufruf vom Juni 1848 aus dem Stadtarchiv Rottweil.
72) 1840 erhob Frankreich Ansprüche auf linksrheinische Gebiete und löste in Deutschland damit eine Welle nationaler Empörung und eine Rheinbegeisterung aus, die sich u.a. in Gedichten wie „Die deutsche Wacht am Rhein" niederschlug. C. Prignitz: Vaterlandsliebe und Freiheit..., S. 156f.
73) Damen Conversations Lexikon (Anm. 6), Stichwort Deutschland, Bd. 3, S. 130.
74) C. Welcker: Geschlechtsverhältnisse. In: Das Staatslexikon..., Bd. 5, Altona 1847, S. 654–679, S. 657.
75) Brief von Emilie Ritter, geborene Walter (1819–1900) an ihren in der Schweiz lebenden Bruder August Karl Walter. Abschriften im Stadtarchiv Stuttgart.
76) Aufruf vom Juni 1848. Stadtarchiv Rottweil.
77) Vgl. Günter Wollstein: Das ‚Großdeutschland' der Paulskirche. Düsseldorf 1977.
78) Zur Geschichte der Reichsverfassungskämpfe siehe Veit Valentin: Geschichte der deutschen Revolution 1848–1849. Neuauflage Köln 1977, Bd. 2, S. 448–544.
79) Zuruf württembergischer Frauen und Jungfrauen an unsere deutschen Krieger vom 7.5.1849. Zitiert nach Louise Ottos „Frauen-Zeitung" No. 6, 26.5.1849. Neu herausgegeben und kommentiert von Ute Gerhard et al. (Hg.): „Dem Reich der Freiheit werb' ich Bürgerinnen". Frankfurt 1979, S. 78f.
80) Ebd.
81) Zitiert nach Sigrid Weigel: Flugschriftenliteratur 1848 in Berlin. Berlin 1979, S. 76.
82) Carl Brinkmann: Romantische Gesellschaftslehre. In: Theodor Steinbüchel (Hg.): Romantik. Tübingen/Stuttgart 1958, S. 186.
83) Der Aufruf erschien am 27.5.1848 im Beobachter und am 26.5.1848 im Mannheimer Journal.
84) Zitiert nach U. Gerhard et al (Hg.): „Dem Reich der Freiheit..., S. 80.
85) W. H. Riehl: Die Familie..., S. 19.
86) Zitiert nach G. Hummel-Haasis: Schwestern zerreißt Eure Ketten..., S. 24.
87) Brief von Emilie Ritter (Anm. 75). Stadtarchiv Stuttgart.

Andrea Pollig

„Germania ist es, – bleich und kalt,...". Allegorische Frauengestalten in der politischen Karikatur des „Eulenspiegel" 1848–1850

„Was rauscht dort durch den Eichenwald,
Was dringt durch die Gebüsche? –
Germania ist es, – bleich und kalt,
Baar aller Lebensfrische.
Wild flattert in der Luft ihr Haar,
Entfärbt sind ihre Wangen,...

Wer hat geschändet so die Maid?
Wer weckte dich zum Streite?
Wer hat befleckt der Unschuld Kleid,
Nun der Verachtung Beute –..."

Zwei Jahre nach Ausbruch der Revolution, am 16. März 1850, erscheint dieses Gedicht in der „Eßlinger Schnellpost"; verfaßt hat es August Hochberger, der Vorsitzende des Eßlinger Arbeitervereins. Um die Situation im nachrevolutionären Deutschland zu beschreiben, verwendet er die Allegorie der Germania als Sinnbild für den abstrakten Gedanken der deutschen Nation – sie steht für die (1850 verlorene) Hoffnung auf Einheit und Freiheit.

Die Allegorie ist eine Visualisierung des Abstrakten im Konkreten, gewissermaßen eine Verbindung von Geist und Sinnlichkeit, in der Begriffe und Ideen in eine Menschengestalt umgesetzt werden[1]. Diese Personifikationen übergeordneter Prinzipien finden wir sowohl in der Literatur wie in der Denkmalskunst, auch in der politischen Karikatur kommt ihnen eine wichtige Funktion zu. Allegorien werden meistens als Frauen dargestellt[2]; welche Idee eine weibliche Figur verkörpert, ist an ihren Attributen, Emblemen und im Zweifelsfall durch die Hinzufügung eines erläuternden Textes erkennbar.

Die Allegorie ist dem Symbol oder der Symbolfigur ähnlich[3], unterscheidet sich jedoch von diesen durch ihren höheren Grad an Abstraktion. Im Gegensatz zur Germania hat z.B. der deutsche Michel als symbolischer Repräsentant des deutschen Volkes einen sehr viel stärkeren Realitätsbezug, mit ihm sind konkrete politische Handlungen verbunden. Das Verhältnis von Allegorie zur Symbolfigur ist grob gesprochen das Verhältnis von übergeordnetem abstraktem Begriff zum konkreten Leben. Diese Relation ist immerhin einer ironischen Bemerkung wert: Der

V.4 Germania in der Karikatur

Allegorie als weiblichem Wesen wird die Abstraktion zugeordnet, die ansonsten dem Männlichen vorbehalten ist, während die Symbolfigur des Michel Eigenschaften und Verhaltensweisen des Deutschen zum Ausdruck bringt, die sehr oft negativ und dümmlich angelegt sind[4]. Es handelt sich also um eine Umkehr der geschlechtsspezifischen Rollen. Bei genauerer Betrachtung von Einzeldarstellungen muß man jedoch feststellen, daß die Allegorie als weibliche Figur mit den von Männern verbreiteten Mustern von Weiblichkeit übereinstimmt, sie ist Spiegelbild des bürgerlichen Frauenideals.

Germania ist in der politischen Bewegung 1848/49 als Leitbild präsent. Sie taucht aber nicht nur als ‚Kunstprodukt' auf, sondern wird auch im Rahmen nationaler Festakte von Frauen als ‚tableau vivant' gespielt[5] – sie ist ein Bild, mit dem die Menschen damals konkret umgehen. Wie sehr Germania auch in den politischen Alltag eingebunden ist, bezeugt die Tatsache, daß 1848 ein Germania-Bild in der Frankfurter Paulskirche, dem Sitz der Nationalversammlung, hängt[6].

In der Karikatur allerdings wird die Allegorie der Germania durch ihre verzerrte Vermenschlichung ihrer höheren ‚Weihen' beraubt und für den politischen Alltag trivialisiert. Ihre tendenzielle politische Verwendung führt zu einer Differenzierung des klassischen Germaniabildes – der Freiraum an Darstellungsmöglichkeiten reicht von der ‚hehren' und glorifizierten Figur bis hin zur heruntergekommenen Alten. In der nationalpolitischen Karikatur ist die Allegorie somit ein unverzichtbares Ausdrucksmittel, das je nach Grad der politischen Entwicklung unterschiedlich eingesetzt wird.

Die Karikatur ist seit ihrem Entstehen[7] eng mit sozialen und politischen Auseinandersetzungen verbunden und erreicht im Zusammenhang mit der nationalen Bewegung im 19. Jahrhundert ihren Höhepunkt hinsichtlich Qualität und auch Quantität. Ihre Wirkungsmöglichkeit wird in Verbindung mit dem Massenkommunikationsmittel Zeitung[8] enorm gesteigert – dementsprechend erscheinen in dieser Zeit viele politisch-satirische Zeitschriften, deren Gründungsdaten häufig mit revolutionären Ereignissen zusammenhängen[9]. Auch in den Jahren 1848/49 wird die Karikatur zu einem wichtigen Medium der politischen Auseinandersetzung und wird von demokratischer Seite ebenso verwendet wie von der Reaktion. Ihr übertreibender und zuspitzender Charakter erlaubt, die in dieser Zeit angelegten Gegensätze zu veranschaulichen und pointiert herauszuarbeiten. Indem die Karikatur die Ereignisse der Revolution kommentiert, politische Positionen auf den Punkt bringt, ist die Karikatur eine aktive, kämpfende Kunst[10].

In den politischen Karikaturen des Vormärz und der Revolution dokumentieren sich gruppenspezifische Ideen und politische Positionen, aber natürlich auch das Verhältnis einer Gruppe zu ihren politischen Gegnern; durch ihre Bestätigungsfunktion erfüllen sie einen gruppendynamischen Zweck und tragen zum inneren Zusammenhalt einzelner politischer Gruppen bei. Zugleich reflektieren sie gesellschaftliche Strukturen und Normierungen – dies gilt auch für das Verständnis der Rolle der Frau in einer männlich geprägten Gesellschaft.

Die folgende Untersuchung der allegorischen Darstellung der Frau in der Karikatur konzentriert sich auf die württembergische Wochenzeitschrift „Eulenspiegel", ein politisch-satirisches Blatt, das in den Jahren 1848–1850 von Ludwig Pfau[11] in Stuttgart mitherausgegeben wurde, und für dessen Illustrationen Jacob Nisle verantwortlich war.

Titelkopf der satirischen Wochenzeitschrift „Eulenspiegel". (Eulenspiegel Nr. 10, 4.3.1848. Universitätsbibliothek Tübingen)

Die Zeichnungen im „Eulenspiegel" sind nicht so raffiniert und bestechend wie die damals künstlerischen Hochformen der Karikatur, auf den heutigen Betrachter wirken sie sogar plump und unbeholfen. Im pietistischen Württemberg besitzt die karikaturale Illustration keine künstlerische Tradition; in den damaligen Kunstmetropolen Berlin, München und Düsseldorf dagegen lassen die kulturellen Rahmenbedingungen und der französische Einfluß ein weltoffeneres Klima entstehen, das die Entwicklung dieses Typs des Visual-Journalismus begünstigt[12]. Dort wird die Karikatur als Kunstform sehr viel breiter kulturell genutzt, sie ist in ihrer ästhetischen Qualität fortgeschrittener. Bedenkt man, daß Honoré Daumier im gleichen Zeitraum in Frankreich mit Hilfe der Lithographie in ganz neue Dimensionen der graphischen Darstellung vorstößt, erscheinen die württem-

V.4 Germania in der Karikatur

bergischen Karikaturen rückständig[13] – so verwenden die Herausgeber des „Eulenspiegel" z.B. noch die „veraltete" Holzstichtechnik. Formal-qualitative Betrachtungen bleiben daher bei der folgenden Untersuchung allegorischer Frauendarstellungen weitgehend außer Acht.

Frauen tauchen bereits im programmatisch zu verstehenden Titelkopf des „Eulenspiegel" auf. Die Narrenfigur hält einer Reihe von Personen den Spiegel vors Gesicht. Es sind vorwiegend Männer, die stellvertretend für staatstragende Berufsgruppen und Stände stehen, wie die Bürokraten und Schreiber, die Geistlichen, die Justiz, den höfischen Adel, das Militär, die Fürsten und Könige. Unter diesen elf klar gezeichneten Männern befinden sich zwei Frauen: Eine von ihnen verschwindet fast in der Masse, die andere steht in der ersten Reihe, wodurch sie besonders hervorgehoben wird; sie rauft sich die Haare und schreit mit weit aufgerissenem Mund. Ihre Zeichnung enthält gewisse Parallelen zum klassischen Bild der Furien, die als Rachegöttinnen ja zugleich ‚Hüterinnen der sozialen Ordnung' waren. Sehr häufig wird die Furie auch als Allegorie der Angst verwendet. In diesem Sinnzusammenhang erscheint die Frau als Pendant zum männlichen Bild des „Heulers", wie die ängstlichen Konservativen in der Revolution genannt wurden (Laterne 8. 5. 49). Inmitten der die Reaktion repräsentierenden Männer verkörpert sie mit ihren angstverzerrten Gesichtszügen die politische Einstellung eines Teils des württembergischen Bürgertums. Indem sie besonders häßlich und abstoßend dargestellt wird, ist sie zugleich eine Karikatur des weiblichen Geschlechts.

Germania als alte Vettel

Bei den Germaniadarstellungen nutzen die Karikaturisten den Spielraum, der durch den Zusammenhang zwischen Allegorie und Frauengestalt gegeben ist. Im Unterschied zur überhöhenden und idealisierenden Darstellung der Germania in der repräsentativen Denkmalskunst der Gründerjahre wird sie in der Karikatur parallel zum politischen Zustand der Nation in den verschiedensten Lebensphasen dargestellt. In der Übergangszeit vom Vormärz zur Revolution taucht sie im „Eulenspiegel" in der Regel als alte Vettel auf. Die vor sich hinsiechende, runzlige Alte oder das mächtige fette Weib verkörpern in ihrer Mißgestalt das reaktionäre System des Deutschen Bundes und die Schwerfälligkeit der nationalen Bewegung. Germania ist also in der politischen Karikatur der Vormärzzeit eine Antifigur. Die stereotypen Negativmuster und Klischees der häßlichen, gebrechlichen Alten erfahren ihre Modifikation in der Darstellung der groben, tyrannischen Raben- und der bösen Stiefmutter.

Ende Januar 1848 wird in der Karikatur mit der Überschrift „Allzu viel ist ungesund" eine alte, ausgemergelte Frauengestalt mit hexenartigen Gesichtszügen gezeigt. Sie hält in ihren hageren Händen eine dampfende Tasse, auf einem Tisch

V.4 Germania in der Karikatur

Allzu viel ist ungesund.

Publikus. Warum weinst Du denn so sehr, lieber Michel?
Michel. Ach! Herr Publikus! meine Frau Mutter wird schwerlich mehr aufkommen; jetzt schmeckt ihr sogar der Eichelkaffee nimmer.
Publikus. Was fehlt ihr denn?

Michel. Sie laborirt an der Auszehrung, obgleich es ihr an Aerzten nicht fehlt.
Publikus. Das ist gerade der Fehler!

(☞ Unvollständig wegen Censurstrichen.)

(Eulenspiegel Nr. 4, Januar 1848. Universitätsbibliothek Tübingen)

daneben häufen sich Medikamente. Daß es sich um die Allegorie der Germania handelt, läßt sich an ihrer Schärpe mit der Aufschrift „Germania" und an dem Eichenlaubkranz erkennen. Ihre üblichen Attribute Helm, Schild mit dem Emblem des Reichsadlers und Schwert liegen achtlos am Boden; ihr Helm dient einer Katze und deren Jungen als Nest. Germania ist hier keine strahlende Figur, sondern eine resignierte, offensichtlich kranke, an „Auszehrung" leidende Alte. Die Medikamente „Hoffnungstropfen", „Einheitssurrogat" sowie „freies teutsches Rheinwasser" und „Dombaupulver" – die beiden letzten beziehen sich auf die Rheinlandkrise 1840 und das Dombaufest 1842 in Köln – stehen für das Scheitern der Nationalbewegung im Vormärz und machen deutlich, daß Nationalfeiern symbolische Ersatzhandlungen, aber keine politische Lösung sind. Wie aus dem Text hervorgeht, bewirkt der „Eichelkaffee" als nationaler Stärkungstrank so wenig wie die übrigen Arzneimittel. Die bewußt karikierte Form der Germania als

389

V.4 Germania in der Karikatur

kränkelnde Alte symbolisiert hier nicht die große vaterländische Idee und Fiktion der deutschen Einheit, sondern verkörpert den desolaten Zustand des zersplitterten Deutschlands. „Publicus" als Repräsentant der bürgerlichen Öffentlichkeit und Michel als Symbolfigur der Bevölkerung stehen der Krankheit Germanias hilflos gegenüber, obwohl sie deren Ursachen kennen: Germania hat 32 Ärzte, d.h. 32 deutsche Regenten, unter deren Behandlung sie leidet. Eine Rezeptur im Sinne einer konkreten politischen Veränderung kann und mag der „Eulenspiegel" unter den Bedingungen der Vormärz-Zensur nicht geben. Der Platz bleibt leer, eine beliebte Technik, der Zensur ein Schnippchen zu schlagen und nicht zu sagen, was ohnehin alle denken.

Ebenfalls noch kurz vor der Revolution, am 26. 2. 1848, erscheint die Karikatur „Eile mit Weile". Sie zeigt Michel als Toten im Sarg. Vor ihm steht Germania als

Eile mit Weile.

„Mutter, Mutter! es hungert mich, Gib mir Brod, sonst stirb ich!" „Warte nur, mein liebes Kind! Morgen wollen wir säen."

Als es nun gesäet war, Sprach das Kind noch immerdar: „Mutter, Mutter! es hungert mich, Gib mir Brod, sonst stirb ich!" „Warte nur, mein liebes Kind! Morgen wollen wir schneiden."

Als es nun geschnitten war, Sprach das Kind noch immerdar: „Mutter, Mutter! es hungert mich, Gib mir Brod, sonst stirb ich!" „Warte nur, mein liebes Kind! Morgen wollen wir dreschen."

Als es nun gedroschen war, Sprach das Kind noch immerdar:

„Mutter, Mutter! es hungert mich, Gib mir Brod, sonst stirb ich!" „Warte nur, mein liebes Kind, Morgen wollen wir mahlen."

Als es nun gemahlen war, Sprach das Kind noch immerdar: „Mutter, Mutter! es hungert mich, Gib mir Brod, sonst stirb ich! Morgen wollen wir backen."

Als es nun gebacken war, Lag das Kind auf der Todtenbahr.

(Eulenspiegel Nr. 9, 26. 2. 1848. Universitätsbibliothek Tübingen)

V.4 *Germania in der Karikatur*

häßliche, vulgär wirkende Frauengestalt, die auch hier wieder den Deutschen Bund verkörpert. Mit der Rute als Züchtigungsmittel und dem Schlüssel, dem Zeichen für die Macht im Haus, ist sie Sinnbild autokratischer Staatsgewalt. Auch die Krone über der Frauenhaube und der zepterähnliche Insignienstab in ihrer linken Hand machen sie als Repräsentantin absolutistischer Herrschaft kenntlich. Die Karikatur bezieht sich auf ein bereits seit 1842 in zahlreichen Variationen verbreitetes Gedicht, dessen Inhalt satirisch durch die Illustration reflektiert wird. Die massige Alte reicht dem bereits toten Michel einen Laib Brot, der die Aufschrift „politisches Leben" trägt. Die einzelnen Brote im Korb der Alten stehen für die in der Restaurationszeit unterdrückten politischen Rechte wie z.B. „Preßfreiheit", „Associationsrecht", „Volksbildung". Die Karikatur parallelisiert die Hungersnot des Jahres 1847 mit der Entbehrung politischer Freiheit. Das Korn, das zu Brot verbacken, allerdings zuerst gedroschen werden soll, repräsentiert die Stützen des alten Systems: die „Pfaffen", die „Polizeimacht", „Bürokratie", „stehendes Heer". Diese im Februar, wenige Tage nach Beginn der Revolution in Frankreich erscheinende Karikatur spielt auf die Agonie der politischen Bewegung in Deutschland an, denn bis das Korn gedroschen, gemahlen und gebacken war, war das Kind, d.h. der deutsche Michel, verstorben. Dennoch signalisiert diese Karikatur den bevorstehenden politischen Umschwung und die dadurch erhofften politischen Rechte. Um die Kritik am absolutistischen und bürokratischen Polizeiregime zu unterstreichen, hat der Karikaturist ganz bewußt Germania als eine vulgäre, eher dem niederen Stand angehörende ‚Weibsperson' gezeichnet.

(Eulenspiegel Nr. 10, 4.3.1848. Universitätsbibliothek Tübingen)

V.4 Germania in der Karikatur

Das Bild der häßlichen, die staatliche Repression verkörpernden Alten hält sich noch bis in die ersten Wochen der Revolution. Die Karikatur „Das Neueste!" vom 4.3.1848 nimmt direkt Bezug auf die Revolutionsnachrichten aus Frankreich. Dieselbe resolute Alte droht Michel, der vom Krähen des gallischen Hahns aufgewacht ist, nun mit der Rute. Die Unmündigkeit des Michels und die Dominanz der Frauenfigur[14] wird dadurch unterstrichen, daß Michel, obwohl erwachsen, in einer viel zu kleinen Wiege liegt. Der Karikaturist verwendet auch hier wieder eine ins Negative gewendete Mutterfigur, die Stiefmutter, die vor allem im Bereich der Literatur und der Märchen das Böse verkörpert. Die absolutistische Staatsgewalt wird in diesen Karikaturen mit der Erziehungsgewalt gleichgesetzt. In ihnen wird interessanterweise nicht dem Mann die Staatsmacht zugeordnet – etwa verkörpert durch Polizei oder Militär –, sondern der strafenden Frau.

Allegorien als Sinnbild der demokratischen Bewegung

Es fällt auf, daß während der Revolutionszeit im „Eulenspiegel" keine Germaniadarstellungen verwendet werden. An ihre Stelle treten Frauenallegorien, die konkrete demokratische Forderungen verkörpern. Im Gegensatz zur alten Vettel Germania des Vormärz sind diese Frauenfiguren sehr viel jünger und mit klassischer Würde gezeichnet.

Mehrere Monate nach Ausbruch der Revolution, am 19.8.1848, veröffentlicht der „Eulenspiegel" eine Karikatur, in der die Allegorie des Vertrauens dargestellt wird. Sie stützt sich auf einen Schild, der zwei einander umschließende Hände als Emblem aufweist, das Zeichen der Arbeiterverbrüderung. Durch die attributive Zuordnung des Schildes wird die klassizistisch gekleidete Frau als Allegorie erkennbar. Ihr sind folgende Symbole beigegeben: Das Füllhorn für Überfluß, Hammer, Zirkel und Winkelmesser als Darstellungen für Handwerk und Wissenschaft, die Waage als Sinnbild des Rechts, Schiff und Anker als Zeichen der Hoffnung. Sie selbst sitzt auf einer mit Schätzen gefüllten Truhe. Bezeichnenderweise sind Füllhorn und Waage mit Spinnweben versehen – eine Anspielung auf die damalige wirtschaftliche Krise und ein Hinweis darauf, daß daraus schon längere Zeit kein Reichtum mehr geflossen und die Gerechtigkeit abhanden gekommen ist. Gegenüber der Frau steht der deutsche Michel in einer bittenden Haltung; er hält seine Mütze in der Hand und fragt die Allegorie, also das Vertrauen, wann sie „inmitten des deutschen Volkes zu sehen sein werde". Um zu kennzeichnen, wo der Repräsentant des deutschen Volkes steht, sind auf seiner Seite die Insignien fürstlicher und königlicher Macht wie Krone, Reichsapfel und Zepter angeordnet, ebenso Orden und Ehrenzeichen, Langhaar- und Zopfperücke, Zeichen gesellschaftlicher und geistiger Rückständigkeit sowie ein Stammbaum als Sinnbild erblicher Macht. Dieses Ensemble der Symbole, die zugleich die verschiedenen sozia-

V.4 Germania in der Karikatur

Das Vertrauen.

Mein werthgeschätztes Jungfräulein,
Wann werden wir so glücklich sein
Und Sie in uns'rer Mitte seh'n —
Kann dieses noch nicht bald gescheh'n? —

Ach nein! mein lieber armer Schatz,
Ich finde noch nicht bei euch Platz! —
Räumt erst den alten Plunder fort,
Dann komm' ich zu euch, auf mein Wort!

(Eulenspiegel Nr. 34, 19. 8. 1848. Universitätsbibliothek Tübingen)

len Klassen repräsentieren, wird vorsichtig von einer Rose umrankt. Dieses Symbol der Liebe kann nur auf der Grundlage des „Vertrauens" wachsen.

Da die Allegorie hier ein Wunschbild verkörpert, ähnelt der Stil ihrer Darstellung dem anderer Kunstformen. In der Allegorie des Vertrauens verschmelzen zwei Vorstellungen: das sich aus dem Mittelalter herleitende romantische Ideal anbetungswürdiger Frauengestalten und die Strenge des Klassizismus, die sich in ihrer Kleidung ausdrückt. Im krassen Gegensatz zur überhöhten Darstellung der Figur steht ihre sehr deutliche Sprache, sie sagt zu Michel: „Räumt erst den alten Plunder fort, dann komm ich zu euch, auf mein Wort". Damit formuliert die Karikatur den politischen Standpunkt des „Eulenspiegels", der im Sommer 1848 entscheidende Schritte zur politischen Umwälzung vermißt und die Spaltung der politischen Bewegung auf das Fortbestehen alter Gesellschaftsformen und Kräfte zurückführt.

Als es um die Anerkennung der Grundrechte durch die einzelnen deutschen Staaten geht, und die Kompetenz der Nationalversammlung in Frage steht, erscheint am 27. 1. 1849 eine zweiteilige Karikatur, in der die Allegorie der „Volks-

Die deutsche Volksfouverainetät.

Ein Sommernachtstraum und Wintermährchen.

Zweite Abtheilung.

Wie die Volkssouverainetät ein Unterkommen sucht.

Wie sie endlich Ruhe im Spinnhause findet, wo sie dem Michel Schlafkappen spinnen muß.

(Eulenspiegel Nr. 5, 27. 1. 1849. Universitätsbibliothek Tübingen)

souverainetät" dargestellt wird. Die „Volkssouverainetät" eilt durch einen Wald von Grenzpfählen, wo Soldaten einzelner Staaten sie von ihren streng bewachten Territorien abhalten. Daß es sich hierbei um die Allegorie der Volkssouveränität handelt, läßt sich nur an der sie wie ein Heiligenschein umrahmenden Schrift erkennen. Im zweiten Teil der Karikatur sitzt die „Volkssouverainetät" in antikem Gewand mit übereinandergeschlagenen Beinen beim Spinnen, ihr Gesicht drückt Niedergeschlagenheit und Resignation aus. Auch wenn diese Frauengestalt idealisiert und mit klassizistischer Würde dargestellt wird, sind ihre Gesichtszüge doch bereits verhärmt. Zwar „findet sie im Spinnhause endlich Ruhe", dennoch ist sie eine Gefangene – deutlich sichtbar an der Kette an ihrem Fuß. Interessant ist bei dieser Karikatur die Gleichsetzung der Männer mit der Reaktion und die der Frau mit politischem Fortschritt. Die Allegorie, die hier ein demokratisches Prinzip verkörpert, wird im ersten Teil von Grenzposten, den die reaktionären Einzelstaaten symbolisierenden Männern abgewiesen. Der zweite Teil der Karikatur zeigt, daß das Festhalten an der Volkssouveränität ins Gefängnis führt. Indem sie im Arbeitshaus „dem Michel Schlafkappen spinnen muß", wird sie als Frau in ihre ‚häuslichen' Grenzen zurückverwiesen. Ihre Fesselung symbolisiert die politische Auswegslosigkeit der Revolution und die Resignation der politischen Bewegung. Da die Frau demokratische Inhalte und damit für den „Eulenspiegel" den „Fortschritt" verkörpert, ist sie jugendlich dargestellt.

Dasselbe Motiv der Abweisung wiederholt sich am 7.7.1849 in der Karikatur „Consequenzen", in der der deutsche Michel die Allegorie des Parlaments aus den württembergischen Grenzen verweist. Auch hier ist die Frauenfigur mit einem wallenden, klassizistischen Gewand gekleidet; auf ihrem langen, zerzausten Haar trägt sie eine Haube mit der Aufschrift „Parlament". Wesentlich bei dieser Karikatur, die sich auf die gewaltsame Auflösung des Rumpfparlaments in Stuttgart am 18.6.1849 bezieht, ist, daß sich der Konflikt zwischen der Frau und dem deutschen Michel abspielt, der mit der militärischen Gewalt paktiert. Indem die Allegorie barfüßig und mit gefesselten Händen dargestellt ist, erinnert sie an Bildvorstellungen aus der Passion Christi: „Die Karikatur des 19. Jahrhunderts hatte politische Ideen mit der Passion Christi identifiziert, um sie zu propagieren."[15]

V.4 Germania in der Karikatur

Consequenzen.

Michel: So jetzt, Frau Parlament, gehab' sie sich wohl. Ich erkenne sie zwar noch an, aber wenn sie sich wieder blicken läßt, sperr' ich sie in's Zuchthaus.
Parlament: Pfui über dich, Michel! Als ich noch in Frankfurt war, schimpftest du ganz toll, weil ich nicht handeln wollte, und jetzt, da ich handeln will, jagst du mich fort. Was sind das für Consequenzen?
Michel: Das sind vornehme, absonderliche Consequenzen, Madame! Die hab' ich vom Ministertisch.

(Eulenspiegel Nr. 28, 7.7.1849. Universitätsbibliothek Tübingen)

Von der Jungfrau zur Braut

Erst 1849/1850, als die Aussicht auf eine einheitliche Nation in die Ferne rückt, wird in den Karikaturen das Bild der Germania wieder beschworen, die allerdings im Verlauf dieser politischen Entwicklung einen Gestaltwandel erfährt: Während sie 1849 noch als Braut idealisiert wird, jung, hübsch und begehrenswert erscheint, wird sie, als die Revolution gescheitert ist, wieder als Leidende und Kranke gezeichnet. Die einzelnen Lebensphasen – sei es die häßliche Alte, die begehrenswerte Braut[16] oder die Kranke – spiegeln das Auf und Ab der politischen Bewegung wider.

In der Karikatur „Scene aus dem großen romantischen Ritter- und Räuberspiel, das derzeit in Deutschland aufgeführt wird" vom 18. August 1849 wird Germania von fünf Männern umworben. „Jungfer Germania", hier eine jugendliche, gutaussehende Frau in einem figurbetonten Kleid mit dem Emblem des Reichsadlers, ist an einen Baum gebunden. Während „Fritze" und „Seppl", die Repräsentanten Preußens und Österreichs, „im Zweikampf" um sie „begriffen sind", schneidet Hecker, der badische Rebell, erkennbar an seinem Hut mit der Hahnenfeder, die Fesseln Germanias durch. Mit Genugtuung schaut Michel dem Getümmel und der ‚demokratischen Befreiung' Germanias zu.

Germania ist in dieser Darstellung passives Objekt, das von konservativer Seite umkämpft und von den Republikanern befreit *wird*. Indem der Karikaturist sie mit niedergeschlagenen Augen darstellt, wird ihre duldende Haltung besonders stark hervorgehoben. Diese Passivität unterscheidet die Germaniadarstellungen wesentlich von den demokratischen Allegorien der Revolutionsjahre. Germania erscheint als Spielball männlicher Interessen. Der Kampf um die Nation wird in diesen Karikaturen mit dem Kampf um eine Frau gleichgesetzt.

Scene aus dem großen romanitschen Ritter- und Räuber-Spiel, das derzeit in Deutschland aufgeführt wird.

Der letzte Akt folgt nach und ist sehr lustig.

Wie die großen Ritter Fritze und Seppel um die heißgeliebte Jungfer Germania im Zweikampf begriffen sind.
(Eulenspiegel Nr. 34, 18. 8. 1849. Universitätsbibliothek Tübingen)

Mit dem Fortschreiten der Revolution erscheint Germania in den Karikaturen zunehmend der männlichen Gewalt ausgesetzt. In der Zeichnung „Germania und ihre Freier" vom 20. 10. 1849 zerren wiederum der Preuße und der Österreicher an der gefesselten und damit hilflosen Germania. Michel kann seiner „Muhme" nicht helfen. Germania ist in dieser Darstellung stärker als vorher Sexualobjekt, Ziel männlicher Begierde; mit ihrem offenen Haar und dem tiefen Dekolleté betont der Karikaturist ihre sexuelle Attraktivität. Germania als von Männern bedrohte oder geschändete Jungfrau ist ein Motiv, das in der Restaurationszeit nicht nur im „Eulenspiegel" auftaucht. Auch das eingangs erwähnte Gedicht von August Hochberger setzt die Unterdrückung der nationalen und damit revolutionären Bewegung mit Vergewaltigung gleich.

V.4 Germania in der Karikatur

Germania und ihre Freier.

— „Weg da! ihr sollt meiner Muhme Germania keine Gewalt anthun, oder ihr kommt in's Zuchthaus!"
— „Dummer Michel! wir müssen ja eine Centralgewalt schaffen."

(Eulenspiegel Nr. 43, 20. 10. 1849. Universitätsbibliothek Tübingen)

In der Karikatur „Ein Korb" vom 30. März 1850 ist Germania – und damit die Hoffnung auf deutsche Einheit – sichtlich gealtert; sie wird als altjungferliche Braut, als „Mamsell", dargestellt. Sieben Männer – möglicherweise die neu eingesetzten konservativen Staatsminister – werben um sie. Doch sie weist deren Antrag mit der Begründung zurück, daß sie bereits einen „Schatz" habe, nämlich den schlafenden Michel. Die Allegoriefigur der Germania ist hier nicht klassizistisch idealisiert, sondern verbürgerlicht und trägt statt des Eichenlaubkranzes ein Häubchen. In dieser Darstellung wird eine vollkommen andere Beziehung zwischen Germania und Michel angesprochen. Ist sie in den bereits angeführten Beispielen entweder Mutter, Jungfrau oder Base des Michels, tritt sie hier als seine Braut auf. Obwohl dieser als Verkörperung des deutschen Volkes und der politischen Bewegung schläft, hält sie ihm die Treue. Biedermeierliche Eheideale werden hier auf politische Verhältnisse übertragen, d.h. die Treue der Germania symbolisiert die Kontinuität der Nationalidee.

V.4 Germania in der Karikatur

Ein Korb.

— Schönste Mamsell! Wir schöne heirathslustige Bursche haben unser Auge auf Sie geworfen, und kommen, Sie um Ihr Jawort zu bitten.
— Heißt das, ich soll Euch Alle zumal heirathen?
— Ja, schönste Mamsell! wir haben uns untereinander hierüber schon vereinbart.

— Mein Gott! sind das aber Unchristen! Fort, fort mit Euch! Ich habe meinen Schatz, und der heißt Michel; dort liegt er. Ein Glück für Euch, daß er so fest schläft; aber nun geht alsbald fort, denn wenn er erwacht, so lange Ihr noch da seid, so — seht zu, wie er mit Euch umspringt.

(Eulenspiegel Nr. 14, 30.3.1850. Universitätsbibliothek Tübingen)

In allen diesen Fällen, in denen Germania als attraktive, junge Frau dargestellt wird, vermitteln die Allegorien ein Bild von Weiblichkeit, das von moralischen Grundvorstellungen wie Duldsamkeit, Treue und Keuschheit geprägt ist.
Nach dem Scheitern der zweiten verfassunggebenden Landesversammlung und dem endgültigen Sieg der restaurativen Kräfte innerhalb des Deutschen Bundes ist Germania wieder leidend. In der Karikatur „Radikalmittel gegen Zahnweh" vom 13. Juli 1850 entwickelt sie sich zurück zur Negativfigur, sie wird als trampelige Beißzange dargestellt und tritt wieder als Mutter Michels auf. In dieser Gestalt wirkt sie entsexualisiert und nicht mehr begehrenswert. Michel, der hier die Rolle des besorgten Sohnes einnimmt, weist auf ihren weit aufgerissenen Mund. Der demokratische Arzt sieht die einzige Lösung in einer Radikalkur: alle 32 Zähne mit ihren „mürben und brüchigen" Kronen sollen gezogen werden. Die immer noch bestehenden Einzelstaaten mit ihren Monarchen zu beseitigen, ist die Quintessenz dieser inzwischen nicht mehr durchführbaren Radikalkur.
Wie diese Beispiele zeigen, ist Germania als allegorische Frauenfigur „eine

V.4 Germania in der Karikatur

Radikalmittel gegen Zahnweh!

Herr Doctor, meine Mutter hält's nimmer aus. Was fehlt ihr denn, Michel? — Sie hat Zahnschmerzen zum Verzweifeln; Sie werden ihr wohl einen Zahn ausziehen müssen.

— Wie, Madame, lassen Sie doch einmal nachsehen. Mein Gott! das ist ja ein abscheuliches Gebiß! Jeder Zahn hohl, jede Krone mürbe und brüchig. Da hilft das Ausziehen Eines Zahnes nicht, da ist gar nichts Anderes mehr zu machen, als man reißt alle 32 aus.

(Eulenspiegel Nr. 29, 13. 7. 1850. Universitätsbibliothek Tübingen)

beliebig füllbare Leerform"[17], ein Reflexionsobjekt politischer Sehnsüchte und ein Medium für den Zustand der deutschen Nation. Im Unterschied zu Michel, der die politische Bewegung des deutschen Volkes verkörpert, ist sie dort, wo sie als Positivfigur für das Ideal der deutschen Nation steht, keine handelnde und denkende Person mit Eigenexistenz. Gerade in dieser „Leerform" liegt möglicherweise begründet, daß die Allegorie der Nation als Frau gedacht wird.

Als Alte und Kranke, als Jungfrau und Braut oder als Verstoßene werden die besprochenen Allegoriefiguren, sei es nun die Germania, das Vertrauen, die Volkssouveränität oder das Parlament, in einen typischen Frauenrahmen gestellt, der dem bürgerlichen Frauenbild entspricht. Um so auffallender ist die Darstellung einer Allegorie, die in der Ausgabe vom 8. Dezember 1849 ein Gedicht von Ludwig Pfau als Anfangsvignette schmückt. Dort steht eine Frau mit wehendem Haar in Siegerpose auf einem am Boden liegenden Preußen. In der einen erhobenen Hand hält sie ein Schwert, in der anderen eine Fahne mit dem Emblem des Reichsadlers und der Aufschrift „frei, einig". Sie trägt die phrygische Mütze, das Symbol der Revolution und Freiheit seit 1789; hinter ihr sieht man die Strahlen der aufgehenden Sonne als Zeichen einer neuen Gesellschaft. Die Frau als kämpferische Heroine ist Leitfigur der revolutionären Bewegung. Nicht zufällig erinnert diese

V.4 Germania in der Karikatur

Darstellung an das Gemälde „Die Freiheit führt das Volk an" von Eugène Delacroix aus dem Jahr 1830. Die Frau repräsentiert eine politische Kraft, die sie in der sozialen Wirklichkeit nicht besitzt, sie ist Hülle für eine politische Utopie.

Badisches Wiegenlied.

(Eulenspiegel Nr. 50, 8.12.1849. Universitätsbibliothek Tübingen)

Anmerkungen:

1) Das Wort stammt aus dem Griechischen und bedeutet soviel wie „anders ausdrücken".
2) Vgl. Cecilia Rentmeister: Berufsverbot für Musen. In: Ästhetik und Kommunikation Heft 25, 1976, S. 258–297.
3) Auch in diesem wie in anderen Ansätzen einer exakten Begriffsbestimmung sind die Grenzen verwischt und lassen sich bestenfalls im Versuch einer eingeschränkten, auf ein besonderes Ziel hin gerichteten Interpretation deutlich machen.
4) Abweichend von herkömmlichen Darstellungsweisen mit den Charakterzügen Passivität, Naivität und Tolpatschigkeit existiert auch ein Michel, der zum politischen Geschehen klar Stellung bezieht und dadurch eine aktive Bestimmung erfährt. Vgl. Karl Riha: Der deutsche Michel. Zur Ausprägung einer nationalen Allegorie im 19. Jahrhundert. In: Klaus Herding/Gunter Otto (Hg.): Nervöse Auffassungsorgane des inneren und äußeren Lebens. Gießen 1980, S. 186–205.
5) Vgl. Klaus Sauer/German Werth: Lorbeer und Palme. Patriotismus in deutschen Festspielen. München 1971.
   Dies gilt ebenso für das Frankreich zur Zeit der französischen Revolution. Vgl. Maurice

V.4 Germania in der Karikatur

Agulhon: Esquisse pour une archéologie de la République. L' Allégorie civique féminine. In: Annales ESC 1973, S. 5–34.

6) Es handelt sich hierbei um eine Germaniadarstellung, die in Zusammenarbeit der Nazarener Philipp Veit und Edward von Steinle entstand. Vgl M. Spahn: Philipp Veit. Bielefeld und Leipzig 1901, S. 88; Edward von Steinle. Des Meisters Gesamtwerk in Abbildungen. Herausgegeben von Alphons M. von Steinle. Kempten/München 1910, Abbildung 303, Anmerkung S. 116.
7) Zur Geschichte der Karikatur vgl. Eduard Fuchs: Die Karikatur der europäischen Völker. 2 Bde., Berlin 1906. Und Werner Hofmann: Die Karikatur von Leonardo bis Picasso. Wien 1956.
8) 1802 wurde die Geschwindigkeit des Buch- und Zeitungsdrucks durch die Erfindung der Schnelldruckpresse vorangetrieben. Die Karikaturen wurden aktueller, da die Presse rascher auf die politischen Ereignisse reagieren konnte. Für die schnellere und auflagenstärkere Bildproduktion sorgte das neu eingeführte Lithographieverfahren.
9) In Frankreich erschienen ab 1830 „La Caricature" und ab 1832 „Le Charivari"; beide Blätter wurden in Paris von C. Philipon herausgegeben. Im Vorfeld und im Zusammenhang mit der 1848er Revolution kamen in Deutschland 1844 die Münchner „Fliegenden Blätter", 1847 die „Düsseldorfer Monatshefte" und 1848 der Berliner „Kladderadatsch" heraus. Vgl. Lexikon der Kunst. Leipzig 1975, Bd. II, S. 544–545.
10) Vgl. Kurt Koszyk: Deutsche Karikatur im Vormärz und in der Märzrevolution 1848/49. In: Ausstellungskatalog: Bild als Waffe. Mittel und Motive der Karikatur in fünf Jahrhunderten. München 1984, S. 415–423. Vgl. Sylvia Wolf: Politische Karikaturen in Deutschland 1848/49. Mittenwald 1982.
11) Ludwig Pfau (1821–1894) war Mitglied des Landesausschusses der demokratisch-republikanischen Volksvereine in Württemberg. Im „Preßprozeß" gegen den „Eulenspiegel" wurde er zusammen mit Jacob Nisle am 4.10.1848 zu einer achtmonatigen Arbeitshausstrafe verurteilt (Laterne 24.12.48). Nach der Teilnahme an den badischen Reichsverfassungskämpfen ging Pfau im Juli 1849 erst nach Zürich, später nach Bern und Paris ins Exil, 1865 kehrte er nach Stuttgart zurück.
12) Vgl. Anmerkung 9.
13) Ausschlaggebend für die im Vergleich zu Frankreich rückständigen Karikaturen (nicht nur in Württemberg) sind natürlich auch die harten Zensurbestimmungen seit den Karlsbader Beschlüssen.
14) Ein beliebtes Stilmittel der Karikatur ist das Aufbauen von Gegensatzpaaren wie z.B. groß-klein, dick-dünn, alt-jung usw.
15) Vgl. Alfred Pohlmann: Bildüberlieferung in der politischen Ereigniskarikatur. In: Ausstellungskatalog Ereigniskarikaturen. Landschaftsverband Westfalen-Lippe, Westfälisches Landesmuseum für Kunst und Kulturgeschichte. Münster 1983, S. 39–52, hier S. 41.
16) Ein weiteres, häufig auftauchendes Motiv ist die Darstellung Germanias als Schwangere, in guter Hoffnung mit ihrem ‚Kind' Verfassung; dieses Bild taucht aber im Eulenspiegel nicht auf. Vgl. Jost Hermand: Braut, Mutter oder Hure? Heiner Müllers Germania und ihre Vorgeschichte. In: Ders.: Sieben Arten an Deutschland zu leiden. Königstein 1979, S. 127–141, hier S. 129.
17) C. Rentmeister zitiert nach Silvia Bovenschen: Die aktuelle Hexe, die historische Hexe und der Hexenmythos. Die Hexe: Subjekt der Naturaneignung und Objekt der Naturbeherrschung. In: Becker/Bovenschen/Brackert et al: Aus der Zeit der Verzweiflung. Zur Genese und Aktualität des Hexenbildes. Frankfurt 1977, S. 259–312, hier S. 298.

Anhang

Zeittafel

1805	Württemberg wird Königreich
1805	Gründung der „Privatgesellschaft freiwilliger Armenfreunde" in Stuttgart
1807	Gründung der Museumsgesellschaft Stuttgart
1816/17	Gründung des „Allgemeinen Wohlthätigkeitsvereins im Königreich Württemberg" mit Sitz der Zentralleitung in Stuttgart
1818	Gründung des Königlichen Katharinenstifts in Stuttgart
9.1.1819	Tod Königin Katharinas
1819	Karlsbader Beschlüsse
1820	Die Stuttgarter „Paulinenpflege" wird als erstes Rettungshaus in Württemberg gegründet
15.4.1820	Heirat des württembergischen Königs Wilhelm I. mit seiner Cousine Pauline
1823	Gründung des Oratorienvereins Stuttgart, Frauen singen mit
1824	Gründung des ersten württembergischen Liederkranzes in Stuttgart

* * *

27.–29.7.1830	Julirevolution in Frankreich
Nov. 1830	Beginn der Volkserhebungen in Polen
1831	Bildung liberaler Wahlvereine in Württemberg
1832	„Polenvereine" zur Unterstützung der polnischen Flüchtlinge
1832	Amalie Sieveking gründet in Hamburg den „Weiblichen Verein für Armen- und Krankenpflege"
27.5.1832	Hambacher Fest
1833	Gründung der privaten Bauerheimschen (ab 1845 Jaußschen) Töchterschule in Stuttgart
4.12.1833	Neues Bürgerrechtsgesetz führt Verehelichungsbeschränkungen ein
1834	Gründung der Privattöchterschulen in Ulm und Ludwigsburg
1834	„Frauenverein zur Versorgung verwahrloster Kinder in Stuttgart" gegründet
1836	In Ludwigsburg wird die erste öffentlich-städtische Töchterschule in Württemberg eröffnet
1836	Erstes Volksschulgesetz, u.a. werden die privaten Töchterschulen unter die gleiche Oberaufsicht wie die Volksschulen gestellt
1836	Frauen in den Liederkränzen in Stuttgart, Murrhardt, Hall, Spaichingen, Sersheim, Deißlingen
1837	Gründung des württembergischen Volksschulvereins

* * *

1840	„Verein zur Unterstützung älterer unverheiratheter Frauenspersonen aus dem Honoratiorenstande" in Stuttgart
1840	Gründung des württembergischen Volksschullehrervereins
1840	Frauen im Liederkranz Tübingen
1841	Gründung von privaten Töchterschulen in Heilbronn, Stuttgart, Reutlingen
1841	600-Jahr-Feier der Hanse
1842	Bau des ersten und bis 1848 einzigen deutschen Kriegsschiffes „Amazone"
1844	Ausstellung des „Heiligen Rocks" in Trier, Debatte um das katholische Wallfahrtswesen

Zeittafel

1845	Deutsch-katholische Gemeinden entstehen in Ulm, Stuttgart und Eßlingen
Sept. 1845	Erste südwestdeutsche Synode der Deutsch-Katholiken in Stuttgart
1846	„Paulinenverein zur Bekleidung armer Landleute" in Stuttgart gegründet
4. 2. 1846	Regierungserlaß entzieht den Deutsch-Katholiken das Recht, sich „Gemeinde" zu nennen sowie das aktive Landtagswahlrecht
1. 5. 1847	Brotkrawall in Ulm
3. 5. 1847	Brotkrawall in Stuttgart
Dez. 1847	Wahlen zum außerordentlichen Landtag

* * *

20. 1. 1848	Dänemark stellt nach Tod Christian VIII. Rechtsansprüche auf die beiden Herzogtümer Schleswig und Holstein
22. 1. 1848	Eröffnung des Landtages, programmatische Rede des württembergischen Königs
22. 2. 1848	Ausbruch der bürgerlich-demokratischen Revolution in Frankreich
24. 2. 1848	Gewerbekongreß in Eßlingen
28. 2. 1848	Die Nachricht von den französischen Ereignissen erreicht Württemberg
29. 2. 1848	Adresse des Ständischen Ausschusses an den württembergischen König
1. 3. 1848	Aufhebung der Zensur
2. 3. 1848 bis Ende März	Volks- und Bürgerversammlungen in den württembergischen Oberamtsstädten
9. 3. 1848	Einsetzung des liberalen Märzministeriums unter Friedrich Römer
10. 3. 1848	Katzenmusik in Heilbronn gegen Oberfeuerschauer Omeis
11. 3. 1848	Aufruf zum Kauf „deutscher Waren" in Eßlingen
15. 3. 1848	Boykott-Aufrufe in Reutlingen und Tübingen
18. 3. 1848	Frauenverein in Ulm „zur Hebung der Gewerbe"
18. 3. 1848	Barrikadenkämpfe in Berlin
18. 3. 1848	Vereidigung des württembergischen Militärs auf die Verfassung (nicht mehr auf den König)
20./22. 3. 1848	Katzenmusiken in Eßlingen; Rücktritt des Stadtschultheißen und der lebenslänglichen Stadträte
21. 3. 1848	Backnang, Aufruf zum Kauf deutscher Waren
22. 3. 1848	Blaubeuren, Aufruf zum Kauf deutscher Waren
24. 3. 1848	Provisorische Regierung in Schleswig-Holstein, die bald ihre Anerkennung in Frankfurt und Berlin erhält. Schleswig-Holstein wird zur „deutschen Sache"
31. 3./3. 4. 1848	Vorparlament in Frankfurt
März/Ap. 1848	Bauernunruhen in Hohenlohe und im Schwarzwald

In den württembergischen Oberamtsstädten im Lauf des Monats April Versammlungen zur Wahl der Nationalversammlung

1. 4. 1848	Bürgerwehrgesetz
3. 4. 1848	Volksversammlungsgesetz
4. 4. 1848	Gründung des Vaterländischen Hauptvereins in Stuttgart, danach Vereinsgründungen in anderen württembergischen Oberamtsstädten
5. 4. 1848	Einrücken preußischer Truppen in Schleswig-Holstein
9. 4. 1848	Krieg gegen Dänemark

Zeittafel

12./20.4.1848	Hecker-Putsch in Baden
14.4.1848	Gesetz betr. die Beseitigung der auf Grund und Boden lastenden Lasten
19.4.1848	Stuttgarterinnen treffen sich am Mittwoch zu einer Frauenversammlung im Bürgermuseum, um das Fahnensticken für die Bürgerwehr zu besprechen
22.4.1848	Wahl zur Nationalversammlung
23.4.1848	Beginn der dänischen Seeblockade
30.4.1848	Fahnenweihe in Reutlingen
1.5.1848	Lotterie von Frauen für die Tübinger Bürgerwehr
3.5.1848	In Göppingen treffen sich am Mittwoch Frauen zum Fahnensticken
14.5.1848	Zusammentreten der Nationalversammlung
14.5.1848	Vaterländischer Verein in Stuttgart eröffnet Sammlung von Beiträgen zur Aufstellung einer deutschen Kriegsflotte
15.5.1848	Demokratische Erhebung in Wien
18.5.1848	Eröffnung der Nationalversammlung in der Frankfurter Paulskirche, Frauen sind als Zuhörerinnen zugelassen
21.5.1848	Treffen der Stuttgarter Frauen am Sonntag im Saal der Bürgergesellschaft
Mai/Juni 1848	Sammlungen für die deutsche Flotte
14.6.1848	Soldatenversammlung in Heilbronn
14.6.1848	Einzige Aussprache über die Flotte in der Nationalversammlung
14./16.6.1848	Demokratenkongreß in Frankfurt
17.6.1848	Württembergisches Militär besetzt Heilbronn. Abzug des 8. Infanterieregiments
25.6.1848	In Göppingen treffen sich am Sonntag Frauen im Rathaus um die Fahnenweihe zu besprechen
28.6.1848	Einrichtung einer provisorischen Zentralgewalt in Deutschland
29.6.1848	Wahl des Erzherzog Johann zum Reichsverweser
5.7.1848	Spaltung der vaterländischen Vereine an der Frage der Staatsform (konstitutionelle Monarchie oder Republik)
24.7.1848	Volksversammlung in Eßlingen; Treffen aller württembergischen Volksvereine. Wahl eines Landesausschusses
30.7.1848	Fahnenweihe der Bürgerwehr in Göppingen
6.8.1848	Fahnenweihe am Sonntag in Crailsheim
13.8.1848	Bürgerwehr – Fahnenweihe am Sonntag in Schwäbisch Gmünd
25.8.1848	Bürgerwehr – Fahnenweihe am Sonntag in Stuttgart
26.8.1848	Preußen schließt mit Dänemark Waffenstillstand in Malmö
10.9.1848	Volksversammlung in Heilbronn (zum Malmöer Waffenstillstand)
16.9.1848	Die Nationalversammlung akzeptiert den Malmöer Vertrag. Fahnenweihe am Samstag in Calw für die Bürgerwehren
17.9.1848	Volksversammlung in Eßlingen zum Waffenstillstand
20.9.1848	Zusammentritt des württembergischen Landtags. Rücktritt der adligen Kriegs- und Außenminister, Bestellung von bürgerlichen Ministern
21.9.1848	Patriotischer Jungfrauenverein zur Verfertigung scharfer Patronen in Heilbronn
21./25.9.1848	Zweiter demokratischer Aufstand in Baden
24.9.1848	Volksversammlung in Rottweil mit 4000 Teilnehmern, Rau ruft zum Marsch nach Cannstatt auf

Zeittafel

25. 9. 1848	Bürgerversammlung in Zimmern ob Rottweil; Diskussionen über Ausmarsch
26. 9. 1848	In Zimmern ob Rottweil sammeln Frauen Unterschriften für Ausmarsch
26. 9. 1848	Marsch auf Cannstatt wird auf Zimmerner Bürgerversammlung abgelehnt
26. 9. 1848	Rottweiler Bürgerwehr kehrt auf dem Weg nach Cannstatt wieder um
27. 9. 1848	Zentrale Volksversammlung in Cannstatt für diesen Tag geplant. Stuttgart und Cannstatt militärisch besetzt, Kundgebung findet nicht statt
29. 9. 1848	73 000 fl an Spenden für die Flotte eingegangen
1. 10. 1848	Bürgerwehr – Fahnenweihe am Sonntag in Tübingen
3. 10. 1848	Kammerverhandlung der württembergischen Landtagsabgeordneten; der Antrag auf Zulassung von Frauen zu den Sitzungen wird abgelehnt
4. 10. 1848	Militärische Besetzung Rottweils
6. 10. 1848	Volkserhebung in Wien, Kämpfe dauern bis 30. 10. 1848
8. 10. 1848	Fahnenweihe am Sonntag in Eßlingen für die Bürgerwehr
20. 10. 1848	In Zimmern ob Rottweil verhaftet Militär den Gemeinderat, Schultheiß und die Mitglieder des Bürgerausschusses
22. 10. 1848	Bürgerwehr – Fahnenweihe am Sonntag in Ulm
26. 10. 1848	Zweiter Demokratenkongreß in Berlin
9. 11. 1848	Erschießung Robert Blums in Wien. Niederlage der Revolution in Österreich
Nov/Dez 1848	Konterrevolution in Preußen; Auflösung der preußischen Nationalversammlung
28. 12. 1848	Verkündung der Grundrechte durch die Nationalversammlung

* * *

1849	Entwurf eines neuen Volksschulgesetzes durch eine Organisations-Kommission des liberalen März-Ministeriums
1849	Gründung einer Mittelschule für Mädchen in Stuttgart
14. 1. 1849	Grundrechte in Württemberg zum Gesetz erhoben
15./23. 1. 1849	Streit um die Staatsoberhauptfrage in der Frankfurter Nationalversammlung
Februar 1849	Volksversammlungen zur Frage des künftigen deutschen Staatsoberhauptes
25. 3. 1849	Dänemark kündigt Malmöer Waffenstillstand auf
27. 3. 1849	Nationalversammlung verabschiedet die Reichsverfassung
28. 3. 1849	Wahl des preußischen Königs zum Erbkaiser
März/Ap. 1849	In Heilbronn nächtliche Marktplatzversammlungen
2. 4. 1849	Beginn des zweiten deutsch-dänischen Krieges
3. 4. 1849	Der preußische König lehnt die Kaiserwürde ab
14. 4. 1849	28 deutsche Regierungen erklären sich für die Reichsverfassung
Mitte Apr. bis Ende April	Volksversammlungen in Württemberg (Reichsverfassungsfrage)
21. 4. 1849	Minister Römer verlangt die Annahme der Reichsverfassung durch den württembergischen König
24. 4. 1849	Bedingungslose Annahme der Reichsverfassung durch König Wilhelm I.
28. 4. 1849	Preußen lehnt die Reichsverfassung ab; Militärhilfezusage an ‚gleichgesinnte' Länder Hannover, Bayern, Österreich und Sachsen

Zeittafel

2.5.1849	Beginn der Reichsverfassungskämpfe in Baden und Pfalz; am 3.5.1849 in Dresden
7.5.1849	Aufruf der „württembergischen Frauen und Jungfrauen" an die „deutschen Krieger nicht gegen ihre demokratischen Brüder zu kämpfen"
8.5.1849	Volksversammlung in Eßlingen; Bildung eines badischen Freicorps
14.5.1849	Preußen zieht seine Abgeordneten aus der Nationalversammlung zurück, erklärt diese für illegal
16.5.1849	Volksversammlung in Horb mit „ungemein vielen Weibsleuten"
21.5.1849	Austritt der Konservativen aus der Nationalversammlung (u.a. von Gagern)
26.5.1849	Dreikönigsbündnis Preußen-Sachsen-Hannover zur Niederschlagung der Reichsverfassungskämpfe
26.5.1849	Erklärung Ministerium Römer: keine militärische Aktionen zur Unterstützung der Reichsverfassung
26.5.1849	Eßlinger Frauen gründen Verein zur Unterstützung der Freiwilligen
27.5.1849	Erwiderung norddeutscher „Frauen und Jungfrauen" auf den Zuruf der württembergischen Frauen, Zustimmung
27./28.5.1849	Reutlinger Pfingstversammlung der Volksvereine: Forderung nach Anschluß an Baden; Volksbewaffnung
30.5.1849	Das Rumpfparlament verläßt Frankfurt in Richtung Stuttgart
5.6.1849	Auszug der Heilbronner Turner nach Baden
6.6.1849	Erster Sitzungstag des Rumpfparlaments in Stuttgart, Einsetzung einer Reichsregentschaft, „auf den Gallerien Frauen und Jungfrauen"
8.6.1849	Erklärung des Ministeriums Römer: Nichtanerkennung der Reichsregentschaft
9.6.1849	Treueerklärung der Heilbronner Bürgerwehr an die Nationalversammlung
12.6.1849	Militärische Besetzung Heilbronns und Entwaffnung der Heilbronner Bürgerwehr, die daraufhin nach Baden und Löwenstein ausmarschiert
13.6.1849	Badischer Aufruf an die Schwaben mit der Bitte um Unterstützung zur Bewaffnung, insbesondere werden Frauen um Geld- und Sachspenden gebeten
13.6.1849	Vierter Sitzungstag der Nationalversammlung in Stuttgart. Inschrift über der Tür „die deutschen Frauen den deutschen Männern"
15.6.1849	In Heilbronn wird der Belagerungszustand ausgerufen
16.6.1849	Reichsregentschaft erläßt Gesetz zur Bildung einer Volkswehr
18.6.1849	Sprengung des Rumpfparlaments durch württembergisches Militär
19.6.1849	In Baden kämpft eine „Schwäbische Legion" von württembergischen Freiwilligen
23.6.1849	Aufruf der Sanitätsdirektion Baden an Frauen mit der Bitte um Charpie
25.6.1849	„Weiberrevolte in Freudenstadt"
Juli 1849	In Heilbronn wird ein Verein junger Mädchen zur Unterstützung der politischen Flüchtlinge in Bern aktiv
1.7.1849	Neues Wahlgesetz in Württemberg, Landtagswahlen enden zugunsten der Demokraten
10.7.1849	Waffenstillstand in Schleswig-Holstein, Land wird von Truppen besetzt
17.7.1849	Aufruf „an alle Menschenfreunde", Hilfe für Flüchtlinge im Ausland, vor allem in der Schweiz
23.7.1849	Kapitulation der Revolutionstruppen in Rastatt; Ende der Reichsverfassungskämpfe in Deutschland

Zeittafel

27.7.1849	Frauenkomité in Ulm zur Unterstützung der Flüchtlinge in der Schweiz

* * *

9.8.1849	In Heilbronn und Stuttgart werden Lotterien für Flüchtlinge verboten
29.8.1849	Aufruf zur Gründung eines Milchboykottvereins in Stuttgart
Aug./Sep. 1849	Sammlungen für politische Flüchtlinge im ganzen Land
28.10.1849	Entlassung des Märzministeriums
30.10.1849	Stuttgarter „Verein von Frauen und Jungfrauen zur Unterstützung der deutschen Flüchtlinge" veranstaltet Sammlung
1.12.1849	Zusammentritt der verfassungsgebenden Landesversammlung in Stuttgart
22.12.1849	Auflösung der Landesversammlung

* * *

Januar 1850	Gründung der „Hamburger Hochschule für das weibliche Geschlecht"
15.3.1850	Zweite verfassungsgebende Landesversammlung
30.4.1850	Einführung von Dienstbüchern für Dienstboten in Württemberg
2.7.1850	Friedensvertrag zwischen Dänemark und Preußen bestätigt Übergabe von Schleswig-Holstein an Dänemark
3.7.1850	Auflösung der Landesversammlung
13.7.1850	Erneuter Kriegsausbruch, diesmal ohne Unterstützung der Preußen
20.7.1850	Lotterie von Eßlinger Frauen für Schleswig-Holstein
4.10.1850	Dritte verfassungsgebende Landesversammlung, aufgelöst im November
16.10.1850	Brief von zwei Schleswig-Holsteinerinnen an die Frauen Deutschlands mit der Bitte um Hilfe
19.10.1850	Eßlinger Frauen gründen demokratischen Unterstützungsverein
27.10.1850	Aufruf von Eßlinger Frauen für Schleswig-Holstein zu spenden
31.10.1850	Stuttgarter Frauenverein für Schleswig-Holstein
29.11.1850	Abkommen von Olmütz beendet Krieg, Schleswig-Holstein wird dänisch
1851	Der einzigen öffentlich-städtischen Töchterschule Württembergs, in Ludwigsburg, werden die städtischen Mittel entzogen, sie wird als ‚Privat-Töchterbildungsanstalt' weitergeführt
6.5.1851	Vierte verfassungsgebende Landesversammlung
5.10.1851	Aufhebung der Grundrechte (Gesetz 2.4.1852)
1851	Verbot politischer Vereine in Württemberg
1852	Verschärfung der Verehelichungsbeschränkungen
1853	„Hamburger Hochschule für das weibliche Geschlecht" wird aus politischen und finanziellen Gründen geschlossen
1864	Deutsch-dänischer Krieg bricht erneut aus
1866	Schleswig-Holstein wird preußische Provinz

Abkürzungen

AIS	–	Amts- und Intelligenzblatt für Schorndorf
AZ	–	Allgemeine Zeitung
Beob	–	Der Beobachter
BfA	–	Blätter für das Armenwesen
BvR	–	Bote vom Remsthal
EA	–	Eßlinger Anzeiger
ESP	–	Eßlinger Schnellpost
EWA	–	Eßlinger wöchentliche Anzeigen
fl	–	Gulden (Florin)
GWB	–	Göppinger Wochenblatt
HT	–	Heilbronner Tagblatt
kr	–	Kreuzer
KR	–	Das Kränzchen
KRB	–	Illustrirte Kreuzerblätter
MSP	–	Märzspiegel Gmünd
ND	–	Neckar-Dampfschiff Heilbronn
NT	–	Neues Tagblatt fur Stuttgart und Umgegend
NWB	–	Nürtinger Wochenblatt
NZ	–	Neue Zeit
RA	–	Rottweiler Anzeiger
RC	–	Rottweiler Chronik
RMC	–	Reutlinger und Mezinger Courier
SK	–	Schwäbische Kronik
SM	–	Schwäbischer Merkur
TAI	–	Tübinger Amts- und Intelligenzblatt
TC	–	Tübinger Chronik
UAI	–	Ulmer Amts- und Intelligenzblatt
USP	–	Ulmer Schnellpost
WJB	–	Württembergische Jahrbücher

Quellen

Zeitungen und Zeitschriften

Amts- und Intelligenzblatt für Schorndorf (STA)
Allgemeine Zeitung (Universitätsbibliothek Tübingen)
Der Beobachter (Universitätsbibliothek Tübingen)
Blätter für das Armenwesen (Universitätsbibliothek Tübingen)
Bote vom Remsthal (STA Schwäbisch Gmünd)
Der Bote für Stadt und Land. Pfälzisches Volksblatt (STA Kaiserslautern)
Eßlinger Anzeiger (STA)
Eßlinger Schnellpost (STA)
Eßlinger wöchentliche Anzeigen (STA)
Der Eulenspiegel (Universitätsbibliothek Tübingen)
Fliegende Blätter (Universitätsbibliothek Tübingen)
Die Gegenwart (Universitätsbibliothek Tübingen)
Gmünder Gemeinnütziges Wochenblatt (HSTAS)
Göppinger Wochenblatt (STA)
Heilbronner Tagblatt (STA)
Der Hochwächter (Universitätsbibliothek Tübingen)
Illustrirte Kreuzerblätter (Staatsbibliothek Berlin)
Illustrierte Moden- und Musterzeitung für den Weltmann (Landesbibliothek Stuttgart
Das Kränzchen. Zeitung für das weibliche Geschlecht (Staatsbibliothek Berlin)
Laterne (Landesbibliothek Stuttgart)
Märzspiegel Gmünd (STA)
Neckar-Dampfschiff Heilbronn (HSTAS)
Neue Zeit (Universitätsbibliothek Tübingen)
Neues Tagblatt für Stuttgart und Umgegend (Landesbibliothek Stuttgart)
Neuestes Paris Moden-Journal für Herren und Damen (Landesbibliothek Stuttgart)
Nürtinger Wochenblatt (STA)
Pariser Modenjournal Ulm (Landesbibliothek Stuttgart)
Regierungsblatt für das Königreich Württemberg (Universitätsbibliothek Tübingen)
Reutlinger- und Mezinger Courier (STA)
Rottweiler Anzeiger (STA)
Rottweiler Chronik (STA)
Schwäbische Kronik (Universitätsbibliothek Tübingen)
Schwäbischer Merkur (Universitätsbibliothek Tübingen)
Das schwäbische Museum (Universitätsbibliothek Tübingen)
Die Sonne (Stadtbibliothek Ulm)
Tübinger Amts- und Intelligenzblatt (Universitätsbibliothek Tübingen)
Tübinger Chronik (Universitätsbibliothek Tübingen)
Ulmer Amts- und Intelligenzblatt (STA)
Ulmer Schnellpost (STA)

Quellen

Der Weltmann. Neues Modenjournal (Universitätsbibliothek Tübingen)
Württembergische Jahrbücher für Statistik und Landeskunde
Zeitschrift für die gesammte Staatswissenschaft

Archivalische Quellen

Staatsarchiv Ludwigsburg (STAL):

E 170	Centralstelle für Handel und Gewerbe: Bü 731–735
E 173	Regierung des Neckarkreises: Bü 64, 216
E 179 II	Kreisregierung Ulm II: Bü 6466/56
E 191	Centralleitung des Allgemeinen Wohltätigkeitsvereins: Bü 2646, 3967, 2647, 4078, 4616, 4970, 7249, 7254, 7361–7363
E 319	Criminalsenat Eßlingen: Bü 96 99a, 99b, 98, 109
E 320	Schwurgericht Ludwigsburg: Prozeß Becher und Genossen: Bü 10a, 23–25, 25a, 60, 61, 75, 79
E 332	Schwurgericht Tübingen: Bü 13
E 350	Criminalsenat Ulm: Bü 9–21
F 106	Oberamt Ellwangen: Bü 142
F 164	Oberamt Eßlingen: Bü 44
F 201	Stadtdirektion Stuttgart: Bü 301, 611/612
F 240/1	Lokalwohltätigkeitsverein Stuttgart: Bü 78
PL 409	Verein zur Unterstützung älterer Honoratiorentöchter: Bü 1

Hauptstaatsarchiv Stuttgart (HSTAS):

E 9	Kabinettsakten III: Bü 105
E 10	Kabinettsakten III: Bü 40a, 45
E 11	Ministerium des Kirchen- und Schulwesens: Bü 75, 76, 184
E 14	Kabinettsakten IV: Bü 1208–1209
E 33	Geheimer Rath III: Bü 1130
E 146	Innenministerium III (alt): Bü 1535, 1916, 1929, 1930, 1931, 1932, 1933, 1934, 1935, 1938, 1952, 1959, 1976, 2376, 2401, 2402, 3840
E 146	Innenministerium III (neu): Bü 666, 3709, 3775, 3778, 3786, 3840, 3841, 4731, 5040, 5081, 5885–5901, 6064
E 200	Ministerium für Kirchen- und Schulwesen: Bü 91, 102, 118, 120, 122, 123, 132, 311, 312
E 301	Justizministerium: Bü 239, 240, 245

Stadtarchiv Esslingen (STA):

Stadtratsprotokolle 1843, 1846, 1848

Stadtarchiv Ludwigsburg (STA):

Quellen

Stadtratsprotokolle 22. 4. 1833, 20. 1. 1836

Stadtarchiv Stuttgart (STA):
Familienregister, Biographische Quellen

Stadtarchiv Tübingen (STA):
Strafregister Bd.I, Bände 19. Jahrhundert

Landeskirchliches Archiv Stuttgart (LKA):

A 12	Kompetenzbücher 25–27, 39
A 26	Nr. 338,2; 340,4; 389,2
A 29, 744	Cannstatt, Visitation 1817–1922
A 29, 752	Cannstatt, Pfarrberichte 1841–1917
A 29, 1908	Heilbronn, Pfarrberichte 1855–1888
A 29, 1191	Eßlingen, Pfarrberichte 1843–1889
A 29, 1810	Hall, Pfarrberichte 1818–1922
A 29, 2655	Ludwigsburg, Pfarrberichte
A 29, 2664	Ludwigsburg, Pfarrberichte 1818–1920
A 29, 2665	Ludwigsburg, Pfarrberichte 1840–1887
A 29, 3765	Reutlingen, Pfarrberichte 1837–1901
A 29, 4377	Stuttgart-Stadt, Pfarrberichte 1820–1887
A 29, 4657	Tübingen, Pfarrberichte 1842–1923
A 29, 4735	Ulm, Pfarrberichte 1840–1900

Diözesanarchiv Rottenburg:
Fe. 2a 1846 Deutschkatholiken, Blatt 20
B 21, f 117

Archiv des Tübinger Liederkranzes, verwaltet von Herrn Hans Sonntag
Vereinsberichtbuch No. 1 1829–1852

Handschriftensammlung der Landesbibliothek Stuttgart:
Briefwechsel Emilie Zumsteeg cod. hist. q. 710

Literaturverzeichnis

Adamski, Peter: Industrieschulen und Volksschulen im 19. Jahrhundert. Zum Verhältnis von Ökonomie, Politik und Elementarbildung. Diss. Marburg 1976.

Agulhon, Maurice: Esquisse pour une archéologie de la République. L' Allégorie civique féminine. In: Annales ESC 1973, S. 5-34.

Agulhon, Maurice: Marianne au combat. L'imagerie et la symbolique républicaines de 1789 à 1880. Paris 1979.

Anneke, Mathilde Franziska: Memoiren einer Frau aus dem badisch-pfälzischen Feldzuge 1848/49. Verlagstitel: Mutterland. Reprint Münster 1982.

Arndt, Ernst Moritz: Entwurf einer deutschen Gesellschaft. In: Ausgewählte Schriften. Herausgegeben von Heinrich Meisner und Robert Geerds. Bd. 13, Leipzig 1908, S. 250–265.

Arndt, Ernst Moritz: Über Sitte, Mode und Kleidertracht. Frankfurt/M. 1814.

Aston, Louise: Meine Emancipation, Verweisung und Rechtfertigung. Brüssel 1846.

Auerbach, Berthold: Schwarzwälder Dorfgeschichten. 8. Auflage, Stuttgart 1861.

Aus der Zeit König Wilhelms I. von Württemberg. Württembergische Volksbücher. Bd. 9, Stuttgart o.J.

Badinter, Elisabeth: Die Mutterliebe. Geschichte eines Gefühls vom 17. Jahrhundert bis heute. München 1981.

Bäumer, Gertrud/Lange, Helene (Hg.): Der Stand der Frauenbildung in den Kulturländern. Berlin 1902 (= Handbuch der Frauenbewegung. Bd. 3).

Baumgärtner, Alfred Clemens (Hg.): Lesen – Ein Handbuch. Hamburg 1973.

Baun, Friedrich: Charlotte Reihlen. Stuttgart 1922.

Baur, Veronika: Kleiderordnungen in Bayern vom 14.–19. Jahrhundert. München 1975.

Bausinger, Hermann: Zu den Funktionen der Mode. In: Schweizerisches Archiv für Volkskunde 68/69, 1972/73, S. 22–32.

Baxmann, Inge: Von der Egalité im Salon zur Citoyenne. Einige Aspekte der Genese des bürgerlichen Frauenbildes. In: Annette Kuhn/Jörn Rüsen (Hg.): Frauen in der Geschichte. Bd. 3, Düsseldorf 1983, S. 109–139.

Baxmann, Inge: Weibliche Identitätsbildung und Revolutionsfeste. In: Das Argument 138, 1983, S. 216–224.

Becker, Rudolf Zacharias: Das deutsche Feyerkleid zur Erinnerung des Einzugs der Deutschen in Paris am 31.3.1814. Gotha 1814.

Behnsch, Ottomar: Die schwäbischen Gemeinden. In: Ders. (Hg.): Für christkatholisches Leben. Bd. 4, Breslau 1847, S. 92–214.

Bennent, Heidemarie: Galanterie und Verachtung. Eine philosophiegeschichtliche Untersuchung zur Stellung der Frau in Gesellschaft und Kultur. Frankfurt/New York 1985.

Bercé, Yves-Marie: Fête et Révolte. Des Mentalités Populaires du XVIe au XVIIIe Siècle. Paris 1976.

Beschreibung des Oberamts Eßlingen. Herausgegeben von dem Königlich statistisch-topographischen Bureau. Stuttgart und Tübingen 1845.

Beschreibung des Stadtdirections-Bezirkes Stuttgart. Herausgegeben vom statistisch-topographischen Bureau. Stuttgart 1856.

Biedermann, Max Rudolf: Ulmer Biedermeier im Spiegel seiner Presse. Ulm 1955.
Bischoff, Ulrich: Denkmäler der Befreiungskriege in Deutschland 1813–1815. Diss. Berlin 1977.
Bischoff-Luithlen, Angelika: Der Schwabe und sein Häs. Stuttgart 1982.
Bitzer, Friedrich: Das Verehelichungsrecht in Württemberg. In: Jahrbücher der Gegenwart Nr. 18, 1848, S. 69–72.
Blasius, Dirk: Kriminalität und Alltag. Zur Konfliktgeschichte des Alltagslebens im 19. Jahrhundert. Göttingen 1978.
Blessing, Werner K.: „Theuerungsexcesse" im vorrevolutionären Kontext – Getreidetumult und Bierkrawall im späten Vormärz. In: Werner Conze/Ulrich Engelhardt (Hg.): Arbeiterexistenz im 19. Jahrhundert. Stuttgart 1981, S. 357–384.
Blochmann, Elisabeth: Das Frauenzimmer und die Gelehrsamkeit. Eine Studie über die Anfänge des Mädchenschulwesens in Deutschland. Heidelberg 1966.
Blos, Anna: Frauen in Schwaben. Fünfzehn Lebensbilder. Stuttgart 1929.
Bock, Gisela: Historische Frauenforschung: Fragestellung und Perspektiven. In: Karin Hausen (Hg.): Frauen suchen ihre Geschichte. München 1983, S. 22–61.
Böhmer, Günther: Die Welt des Biedermeier. München 1968.
Boehn, Max von: Biedermeier. Berlin 1911.
Boehn, Max von: Bekleidungskunst und Mode. München 1918.
Boehn, Max von: Menschen und Moden im 19. Jahrhundert. München 1920. Bd.II/III.
Boetcher Joeres, Ruth-Ellen: 1848 from a Distance: German Women Writers on the Revolution. In: Modern Language Notes 97, 3, April 1982, S. 590–614.
Boetcher Joeres, Ruth-Ellen (Hg.): Die Anfänge der deutschen Frauenbewegung. Louise Otto-Peters. Frankfurt 1983.
Börne, Ludwig: Was wir wollen (Juli 1814). In: Ludwig Börne's gesammelte Schriften. Neue vollständige Ausgabe in 12 Bänden. Berlin o.J. Bd. 2, S. 124–127.
Böttger, Fritz (Hg.): Frauen im Aufbruch. Frauenbriefe aus dem Vormärz und der Revolution von 1848. Berlin/DDR 1977.
Boldt, Werner: Die württembergischen Volksvereine von 1848–1852. Stuttgart 1970.
Boldt, Werner: Die Anfänge des deutschen Parteiwesens, politischer Vereine und Parteien in der Revolution 1848. Darstellung und Dokumentation. Paderborn 1971.
Bourdieu, Pierre: Sozialer Raum und „Klassen". Frankfurt/M. 1985.
Branca, Patricia: Silent Sisterhood. Middle Class Women in the Victorian Home. London 1975.
Brand, Otto: Geschichte Schleswig-Holsteins. 7. Auflage, Kiel 1976.
Brehmer, Ilse/Jacobi-Dittrich, Juliane et al (Hg.): „Wissen heißt leben…". Beiträge zur Bildungsgeschichte von Frauen im 18. und 19. Jahrhundert. Düsseldorf 1983.
Bringemeier, Martha: Wandel der Mode im Zeitalter der Aufklärung. In: Dies.: Mode und Tracht. Münster 1980, S. 111–173.
Brinker-Gabler, Gisela (Hg.): Fanny Lewald. Meine Lebensgeschichte. Frankfurt/M. 1980.
Brinkmann, Carl: Romantische Gesellschaftslehre. In: Theodor Steinbüchel (Hg.): Romantik. Ein Zyklus Tübinger Vorlesungen. Tübingen/Stuttgart 1958, S. 177–194.
Büchner, Luise: Die Frauen und ihr Beruf. Darmstadt 1981, Reprint von 1855.

Literaturverzeichnis

Burghersh, Priscilla: Briefe aus dem Hauptquartier der verbündeten Armeen. Herausgegeben von Rose Weigall. Berlin 1894.
Busch, Otto: Die Farben der Bundesrepublik Deutschland. Ihre Tradition und Bedeutung. Frankfurt/M. 1954.
Camerer, Wilhelm: Statistik der Fürsorge für Arme und Nothleidende im Königreich Württemberg. Stuttgart 1876.
Chamisso, Adelbert von: Lebens-Lieder und Bilder. 14. Auflage, Leipzig 1897.
Chownitz, Julian: Die erste deutschkatholische Gemeinde in Schwaben und ihre Gegner. Ulm 1845.
Cloward, Richard A. / Fox Piven, Frances: Hidden Protest: The Channeling of Female Innovation and Resistance. In: Signs vol. 4, 1979, S. 651–669.
Conversationslexikon der Gegenwart. Herausgegeben von Brockhaus. Bd. 2, Leipzig 1839.
Conze, Werner: Vom ‚Pöbel' zum ‚Proletariat'. In: Vierteljahresschrift für Wirtschafts- und Sozialgeschichte Jg. 46, 1954, S. 333–364.
Cornelius, Steffi: Das württembergische Mädchenschulwesen im 19. Jahrhundert. In: Die Mädchenmittelschule und Schloß-Realschule für Mädchen. Stuttgart 1860–1985. Herausgegeben von der Schloßrealschule für Mädchen Stuttgart. Stuttgart 1985, S. 7–10.
Cunnington, Cecil Willett: Feminine Attitudes in the 19th Century. London 1935.
Curtius, Mechthild / Hund, Wolf Dieter: Mode und Gesellschaft. Zur Strategie der Konsumindustrie. Frankfurt/M. 1971.
Dann, Otto: Die Anfänge politischer Vereinsbildung in Deutschland. In: Ulrich Engelhardt / Volker Sellin / Horst Stuke: Soziale Bewegung und politische Verfassung. Stuttgart 1976, S. 197–232.
Dann, Otto: Gruppenbildung und gesellschaftliche Organisierung in der Epoche der deutschen Romantik. In: Richard Brinkmann (Hg.): Romantik in Deutschland. Stuttgart 1978, S. 115–131.
Damen Conversations Lexikon. Hg. im Verein mit Gelehrten und Schriftstellerinnen von Carl Herloßsohn. 10 Bde. Leipzig / Adorf 1834–1838.
Davis, Natalie Zemon: Women on Top. In: Dies.: Society and Culture in Early Modern France. London 1975, S. 124–151.
Deneke, Bernward: Beiträge zur Geschichte nationaler Tendenzen in der Mode von 1770–1815. In: Schriften des Historischen Museums Frankfurt/M. XXIII, 1966, S. 211–253.
Deneke, Bernward: Zur Rezeption historisierender Elemente in volkstümlichen Festlichkeiten der ersten Hälfte des 19. Jahrhunderts. In: Anzeiger des Germanischen Nationalmuseums. Nürnberg 1973, S. 107–135.
Desselberger, Julius: Geschichte des höheren Mädchenschulwesens in Württemberg. Hg. von der Gruppe Württemberg der Gesellschaft für deutsche Erziehungs- und Schulgeschichte. Stuttgart 1916.
Die deutsche Kriegsflotte. In: Die Gegenwart. Bd. 1, 1848, S. 439–472.
Das deutsche Sängerfest in Ulm. Kritisch dargestellt in einem Sendschreiben an einen Sänger. Ulm 1836.
Dowe, Dieter: Methodologische Überlegungen zum Problem des Hungers in Deutschland in der ersten Hälfte des 19. Jahrhunderts. In: Werner Conze/ Ulrich Engelhardt (Hg.): Arbeiterexistenz im 19. Jahrhundert. Stuttgart 1981, S. 202–234.

Droz, Jacques: Die religiösen Sekten und die Revolution von 1848. In: Archiv für Sozialgeschichte 3, 1963, S. 109–118.
Duden, Barbara: Das schöne Eigentum. Zur Herausbildung des bürgerlichen Frauenbildes an der Wende vom 18. zum 19. Jahrhundert. In: Kursbuch 47, 1977, S. 125–142.
Düding, Dieter: Organisierter gesellschaftlicher Nationalismus in Deutschland (1808–1847). Bedeutung und Funktion der Turner- und Sängervereine für die deutsche Nationalbewegung. München 1984.
Duhet, Paule-Marie (Hg.): Les femmes et la Révolution 1789–1794. Paris 1977.
Dumhof, Friedrich / Ruf, Georg: Unser Austritt aus den freien Gemeinden. Nürnberg 1851.
Dumhof, Friedrich / Ruf, Georg: „Untreue schlägt den eigenen Herrn". Erwiderung des Vorstandes der freien christlichen Gemeinde Nürnberg auf die Schrift: Unser Austritt aus den freien Gemeinden. Nürnberg 1851.
Edelman, Murray: Politik als Ritual. Frankfurt/M. / New York 1976.
Eine Ermahnung zur Armen- und Krankenpflege nach dem gesegneten Vorgang der großen Armenfreundin *Amalie Sieveking.* Nebst ausführlicher Darstellung des Ursprungs, des jetztigen Bestandes, der Einrichtung und Thätigkeit des Hamburger Frauenvereins, ausgezogen aus 17 Jahresberichten der Stifterin desselben; zur praktischen Unterweisung, wie dem Herrn in seinen geringsten Brüdern zu dienen. Stuttgart 1850.
Eisenbart, Liselotte: Kleiderordnungen. o.O. 1962.
Eisenlohr, Auguste: Die Kindsmörderin. In: Schwäbische Dorfgeschichten. Erzählungen aus dem Leben. 1847, S. 24–28.
Eisenlohr, Theodor: Die Constituierung des Bezirks-Armenverein in Nürtingen. Stuttgart 1847.
Elben, Otto: Der volkstümliche deutsche Männergesang. Seine Geschichte, seine gesellschaftliche und nationale Bedeutung. Tübingen 1855.
Emmerich, Wolfgang: Zur Kritik der Volkstumsideologie. Frankfurt/M. 1971.
Engelsing, Rolf: Das häusliche Personal in der Epoche der Industrialisierung. In: Helmut Berding et al (Hg.): Zur Sozialgeschichte deutscher Mittel- und Unterschichten. Göttingen 1973, S. 225–311.
Engelsing, Rolf: Einkommen der Dienstboten in Deutschland zwischen dem 16. und 20. Jahrhundert. In: Jahrbuch des Instituts für Deutsche Geschichte. Bd. 2, 1973, S. 11–65.
Ettenhuber, Helga: Charivari in Bayern. Das Miesbacher Haberfeldtreiben 1893. In: Richard van Dülmen (Hg.): Kultur der einfachen Leute. München 1983, S. 180–208.
Farge, Arlette: Vivre dans la Rue à Paris au XVIIIe siècle. Paris 1979.
Fehrenbach, Elisabeth: Über die Bedeutung politischer Symbole im Nationalstaat. In: Historische Zeitschrift 213, Jg. 1971, S. 296–357.
Fenske, Hans (Hg.): Vormärz und Revolution 1840–1849. Darmstadt 1976.
Fourier, Charles: Aus der neuen Liebeswelt. Hg. von Marion Luckow. 2. Auflage, Berlin 1978.
Friedberg, Emil: Das Recht der Eheschließung in seiner geschichtlichen Entwicklung. Leipzig 1865.
Friedrich, Gerd: Die Volksschule in Württemberg im 19. Jahrhundert. Weinheim/Basel 1978.
Fuchs, Eduard: Die Karikatur der europäischen Völker. 2 Bde. Berlin 1906.

Literaturverzeichnis

Gailus, Manfred: Soziale Protestbewegungen in Deutschland 1847–1849. In: Heinrich Volkmann / Jürgen Bergmann (Hg.): Sozialer Protest. Opladen 1984, S. 76–106.
Gantner, Theo: Der Festumzug. Ein volkstümlicher Beitrag zum Festwesen des 19. Jahrhunderts in der Schweiz. Basel 1970.
Geertz, Clifford: Dichte Beschreibung. Beiträge zum Verstehen kultureller Systeme. Frankfurt/M. 1983.
Geiger, Ruth-Esther / Weigel, Sigrid (Hg.): Sind das noch Damen? Vom gelehrten Frauenzimmer-Journal zum feministischen Journalismus. München 1981.
Geismeier, Willi: Biedermeier. Leipzig 1982.
Geographie, Statistik und Topographie des Königreichs Württemberg und der Fürstentümer Hohenzollern-Hechingen und Sigmaringen. Nach den neuesten Quellen und im Vereine mit Andern bearbeitet von A. Fischer. Stuttgart 1838.
Gerhard, Ute: Verhältnisse und Verhinderungen: Frauenarbeit, Familie und Rechte der Frauen im 19. Jahrhundert. Frankfurt 1978.
Gerhard, Ute: Über die Anfänge der deutschen Frauenbewegung um 1848. Frauenpresse, Frauenpolitik und Frauenvereine. In: Karin Hausen (Hg.): Frauen suchen ihre Geschichte. München 1983, S. 196–220.
Gerhard, Ute / Hannover-Drück, Elisabeth / Schmitter, Romina (Hg.): „Dem Reich der Freiheit werb' ich Bürgerinnen". Die Frauenzeitung der Louise Otto. Frankfurt 1979.
Geyer, Julie: Die Zentralleitung für Wohltätigkeit. Ihre Entwicklung und heutige Lage. Diss. Tübingen 1923.
Giovannini, Maureen: Woman: A Dominant Symbol within the Cultural System of a Sicilian Town. In: MAN vol. 16, 1981, S. 408–426.
Glökler, Johann Philipp: Land und Leute Württembergs in geographischen Bildern dargestellt. 2 Bde. Stuttgart 1861.
Glökler, Johann Philipp: Schwäbische Frauen. Lebensbilder aus den drei letzten Jahrhunderten. Stuttgart 1865.
Glück, Otto: Beiträge zur Geschichte des württembergischen Liberalismus von 1833–1848. Diss. Tübingen 1931.
Glümer, Claire von: Fata Morgana. Ein Roman aus dem Jahre 1848. Leipzig 1851.
Götzinger, Germaine: Für die Selbstverwirklichung der Frau: Luise Aston. Frankfurt 1983.
Goltz, Eduard Freiherr von der: Der Dienst der Frau in der christlichen Kirche. Geschichtlicher Überblick mit einer Sammlung von Urkunden. Potsdam 1905.
Gouges, Olympes des: Schriften. Herausgegeben von Monika Dellier, Vera Mostowlansky und Regula Wyss. Basel/Frankfurt/M. 1980.
Graf, Friedrich Wilhelm: Die Politisierung des religiösen Bewußtseins. Stuttgart-Bad Cannstatt 1978.
Grass, Karl Martin / Koselleck, Reinhart: Emanzipation. Artikel in: Geschichtliche Grundbegriffe. Historisches Lexikon zur politisch-sozialen Sprache in Deutschland. Hg. von Otto Brunner / Werner Conze / Reinhart Koselleck. Bd. 2, Stuttgart 1975, S. 153–197.
Griesinger, Andreas: Das symbolische Kapital der Ehre. Streikbewegungen und kollektives Bewußtsein deutscher Handwerksgesellen im 18. Jahrhundert. Berlin 1981.
Grießinger, Carl Theodor: Stuttgart am 8. Mai. Stuttgart 1839.
Groth, Otto: Die politische Presse Württembergs. Diss. Stuttgart 1915.

Grubitzsch, Helga: „Wissen heißt leben...". Der Kampf der Frauen um die Bildung zu Beginn des 19. Jahrhunderts. In: Ilse Brehmer/Juliane Jacobi-Dittrich et al (Hg.): „Wissen heißt leben...". Beiträge zur Bildungsgeschichte von Frauen im 18. und 19. Jahrhundert. Düsseldorf 1983. S. 171–204.
Grubitzsch, Helga/Cyrus, Hannelore/Haarbusch, Elke (Hg.): Grenzgängerinnen. Revolutionäre Frauen im 18. und 19. Jahrhundert. Bd. 33 der Reihe Geschichtsdidaktik. Düsseldorf 1985.
Grün, Karl: Feuerbach und die Sozialisten. In: Deutsches Bürgerbuch für 1845 von Karl Schlösser. 2. Auflage, Köln 1975, S. 49–75.
Gynaeologie oder das Geschlechtsleben in seinem ganzen Umfange. Ein umfassendes Handbuch zum Wohle der Staatenbürger. 8 Bde. 4. Auflage, Stuttgart 1843.
Habermas, Jürgen: Strukturwandel der Öffentlichkeit. 6. Auflage, Neuwied/Berlin 1974.
Habermas, Jürgen: Über den Begriff der politischen Beteiligung. In: Ders.: Arbeit, Erkenntnis, Fortschritt. Amsterdam 1970, S. 258–303.
Hahn, Christoph Ulrich: Die Bezirkswohlthätigkeitsvereine, ihre Gegenwart und Zukunft. Ein Beitrag zur Lösung der Armenfrage. Stuttgart 1848.
Hahn, Christoph Ulrich: Heilmittel für die zunehmende Entsittlichung und Verarmung des Volkes. Ein Beitrag zur Sache der inneren Mission besonders in Württemberg. Stuttgart 1851.
Hahn, Christoph Ulrich: Über den gegenwärtigen Zustand unserer Armenversorgungsanstalten. Bedenken und Vorschläge. Nebst Mittheilungen über die Armen-Versorgungsanstalt in Neuwied. Stuttgart 1847.
Hansen, Wilhelm: Nationaldenkmäler und Nationalfeste im 19. Jahrhundert. Lüneburg 1976.
Hardtwig, Wolfgang: Politische Gesellschaft und Verein zwischen aufgeklärtem Absolutismus und der Grundrechtserklärung der Frankfurter Paulskirche. In: Günther Birtsch (Hg.): Grund- und Freiheitsrechte im Wandel von Gesellschaft und Geschichte. Göttingen 1981, S. 336–358.
Hartmann, Julius: Stuttgarts Gegenwart. Topographisch-statistisches Handbuch für Einheimische und Fremde. Stuttgart 1847. Reprint 1980.
Hartmann, Julius (Hg.): Uhlands Briefwechsel. Bd. 3, Stuttgart 1911–1916.
Hartmann, Wolfgang: Der historische Festzug. Seine Entstehung und Entwicklung im 19. und 20. Jahrhundert. München 1976.
Hauff, Hermann: Moden und Trachten. Fragmente zur Geschichte des Costüms. Stuttgart/Tübingen 1840.
Hausen, Karin: Die Polarisierung der „Geschlechtscharaktere". Eine Spiegelung der Dissoziation von Erwerbs- und Familienleben. In: Werner Conze (Hg.): Sozialgeschichte der Familie in der Neuzeit Europas. Stuttgart 1976, S. 363–393.
Hausen, Karin: Die Polarisierung der „Geschlechtscharaktere". Eine Spiegelung der Dissoziation von Erwerbs- und Familienleben. In: Heidi Rosenbaum (Hg.): Seminar – Familie und Gesellschaftsstruktur. Frankfurt/M. 1980, S. 161–191.
Hausen, Karin: Frauenräume. In: Journal für Geschichte 2, 1985, S. 13–15.
Heilborn, Ernst: Zwischen zwei Revolutionen. Bd. 1, Berlin 1927.
Heintz, Bettina/Honegger, Claudia: Zum Strukturwandel weiblicher Widerstandsformen

im 19. Jahrhundert. In: Claudia Honegger / Bettina Heintz: Listen der Ohnmacht. Frankfurt/M. 1981, S. 7–68.
Heintzeler, Emil: Das Königin-Katharina-Stift in Stuttgart. Seine Geschichte von 1818–1918. Stuttgart 1918.
Henkel, Martin / Taubert, Rolf: Das Weib im Conflict mit den sozialen Verhältnissen. Mathilde Franziska Anneke und die erste deutsche Frauenzeitung. Bochum 1976.
Hepach, Wolf-Dieter: Ulm im Königreich Württemberg 1810–1848. Forschungen zur Geschichte der Stadt Ulm. Bd. 16, Ulm 1979.
Hermand, Jost: Braut, Mutter oder Hure? Heiner Müllers Germania und ihre Vorgeschichte. In: Ders.: Sieben Arten an Deutschland zu leiden. Königstein 1979, S. 127–141.
Hermann, Georg: Das Biedermeier. Briefe, Tagebücher, Memoiren, Volksszenen u. ä. Dokumente. Berlin 1913.
Hippel, Wolfgang von: Bevölkerungsentwicklung und Wirtschaftsstruktur im Königreich Württemberg 1815/1865. Überlegungen zum Pauperismus-Problem in Südwestdeutschland. In: Ulrich Engelhardt / Volker Sellin / Horst Stuke (Hg.): Soziale Bewegung und politische Verfassung. Stuttgart 1976, S. 270–371.
Hölscher, Lucian: Öffentlichkeit. Artikel in: Geschichtliche Grundbegriffe. Historisches Lexikon zur politisch-sozialen Sprache in Deutschland. Hg. von Otto Brunner, Werner Conze und Reinhart Koselleck. Bd. 4, Stuttgart 1972, S. 413–467.
Hofmann, Werner: Die Karikatur von Leonardo bis Picasso. Wien 1956.
Hoffmann-Curtius, Kathrin: Das Kreuz als Nationaldenkmal. In: Zeitschrift für Kunstgeschichte, Bd. 48, 1985, S. 77–100.
Hoffman-Krayer, E. (Hg.): Handwörterbuch des Deutschen Aberglaubens. Bd. VI, Berlin und Leipzig 1934/1935.
Honegger, Claudia: Geschichte im Entstehen. In: Marc Bloch / Fernand Braudel / Lucien Febvre: Schrift und Materie der Geschichte. Vorschläge zur systematischen Aneignung historischer Prozesse. Frankfurt/M. 1977, S. 7–44.
Hottenroth, Friedrich: Handbuch der deutschen Tracht. Stuttgart o.J.
Hufton, Olwen: Weiblicher Alltag. Die Schattenseite der französischen Revolution. In: Claudia Honegger / Bettina Heintz (Hg.): Listen der Ohnmacht. Frankfurt/M. 1981, S. 138–159.
Hummel-Haasis, Gerlinde (Hg.): Schwestern zerreißt eure Ketten. Zeugnisse zur Geschichte der Frauen in der Revolution von 1848/49. München 1982.
Jacobi-Dittrich, Juliane: „Hausfrau, Gattin, Mutter". Lebensläufe und Bildungsgänge von Frauen im 19. Jahrhundert. In: Ilse Brehmer / Juliane Jacobi-Dittrich et al (Hg.): „Wissen heißt leben...". Beiträge zur Bildungsgeschichte von Frauen im 18. und 19. Jahrhundert. Düsseldorf 1983, S. 262–281.
Jäger, Friedrich: Das Bürgerrechtsgesetz für das Königreich Württemberg vom 4. Dezember 1833. Stuttgart 1850.
Jäger, Hans-Wolf: Politische Metaphorik im Jakobinismus und im Vormärz. Stuttgart 1971.
Jahn, Friedrich Ludwig: Deutsches Volksthum. Lübeck 1810.
Jannasch, Wilhelm / Schmidt, Martin (Hg.): Das Zeitalter des Pietismus. Bremen 1965.
Jebens, Sabine: Das literarische Frauenbild in der Mitte des 18. Jahrhunderts – Weibliche Bildung und Sexualität bei Richardson und Gellert. In: Beiträge zur feministischen Theorie

und Praxis Nr. 5, München 1981, S. 11–17.
Jentsch, Irene: Zur Geschichte des Zeitungslesens in Deutschland am Ende des 18. Jahrhunderts. Diss. Leipzig 1937.
Jubiläums-Bericht der Centralleitung des Wohlthätigkeits-Vereins im Königreich Württemberg über ihre Leistungen in den 50 Jahren von der Zeit ihrer Gründung 1817–1867. Stuttgart 1867.
Kähler, Wilhelm: Gesindewesen und Gesinderecht in Deutschland. Bd. 11, Jena 1896.
Kaiser, Bruno (Hg.): Die Achtundvierziger. Ein Lesebuch für unsere Zeit. Weimar 1952.
Kaiser, Gerhard: Pietismus und Patriotismus im literarischen Deutschland. Wiesbaden 1961.
Kampffmeyer, Luise: Die Herren- und Damenkleidung in Deutschland um 1840–1870. Diss. München 1952.
Kampe, Ferdinand: Geschichte der religiösen Bewegung der neuern Zeit. 4 Bde. Leipzig 1852–1860.
Kaschuba, Wolfgang: Katzenmusiken. In: Ders./Carola Lipp: 1848 – Provinz und Revolution. Kultureller Wandel und soziale Bewegung im Königreich Württemberg. Tübingen 1979, S. 189–201.
Kaschuba, Wolfgang/Lipp, Carola: 1848 – Provinz und Revolution. Kultureller Wandel und soziale Bewegung im Königreich Württemberg. Tübingen 1979.
Kaschuba, Wolfgang/Lipp, Carola: Zur Organisation des bürgerlichen Optimismus. In: Sozialwissenschaftliche Informationen für Unterricht und Studium 8, 1979, S. 74–82.
Kaschuba, Wolfgang/Lipp, Carola: Revolutionskultur 1848/49. Zur Geschichte der politischen Kultur in den deutschen Vormärz- und Revolutionsjahren. In: Helmut Reinalter (Hg.): Aufklärung – Vormärz – Revolution. Mitteilungen der internationalen Forschungsgruppe „Demokratische Bewegungen in Mitteleuropa". Bd. 4, Innsbruck 1984, S. 20–24.
Kaschuba, Wolfgang: Vom Gesellenkampf zum sozialen Protest. In: Ulrich Engelhardt (Hg.): Handwerker in der Industrialisierung. Stuttgart 1984, S. 381–406.
Kaschuba, Wolfgang: Protest und Gewalt – Körpersprache und Gruppenrituale der Arbeiter im Vormärz und 1848. Beitrag zur dritten Tagung der Kommission Arbeiterkultur in der DGV vom 1. bis 3.6.1985 in Marburg. Erscheint 1986.
Kaufmann, Doris: Äußere und innere Grenzen. Überlegungen zum nationalen Sittlichkeitsdiskurs im Deutsch-Evangelischen Frauenbund nach dem 1. Weltkrieg. In: Wiener Historikerinnen (Hg.): Die ungeschriebene Geschichte. Historische Frauenforschung. Dokumentation des 5. Historikerinnentreffens. Wien 1984, S. 62–70.
Keck, Rudolf: Geschichte der Mittleren Schulen in Württemberg. Stuttgart 1968.
Klar, Herma: Verbrechen aus verlorener Ehre. Kindsmörderinnen. Magisterarbeit. Ms Tübingen 1984.
Klein, Ludwig: Die geschichtliche Entwicklung des Gemeindebürgerrechts in Württemberg. Diss. Tübingen 1933.
Klein, Ruth: Lexikon der Mode. Baden-Baden 1950.
Kleinschmidt, Wolfgang: Zur Innovation des weißen Brautkleides in kleinen sozialen Systemen. In: Rheinisch-westfälische Zeitschrift für Volkskunde 1977, S. 87–100.
Klopstock, Friedrich Gottlieb: Klopstocks sämmtliche Werke. 8. Theil, Carlsruhe 1821.
Kluckhohn, Paul: Die Auffassung der Liebe in der Literatur des 18. Jahrhunderts und in der

Literaturverzeichnis

deutschen Romantik. Halle/Saale 1922.
Koch, Christiane: Hausfrau und Dienstmädchen in der 2. Hälfte des 19. Jahrhunderts. In: Hessische Blätter 13, 1981, S. 160–179.
Kocka, Jürgen: Historisch-anthropologische Fragestellungen – ein Defizit der historischen Sozialwissenschaft? In: Hans Süßmuth (Hg.): Historische Anthropologie. Göttingen 1984, S. 73–83.
König, René / Schuppisser, Peter (Hg.): Die Mode in der menschlichen Gesellschaft. Zürich 1958.
König, René: Kleider und Leute. Zur Soziologie der Mode. Frankfurt/M. 1973.
Das Königreich Württemberg. Eine Beschreibung von Land, Volk und Staat. Herausgegeben vom statistisch-topographischen Bureau. 3 Bde. Stuttgart 1863–1884.
Köpf, Hans-Peter: Fahne und Fahnenschwingen (als Volksbrauch). In: Ova minima. Tübingen 1967, S. 445–489.
Kohn, Hans: Wege und Irrwege. Vom Geist des deutschen Bürgertums. Düsseldorf 1962.
Kohn, Hans: Begriffswandel des Nationalismus. In: Merkur 18, 1964, S. 701–714.
Kolbe, Günter: Die demokratische Opposition im religiösen Gewande im 19. Jahrhundert. Diss. Leipzig 1964.
Koszyk, Kurt: Deutsche Presse im 19. Jahrhundert. Berlin 1966.
Koszyk, Kurt: Deutsche Karikatur im Vormärz und in der Märzrevolution 1848/49. In: Ausstellungskatalog: Bild als Waffe. Mittel und Motive der Karikatur in fünf Jahrhunderten. München 1984, S. 415–423.
Kramer, Karl Sigismund: Grundriß einer rechtlichen Volkskunde. Göttingen 1974.
Kraus, Antje: „Antizipierter Ehesegen" im 19. Jahrhundert. Zur Beurteilung der Illegitimität unter sozialgeschichtlichen Aspekten. In: Vierteljahresschrift für Wirtschafts- und Sozialgeschichte Jg. 66, 1979, S. 174–215.
Kraut, Antonie: Die Stellung der Frau im württembergischen Privatrecht. Diss. Tübingen 1934.
Krempel, Lore: Die deutsche Modezeitschrift. Diss. München 1935.
Kuczynski, Jürgen: Geschichte des Alltags des deutschen Volkes. Bd. 3, Berlin 1981.
Kübler, Marie Susanne: Das Hauswesen, nach seinem ganzen Umfange dargestellt in Briefen an eine Freundin mit Beigabe eines vollständigen Kochbuches. 12. Auflage, Stuttgart 1890.
Kuhn, Annette: Theorie und Praxis historischer Friedensforschung. In: Studien zur Friedensforschung Bd. 7, Stuttgart-München 1971.
Kull, Finanzrath: Beiträge zur Statistik der Bevölkerung Württembergs. In: Württembergische Jahrbücher Jg. 1874, Stuttgart 1875, Teil I, S. 131–142.
Kurz, Gerhard: Metapher, Allegorie, Symbol. Göttingen 1985.
Kurz, Hermann: Das Witwenstüblein. In: Innerhalb Etters. Erzählungen von Hermann Kurz, hg. von Isolde Kurz. Tübingen 1926. S. 15–35.
Kurz, Isolde: Hermann Kurz. Ein Beitrag zu seiner Lebensgeschichte. Stuttgart 1906.
Kybalová, Ludmila: Das große Bilderlexikon der Mode. Dresden 1981.
Lahnstein, Peter: Die unvollendete Revolution 1848/49. Badener und Württemberger in der Paulskirche. Stuttgart 1982.
Langenbucher, Wolfgang R.: Das Publikum im literarischen Leben des 19. Jahrhunderts. In:

Börsenblatt für den Deutschen Buchhandel 24. Jg., 1968, S. 1857–1866.
Langewiesche, Dieter: Liberalismus und Demokratie in Württemberg zwischen Revolution und Reichsgründung. Düsseldorf 1974.
Langewiesche, Dieter: Die Anfänge der deutschen Parteien. In: Geschichte und Gesellschaft 3, 1978, S. 324–361.
Langewiesche, Dieter: Die deutsche Revolution von 1848/49 und die vorrevolutionäre Gesellschaft: Forschungsstand und Forschungsperspektiven. In: Archiv für Sozialgeschichte. Bd. 21, 1981, S. 458–497.
Lauffer, Otto: Farbensymbolik im deutschen Volksbrauch. Hamburg 1948.
Leibbrand, Karl August: Stuttgart. Die Anstalten und Vereine für Wohltätigkeit. Stuttgart 1869.
Leibbrand, Robert: Das Revolutionsjahr 1848 in Württemberg. Stuttgart 1948.
Lerner, Gerda: Political Activities of Antislavery Women. In: Dies.: Majority finds its Past. Placing women in History. Oxford/New York 1979, S. 112–128.
Leube, F.: Der allgemeine Wohlthätigkeits-Verein im Königreiche Württemberg. Seine Gründung, Einrichtung und Leistungen. Stuttgart 1850.
Leube, F.: Die wohlthätigen Anstalten und Vereine im Königreich Württemberg. Stuttgart 1857.
Lipp, Carola: „Militärische Excesse", „Aufruhr" und „hochverrätherische Unternehmungen". In: Wolfgang Kaschuba/Dies.: 1848 – Provinz und Revolution. Tübingen 1979, S. 209–233.
Lipp, Carola: Dörfliche Formen generativer und sozialer Reproduktion. In: Wolfgang Kaschuba/Carola Lipp: Dörfliches Überleben. Tübingen 1982, S. 289–608.
Lipp, Carola: Württembergische Handwerker und Handwerkervereine im Vormärz und in der Revolution 1848/49. In: Ulrich Engelhardt (Hg.): Handwerker in der Industrialisierung. Stuttgart 1984, S. 347–380.
Lipp, Carola/Kaschuba, Wolfgang: Wasser und Brot. Politische Kultur im Alltag der Vormärz- und Revolutionsjahre. In: Geschichte und Gesellschaft H. 3, 1984, S. 320–351.
Lipp, Carola: Bräute, Mütter, Gefährtinnen. Frauen und politische Öffentlichkeit in der Revolution 1848. In: Helga Grubitzsch/Hannelore Cyrus/Elke Haarbusch (Hg.): Grenzgängerinnen. Revolutionäre Frauen im 18. und 19. Jahrhundert. Düsseldorf 1985, S. 71–92.
Lipp, Carola: Verein als politisches Handlungsmuster. Das Beispiel des württembergischen Vereinswesens von 1800–1849. In: Maurice Agulhon (Hg.): Sociabilité et société bourgeoise. Paris 1985.
Lipp, Carola: Ledige Mütter, „Huren" und „Lumpenhunde". Rechtsnormen und ihre innere Repräsentanz am Beispiel von Ehrenhändeln im Fabrikarbeitermilieu des 19. Jahrhunderts. Erscheint Tübingen 1986.
Lipp, Carola/Kienitz, Sabine/Binder, Beate: Frauen bei Brotkrawallen, Straßentumulten und Katzenmusiken. Vortrag 3. Tagung der Kommission Arbeiterkultur in der DGV 3.–6.6.1985 in Marburg. Erscheint Marburg 1986.
Löbe, William: Das Dienstbotenwesen unserer Tage, oder was hat zu geschehen, um in jeder Beziehung gute Dienstboten heranzuziehen? 1. Auflage, Leipzig 1851.
Lotter, Carl: Geschichte der Museums-Gesellschaft in Stuttgart. Stuttgart 1907.

Literaturverzeichnis

Lüdtke, Alf: Gewalt im Alltag: Herrschaft, Leiden, „Körpersprache"? Formen direkter und „sanfter" Gewalt in der bürgerlichen Gesellschaft. In: Jörg Calließ (Hg.): Gewalt in der Geschichte. Düsseldorf 1983, S. 271–295.
Luhmann, Niklas: Liebe als Passion. Zur Codierung der Intimität. Frankfurt/M. 1982.
Mährlen: Die Darstellung und Verarbeitung der Gespinste und die Papierfabrikation im Königreich Württemberg. In: Jahresberichte der Handels- und Gewerbekammer Stuttgart für das Jahr 1860. Stuttgart 1861.
Mager, Albert: Zimmern ob Rottweil im Wandel der Zeiten. Zimmern o.R. 1937.
Mai, Franz Anton: Frage: Warum werden rechtschaffene Dienstmägde in unseren Tagen immer seltener? und wie könnte diesem Übel des gesellgen Lebens abgeholfen werden? Heidelberg 1808.
Maier, Kurt: Das Zeitungswesen in Württemberg. Diss. Stuttgart 1921.
Mann, Bernhard: Die Württemberger und die deutsche Nationalversammlung 1848/49. Düsseldorf 1975.
Marquardt, Ernst: Geschichte Württembergs. Stuttgart 1961.
Marquardt, Wolfgang: Geschichte und Strukturanalyse der Industrieschule. Diss. Hannover 1975.
Matz, Klaus-Jürgen: Pauperismus und Bevölkerung. Die gesetzlichen Ehebeschränkungen in den süddeutschen Staaten während des 19. Jahrhunderts. Stuttgart 1980.
Maurer, Friedrich: Elend und Aufstieg in den Tagen des Biedermeier. Stuttgart 1969.
Mayer, Max: Geschichte des württembergischen Realschulwesens. Stuttgart 1923.
Medick, Hans: Spinnstuben auf dem Dorf. Jugendliche Sexualkultur und Feierabendbrauch in der ländlichen Gesellschaft der Neuzeit. In: Günter Huck (Hg.): Sozialgeschichte der Freizeit. Wuppertal 1980, S. 19–50.
Medick, Hans: „Missionare im Ruderboot"? Ethnologische Erkenntnisweisen als Herausforderung an die Sozialgeschichte. In: Geschichte und Gesellschaft H. 3, 1984, S. 295–319.
Medick, Hans: Vom Interesse der Sozialhistoriker an der Ethnologie. Bemerkungen zu einigen Motiven der Begegnung von Geschichtswissenschaft und Sozialanthropologie. In: Hans Süßmuth (Hg.): Historische Anthropologie. Göttingen 1984, S. 49–56.
Meinecke, Friedrich: Weltbürgertum und Nationalstaat. München/Berlin 1908.
Memminger, J.G.D. von: Beschreibung von Württemberg. Hrsg. vom Königlich statistisch-topographischen Bureau, 3. Auflage, Stuttgart 1841.
Merkle, Jacob: Das Königliche Katharinenstift zu Stuttgart. Stuttgart 1899.
Merkle, Jacob: Segensreiche Wirksamkeit durch 4 Generationen. Stuttgart 1893.
Meysenbug, Malwida von: Memoiren einer Idealistin. Herausgegeben von Berta Schleicher. Erster und zweiter Teil. Stuttgart/Berlin/Leipzig 1922.
Militzer-Schwenger, Lisgret: Armenerziehung durch Arbeit. Eine Untersuchung am Beispiel des württembergischen Schwarzwaldkreises 1806–1914. Tübingen 1979.
Möbius, Helga: Die Frau im Barock. Stuttgart 1982.
Möhrmann, Renate (Hg.): Frauenemanzipation im deutschen Vormärz. Texte und Dokumente. Stuttgart 1978.
Möser, Justus: Patriotische Phantasien. Bd. I, Berlin 1820.
Mone: Über das deutsche Vereinswesen. In: Deutsche Vierteljahrsschrift Heft 3, 1840, S. 287–333.

Mosse, George L.: Die Nationalisierung der Massen. Politische Symbolik und Massenbewegung in Deutschland von den Napoleonischen Kriegen bis zum Dritten Reich. Berlin 1976.
Mosse, George L.: Nationalismus und Sexualität. Bürgerliche Moral und sexuelle Normen. München 1985.
Müller, Christine von: „Wenn mich der Liebe Flammen heiß umsprühn...". Die erotische Rebellion der Louise Aston. In: Journal für Geschichte H. 5, 1982, S. 18–23.
Müller, Heidi: Dienstbare Geister – Leben und Arbeitswelt städtischer Dienstboten. Berlin 1981.
Müller, Manfred: Handel mit Brotfrüchten. Magisterarbeit Ms Tübingen 1983.
Müller-Staats, Dagmar: Klagen über Dienstboten. Eine Untersuchung zum Verhältnis von Herrschaften und Dienstboten mit besonderer Berücksichtigung Hamburgs im 19. Jahrhundert. Diss. Hamburg 1983.
Münsterberg, Emil: Bibliographie des Armenwesens. Berlin 1900, 1902, 1906.
Müsebeck, Ernst: Freiwillige Gaben und Opfer des preußischen Volkes in den Jahren 1813–15. Mitteilungen der preußischen Archivverwaltung, Heft 23. Leipzig 1913.
Neher, Otto: Zur Lage der weiblichen Dienstboten in Stuttgart. Ellwangen 1908.
Nienholdt, Eva: Die deutsche Tracht im Wandel der Jahrhunderte. Berlin/Leipzig 1938.
Nienholdt, Eva: Kostümkunde. 2 Bde. Braunschweig 1961.
Nipperdey, Thomas: Verein als soziale Struktur in Deutschland im späten 18. und frühen 19. Jahrhundert. In: Ders.(Hg.): Gesellschaft, Kultur, Theorie: gesammelte Aufsätze zur neueren Geschichte. Göttingen 1976, S. 259–278.
Nipperdey, Thomas: Deutsche Geschichte 1800–1866. München 1983.
Oesterlen, Friedrich: Handbuch der Hygieine für den Einzelnen wie für eine Bevölkerung. Tübingen 1851.
Opitz, Claudia: Der „andere" Blick der Frauen in der Geschichte. In: Beiträge zur feministischen Theorie und Praxis 11, 1984, S. 7–25.
Ostner, Ilona: Frauen und Öffentlichkeit. In: Arch+ (plus) H. 60, 1981, S. 21–30.
Ottmüller, Uta: „Die Dienstbotenfrage". Zur Sozialgeschichte der doppelten Ausnutzung von Dienstmädchen im deutschen Kaiserreich. Münster 1978.
Ozouf, Mona: La Fête sous la Révolution française. In: Jacques Le Goff/Pierre Nora (Hg.): Faire de l'histoire. Bd. 3, Paris 1974, S. 256–277.
Panke, Birgit: Bürgerliches Frauenbild und Geschlechtsrollenzuweisungen in der literarischen und brieflichen Produktion des 18. Jahrhunderts. In: Beiträge zur feministischen Theorie und Praxis 5, 1981, S. 6-11.
Perrot, Michelle: Rebellische Weiber. Die Frau in der französischen Stadt des 19. Jahrhunderts. In: Claudia Honegger/Bettina Heintz (Hg.): Listen der Ohnmacht. Frankfurt/M. 1981, S. 71–98.
Peukert, Detlev: Arbeiteralltag – Mode oder Methode? In: Heiko Haumann (Hg.): Arbeiteralltag in Stadt und Land. Berlin 1982, S. 8–39.
Philippi, Paul: Die Vorstufen des modernen Diakonissenamtes (1789–1848) als Elemente für dessen Verständnis und Kritik. Eine motivgeschichtliche Untersuchung zum Wesen der Mutterhausdiakonie. Neukirchen-Vluyn 1966.
Philipps/Görres (Hg.): „Das Concil der Deutsch-Katholiken. Eine Komödie in drei Aufzü-

Literaturverzeichnis

gen, gespielt zu Stuttgart von 15. bis 17. September 1845. Kritische Noten eines Zuschauers". In: Historisch politische Blätter für das katholische Deutschland. München, S. 697–717.

Phillips, George: Über den Ursprung der Katzenmusiken. Freiburg 1849.

Pichler, Caroline: Über eine Nationalkleidung für deutsche Frauen. Freiburg und Constanz 1815.

Pikulik, Lothar: Leistungsethik contra Gefühlskult. Über das Verhältnis von Bürgerlichkeit und Empfindsamkeit in Deutschland. Göttingen 1984.

Poel, Emma: Amalie Sieveking. Denkwürdigkeiten aus dem Leben der Amalie Sieveking. Hamburg 1860.

Pohlmann, Alfred: Bildüberlieferung in der politischen Ereigniskarikatur. In: Ausstellungskatalog Ereigniskarikaturen. Münster 1983.

Polizeiverordnungen für die herzogliche Residenz-Stadt Stuttgart. Stuttgart 1790.

Prelinger, Catherine M.: A Decade of Dissent in Germany. A Historical Study of the Society of Protestant Friends and the German-catholic Church 1840–1848. Diss. New Haven 1954.

Prelinger, Catharine M.: Religious Dissent, Women's Rights and the Hamburger Hochschule für das weibliche Geschlecht in mid-nineteenth-century Germany. In: Church History 45, 1976, S. 42–55.

Prignitz, Christoph: Vaterlandsliebe und Freiheit. Wiesbaden 1981.

Promies, Wolfgang: Lyrik in der 2. Hälfte des 18. Jahrhunderts. In: Hanser Sozialgeschichte der deutschen Literatur. Bd. 2, München / Wien 1980, S. 569–604.

Prüsener, Marlies: Lesegesellschaften im 18. Jahrhundert. In: Börsenblatt für den deutschen Buchhandel Nr. 10, 1972, S. 250–295.

Reichard, Carl Georg: Erinnerungen aus meinem Leben. Herausgegeben von Carl Schwenk. Ulm 1936.

Reichardt, Rolf: Histoires des Mentalités. In: Internationales Archiv für Sozialgeschichte der Literatur, Tübingen 1978, S. 130–166.

Rempiß, Hermann: Die württembergischen Intelligenzblätter von 1736–1849. Diss. Stuttgart 1922.

Rentmeister, Cecilia: Berufsverbot für Musen. In: Ästhetik und Kommunikation Heft 25, 1976, S. 258–297.

Reyscher, August Ludwig: Vollständige, historisch und kritisch bearbeitete Sammlung der württembergischen Gesetze. 19 Bde. Tübingen 1828–1851.

Richter, Gregor: Der Staat und die Presse in Württemberg bis zur Mitte des 19. Jahrhunderts. In: Zeitschrift für Württembergische Landesgeschichte Jg. 25, 1966, Heft 2, S. 394–425.

Riecke, Karl: Die Arbeiterwohnungen in Heilbronn. In: Württembergische Jahrbücher Jg. 1856, S. 82–90.

Riehl, Wilhelm Heinrich: Die Familie. 3. Band der Naturgeschichte des Volkes als Grundlage einer deutschen Social-Politik. 9. Auflage, Stuttgart 1882.

Riemann, Ilka / Simmel, Monika: Bildung zur Weiblichkeit durch soziale Arbeit. In: Ilse Brehmer / Juliane Jacobi-Dittrich et al (Hg.): „Wissen heißt leben...". Beiträge zur Bildungsgeschichte von Frauen im 18. und 19. Jahrhundert. Düsseldorf 1983, S. 133–144.

Riha, Karl: Der deutsche Michel. Zur Ausprägung einer nationalen Allegorie im 19. Jahr-